EL IMPRESIONANTE TORNEO
DE AJEDREZ DE LAS NACIONES
1939

JUAN SEBASTIÁN MORGADO

EL IMPRESIONANTE TORNEO DE AJEDREZ DE LAS NACIONES 1939

Morgado, Juan Sebastián
    El impresionante Torneo de Ajedrez de las Naciones 1939: el
Politeama y los prolegómenos / Juan Sebastián Morgado. - 1a
ed ilustrada. - Ciudad Autónoma de Buenos Aires: Ajedrez de
Estilo, 2019.
    v. 1, 534 p.; 30 x 21 cm.

    ISBN 978-987-47437-0-1

    1. Historia Argentina. 2. Ajedrez. I. Título.
    CDD 794.1

CARACTERÍSTICAS DE ESTA COLECCIÓN

Esta obra está estructurada como una cronología del Torneo de las Naciones de 1939 en el contexto socio-político en que se desarrolló. La circunstancia de que este autor administrara una *ajedrecería* durante 38 años (1981-2019) favoreció la progresiva acumulación de materiales históricos y de colección: todas las revistas argentinas de ajedrez, muy diversos libros de recortes, colecciones completas de diarios como *La Nación* y *Crítica*, importantes lotes de revistas extranjeras (*Chess, British Chess Magazine, Xadrez Brasileiro, Deutsche Schachblätter, Deutsche Schachzeitung*, uruguayas, chilenas, cubanas, etc.), documentos oficiales y personales de grandes maestros. La llegada de la tecnología a fines de la década de 1990 facilitó el escaneo, digitalización y clasificación de los elementos, pero el ordenamiento final llevó no menos de 15 años.

Los conceptos históricos y culturales que se insertan aquí se fundan en las profundas ideas del escritor Ezequiel Martínez Estrada (1895-1964), principalmente sobre la base de sus obras de las décadas del '30 y del '40. Puede decirse que la historia oficial argentina consiste en enormes cirugías históricas sin anestesia, que hoy acostumbramos a denominar 'relatos', palabra que ya había utilizado también el citado pensador. Él quiso significar que tenemos en Argentina múltiples historias parciales, paralelas, todas ellas boyando o flotando en el aire en forma autista: son simples apologías o exégesis de personalidades o de algunos hechos, pergeñadas generalmente por los grupos del poder. Y a este magno torneo le corresponden las generales de esta 'ley'. En *La Cabeza de Goliat*, Ezequiel se refirió extensamente al certamen y a los ajedrecistas argentinos.

A través de las obras de Alberdi, Sarmiento, Moreno y Monteagudo, Martínez Estrada descubrió que, dentro del cambiante devenir, existen invariantes históricos, fuerzas inertes que permanecen desde la colonia, y se van transmitiendo incólumes de generación en generación. Al invariante principal lo llamó "constelación de la colonia", o también "estructural España". De él surgen muchos otros. He preferido agruparlos y renombrar al invariante mayor como "monárquico funcional". Expresó Martínez Estrada:

> Por mucho que hayan variado individualmente los habitantes de Inglaterra, Francia, España, Holanda o cualquier otra nación cuya evolución histórica ha sufrido las más increíbles perturbaciones, los rasgos específicos de la nacionalidad siguen conteniendo vivos los elementos que encontramos ya en los orígenes de su formación como pueblos y como Estados. **Pues esa misma ley de los invariantes que da unidad al género humano, al mismo tiempo que configura individualidades históricas inconfundibles, podemos encontrarla también en nuestro país y en todos los demás del continente.** Para nosotros, acaso el gaucho (lo gauchesco) tenga un valor genético semejante al del normando, el sajón, el íbero, el latino.

Este concepto parece muy evidente, pero hay una gran resistencia en la intelectualidad y en la población en general, para aceptarlo. Todos dicen: *'No, la historia nunca es igual, siempre cambia'*. Sin embargo, por ejemplo, ¿quién podría decir que en Sudáfrica no hubo un invariante racial? Hoy sólo podemos decir que Mandela comenzó a quebrarlo.

CARACTERÍSTICAS GRÁFICAS

▓ Indica separación de párrafos dentro de cada título o subtítulo

- En cada año se describen los acontecimientos cronológicamente, salvo algunos capítulos especiales.

- Los lectores advertirán que en algunos títulos o subtítulos se intercalan algunas palabras referidas a conceptos estradianos que ilustran los distintos momentos históricos. Ellas son:

    ◆ **Miedo:** desde el fondo de la historia hasta hoy, como método de dominación los gobiernos argentinos infunden temor mediante diversas formas: uso de la fuerza, amenazas, coacción). La guerra mundial instala el miedo universal.

    ◆ **Trapalanda:** alzar castillos en el aire; reiteración de conductas utópicas, insustanciales e inútiles.

    ◆ **Monarquía funcional:** que funciona como una monarquía.

    ◆ **La Cabeza de Goliat:** fundaron una gran ciudad porque no supieron construir una gran Nación. Argentina se construyó en base a la megalópolis Buenos Aires, pero no es más que un país pobre con provincias raquíticas.

    ◆ **La grieta:** comenzó en los albores con unitarios contra federales, se transformó en oligarquía contra trabajadores, en peronistas versus antiperonistas.

    ◆ **Viveza criolla:** las normas están hechas para violarlas; la culpa es siempre del otro.

    ◆ **Desprecio a la ley:** confusión entre bienes públicos y privados; corrupción.

    ◆ **Militar:** el gigantismo castrense provocó enormes daños a la democracia de los tres poderes independientes (Golpes de estado, guerras, saqueos). Fue vencido recién en el año 1990, luego de 180 años.

    ◆ **Hybris:** narcisismo extremo de los gobernantes; desmesura o mal del poder; desconexión de los jefes de estado con la realidad.[1]

Fuentes de investigación

Archivo General de la Nación [Fotos]
Biblioteca A. Prebisch del Banco Central [Diario La Nación digital]
Biblioteca Nacional [Hemeroteca y materiales de Archivo]
Biblioteca del Congreso de la Nación [Hemeroteca]
Biblioteca de la Legislatura de Córdoba [Diarios provinciales]
Biblioteca Mayor de Córdoba [Diarios de la ciudad de Córdoba]
Club Argentino [Libros de Actas y recortes]
Club Jaque Mate [Libros de Actas y cuaderno de visitantes]
Fundación Martínez Estrada [Bibliografía]
Senado de la Nación [Libros sobre el ajedrez olímpico, S. Negri, E. Arguiñariz]

---

[1] Para quienes deseen interiorizarse más profundamente sobre este tema, consultar *Los invariantes históricos en el Facundo* (Martínez Estrada); *Martínez Estrada, Borges y el Viejo Vizcacha* (de este autor); *La Amargura Metódica* (Ferrer); *Martínez Estrada y la interpretación del Martín Fierro* (Liliana Weinberg).

Agradecimientos

Álvarez, Roberto Gabriel [Informática Videos]
Amil Meilán, Horacio [Testimonios]
Bauzá Mercere, Eduardo [Archivos]
Bryszewska, Marta (Biblioteca Domeyko)
Burgos, Nidia [Literatura sobre Martínez Estrada]
Caputto, Zoilo R. [Testimonios]
Celaya, José [Documentos del Congreso]
Castelli, Annahí [Cuadernos de Raúl Alberto Castelli]
Clementsson, Jan [Documentos de colección]
Drake, Carlos E. [Archivos personales]
Fernández, Jorge Luis [Testimonios sobre ajedrez mendocino]
Guiñez, Ángelo [Archivos chilenos]
Holmgren, Peter [Archivos personales de Ståhberg]
Lissowski, Tomasz [Testimonios del ajedrez polaco]
Losowska, Maia [Biblioteca Domeyko]
Magnus, Ariel [Archivos literarios]
Monasterio, Manuel [Testimonios sobre Paulino Alles]
Negele, Michael [Archivo Sonja Graf]
Sergio Ernesto. Negri [Archivos]
Nóbrega, Adaúcto Wanderley [Información de Brasil]
Nowacki, Kasper [Testimonios sobre Gombrowicz]
Susana Oldrini [Testimonios sobre Seitz y Lachaga]
Panizo, Ernesto [Archivos del Club Jaque Mate]
Pavignano, Mauricio y Matías [Sonja Graf en Villa María]
Pérez García, Hébert [Archivos holandeses y testimonios]
Ramírez Lahoz, Marta [Archivos de Martínez Estrada]
Eduardo Luis Ruggieri [Archivos de Dino Ruggieri]
Sánchez Pose, Miguel Ángel [Archivos de Capablanca]
Schätzle, Mario [Archivos alemanes]
Soppe, Guillermo [Archivos cordobeses]
Sánchez, Christian [Archivos]
Stigter, Jurgen [Bibliografía y documentos]

Reconocimientos póstumos

Alles Monasterio, Paulino [Testimonios, Archivo y libro de recortes]
Benko, Francisco [Revista Cabalgata]
Calabrés, Benjamín [Testimonios sobre Sonja Graf]
Carmona, Antonio [Testimonios sobre Sonja Graf]
Castelli, Raúl Alberto [Testimonios]
Ciupalski, Estanislao [Testimonios sobre Miguel Najdorf]
Delfino, Jorge [Información de Roberto Grau]
Eliskases, Erich [Biblioteca personal]
Gómez, Juan Carlos [Gombrowiczidas]
González de Soria, Elsa [Libros de recortes y bibliografía]
Grau, Gloria [Testimonios sobre Roberto Grau]

Ivaldi, Normando [Bibliografía y libros de recortes]

Carlos Kuperman [Cuaderno personal de notas]

Lachaga, Milcíades [Testimonios y archivos de torneos]

Lastra, Gregorio [Bibliografía]

Letelier Martner, René [Testimonios sobre Miguel Najdorf]

Lipiniks, Leonardo [Testimonios]

March Ríos, Rubén [Testimonios y libros de recortes]

Martínez, Juan Carlos [Testimonios sobre el Salón Rex]

Obregoso, Juan Carlos [Testimonios del ajedrez en Dolores]

Pinzón Solís, Felipe [Archivos peruanos]

Ramírez, Abraham Raúl [Testimonios sobre ajedrez rosarino]

Redolfi, Rodolfo Argentino [Archivo personal cordobés]

Rossetto, Héctor Decio [Testimonios]

Ruggieri, Dino [Libros de recortes y documentos]

Silva Nazzari, Héctor [Bibliografía uruguaya]

Soloviov, Sergey [Archivos búlgaros]

Soria, Gaspar Darwin [Testimonios, memorabilia y libros de recortes]

Sutkus, Robertas [Archivos bálticos]

Varangot, Mario [Archivo de Paulino Alles Monasterio]

Virginis, Antonio [Archivos de Becker y libros de recortes]

Abreviaturas

AD	Alfil Dama
AR	Alfil rey
AMDA	Asociación Metropolitana de Ajedrez
AGN	Archivo General de la Nación
AP	Associated Press
ACA	Automóvil Club Argentino
AFA	Asociación del Fútbol Argentino
AxC	Alfil por caballo
CARI	Consejo Argentino para las Relaciones Internacionales
CADCOA	Confederación Argentina de Deportes Comité Olímpico Argentino
CAD	Confederación Argentina de Deportes
CD	Comisión Directiva
CEAL	Centro Editor de América Latina
CGE	Confederación General Económica
CR	Caballo Rey
CVS	Círculo de Vélez Sarsfield
CASI	Club Atlético San Isidro
CBX	Confederaçao Brasileira do Xadrez
EAA	El Ajedrez en la Argentina
FCO	Ferrocarril Oeste
FEMEDA	Federación Metropolitana de Ajedrez
FADA	Federación Argentina de Ajedrez
FC	Ferrocarril
FAB	Federación Argentina de Box

FFE	Federación Francesa de Ajedrez
FIDE	Fédération International des Échecs
GOU	Grupo de Oficiales Unidos
GyE	Gimnasia y Esgrima
GEBA	Gimnasia y Esgrima de Buenos Aires
GTN	Gran Torneo Nacional
NC	Nuestro Círculo
PD	Peón Dama
PR	Peón Rey
PA	Peón Alfil
PT	Peón Torre
PC	Peón Caballo
PAR	Peón Alfil Rey
PAD	Peón Alfil Dama
PTR	Peón Torre Rey
PTD	Peón torre dama
PCR	Peón caballo rey
PCD	Peón caballo dama
PCF	Federación Polaca de Ajedrez
PxP	Peón por peón
TN	Torneo de las Naciones
TR	Torre Rey
TD	Torre dama
RCAA	Revista del Club Argentino de Ajedrez
UIA	Unión Industrial Argentina
UCRP	Unión Cívica Radical del Pueblo
UCRI	Unión Cívica Radical Intransigente
UP	United Press

Sueña René Favaloro
Un país que nunca fue

[Eduardo Falú]

EL IMPRESIONANTE TORNEO DE AJEDREZ DE LAS NACIONES 1939

TOMO 1

EL POLITEAMA Y LOS PROLEGÓMENOS DEL ACONTECIMIENTO

Del autor

A causa de sus circunstancias de nacimiento (2 de febrero de 1947), la infancia y la adolescencia del autor estuvieron vinculados a la organización hindú Ramakrishna Ashrama, sita en Bella Vista, provincia de Buenos Aires. Cesó su relación con esta entidad en 1966, debido a divergencias existenciales insalvables. Se recibió de maestro normal en el Instituto Ángel D'Elía de San Miguel, y entre 1965 y 1969 se desempeñó como docente de escuela primaria. En 1971 obtuvo el título de Licenciado en Psicología en la UBA, abandonando su profesión ese mismo año.

En forma casual, alrededor de los diez años aprendió a jugar al ajedrez, juego que fue cobrando importancia en sus actividades habituales, especialmente a través del seguimiento de las partidas que se publicaban en *La Nación*. No teniendo adversarios en su lugar de residencia, alejado de los grandes centros, en 1962 descubrió el ajedrez postal, y se le abrió un campo de desarrollo inmediato. Fue sub-campeón de la especialidad en 1984, y revalidó su título de Gran Maestro once veces. Presidió un centro que obtuvo grandes éxitos deportivos para nuestro país. Es también Maestro de la FIDE. Desde 1981 desarrolló una librería especializada en ajedrez, edición de revistas y libros, informática, y actividades conexas, que se mantiene hasta hoy como librería virtual, después de 37 años de actividad.

En los últimos diez años ha retornado al ámbito académico por vocación, investigando diversos períodos históricos desde el ángulo del ajedrez. Fue co-autor de *Roberto Grau el Maestro* (Ediciones Colihue), y autor de *Casillas Reales y Estructuras Reales (Ajedrez con Mikhail Tal),* y *Las Aventuras de Pilnik,* todos ellos editados por Álvarez Castillo. Además, fue autor de un capítulo de *Fetschrift zu Ehren Alessandro Sanvitos,* titulado *El viaje Sonja Graf a Córdoba, 1942.*

En 2008 fue co-autor de Roberto Grau El Maestro, Ediciones Colihue, en colaboración con Gloria Grau y Jorge Delfino.

En 2012 publicó *Sangre y ajedrez en el Parque*, probablemente el primer ensayo de historia socio-política de la Argentina centrado en temas del juego arte-ciencia. Está ambientado en la Revolución de 1890, hecho de sangre que marcó un antes y un después en el desarrollo de nuestro país. Puede atisbarse en este trabajo la influencia que la estrategia y la táctica del ajedrez han tenido en la definición de hechos históricos importantes.

Tiene su sello editorial propio, Ediciones Ajedrez de Estilo, en el cual ha editado los cuatro primeros tomos de su obra *Ajedrez en la historia argentina, micro-biografías (2012/14)*. En *Los años locos del ajedrez argentino (2013),* pone luz a sorprendentes acontecimientos históricos del período 1905-1925. En *Luces y sombras del ajedrez argentino (2014)* expone episodios ajedrecísticos protagonizados por Marcel Duchamp, Ernesto 'Che' Guevara, Roberto Arlt, el pacto Perón-Franco, Najdorf, Panno y otros.

Sus obras posteriores fueron dedicadas al pensador de la argentinidad Ezequiel Martínez Estrada –que también fue ajedrecista–, profundizando en el estudio de sus obras desde una perspectiva heterodoxa. Su obra más conocida es *Martínez Estrada, ajedrez e ideas (2015)*, donde analiza diversos aspectos de la obra del autor. Luego, en *Martínez Estrada Sociabilidades (2015),* se refirió a su relación con personalidades como Jorge Luis Borges, Ernesto Sábato, Julio Cortázar, Witold Gombrowicz, Abelardo Castillo, Victoria Ocampo, Armando Tejada Gómez, Atahualpa Yupanqui y otros. *En Martínez Estrada, Borges y el Viejo Vizcacha (1ª edición 2017 y 2ª edición ampliada 2019)* se ahondan los conceptos del pensador sobre el ser nacional. Asimismo, en *La Angustia Existencial de Martínez Estrada. Una primera aproximación psicoanalítica (2019)*, se explora la personalidad del escritor desde un ángulo completamente ignorado hasta hoy.

En octubre de 2013 participó en el III Congreso sobre su vida y obra con su ponencia *Martínez Estrada, ajedrecista federado y bibliotecario de la FADA*. En 2014 presentó el texto *Gombrowicz, el ajedrez en su literatura* en el I Congreso sobre la vida de Witold Gombrowicz, y en el II Congreso de Historia Intelectual de América Latina, organizado por el CEDINCI, ofreció el trabajo *Gombrowicz, Martínez Estrada y sus vínculos sociales; epistolario.* En 2017 fue asesor –junto a Sergio Negri– de la muestra *Movimientos en Blanco y Negro*, organizada por la Biblioteca Nacional, escribiendo un texto, *"El ajedrez y los hombres de estado"*, que fue objeto de una escandalosa polémica con funcionarios menores. En co-autoría con Roberto Gabriel Álvarez tradujo importantes obras: *Los Secretos de la Estrategia Moderna en Ajedrez* (Watson, 2002), *El camino hacia el progreso en ajedrez* (Alex Yermolinsky, 2002), *Aprende ajedrez* (John Nunn, 2002), y los tres monumentales tomos *Garry Kasparov sobre Garry Kasparov* (2017).

Habiendo comenzado a escribir tardíamente a los 65 años y careciendo de una carrera literaria, toda la obra escrita desde 2012 en adelante fue afrontada por el propio autor mediante la creación de un fondo proveniente de Ajedrez Integral.

ÍNDICE

Tomo 1

**EL POLITEAMA Y
LOS PROLEGÓMENOS DEL ACONTECIMIENTO**

CAPÍTULO 1

PEQUEÑA HISTORIA DEL
TEATRO POLITEAMA DE BUENOS AIRES

Del Circo Arenas al Politeama

▐ Reconstruir la vida y la muerte del Teatro Politeama implicaría escribir una obra de varios tomos: fue un magno templo teatral de la ciudad Buenos Aires, que vivió esplendorosamente pero feneció ignominiosamente, atrapado en aquella Cabeza de Goliat que tan bien describiera el pensador Ezequiel Martínez Estrada.

Un bien documentado investigador italiano dedicó sus esfuerzos a esclarecer lo que llamó "el melodrama italiano en Argentina". Lo hizo en el marco de una tesis para obtener un doctorado en una universidad española. Veamos su descripción:

> Hacia fines del Siglo XIX surgen en Italia numerosas salas denominadas Politeama, nombre derivado de 'teama', espectáculo. Se trata de lugares con funciones polivalentes capaces de transformar su gran platea circular en una serie de espectáculos circenses que podían hospedar hasta rodeos de *Buffalo Bill*. La historia del Politeama porteño parte de un antecedente humilde: un tal Zamudio alquiló su quinta a Cesare Ciacci, aquel florentino que habría de convertir en figura empresarial decisiva para la historia lírica de Buenos Aires. Ciacci levantó allí un circo de lona que después se convirtió en un edificio. En 1878 el empresario firmó un nuevo contrato con Zamudio en el que se comprometía a construir un teatro mucho más estable. El nuevo edificio se estructuró así con una armazón de madera que fue cubierto con ladrillos.[2]

Sorprendentemente, el "tal Zamudio" no es otro que el ajedrecista Eugenio Zamudio (18??-1930), uno de los fundadores del Club Argentino en 1905, y ex presidente. Veamos una curiosa anécdota que cuenta José Pérez Mendoza en su conocido libro, que podríamos titular *Eugenio Zamudio y Boris Kostic, ¿Quién era el imbécil?*

> Eugenio Zamudio, tan inteligente y simpático como nervioso algunas veces, en 1913 juega una partida con el profesor serbio Boris Kostic, a quien corresponden las negras, y el juego comienza así:
>
> 1.e4 f5 2.exf5 Rf7! 3.Dh5+ g6
>
> El jugador de las blancas, al llegar a esta posición se exalta, pues considera que no era una apertura para oponer a un aficionado de primera categoría, y que sólo trata de facilitarle un triunfo inmediato, lo que no era de su agrado. Con voz un tanto alterada, pregunta al profesor en francés, idioma en que se entendían:
>
> *Dite moi, Mr. Kostic, comment s'appelle cette aperture?*
>
> Monsieur le president, c'est le gambit des imbeciles.

Aquí Zamudio pierde el resto de calma que le queda y olvida de continuar en el idioma en que había hecho la pregunta, y le dice con tono vibrante:

---

[2] Annibale Enrico Cetrangolo, *Tesis Doctoral Ópera e identidad en el encuentro migratorio. El melodrama italiano En Argentina entre 1880 y 1920.* Universidad de Valladolid, 2010, pág. 703.

Más imbécil será usted, míster Kostic, pues no tiene por qué expresarse así.

Non, monsieur, l'imbecil ce n'est pas vous, c'est moi, qui donne un peon et deroque.

Y fue reír general de los que presenciaban la partida, al que hizo coro nuestro querido y buen amigo presidente. La partida fue ganada por el profesor.[3]

El historiador Oscar Raúl Beltrán describe los primeros pasos del Politeama de esta manera:

En 1874, la esquina de Paraná y Corrientes se hallaba todavía en los arrabales de la ciudad, rodeada de quintas. Muchas de las calles de esa zona estaban sin pavimentar, y en las épocas lluviosas, se convertían en fangales intransitables. Pero, a pesar de lo inhospitalario del paraje, había funcionado allí un circo de lona que contó con la adhesión del público de aquellos andurriales.

Alrededor del 17 de diciembre de aquel año, debió comenzarse a construir el *Nuevo Circo Arena*, pues el día 22 *El Nacional* dio la información de que ya se hallaba en pie casi todo el maderamen, a pesar de que sólo hacía cinco días que se trabajaba. Decía el articulista:

Se cree que dentro de 12 días, si el tiempo lo permite, el circo estará completo, siendo el primero de este género que haya tenido Buenos Aires por su comodidad, elegancia, ventilación y espacio.

Con el correr del tiempo, el Circo Arenas se transformó en el gran Politeama. En efecto: a fines de 1879, los diarios de nuestra capital transcribieron una extensa nota del constructor del Politeama dirigida a la Intendencia Municipal, dando cuenta de haberse terminado las obras del nuevo teatro. En esa nota se expresa que el estilo arquitectónico *a la moderna, es de orden compuesto entre el dórico y el corintio* (Sic) y que el frente del edificio hacia la calle Paraná, mide 75 varas, y hacia la de Corrientes 65. La capacidad del teatro se calculó para 4.500 espectadores.[4]

El Teatro Politeama a fines del siglo XIX. Foto AGN

Pepe Podestá, Juan Moreira y el necesario caballo

El legendario periodista Edmundo Guibourg (1893-1986) fue un multifacético historiador, crítico de teatro, especialista en tango y turf, y gran amigo de Carlos Gardel. Se hizo famoso gracias a sus notas en *Crítica*, el diario de Natalio Félix Botana (1888-1941) donde fue corresponsal en París durante seis años. En el reportaje que le hizo Mona Moncalvillo, cuenta detalles asombrosos del auditorio:

El teatro Politeama de Buenos Aires se inauguró en el año 1879, en Corrientes 1478, en su intersección con Paraná. En 1872 se eleva la Ópera primitiva, y en 1875 se instala, mirando hacia el suburbio, en extremo céntrico de Corrientes, el Circo Arena.[5] Contaba con 1300 localidades. En ese entonces, era un terreno rodeado de cinacinas y tunas, ubicado en las afueras de la ciudad, que estaba a una cuadra del tren que salía de Plaza Lavalle y llegaba hasta Flores. Entre 1870 y 1879 llegaron al Circo muchas compañías inglesas, y una famosa equilibrista llamada Spelterini, que atraía mucho público.

---

[3] *El ajedrez en la Argentina*, José Pérez Mendoza, Imprenta Tixi, Buenos Aires 1920, pág. 587. Notas del autor.
[4] *Los orígenes del teatro argentino*, Oscar R. Beltrán, Editorial Luján, Buenos Aires 1934, pág, 146/7.
[5] *Calle Corrientes*, Edmundo Guibourg, Plus Ultra, Buenos Aires 1978, pág. 24. También se lo llamó Politeama Argentino, ya que había otros teatros del mismo nombre en otros lugares del mundo.

El Politeama fue estrenado por el célebre trágico Ernesto Rossi (1827-1896). Fue reformado en 1883, con el debut de la renombrada actriz Jacinta Pezzana (1841-1919). El 2 de julio de 1884 se estrenó el drama criollo *Juan Moreira*, por la compañía circense de los hermanos Carlo, acróbatas norteamericanos, poco antes que viajaran a Río de Janeiro. En ella actuaba José J. Podestá (1858-1937). Esta pantomima –versión muda– gauchesca, que fue un verdadero éxito, se creó a partir de una curiosa anécdota. Una tarde, su autor, el novelista Eduardo Gutiérrez[6] entraba al Politeama, y su administrador, Alfredo Cattáneo, que estaba buscando algo nuevo, le dijo:

AC: ¿Por qué no arreglás Juan Moreira en pantomima, y la representamos para los Carlo?

EG: No puede ser. Para representar *Juan Moreira* se necesitaría un criollo que supiera montar bien a caballo, que cante, baile y maneje bien el facón. Es decir, un gaucho, y en esta compañía no hay ninguno.

AC: Yo sé dónde está ese hombre. Trabaja en el teatro Humberto I y es *Pepino el 88,* es decir, José Juan Podestá.[7]

Juan Moreira fue preparada por su autor, Eduardo Gutiérrez, con los personajes y el asunto del folletín popularizado desde las columnas de *La Patria Argentina*, desde el 28 de noviembre de 1879 hasta el 8 de enero de 1880. Para la fiesta de los hermanos Carlo, el folletinista 'arregló el fondo del asunto dramático en varias escenas, dirigiendo los ensayos para darle, con los elementos de que disponía, la mayor suma posible de colorido criollo', según lo expresaban las crónicas de la época. Moreira irrumpe en el picadero y en el tabladillo del Politeama con gallardía cautivante, bravo, ágil, barbado mozo. Enamoradizo y cantor, hace triunfar su voz arrulladora y su dicción criolla, netamente criolla, entre los que, hasta entonces, habían sido faranduleros gringos y canta:

El Teatro Politeama hacia 1885. Foto AGN

Pepe Podestá como *Pepino el 88, Caras y Caretas* nº 1725 del 4 de octubre de 1931

El hondo pesar que siento
Y ya el alma me desgarra
Solloza en esta guitarra
Y está llorando en mi acento

[6] Eduardo Gutiérrez (1851-1889) creó en medio del drama civil de la época de Rosas. En 1874 ingresa al ejército y conoce la ominosa vida militar de la frontera. Escribe notas policiales en los periódicos de la época, y de allí nace Juan Moreira. No le interesó convertirse en un académico, y por eso su estilo era directo.

[7] José Juan fue uno de los miembros de la famosa familia de actores Podestá. Entre los más destacados, podemos mencionar a Antonio, Blanca, Jerónimo, María y Pablo. Hijo de almaceneros genoveses emigrados del San Telmo del tiempo de Rosas a la llegada de Urquiza, el montevideano Pepe Podestá empieza en la adolescencia sus andanzas de cirquero. Cumple 17 años cuando contrata en 1875 con Félix Henault, de tradición circense. El chico se había hecho pruebista entre pilluelos en circos improvisados en oquedades de canteras. *Calle Corrientes*, op. cit., pág. 187. Notas del autor.

Son versos del poema "Lázaro", de Eduardo Gutiérrez. Y en la estrofa emotiva, se acuna la sensibilidad del auditorio... Moreira es un gaucho de barbas nazarenas que con el tintineo de las espuelas resonantes va subrayando su paso de valiente ante la suspensa admiración de su público... No es un criminal, sino un héroe caído en desgracia, cuyo sino es el de una lucha sin cuartel contra las torvas policías de campaña. El facón de Moreira era el arma de su ley gaucha, de la ley de su conciencia; era el arma de un individualismo sin claudicaciones que iba a chocar bravamente contra el sable de las partidas, ese sable que era la expresión de una nueva forma de derecho, de nuevas leyes y de nuevos hombres... Por eso, en el instante supremo, le oímos decir:

¡No podés negar que soy 'justicia'!

Juan Moreira en el escenario. *Caras y Caretas* nº 1725 del 4 de octubre de 1931

■ Muy honda, muy intensa debió ser la emoción colectiva ante aquella figura de Moreira que concretó con su ruda prestancia el ideal de gaucho noble que había avivado Gutiérrez en la mente soñadora del pueblo. Con su gran simpatía, con los prestigios de una altivez irreducible, con el ejemplo de sus dolores de hombre injustamente perseguido, el héroe de la pantomima criolla provoca un fenómeno de alucinación en los núcleos inferiores de la sociedad, que se le entregan en un desenfreno admirativo.

Los diarios de la época dan noticia de que la afluencia de público a las primeras representaciones de *Juan Moreira* fue tan extraordinaria que la policía resultó casi impotente para contener la avalancha. El diario Sud América decía:

Entre la gente de los barrios apartados de la ciudad había ayer verdadera excitación por ver la pantomima criolla que los Hermanos Carlo ponían en escena anoche en el Politeama. Juan Moreira, el héroe de los *folletines de la Patria Argentina*, había atraído 3000 personas al circo. Aparte de la selecta concurrencia que llenaba los palcos y las aposentadurías bajas, se veía un mundo de gente bulliciosa, alegre y decidora, de esa gente que se deja arrastrar por todo lo que es esencialmente criollo, por lo que tiene el tinte de nuestras costumbres campesinas, cantadas por Echeverría, Ascasubi, Del Campo y Martín Fierro.

José J. Podestá, que había sido payaso y pueblista, fue el intérprete comprensivo, insustituible de Moreira. Los cronistas de la época aplaudieron sin reservas a este intérprete. Decía *Sud América* del 3 de julio de 1884:

La elegancia de su talla, la rapidez de sus movimientos, daban carácter y vida al tipo de Gutiérrez. Era un hombre alto, fornido, de rostro simpático, de luenga barba negra y cabellos rizados, y venía vestido como los gauchos ricos, con su chiripá de paño negro, su tirador adornado con monedas de plata...[8]

El caballo, factor que en los circos se tenía a mano, aparece en la primera pantomima de Juan Moreira y la distingue de las pantomimas corrientes. El propio don Pepe Podestá, creador de la figura de Moreira, se muestra asombrado por el acierto de ese detalle. Dice del estreno llevado a cabo en el circo de los hermanos Carlo en el Politeama:

Una de las notas alegres y simpáticas de esa función fue la que dieron varios morenos contratados expresamente para tocar la guitarra y cantar el 'gato', sorprendiendo a todos por la forma cómo

---

[8] *Los orígenes del teatro argentino*, op. cit., pág, 147/9. Notas del autor.

hacían 'rayar' los fletes en la pista y canchaban entusiasmándose al extremo de darse guantadas recíprocamente, hasta que algunos de los artistas los separaban. Como estas cosas no se habían ensayado, fue una sorpresa para la compañía. La pantomima criolla se dio trece veces y desapareció de la circulación.

Esta noche se festeja al *Pepino el 88* y al creador de *Juan Moreira*. El primero es de Buenos Aires aldea, y el segundo del Buenos Aires que empieza a sentirse verdadera ciudad. El primero contribuye con canciones, estribillos y alusiones satíricas a caldear el ambiente de las rivalidades políticas locales; el segundo alcanza su consagración cuando cae Juárez Celman y otras oligarquías empiezan a pacificar el país. Brotan ambos como flor natural del circo andariego. Un día José Juan Podestá, mozo, sustituye al *clown de la troupe* y surge el *Pepino,* de alechugado traje blanco, con dos grandes ochos en el trasero.

Tres años más tarde aparece el gaucho en las pantomimas de pista y Podestá da encarnación a un héroe de folletines populares, el *Juan Moreira* de Gutiérrez. Tal el inicial vagido de un teatro rioplatense propio, original y estable. *Pepino el 88* sale por primera vez al redondel en Montevideo en 1881. Juan Moreira entra a caballo en el picadero del Politeama Argentino en 1884, cuando el público ha aplaudido a los hermanos Carlo, reyes de la alfombra y empresarios de la Gran Compañía Ecuestre Norte Sud Americana Reunida, y ha celebrado las ocurrencias de *Pepino el 88* y de Frank Brown, que frente a frente se emulan.[9]

Un mito de carne y hueso

▓ El citado historiador Beltrán explica que Juan Moreira existió en realidad, y de su existencia nos dan fe algunos documentos de la policía y de la justicia del crimen. Así, por ejemplo, un oficio de fecha 25 de abril de 1874, enviado por un juez de Mercedes, Provincia de Buenos Aires, decía:

Hago saber a V. E. Que en la causa criminal que estoy substanciando contra el reo prófugo Juan Moreira por varios delitos en el Partido de Navarro y varios otros partidos de este departamento, he dispuesto entre otras cosas, dirigir a V. E. el presente a fin que se sirva impartir las órdenes necesarias a las autoridades de su dependencia para conseguir la captura y segura remisión a la cárcel pública de este departamento, sirviéndole para ello la siguiente filiación:

Patria: República Argentina. Se ignoran sus padres.

Oficio: Vago y malentretenido.

Edad: 46 a 48 años.

Estatura: regular y algo grueso.

Color: blanco, colorado, picado de viruelas.

Pelo: castaño; barba afeitada, bigote solo, castaño.

Señas particulares: un balazo en la boca recibido hace como 12 días; una herida en la mano inferida en la misma fecha.

Viste chiripá y va con buenas prendas.

En hacerlo V. E. Así, administrará justicia y contribuirá al mejor desempeño de la de mi cargo, quedando yo obligado a la reciprocidad en casos análogos, siempre que sus despachos viere.

Dios guarde a V.E. Firmado: Antonio Benguria (juez).[10]

▓ El 2 de Julio de 1884 se estrena una función con doble programa y se estrena la pantomímica. Esta pantomímica del *Moreira*, en varios cuadros, se presenta en el escenario y en la pista, y solo

[9] *Calle Corrientes,* Edmundo Guibourg, op. cit., pág. 181, 185. Notas del autor.
[10] *Los orígenes del teatro argentino*, op. cit., pág, 139/40.

se usa la voz para entonar el *Estilo y* el *Gato con Relaciones*; se contratan expresamente "varios morenos" para tocar la guitarra y cantar, además de hacer entradas y salidas a caballo. El realismo de las escenas entusiasma al público y Carlos Olivera escribe una semana después del estreno en *El Diario*:

> La pantomima Juan Moreira ha atraído tanta concurrencia al circo Politeama que la policía tiene que interrumpir cuando se representa para impedir que se vendan mayor número de entradas" (Olivera, 1887). En 1884, el Circo Politeama Humberto I ocupaba una parte de la manzana en que ahora se encuentra el Departamento de Policía con entrada por Ceballos. En su arena trabajaban los hermanos José, Juan y Pablo Podestá. De ellos, José hacía el célebre *Pepino 88,* y de allí saldría para interpretar el Juan Moreira.

La ópera: Rosina Sarah Bernhardt y Eleonora Duse

▓ También ese año vino por primera vez Sarah Bernardt, seudónimo de Henriette-Rosine Barnard, nacida en París. (1844-1923). La pobre Rosina Sarah Bernhardt había nacido en un humilde hogar de judíos conversos parisienses, provenientes de Berlín. Circulaban infinidad de anécdotas sobre su desdichada adolescencia de muchacha insoportable, escapada de la casa y encerrada a poco por la fuerza en un convento. (...) Había elegido el teatro a fin de emplear una vaga vocación artística que lo mismo la empujaba a la pintura o a la escultura y en el anhelo de resguardarse, merced a la fantasía de una vida libre, de la terrible condena de tener que casarse con algún oscuro y chato hortera.[11] Como Novelli, su primer contacto con el público fue desastroso, acogida por crueles silbidos.

Cuando vino a Buenos Aires por vez primera (en 1884), a los cuarenta años de edad, la precedía una reputación de maravilla mundial, en la que se mezclaban los himnos a la actriz y los capítulos referentes a su arrojo, a sus fugas, a sus caprichos, a sus tentativas de suicidio, a su condición de mujer fatal y avasalladora. Pedro Goyena, *croniqueur* enjundioso, relató su velada inicial en el Politeama. Pasó en frío el primer acto de *Fedora*, de Sardou, y tras el segundo sonaron apenas pocos aplausos corteses. En el tercero muchos se atrevieron a silbar, desilusionados. ¡Público porteño duro de pelar el de ese entonces, pero sincero, espontáneo, conocedor! (Domingo Faustino) Sarmiento, viniendo de Tucumán para verla, tejió en su honor una frase grandilocuente y galana en francés.[12]

▓ Fue el único teatro de esta época donde actuaron actores nativos. Todos los géneros pasaron por sus escenarios: ópera italiana, dramas, comedias, zarzuela española y operetas francesas. Cada tanto, un autor nacional –Martín Coronado, Ortega Rivas– ofrecían una obra a alguna compañía española. Por sus tablas pasaron Adelina Patti, Francisco Tamagno, Sara Bernhardt, Eleonora Duse, Gabriela Réjane, el francés Coquelin, y tantos otros.[13]

▓ A fines del Siglo XIX la ciudad de Buenos Aires era un imán de gran atracción para las compañías europeas. Nada menos que siete salas actuaban en el campo de la ópera. Compañías líricas, en su mayor parte italianas, desembarcaban cada año en el puerto de la ciudad. No sólo llegaban cantantes de los principales teatros de la península, sino que venían con sus cuerpos artísticos y técnicos, y con las escenografías de sus repertorios. Por supuesto, las más importantes de estas delegaciones artísticas tenían como destino los tres principales teatros: el Coliseo Argentino, el Politeama y el Ópera, virtual heredero del primitivo Teatro Colón.

En julio de 1901 se representó en el Politeama *Le Maschere*, del conocido Pietro Mascagni, autor de la famosa *Caballería Rusticana*. El estreno fue en simultáneo con seis salas de Italia. La

---

[11] Dependiente de comercio.
[12] *Calle Corrientes,* op. cit., pág. 129. Sarah Bernhardt vino nuevamente a Buenos Aires en 1890 y 1893.
[13] *Historia del Teatro Argentino,* Ernesto Morales, Editorial Lautaro, Buenos Aires 1944.

crítica calificó a la obra como 'discutible'. El tenor fue Ventura, el barítono Bonini, y las voces femeninas estuvieron a cargo de las señoras Micucci y Santarelli.[14]

En 1902 se estrena en el Politeama la ópera *Khrysé*, de Arturo Berutti. Este gran músico, nacido en la provincia de San Juan en 1858, era descendiente de la familia Beruti, de destacada actuación durante la Revolución de Mayo. Pertenece a la generación del ochenta. Cuando viajó a Europa, ´italianizó´ su apellido por Berutti. Entre 1884 y 1888 estudió en el Conservatorio de Leipzig, becado por el Gobierno. En Milán escribió su primera ópera, titulada *Vendetta*, en 1892. Luego compuso *Evangelina* y *Taras Bulba*.

Todas ellas fueron muy exitosas, y se ejecutaron en Milán, Trieste, Buenos Aires, Montevideo, México, Nápoles y Florencia. Fue el primer músico argentino que logró triunfos importantes en Europa. También en el Politeama, *Khrysé* fue repuesta en 1904, y en 1908 se presenta su drama lírico *Horrida Knox*. También en 1902, visitó Buenos Aires el famoso tenor Amedeo Bassi, que venía a Sud América por primera vez. Cantó en el Politeama desde el 13 de mayo hasta el 7 de agosto, en varias óperas: *Fedora, La Boheme, Rigoletto, Cavalleria Rusticana, La Gioconda*, la mencionada *Khrysé, Tosca, Mefistofele, Linda di Lamounix* y *Germania*. Su soprano la mayoría de las veces fue Emma Carelli.[15]

Enrique Delfino, Carlos Gardel y Marcelo T. de Alvear

Uno de los grandes que nació a la fama en el Politeama fue Enrique Delfino, nacido a fines del Siglo XIX, cuya primera infancia la pasó en sus pasillos, ya que sus padres eran propietarios de la confitería del teatro. Cuando éstos advirtieron que el muchacho tenía condiciones para la música lo enviaron a un instituto musical de la ciudad de Turín, Italia. De regreso y con fuertes inclinaciones a la noche y la bohemia, se fugó a Montevideo donde se quedó durante tres años. Allí comenzó a componer y a actuar, ganándose la vida usando el seudónimo Delfy. Fue humorista, fantasista del piano, hacía reír y cantar al público. Si algo evidencia la magnitud de su obra, baste con señalar que Gardel le grabó 26 temas, de los que destacamos: *Aquel tapado de armiño, Dicen que dicen, Palermo* y *El Rey del Cabaret*.

Berta Gardel trabajó en la *planchaduría* de una paisana y pronto Carlitos empezó a asistir a la escuela. Fue un buen estudiante y terminó hasta el sexto año, y para entonces ya le gustaba cantar. Doña Berta hacía trabajos para algunos artistas, pues su taller estaba frente al Teatro Politeama, así que Carlitos iba frecuentemente allí, veía las funciones, se aprendía las operas de memoria y después cantaba las arias él solo; también se metía tras bambalinas y hablaba con los artistas a quienes les caía en gracia por su simpatía y desparpajo. Aprendió a tocar guitarra y lo invitaban constantemente a fiestas de patio. Su fama de cantor se empezó a expandir por los barrios vecinos al Abasto. No era muy conocido pero todos lo llamaban *El Morocho*. Era un adolescente corpulento, de cadera redonda y sonriente, con pelo abundante y peinado de raya en medio, pero sobre toda su sonrisa era luminosa y con una dentadura magnífica. No cantaba tangos, pues esta música no se interpretaba públicamente todavía.[16]

Esta primera etapa del Politeama se cierra en 1898, dando lugar a una importante remodelación del edificio. Fue edificado cuando se hizo el Puerto Madero, con los materiales sobrantes, en la misma quinta que los Zamudio tenían en la calle Corrientes, entre Uruguay y Paraná. Después de explotarlo durante diez años, la compañía se los entregó en propiedad. El dueño era el Dr. Julián Balbín, ajedrecista destacado, un hombre muy rico, tío de otro ajedrecista, Eugenio Zamudio. Tenía

[14] *Caras y Caretas* nº 147, julio de 1901. Notas del autor.
[15] Notas del autor.
[16] Amalia Pena de Guerra, *Asociación Nacional de Mesas Redondas Panamericanas* 1999-2001, WEB. Notas del autor.

en San Fernando una gran casa quinta y el crucero *Tit Bits* con el que hacía grandes excursiones por el Río Paraná.[17]

Regina Pacini y Carlos Gardel

▓ Estando ya el Politeama dedicado principalmente a la difusión de la ópera, ocurrió el famoso encuentro del futuro presidente con la ya célebre soprano portuguesa. El 1º de Septiembre de 1899, Marcelo Torcuato de Alvear se despertó más temprano que de costumbre y como era habitual, empezó a matear mientras escuchaba música. Deseaba que llegara la noche para ir al teatro. Esa noche todo Buenos Aires estaba expectante, iban a escuchar a la *prima donna* ya célebre en Europa, Regina Pacini, una cantante lírica portuguesa de quien Diego de Alvear (primo de Marcelo) le había hecho excelentes comentarios, después de verla actuar en Uruguay.

Acompañada por su madre, Felicia Quintero, que no la dejaba sola ni a sol ni a sombra, Regina cruzó por primera vez el Atlántico con destino a Montevideo –donde cantó en el teatro Solís– y a Buenos Aires. Su gira que abarcaba varios países europeos y americanos. Cantó entre otras obras las famosas arias *La Sonámbula, Lucía, El Barbero*. Marcelo, conocido miembro de una familia de la aristocracia, se dejó llevar hasta el Politeama. Vestía como siempre impecable *smoking* de gala, que llevaba como una segunda piel. El hombre era alto y apuesto. A la entrada tropezó con un chico. Era morocho, de grandes ojos negros. Tenía alrededor de nueve o diez años. Le preguntó con una mezcla de curiosidad y simpatía. Los ojazos del chico se iluminaron y esbozando una sonrisa respondió:

¿Qué haces acá, mocoso?

Vivo al lado. Mi mamá trabaja en el teatro. Limpia y plancha, señor.

¿Te gusta la ópera?

Me encanta, señor. Nunca me pierdo las funciones.

La soprano ligera que canta esta noche dicen que es fantástica. Se llama Regina Pacini.

El hombre tocó con ternura la cabeza del niño. La función estaba por empezar y debía despedirse. Ese encuentro lo había conmovido. Antes de separarse preguntó:

¿Cómo te llamas?

Carlitos Gardel, pa' servirle señor.[18]

▓ Ese mismo día, Marcelo se enamoraría locamente de Regina, y empezaría a seguirla a todas sus actuaciones, enviándole flores y costosos regalos. Invariablemente, Regina aceptaba las flores y rechazaba los regalos. Terminada la temporada en Buenos Aires, Regina fue a San Petersburgo... y hacia allí partió Marcelo, quien la cortejó durante 8 años por toda Europa, gastando buena parte de su fortuna. Finalmente, ella aceptó casarse con él el 26 de abril de 1906. El casamiento tuvo características muy peculiares. Unos días antes de la boda, Alvear recibió en París un telegrama con 500 firmas de sus amigos, pidiéndole que no se casara. La 'sociedad culta' no podía aceptar que él se casara con una 'simple' artista. Ese telegrama lo había herido profundamente. Entonces, el casamiento cambió de escenario.

---

[17] Archivo de Paulino Alles Monasterio.
[18] *Regina y Marcelo, un duetto de amor*, Ana María Cabrera, Sudamericana, 2001.

Se celebró en Lisboa el 24 de abril de 1907, y para despistar a los periodistas y fanáticos, decidieron casarse temprano por la mañana en la Iglesia de la Encarnación, disfrazados de campesinos: ella, de criada, y él, de policía. Sólo fue invitado un muy pequeño núcleo de íntimos. El regalo de bodas fue el *Manoir de Coeur Volant*, una villa cercana a París. Allí concurrían asiduamente el Mariscal Joffre y Georges Clemenceau.[19] Marcelo sería elegido presidente de la Nación en 1922, cargo que ejerció hasta 1928. Marcelo era un buen aficionado al ajedrez, y en 1927 apoyó la realización del encuentro por el título mundial entre Capablanca y Alekhine en Buenos Aires, concurriendo varias veces al Club Argentino para observar las partidas.[20]

El Politeama, política y sociedad

El 20 de noviembre de 1892 la Honorable Convención Nacional de la Unión Cívica Radical, reunida en el Politeama, declara:

…que en la renovación del Congreso y del Poder Ejecutivo Nacional han sido violadas las leyes fundamentales de la República, reemplazado el veredicto del pueblo con el fraude y las arbitrariedades de la fuerza.[21]

La situación diplomática con Chile se complica, y en ese marco el 19 de diciembre de 1901 se realiza en el Politeama el acto inaugural de la Liga Patriótica Nacional, en el que habla Estanislao Zeballos. Dice:

Es ya un deber fundamental del gobierno argentino hacer política sudamericana viril y de visera alzada.

Así comenzaba la nota de *Caras y Caretas* acerca de la velada de las famosas señoras realizada para el 25 de Mayo de 1902 en el Politeama:

La tradicional y consagrada fiesta de las Damas de Beneficencia ha sido celebrada este año 1902 con el esplendor con que se merece.

Se repartieron premios al amor filial, al amor maternal, moral, a la industria. Se distribuyeron además veinte máquinas de coser.[22]

En noviembre de 1905, los empleados de comercio reclaman la sanción de la ley de descanso dominical, y han sido reprimidos violentamente por la policía, con varios muertos y heridos. El Partido Socialista Argentino designa a Alfredo Palacios (1878-1954) para concurrir a Rosario. En el viaje, se encuentra con una manifestación de trabajadores de Sunchales, a los que arenga con violento discurso. Terminado el acto, la policía ataca a los presentes y rodea a Palacios. Uno de los efectivos le apoya el fusil contra el pecho y al momento de gatillar es desarmado por Palacios. Esta

[19] *Alvear*, Félix Luna, Editorial de Belgrano, Buenos Aires, 1982. El *Manoir de Coeur Volant* era una lujosa residencia de estilo normando, con varias hectáreas de parque. Marcelo había ganado mucho dinero en una afortunada sesión en el Casino de Montecarlo, que le ayudó a pagar su compra. En la recepción de la casa había un órgano, donde Regina solía cantar con el acompañamiento del organista del *Sacre Coeur*. La villa se vendió por un valor irrisorio en 1934, cuando la pareja decidió instalarse definitivamente en Buenos Aires. Fue ocupada por el Conde de París. Joseph Jacques Césaire Joffre (1852-1931) fue nombrado mariscal de Francia, primero en recibir ese rango durante la Tercera República.
[20] Notas del autor.
[21] Web de la *Unión Cívica Radical*.
[22] *Caras y Caretas* nº 191 del 31 de mayo de 1902. Notas del autor.

actitud tiene amplia repercusión, y el 23 es aclamado en el Centro de Dependientes de Comercio. Luego, el 25 habla en el Politeama, y los presentes lo vivan; entonces Palacios les dice:

> No me vivéis, porque no vengo a hacer literatura. Las circunstancias actuales requieren energías. Hechos, no frases. No os hagáis matar impunemente. Esperad, preparaos y cuando seáis fuertes y estéis seguros. Proceded.

Como derivación de esta arenga, los días subsiguientes 1° y el 2 de diciembre se produce en el país un paro total.

■ En 1937 fue escenario de la campaña política para las elecciones presidenciales, y en esa sala disertó en agosto Roberto Marcelino Ortiz (1886-1942) luego presidente de la República.

■ En 1938, el escritor Arturo Jauretche (1901-1974), que ya formaba parte de FORJA, un sector disidente de la Unión Cívica Radical, daba una charla en el Politeama. Allí, planteaba al público, señalando un planisferio, que…

> …para poder emanciparnos políticamente, primero debíamos hacer el esfuerzo de descolonización mental y ubicarnos geográficamente en el centro de la escena y no en la periférica posición de abajo y a la izquierda. Esto requiere sacar todas nuestras cuestiones del plano estratosférico en que se desenvuelven y poner en primer término nuestro interés nacional y popular. Es decir, llevar al plano de nuestra inteligencia política el modo común de ver las cosas por los hombres del pueblo, que sin el bagaje intelectual de su colonialismo mental acostumbraban a pensar sus problemas, estableciendo su magnitud e importancia en razón de su proximidad e interés inmediato.

Durante la primera presidencia de Juan Domingo Perón (1895-1974), Jauretche fue presidente del Banco de la Provincia de Buenos Aires desde el 22 de octubre de 1946 hasta el 7 de febrero de 1952, designado por el gobernador Domingo Mercante (1898-1976).[23]

Otto Nordenskjöld y la geología

En el *Teatro Politeama* se efectuará una representación de gala para los señores Delegados y oficiales que deseen asistir. Al final de la representación...

POLITEAMA

Pequeño anuncio del Politeama en
Caras y Caretas n° 242 del 23 de mayo de 1903

■ El 9 de diciembre de 1903, el geólogo Otto Nordenskjöld (1869-1928), de 32 años, que enseñaba en la universidad de Uppsala, dio una conferencia en el Politeama acerca de su reciente expedición a la Antártida. Él había estudiado la geología de Tierra del Fuego y pudo apreciar similitudes entre los Andes fueguinos y la Península Antártica. En esa ocasión dijo que si nos imagináramos a la Patagonia doscientos metros debajo de su nivel actual y toda cubierta por hielo, tendríamos una cantidad de canales o estrechos iguales en ambas regiones. Su viaje no se trató de una misión gubernamental, sino de una iniciativa privada que tenía solamente el propósito de realizar una exploración científica. Sin dudas fue uno de los viajes más notables al continente antártico.

---

[23] *Marshall McLuhan y Arturo Jauretche: Trazando un Paralelismo entre Re-tribalización y Barbarie*, por Laureano Ralón y Cristina Eseiza, www.educ.ar. Notas del autor.

La ópera estuvo de fiesta con Giacomo Puccini

■ Ríos de tinta produjo la llegada al país del famoso Giacomo Puccini (1858-1924), una de los más grandes expresiones de la lírica italiana. Los distintos teatros rivalizaban por incorporarlo a sus carteleras. Los expertos Otero y Vaccarelli cuentan en su libro:

La Argentina de 1905 se encontraba entre los países que más habían crecido en las últimas décadas y entre los de mayor pujanza económica del mundo. Culturalmente seguía los dictados de las tendencias europeas y en la faz musical la actividad era intensísima, con predominancia de la Ópera y, dentro de ésta, de la lírica italiana. En el período que va desde el cierre del antiguo Teatro Colón en 1888 y la inauguración del actual el 25 de mayo de 1908, el escenario lírico de mayor importancia de Buenos Aires, y por ende de la Argentina, era el Teatro de la Ópera.

Con él rivalizaba el Politeama y, en un rango inferior, encontramos también temporadas líricas en los Teatros San Martín, Odeón, Nacional y Victoria. En el campo de la Ópera popular reinaba el Marconi en el barrio del Once. La presencia de celebridades culturales y políticas era una costumbre que se iba afianzando y que tuvo su pináculo de gloria en los festejos del Centenario de la Revolución de Mayo en 1910.

En 1905 el periódico argentino *La Prensa*, de propiedad de la familia Gainza Paz, invitó a Puccini a pasar una temporada en Buenos Aires. Se le ofrecieron cincuenta mil francos de honorarios, pasajes y alojamiento para él y su esposa. El 1º de junio el matrimonio sale para Buenos Aires en el vapor Savoia.[24]

Totalmente reveladora es su carta del 30 de abril de 1905, que envía desde Milán a Luigi Illica, y que textualmente dice:

Querido Illica: Como sin duda habrás leído, voy a América en espléndidas condiciones: viajes pagados para mí y para Elvira, y alojado en el Palacio de La Prensa, el diario más grande de allí, que me ha invitado telegráficamente, y una velada a mi total beneficio calculada en 40.000 o 50.000 francos, más los eventuales 'regalos tenoriles' y quizás una parada en Río de Janeiro y otra velada a mi beneficio, etc. En suma, un verdadero viaje de placer... intoxicado de banquetes y sus correspondientes discursos. De los cuales deberías prepararme algunos de pocas frases que estudiaré durante el viaje... y luego leeré. Lo digo en serio, porque no puedo decir simplemente 'gracias señores', como cualquier pordioscro.[25]

■ A comienzos de mayo de 1905, "con un lleno rebosante realizóse en el Teatro Politeama la audición primera de la Misa de Réquiem, de Verdi. En su ejecución hay que aplaudir al maestro Goula dirigiendo, al bajo señor Teobaldo Montico, y los tenores Giacchino, Rosich y Vidales".[26] A su vez, la Compañía Berbanei puso en escena ese mismo año en el Politeama, *La Boheme y Tosca*, con la soprano Eugenia Burzio y la batuta de Ettore Perosio. Posteriormente, en los meses de primavera, la Compañía Rendina, bajo la dirección de los maestros Rinaldo Giovanelli y Achille Sacaría, ofreció *La Boheme, Tosca y Manon Lescaut*. Al parecer la calidad de la representación no resultó adecuada, y el público prefirió homenajear con su aplauso al compositor antes que a los intérpretes.[27]

---

[24] *Puccini en la Argentina*, Gustavo Gabriel Otero y Daniel Vaccarelli Costas, Instituto Italiano de Cultura de Buenos Aires, 2006, pág.17.

[25] *Crónicas Porteñas*, Gustavo Gabriel Otero, www.mundoclasico.com. Para más información sobre la estadía de Puccini en Buenos Aires, ver Revistas *PBT* nº 41 del 01/07/1905, nº 47 del 12/08/1905, y *Caras y Caretas* nº 352 del 01/07/1905, nº 356 del 29/07/1905, nº 354 del 15/07/1905, nº 358 del 12 de agosto de 1905.

[26] *PBT* nº 33 del 6 de mayo de 1905.

[27] *Puccini en la Argentina*, op. cit., pág.43/4. Notas del autor.

La polémica *Boccaccio*

▓ En setiembre de 1911 surge en el cartel del Politeama, *Bocaccio,* inspirada en la conocida novela erótica que causaba sensación en su época por su atrevimiento. *Boccaccio, o El príncipe de Palermo* es una opereta en tres actos con música de Franz von Suppé, basada a su vez en el *Decamerón* de Giovanni Boccaccio. Se había estrenado en el Carltheater de Viena el 1º de febrero de 1879. El acontecimiento tiene gran interés en Buenos Aires, y *Caras y Caretas* lo refleja así en una crónica:

> *Boccaccio* no es la opereta perfecta: este honor le corresponde a *La Mascota.* Pero, en primer lugar, es una opereta de las de antes; es decir que tiene una alegría más loca, más desfachatada y, en resumen, más alegría que las de hoy. Además, no tiene un vals con beso pegajoso, ese que se ha hecho de obligación en las operetas que constituyen la prole de *La Viuda Alegre.*

Boccaccio tiene un par de endiabladas marchas que hacen sonar cascabeles en el cuerpo, y una serenata de genéricos que los genéricos aprovechan generalmente para ruborizar hasta a las tiples de la compañía, y un terceto muy airoso y un par de 'duettinos' muy bonitos, y unas cuantas cositas más, cortas y agradables, que no son el bendito vals con beso largo de los hijos de *La Viuda.* Por último, *Boccaccio* fue, allá en sus tiempos, obra de escándalo. Entonces no se conocía la palabra 'boycott', de modo que no se puede decir que las señoras la 'boycottearon', pero se conocían bien la escena del tonel y la serenata, y aquello hacía hacer cruces. Ahora ya no se hace cuestión de esto de la moralidad de *Boccaccio.* La opereta ha sido de hecho eximida de escrúpulos de recato. ¡También, ya era toda una ocurrencia el salirle con eso tan luego a la opereta![28]

Espectáculos populares

▓ En diciembre de 1907 se presenta un curioso actor, llamado "El Transformista Aldo", que hace las delicias del público transformándose en una gran cantidad de personajes diferentes, masculinos y femeninos.[29]

▓ En mayo de 1913 el Politeama fue sede del Teatro Popular, una serie de funciones gratuitas cuya demanda superó las expectativas. Decía *Caras y Caretas* nº 764 del 15 de mayo de ese año:

> El Teatro Popular se ha impuesto de tal modo que el público acude en gran número a presenciar tan interesantes espectáculos, y que además tienen el aliciente de ser gratuitos.

▓ En la apertura de la temporada de 1921 debutan en el Politeama Esperanza Palomero y Roberto Casaux, con la obra *Farruco,* que es una comedia de ambiente gallego.[30]

Chazarreta y Drangosch: llega la música de raíz nacional

▓ En 1914 y 1915 se presenta Ernesto Drangosch (1882-1925), compositor, pianista, director de orquesta y docente. Niño prodigio, era hijo de uno de los propietarios del conocido 'almacén de música y depósito de pianos: Drangosch & Beines', representantes en Argentina de los pianos Steinway. Fue Director oficial, en los ciclos de la Asociación del Profesorado Orquestal (1923, teatro Politeama; 1924, teatro San Martín). Su música era académica pero con acento nacional.

[28] *Caras y Caretas* nº 678, 30 de setiembre de 1911.
[29] *PBT* nº 160, 7 de diciembre de 1907.
[30] *PBT* nº 460 del 20 de setiembre de 1913. Notas del autor.

El 17 de marzo de 1921 Andrés Chazarreta (1876-1960) trae al Teatro Politeama de Buenos Aires un espectáculo con bailarines, de gran éxito: irrumpe en la ciudad el folclore santiagueño.

Integraban esa Compañía de Arte Nativo unos treinta gauchos que hicieron un alto en las labores diarias: por primera vez salían de su terruño. Guitarras, bombos, mandolín, arpa, flauta, eran los instrumentos musicales que utilizaban, toda una novedad. Chazarreta era un ejecutante eximio de la guitarra, destacándose en el vals 'Santiago del Estero'. El comenta-

El teatro Politeama hacia 1925-1926. Foto AGN

POLITEAMA
Corrientes y Paraná U. T. 38-5214
Empresa RENATO SALVATTI

Matinée a las 16 y Noche a las 21

Grandioso éxito de la eximia transformista italiana

FATIMA MIRIS

Aviso publicitario del Politeama en *Crítica* del 23 de mayo de 1925

rio de la prensa de esa época fue unánime y coincidente: éxito total. En la noche de despedida, a los aplausos de la sala colmada, se sumó una lluvia de flores que cayeron sobre el escenario.[31] En 1925 se presentó una transformista famosa por aquellos tiempos: Fátima Miris.

Discépolo, María Eva Duarte y la nueva fachada

El Politeama se había inaugurado el 16 de julio de 1879 con presencia del ex presidente Domingo Faustino Sarmiento. El segundo edificio fue construido en 1936, a causa del ensanche de la Avenida Corrientes. Para adecuarlo a las nuevas disposiciones fue necesario demoler la fachada y reconstruirla para adecuarla a la nueva línea municipal.

El año 1937 fue extraordinario para el Politeama, por la cantidad de eventos de trascendencia que se celebraron en él. Se produjo un acontecimiento de gran repercusión internacional: cantó la célebre contralto negra norteamericana Marian Anderson (1897-1993), de 35 años en ese entonces. Era famosa porque, además de su hermosa voz, estaba discriminada en los Estados Unidos, y tenía prohibido actuar en las salas más importantes. Fue la primera cantante negra admitida en el Metropolitan Opera de Nueva York recién 18 años después, en 1955.

Respecto a los primeros tiempos de la actriz María Eva Duarte (1919-1952) en el Politeama, cuenta la escritora Noemí Castiñeiras, autora de un libro muy bien documentado:

En enero de 1937 Armando Discépolo (1887-1971) se había embarcado en un proyecto de envergadura: el montaje de una obra de Luiggi Pirandello (1867-1936), fallecido el año anterior. Del repertorio del autor, que el mismo Discépolo juzgaba "excesivamente complicado y extraño para la masa de público, al extremo que en algunas de sus comedias más celebradas se hacen en cierta manera incomprensibles la forma y el pensamiento y sólo se llega a la médula misma de sus intenciones después de analizar detenidamente o a través del juicio de sus exégetas", había elegido *La Nueva Colonia* por hallarse excluida de esa regla y ser "una obra diáfana y humana que no podía menos que llegar directamente al público". La convocatoria de actores era amplia, pues 27 personajes debían ser puestos en escena. El elenco quedó finalmente integrado, no sin dificultades, a fines de enero. (María) Eva Duarte formaba parte de él.[32]

---

[31] *Caras y Caretas* n° 1175, 9 de abril, página central. Incluye fotos de los actores mencionados. Fue un hecho clave para que se creara un cuerpo de danzas nativas estable. En esa ocasión estrena la famosa zamba *La López Pereyra*.
[32] *Ahora* del 25 de enero de 1937. Citado en *El Ajedrez de la Gloria*, op. cit.

■ El director esperaba que la particular circunstancia planteada por el número comprometedor de personajes 'fructificase en una interpretación de plena dignidad, cuyos méritos (...) corresponderían a los intérpretes que lo secundaban'; se trataba 'del generoso espaldarazo de procurar a nuestros artistas jóvenes la oportunidad de surgir pues el problema ingente de nuestro teatro reclama la renovación de valores'.[33]

■ Los jóvenes sin duda valoraban en su justa dimensión lo que significaba integrar compañía con la dirección de Discépolo. La carga de ansiedad con que Evita y los demás esperaron el reparto de los papeles fue la de entonces y la de siempre. (...) El rol que en el reparto tocó a Eva fue realmente breve, una pena mitigada por el hecho de continuar en escena. Su personaje, Nela, es una de las mujeres que suben de la playa perseguidas, bromeando, por un grupo de hombres. Gritando y riendo, los grupos entablan diálogos entremezclados, cuyas réplicas "deben decidirse simultáneamente, de manera que, si las palabras se perdieran –y no será esto daño grave porque de los ademanes y gestos podrán fácilmente inferirse– resulte siempre un efecto vivacísimo".[34]

■ La pieza se estrenó en el Politeama el 5 de marzo. Al alzarse el telón probablemente actores y público ignoraban aún que la escena argentina estaba de duelo: a las 19.50 horas había fallecido en la ciudad de La Plata don Pepe Podestá. (...) A las tensiones del debut siguió la expectativa de las críticas. Resaltaron la profundidad y belleza de la obra, pero también destacaron que 'la falta de actores capaces de interpretar al director sin copiarlo servilmente, se hizo notar'.[35]

■ Los jóvenes intérpretes "reprodujeron artificiosamente los gestos y los tonos indicados por el director, sin que ningún personaje tuviese vitalidad propia. Estaba el sello externo de la dirección. Faltaba el aliento y la aptitud, creadoras en todo y en cada uno. Carencia interpretativa. Sonido a falso del comediante al que el papel le está holgado".[36]

Evita fue mencionada por *Crítica*, junto con otras actrices, en un comentario estereotipado: "intervinieron en escenas de conjunto dirigidas con pericia y animadas con gracia". A menos de una semana del debut, anunciaba *La Razón*:

En vista de que las representaciones de *La Nueva Colonia* (...) no han logrado interesar al público en la medida conceptuada como necesaria, se ha decidido poner término a la temporada el próximo domingo.[37]

No se llegó hasta entonces: solamente hasta el miércoles. ¿Por qué? ¿Qué había sucedido?

Debutaron con una entrada de $ 400; de ahí se fue yendo para abajo en los días siguientes; (...) el miércoles sólo se vendieron dos plateas. Hay quienes dicen que ninguna... La muerte, pues, era inminente. No hace falta más comentario.

Costos altos, escaso aporte de público: una mala ecuación cuyo resultado fue que "el drama no tuvo lugar precisamente en la escena. El drama lo viven ahora todos los que entraron en esa organización".[38] Eva, como el resto de sus compañeros, quedó en la calle.[39]

---

[33] *Crítica* del 13 de marzo de 1937. Citado en *El Ajedrez de la Gloria*, op. cit.
[34] *La nueva Colonia*, Luiggi Pirandello.
[35] *Crítica* del 6 de marzo de 1937. Citado en *El Ajedrez de la Gloria*, op. cit.
[36] Crítica del 13 de marzo de 1937. Citado en *El Ajedrez de la Gloria*, op. cit.
[37] *La Razón* del 11 de marzo de 1937. Citado en *El Ajedrez de la Gloria*, op. cit. *Crítica* del 6 de marzo de 1937. Otros actores que participaron fueron Eduardo Cuitiño, Anita Jordán, Juan Vehil, Bernardo Perrone. Evita sufrió otro período de penurias económicas.
[38] *Ahora* del 18 de marzo de 1937. Citado en *El Ajedrez de la Gloria*, op. cit.
[39] *El Ajedrez de la Gloria*, Noemí Castiñeiras, op. cit., pág. 61/2. Notas del autor.

CAPÍTULO 2

EL POLITEAMA, EL AJEDREZ Y EL TORNEO DE LAS NACIONES

▓ Aproximadamente desde 1900 y hasta su fallecimiento en 1930, administró el Politeama el ajedrecista Eugenio Zamudio, quien lo había recibido en herencia.[40] En los carnavales de 1939 el Politeama fue escenario de una multitudinaria fiesta con baile de disfraces.[41]

▓ Los organizadores del TN, primero procuraron realizar la Copa Hamilton Russell en el Teatro Nacional de la Comedia, el Cervantes.[42] Sin embargo, no mucho tiempo antes del comienzo del certamen, por diversos problemas que se suscitaron, debieron cambiar por el Politeama, e iniciar apresuradamente una serie de trabajos para adaptar el teatro. Se quitaron todas las butacas de la planta baja y se colocaron las mesas en forma de semicírculo, de manera que las partidas podían seguirse desde los palcos, o circulando por fuera o por dentro de de ese espacio.

Las entradas costaban un peso, precio que era bastante alto para la clase trabajadora. Expresó un conocido maestro de ajedrez de origen letón y nacionalizado argentino:

> Nunca pude ir al Politeama pues, con mis 15 años, no alcancé a juntar el peso que costaba la entrada. Conste que tampoco pudo concurrir nadie de mi Biblioteca Popular y Sociedad de Fomento Santiago de Liniers, y además había que agregar por lo menos 20 centavos para el viaje de ida y vuelta del tranvía, o 20 ó 30 centavos si se tomaba la combinación del tranvía 1 con el subterráneo Anglo. Todo tiempo pasado no fue mejor.[43]

▓ El 6 de setiembre de 1939, por la noche, concurrió a presenciar la ronda el ex presidente Marcelo T. de Alvear, junto a su amigo Gustavo Caraballo.[44] Conversó luego de la ronda con Capablanca, con quien había entablado amistad durante el *match* de 1927 entre el cubano y Alekhine, cuando él era presidente de la Nación.[45]

▓ El 8 de setiembre, en pleno desarrollo del certamen, *El Gráfico* publica en su tapa al joven Paul Keres, y junto a un amplio informe de cinco páginas, firmado por Amílcar Celaya.

En el gran espacio formado por la platea y el escenario juntos, transformados en el campo de 58 incruentos combates blancos y negros, están las mesas de ajedrez en cuatro largas filas protegidas por gruesos cordones que detienen la avalancha de público.

> Cada mesa, que brilla de puro lustrada, tiene los dos nombres –colocados a derecha e izquierda– y las dos banderitas[46] correspondientes a las nacionalidades de los ajedrecistas que frente a ella se sientan. Numerosos fiscales rondan los tableros para resolver de inmediato cualquier dificultad que se produzca, y para transmitir el desarrollo de las partidas a los representantes de la prensa, a cuya disposición se ha colocado una amplia mesa entre bambalinas. (...)

[40] *El Ajedrez Americano* nº 34, pág. 215. Revista *PBT* nº 460 del 20 de setiembre de 1913. Según Pérez Mendoza, "Zamudio era de espíritu tranquilo y reposado, modesto y culto; era un jugador de fuerza y de combinaciones, atrayente".

[41] *Caras y Caretas* nº 2108 del 25de febrero de 1939.

[42] *Boletín Oficial del Torneo de las Naciones*, julio de 1939. Esta información fue también anunciada por la *British Chess Magazine*, mayo de 1939.

[43] Publicado en el Semanario *Nuestro Círculo* nº 22, marzo de 2003. Reportaje de Roberto Pagura a Leonardo Lipiniks.

[44] Gustavo Caraballo fue colaborador de Ortiz durante su gobierno. Era escritor y poeta, y le redactaba los discursos.

[45] *El Torneo de las Naciones en Buenos Aires*, Ignacio De María y Rodolfo Puiggrós, Cazabán y Compañía, 1940.

[46] En nota al pie se aclara que fueron retiradas luego de los acontecimientos bélicos europeos.

Gruesas alfombras adormecen los pasos de los espectadores. Se ha logrado el milagro de mantener en silencio a 1.500 personas cada tarde y cada noche. A las 21 en punto el toque de un gong señala la iniciación de las partidas, y otro gong a la 1 en punto señala su terminación. (...) La aglomeración de público, consecuencia del interés enorme que ha despertado el torneo, hace que la mayoría de los concurrentes no pueda seguir de cerca la marcha de las partidas. Esto también está previsto. Ocho grandes tableros murales se han instalado en el *foyer* del Politeama, en los que, a medida que se desarrollan, se van reproduciendo los cotejos más importantes de la noche.

El *foyer* está siempre repleto, porque cada partida es comentada por un jugador de primera categoría, que suele ser Alejandro Nogués Acuña, Juan Iliesco, Julio Molina, Joaquín Alonso Díaz u otro igualmente caracterizado, y sólo en ocasiones –no se puede abusar de lo demasiado bueno— por la verba pintoresca de Benito Villegas, a quien el público aplaude con cariño, y de cuyas ocurrencias ríe de buena gana.

El hombre de la Calle Corrientes, ambulante nocturno y curioso, que busca un espectáculo y se mete de cabeza en la primera puerta que lo atraiga, con su música, sus luces o su ruido, fue el que una noche pagó "una piastra" y entró al Politeama para ver de cerca a Capablanca. Este hombre fue quien pidió la explicación de las movidas que se hacían con las maderitas que colgaban de los tableros murales del foyer. Amenazaron con no volver al día siguiente si no se les amenizaba el espectáculo, exhibiendo las papeletas adquiridas en boletería. Allí mismo nació la necesidad del comentarista que apechuga con una partida que se está jugando con las últimas novedades teóricas.[47] Así nacieron los muralistas, luego tan populares en los grandes torneos.

Luego están los hilos invisibles que conectan todos los engranajes, las palancas que ponen en movimiento la máquina: la oficina del Director del Torneo Dr. Joaquín Gómez Masía, donde en última instancia se suavizan los pequeños rozamientos que necesaria y diariamente se producen en un organismo tan vasto, y donde se ajustan los resortes que fallan; la oficina de distribución, que recibe y guarda los sobre conteniendo las jugadas secretas y las planillas de las partidas definitivamente terminadas; las oficinas en las cuales se redacta, imprime y compagina el boletín diario, que se tira de madrugada, y también de madrugada se reparte en los distintos hoteles donde se alojan los jugadores; la secretaría, la oficina de correspondencia , la oficina de Correos y Telégrafos, establecida especialmente a efectos que los ajedrecistas de 27 naciones distintas gocen de facilidades para comunicarse con sus respectivos países.[48]

Disposición final y asesinato cultural. Trapalanda

▓ En agosto de 1948, la revista *Anales de Buenos Aires* invitó al poeta español Juan Ramón Jiménez, que había huido de la persecución de los franquistas y se encontraba viajando por Estados Unidos, a dar una serie de conferencias en la Argentina. Fue recibido fervorosamente por un grupo de escritores argentinos y españoles que lo esperaban en el puerto. Ofreció cuatro conferencias en el teatro Politeama, y luego viajó también a las ciudades de Córdoba, La Plata, Rosario, Santa Fe y Paraná.

▓ En junio de 1955 ya existía una amenaza de demolición del Politeama, y el directivo Pascual Pellicciota[49] mociona gestionar una ley que impida la demolición de salas teatrales en todo el país y

---

[47] *El Gráfico* nº 1050, pág. 60/1. Nota de Paulino Alles Monasterio en *PBT* nº 705 del 24 de marzo de 1950.

[48] Notas del autor.

[49] Pascual Pellicciotta (1905-1985) fue un actor de cine, radio, televisión y teatro de extensa trayectoria. Hacia mayo de 1939 encabezó junto a Eva Duarte, y a Eva y José Franco, la "Compañía de Teatro del Aire".

prohíba que las mismas sean afectadas a otras actividades.[50] Finalmente, el Politeama fue demolido en 1956, durante el gobierno militar de la llamada Revolución Libertadora, siendo responsables de este verdadero asesinato cultural los intendentes Miguel Ángel Madero (26 de setiembre de 1955 al 8 de junio de 1956), y Luis María de la Torre Campos, (8 de junio de 1956 al 25 de enero de 1957), designados por los gobiernos de Eduardo Lonardi y de Pedro Eugenio Aramburu, respectivamente.

El acontecimiento fue registrado por las cámaras del noticiero *Sucesos Argentinos*,[51] y presentado como un salto al progreso, anunciándose que se construiría allí un gran edificio de 35.000 metros cuadrados. Por supuesto, esto no se cumplió, y hasta hace poco ocupó el lugar una penosa playa de estacionamiento para coches.

---

[50] *Actas del Sindicato*, 11/6/1959.
[51] Puede verse en You Tube, videos de *Ajedrez de Estilo*.

CAPÍTULO 3

EL PAÍS EN 1938: FRAUDE ELECTORAL Y CRECIMIENTO NAZI

1938: Fraude electoral escandaloso y 'victoria' de la aristocracia. Antes de irse, el presidente Agustín Pedro Justo quiere pasar a la historia. Se suicidan Leopoldo Lugones y Alfonsina Storni. Los filo-nazis tienen cada vez más poder.

El país en 1938

Pese a las innumerables protestas encabezadas por los radicales a través de Marcelo T. de Alvear, la fórmula Ortiz – Castillo fue proclamada el 25 de noviembre de 1937, y debía asumir sus funciones el 20 de febrero de 1938. La caricatura de *Caras y Caretas* simboliza el fraude realizado.

Juan Pueblo
El cuarto oscuro se cierra
Y hay presión y malos tratos.
Vámonos antes que, ingratos,
Nos echen de nuestra tierra

Caricatura que muestra el fraude. *Caras y Caretas* nº 2060 del 26 de marzo de 1938

■ Comienza la historia de la Casa del Teatro, un edificio de diez pisos ubicado en Avenida Santa Fe al 1200, que la cantante lírica Regina Pacini de Alvear soñó en 1927 como *"un hogar de la gente del espectáculo desamparada al final de su vida"*. Se cuenta que el arquitecto Alejandro Virasoro diseñó gratis el edificio, hoy considerado un ejemplo del estilo Art Decó en Buenos Aires. Había cosas nuevas para la época: acero inoxidable, mármoles, luz fluorescente, formas aerodinámicas. Virasoro es el pionero del hormigón armado en la Argentina, era un vanguardista que en la década de 1920 hizo una arquitectura racionalista y geométrica, inspirada en diseños de la tradición americana. *Se nota en la pirámide escalonada incaica con la que culmina el edificio y en otros detalles,* destaca el estudioso Francisco Liernur.

El edificio se inauguró el 5 de enero de 1938, cumpleaños de Regina Pacini, con una fiesta donde el capo cómico Marcos Caplan era el *chef* de cocina, auxiliado por las cocineras Iris Marga, Luisa Vehil y Maruja Gil Quesada. Los invitados de honor eran Regina y su marido Marcelo Torcuato de Alvear, además del presidente de la Nación, Agustín Pedro Justo y los grandes nombres del ambiente teatral.[52]

■ El suicidio del escritor Leopoldo Lugones un día antes de la asunción presidencial de Ortiz –19 de Febrero–, conmueve a la población. Se quita la vida en un recreo del Tigre ingiriendo cianuro. Un amor imposible y la imposibilidad de continuar con la biografía del general Julio A. Roca, que le había encargado el gobierno nacional, son los factores desencadenantes de su decisión. Un nuevo suicidio ocurre el 25 octubre, cuando la poetisa Alfonsina Storni, que estaba gravemente enferma, se interna en las aguas de Mar del Plata y muere ahogada.

El último mes antes de entregar el mando, Justo se lanzó a una actividad frenética. Se reunió con el presidente de Brasil, Getulio Vargas, el 8 de enero, para inaugurar el puente internacional entre Paso de los Libres (Corrientes) y Uruguayana. Al regresar, cae el avión donde viajaba parte de la comitiva y muere su hijo Eduardo, de veintisiete años. Pese a la conmoción personal que sufre, Justo no decrece en su hiperactividad, e inaugura el tramo pavimentado hasta Dolores del camino que unirá Buenos Aires y Mar del Plata.

La FADA, a través de su presidente Augusto De Muro, ha hecho llegar al Excelentísimo Señor Presidente de la Nación una nota de condolencia por el lamentable accidente de Itacumbú (Sic).[53]

Poco antes de asumir su cargo, Ortiz tuvo que acudir apresuradamente a solucionar un problema inesperado. Justo había prometido que durante su gobierno se demolería la Casa Rosada, con la idea de extender la Avenida de Mayo hasta el río. Para demostrar que cumplía sus promesas, pocos días antes de entregar el poder, comenzó la demolición, sobre el flanco que da a la calle Victoria.[54] Ortiz fue a ver a Justo urgentemente, y le pidió que cancelara los trabajos, y que le dejara a él la tarea de decidir sobre el asunto. De ese modo, la Rosada se salvó de la piqueta.[55]

Los problemas del presidente Ortiz, y los intelectuales argentinos filo-nazis

■ El primer inconveniente que tuvo que afrontar Ortiz fue el caprichoso calendario electoral que había establecido Justo. El 6 de marzo debían elegirse en total setenta y nueve diputados, en trece de las catorce provincias. Estaba previsto un fraude similar a los anteriores. Sin embargo, Ortiz dijo que *"el fraude con que fui elegido es un pecado que tengo que lavar",* y cambió abruptamente su actitud política, prometiendo elecciones limpias en todo el país. Pese a ese deseo, en los comicios se repitieron los viejos vicios, en especial en la provincia de San Juan. Entonces, Ortiz cumplió su palabra e intervino la provincia, para disgusto de su antecesor Justo y del vicepresidente Castillo.

---

[52] *Información General de la Actividad Teatral* n° 114, web, abril de 2004.
[53] *Caras y Caretas* n° 2051 del 22 de enero de 1938. Notas del autor.
[54] Hoy, Hipólito Yrigoyen.
[55] Notas del autor.

En Argentina un grupo de intelectuales que reclaman el revisionismo histórico y se proclaman nacionalistas, encabezado por general Juan Bautista Ithurbide, los hermanos Julio y Rodolfo Irazusta, Ernesto Palacio y Roberto de Laferrére, elogian la anexión de Austria. Luego adherirán fuertemente a la figura de Perón. En su columna de *Caras y Caretas*, Ernesto Palacio decía:

> Ante los acontecimientos que acaban de ocurrir en Austria, conmoviendo a Europa, hay un sentimiento que a todos nos unifica: la admiración. Tanto los que reaccionan con entusiasmo como los que los que reaccionan con rencor se sienten forzados a reconocer la grandeza de la operación realizada por Hitler.

Elogios a Hitler en Argentina. *Caras y Caretas* nº 2060 del 26 de marzo de 1938

▌En ese marco, el 5 de marzo el Gobierno de Alemania condecora al presidente de la Bolsa de Comercio Antonio M. Delfino con el Águila Roja –cruz gamada nazi–, hecho registrado con una hábil caricatura por el dibujante Eduardo Álvarez en *Caras y Caretas*.

▌Hacia fines de año la salud de Ortiz comenzó a tener una importancia relevante. La diabetes estaba haciendo estragos en su organismo, y aunque se trataba de minimizar los problemas, los síntomas eran cada vez más evidentes, especialmente los de origen cardiológico y oftalmológico.

Condecoración nazi al presidente de la Bolsa de Comercio. Foto Revista *Caras y Caretas* nº 2060 del 26 de marzo de 1938

En Buenos Aires, las discusiones entre los sectores anglófilos y germanófilos recrudecen. Ortiz –si bien en privado no ocultaba sus simpatías por los aliados–, se propuso mantener la tradición neutralista del país, aunque sin desoír las voces que, predicando la solidaridad americana, llegaban de Estados Unidos. La prensa nacionalista no tardó en convertirlo en el blanco de una tenaz campaña alentada por la embajada de Alemania, que financiaba toda clase de publicaciones nazistas; incluso en los propios servicios informativos del Estado había funcionarios venales en subrepticia complicidad.[56]

Un grande pasa desapercibido: la grieta se manifiesta

▌Pablo Casals se encuentra en julio de 1936 con el comienzo de la guerra civil española. Él no es político, pero dice:

[56] *De Yrigoyen a Alfonsín, retrato de un testigo del drama argentino*, Félix Laíño, Plus Ultra, 1985. Notas del autor.

Las funciones políticas no son de la incumbencia del artista, pero para mí éste tiene la obligación de manifestarse categóricamente, cualquiera que sean los sacrificios que ello le acarree, cuando se trata de la dignidad humana amenazada.

Durante los años de lucha dio numerosos conciertos en España y el extranjero a beneficio de los hospitales y los niños de su patria. En 1938 viene a América del Sur, y recala en la Argentina. Debido a su toma de posición ante el conflicto español, en todas partes encontraba reticencias por parte de ciertos sectores.

En Buenos Aires, por ejemplo, donde di nueve conciertos en el Teatro Colón, en los tres primeros no había casi nadie en la platea...[57]

El fraude electoral

▓ Numerosas notas en los diarios informaban sobre la gran cantidad de denuncias de fraude en las elecciones legislativas llevadas a cabo el 6 de marzo de 1938.

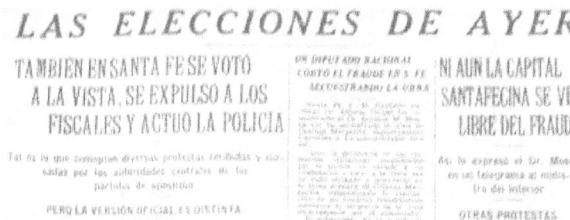

El "fraude patriótico".
La Nación, 7 de marzo de 1938

El *anschluss*, y la avanzada nazi en Argentina

▓ El 13 de marzo las tropas alemanas –dos cuerpos de ejército y una división blindada– al mando del general Fedor von Bock ocuparon Austria. Detrás de ellos una multitud de asalariados, preparados y lanzados por Himmler, asaltó y destruyó el palacio arzobispal, por haberse opuesto el prelado Sproll[58] a votar a favor de la incorporación de Austria al *Reich*. La Gestapo completó la obra deteniendo a las figuras más prominentes del país, ochenta de las cuales se suicidaron para impedir la humillación moral y física en manos de los esbirros de Hitler.[59]

▓ Ese año 1938, parecía que el país andaba en piloto automático económico. La moneda argentina se revalorizaba, las cosechas de trigo eran formidables, y estaban en marcha muchas obras públicas. Los problemas estaban en Europa. La guerra civil española iba concluyendo, con las tropas de Franco avanzando sobre la costa del Mediterráneo. En marzo Hitler concreta el *anschluss* de Austria, y el 11 de abril la colectividad alemana en Argentina realiza un gran acto en el Luna Park

---

[57] Mágicas ruinas: crónicas del pasado, Web.
[58] Johannes Baptista Sproll, de ideología tradicionalista, fue Obispo Residencial de Rottenburg.
[59] *Juegos de simulación*, Edgardo Matute Bravo, Círculo Militar, Buenos Aires 1970, pág. 169.

apoyándolo, bajo el lema *Ein Reich, Ein Volk, Ein Führer,*[60] al que asistieron entre otros el embajador Edmund von Therman y el general Juan Pistarini.[61]

▓ Las manifestaciones del presidente Hitler a favor de la reunión de una conferencia económica mundial no pueden por ahora ser objeto de una respuesta categórica por parte de del presidente Roosevelt. A juzgar por las declaraciones que ha hecho el Secretario de Estado, señor Corden Hull, sólo despiertan un interés académico. La fijación del límite de armamentos es para los norteamericanos una condición indispensable para que se pueda llegar a un acuerdo económico, pues se considera que los armamentos actuales tienden a desequilibrar la economía de Europa.[62]

Alemania absorbe Austria.
La Nación, 12 de marzo de 1938

La desaparición de Austria para la Gran Alemania.
La Nación, 15 de marzo de 1938

Apoyo de la comunidad alemana
al *anschluss* y a Hitler en el Luna Park.
La Nación, 11 de abril de 1938

Mientras avanza, Hitler trata de distraer.
La Nación, 21 de abril de 1937

▓ En octubre Hitler anexa también una parte de Checoslovaquia. La avanzada alemana en Argentina se venía produciendo con fuerza. Ya el 31 de enero de 1937 el diario *Deutsche La Plata Zeitung*, subvencionado por la embajada de Alemania, había informado que los nacionalsocialistas alemanes radicados en Argentina *eran instruidos en la Escuela de Altona, dependiente del Instituto para Extranjeros de Stuttgart*, y que uno de los concurrentes había explicado: *somos*

Caras y Caretas nº 2063 del 16 de abril de 1938

[60] Lema nacional cuya traducción es *un pueblo, un imperio, un líder.*

[61] *Perón y los alemanes*, Uki Goñi, Editorial Sudamericana, Buenos Aires 1998. El autor sitúa el acto del Luna Park en 1937, pero la fecha 11 de abril de 1938 es la correcta. Pistarini fue uno de los coroneles del GOU, que competía con Perón por el liderazgo. Fue impulsor de la construcción del Aeropuerto de Ezeiza, que hoy lleva su nombre.

[62] *La Nación*, 21 de abril de 1925.

una comunidad consagrada al Führer y militamos en las filas del ejército activo de los nacional-socialistas.[63]

Caras y Caretas y su visión de la situación mundial

Tapa de *Caras y Caretas* nº 2067
del 14 de mayo de 1938

▓ La situación mundial es descripta crudamente en un chiste aparecido en la revista *Caras y Caretas* nº 2063 del 16 de abril.

▓ El 14 de mayo *Caras y Caretas* presenta una caricatura muy sugestiva en su tapa, titulada *Alianzas Europeas: Hagamos las paces sin mirar atrás*, aludiendo al tratado de paz que firmaron Hitler y Chamberlain.

El ex presidente, en Lisboa

▓ El 10 de mayo, el ex presidente Agustín Justo, junto con su familia, arriba a Lisboa, donde es saludado por un enviado especial del presidente/dictador Antonio de Oliveira Salazar.[64] Dos días después llega a París. (...) *Le Figaro* publica lo siguiente:

> Ayer llegó a París, donde permanecerá varios meses, el general Agustín P. Justo, quien acaba de cumplir durante seis años una administración notable en Argentina, que tuvo como propósito y resultado hacer pasar a su país de un estado de crisis al de una envidiable prosperidad.[65]

Limpieza de judíos en Alemania

▓ A través del telegrama 234.404 del 9 de noviembre de 1938, se informó a todos los puestos de policía de Berlín:

> En breve plazo tendrá lugar en toda Alemania una operación de limpieza contra los judíos, en especial contra sus sinagogas. No deben ponerse obstáculos. Se hacen preparativos para la captura de unos 20.000 a 30.000 judíos en el Reich. GESTAPO II. Müller.[66]

Vientos de guerra

▓ Comenzaban a llegar (a la Argentina) numerosos enviados de países involucrados en el conflicto: Alemania, Inglaterra, Francia, e incluso Estados Unidos, que envió al después célebre Spruille Braden. Ellos preveían que la guerra era inevitable, y trataban de posicionarse en los ámbitos de poder locales para obtener las mayores ventajas comerciales y políticas posibles.

---

[63] *Odessa al Sur,* Jorge Camarassa, Planeta 1995. Notas del autor.
[64] Permaneció 35 años en el poder.
[65] *El General Justo*, Rosendo Fraga, EMECÉ Editores, Buenos Aires 1993, pág. 435/6. Notas del autor.
[66] Citado en *Vuelta de página*, Jorge Lanata, J. L. Producciones y Asociados, Buenos Aires 1997, pág. 77.

La línea Maginot comenzó a construirse en 1925 y lleva el nombre del entonces ministro de guerra de Francia. Las fortificaciones arrancan de la frontera suiza y se extienden hasta Flandes. Consisten en una serie de casamatas conectadas con antiguas fortificaciones francesas y dos gigantescas fortalezas nuevas que protegen la región industrial de Lorena. Se calcula que la Línea Maginot ha costado 400 millones de dólares.[67]

■ Veinte años de paz ya parecen muchos... Europa vive como sobre un volcán que ha de estallar a cada momento. Una especie de locura colectiva parece haber anidado en el espíritu de los pueblos que vuelven los ojos hacia una guerra como un medio de resolver sus dificultades del momento. ¡Y aún no se ha liquidado la guerra del 14! ¿Qué virus malsano ha contaminado a los hombres de esta generación? ¿Quién los enceguece? ¿Quién los satura de odios y rencores? Porque una guerra ahora significa la destrucción total de la humanidad. Ya no habrá combatientes y no combatientes. No habrá lucha de ejércitos, sino lucha de pueblos... La sombra de Atila se extiende sobre una Europa martirizada y claudicante... ¡Ojalá se la pueda detener a tiempo![68]

Los ingleses dudan de la FADA

Habiendo tomado nota de los detalles de la organización del TN 1939 por parte de la FADA, la revista *Chess (Sutton Coldfield)* opine en duda la capacidad del país de afrontar semejante presupuesto, que alcanza a las 20.000 libras.

Las dudas de la revista *Chess*,
14 de noviembre
de 1938

Perón y Manuel Gálvez

■ Con ganas de trasladarse al exterior, Juan Domingo (Perón) gestionó ante el Ministerio de Guerra una misión en Europa, y obtuvo un resultado positivo: fue destinado a Italia, para entrenarse y estudiar el funcionamiento de los centros alpinos. Precisamente, en relación con la inmigración italiana en la Argentina, el escritor nacionalista Manuel Gálvez había publicado una serie de artículos periodísticos que agradaron mucho a Perón. Sostenía que a finales del Siglo XIX el auge del comercio había eclipsado el *sentido heroico* de los gauchos y los caudillos, imponiendo en el país un estilo mercantilizado y subalterno, por lo que era necesario realizar una reforma moral para restaurar el patriotismo, el espíritu religioso y juvenil, y las nuevas jerarquías.

Para que el Estado pudiera ser único rico era preciso destruir las fortunas particulares, construir un socialismo de estado con orden y religión, y evitar el comunismo, estableciendo la justicia social. Los italianos antes llegaban corrompidos por la democracia liberal, el materialismo y la masonería, pero ahora, influenciados por el Duce, eran austeros, católicos e idealistas. Con ellos era posible abandonar la Constitución de 1853, y una vez encontrado el hombre providencial, establecer el fascismo en la Argentina. Se sonrió Juan Domingo:

El hombre providencial será descendiente de italianos, pero con un gran sentido argentinista.

Perón sacó pasaje en el *Conte Grande*, y vestido de traje civil con un brazalete de luto en el brazo izquierdo –había fallecido su esposa Potota– fue despedido en el puerto por el capellán de la iglesia castrense, el padre Antonio D'Alessio, y un pequeño grupo de camaradas y sus esposas.[69]

---

[67] *Caras y Caretas* n° 2093 del 12 de noviembre de 1938.
[68] *Caras y Caretas* n° 2086 del 24 de setiembre de 1938. Notas del autor.
[69] *Juan Domingo*, Ignacio García Hamilton, Sudamericana, Buenos Aires 2009, pág. 84/5. Notas del autor.

Parámetros económicos de 1938

Al finalizar el año las reservas en oro y divisas eran de 445 millones, de ellas 440 en oro, y 5 en divisas convertibles. La tasa de inflación de Buenos Aires fue negativa 0,7%.[70]

[70] *Ensayos sobre la historia económica argentina*, Carlos F. Díaz Alejandro, Amorrortu Ediciones, Buenos Aires 2002, pág. 414. Un ejemplar de la revista *El Ajedrez Americano* se vendía a $ 0,70.

CAPÍTULO 4

EL CONTEXTO PREVIO AL GRAN ACONTECIMIENTO

▓ Nada ha de impedir que en 1939 Buenos Aires sea escenario del TN. Los poderes públicos argentinos han encarado el problema en su debida importancia, y la suma de $ 150.000, solicitados a la Cámara de Diputados, ha tenido un feliz despacho. Delegaciones de veinte países europeos, y cinco o seis de América, llegarán a nuestro suelo para volver a su patria más tarde conociendo lo que es y significan Buenos Aires y la República Argentina en el concierto mundial.[71]

Alekhine vendrá a Buenos Aires

▓ El 5 de marzo *Caras y Caretas* nº 2057 anuncia:

El campeón mundial actuará en Buenos Aires. Están finiquitándose las gestiones relacionadas a la actuación del doctor Alejandro Alekhine en esta Capital. El campeón permanecerá entre nosotros aproximadamente diez días, y con tal motivo las autoridades de los clubes Ríver Plate, Belgrano de San Nicolás, Club Argentino, Círculo de Ajedrez y Círculo de Vélez Sarsfield están tratando de que el formidable maestro ruso juegue y dé algunas conferencias en sus respectivas entidades.

Mucho ajedrez en *Caras y Caretas*

▓ El 29 de enero *Caras y Caretas* nº 2052 informa que el Centro Universitario de San Martín, provincia de Buenos Aires, desarrolla mucha actividad, y que en el Círculo Roberto Gabriel Grau de la localidad de San Justo, han brindado sesiones de simultáneas el propio Grau, Luis Palau y Enrique Falcón, participando cincuenta y tres aficionados. Grau y Palau entregaron luego los premios del Torneo Interclubs realizado en esta entidad. Asimismo, confirma que en la redacción han recibido la revista *Castles* de diciembre, y el *Boletín del Círculo* que cubre las actividades de 1937.

▓ El 4 de febrero se publica en *Caras y Caretas* nº 2105 un informe muy positivo sobre el ajedrez argentino en 1938, y vuelve a resaltarse la organización del TN en julio de 1939.

Gran simultánea de Grau en San Justo, Santa Fe. Foto AGN

Balance del ajedrez argentino en 1938. *Caras y Caretas* nº 2105 del 25 de febrero de 1939

[71] Roberto Grau, *Leoplán*, 19 de enero de 1938.

Caras y Caretas imita a *Leoplán*

■ El 19 de febrero *Caras y Caretas* lanza el Segundo Gran Concurso de Solucionistas de Problemas de Ajedrez.[72]

■ El 14 de mayo *Caras y Caretas* informa sobre su gran concurso de soluciones, dirigido por su columnista Gastón Pedro Dubox. Otorga 100 premios, con $ 150[73] más una copa donada por Ángel Guzmán y un diploma, para el ganador. Luego siguen premios de $ 100, $ 75, $ 50, etc., agregados a regalos de las casas Peuser, Cazabán, Belluni, el Círculo de Vélez Sarsfield, Luis Palau para *El Ajedrez Americano*, y hasta una suscripción anual a la revista *Xadrez Brasileño*, donada por su editor Francisco Vieira Agarez.[74]

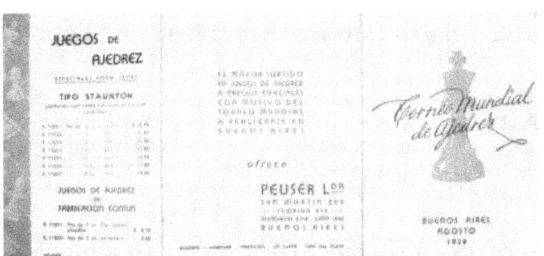

Folleto comercial de Peuser de productos ajedrecísticos

Alekhine visita el Club Jaque Mate

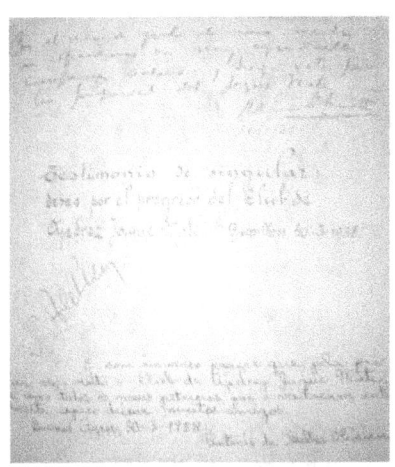

Dedicatoria de Alekhine y Salles Oliveira al *Jaque Mate*, 30 de marzo 1938. Libro de visitantes

■ Dentro de la nutrida actividad desarrollada por Alejandro Alekhine en su visita al país, se produjo su visita al Club Jaque Mate el 30 de marzo de 1938. Allí firmó el libro de visitantes y dejó una bonita dedicatoria de su puño y letra.[75]

Testimonio de singular deseo por el progreso del Club de Ajedrez Jaque Mate. Buenos Aires 30-3-1938

Un prodigio en Paraná

■ El 26 de marzo *Caras y Caretas* nº 2060 informa que el jovencito César Corte ha obtenido el título de campeón entrerriano de ajedrez, en el certamen realizado en el Club Gimnasia y Esgrima de Paraná.

Gran concurso de solucionistas de Leoplán

■ El 2 de febrero *Leoplán* anuncia el lanzamiento del gran Concurso de Solucionistas de Problemas, dividido en tres partes: solución de problemas, de finales técnicos y de posiciones de partidas. El evento comenzará en la edición del 19 de febrero, y se prolongará durante las diez ediciones

[72] Similar al que organizará la revista *Leoplán*.
[73] Equivalen hoy a aproximadamente U$S 1.000.
[74] *Caras y Caretas* nº 2067 del 14 de mayo de 1938.
[75] Lo mismo hizo el brasileño Antonio Salles de Oliveira.

sucesivas de la revista. Cada uno de los tres ganadores recibirá como premio una copa, en la que se grabará su nombre; los que lleguen segundos un ejemplar del libro *Curso Superior de Ajedrez*, y los terceros una suscripción gratuita a *El Ajedrez Americano*.[76]

Guimard retiene el título ante ¡Piazzini!

▓ En la reunión de la CD de la FADA se resolvió modificar la reglamentación del campeonato argentino en mérito a una solicitud presentada en conjunto por los señores Carlos Guimard y Jacobo Bolbochán, que deben disputar el próximo *match*. En lugar de disputarse a cuatro partidas ganadas en un máximo de diez, se considerará ganador al que logre mejor *score* de dieciséis partidas. El *match* debe comenzar en enero, y probablemente las primeras partidas se disputen en Mar del Plata.[77]

▓ Se iniciará el sábado próximo el *match* por el título máximo. Debido a que Jacobo Bolbochán desistió de jugar por el campeonato con Guimard, la FADA resolvió hacer saber a Luis Piazzini que le correspondía a él medirse por el campeonato argentino. Habiendo aceptado Piazzini dicha propuesta, la FADA dispuso que la primera partida se juegue el martes próximo en los salones del Club Argentino, efectuándose la segunda en el Círculo. Además, varias partidas se realizarán en Necochea.[78]

▓ Dos deportistas cabales son los protagonistas del Campeonato Argentino. Uno de ellos, el poseedor del título, Carlos Guimard, la máxima esperanza de nuestro deporte; el otro, Luis Piazzini, que ya supo del honor de ostentar el título al batir a Bolbochán hace algunos años, que más tarde lo perdió, con su señorío habitual, volviendo de nuevo ahora a luchar en su procura, con una actitud deportiva que lo honra. Correspondía que jugara el *match* Jacobo Bolbochán, ganador del Torneo Mayor, pero éste entendió que era primordial dotar al título de una bolsa, y que de no existir ésta, el honor de ser campeón argentino no era bastante para compensar el esfuerzo que debía realizar. La FADA designó a Piazzini, *challenger*, por haber arribado segundo, y éste, que se hallaba desentrenado, veraneando, aceptó, dando así una lección de deportismo a quienes entienden el ajedrez de una manera estrictamente profesional.

La época moderna impide combatir el profesionalismo en el deporte. Hacerlo significa aceptar como justo que sólo quien tiene dinero para poder dedicar sus horas a perfeccionarse en una actividad deba sobresalir. Nadie puede considerar inmoral e ilegítimo que un Capablanca, un Alekhine, y aún los buenos ajedrecistas de cada país tengan alguna retribución por sus esfuerzos. Entendiéndolo así, la FIDE resolvió hace diez años no hacer cuestión de profesionalismo y amateurismo, y aceptar que en los torneos por la Copa Hamilton Russell jugaran los mejores. Pero el tener un concepto moderno para ponerse a tono con la realidad de los hechos y evitar la simulación eterna de otros deportes, no autoriza a curtir el espíritu en forma tal que el ajedrecista se olvide que representar al país es un honor que no se paga con dinero.

Que el ser campeón nacional vale mucho más que una suma (de dinero) eventual, y que la consecuencia y solidaridad con los dirigentes del club que lo han ayudad a progresar, y con la FADA que le permitió alcanzar notoriedad y aún lo envió a Europa, está por encima de toda cuestión profesional o amateur. Sería como si el médico le cobrara la visita a su padre o a su hermano, por el hecho de que es profesional. Será esto *muy profesional*, pero está reñido con las más elementales normas de la gratitud y la consecuencia. Entendiéndolo así, la FADA ha suspendido por un año a Bolbochán. Y ha hecho bien.[79]

[76] Roberto Grau, *Leoplán*, 2 de febrero de 1938.
[77] *La Nación*, 22 de diciembre de 1937.
[78] *La Nación*, miércoles 9 de febrero de 1938.
[79] Roberto Grau, *Leoplán*, 2 de marzo de 1938.

El 12 de febrero se inicia el *match* por el Campeonato Argentino entre el campeón Carlos Enrique Guimard y el desafiante Luis Roberto Piazzini, quien a último momento reemplazó a Jacobo Bolbochán –en mérito a haber obtenido el segundo lugar en el Torneo Mayor—, ya que éste fue sancionado por la FADA con un año de suspensión. Las partidas se jugaron en el Club Argentino, Círculo de Ajedrez y Hotel Royal de Necochea. Guimard se impuso ampliamente a Piazzini por 6½:2½, con una sola tablas. Grau relató la situación así:

Jacobo Bolbochán no hizo uso del derecho de jugar por el título máximo con Carlos Enrique Guimard por no haber una bolsa que compensara el esfuerzo a realizar.[80]

Suspensión por un año a Jacobo Bolbochán

En su última reunión realizada anteayer, el Consejo Federal de la FADA adoptó la resolución que a continuación consignamos:

Atento a que el señor Jacobo Bolbochán el día antes de iniciarse el *match* por el campeonato argentino que como challenger debía disputar con el actual campeón, señor Carlos Guimard, se presentó en el local de nuestra institución y ratificó por escrito que no intervendría en el *match* si previamente no se le aseguraba un premio en dinero, desistiendo del desafío que oportunamente dirigió, ante el rechazo de su pretensión, y considerando:

Que si bien la FADA, conforme a lo resuelto por la FIDE, acepta que no pueden hacerse distinciones entre jugadores profesionales y amateurs, ello no implica que fomente el profesionalismo sino la difusión del juego solamente por sus fines educativos;

Que su función fue siempre la de fomentar el ajedrez por lo que significa la práctica del juego para la más amplia cultura popular;

Que en las actividades organizadas por la FADA jamás se estableció que fuese necesaria una compensación, y mucho menos fue norma la asignación de cantidades de dinero;

Que si alguna vez hubo premios en argentinos, en lugar de objetos de arte, ello no implicó sino una manera de despertar un mayor estímulo en momentos en que era necesario agotar los recursos para que se acentuase el interés por el deporte, y sólo como un medio transitorio;

Que ya esta FADA tuvo oportunidad de expresar su repudio por la solicitación de dinero para actuar en un torneo en representación de un club afiliado al jugador denunciado por el Club de Ajedrez Jaque Mate;

Que en aquella oportunidad, aunque las pruebas no fueron totales, se aplicó una pena severa al jugador inculpado porque se consideró que la exigencia planteaba un caso grave al ajedrez argentino;

Que la solicitación en el caso actual no ha llegado verbalmente, sino que fue ratificada por escrito con la afirmación del señor Bolbochán de que no actuaría si no se le aseguraba una cantidad determinada;

Que, además, el pedido es para una actividad organizada por esta FADA, el campeonato argentino de ajedrez, que es uno de los motivos esenciales de la existencia de nuestra institución;

Que el momento de realizarse el pedido, un día antes de iniciarse el *match*, hace suponer que el señor Bolbochán ha obrado premeditadamente con la intención de plantear un conflicto, pues hace dos meses formalizó el correspondiente desafío sin hacer ninguna objeción a las condiciones preestablecidas, que para nada se referían a premios en efectivo;

[80] Roberto Grau, *Leoplán* nº 81 del 16 de febrero de 1938, *Leoplán*, 8 de mayo de 1940. Notas del autor.

Que al intervenir en el último Torneo Mayor, y por lo tanto declararse presunto protagonista del *match*, el señor Bolbochán no ignoraba la falta de premios en dinero; no solamente porque así fue siempre, sino porque es notoria la imposibilidad material de la FADA para conseguir donaciones, después de haberlas logrado, con tanto esfuerzo tanto para el viaje a Estocolmo como para el envío de un equipo a Asunción;

Que aún en el caso de los jugadores profesionales, como en el *football*, para citar un ejemplo, la exigencia de dinero antes de un *match* o la negativa a jugarlo por falta de él, es considerada una infracción grave penada con las sanciones mayores de que disponen los clubs;

Que si se dijera que en esos casos el jugador pide algo que está fuera de lo contratado o convenido, también está en la misma circunstancia el señor Bolbochán, pues nunca se ha convenido con ningún jugador que habría premios en efectivo para el campeonato o para cualquier otra actividad de la FADA;

Que al jugar el Torneo Mayor se adquiere el compromiso expreso de disputar el *match* por el campeonato, salvo el caso de fuerza mayor justificado, compromiso éste que nunca fue necesario destacar, pues hasta ahora siempre fue considerado un honor por todos los jugadores argentinos, la distinción de disputar el título máximo;

Que el señor Bolbochán no ignoraba que su solicitación hecha a último momento podía malograr el campeonato anual;

Que la actitud del señor Bolbochán contrasta con la del señor Piazzini, actual challenger, quien ha debido interrumpir sus vacaciones para intervenir inopinadamente en el *match* sin notificación previa que le hubiese permitido un entrenamiento adecuado; y lo que es más, la FADA adeuda al señor Piazzini una suma importante prestada para facilitar el viaje del equipo argentino a Estocolmo, el que integró el propio señor Bolbochán;

Que esta actitud del señor Piazzini revela la existencia de un acervo moral entre los jugadores, que la FADA debe cuidar celosamente;

Que además que la sanción que el señor Bolbochán merece por su indisciplina, desprecio de los compromisos tácitos contraídos y falta de espíritu deportivo, la FADA debe dar a esta resolución el carácter de antecedente para evitar la repetición de tales hechos, que al relajar su autoridad pondrían en peligro la existencia de la entidad que dirige el ajedrez del país y que sus dirigentes tienen la obligación de defender en beneficio del ajedrez argentino;

Que precisamente en momentos en que las autoridades de la FADA realizan un esfuerzo ingente para el mayor éxito del Torneo de las Naciones (de 1939), acontecimiento de singular relieve para el ajedrez argentino, es indispensable poner en evidencia una absoluta solidaridad con la institución para el mejor éxito de los propósitos que se persiguen;

Que los estatutos de esta FADA contemplan el caso con excesiva benevolencia, por cuyo motivo el Consejo Federal debe limitarse a aplicar las sanciones que aquellos autorizan;

Por lo tanto, el Consejo Federal resuelve:

1°) Aprobar lo resuelto por la mesa directiva, que rechazó la solicitación del señor Bolbochán de que se asignase una cantidad para ser disputada en el *match* por el Campeonato Argentino; aceptó el desistimiento que formuló el desafío que en oportunidad hiciera el señor Carlos Guimard, e invitó al señor Luis Piazzini a que dispute el mencionado campeonato conforme al derecho que le acuerdan los reglamentos;

2°) Suspender por el término de un año, a contar desde el 9 de febrero de 1938, al señor Jacobo Bolbochán, de acuerdo a los autorizado por el artículo 30ª inciso 2° de los estatutos, y artículo 23° del reglamento general de torneos y *matches*;

3°) Designar una comisión especial de tres miembros para que estudie estos casos de indisciplina de los jugadores y otros análogos, y proyecte las reformas necesarias a los estatutos y reglamento.

Esta resolución fue aprobada con el voto de los siguientes delegados: Joaquín Gómez Masía (Club Argentino), Pedro Barbé (Círculo), Emiliano de la Puente (GyE La Plata), Adolfo Pedroza (Club Ríver Plate), Lorenzo Revetria (Club San Lorenzo), José J. Castellanos (Círculo Vélez Sarsfield), y Lepanto Tollerutti (Racing Club). Se abstuvo el señor Eduardo Souto (Club Jaque Mate) y no se registró ningún voto en contra.[81]

▓ Carlos Guimard y Luis Piazzini comenzarán hoy el *match* por el campeonato argentino. La calidad de ambos permite augurar un juego brillante y una serie de partidas de alto valor técnico en todos sus aspectos. La primera partida del *match* comenzará hoy a las 19 en el Club Argentino, Avenida de Mayo 1411 y la segunda se realizará el lunes en el Círculo, Bartolomé Mitre 670. Será ganador el que obtenga mejor *score* en doce[82] partidas.[83]

Resuelven designar un reemplazante

▓ Ante la suspensión a Jacobo Bolbochán, la CD de la FADA tomó la decisión de que el *match* por el título argentino se dispute entre Carlos Guimard y Luis Piazzini.

Jugarán Guimard y Piazzini Dos Partidas en la Capital y las Restantes en Necochea

Guimard – Piazzini jugarán en dos sedes.
El Mundo, 9 de febrero de 1938

Invitan a L. Piazzini a Jugar el Match con Carlos Guimard

Adoptó una Severa Medida con Jacobo Bolbochán la Federación A. de Ajedrez

Dura sanción disciplinaria a Jacobo Bolbochán.
El Mundo, 11 de febrero de 1938
Al negarse Jacobo Bolbochán, invitan a
Luis Piazzini. *El Mundo,* 6 de febrero de 1938

Piazzini y Guimard, 1938. Foto *El Gráfico*,
18 de febrero de 1938

---

[81] *La Nación*, viernes 11 de febrero de 1938.
[82] Finalmente el *match* fue a catorce partidas.
[83] *La Nación*, sábado 12 de febrero de 1938. Puede advertirse la tremenda retórica utilizada por la FADA.

Partida nº 1, Club Argentino, 12 de febrero

El Campeonato Argentino despierta una expectativa honda. Su historia se vincula a una serie de luchas de excepcional interés. Para que el interés se acentuara, había querido la suerte que se enfrentaran dos ajedrecistas de notable simpatía en nuestro medio. Se justificaba así el ambiente cordial que reinaba en el Club Argentino. Después de firmada el acta correspondiente, se inició la primera partida a las 19.40, favoreciendo el sorteo a Guimard, quien inició el juego con PD. Piazzini respondió con la Defensa Ortodoxa y las blancas se decidieron por 7.T1A, a lo que las negras respondieron 7...P3TR, apartándose un poco de los moldes clásicos. Luego de 10.AxP P4CD son dos los planes de que dispone el negro en este momento para liberar su juego: uno, jugar C4D, y el otro, iniciar una demostración en el ala dama. En vez de 13.D2R quizá fuera más agresiva 13.P4TD.

En la jugada 16ª Guimard había meditado 1h 8', y Piazzini 45'. La posición se ha complicado, y la situación del AR negro sin apoyo puede ser el tema de alguna complicación, pero, en cambio, las negras tienen amplia libertad de acción con sus piezas. Es el origen de todas las dificultades para Piazzini 17...CxC?; lo justo parece ser primero 17...T1R apoyando el A2R, que al carecer de apoyo da tema a Guimard para una combinación notable. Excelentes son 19.C3C! y 22.C5T!, el secreto de la combinación. Las blancas ganan una calidad y mantienen mejor posición. Luego de 26.D4D Piazzini abandonó. Fue una excelente partida de Guimard, que explotó hábilmente el error de la jugada 17ª.[84]

Momentos antes de empezar la competición, se reunieron los dos adversarios, y de acuerdo con las autoridades de la FADA, dejaron definitivamente establecidas las bases a regir durante la disputa del presente campeonato. Tanto Guimard como Piazzini convinieron con la comisión del torneo que el *match* se juegue a catorce partidas, en vez de doce como anteriormente, declarándose vencedor a quien primeramente obtenga ocho puntos.[85] En caso de empate el campeón retendrá su título. La segunda partida se iniciará mañana a las 17 en los salones del Círculo y seguirá hasta las 22, reanudándose en caso de suspensión, a las 23, con el objeto de terminar las partidas el mismo día. Luego el encuentro seguirá los martes, jueves y viernes de la semana entrante, siempre en esta capital; luego se trasladarán a la ciudad de Necochea.

De acuerdo con el sorteo realizado, le correspondió a Guimard jugar con las piezas blancas, y eligió la apertura de PD, adoptando Piazzini la Defensa Ortodoxa. El juego se desarrolló correctamente en el planteo, dentro de las líneas clásicas de la citada variante. Hasta la jugada 10...P4CD se ha desarrollado el juego en un todo de acuerdo con la última palabra de los teóricos. La jugada de Piazzini iniciando inmediatamente una demostración en el flanco dama, parece la mejor. En cambio, la maniobra corriente en posiciones parecidas, 10...C4D, habría ahora resultado desfavorable para las negras a causa de 11.A3C, y las situación de las blancas sería superior. El cambio 17...CxC da origen a dificultades serias de las negras; lo mejor parece ser 17...TR1R. En la parte media aprovechó Guimard una buena oportunidad para emplazar un fuerte ataque central, y mediante la entrega de un peón —una jugada bonita fue 19.P5T!— consiguió ganar la calidad tras 24.C6A, luego de lo cual quedó Piazzini con una posición inferior y el juego pueda considerarse virtualmente terminado a favor de las blancas. Piazzini abandonó luego de 27.D4D.[86]

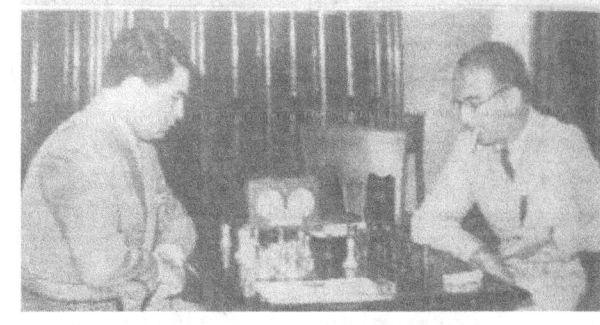

Guimard comienza con blancas.
El Mundo, 13 de febrero de 1938

[84] *La Nación,* domingo 13 de febrero de 1938.
[85] Debió decir 7½.
[86] *La Prensa*, domingo 13 de febrero de 1938.

■ El análisis de la partida muestra que el sacrificio de peón de Guimard en la jugada 19ª solamente no conseguía más que tablas, pero escondía una celada en la que cayó ingenuamente Piazzini al retirarse 20…D3C?? que permite 21.AxC con ventaja decisiva, cuando con 20…D5T obtenía juego aproximadamente igual.[87]

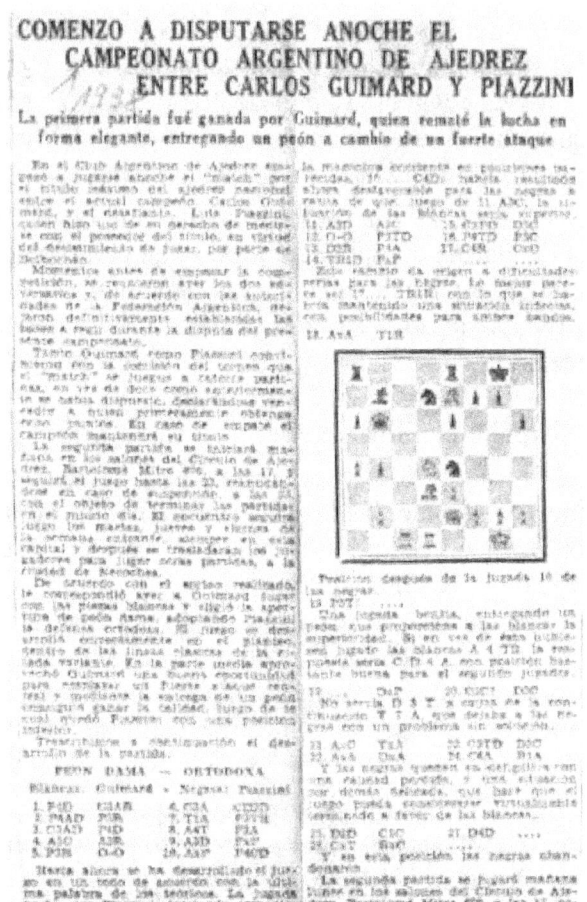

Guimard arranca mejor.
El Mundo, 13 de febrero de 1938

Guimard gana la 1ª partida.
Noticias Gráficas,
12 de febrero de 1938

Partida nº 2, Círculo de Ajedrez, 14 de febrero

■ Correspondieron las blancas a Piazzini, quien abrió el juego con el Gambito Dama, respondiendo el campeón con la Defensa Argentina, y la partida transcurrió en un principio dentro de las líneas conocidas de la citada defensa, desde 7…P3TD. El cambio de peones 8.PxP es el método más eficaz para tratar de sacar ventaja contra esta variante; el golpe 8.P5A, que fue aconsejado en principio por Alekhine como muy fuerte, fue posteriormente abandonado por haberse probado que las blancas quedaban con una posición delicada. Piazzini juega 10.0-0, pero se estima que lo mejor para las blancas es 10.D2A, que impide responder con la jugada liberadora C5R y obliga a un plan más lento a base de T1R, C1AR, etc. En vez de 10…C1R, lo justo es la desclavada natural 10… C5R; la jugada hecha por las negras tiene el inconveniente de formar un agrupamiento peligroso de piezas que se estorban entre sí. Una buena jugada es 17…A1R, con la que obligan a responder P5T y desaparecen así los peligros de una posible ruptura en el flanco dama con P5C. Con 22.P3A las blancas comienzan a jugar con alguna indecisión; probablemente el mejor plan es 22.P4AR.

---

[87] Notas del autor.

En la parte media tenían las blancas un leve dominio del juego, pero Piazzini demostró demasiada nerviosidad al avanzar en forma por demás arriesgada los peones del flanco rey con 27.P4CR, cuando habría resultado más conveniente 27.T2CR, esperando el momento oportuno para la ruptura. Después de 30…PxP consiguió el desafiante ganar una calidad, pero a cambio de ello quedó Guimard con una posición preponderante en el centro del tablero –36…P4T!–, lo que, unido a la circunstancia de que las blancas estaban apremiadas por el tiempo, produjo un decidido desconcierto en el desafiante, que luego de algunas debilidades quedó con una posición perdida, abandonando en la jugada 39ª.[88]

▨ Guimard no produjo en esta oportunidad una partida limpia, nítida, como la anterior. Gravitó en el resultado ese importante factor que es el reloj. Piazzini, que había logrado una posición preferible, no debió intentar rematar la partida cuando disponía de poco tiempo para jugar con la necesaria exactitud. Tuvo esta partida reminiscencias con la primera que le ganó Guimard a Grau hace un año. Pero fuerza es reconocer que su posición, sin ser perdida ni mucho menos, era inferior, y que quizá de no haberse dejado arrastrar por su fantasía, Piazzini pudo haber salvado sin inconvenientes el problema del reloj. Pero fue precisamente él quien complicó en esas circunstancias, y caro pagó su atrevimiento. Y no precisamente porque la combinación fuera mala, sino porque no disponía del tiempo necesario para proseguir la maniobra de ataque ideada.

Con 7…P3TD Guimard plantea la Variante Argentina de la Ortodoxa, una de las líneas más dinámicas de que dispone el negro en esta clásica apertura. Es probable que 10…C1R no sea tan bueno como 10…C5R. El defecto que le observamos es que cede la casilla 5R al C3AR, lo que se aprecia luego de 13.C5R. Con 14.C4T tampoco concordamos, y hubiéramos preferido el plan TR1R-P3A-P4R. Vista la inutilidad de maniobrar en el ala dama, Piazzini ha vuelto al centro con 24.T1AR, donde, en realidad, debió haber iniciado su plan. Mantiene una ligera ventaja posicional, pero es difícil hacerla valer. Su ventaja radica en la ubicación del caballo, que el alfil no puede desalojar. No es fácil saber si 24…P4AR es buena jugada; a primera vista no agrada, pues bloquea totalmente el A3R y deja a las blancas con planes cómodos de acción. Pareciera que con 26…A2A Guimard facilitara la maniobra de ataque de las blancas en base a P4CR. Debe ser buena, pero nos parece que Piazzini, que en este momento tenía cinco minutos para hacer catorce jugadas, debió plácidamente seguir con P3TR-R2T-T2C y T1-1AR, para luego romper con P4CR sin complicaciones ni posibilidades de contraataque.

Piazzini debe jugar rápido y no tiene el tiempo necesario para obrar con exactitud; en vez de 29.R2C lo justo parece ser 29.R2T, pues no es posible 29…PxP por 30.A7T+ seguido de C6C+ ganando la dama. Entonces tendría enorme fuerza T2C. Es una temeridad 30.P4T, el error capital de la partida, porque abre la

Guimard venció también en la 2ª.
Noticias Gráficas, 15 de febrero de 1938

[88] *La Prensa*, martes 15 de febrero de 1938.

posición y permite a Guimard, mediante el sacrificio de la calidad, alcanzar una posición ganadora. Aún las blancas mantendrían buena partida mediante 30.T1T seguido de R1A y T2C.[89] Las últimas jugadas de Piazzini fueron efectuadas vertiginosamente, por lo que no debe extrañar la rapidez del desenlace.[90]

■ Salvo los comentarios de Grau, no fue percibido por los analistas de esa época que Piazzini tuvo en todo momento una leve ventaja, que se convirtió en iniciativa luego de la dudosa 24...P4AR?! El avance de los peones del flanco rey no fue tan arriesgado, ya que las blancas siempre disponían de una torre en segunda línea para apoyar el avance mediante T2CR, por ejemplo. Incluso Guimard se equivoca nuevamente con 26...A2A?!, cuando lo recomendable era C5R. Piazzini comete un importante error con 29.R2C?, cuando con la retirada correcta 27.R2T! obtenía clara ventaja, ya que se reservaba la casilla para un subsiguiente T2CR. El error decisivo de Piazzini se produce en la jugada 30.P4T??, que cambia totalmente la situación y Guimard para a tener ventaja. Si bien le permite ganar la calidad, la posición resultante en su flanco rey y en el centro es tan mala que ya no tiene defensa adecuada. Las últimas jugadas de Piazzini fueron vertiginosas, y como resultado recibió mate. Resultado: Guimard 2:0 Piazzini.[91]

Gana Carlos Guimard en 38 Jugadas
Segunda Partida del Campeonato

Doblete de Guimard ante Piazzini.
El Mundo, 15 de febrero de 1938

Partida nº 3, Club Argentino, 15 de febrero

■ Con 6...PxP Piazzini transformó la Defensa Semieslava en un Gambito Dama aceptado con un tiempo de menos. No nos parece, en consecuencia, muy acertado este cambio de peones que cede el centro y provocará luego debilidades en el flanco dama. Lo más prudente parece ser CD2D, seguido de A3D o A2R y 0-0, manteniendo el statu quo central. Para desarrollar el AD por el *fianchetto* juegan 8...P4CD, pero esto crea a las blancas posibilidades de acción por la falta de consistencia en la configuración de peones negros del ala dama. Este tipo de avances siempre tiene en el ataque lateral al peón avanzado, en este caso 12.P4TD!, un antídoto perfecto. Ahora es necesario cambiar el peón o avanzar, y en ambos quedan casillas débiles a explotar. En vez de 16.P3TR era muy tentadora pero a la vez muy peligrosa, 16.P5R, pero las negras lograrían buenas compensaciones de ataque por la acción de ambos alfiles sobre el rey blanco luego de 16...CRxP 17.CxC AxC 18.D4R P4AR 19.DxT A2C con la amenaza de AxPT+ y luego AxPC+. Luego de 22.P5R la partida se ha simplificado, pero aún con 22.A4D las blancas tendrían la iniciativa.

Entrega un peón 23.D2D, pero no era cómoda la defensa del mismo. Si 23.P4A seguiría A4A, siempre con algunas posibilidades para el negro. Lo mejor parecería 23.T7D, pero también sería buena 23...A4A. Es muy peligrosa 28.P5T, y a esto se agregaba que Piazzini debía jugar ping-pong, pero el desafiante salió bien del difícil trance. Con 37.DxT Guimard opta por entregar la dama para coronar más tarde el peón y quedar con calidad de ventaja, pero los dos peones que tiene Piazzini compensarán ampliamente esa desventaja. Reñida y de acciones equilibradas fue esta partida, que abundó en situaciones lucidas. Pero una vez más Piazzini jugó con los nervios propios y los de sus parciales al tener que realizar en momentos críticos de la lucha catorce jugadas en poco más de cinco minutos.

[89] Si 30.T1T las negras podían seguir con 30...C5A, con algún contrajuego.
[90] Roberto Grau, *La Nación*, martes 15 de febrero de 1938.
[91] Notas del autor.

Pero esta vez la lucha era más clara y Piazzini salió bien del paso, explotó una maniobra un tanto dudosa del campeón nacional y suspendió la partida en una situación difícil pero algo favorable, en la que tiene alfil y dos peones por calidad. La partida se suspendió luego 40...R2C. Si no se terminara el final pendiente en la sesión complementaria que se realizaba esta madrugada, seguiría jugándose en el Club Argentino hoy a las 17. Mañana a las 17 se jugará la cuarta, en el Círculo.[92]

▨ Una partida larga, compleja, que reveló en todo momento el afán de triunfo que impulsaba a Piazzini esta tercera partida, que se inició anteayer de madrugada hasta la jugada 70ª, y prosiguió anoche en medio de una acentuada expectativa de los aficionados que concurrieron en gran número a presenciar el desenlace del final, considerado muy difícil de ganar. La única maniobra que permite albergar algunas esperanzas de triunfo es 43...P6C, ya que no es fácil de otra manera hacer valer el peón. Pero se llega a un final de damas y peones muy difícil de ganar, a pesar del peón de ventaja. El 90% de estos finales, cuando los peones están en el mismo sector y no hay ninguno libre, terminan empatados. Hacia la jugada 50ª otra vez Piazzini se ve apremiado por el tiempo y debe realizar cinco jugadas al ping-pong para cumplir con la 55ª de la séptima hora de juego. Luego de 70.D6R+ D3A la partida volvió a suspenderse luego de nueve horas de intensa lucha. La partida proseguía anoche en la jugada 85ª al cerrarse esta edición.[93]

▨ De acuerdo a lo anunciado, ayer a las 22 prosiguió el final de la partida pendiente entre los aficionados Guimard y Piazzini.[94] Fue tablas: anoche se llegó a un final imposible de forzar, que dio ese resultado. La posición, no obstante ser hasta cierto punto comprometida para las blancas, no permitía ver claramente el procedimiento con el cual Piazzini podría haber hecho valer su ventaja, aún a pesar de haber puesto en acción un plan sutil para lograrlo que fue neutralizado por Guimard. La última sesión duró dos horas, es decir que en tres sesiones la partida alcanzó las quince horas de juego y la 116ª jugada.[95]

▨ Abrió el juego el campeón con PD, a lo que Piazzini opuso la Defensa Eslava. En un principio transcurrió el juego dentro de las líneas conocidas de dicha apertura, y en la parte media del encuentro trató Guimard de sacar provecho de la situación algo debilitada que se había producido en el flanco dama enemigo, pero Piazzini maniobró de buena forma, y poco a poco fue evitando todos los peligros, ganando un peón en cierto momento ofrecido por su adversario, con el objeto de quedar con un peón libre y buscar de esa forma la victoria. En esas condiciones, se produjo un final extraordinariamente complejo, y a pesar de que las negras conducidas por Piazzini se encontraban muy apremiadas por el tiempo, sortearon bien las dificultades propias de la posición y llegaron a la jugada 40ª con dos peones de ventaja a cambio de la calidad, en una situación que es bastante delicada para el campeón.[96]

▨ El análisis muestra que el sacrificio de peón realizado por Guimard en la jugada 23ª fue dudoso. Ambos quedan con un peón libre y avanzado, y de ese modo la ventaja material de Piazzini queda diluida. Impaciente, Guimard decide pasar a otro tipo de final al entregar la calidad: queda con dama, torres y tres peones, frente a dama, alfil y cinco peones de Piazzini. Posteriormente, Piazzini decide entrar en un final puro de damas con un peón de ventaja. El resto del juego, con tres suspensiones y la 115ª jugada, se caracterizó por los infructuosos intentos de Piazzini para evitar el jaque perpetuo. Resultado: Guimard 2½:½ Piazzini.[97]

---

[92] Roberto Grau, *La Nación*, miércoles 16 de febrero de 1938.
[93] Roberto Grau, *La Nación*, jueves 17 de febrero de 1938.
[94] Era común en la época denominar "aficionados" a los ajedrecistas.
[95] Roberto Grau, *La Nación*, viernes 18 de febrero de 1938.
[96] *La Prensa*, miércoles 16 de febrero de 1938.
[97] Las tablas Lomonosov marcan el empate ya en la jugada 66ª. Notas del autor.

Finaliza Tablas en 116 Jugadas la Tercera Partida del Match que Disputan C. Guimard y L. Piazzini

Tablas tras larguísima lucha.
El Mundo, 18 de febrero de 1938

TUVO MOMENTOS DE GRAN EMOCION LA TERCERA PARTIDA DISPUTADA POR C. GUIMARD Y L. R. PIAZZINI

La 3ª partida fue muy atractiva.
El Mundo, 16 de febrero de 1938

Partida nº 4, Círculo, 17 de febrero

El juego, presenciado por una gran cantidad de personas, finalizó luego de la 26ª jugada con la victoria del campeón argentino, quien de esta forma logró totalizar tres puntos y medio, contra medio que ha contabilizado su rival. Piazzini inició la lucha con el PD Variante Ortodoxa, desarrollándose el juego en forma equilibrada en los primeros momentos. En la jugada 18ª las acciones comenzaron a complicarse, sacando la mejor parte el poseedor del título. Piazzini, que había perdido a esta altura del combate un peón, trató de recuperar el material entregado, entrando con su dama en el flanco dama y capturando el PT, grave error que le costó una pieza.

Los dirigentes de la FADA han resuelto que los jugadores partan hoy para Necochea, ciudad balnearia donde jugarán mañana y varios días a la semana entrante algunas partidas del *match*. Se realizarán en el Hotel Royal, no habiéndose determinado aún el horario de juego.[98]

Frente al PD de Piazzini, Guimard opuso la Defensa Ortodoxa, desclavada de Lásker. La retirada 9...C3AR resultó sorpresiva para Piazzini, que comete una pequeña imprecisión en la jugada 15.A6T, que lo deja en posición algo inferior por quedar con su PD aislado. Con 17...D5C Guimard ataca dos peones, y quizás la mejor forma de entregar uno de ellos fuese 18.T2A y si DxPD 19.T1D, con alguna compensación por el mejor desarrollo. Luego, Piazzini pierde completamente el hilo de la partida, fallando en las jugadas 18.P3CD y 23.P4A. En posición muy inferior, deja una pieza en el aire en la 26.DxPT?? y debe abandonar. Guimard 3½:½ Piazzini.[99]

Partida nº 5, Hotel Royal, Necochea, 21 de febrero

En uno de los salones del Hotel Royal de la ciudad de Necochea fue jugada anoche esta partida, que fue presenciada por una cantidad elevada de personas. Resultó sumamente reñida, ofreciendo durante todo su desarrollo posiciones que se prestaron para el análisis más minucioso: tal fue el grado de complejidad existente en alguna de ellas. La partida tuvo una duración de treinta

---

[98] Roberto Grau, *La Nación*, sábado 19 de febrero de 1938.
[99] Notas del autor.

jugadas, definiéndose con la victoria de Guimard. Fue una buena victoria del campeón argentino, probablemente una de las mejores del presente *match*. Guimard comenzó la lucha con el PD, adoptando las negras la Defensa Eslava, entrándose después por trasposición en una especie de Stonewall. Las blancas, en procura de una definición, entregaron una calidad, consiguiendo un fuerte ataque que se hizo irresistible a medida que avanzaba la partida. En la jugada 30ª, cuando ya su posición era insostenible, Piazzini abandonó.[100]

Guimard obtiene amplia ventaja.
El Mundo. 22 de febrero de 1938

■ Guimard abrió con su habitual PD, y Piazzini amagó con la Defensa Eslava, pero luego la transformó en un Stonewall heterodoxo. El desafiante se lanzó sobre el rey, y logró desorientar a Guimard mediante un juego muy agresivo. Sin embargo, arriesgó mucho, y ya en la movida 12ª pudo quedar inferior, pero debe reconocerse que analizar en forma exacta esta posición frente al tablero, y con tiempo limitado, era imposible. En la jugada 15ª no acierta Piazzini, y en la 17ª vuelve a equivocarse Guimard. Luego, Piazzini se muestra muy nervioso, y falla en el crítico movimientos 20ª, cuando puede consolidar su ventaja. Finalmente, en la jugada 22ª las negras deben buscar las tablas, pero la jugada es difícil de hallar con poco tiempo en el reloj, y cometen el error decisivo. Guimard 4½:½ Piazzini.[101]

Partida nº 6, 22 de febrero, Hotel Royal, Necochea

■ El encuentro tuvo una breve duración: hasta la 23ª jugada, y terminó con el triunfo del desafiante Luis Piazzini, quien de ese modo logró su primer victoria en el cotejo. La partida fue buena por parte del challenger, quien explotó en enérgica forma un error de su adversario producido en la jugada 13ª, en la cual éste perdió un peón además de quedar en inferioridad. El juego comenzó con el PR, que el negro replicó adoptando la Defensa Francesa. Guimard siguió en su cuarta jugada con PxP, entrando en esta forma en la vieja variante simplificadora aconsejada por Rubinstein. El equilibrio existente bien pronto fue roto a raíz de la movida 13...P4CD, que pierde un peón por la réplica 14.A3R. Desde ese instante la partida perdió todo interés, ya que las blancas fueron dueñas absolutas de la situación. Rápidamente emplazaron sus baterías sobre el debilitado enroque negro y en pocos golpes el ataque se tornó irresistible. El negro, vista la inutilidad de toda resistencia, resolvió hacer abandono del juego cuando se llevaban cumplida la jugada 23ª. La séptima partida se realizará esta tarde a las 15 en el Hotel Royal. Mañana los ajedrecistas, acompañados por los fiscales de la FADA, partirán para Tandil, donde ha de jugarse la octava partida.[102]

■ Estando tan abajo en el *score*, Piazzini decidió cambiar su apertura e inició el juego con el PR. Guimard contestó con su favorita Defensa Francesa, eligiendo la sólida línea 4...PxP. Piazzini no pudo

Piazzini descuenta. *El Mundo*,
23 de febrero de 1938.

---

[100] Roberto Grau, *La Nación*, martes 22 de febrero de 1938.
[101] Notas del autor.
[102] Roberto Grau, *La Nación*, miércoles 23 de febrero de 1938.

evitar cambios simplificadores en el centro, y al salir de la apertura quedó una posición muy pareja. Sin embargo, Guimard arriesgó en demasía en su jugada 13ª, entrando en complicaciones que terminaron ocasionándole la pérdida de un peón. Ambos fueron imprecisos, y hacia la movida 16ª Guimard pudo obtener buena compensación. El juego terminó abruptamente al cometer Guimard un grave error en la jugada 21ª, y tuvo que abandonar enseguida. Ahora el resultado es Guimard 4½:1½ Piazzini.[103]

Partida nº 7, 23 de febrero, Hotel Royal, Necochea

▉ En brillante forma Piazzini venció a Guimard, en una partida de una intensidad y violencia inusitadas, PD Defensa Holandesa. Fue un juego muy movido donde abundaron las situaciones de riesgo. El aspirante Luis Piazzini, que ha reaccionado en forma manifiesta esta altura del *match*, se condujo en gran forma, explotando con energía una buena posición de ataque y remató la lucha a su favor en un estilo muy elegante. Guimard siguió con el Gambito Steinitz, y a raíz de ello bien pronto se presentaron las primeras complicaciones. El desafiante se comportó en esta fase del juego con gran valentía. Avanzó sus peones de TD y CD para entregar en el momento oportuno uno de ellos, buscando valorizar en esa forma el alfil del *fianchetto*.

El negro logró plenamente su propósito, adquiriendo una posición de ataque muy grande. Merced a una oportuna entrega de torre, que no se podía tomar a causa de la pérdida de la dama, Piazzini consiguió privar del enroque a su rival. Esto marcó el principio del fin. Las blancas, con todas sus piezas trabadas, no pudieron oponer una defensa satisfactoria, y luego de un cambio general a que se vieron forzadas, debieron quedarse con una pieza menos. Abandonaron a la jugada 34ª. La octava partida será jugada esta tarde en Tandil.[104]

▉ La legión de entusiastas aficionados que siguieron a Piazzini hasta Necochea para verle disputar reñidas partidas de ajedrez contra el campeón Guimard, tuvo la satisfacción ayer de palpar el triunfo emocionante de su favorito. Hace mucho tiempo que entre nuestro ajedrez no se producían posiciones originales, y el haber demostrado mejor concepto en tales, que se observaron en la 7ª partida, dieron el triunfo al desafiante. ¡Fue una brava partida que da definitivo cariz al *match*! Esto es jugar magistralmente. Guimard nos confesó que no previó la brillante movida 19…TxPA, y que a partir de este instante sólo pudo debatirse desesperadamente en la posición perdedora en que cayó. Sí que es maravillosa la jugada 22.C5C!, que deja las dos torres *en prise* y maniobra adelante con el resto de sus fuerzas materiales. La partida resulta así una joya ajedrecística. Defensa justa es 23.C1D, pero que no sirve a causa de que Piazzini no desmaya y sigue con los sacrificios 23…TxA+! Otra jugada complementaria y excelentísima es 24…A6A+. Con 27…A7D! la dama de Guimard queda capturada, y con 28…DxT+ liquidan para llegar a un final con una pieza de ventaja.[105]

▉ Del análisis de esta partida, surge que Guimard cometió dos pequeñas inexactitudes en las jugadas

Piazzini Obtiene Una Nueva Victoria Frente a Guimard

Piazzini sigue descontando.
El Mundo, 24 de febrero de 1938

---

[103] Notas del autor.
[104] Roberto Grau, *La Nación*, jueves 24 de febrero de 1938.
[105] *El Diario*, 24 de febrero de 1938.

11.C3C y 18.T1C, que no fueron totalmente aprovechadas por Piazzini. A su vez, éste no acertó con su movida 18..C4R cuando obtenía mejor juego con 18…PxP. El error principal de Guimard aparece en el turno 19.PxP?, cuando disponía de una alternativa interesante: 19.A6T. A partir de ese momento, todo fue un "festival Piazzini" aprovechando además el otro grueso error de Guimard 22.D1A?, destacándose las jugadas 19.TxPA!, 22…C5C! y 23…TxA+. El resultado se sigue achicando: Guimard 4½:2½ Piazzini.[106]

Partida nº 8, 24 de febrero, Biblioteca Rivadavia, Tandil

▉ Carlos Guimard resultó anoche vencedor de la octava partida del *match* por el campeonato argentino que disputa con Luis Piazzini. Abrió el juego Piazzini con el PD, y Guimard respondió con una especie de Variante Argentina. Las blancas accionaron de una manera pasiva en buena parte del planteo, y dejaron al negro con amplia comodidad para desarrollar su juego. El campeón argentino disponía de la línea AD y se dispuso a operar en ella. Dominó con sus dos peones de 4D y 4CD la casilla 5ª, y más adelante ubicó en la misma un caballo. El juego prosiguió desarrollándose de una forma enredada hasta el instante en que el negro, luego de unos cambios generales que descongestionaron la posición, puso pasar un peón en el flanco dama.

Buena victoria de Piazzini.
El Diario, 24 de febrero de 1938

Guimard pasó entonces a dominar decididamente las acciones. Convenientemente apoyado por la torre y luego por la dama, el peón se valorizó, y en pocos golpes el negro pudo coronarlo. Piazzini omitió 41…P3C, que parecía un poco mejor que lo jugado 41…R3T, que pierde de inmediato. Esta era la opinión de los numerosos conocedores que luego de realizado el cotejo analizaron detenidamente la posición citada. Los dos jugadores, de acuerdo con los fiscales han decidido dedicar el día de hoy al descanso. Mañana sábado será jugada la novena partida en el Hotel Royal.[107]

▉ Piazzini volvió a abrir el juego con PD, y Guimard contestó con la Defensa Ortodoxa. Al salir del planteo, fue poco afortunado su plan de ubicar sus piezas pesadas en el flanco dama. Si bien no le ocasionó un inconveniente mayor, perdió la iniciativa ya que debió perder tiempos para reacomodar su dama, y Guimard quedó con leve ventaja. En la jugada 20ª, Piazzini decidió entregar la pareja de alfiles, quedándose con los caballos en una posición dinámica, derivándose el juego hacia un pre-final con mayoría de peones móviles en el flanco dama muy favorable para las negras. Ambos se equivocan en las movidas 24ª y 25ª, y de ese modo la ventaja de las negras queda consolidada. Guimard se impone en un final con igualdad de peones, pero su PAD avanzado decide la lucha. El resultado es ahora Guimard 5½:2½ Piazzini.[108]

---

[106] Notas del autor.
[107] Roberto Grau, *La Nación*, viernes 25 de febrero de 1938.
[108] Notas del autor.

Partida nº 9, 25 de febrero, Hotel Royal, Necochea

▓ En situación casi desesperada debido a su derrota anterior, frente al PD, Piazzini elige en forma inadecuada la defensa: el Contragambito Albin. Hasta la jugada 11ª siguen la partida Alapin – Leonhardt, Barmen 1905, y en ese momen- to Piazzini decide cambiar los alfiles de casi- llas blancas. Habiendo quedado con el peón de desventaja derivado de la apertura y sin damas sobre el tablero, la tarea de Guimard se vio muy facilitada. Ya en la jugada 22ª se había llegado a un final de alfiles de igual color, con siete peones para Guimard y seis para Piazzini, completamente perdedor para las negras. Piazzini pareció ya aceptar la de- rrota. Guimard 6½:2½ Piazzini.

Guimard y Piazzini departen luego de la partida.
Foto AGN

Guimard ganó la 9ª partida en buena forma.
El Mundo, 27 de febrero de 1938

Guimard retuvo el título nacional.
El Mundo, 28 de febrero de 1938

Guimard y Piazzini, antes del match por el título nacional.
Leoplán, 2 de marzo de 1938.
Archivo de Paulino Alles Monasterio

Partida n° 10, 27/2, Biblioteca Rivadavia, Tandil

Piazzini vuelve a su apertura de Peón Rey, y ante la obvia Defensa Francesa de Guimard, opta ya en la jugada 4ª por un gambito. Al salir del planteo, Guimard juega con demasiada cautela, devolviendo el peón, y quedando con una posición pasiva. Las negras han quedado algo retrasadas en el desarrollo, ya que no pueden enrocarse y su dama se encuentra radiada del centro. Hacia la jugada 24ª las blancas poseen una clara iniciativa, por el absoluto dominio de la columna dama. En las movidas subsiguientes ninguno juega lo mejor, y en la 29ª Piazzini conserva la iniciativa. Desesperado por su extrema pasividad, Guimard sorpresivamente decide una ruptura en el flanco rey, que pudo ser castigada por Piazzini en forma inmediata mediante 30.T7D!, sacrificando la calidad a cambio de un ataque muy fuerte.

Las blancas no aprovechan esa situación, y en cambio cometen una serie de errores que culminan con la desastrosa jugada 35ª, que obliga prontamente al abandono. Guimard retiene el título de campeón argentino. Guimard 7½:2½ Piazzini.[109]

Grau y su beneficencia al Hospital Tornú

Señor A. M. - Hospital Tornú

No sé dónde alquilan juegos de ajedrez. Traten de lograr dos más, y haremos dos exhibiciones de 10 partidas cada una en la misma parte. Una vez que están preparados, propónganme dos o tres fechas, que yo les diré cuál acepto para ir a visitarlos.[110]

Exhibición de Alekhine en Montevideo

El lunes comenzará el torneo internacional de ajedrez de Carrasco

Alejandro Alekhine jugó 33 partidas simultáneas de ajedrez, en Montevideo

Montevideo, 4 (Esp.). — El campeón mundial de ajedrez, Dr. Alejandro Alekhine, hizo su tercera presentación en esta ciudad, realizando 33 partidas simultáneas en los salones del Jockey Club frente a aficionados afiliados a dicha institución. En total, el Dr. Alekhine obtuvo 25 victorias, empatando cuatro matches con los Sres. Antonio García, Joaquín Petrovich, Emilio Durán Rubio y Vidal Trinidad, perdiendo otros cuatro con los Sres. Aníbal Canel, Julio César Infantozzi, Alejandro Carvalho y Héctor Corral. De todos ellos, quien tuvo mejor actuación fué el Sr. Infantozzi, que consiguió las negras y obligó al campeón a abandonar en la 21a. jugada.

El lunes próximo, en Carrasco, comenzará el torneo internacional, cuya disputa ha despertado viva expectativa.

Alekhine en Uruguay. *La Nación*. 4 de marzo de 1938

Antes de intervenir en el torneo de Carrasco, el campeón mundial Alekhine jugó 33 partidas simultáneas en el Jockey Club de Montevideo, con el resultado de +25 =4 -4. Perdió con Aníbal Canel, Julio César Infantozzi, Alejandro Carvalho y Héctor Corral.

Carrasco: victoria de Alekhine

Desde el 7 hasta el 25 de marzo de 1938 la gran noticia es la realización del Torneo Internacional de Montevideo, con el campeón mundial Alekhine como invitado de lujo entre los dieciséis participantes. El evento se realizó en el hotel Miramar, ubicado en las playas de Carrasco, y fue organizado por el mecenas Mario Blixen.

El lunes próximo comenzará en el hotel Miramar, de Carrasco, un torneo internacional de ajedrez, en el que participará, junto a los mejores ajedrecistas de la América del Sur, el campeón mundial, Dr. Alejandro Alekhine.

Por primera vez desde la obtención del título, el campeón participa en un certamen, y su actuación es por eso esperada con singular curiosidad. No porque se presuma que pueda ser superado ni mucho menos, sino para ver cuál es el grado de resistencia que le ofrecerán los mejores ajedrecistas de la América del Sur, y sacar así conclusiones concretas sobre los progresos del ajedrez en este continente.

Además del Dr. Alekhine actuarán en el torneo cuatro aficionados brasileños, a saber: el Dr. Jao de Souza Méndez, el Dr. Walter O. Cruz, Octavio Trompovsky y Raúl Charlier.

El equipo de Chile lo integrarán dos jugadores, pero precisamente quienes ocuparon los dos primeros puestos en el torneo de San Pablo, Rodrigo Florex y René Letellier. El uruguayo estará presente por J. Bajarda, J. Cánepa, C. Olivera y J. Rotuno, y el argentino representado por Carlos Guimard, Luis R. Piazzini, Aarón Scharvtzman, Carlos Hugo Maderna y Roberto Grau.

El torneo comenzará el lunes en horas de la tarde, disputándose cinco partidas semanales. El horario será de 15 a 20, realizándose 40 jugadas en dos horas y media.

La prueba finalizará el día 26 del actual, partiendo el equipo argentino para Montevideo el sábado próximo.

Anuncio del comienzo del torneo de Carrasco. *La Nación*, 1° de marzo de 1938

1ª Ronda, 7 de marzo

En la 1ª rueda se destacó el triunfo de Alekhine contra Fenoglio. El campeón mundial optó por la Apertura Reti, y para sorpresa de mu-

---

[109] Notas del autor.
[110] Nota de Roberto Grau a A. M., *Leoplán*, 16 de febrero de 1938.

chos, aceptó cambiar las damas en una etapa muy temprana de la partida. Hasta la jugada 19ª la posición era muy pareja, pero en ese momento Fenoglio cometió una pequeña imprecisión, dándole a Alekhine la oportunidad de ganar un espacio importante en el centro y de minar la cadena de peones negra. Alekhine opta en la movida 26ª por quedar con su pareja de alfiles, contra los caballos de Fenoglio. Ambos cometen imprecisiones en la jugada 31ª, y luego Fenoglio hace un *blunder* en la 36ª. Alekhine puede entonces consolidar su ventaja y se impone en la 46ª jugada. En un duelo argentino importante, Grau vence a Maderna, luego que éste equivocara el rumbo en la jugada 22ª, fallando en dos capturas cuando parecía que era imposible para las blancas evitar las tablas. Maderna jugó inútilmente hasta la jugada 46ª, y abandonó cuando ya Grau tenía dos damas sobre el tablero.[111]

Alekhine supera a Fenoglio en el comienzo.
La Nación, 8 de marzo de 1938

dejó pasar oportunidades de consolidar su ventaja en las movidas 14ª y 18ª. En tanto ganaban Guimard, Maderna y Fenoglio, y Grau empataba con Trompowsky.[112]

2ª Ronda, 8 de marzo

En la 2ª rueda, Alekhine (negras) venció rápidamente a Cánepa al cometer éste dos graves errores en las jugadas 14ª y 20ª. Sin embargo, fue un llamado de atención para Alekhine, que

Empate en Trompowsky – Grau. *La Nación*, 9 de marzo de 1938

3ª Ronda, 9 de marzo

En la 3ª ronda se destacó el empate entre el brasileño Walter Cruz y el campeón mundial Alekhine. Con blancas, Cruz inició el juego con el PD, y Alekhine respondió con la Defensa India de Dama. Con su jugada 14ª, Alekhine eligió jugar con mayoría de peones en el flanco dama, pero Cruz mantuvo su posición muy sólida y amagó con un ataque sobre el rey de Alekhine en la jugada 23ª. Una pequeña falla de Alekhine en la movida 26ª le dio la posibilidad a Cruz de presionar fuertemente sobre el PD de Alekhine con cuatro piezas. Hacia la jugada 31ª los espectadores pensaban que el PD de Alekhine podía caer en cualquier momento. Sin embargo, Cruz jugó en forma pasiva su movida 32ª, y llegó con alguna ventaja a la jugada 36ª, pero prefirió asegurar el empate repitiendo jugadas.

---

[111] Notas del autor.
[112] Notas del autor.

Asimismo, fue importante el triunfo de Guimard sobre Fenoglio, en una partida muy equilibrada, en la que Guimard tomó ventaja de dos pequeñas fallas de Fenoglio en las jugadas 22ª y 30ª para quedarse con la iniciativa en el final. Luego, un serio error en la jugada 33ª aceleró el desenlace, y Guimard ganó en la 43ª jugada.[113]

4ª Ronda, 11 de marzo

▨ Al finalizar la 4ª ronda, el sorpresivo puntero era Roberto Grau, con 3½/4, luego de haber vencido a Maderna, Bensadón y Balparda, y empatado con Trompowsky. El campeón mundial Alekhine seguía con tres unidades, luego de ceder dos empates ante Walter Cruz y Alfredo Olivera, junto a Guimard, el propio Maderna, Silva Rocha y Flores. Precisamente la partida entre Olivera y Alekhine acaparó la atención de los aficionados, que se agolparon frente a la mesa donde se jugada. *La Prensa* informaba:

> Abrió el juego el representante uruguayo con P4D, y el campeón mundial respondió con la Defensa Nimzowitsch. Las blancas maniobraron con mucha corrección desde el principio, mientras que el campeón efectuó un avance central que pareció ser débil, a juzgar por la prosecución del juego. Ello dio lugar a que se produjera una posición compleja, donde las mejores posibilidades estaban de parte de las blancas, colocando al fuerte maestro en una situación delicadísima, pero el ajedrecista uruguayo prefirió jugar con prudencia y asegurar un empate, siendo por ello muy felicitado Olivera.

▨ Lo cierto es que Alekhine realizó varias jugadas flojas, entre ellas la 13ª y la 16ª. Olivera tuvo varias oportunidades de concretar su ventaja, especialmente en las movidas 25ª, 31ª y 32ª. ¡El campeón mundial fue muy afortunado al no perder este encuentro![114]

5ª Ronda, 13 de marzo

▨ En la 5ª rueda Alekhine (blancas) venció a Flores, que le opuso un Gambito Dama Aceptado. Alekhine cometió una imprecisión en la jugada 9ª que le pudo costar un peón, pero Flores no sólo no aprovechó la situación, sino que se equivocó seriamente en la movida 11ª. Sin embargo, Alekhine mostró vacilaciones en

El brasileño Cruz igualó con Alekhine.
La Nación, 3 de marzo de 1938

Cuatro punteros en Carrasco.
La Nación, 13 de marzo de 1938

[113] Notas del autor.
[114] Notas del autor.

las jugadas 18ª y 19ª y el juego volvió a ser equilibrado, transformándose en un prefinal equilibrado de torre y alfil para Alekhine frente a torre y caballo para Flores, con cinco peones por bando.

Alekhine es seguido de cerca por Guimard.
La Nación. 15 de marzo de 1938

Sin embargo, Flores comenzó a jugar demasiado pasivamente, y erró en las jugadas 29ª y 33ª, permitiendo un buen remate a Alekhine, que ganó luego de la 41ª jugada. Ganaron Maderna, Fenoglio y Guimard, y perdió Grau con Olivera.[115]

6ª Ronda, 14 de marzo

■ En la 6ª rueda Alekhine vence con piezas negras a Balparda, pero su juego nuevamente dista de ser preciso. Ambos cometen inexactitudes en la jugada 25ª, y luego Balparda se equivoca seriamente en la movida 28ª, facilitando el trabajo del ruso, que gana en la 38ª movida. Alekhine y Guimard –venció a Letelier– quedan punteros con 5/6, seguidos por Grau, Da Silva Rocha y Maderna a medio punto.[116]

Alekhine sigue ganando.
La Nación, 16 marzo 1938

7ª Ronda, 15 de marzo

■ En la 7ª ronda Alekhine plantea por primera vez la apertura PR, y Da Silva Rocha le opone la Defensa Siciliana variante Richter-Rauzer. Las blancas pusieron en evidencia los inconvenientes de la jugada 10ª del brasileño, dominando el centro y golpeando en el flanco dama. Tampoco acertaron las negras sus movidas 14ª y 15ª, y se le hizo sencillo a Alekhine imponer un peón de ventaja. Guimard y Grau empatan luego de la 40ª jugada, en un juego en el que se cambiaron damas muy tempranamente, y no hubo mayores posibilidades de desequilibrio. A su vez, Maderna vence a Olivera. De este modo, Alekhine queda primero con 6/7, seguido por Guimard y Maderna 5½, y Grau 5.[117]

8ª Ronda, 16 de marzo

■ En la 8ª ronda Alekhine sigue su racha de victorias, venciendo a Letelier. Inició la partida con la Apertura Reti, pero el juego derivó hacia un Gambito Dama Aceptado. Fue poco afortunada la novedad teórica del chileno en la jugada 15ª, y luego de una variante forzada se vio que el rey de Letelier había quedado en situación muy comprometida, ya en la movida 18ª. A ello se sumó el

[115] Notas del autor.
[116] Notas del autor.
[117] Notas del autor.

serio error de las negras en la jugada siguiente, que ocasionó su derrota en la temprana movida 23ª. Maderna obtuvo un importante triunfo frente a Guimard, utilizando la Defensa Ortodoxa. Cuando todo parecía estar en calma, al salir de la apertura Guimard entregó una torre en la jugada 17ª, a cambio de un ataque sobre casillas negras, y provocando un murmullo de sorpresa en el público.

Maderna aceptó el desafío, y la lucha se complicó en extremo, quedando Guimard con calidad de menos, pero con mucha compensación. Maderna no acertó con sus movidas 21ª y 23ª, pero luego Guimard tampoco elige bien en las jugadas 25ª y 26ª, y las chances se nivelaron. Ya cerca del control y con poco tiempo en el reloj, Guimard comete un error grave en la 32ª, y queda perdido enseguida. Luego de esta fecha, la situación de los participantes ya se había acomodado a los pronósticos previos: encabezaba en solitario Alekhine, con 7/8, luego de cuatro victorias consecutivas. A medio punto seguía Maderna, y a 1½ puntos Grau y Guimard.[118]

9ª Ronda, 18 de marzo

▨ En la 9ª rueda Alekhine utiliza nuevamente el Peón Rey, y Bensadón le opone la Defensa Petroff. El argentino no acierta con la elección de la variante, y su jugada 10ª lo deja en situación de clara inferioridad posicional. Con Alekhine siempre dominando las acciones, Bensadón comete un error grave en la jugada 30ª, cuando aún disponía de mejores líneas de resistencia. Grau vence con negras a Letelier, que planteó en la apertura una línea preferida de Reshevsky contra la Defensa Ortodoxa. El chileno quedó con muy buen juego, concretando un ataque de las minorías en el flanco dama. Hacia la jugada 26ª dispone de una variante que le da mejor juego, pero yerra y permite una maniobra forzada que lleva a las tablas. Grau prefiere rehusarla, pero se equivoca en la 27ª. Letelier queda con posición dominante, pero a su vez yerra en las movidas 38ª y 44ª y termina con un *blunder* en la jugada 56ª. Fenoglio derrota a Maderna, luego de refutar el esquema Grünfeld opuesto por el platense. Guimard le gana a Salles de Oliveira y Da Silva Rocha a Grau. Alekhine amplía entonces su ventaja, quedando con 8/9, seguido a 1½ puntos por Grau, Guimard y Maderna. Fenoglio se acercó, llegando a las 6 unidades.[119]

Maderna venció a Guimard en la 8a. rueda del torneo de ajedrez y se colocó segundo en la tabla

Alekhine se impuso a Letellier, Trompowsky a Flores, Rota a Balparda, Olivera a Cánepa. Además, Grau empató con Cruz y Fenoglio con Salles de Oliveira

HOY NO SE JUGARÁ

Maderna vence a Guimard.
La Nación, 17 de marzo de 1938

Alekhine venció a Bensadon en 34 jugadas y mantiene el primer puesto en el torneo de ajedrez

Fenoglio, Grau y Guimard derrotaron a Maderna, Letellier y de Oliveira, respectivamente, con lo cual ocupan las mejores colocaciones, excluyendo al campeón mundial

HOY JUEGAN LA 10a. RUEDA

Alekhine sigue cómodo en la punta.
La Nación, 19 de marzo de 1938

10ª Ronda, 19 de marzo

Guimard entabla con Alekhine en Carrasco.
La Prensa, 21 de marzo de 1938

Guimard y Fenoglio siguen de lejos a Alekhine.
La Nación, 22 de marzo de 1938

En la 10ª fecha se produce el esperado encuentro entre Alekhine y Guimard. En la apertura, al PD de Alekhine Guimard contesta con la Defensa Ortodoxa, y comete una pequeña inexactitud en la jugada 14ª, entregando un peón que Guimard no toma, pero que podría haberlo hecho con alguna ventaja. Guimard juega muy bien y obliga a una posición en la que el rey de Alekhine sufre enormemente. Pudo consolidar la ventaja en la jugada 28ª, pero no acierta, y el campeón mundial respira aliviado al obtener el empate en la jugada 32ª, cuando todavía Guimard podía intentar algunas maniobras para intentar ganar el juego. Fenoglio se encarama al tercer lugar tras su victoria frente a Olivera, luego de plantear su favorito Sistema Colle. El uruguayo se equivocó en una secuencia de cambios en la jugada 17ª, y perdió rápidamente en la 29ª. Guimard y Fenoglio comparten el segundo lugar. Grau y Maderna se retrasan al perder sus juegos frente a Da Silva Rocha y Flores, respectivamente.[120]

11ª Ronda, 21 de marzo

En la 11ª ronda el campeón mundial enfrentó con blancas a Salles de Oliveira, y le jugó una antigua variante de la Caro-Kann que brinda juego cómodo para las negras. La extrema pasividad del brasileño, sin embargo, permitió que Alekhine tuviera un día muy tranquilo y lograra una fácil victoria. La partida entre Da Silva Rocha y Maderna fue un concierto de errores, en el que ninguno de ellos parecía comprender el espíritu de la posición. El juego terminó luego de un terrible *blunder* de Maderna en la jugada 38ª. En un interesante duelo argentino, Fenoglio demolió a Grau en la 21ª jugada. El misionero aprovechó el juego demasiado pasivo de Grau en la apertura, donde mezcló inadecuadamente sistemas defensivos, y falló especialmente en las jugadas 13ª y 19ª. El otro argentino con chances, Carlos Guimard, venció al local Rotunno. Luego de trabajar lentamente la posición del medio juego, el argentino obtuvo un mejor final y ganó claramente. Alekhine quedó con 9½ puntos, seguido por Fenoglio y Guimard con 8, y Da Silva Rocha 7½.[121]

[120] Notas del autor.
[121] Notas del autor.

12ª Ronda, 22 de marzo

▌ En la 12ª rueda Alekhine venció con negras a Rotunno, en tanto también salían victoriosos Guimard ante Flores y Fenoglio con Bensadón. Nuevamente el campeón mundial tuvo problemas para imponerse. Con las negras, eligió el Sistema Stonewall, y el medio juego transcurrió en medio de muchas maniobras detrás de las cadenas de peones. Alekhine se quedó con la peor pieza menor, y si Rotunno acertaba con la jugada 32ª, hubiera tenido serios problemas para salvar el juego. En cambio, el uruguayo cometió un error serio en la movida 32ª, otro en la 34ª y un *blunder* en la 37ª. Guimard le ganó a Flores, que eligió el sistema Stonewall para defenderse, y logró buen juego, pese al buen sacrificio de peón que había efectuado el argentino.

Finalmente, la partida se decidió por un *blunder* de Flores en la jugada 29ª. Fenoglio, a su vez, le ganó con negras a Bensadón en una larga partida, donde se cambiaron damas rápidamente, y el medio juego fue una lucha de maniobras en la que Fenoglio tuvo por momentos buena ventaja. Sin embargo, cuando el juego ya se encaminaba a las tablas, un error grave de Bensadón le permitió a Fenoglio anotarse un valioso punto. Quedó Alekhine con 10½/13, seguido a un punto y medio por Guimard y Fenoglio.[122]

Ganan Maderna y Guimard.
La Nación, 23 de marzo de 1938

13ª Ronda, 23 de marzo

▌ En la rueda 13ª vuelven a triunfar los tres punteros. Alekhine lleva las blancas contra Trompowsky y vuelve a tener problemas. El brasileño tuvo oportunidades de consolidar la ventaja en la jugada 23ª, luego de un error bastante considerable del ruso. Luego, las acciones siguieron parejas, hasta que Alekhine vuelve a equivocarse en la movida 31ª y en la 33ª, en tanto Trompowsky comete un terrible *blunder* en la movida 37ª, cuando aún tenía ventaja. De ese modo se consumó otra afortunada victoria del campeón mundial. Fenoglio, con blancas, combatió la Defensa Pirc planteada por Cruz con un temprano cambio de damas, típico de su estilo posicional.

El brasileño no interpretó bien las características de la posición y se eligió una línea muy dudosa en las jugadas 6ª y 9ª. Fenoglio, sin embargo, no acertó con su jugada 11ª, y aceptó quedarse con la pareja de caballos contra la pareja de alfiles, en una posición que podía abrirse en cualquier momento. El brasileño se las ingenió para arribar a un final de alfil y seis peones contra caballo y cinco de Fenoglio, con muchas chances de ganar. Sin embargo, terminó perdiendo en la jugada luego de cometer una serie de errores serios en las movidas 34ª, 36ª, 37ª y 40ª. Más sencillo fue el triunfo de Guimard (negras) ante Olivera, ya que luego de una Defensa Ortodoxa correctamente jugada por ambos, el uruguayo cometió errores de consideración en las jugadas 20ª y 21ª. Quedó entonces Alekhine con 11½/13, seguido por Guimard y Fenoglio 10.[123]

---

[122] Notas del autor.
[123] Notas del autor.

14ª Ronda, 24 de marzo

Maderna empató con el campeón mundial en la 14a. rueda del torneo internacional de ajedrez

Maderna logró un gran empate con Alekhine.
La Nación, 25 de marzo de 1938

▌En la rueda 14ª Alekhine y Guimard empataron respectivamente con Maderna y Cánepa, en tanto Fenoglio perdió con Da Silva Rocha. Para enfrentar al campeón mundial, Maderna eligió la Apertura Catalana, y jugó una partida muy segura, llevando leve ventaja durante muchas jugadas. Finalmente arribaron a un final de damas y peones, que no había forma de desequilibrar. Cánepa le opuso a Guimard la Defensa Bogoljubow, sacrificando el argentino un peón a cambio de iniciativa, apenas al salir de la apertura. Una pequeña inexactitud de Cánepa en la jugada 16ª le dio oportunidad a Guimard de obtener la iniciativa, pero en forma insólita se dejó dar un doble de caballo, quedando en posición apenas igualada. Luego de otras vacilaciones, finalmente pudo dar jaque perpetuo luego de un error del uruguayo en la movida 27ª. Da Silva Rocha (blancas) arruinó las perspectivas de Fenoglio, al vencerlo luego de una Defensa Ortodoxa Variante del Cambio. La pasividad de su juego le jugó una mala pasada: no hizo nada para evitar un ataque previsible y fue arrollado por el brasileño, perdiendo por tiempo en la movida 27ª. Quedó Alekhine con 12/14, Guimard 10½ y Fenoglio 10. Da Silva Rocha se acercó llegando a 9½, delante de Grau 9 y Maderna 8½.[124]

15ª Ronda, 25 de marzo

▌En la 15ª y última ronda Alekhine y Guimard volvieron a ganar a Grau y Da Silva Rocha respectivamente, en tanto Fenoglio empató con Flores. Con las blancas, Grau le jugó a Alekhine la variante Capablanca de la Defensa Nimzoindia, y una pequeña falla en la jugada 12ª le dio oportunidad a Alekhine para quedar un poco mejor. El campeón mundial no jugó siempre lo más fuerte pero mantuvo una cierta presión posicional, hasta que Grau acumuló varias pequeñas fallas, y quedó definitivamente inferior en la jugada 40ª. Desde allí en adelante, Alekhine se impuso con

El Dr. Alejandro Alekhine ganó el torneo internacional de ajedrez que ayer finalizó en Montevideo

Alekhine gana el torneo de Carrasco, con Guimard segundo. *La Nación*, 26 de marzo de 1938

[124] Notas del autor.

muy buena técnica. Guimard comenzó con la Apertura Reti, pero el juego pronto se transformó en una Defensa Tarrasch.

El brasileño jugó débilmente en las 10ª y 11ª movidas, permitiendo a Guimard armar una posición de ataque sobre el rey. Si bien no pudo ganar por ataque directo, capturó un peón y venció por tiempo en la 36ª jugada. Flores (blancas) empató con Fenoglio, luego de tener mucha ventaja. Tras salir de la apertura, una Defensa Eslava, Fenoglio reiteró su costumbre de jugar muy pasivamente, y fue quedando en una posición inferior, muy restringida. Flores obtuvo superioridad prácticamente decisiva, pero en la parte final ambos contendientes cometieron muchos errores, y el juego se fue equilibrando, declarándose tablas la 42ª.

Las posiciones finales mostraron la previsible victoria de Alexander Alekhine con 13/15, seguido por Carlos Guimard 11½; Virgilio Fenoglio 10½; Adhemar Da Silva Rocha 9½; Roberto Grau y Carlos Maderna 9; Walter Cruz 8; Rodrigo Flores 7½; Octavio Trompowsky 7; Alfredo Olivera 6½; Julio César Balparda 5½; Antonio Salles de Oliveira, José Cánepa y René Letelier 5; Ernesto Rotunno 4½ y Rafael Bensadón 4½.[125]

▓ El Torneo de Miramar (Carrasco) ha brindado una sorpresa: hay una masa de jugadores en Sudamérica que pueden ofrecerle seria resistencia al campeón del mundo. Al iniciarse la prueba se presumía eso, y las primeras ruedas probaron de manera concreta la verdad de esa presunción. Se acabó para siempre la época en que venía un maestro, como lo hicieron Capablanca y Lásker, y ganaba sin lucha la gran mayoría de las partidas. Hoy en día, los ajedrecistas sudamericanos no son ya aquel tipo de jugadores que, simplemente, oponen resistencia, sino que también son, a la vez, agresivos, teóricos, sutiles, y forman un conjunto que muy bien puede comprometer la situación de un gran maestro, en el combate accidental de las partidas.[126]

▓ El Torneo del Hotel Miramar ha servido para que Carlos Guimard, el excelente ajedrecista argentino, ratificara su calidad de jugador de excepción. Sólo un punto y medio lo separó del vencedor Alekhine, y además, en la partida individual con él logró, no sólo un cómodo equilibrio, sino que lo tuvo en serias dificultades. Tantas, que su victoria pareció, por momentos, inminente. Guimard tiene condiciones para ser un maestro de verdad; esto lo hemos sostenido nosotros, y nos lo sugirió el propio Alekhine. Tratar de que actúe en torneos europeos sería realizar una labor eficaz para nuestro deporte.[127]

Alekhine gana el Torneo de Carrasco.
La Prensa, 27 de marzo de 1938

---

[125] Notas del autor.
[126] Roberto Grau, *Leoplán*, 30 de marzo de 1938.
[127] Roberto Grau, *Leoplán*, 13 de abril de 1938.

Participantes del Torneo de Carrasco 1938
Parados: Grau, Fenoglio, Salles Oliveira, árbitro, Flores, Camilo Herrera (organizador),
Cruz, Balparda, Cánepa, Letelier, Trompowsky, Olivera y Rotunno
Sentados: Silva Rocha, Guimard, Alekhine, Bensadón y Maderna

Torneo de Carrasco – Montevideo 1938

	Participantes	1	2	3	4	5	6	7	8	9	0	1	2	3	4	5	6	Pts	
1	Alekhine,Alexander	*	½	1	1	½	1	½	1	1	½	1	1	1	1	1	1	13.0/15	
2	Guimard,Carlos Enrique	½	*	1	1	0	½	1	1	0	1	1	1	½	1	1	1	11.5/15	
3	Fenoglio,Virgilio	0	0	*	0	1	1	1	½	½	1	1	½	1	1	1	1	10.5/15	
4	Da Silva Rocha,Adhemar	0	0	1	*	1	1	½	1	½	½	1	½	½	½	1	½	9.5/15	
5	Maderna,Carlos Hugo	½	1	0	0	*	0	1	0	½	1	½	1	1	½	1	1	9.0/15	59.25
6	Grau,Roberto	0	½	0	0	1	*	½	1	½	0	1	1	½	1	1	1	9.0/15	55.75
7	Cruz,Walter Oswaldo	½	0	0	½	0	½	*	½	½	1	½	½	1	½	1	1	8.0/15	
8	Flores Álvarez,Rodrigo	0	0	½	0	1	0	½	*	0	1	½	½	1	½	1	1	7.5/15	
9	Trompowsky,Octavio	0	1	½	½	½	½	½	1	*	½	1	½	0	½	0	0	7.0/15	
10	Olivera,Alfredo	½	0	0	½	0	1	0	0	½	*	½	½	1	1	½	½	6.5/15	
11	Balparda,Julio César	0	0	0	0	½	0	½	½	0	½	*	1	½	1	0	1	5.5/15	
12	Salles de Oliveira,Antonio	0	0	½	½	0	0	½	½	½	½	0	*	½	½	1	0	5.0/15	34.00
13	Cánepa,José	0	½	0	½	0	½	0	0	1	0	½	½	*	½	0	1	5.0/15	33.25
14	Letelier Martner,René	0	0	0	½	½	0	½	½	½	0	0	½	½	*	½	1	5.0/15	31.25
15	Rotunno,Ernesto	0	0	0	0	0	0	0	0	1	½	1	0	1	½	*	½	4.5/15	
16	Bensadón,Rafael	0	0	0	½	0	0	0	0	1	½	0	1	0	0	½	*	3.5/15	

Alekhine en Buenos Aires

▨ Antes de regresar a Europa, Alekhine pasó tres días en Buenos Aires, jugando una serie de exhibiciones. El 27 de marzo jugó una partida en *Radio El Mundo* frente a Grau y Guimard en consulta, cuyas jugadas fueron transmitidas por la radio. El encuentro fue tablas. El 28 de marzo Alekhine jugó en el Club Banco Nación frente a los hermanos Del Sel. Por último, el 29 de marzo jugó una simultánea en el Club Alemán de Ajedrez Belgrano (*Deutscher Schachklub*), Cuba 2410, son el resultado +23 =0 – 2, perdiendo frente a Albani y Polzlbauer.

Los hermanos Del Sel
igualan con Alekhine.
La Nación,
29 de marzo de 1938

Los hermanos Del Sel frente a Alekhine
en el club Banco Nación.
Archivo de Rodolfo De Witt

Grau y Guimard en consulta
empatan con Alekhine.
El Mundo,
28 de marzo de 1938

El ranking de la FADA

La Federación Argentina publica el ranking de la Categoría Superior de 1937, que es encabezado por Carlos Enrique Guimard (Asociación Bancaria Santafesina), Luis Piazzini (Club Argentino), Roberto Gabriel Grau (Círculo de Ajedrez), Jacobo Bolbochán (Club Jaque Mate), Isaías Pleci (Club San Lorenzo de Almagro), Carlos Maderna (Círculo de Ajedrez), Arón Schvartzman (Club Argentino), Antonio Juan Vinuesa (Club Newell's Old Boys), Rafael Bensadón (Club Jaque Mate), Virgilio Fenoglio (Club Jaque Mate), Juan Iliesco (Club Argentino), etc. La CD quedó integrada de esta forma: presidente, Augusto De Muro; vicepresidente 1°, Alejandro Nogués Acuña; vicepresidente 2°, Eulogio S. Rocher; secretario general, Joaquín Gómez Masía; secretario, Roberto G. Álvarez; tesorero, Emiliano de la Puente; protesorero, Lorenzo Revetria; bibliotecario, José Castellanos.

Fundación de un pequeño gran club

El 1° de mayo de 1938 se funda el Círculo la Regence, con sede en la calle Nazca 738, del barrio de Flores. Allí se formará rápidamente un núcleo de fuertes ajedrecistas, muchos de ellos extranjeros residentes en el país luego del Torneo de las Naciones de 1939, tales como Reinhardt, Becker, Michel, Engels, Eliskases, Seitz, Lachaga. En esta lista brindada por la revista *Enroque!!*, Eliskases está incorrectamente incluido, ya que en realidad nunca fue socio de la institución, aunque era amigo de varios de los socios. Susana Oldrini relata acerca de La Regence:

Estaba ubicado en una propiedad cuyo dueño era Don Urbano Benítez. Era una típica *casa cho-rizo*, en la cual a la calle estaba la lechería, cafetería y heladería, y al fondo había un salón donde funcionaba el Círculo. Había no más de seis o siete mesas de ajedrez, un gran cuadro de Capablanca, un mimeógrafo donde se hacían los boletines de torneos, y una máquina de escribir. Por su actividad parecía un gran club, pero toda su estructura era muy modesta.[128]

Nace una pequeña agrupación

■ El 1º de mayo se funda el *Club Los Amigos*, en la calle Artigas 362 del barrio de Flores. Está liderado por el médico anestesista Rubén March Ríos. Funcionará durante dos años en el domicilio del propio fundador.

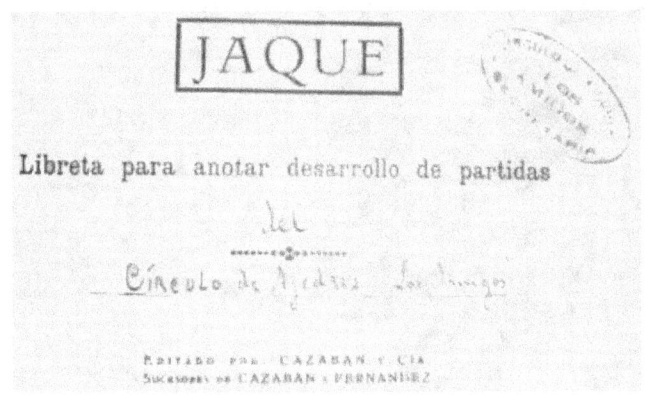

Libretas de anotaciones y de partidas
del Club de los Amigos,
1938/9

Palau es el candidato
en el Círculo. *La Nación*,
9 de abril de 1938

Palau y Ojeda vencen en el Círculo

■ El 9 de abril comenzará el torneo de 1ª categoría del Círculo, con la participación de ocho jugadores a dos turnos. En la 1ª rueda jugarán Carballo – Benko, Puiggrós – Alonso Díaz, Palau – Gerschman y Ojeda – Ipata.

■ Finalizó ayer de madrugada el Campeonato anual de 1ª Categoría del Círculo, una de las pruebas más cotizadas de nuestro calendario ajedrecístico. El torneo ha servido para que volviera a ocupar un lugar destacado un ajedrecista vinculado a páginas brillantes de nuestro *sport*, Luis Palau, y a otro que actúa con largos intervalos en nuestro medio deportivo y siempre ha logrado situaciones honrosas, Joaquín Ojeda. Pocas veces se ha realizado un torneo donde se produjera una lucha más acentuada por los pñuestos destacados. Desde el comienzo los dos triunfadores hallaron un serio rival en Floreal Carballo, toda una realidad en el ajedrez local

[128] *Enroque!!* nº 11, pág. 52. Testimonio de Susana Oldrini –sobrina de Milcíades Lachaga– al autor, julio 2007.

por su juventud y calidad. Otros adversarios tenaces fueron Francisco Benko, nuevo valor sumado a nuestro ambiente luego de exitosas actuaciones en Alemania, y Guillermo Puiggrós, prestigiado en una serie de actuaciones destacadas en pruebas de gran categoría.

La victoria ha correspondido a los jugadores más sólidos, a los que rehuyen por temperamento las maniobras más riesgosas para supeditar sus partidas a maniobras técnicas puras. Ambos han merecido el triunfo y el resultado merece recibirse con simpatía. Se espera ahora que Ojeda y Palau se reintegren a la actividad ajedrecística y participen en el próximo Torneo Mayor. El tercer puesto de Carballo es igualmente valioso, ya que se trata de un ajedrecista nuevo que ha revelado poseer calidad como para sobresalir en nuestro medio. Bien Benko, que se deja arrastrar excesivamente por la fantasía, y menos regular Puiggrós, que exagera su tendencia a combinar. Interesante ha sido la reacción de Gerschman en el segundo turno, quien calificó como elemento permanente de 1ª categoría. Ipata abandonó en el segundo turno.[129]

	Participantes	J	G	E	P	PTS
1	Joaquín Ojeda	14	8	4	2	10
2	Luis A. Palau	14	7	6	1	10
3	Raimundo Carballo	14	8	3	3	9½
4	Francisco Benko	14	7	3	4	8½
5	José Gerschman	14	5	5	4	7½
6	Guillermo Puiggrós	14	6	3	5	7½
7	Joaquín Alonso Díaz	14	2	0	10	2
8	Pedro Ipata	14	1	0	11	1

Simultáneas de Carlos Guimard en Tandil

Realizará una excursión Carlos Guimard

Una extensa excursión realizará por el sur de la provincia de Buenos Aires el campeón argentino de ajedrez Carlos Guimard. Visitará Tandil, Azul, Maipú, Tres Arroyos, Lezama, Dolores, Chascomús y algunos otros puntos de esa zona, de acuerdo con las solicitudes que le han sido formuladas por entidades del interior.

La Nación,
4 de mayo de 1938

■ El 12 de mayo el campeón argentino Carlos Enrique Guimard ofrece una sesión de simultáneas en Tandil. Se presentó en el Club Hípico de esa ciudad, con el resultado 29 =2 –5, en una hora y media.[130]

Carlos Guimard
en el Club Hípico de Tandil.
Foto y texto AGN

[129] Roberto Grau, *La Nación*, 19 de mayo de 1938. No fue posible reconstruir el cuadro completo de posiciones.
[130] *Caras y Caretas* nº 2071 del 11 de junio de 1938. Información en AGN.

Gestiones del Club de Ajedrez de Cosquín con el Congreso de la Nación

[Ver Apéndice Expediente 102½ – 27 de abril de 1938]

El Club Argentino solicita un subsidio al Congreso

[Ver Apéndice Expediente 1565 – 20 de agosto de 1938]

Club Argentino: Schvartzman vence a Falcón y retiene el título

Mañana a las 21 se iniciará el encuentro por el campeonato del Club Argentino entre su poseedor, Aron Schvartzman, y el desafiante, Enrique Falcón. Será a diez partidas, ritmo de 40 jugadas en dos horas, miércoles y sábados.

Se dirime el título del Club Argentino. *La Nación*, 27 de mayo de 1938

El actual campeón Schvartzman venció en la primera partida del *match* por el título del Club Argentino a su desafiante Enrique Falcón. En este juego no estuvo muy feliz el desafiante, quedando inferior ya desde la apertura al elegir un tratamiento muy pasivo, con abandono temprano del centro. Posteriormente las blancas perdieron un peón por un error táctico, y su posición se derrumbó.[131]

El campeón venció fácilmente luego por 4:0, demostrando una superioridad aplastante sobre Falcón.[132]

Match por el título del Club Argentino 1938

		1	2	3	4	TB	Pef	±
1	Schvartzman, Aron	1	1	1	1	4.0/4	800	0
2	Falcón, Enrique	0	0	0	0	0.0/4	-800	0

Victoria de Schvartzman en la primera partida. *La Nación*, 30 de mayo de 1938

Julio Bolbochán gana en el Club Jaque Mate

En el reciente Campeonato de 1ª Categoría del Club Jaque Mate se ha destacado un nuevo nombre a la admiración de los aficionados: Julio Bolbochán, hermano del ex campeón, y quizá el mejor dotado de esa caracterizada familia de ajedrecistas de calidad, ganó la prueba, sin que su poca experiencia y escasos años fueran un obstáculo para superar a Fenoglio, Bensadón, su hermano Jacobo, y una serie de jugadores de menos cartel, pero que tienen muchos años de actuación en el tablero. El torneo fue breve, a un solo turno, y esto no permitiría abrir un juicio definitivo, pero quienes han visto jugar a este precoz ajedrecista (17 años) y conocen de qué manera ha cooperado en muchos de los triunfos

---

[131] Notas del autor.

[132] Notas del autor. Suponemos que Falcón fue el rival de Schvartzman porque Pilnik, que fue el ganador del torneo de 1ª categoría de 1937, no se presentó por alguna razón.

de su hermano, al colaborar en los análisis y en el adiestramiento del mismo, están en condiciones de afirmar que el primer plano de nuestro ajedrez ha de ver incorporado en breve a un elemento de indiscutible fuerza. El próximo Torneo Mayor lo confirmará.[133]

Gran victoria del joven Julio Bolbochán. *La Nación*, 30 de abril de 1938

GANA JULIO BOLBOCHAN EL TORNEO DE 1ª DEL CLUB DE A. JAQUE MATE

Julio Bolbochán, apabullante en el Jaque Mate. *El Mundo*, 22 de abril de 1938

Campeonato de 1ª Categoría Club Jaque Mate 1938

	Participantes	1	2	3	4	5	6	7	8	Pts
1	Bolbochán,Julio	*	1	½	1	1	1	1	1	6.5/7
2	Bolbochán,Jacobo	0	*	½	1	1	1	1	1	5.5/7
3	Bensadón,Rafael	½	½	*	1	½	1	1	½	5.0/7
4	Fenoglio,Virgilio	0	0	0	*	1	1	1	1	4.0/7
5	Moguilevsky,Marcelino	0	0	½	0	*	½	½	1	2.5/7
6	Sordi,José	0	0	0	0	½	*	½	1	2.0/7
7	Piro,Antonio	0	0	0	0	½	½	*	½	1.5/7
8	Carné,Luis	0	0	½	0	0	0	½	*	1.0/7

▌ Cuenta el profesor Zoilo Caputto, amigo personal de Julio Bolbochán, que esta victoria sobre su hermano Jacobo fue una miniatura. Claro que Jacobo era el "jefe del clan familiar", y le reprochó a Julio que le haya ganado. Le "ordenó" que en las partidas subsiguientes en las que les tocara enfrentarse, acordarían tablas. Así se cumplió. En cierto modo, Jacobo tenía razón: si en un torneo importante –un internacional de Mar del Plata, por ejemplo– uno de los hermanos ganara la partida y posteriormente el certamen, podría ser sospechado de haberle entregado el punto.[134]

Simultáneas de Castells Méndez en San Juan

SIMULTANEAS POR R. CASTELLS MÉNDEZ

En el Círculo Sanjuanino de Ajedrez el jugador de primera categoría, doctor Rafael Castells Méndez, enfrentó a diecisiete aficionados, terminando la sesión con una buena performance dada la calidad de los contendores. Ganó 9 partidas, empató 3 y perdió con el desaliñante del actual campeón sanjuanino, señor Neisen Arturo, con Emanuel Padrós, Leonidas Escudero, Juan Lozano y Néstor Arturo.

▌ El joven ajedrecista proveniente de La Plata y actualmente en el Círculo, pasó un mal rato en San Juan. En una exhibición de simultáneas obtuvo el resultado de +9 =3 -5, bastante pobre para un maestro.

Castells Méndez sufre en San Juan. *La Nación*, 6 de abril de 1938

XII Torneo Selección

▌ El 21 de mayo la FADA anuncia el comienzo del primer turno del Torneo Selección, con trece participantes: Benito Benjamín, Floreal Carballo, Rafael Grigera, Luis E. Del Sel, Dionisio Fernández, Antonio Piro, Martín Kiessel, León Simsilevich, José Sordi, Joaquín Alonso Díaz, Efraín Berelejis y Lorenzo Álvarez. Las 1ª/4ª se juegan en el Círculo, Bartolomé Mitre 670; 5ª/7ª en el Jaque Mate, Entre Ríos 126; 8ª/10ª en Vélez Sarsfield, Rivadavia 6728; 11ª/13ª en Club Argentino, Avenida de Mayo 1411. Podrán intervenir en el 2º turno quienes alcancen al menos 6½.

---

[133] Roberto Grau, *Leoplán*, 11 de mayo de 1938. La tabla de posiciones es provisoria y debe ser confirmada por otras fuentes. La información publicada fue escasa, y sin resultados completos.

[134] Testimonio de Zoilo Caputto al autor, 15 de julio 2018. Jacobo (1906) era 14 años mayor que Julio (1920).

■ Ganó Floreal Carballo, del Círculo de Ajedrez, empatando el segundo lugar José Gerschman, Antonio Piro y Luis Del Sel. El primero de ellos se impuso en el desempate.[135]

El Torneo Selección avanza.
La Nación, 24 y 31 de mayo de 1938

■ Se ha destacado es el ganador del Torneo de Selección, Floreal Carballo, que ha de integrar el conjunto del Torneo Mayor. Carballo es un ajedrecista que ha de dar oportunidad a que la crónica diaria se ocupe reiteradamente de él. De un estilo sólido, efectivo, con base seria, hace un ajedrez de poco espectáculo, pero de incuestionable eficiencia. Ganó el torneo con gran comodidad, y su victoria es un poco la victoria de la iniciativa municipal de fomentar la difusión del ajedrez entre la niñez.[136]

El ajedrez en los parques y el Torneo Selección

■ La Municipalidad de Buenos Aires desarrolla en los parques de recreación una sólida actividad ajedrecística. Desde hace años se fomenta la práctica del difícil juego entre grupos seleccionados de alumnos, y varios son los nombres que han surgido al primer plano de nuestro ajedrez desde aquella fragua de jugadores.[137]

Dos *matches* interclubs

■ En julio el Club Enroque, del barrio de San Telmo, venció en un *match* al Club Boca Juniors por 10:8. Entre el 10 y el 24 de setiembre el Círculo de Vélez Sarsfield ha vencido en un encuentro a veinte tableros de 2ª, 3ª y 4ª categorías, al Círculo de Ajedrez. En la ida, que se jugó en Vélez, el local ganó por 11:8. En la revancha, jugada en el Círculo, Vélez se impuso por 12½:7½, totalizando 23½:15½.[138]

Luciano Cámara logra el título rosarino

■ En setiembre Luciano Wilfredo Cámara obtiene el título de campeón de Rosario, al vencer en un *match* a Oscar García Vera por 4½:1½. El encuentro era a diez partidas, pero García Vera hizo abandono. Ambos habían ocupado los primeros lugares en el Torneo Mayor realizado meses antes.[139]

Match por el Campeonato de Rosario 1938

		1	2	3	4	5	6	TB Perf.	±
1	Cámara,Luciano Wilfrido	0	1	1	½	1	1	4.5/6	191	0
2	García Vera,Oscar	1	0	0	½	0	0	1.5/6	-191	0

[135] *Caras y Caretas* 2071 del 11 de junio de 1938. *Anuario de La Razón* 1939.
[136] Roberto Grau, *Leoplán*, 20 de julio de 1938. No fue posible obtener más información.
[137] Roberto Grau, *Leoplán*, 20 de julio de 1938.
[138] *Caras y Caretas* nº 2093 del 12 de noviembre de 1938.
[139] Notas del autor.

Torneo Mayor: victoria de Grau luego de larga lucha

Una vez más el ajedrez argentino está dispuesto a movilizar sus mejores elementos para destacar los integrantes de su equipo internacional, y para determinar quién debe disputarle a Guimard el título de campeón argentino 1938. El torneo que ahora se inicia tiene una importancia fundamental, ya que incorpora nuevos elementos al primer plano, y ha de establecer cuáles son los diez primeros del *rankind* (Sic) que comenzarán su adiestramiento para el Torneo de las Naciones. Pocas veces se ha visto el ajedrez nacional en un momento tan grave. Razones distintas impiden que los cinco jugadores que actualmente encabezan la clasificación internacional puedan actuar en la competencia: Guimard, por su situación de campeón, no tiene necesidad de hacerlo,[140] Piazzini está en Europa de viaje de bodas, Bolbochán está suspendido por un año por la FADA, Pleci reencuentra en el interior del país, llevado por sus tareas, y quien esto escribe está entregado con todas sus energías a la organización del TN, y no dispone del tiempo necesario para jugar con la debida tranquilidad una prueba tan difícil.[141]

Una vez más el ajedrez argentino está conmovido por la disputa de su torneo máximo. Razones diversas han impedido que en la prueba actuaran Pleci, (Jacobo) Bolbochán, Piazzini, Schvartzman, Vinuesa, Lynch y quien esto escribe, por citar solamente a los que, por razones de su larga campaña, gozan de antecedentes más valiosos en la historia de nuestro ajedrez.[142]

Comienzo del Torneo Mayor de 1938. *La Nación,* 14 de setiembre de 1938

1ª rueda, Club Español, 13 de setiembre

A las 20.30 se inició anoche en el salón árabe del Club Español, la primera rueda del Torneo Mayor, que ha reunido a la casi totalidad de los ajedrecistas locales más destacados. El torneo, que

---

[140] Finalmente, Guimard fue de la partida.

[141] Roberto Grau, *Leoplán,* 14 de setiembre de 1938.

[142] Roberto Grau, *Leoplán,* 28 de setiembre de 1938. Es curioso que Grau esté indicando que no participa en el certamen, que comenzó antes de la aparición de esta nota. La explicación sería que ella fue escrita antes del comienzo, en momentos en que Grau tenía dudas de participar.

servirá para decidir a cuál de ellos le corresponderá el honor de disputar el título de campeón a Carlos Guimard, contará como atractivos principales el que surge de la propia actuación del campeón, que decidió intervenir en la competencia, y por el hecho de que la clasificación final habrá de servir para integrar el *team* local que el año próximo intervendrá en el Torneo de las Naciones. Iniciadas las partidas, los planteos mostraron juegos complejos e indecisos, salvo en el caso de la partida que jugaron Passero, santafesino, y Pilnik, local, pues la partida se desniveló rápidamente y terminó con la victoria de Passero. Nogués Acuña y Gerschman, que jugaron en el Círculo, hicieron tablas. Las restantes partidas proseguían al cierre de esta edición. Jugaban Maderna – Molina, Bolbochán – Bensadón, Benko – Corte, Iliesco – Guimard, Carballo – Lalich, Villegas – Cámara, Ojeda – Fenoglio, Puiggrós – Grau, Falcón – Palau. A las 23 se realizó un homenaje a la memoria del doctor Fermín Calzada, ex presidente del Club Español fallecido el sábado pasado.[143]

▓ Técnicamente valiosa fue la primera rueda: Grau ganó anoche a Puiggrós, y Maderna empató con Molina. Abundaron las partidas con planteos instructivos, y en dos tableros fueron ensayadas variantes teóricas nuevas en nuestro medio, que imprimieron singular interés a la jornada. De ellas, la más valiosa fue el ensayo de una refutación contra la Variante Richter sugerida por Grau hace algún tiempo en *El Ajedrez Americano* y que por primera vez se practica en un torneo local. Passero la conocía, y por medio de ella logró ganar rápidamente la partida con Pilnik. La rueda se caracterizó por la abundancia de partidas comenzadas con el PR: seis. Esta línea de juego está recobrando un nuevo auge en todas partes, quizá por el hastío que surge de la rutina con que se tratan las aperturas de PD. El triunfo de Villegas sobre Cámara se produjo luego de una partida correcta en el planteo, en la que Cámara debilitó sus peones del ala de la dama. Las blancas explotaron esto y provocaron un final que ganó en buen estilo el veterano maestro. Benko 1:0 Corte se inició con el PR, Defensa Siciliana.

Los años pasan para el campeón de Paraná, pero lo que no se modifica es su hábito a pensar exageradamente. Una vez más el reloj fue su principal adversario, hasta el punto de que perdió por tiempo cuando le faltaban aún cinco jugadas para llegar al control de las cuarenta. Falcón 0:1 Palau, PR Ruy López, adoptando el segundo la Defensa Clásica. Palau ganó un peón, y cuando sus perspectivas eran mayores, jugó mal, lo que permitió a Falcón recuperar el material y quedar en una posición de tablas. Pero en esas circunstancias, perdió una pieza y la partida en la jugada 42ª. Bolbochán ½:½ Bensadón libraron una lucha intensa, que más tarde se diluyó en un empate. En Carballo ½:½ Lalich, el primero obtuvo un planteo favorable, pero juego no jugó con la debida energía y al ajedrecista bahiense igualó la lucha.

Iliesco 0:1 Guimard, PD Defensa Ortodoxa, no se definió en el primer control, y continuada ayer, las negras obtuvieron la victoria en la jugada 65ª. En Puiggrós 0:1 Grau, el primero jugó en forma deficiente el planteo, perdiendo un peón en la jugada 8ª. Se suspendió en un final con peón de ventaja para Grau, que terminó anoche con su triunfo. Ojeda 1:0 Fenoglio, PR Defensa Caro-Kann, fue conducida enérgicamente por el primero. Se llegó a un final de torres y peones con uno de ventaja para Ojeda, que fue espléndidamente conducido por éste, ganando en la movida 77ª. En Maderna ½:½ Molina, Apertura Inglesa, el primero dominó ampliamente, ganando dos peones a cambio de quedar con una torre mal ubicada. Después de la suspensión, Molina condujo muy bien el juego y acordaron el empate. Esta noche a las 21.30 se jugará la segunda rueda, con estas partidas: Bensadón – Maderna, Corte – Bolbochán, Passero – Benko, Guimard – Pilnik, Lalich – Iliesco, Cámara – Carballo, Fenoglio – Villegas, Grau – Ojeda, Palau – Puiggrós, Falcón – Gerschman. Además, se jugará en el Círculo a las 13.30 Nogués – Molina.[144]

---

[143] Roberto Grau, *La Nación*, miércoles 14 de setiembre de 1938.
[144] Roberto Grau, *La Nación*, jueves 15 de setiembre de 1938.

2ª rueda, 15 de setiembre, Club Español

▓ Menos encuentros de sensación pero igualmente una serie de partidas lucidas, se produjeron en esta rueda. Esta vez los competidores mostraron sus preferencias por el PD, ya que nueve de las once partidas se iniciaron con esa jugada. Los resultados han favorecido a Guimard y Grau, que ganaron sus partidas y encabezan la tabla de posiciones. Como de costumbre, el salón árabe estaba ocupado por una crecida cantidad de personas, que se agolparon preferentemente en los tableros en que competían Guimard – Pilnik y Villegas – Fenoglio, para volcarse al final de la sesión en el que actuaba Corte frente a Bolbochán, donde presenciaron uno de los finales angustiosos a los que nos tiene acostumbrados el ajedrecista entrerriano. Cámara 1:0 Carballo fue una partida correcta, definida en favor del primero al quedar Carballo apremiado por el tiempo, en la jugada 28ª. Falcón 1:0 Gerschman fue ganada por ataque, luego de un correcto sacrificio de calidad, en la movida 32ª. En Guimard 1:0 Pilnik el primero jugó con energía, en tanto Pilnik no estuvo feliz. Perdió un peón, y en la jugada 42ª Guimard remató el juego imponiendo la acción de dos fuertes peones en sexta línea.

Palau 0:1 Puiggrós se definió rápidamente luego de un error grave, aunque Puiggrós recién pudo obligar al abandono en la jugada 36ª. Grau 1:0 Ojeda, Apertura Catalana, fue una partida complicada, que se definió por una posición *zugzwang* en la jugada 41ª. Lalich ½:½ Iliaco, en una partida sin alternativas ni complicaciones mayores. En Fenoglio 1:0 Villegas, Zukertort Reti, se produjo una posición enmarañada, que fue inclinándose a favor de Villegas, suspendiéndose en ese estado de cosas. Al reanudarse, Villegas cometió un error y perdió. Passero ½:½ Benko fue una partida poco acorde con la técnica, PD Blumenfeld. Al suspenderse las posibilidades eran equivalentes, por lo que luego se declaró tablas. Bensadón 1:0 Maderna, PD Defensa Lásker con enroque largo por parte del primero. Hubo ataque y contraataque, y el campeón platense obtuvo posición favorable. Pero exageró y perdió dos peones, suspendiéndose en un final de torres, al que finalmente no se presentó. Corte 0:1 Bolbochán, PR Defensa Siciliana, tuvo grandes alternativas.

Las acciones favorecieron a Corte, pero, apurado por el tiempo, no jugó lo mejor y perdió dos peones. Cuando la victoria de Bolbochán parecía sencilla, se equivocó y se produjo una posición de posible ahogado. No acertó Corte, y Bolbochán finalmente se adjudicó el punto. Molina ½:½ Nogués fue una partida de dura lucha, que finalizó empatada luego de larga lucha, en la jugada 74ª. Por la tercera rueda se medirán Nogués Acuña – Bensadón, Maderna – Corte, Bolbochán – Passero, Benko – Guimard, Pilnik – Lalich, Iliesco – Cámara, Carballo – Fenoglio, Villegas – Grau, Ojeda – Palau, Puiggrós – Falcón, Molina – Gerschman.[145]

Palau vs Puiggrós en el Torneo Mayor 1938.
Foto AGN

3ª rueda, 17 de setiembre, Club Español

▓ El *fixture* indicaba como partidas de mayor atracción Guimard – Benko y Grau – Villegas, por el hecho de actuar en ellas los punteros de la competencia. Pero en realidad, el cotejo que dio margen a alternativas más lucidas fue Nogués – Bensadón, Catalana, por la energía y claro concepto con que remató su victoria el excelente ajedrecista catamarqueño. Fue la victoria más netamente lograda. El público, que ocupaba en alto número el local de juego, tuvo así oportunidad para distraerse

---

[145] Roberto Grau, *La Nación,* sábado 17 de setiembre de 1938.

plenamente durante las cinco horas de lucha por las incidencias de cada una de las once partidas que se realizaron. Puiggrós 1:0 Falcón, PR Defensa Siciliana, se definió por un error del segundo en el planteo. Quedaron débiles las casillas negras de Falcón, y Puiggrós entró con un caballo a la casilla 6D, adjudicándose el juego en la jugada 38ª. Molina 0:1 Gerschman, PR, Defensa Francesa. Sorprendió el primero al plantear esta apertura, ya que habitualmente juega el PD. Gerschman desbarató un ataque prematuro, y ganó en la movida 29ª.

No sin antes darle un susto a sus parciales, ganó César Corte su partida con Maderna. La lucha se mantuvo equilibrada hasta que el apremio de tiempo comenzó a gravitar. En esas circunstancias fue Maderna quien más nervioso actuó, y cometió un error que permitió a Corte ganar una torre y rematar la partida con felicidad, a pesar de disponer de apenas pocos segundos para sus últimas movidas. Benko ofreció gran resistencia a Guimard, Defensa Francesa con la variante del cambio. Se simplificó sobremanera, y aunque Benko tiene un peón doblado, no es fácil saber cómo hará Guimard para ganar, a no mediar un error serio. Grau volvió a ganar, y con este triunfo se coloca primero en el cuadro de posiciones. Villegas efectuó una larga maniobra con su CD, que no dio los resultados esperados. Grau ganó dos peones, y Villegas abandonó en la jugada 28ª. Ojeda y Palau empataron, luego de una partida correcta en la que se produjeron numerosos cambios de piezas.

Palau no aceptó las tablas propuestas, pero luego se produjo el empate en la jugada 29ª. En Pilnik 0:1 Lalich, éste desbarató el ataque de su rival, quien se vio obligado a efectuar sacrificios heroicos que solamente sirvieron para acelerar su derrota. Iliesco – Cámara suspendieron, manteniendo el primero mejores posibilidades; en tanto, Fenoglio – Carballo también suspendieron, con ventaja para el primero. En la 4ª rueda se medirán en el Club Español, Passero – Maderna, Guimard – Bolbochán, Lalich – Benko, Cámara – Pilnik, Fenoglio – Iliesco, Grau – Carballo, Palau – Villegas, Falcón – Ojeda, Gerschman – Puiggrós, Bensadón – Molina. Nogués – Corte se jugará en el Círculo a las 15. Posiciones: Grau 3/3; Guimard 2/2; Nogués Acuña, Puiggrós y Lalich 2/3; Bolbochán, Benko y Passero 1½/2.[146]

4ª rueda, 20 de setiembre, Club Español

▓ Los resultados de esta rueda han vuelto a colocar, empatados en el primer puesto, a Guimard y Grau, ya que el primero venció en enérgica forma a Bolbochán, y el segundo sólo consiguió empatar su partido con Carballo. La rueda que nos ocupa dio margen a que se plantearan varias partidas con el PD. Puiggrós, con negras, venció a Gerschman, PD Defensa Ortodoxa, a quien copó una pieza, abandonando en la movida 33ª. Bien jugó Passero ante Maderna, PD Defensa Eslava similar a algunas de las ensayadas en el *match* Alekhine – Euwe. Pero al final cometió un error, perdiendo una pieza y abandonando en la jugada 42ª.

No remató Guimard su partida por un ataque, pero fue en mérito a la intensidad del mismo que logró una posición de dominio y aseguró su triunfo, abandonando Bolbochán en la jugada 45ª. Lalich volvió a triunfar, imponiéndose en buena forma a Benko en la jugada 45ª. El veterano maestro Villegas se impuso a Palau, luego que éste desacertara el plan general y perdiera dos peones; se definió en la movida 56ª. Muy bien se defendió Carballo frente a Grau, PD Defensa Grünfeld. Tuvo algunas oportunidades el blanco, que no explotó bien, para llegarse a un final de piezas menores que terminó empatado en la jugada 38ª. Muy bien condujo su partida el campeón rosarino Luciano Cámara, contra Pilnik, PD India del Oeste. Al suspenderse tenía ventaja.

Fenoglio – Iliesco fue muy enmarañada, PD India del Este. Se llegó a un final de torre, alfil y peones, que parecía terminaría en tablas, pero Iliesco impuso un peón en séptima línea luego de

---

[146] Roberto Grau, *La Nación*, lunes 19 de setiembre de 1938.

reanudarse. Bensadón jugó una variante agresiva contra la Siciliana: el ataque a la bayoneta. Molina se defendió bien, y se suspendió con un peón de ventaja para él, pese a lo cual, en la reanudación se impuso Bensadón. Falcón venció a Ojeda, luego que éste jugara mal el planteo, quedando con piezas trabadas en el flanco dama. Nogués venció a Corte, luego que éste quedara mejor; el apuro de tiempo hizo el resto, en un final. Esta noche se jugará la quinta rueda, con estas partidas: Maderna – Guimard, Bolbochán – Lalich, Benko – Cámara, Pilnik – Fenoglio, Iliesco – Grau, Carballo – Palau, Villegas – Falcón, Ojeda – Puiggrós, Molina – Corte, Gerschman – Bensadón. En el Círculo se jugará Nogués – Passero, a las 15.30. Posiciones: Grau y Guimard tienen 3½/4, Fenoglio, Lalich, Nogués y Puiggrós 3/4; Bensadón 2½/4.[147]

5ª rueda, Club Español, 22 de setiembre

▓ Al vencer a Maderna, Guimard pasó al primer puesto, ya que luego del empate de Grau con Iliesco, pudo obtener medio punto de ventaja. Nogués también quedó cerca de Guimard, y será de especial interés la partida que ambos disputarán esta noche. Esta rueda ofreció una serie de partidas lucidas, y en varias se destacaron maniobras atrevidas en el planteo y medio juego. Se jugaron siete PD y cuatro PR. En varias partidas el apremio de tiempo jugó malas pasadas a varios competidores, demostrando que abundan en nuestro medio los ajedrecistas que no saben hacer un uso razonable del reloj. Bien jugó Bolbochán frente a Lalich, quien en el medio juego planteó un ataque falso sobre el enroque, perdiendo un peón que el ajedrecista porteño no tuvo inconvenientes en imponer.

Guimard venció a Maderna enérgicamente, PD Defensa Tarrasch. Maderna pensó mucho en el planteo y luego debió jugar rápidamente, lo que aceleró su derrota. Cámara ganó cómodamente a Benko, en la jugada 34ª, luego de superar el planteo deficiente de este. Villegas empató con Falcón, luego de una simplificación, en la jugada 24ª. Quizá una de las partidas que alcanzó más tensión fue Iliesco – Grau; este ganó un peón y tuvo así las mejores perspectivas. Luego buscó la victoria con energía, devolvió el peón, para producirse una gran complicación que Iliesco eludió hábilmente. Se llegó así a un final de dos torres contra la dama imposible de forzar, por lo que se acordó el empate. Palau cometió un grave error que le costó una pieza sin compensaciones. Carballo se impuso poco después de reanudarse el juego.

Su cuarta victoria consecutiva consiguió Puiggrós –negras– al derrotar a Ojeda, Defensa Balogh, luego que este cometiera un serio error en el apuro de tiempo. En realidad jugó bien Pilnik ante Fenoglio y logró una partida cómoda con las blancas, contra una Defensa Caro-Kann. Pero más tarde jugó deficientemente el final, y destruyó su paciente labor. Anoche prosiguió el cotejo, que definió a su favor Fenoglio. Bien está jugando Nogués Acuña, que logró sacar ventaja sutil en el planteo frente a Passero, para ampliarla bien y llegar a un final de peones que el representante de Santa Fe abandonó sin proseguirlo. Después de un largo final Bensadón logró batir a Gerschman, imponiendo dos peones de ventaja. Como de costumbre, Corte planteó una partida con suma lentitud, y más tarde debió jugar con gran rapidez. Salió bien del paso, y finalmente se impuso a Molina. Se medirán por la 6ª rueda Guimard – Nogués Acuña, Lalich – Maderna, Cámara – Bolbochán, Fenoglio – Benko, Grau – Pilnik, Palau – Iliesco, Falcón – Carballo, Puiggrós – Villegas, Ojeda – Gerschman, Passero – Molina, Corte – Bensadón. Las posiciones finalizada la 5ª rueda son las siguientes: Guimard 4½; Grau, Nogués Acuña y Puiggrós 4; Bensadón 3½; Fenoglio, Bolbochán, Cámara y Lalich 3; Villegas, Iliesco y Falcón 2½; Benko, Carballo, Passero y Corte 2; Maderna, Palau, Ojeda y Gerschman 1½; Molina 1; Pilnik ½.[148]

[147] Roberto Grau, *La Nación*, jueves 22 de setiembre de 1938.
[148] Roberto Grau, *La Nación*, sábado 24 de setiembre de 1938.

6ª rueda, Club Español, 24 de setiembre

■ La victoria del campeón argentino Carlos Guimard sobre el campeón del Círculo Alejandro Nogués Acuña fue la nota central de esta rueda. Se definieron cinco partidas y se suspendieron seis. Una lucida victoria por ataque logró Falcón sobre Carballo, Catalana, en la jugada 32ª. Palau e Iliesco empataron rápidamente en la movida 23ª, PD India del Oeste, luego de una gran simplificación. Buena resistencia le opuso Benko a Fenoglio, pero cuando parecía que un empate premiaría su esfuerzo, jugó desacertadamente y su adversario consiguió ganarle un buen final. Correcta fue Ojeda – Gerschman, PD India del Este, que sin reanudarse fue declarada tablas. Guimard ganó en notable forma a Nogués Acuña, PD Defensa Marienbad, en la jugada 41ª. Evidentemente el campeón argentino se encuentra en un momento notable de su campaña.

Passero realizó una bonita combinación en base a una entrega de dama frente a Molina, PD Defensa Semieslava. Las negras se defendieron con exactitud y consiguieron llegar a un final de alfiles de distinto color, pero en el final no jugaron lo mejor y Passero se impuso. Corte fue otra vez víctima del reloj por su falta de voluntad para decidirse en los planteos. En el ping pong final perdió una pieza, y Bensadón venció luego de la suspensión. Maderna tiene un peón más que Lalich, PD Defensa Eslava. No obstante, el final era complicado, y Lalich consiguió mantener el equilibrio luego de la 62ª jugada, en que se declaró tablas. Grau suspendió frente a Pilnik en posición ganadora, PD Defensa India del Oeste. Grau ganó calidad, y se impuso en la jugada 46ª.

Muy equilibrada fue Cámara – Bolbochán, PD Defensa Bogoljuboff. Posteriormente Cámara no jugó bien, y al suspenderse Bolbochán tenía clara ventaja, que impuso en la movida 51ª. Villegas jugó mejor que Puiggrós, PR Defensa Francesa, mereciendo el triunfo por la serie de sutilizas técnicas que realizó en el planteo y el medio juego. Pero al finalizar la primera sesión incurrió en algunas debilidades, lo que bastó para que Puiggrós nivelara estratégicamente la partida. Luego de un largo final, se declaró tablas en la jugada 80ª.

Las posiciones luego de la 6ª rueda quedaron así: Guimard 5½; Grau 5; Puiggrós y Bensadón 4½; Bolbochán, Nogués Acuña y Fenoglio 4; Falcón y Lalich 3½; Villegas, Cámara e Iliesco 3; Passero 2½; Carballo, Palau, Benko, Ojeda, Maderna, Gerschman y Corte 2; Molina 1½; Pilnik ½. En la próxima fecha se medirán Nogués Acuña – Lalich, Maderna – Cámara, Bolbochán – Fenoglio, Benko – Grau, Pilnik- Palau, Iliesco – Falcón, Carballo – Puiggrós, Villegas – Ojeda, Molina – Guimard, Bensadón – Passero, Corte – Gerschman. Todas se jugarán en el Club Español, excepto la de Nogués Acuña, que se jugará por la tarde en el Círculo.[149]

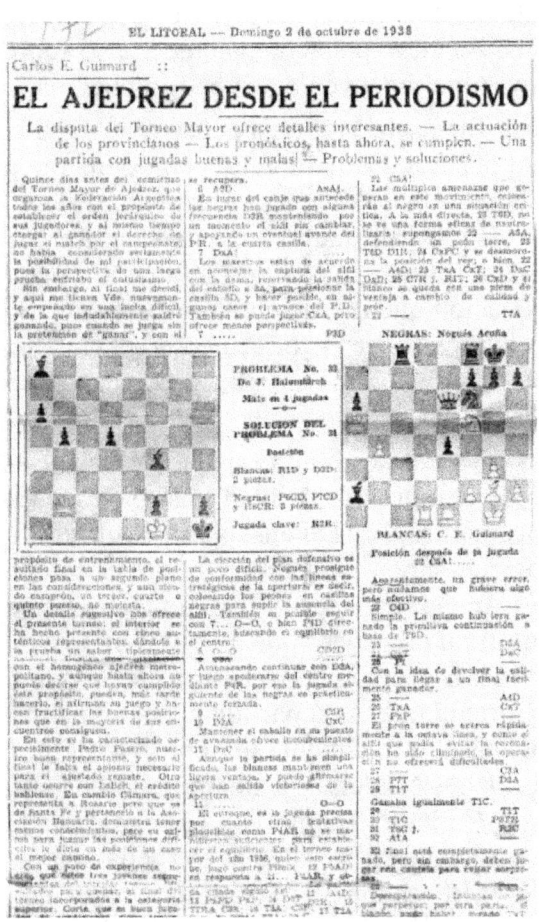

Las notas de Guimard en *El Litoral*,
2 de octubre de 1938

[149] Roberto Grau, *La Nación*, lunes 26 y martes 27 de setiembre de 1938.

7ª rueda, Club Español, 27 de setiembre

La nueva victoria de Guimard, que sigue cómodamente en su situación de puntero, y las derrotas de Puiggrós y Fenoglio, fueron las notas centrales de esta rueda. Las partidas fueron tenazmente disputadas, pues Molina dio un serio trabajo al campeón en el planteo y medio juego, para deshacer su esfuerzo inicial a raíz de algunas jugadas precipitadas efectuadas ante el apremio del tiempo, y Guimard se impuso por contraataque en la 38ª jugada. Benko jugó igualmente bien ante Grau, PR Defensa Siciliana, y este debió trabajar intensamente para suspender con un peón de ventaja, pero en una situación de difícil pronóstico. Finalmente Grau se impuso en la jugada 55ª. Ojeda fue batido por Villegas, en una partida complicada. Villegas quedó mejor en la partida, pero luego se enredó la posición, para suspenderse el juego en una posición muy desfavorable para el veterano maestro. Sin embargo, Villegas venció tras un grueso error de Ojeda.

Más enérgica fue la partida de Carballo contra Puiggrós, que el primero se adjudicó en notable forma luego de ataques y contraataques, así como la victoria de Bolbochán sobre Fenoglio, PR Defensa Caro-Kann, por medio de un ataque sobre el enroque, que suscitó elogiosos comentarios. Nogués produjo una excelente partida frente al campeón de Bahía Blanca, Lalich, y decidió el juego por ataque mediante un sacrificio de calidad. Equilibrada fue Iliesco – Falcón, PD Defensa Eslava, equivocándose las negras poco antes de clausurarse la sesión y decidiéndose el juego en favor de Iliesco. Complicada fue la partida que Corte le ganó a Gerschman, venciendo el primero luego de superar exitosamente el apremio del reloj.

Contra todas las versiones, Pilnik se presentó a jugar con Palau, lo que fue elogiosamente comentado ya que indica su propósito de seguir en el torneo. El juego comenzó con PD, y Palau, mediante una variante teórica ganó un peón y luego la partida, en correcto estilo. Maderna – Cámara fue equilibrada, y de común acuerdo se declaró tablas poco antes de la suspensión. Amplia ventaja logró Bensadón en su partida con Passero, ganando un peón y quedando con posición muy cómoda. Pero luego no siguió con la misma energía, y el ajedrecista santafesino recobró el material y suspendió en posición equilibrada. La lucha continuó anoche y se definió en tablas.

La 8ª rueda se disputará hoy con las siguientes partidas: Nogués – Cámara, Grau – Bolbochán, Palau – Benko, Guimard – Bensadón, Fenoglio – Maderna, Falcón – Pilnik, Puiggrós – Iliesco, Ojeda – Carballo, Gerschman – Molina, Lalich – Molina, Passero – Corte. La situación de los competidores luego de la 7ª rueda es la siguiente: Guimard 6½; Grau 6; Bensadón, Nogués y Bolbochán 5; Puiggrós 4½; Fenoglio, Iliesco y Villegas 4; Cámara, Falcón y Lalich 3½; Carballo, Corte y Palau 3; Maderna y Benko 2½; Gerschman y Ojeda 2; Molina 1½; Pilnik ½.[150]

8ª rueda, Club Español, 29 de setiembre

Nogués Acuña –negras– se impuso en buena forma a Cámara, PD Defensa Nimzowitsch. En la apertura y en el medio juego jugaron ambos correctamente, con sólo pequeñas fallas en las movidas 22ª y 29ª, arribándose a un curioso final de torre y dos peones por bando, donde Cámara tenía PTR y PCR, y Nogués PTD y PCD. Un error poco evidente de Cámara en la jugada 39.T3A?, permitió a Nogués hilvanar una serie de jugadas que le otorgaron finalmente ventaja decisiva en un agotador final, definido en la jugada 89ª.

Grau – Bolbochán protagonizaron una lucha intensa, que tuvo un inesperado final, PR Defensa Siciliana. El planteo fue correctamente jugado por ambos, en tanto un pequeño error de Grau otorgaba a Bolbochán la iniciativa en la jugada 16ª, pero en ese mismo movimiento este no acertó con una recaptura, y el juego volvió a la igualdad. Se llegó a un pre-final parejo de dos torres y seis

[150] Roberto Grau, *La Nación*, jueves 29 de setiembre de 1938.

peones por bando, que Grau comprometió al cometer un error en la movida 33.P4CD? y otro en la 35.PxP? que volcó la lucha totalmente a favor de Bolbochán. Cuando ya se avizoraba el abandono de Grau, Bolbochán cometió un error insólito en la movida 39ª, algo parecido a un espejismo, y tuvo que abandonar de inmediato. Guimard venció a Bensadón, PD Defensa Semieslava, en otra partida azarosa.

El primero entregó un peón en la apertura, obteniendo plena compensación al verse demorado el desarrollo de las negras y atrasado su enroque. En las jugadas 18ª a 20ª ambos cometen errores, pero no son aprovechados. Una nueva falla de Guimard es 21.P5R?!, que permitió a Bensadón quedarse con la iniciativa mediante 21...C4D, que amenazaba C5A. Insólitamente, Guimard arma una falsa máquina mediante 22.D4R??, que lleva a una pérdida de pieza. Bensadón queda con una posición claramente ganadora, pero comete un tremendo *blunder* con 31...C4D??, cuando ganaba mediante la sencilla 31...A3A. Guimard gana la dama y poco después el juego.

En las restantes partidas, Falcón venció a Pilnik, PD Defensa India del Oeste, en la 41ª jugada; Fenoglio derrotó a Maderna, PD Defensa Ortodoxa, en la 59ª; Molina triunfó, con negras, frente a Lalich, PD Defensa Ortodoxa, en la 71ª; Palau superó a Benko, PD Sistema Antiguo con P3AD, en la 34ª; Puiggrós perdió con Iliesco, PD Defensa Siciliana, en la 36ª; empataron Gerschman – Villegas en la 65ª, Ojeda – Carballo en la 27ª y Passero – Corte en la 41ª. Las posiciones después de la 8ª rueda quedaron así: Guimard 7½; Grau 7; Nogués Acuña 6; Bolbochán, Bensadón y Fenoglio 5; Puiggrós, Villegas y Falcón 4½; Palau 4; Carballo, Passero, Cámara, Corte y Lalich 3½; Ojeda, Molina, Gerschman y Maderna 2½; Benko 2; Pilnik ½. Jugarán por la 9ª rueda Benko – Falcón, Bensadón – Lalich, Bolbochán – Palau, Carballo – Villegas, Corte – Guimard, Gerschman – Passero, Iliesco – Ojeda, Maderna – Grau, Molina – Cámara, Nogués Acuña – Fenoglio, Pilnik – Puiggrós.[151]

9ª rueda, Club Español, 1º de octubre

▌ Esta rueda ofrecía algunas partidas que se presumían muy interesantes, y el desarrollo de los juegos no defraudó esas expectativas, ya que en varios tableros se produjeron luchas intensas que proporcionaron abundantes situaciones atractivas. Una de las partidas se jugó por la tarde en el Círculo, entre Maderna y Grau, quienes realizaron una lucha de sostenida intensidad que fue suspendida en un final donde el primero tiene calidad de más por dos peones. En la primera parte del medio la partida fue favorable a Grau, quien ganó un peón, y luego el jugador platense reaccionó con un ataque sobre el enroque, que pareció muy promisorio. Grau jugó muy bien esa parte, y con un sacrificio de calidad llegó a una situación preferible, momento en que no continuó con exactitud. Se suspendió en posición de difícil pronóstico, y finalmente Maderna triunfó en la jugada 69ª, quitándole el invicto a Grau.

Corte se desempeñó muy bien frente a Guimard hasta el momento en que una vez más se vio apremiado por el reloj. Allí aflojó algo, momento que aprovechó el campeón argentino para mejorar visiblemente su posición. Las blancas están constreñidas a la defensa, pero las negras deberán maniobrar con exactitud para ganar el final. Finalmente el cotejo se declaró tablas en la jugada 71ª. Nogués Acuña realizó una excelente partida, en la que puso de manifiesto nuevamente su juego enérgico y excelente concepto de la posición, ya que no era fácil decidirse por el procedimiento que él eligió. No obstante la buena defensa de Fenoglio, Nogués consiguió una posición muy preferible, ganando en la movida 56ª.

Iliesco, que va muy bien colocado en la tabla, jugó ayer una enérgica partida frente a Ojeda, que está jugando por debajo de sus aptitudes. Este arriesgó en demasía, perdiendo material y abandonan-

---

[151] Notas del autor.

do tempranamente en la jugada 16ª. En Bolbochán – Palau, PR Defensa Francesa, Palau jugó bien el planteo, del que salió con un peón de ventaja, que conservó hasta provocar una variante de cambios. No jugó lo mejor en el final, y Bolbochán equilibró la partida, declarándose tablas en la movida 61ª.

En las demás partidas, Pilnik venció a Puiggrós, Molina a Cámara, Passero a Gerschman, en tanto Bensadón empató con Lalich. Benko obtuvo dos peones de ventaja en el final con Falcón, venciendo en la jugada 49ª. Carballo – Villegas se suspendió, y el veterano maestro se impuso en un largo final, en la movida 73ª. Las posiciones luego de la 9ª rueda quedaron así: Guimard 8; Grau y Nogués Acuña 7; Iliesco 6; Bolbochán, Bensadón y Villegas 5½; Fenoglio 5; Puiggrós, Palau, Passero y Falcón 4½; Corte y Lalich 4; Maderna, Carballo, Molina y Cámara 3½; Benko 3; Gerschman y Ojeda 2½; Pilnik 1½. En la 10ª rueda se enfrentarán: Carballo – Gerschman, Cámara – Bensadón, Falcón – Bolbochán, Fenoglio – Molina, Grau – Nogués Acuña, Guimard – Passero, Lalich – Corte, Ojeda – Pilnik, Palau – Maderna, Puiggrós – Benko, Villegas – Iliesco.[152]

10ª rueda, Club Español, 4 de octubre

Los resultados de esta rueda no han alterado la situación de los punteros. Guimard –blancas– jugó con su comprovinciano Passero, Apertura Van't Kruys. Passero había cambiado erróneamente un alfil por un caballo, y por esa causa Guimard logró una posición ventajosa desde el planteo, lo que pareció indicar que vencería fácilmente. Sin embargo, no fue así, y al suspenderse el cotejo, si bien mantenía un peón de ventaja en un final de torres, no era fácil saber si podría ganar. Después de una larga lucha, anoche terminó empatado en la jugada 75ª. Ojeda – Pilnik, PR Defensa Caro-Kann, dio lugar a un final interesante de alfil y tres peones contra torre y dos peones doblados. Pilnik tenía mejor posición, pero se equivocó y se llegó a un final tablas. Puiggrós tuvo dificultades ante Benko, PR Defensa Francesa, aunque finalmente pudo ganarle, principalmente debido a los errores de Benko cometidos durante el apremio de tiempo. Grau – Nogués empataron en una partida de pocas complicaciones, PD Defensa Nimzowitsch, en la jugada 23ª.

Lalich se impuso a Corte, PD Defensa India del Oeste, en una partida compleja que se mantuvo indecisa. Corte quedó bien, pero luego no continuó de manera precisa, alcanzando Lalich una posición ganadora. Complicada fue la partida entre Palau y Maderna, PD Defensa India del Oeste. Para complicar las acciones entregó Palau un peón, pero no logró su propósito y llegó a un final con desventaja material, que Maderna definió anoche a su favor en la movida 57ª. Falcón jugó mejor que Bolbochán, PD Defensa Grünfeld. Bloqueó el centro y consiguió ventaja posicional, pero luego no siguió de la mejor manera y Bolbochán pudo ganar una pieza. No lo vio, y al suspenderse la partida Falcón impuso su peón de ventaja. Carballo venció a Gerschman, PR Ruy López, en la 39ª movida; e Iliesco empató con Villegas, Apertura Zukertort, en la 37ª.

Fenoglio halló en Molina un serio rival, PD con ...A4AR, y empataron en la jugada 62ª. Mal jugó Cámara su planteo frente a Bensadón, PD Defensa Eslava, pero Bensadón luego desacertó, permitiendo a su rival obtener ventaja, y luego de suspender y luchar en un largo final, Cámara se impuso en la jugada 80ª. Las posiciones quedaron así: Guimard 8½; Grau y Nogués Acuña 7½; Iliesco 6½; Villegas 6; Bolbochán, Bensadón, Fenoglio, Puiggrós y Falcón 5½; Passero y Lalich 5; Maderna, Carballo, Cámara y Palau 4½; Molina y Corte 4; Benko y Ojeda 3; Gerschman 2½ y Pilnik 2. En la próxima se enfrentarán Nogués Acuña – Palau, Maderna – Falcón, Bolbochán – Puiggrós, Benko – Ojeda, Pilnik – Villegas, Iliesco – Carballo, Molina – Grau, Bensadón – Fenoglio, Corte – Cámara, Passero – Lalich, Guimard – Gerschman.[153]

[152] Roberto Grau, *La Nación*, lunes 3 y martes 4 de octubre de 1938.
[153] Roberto Grau, *La Nación*, jueves 6 de octubre de 1938.

11ª rueda, 6 de octubre, Club Español

Esta rueda ha acentuado la ventaja que llevaban los tres punteros. Carlos Guimard volvió a triunfar y mantiene cómodamente el punto de ventaja que le lleva a Nogués Acuña y Grau. Estos, a su vez, vencieron a Palau y a Molina. Muy bien ganó Puiggrós –negras– a Julio Bolbochán, PR Ruy López. El blanco planteó la variante del cambio, y el juego se mantuvo indeciso hasta que en el medio juego Puiggrós comenzó a maniobrar con exactitud. Para lograr un final favorable que se adjudicó en la jugada 40ª. Grau –negras– se impuso a Molina en una partida difícil. Las blancas plantearon una apertura sólida, dificultosa para quienes desean obtener juego de ataque. Grau logró debilitar la posición rival, se apoderó de la columna dama y luego aumentó bien la ventaja, hasta imponerse en la movida 40ª. En buena forma se rehabilitó Pilnik de sus anteriores actuaciones, al imponerse a Villegas en excelente estilo, Apertura Zukertort Defensa India de la Dama. Pilnik remató la lucha con un bonito sacrificio de dama.

Cámara –negras– planteó muy bien su partida con Corte, PR Defensa Francesa, explotando algunos defectos técnicos del planteo de las blancas. Se definió en la jugada 32ª. Benko fue batido por Ojeda, PR Defensa Siciliana. Benko jugó muy lentamente, y apremiado por el tiempo aceleró su derrota. Un error de Palau en la apertura facilitó la tarea de Nogués Acuña, que planteó la variante del *fianchetto* de dama con blancas. No obstante, Palau atacó con bríos, pero sus amenazas fueron bien neutralizadas y más tarde Nogués contraatacó, para ganar en la movida 41ª. Una nueva demostración de la energía de su estilo hizo el campeón argentino Guimard. Jugó agresivamente una variante del PD, y luego entregó calidad para acabar con la resistencia que le opuso Gerschman. La partida se definió en la jugada 41ª, en momentos en que Guimard tenía una pieza de ventaja.

Carballo e Iliesco igualaron en una partida sólida, Apertura Zukertort-Reti. Se llegó a un final de torre, alfil y cuatro peones por bando, que convinieron en declarar tablas en la jugada 35ª. Maderna sacó gran ventaja en el planteo con Falcón, pero después no jugó lo mejor. La lucha fue suspendida en una posición siempre favorable al campeón platense, pero que ofrecía algunas dificultades por tratarse de un final de piezas menores y peones. Passero – Lalich quedó suspendida en una situación favorable para el campeón de Bahía Blanca, PD Defensa India. Fenoglio suspendió con Bensadón, PR Defensa Caro-Kann, en un final favorable, con un peón de ventaja. Las posiciones quedaron así: Guimard 9½; Grau y Nogués Acuña 8½; Iliesco 7; Puiggrós 6½; Villegas 6. La 12ª rueda consta de estas partidas: Falcón – Nogués Acuña, Puiggrós – Maderna, Ojeda – Bolbochán, Villegas – Benko, Carballo – Pilnik, Gerschman – Iliesco, Palau – Molina, Grau – Bensadón, Fenoglio – Corte, Cámara – Passero, Lalich – Guimard.[154]

12ª rueda, 8 de octubre, Club Español

Las partidas que disputaban los punteros quedaron suspendidas en situaciones favorables para los mismos, lo que permitirá que tanto Guimard como Grau mantengan la excelente situación que han logrado en la tabla de posiciones. En cambio, Nogués Acuña empató con Falcón, lo que lo ha colocado tercero a medio punto de ventaja sobre Iliesco. Las partidas volvieron a ofrecer como nota característica la inquietud de los jugadores por ensayar planteos complicados y eludir de esta manera las líneas de juego rutinarias. Como es natural, la partida Lalich – Guimard, PD Defensa Holandesa, concentró la mayor atención, por actuar en ella el campeón argentino y puntero de la prueba, que no trató el campeón de Bahía en buena forma. Quedó mejor Guimard, ganó un peón, y luego debió quebrar una tenaz resistencia, para suspender la partida en posición que parece ganadora. Se impuso pocas jugadas después.

[154] Roberto Grau, *La Nación*, sábado 8 de octubre de 1938.

En Grau – Bensadón, Apertura Catalana, éste se defendió bien, y las blancas optaron por entregar un peón a cambio de la iniciativa. Lo consiguieron, y Bensadón entregó calidad para atenuar la presión. Se suspendió en posición favorable para Grau, que luego venció. No planteó de manera muy feliz Nogués Acuña frente a Falcón, y se vio obligado a doblarse un peón central. No obstante, se zafó bien de las dificultades a costa de una simplificación, y se llegó a un final que acordaron tablas. Muy buena partida produjo Puiggrós frente a Maderna, PR Defensa Siciliana. Quedó con ventaja en espacio Puiggrós, la acentuó, y al suspenderse la partida tenía una posición ganadora con tres peones de ventaja, concretando luego la victoria. Villegas le ganó a Benko, Apertura Zukertort. El juego se mantuvo equilibrado al principio, pero poco a poco fue inclinándose a favor de Villegas, que ganó en buen estilo.

Enérgicamente trató Palau la Variante Balogh con que se defendió Molina, ganando por ataque. En buena forma planteó Gerschman su juego contra Iliesco, hasta el punto que alcanzó una posición preferible. Pero meditó demasiado, y cayó su aguja al llegar a la jugada 40ª, en momentos en que la posición era compleja. Pilnik batió a Carballo, PR Ruy López, con la Defensa Morphy. Este cometió un error al final, que permitió el triunfo de Pilnik. Cámara y Passero hicieron tablas, PR Defensa Francesa, en una partida correcta. Fenoglio –blancas– superó a Corte, PD Variante Vienesa, en una partida muy compleja. Ganó una calidad el blanco a cambio de quedar con un caballo comprometido, pero salvó bien estas dificultades. En la jugada 29ª Corte, que ya estaba muy inferior, perdió por tiempo.

Las posiciones quedaron como sigue: Guimard 10½/12; Grau 9½; Nogués Acuña 9; Iliesco 8; Puiggrós 7½; Fenoglio y Villegas 7; Falcón 6½, Bensadón, Bolbochán y Cámara y Passero 6; Lalich y Palau 5½; Maderna y Carballo 5; Ojeda 4½; Corte, Molina y Pilnik 4; Benko 3; Gerschman 2½. En la próxima fecha se jugarán las partidas en varios lugares. En el Círculo (Bartolomé Mitres 670), Nogués Acuña – Puiggrós, Maderna – Ojeda, Benko – Carballo; Corte – Grau; en el Club Argentino (Avenida de Mayo 1411), Bolbochán – Villegas, Pilnik – Iliesco, Molina – Falcón, Guimard – Cámara; en el Club Jaque Mate, Bensadón – Palau, Passero – Fenoglio, Gerschman – Lalich.[155]

13ª rueda, 11 de octubre, Club Español

▓ Los resultados de esta rueda han permitido que el campeón argentino Carlos Guimard mantenga airosamente su situación de puntero, luego de batir a Cámara en una partida de escasa lucha, dada la ventaja lograda por el campeón en el planteo. Planteó una Apertura de CD, especie de Tschigorin con blancas. Ganó un peón y luego remató la lucha con un jaque doble. Esta situación se acentuó por cuanto Grau suspendió su partida en posición muy delicada frente a Corte, luego de una partida muy interesante. Contra el PR, Grau se defendió con la Defensa Siciliana y ganó un peón, que luego devolvió. Más tarde avanzó incorrectamente un peón, para perderlo y quedar el campeón de Entre Ríos con mejor partida. En la serie de jugadas rápidas que se hicieron luego, Grau perdió una pieza, para suspenderse en posición comprometida para el ex campeón. Anoche Corte se excedió en el tiempo, cuando la partida era tablas.

Asimismo, Iliesco y Puiggrós, que marchan 4° y 5° en la tabla, fueron batidos por Pilnik y Nogués Acuña, respectivamente. En cambio éste, al triunfar, mantuvo su excelente situación en la tabla y aumentó así sus posibilidades de clasificarse entre los diez jugadores que integrarán el equipo argentino en el próximo Torneo de las Naciones. En Bolbochán – Villegas, PD Defensa Grünfeld, las blancas quedaron en posición ventajosa, y ganaron en la movida 33ª. Benko ganó por ataque frente a Carballo, PR Defensa Francesa, en la jugada 25ª, luego de un error de Carballo que aceleró el desenlace. Palau –negras– ganó en buen estilo a Bensadón, PD Variante Antigua. Palau ubicó dos poderosos caballos en quinta, para emplazar un ataque y ganar luego de una peregrinación del rey blanco.

[155] Roberto Grau, *La Nación*, lunes 10 y martes 11 de octubre de 1938.

Molina fue batido por Falcón, PD con desarrollo …A4AR, facilitando el trabajo de Falcón algunas jugadas débiles de Molina, decidiéndose el juego en la movida 34ª. Buena partida ganó Gerschman frente a Lalich, PR Defensa Siciliana. Ojeda se equivocó gravemente al final, y Maderna ganó una pieza y la partida, en la jugada 35ª. Fenoglio –negras– se impuso a Passero en una Apertura PD Defensa Eslava. Passero adoptó una variante antigua que Fenoglio conoce muy bien, y quedó inferior. Se definió en la movida 32ª. La reacción de Pilnik, que comenzó el torneo perdiendo siete partidas, es evidente. Consiguió batir a Iliesco, PR Defensa Siciliana, por medio de un enérgico ataque, explotando un grave error de su adversario. Nogués ganó una partida accidentada a Puiggrós. Salió mejor del planteo, pero luego cometió errores, perdió un peón y las acciones fueron favorables a Puiggrós. Al suspenderse, la ventaja de Nogués era amplia, como lo demostró ayer al triunfar en la jugada 60ª.

Esta noche se jugará la 14ª rueda con estas partidas: Ojeda – Nogués, Villegas –Maderna, Carballo – Bolbochán, Iliesco – Benko, Pilnik – Gerschman, Puiggrós – Molina, Falcón – Bensadón, Palau – Corte, Grau – Passero, Fenoglio – Guimard, Cámara – Lalich. Posiciones así: Guimard 11½; Grau 10½; Nogués Acuña 10; Fenoglio e Iliesco 8; Falcón y Puiggrós 7½; Bolbochán y Villegas 7; Palau 6½; Bensadón, Cámara, Maderna y Passero 6; Lalich 5½; Carballo y Pilnik 5; Ojeda 4½; Benko, Corte y Molina 4; Gerschman 3½.[156]

14ª rueda, Club Italiano, 13 de octubre

▓ Guimard, Nogués Acuña y Grau aumentaron su ventaja: los tres realizan una performance notable, y la lucha se hace interesante para saber cuál será el orden final de ellos, pero todo indica que será difícil desalojar a Guimard de su excelente situación. Sólo podría alterarla la partida que esta noche debe jugar con Grau en el Club Italiano. El resultado más importante de hoy fue la victoria de Guimard sobre Fenoglio, PD Defensa Eslava, después de quedar técnicamente perdido en el planteo. Pero su victoria es digna de elogio, ya que puso en evidencia la abundancia de sus recursos y su notable espíritu de reacción. Guimard había caído en una celada de la Eslava, por una distracción. Perdió un peón por esta causa, y luego entregó otro en busca de remotas compensaciones. Pero Fenoglio, ante la evidencia de su ventaja, jugó sin la debida serenidad. Y reaccionó Guimard, para crearle una serie de problemas tácticos a su adversario. Consiguió una posición de jaque perpetuo, y más tarde un nuevo error de Fenoglio le brindó una victoria rato antes inesperada.

Lalich ganó por ataque, PD Sistema Colle, abandonando Cámara en la jugada 33ª. Carballo fue batido por Bolbochán; meditó demasiado el blanco, y luego no tuvo tiempo para contrarrestar la excelente maniobra de Bolbochán, que ganó en la jugada 37ª. Villegas ganó en buen estilo a Maderna, que jugó débilmente en el planteo, adjudicándose el triunfo en la movida 41ª. Esta vez le correspondió a Corte ganar una partida por tiempo: fue en momentos en que su posición ya era ganadora. Un error de Palau desniveló la partida, sucediéndose al final jugadas rápidas que ninguno anotó, cayendo la aguja de Palau en la movida 38ª. Nogués Acuña ganó muy bien, venciendo a Ojeda con su estilo dinámico de siempre. Benko –negras– logró ganarle a Iliesco, PD Defensa Budapest, en la jugada 47ª. Pilnik perdió frente a Gerschman, PR Defensa Francesa; Pilnik estaba algo mejor luego de la suspensión, pero jugó mal y perdió un largo final en la jugada 65ª. Puiggrós jugó hábilmente y desequilibró la partida con Molina, PR Defensa Caro-Kann, imponiendo un peón de ventaja en la sesión complementaria.

Grau halló un serio adversario en Passero, Apertura Catalana. El juego se niveló, para producirse una situación de tablas que las blancas forzaron mediante una maniobra dudosa, especulando con la falta de tiempo del rival. Ganaron un peón, y en ese estado de cosas se suspendió. En la

[156] Roberto Grau, *La Nación*, jueves 13 de octubre de 1938.

sesión de anoche, Grau venció en un final de torres. Esta noche se jugará la 15ª rueda, con estas partidas: Nogués Acuña – Villegas, Maderna – Carballo, Bolbochán – Iliesco, Benko – Pilnik, Molina – Ojeda, Bensadón – Puiggrós, Corte – Falcón, Passero – Palau, Guimard – Grau, Lalich – Fenoglio, Cámara – Gerschman. La colocación actual es la siguiente: Guimard 12½; Grau 11½; Nogués Acuña 11; Puiggrós 8½; Bolbochán, Fenoglio, Iliesco y Villegas 8; Falcón 7½; Bensadón 7; Palau y Lalich 6½; Cámara, Passero y Maderna 6; Benko, Carballo, Pilnik y Corte 5; Gerschman y Ojeda 4½; Molina 4.[157]

15ª rueda, Club Italiano, 16 de octubre

▓ Hoy se enfrentaron Guimard y Grau. La victoria de Grau ha colocado a los dos ajedrecistas con igualdad de puntos en el primer lugar de la tabla, y al suspender Nogués Acuña en posición favorable su cotejo con Villegas, tercia en la lucha con sólo medio punto en contra. El Club Italiano, que agasajó cordialmente a los jugadores y directores, a quienes ofreció un lunch al finalizar la reunión, cedió el teatro para la disputa de las partidas, y éste, a pesar de su amplitud, resultó pequeño para dar cabida a la gran expectativa existente entre los aficionados, que concurrieron en gran número. Como es natural, el cotejo entre los dos punteros fue el que concentró la mayor expectativa, pero varios de ellos justificaron el interés con que los siguieron los espectadores, como el de Nogués Acuña con Villegas, y el de Corte con Falcón, que ofreció una de las típicas escenas de lucha contra el reloj a que nos tiene acostumbrados el campeón de Paraná.

Quizás el mérito mayor de la partida que jugaron Guimard y Grau fue la intensidad de las acciones que en ella se desarrollaron. Grau, que conducía las negras, debió esforzarse para plantear una lucha violenta, y Guimard, a quien agradan este tipo de acciones, no las eludió. El juego se inició con una variante de la Defensa Tarrasch similar a la que plantearon Pillsbury y Lásker hace más de cuarenta años, y la partida fue exactamente igual a aquella hasta la jugada 10ª. En esa oportunidad, Lásker perdió por un error grave en la movida 19ª, pero Grau no tuvo oportunidad de enmendarlo, ya que Guimard cambió el rumbo de la partida para plantear una maniobra de contragolpe prematura, en lugar de recuperar un peón sacrificado. A partir de esto la posición de las negras fue aumentando en vigor, y luego se simplificó el juego, para quedar Grau con un peón de ventaja, que le significó la victoria en la jugada 43ª.[158]

▓ Benko perdió con Pilnik, PR Apertura Española, en la 36ª jugada; Bensadón venció a Puiggrós, PD con 2...A4AR, en la 41ª; luego de un larguísimo final, Bolbochán igualó con Iliesco, Defensa India del Este en la 87ª; Corte derrotó a Falcón, PR Defensa Francesa, en la 41ª; Cámara se impuso a Gerschman, irregular, en la 43ª; Lalich y Fenoglio, PR Defensa Siciliana, igualaron en la 44ª; Maderna perdió con Carballo, PD Defensa India del Este, un maratónico final en la 80ª; Molina y Ojeda igualaron en un duelo pacífico, en la 27ª; Nogués Acuña obtuvo una importante victoria frente a Villegas, PD Defensa Nimzowitsch, en la 69ª, quien se equivocó en la jugada 28...C6C?; con 28...A4AR mantenía la iniciativa.

El análisis de la partida Guimard – Grau muestra que el primero en equivocarse fue Grau en la 13ª jugada, y luego Guimard aplica el plan de Pillsbury sin evaluar que no era tan fuerte como en la partida original. Luego Guimard comete un error serio en la jugada 22.T1C? –cuando era mejor 22.T2D, con juego complejo– y otro en la 29.C4A? –cuando con 29.T1T todavía resistían–, que permiten a Grau definir el juego en la 43ª movida. Las posiciones quedaron con Guimard y Grau 12½/15 puntos; Nogués Acuña 12. Siguen a gran distancia: Iliesco 9; Fenoglio y Puiggrós 8½; Bolbochán, Bensadón y Villegas 8; Falcón 7½; Cámara, Lalich y Palau 7; Passero 6½; Maderna, Corte y Pilnik

[157] Roberto Grau, *La Nación*, sábado 15 de octubre de 1938.
[158] *La Prensa*, 18 de octubre de 1938 (resumen).

6; Carballo, Benko y Ojeda 5; Gerschman y Molina 4½. La 16ª rueda es como sigue: Grau – Lalich, Palau – Guimard, Carballo – Nogués, Iliesco – Maderna, Pilnik – Bolbochán, Gerschman – Benko, Puiggrós – Corte, Falcón – Passero, Fenoglio – Cámara, Ojeda – Bensadón, Villegas – Molina.[159]

▓ El Torneo Mayor que se está disputando actualmente ha dado lugar a gratas comprobaciones. Una serie de jugadores nuevos han prestado su concurso en la prueba, y la mayoría de ellos ha probado de qué manera se progresa en materia de ajedrez, y cómo es de eficaz la obra didáctica que se realiza en nuestro medio. Yo, que tengo la vanidad de haber contribuido poderosamente a la mejora del estándar técnico del ajedrez nacional y de Hispanoamérica, soy, quizá, quien con más intensidad se felicita del saldo logrado. El campeón de Bahía Blanca, Voyin Lalich, de extraordinaria juventud, pues cuenta escasamente con veinte años, el de Santa Fe, Pedro Passero, y el de Rosario, Luciano Cámara, han sido los portavoces del ajedrez del interior del país, y han dialogado de igual a igual con quienes, desde hace rato, acaparan los adjetivos del ajedrez nacional.

Villegas – Nogués Acuña, ronda 15ª, Torneo Mayor, 3 de octubre de 1938. Foto y texto AGN

Y junto a ellos, Julio Bolbochán (18 años) y Floreal Carballo (19 años) hablan del futuro de nuestro juego en el país. Pero el torneo ofrece una falla de reglamentación que debería subsanarse. Es demasiado largo. Dos meses dedicados al ajedrez es un período excesivo para gente ocupada que debe atender asuntos de mucha mayor trascendencia tales como el de resolver el tan difícil problema de la vida diaria.[160]

Torneo Mayor de 1938, 15ª ronda. *El Gráfico* nº 1007, 28 de octubre de 1938

Difícil es la lucha por el 1er. puesto en el torneo de ajedrez

Al vencer Grau a Guimard, se ha colocado también primero con 12 y 1|2 puntos

— 17|X|38

NOGUÉS TERCERO

La décimoquinta rueda del Torneo Mayor de Ajedrez disputada anteanoche en el Club Italiano, ha tenido especial interés para el desarrollo de la importante competencia. La victoria de Grau sobre Guimard ha colocado a los dos ajedrecistas con igualdad de puntos en el primer puesto de la tabla y al suspender Nogués Acuña en posición favorable su cotejo con Villegas, tercia en la lucha con sólo medio punto en contra.

Es tan amplia la diferencia de puntos que los separa de los demás participantes, que puede afirmarse que se está en presencia de dos competencias distintas: una por los tres primeros puestos de la tabla, y otra por el cuarto lugar de la misma, en la que compiten con parecidas perspectivas: Iliesco, Puiggrós, Fenoglio, Villegas y Bolbochán.

El Club Italiano, que agasajó cordialmente a los jugadores y directores, a quienes ofreció un lunch al finalizar la reunión, cedió el teatro para la disputa de las partidas y éste, a pesar de su amplitud, resultó pequeño para dar cabida a la gran expectativa existente entre los aficionados, que concurrieron en gran número.

Como es natural, el cotejo entre los dos punteros fué el que concentró mayor expectativa, pero varios de ellos justificaron el interés con que los siguieron los espectadores, especialmente el de Nogués con Villegas, donde también se desarrolló una lucha de gran dinamismo, y el de Corte con Falcón, que ofreció una de las típicas escenas de "lucha contra reloj" a que nos tiene habituados el campeón de Paraná.

Los resultados fueron los siguientes:

Benkö	1 v. Pilnik	0
Guimard	0 v. Grau	1
Molina	½ v. Ojeda	½
Bensadón . . .	1 v. Puiggrós . . .	0

Las otras siete partidas quedaron suspendidas en la siguiente forma: Carballo y Maderna en posición delicada, tal vez favorable para el primero; Cámara con neta ventaja sobre Gerschman; Nogués mejor que Villegas; Lalich-Fenoglio y Passero-Palau, en situación equilibrada; Iliesco mejor que Bolbochán, y Corte, con ventaja posicional sobre Falcón. Todas éstas proseguirán esta noche.

Intensa fué la lucha entre Guimard y Grau

Quizás el mérito mayor de la partida que jugaron Guimard y Grau fué la intensidad de las acciones que en ella se desarrollaron. El segundo, que conducía las negras y tenía un punto menos en la tabla, debió reforzarse para plantear una lucha violenta y Guimard, a quien agradan este tipo de acciones, no la eludió. Se inició así el juego con una variante de la defensa Tarrasch, similar a la que plantearon Pillsbury y Lasker hace más de cuarenta años, y la partida fué exactamente igual a aquélla hasta la jugada 10 de las negras. En esa oportunidad, Lasker, con las negras, perdió por un error grave en que incurrió en la jugada 12, pero Grau no tuvo oportunidad de enmendario de acuerdo con posteriores análisis, ya que Guimard cambió de rumbo la partida al plantear una maniobra de contragolpe prematura, en lugar de recobrar un peón sacrificado.

A partir de esto la posición de las negras fué aumentando en vigor, y luego se simplificó el juego, para quedar Grau con un peón de ventaja, que le significó la victoria en la jugada 43. Las jugadas efectuadas fueron las siguientes:

Grau venció a Guimard. *Noticias Gráficas*, 18 de octubre de 1938

[159] Notas del autor.
[160] Roberto Grau, *Leoplán*, 12 de noviembre de 1938.

16ª rueda, 18 de octubre, Club Español

▦ Guimard y Grau aumentan la ventaja a un punto y medio sobre Nogués Acuña, quien cayó derrotado frente a Carballo y fue la nota central de la jornada. Los dos punteros triunfaron; mientras que Guimard desnivelaba una partida muy equilibrada frente a Palau, Grau imponía una leve ventaja de espacio frente a Lalich, Apertura Catalana. Luego el ajedrecista bahiense perdió una calidad, y abandonó en la jugada 43ª. La rueda que nos ocupa se caracterizó por francas definiciones y por la serie de maniobras atrevidas que realizaron algunos de los participantes. Carballo 1:0 Nogués Acuña fue la nota de sensación de la noche. PR Defensa Siciliana, logrando las negras un buen planteo. En busca de contra chances entregó una calidad Carballo, que Nogués debió aceptar. No lo hizo y quedó inferior, como lo demostró Carballo al ganar en estilo enérgico.

Un planteo equilibrado se produjo en Palau 0:1 Guimard, y la impresión de equilibrio fue acentuada por la simplificación que siguió. Quedó un final con apariencia de tablas, en el que Guimard poseía los dos alfiles, que le asignaban una leve ventaja, pero en el que era muy difícil hallar alguna maniobra que desequilibrara la lucha. Palau erróneamente la buscó, y entregó un peón, que no logró recuperar, para perder la partida en la jugada 41ª luego de una excelente demostración del campeón argentino. Fenoglio venció a Cámara en una partida muy compleja durante todo su transcurso. Cámara mantuvo el equilibrio de las acciones, para luego quedar con desventaja en movilidad y perder una pieza, por lo que abandonó.

Maderna –negras– le ganó en buen estilo a Iliesco, PD Defensa Holandesa, mediante un fuerte ataque sobre el enroque. Pilnik superó a Bolbochán, PD Defensa India del Oeste, llegándose a un final con ventaja de peones que se adjudicó de buena forma. Puiggrós ganó por ataque sobre el enroque a Corte, PR Defensa Siciliana. Falcón se impuso a Passero, Apertura Zukertort, luego de ganar un peón; su adversario lo recuperó en mal momento, ya que perdió la dama, abandonando de inmediato. Gerschman fue batido por Benko –negras–, en un encuentro que fue igual al de Bolbochán y Pilnik, cambiando el curso luego, para desnivelarse a favor de Benko al quedar apurado por el tiempo Gerschman. Bensadón –negras– abandonó anoche su final con Ojeda, que había quedado suspendido en posición desesperada para él. Como se presumía por el estilo de ambos, Villegas – Molina fue una partida larga y de difícil factura. Comenzó con la Apertura Zukertort para transformarse luego en una especie de PD. Se llegó a un final de caballos, alfiles y cuatro peones por bando, que se declaró tablas.

Esta noche se jugará la 17ª rueda con las siguientes partidas: Nogués – Iliesco, Maderna – Pilnik, Bolbochán – Benko, Molina – Carballo, Corte – Ojeda, Passero – Puiggrós, Guimard – Falcón, Lalich – Palau, Cámara – Grau, Gerschman – Fenoglio, Bensadón – Villegas. Las posiciones luego de la rueda 16ª quedaron así: Guimard y Grau 13½; Nogués Acuña 12; Fenoglio y Puiggrós 9½; Bolbochán, Iliesco, Falcón y Villegas 8½; Bensadón 8; Cámara, Maderna. Lalich, Palau, Pilnik y Carballo 7; Passero 6½; Corte, Ojeda y Benko 6; Molina 5; Gerschman 4½.[161]

17ª rueda, 20 de octubre, Club Español

▦ Poco afortunada fue esta rueda para los punteros de la prueba, obligados a desplegar un ritmo de juego violento ante el *match* que han entablado en la marcha hacia el primer puesto. Guimard halló en Falcón un serio rival, que suspendió en posición ganadora, lo que provocó vivísimos comentarios de parte del numeroso público que ocupaba la sala de juego. Fue una partida compleja, iniciada con PD Defensa Eslava, transformada luego en una especie de Stonewall. En cambio, Grau tenía una partida cómoda con Cámara, que se inició con PD Stonewall, ganando Grau un peón y acentuando luego su ventaja. Al final de la sesión desacertó con el plan, y cuando todo indicaba su

[161] Roberto Grau, *La Nación*, jueves 20 de octubre de 1938.

victoria, aceptó una simplificación que lo llevó a una posición equilibrada que provocó el empate. Si bien suspendió en una posición cómoda, no era posible forzarla. La lucha se ha reducido al desenlace de las cuatro partidas que les falta disputar a cada uno, y que son las siguientes: Grau debe aún jugar con Fenoglio, Gerschman, Palau y Falcón; Guimard tendrá por adversarios a Puiggrós, Villegas, Ojeda y Carballo.

Débilmente planteó Villegas su partida con Bensadón. Ensayó un sistema propio de la Defensa Nimzowitsch, para crearse una serie de puntos débiles que facilitaron la tarea de Bensadón, que ganó en la jugada 28ª. Interesante fue la partida que Palau le ganó a Lalich, PD Defensa Tarrasch, y luego una especie de Variante Sueca. Alcanzó ventaja en el flanco dama y ganó una pieza, lo que decidió la partida. Nogués Acuña debió perder con Iliesco. Entregó un peón pero omitió una fuerte réplica de Iliesco, por lo que debió entregar dos piezas para dar jaque perpetuo, a raíz de un error de este. Molina y Carballo empataron en una partida que siempre se mantuvo equilibrada, en la jugada 34ª.

Bien le ganó Bolbochán a Benko, que entregó un peón en busca de un ataque que no se concretó. Bolbochán jugó con gran energía y suspendió en posición ganadora, abandonando anoche Benko sin proseguir. Puiggrós –negras– sigue jugando enérgicamente, y le ganó de manera excelente a Passero, PD Defensa Ortodoxa. Las negras lograron buenas perspectivas en el ala dama, para crear luego una bonita posición de bloqueo de las piezas adversarios y llegar a un final ganador, que Passero abandonó anoche. Maderna venció a Pilnik en notable forma, luego de presionarlo desde el planteo. El campeón platense parece haberse afirmado en las últimas rondas. Corte – Ojeda fue muy complicada, aunque se mantuvo equilibrada; luego Corte debió realizar una serie de jugadas vertiginosas y se excedió en el tiempo en la jugada 38ª. Gerschman batió a Fenoglio en una lucha larga y complicada, PR Defensa Caro-Kann. Se suspendió con alguna ventaja de Gerschman, pero en la continuación este jugó en notable forma y ganó un buen final. Esta noche se disputará la 17ª rueda en el Club Español: Pilnik – Nogués, Benko – Maderna, Bolbochán – Gerschman, Iliesco – Molina, Carballo – Bensadón, Villegas – Corte, Ojeda – Passero, Puiggrós – Guimard, Falcón – Lalich, Palau – Cámara, Grau – Fenoglio. Las posiciones quedaron así: Grau 14; Guimard 13½; Nogués Acuña 12½; Puiggrós 10½; Bolbochán, Falcón y Fenoglio 9½; Bensadón e Iliesco 9; Villegas 8½; Maderna y Palau 8; Cámara y Carballo 7½; Lalich, Ojeda y Pilnik 7; Passero 6½; Benko y Corte 6; Gerschman y Molina 5½.[162]

18ª rueda, 22 de octubre, Club Español

▓ Al vencer a Fenoglio, Grau mantiene el primer puesto. Fue una partida breve, intensa y enérgica. Al PR de Grau, Fenoglio respondió con la Nimzowitsch 1…C3AD, para quedar con un planteo inferior, soportar luego un fuerte ataque central, perder más tarde un peón y finalmente una pieza, por lo que abandonó en la jugada 27ª. Bien pronto se tuvo la sensación de que Guimard está jugando por debajo de sus méritos reales, y que Puiggrós lo está haciendo en buena forma. Guimard planteó la partida con cierta preocupación, adoptando la Defensa Filidor, de por sí muy delicada. El campeón argentino se equivocó en el planteo, traspuso una jugada y perdió un peón, luego otro, y cuando la derrota parecía inevitable, fue Puiggrós el que desacertó, no escogiendo la variante exacta para ganar, para suspenderse la partida con un peón de ventaja para él, aunque parece tablas. Guimard propuso ese resultado, y Puiggrós solicitó tiempo para contestar, aun cuando opina que es difícil que pueda ganar. Finalizó tablas.

El torneo entra así en su última semana, y todo permite augurar una lucha intensa. Pero lo que parece inevitable es que Grau sea el rival de Guimard en el próximo *match* por el campeonato argentino, ya que aún en el caso de llegar segundo, aquél adquiere el derecho de desafiarlo. Palau –

---

[162] Roberto Grau, *La Nación*, sábado 22 de octubre de 1938.

Cámara, PD Defensa Ortodoxa, suspendieron en un final levemente favorable para el segundo, que fue ganado por éste luego de la jugada 64ª. Carballo venció a Bensadón, pero es necesario aclarar que estuvo inferior toda la partida y debió perder. Un error permitió a Carballo encontrar una variante de mate inevitable.

Bien le ganó Maderna a Benko, PR Vienesa, después de una partida muy complicada. Para evitar un final de alfiles de distinto color, Maderna halló una maniobra ingeniosa que le permitió imponer la fuerza de unos peones centrales pasados. Correcto pero carente de complicaciones fue el empate Pilnik – Nogués, PR Defensa Francesa Variante Maróczy, en la que se cambiaron los peones centrales y el equilibrio nunca fue roto. Falcón suspendió con Lalich, PD Defensa Grünfeld, con un peón menos pero una fuerte torre en séptima, con difícil pronóstico. Terminó tablas. Se suspendió Iliesco y Molina, que no cambiaron ningún peón, y además estos están trabados casi por completo. Iliesco se impuso. Deberán jugar prácticamente una nueva partida. Bolbochán ganó una buena partida a Gerschman, PD Defensa Tschigorin. Se definió por ataque en la movida 25ª.

Ojeda le ganó una pieza a Passero, y en ese estado de cosas se suspendió. Corte se impuso a Villegas, quien está jugando mal. Permitió una maniobra de Corte sobre su enroque, y debió abandonar en la jugada 28ª. Esta noche se jugara la 19ª rueda, con estas partidas: Nogués – Benko, Maderna – Bolbochán, Molina – Pilnik, Bensadón – Iliesco, Corte – Carballo, Passero – Villegas, Guimard – Ojeda, Lalich – Puiggrós, Cámara – Falcón, Fenoglio – Palau, Grau – Gerschman. Las posiciones quedaron así: Grau 15; Guimard 14; Nogués Acuña 13; Puiggrós 11; Bolbochán 10½; Falcón, Bensadón e Iliesco 10; Fenoglio 9½; Maderna 9; Carballo, Cámara y Villegas 8½; Palau y Ojeda 8; Pilnik y Lalich 7½; Corte 7; Passero 6½; Benko 6; Molina y Gerschman 5½.[163]

19ª rueda, Club Español, 25 de octubre

■ Con escasas variaciones en la lucha por el primer puesto, que sigue dando motivo a un *match* entre Guimard y Grau, con leve ventaja en el puntaje para este último. Mientras Guimard batía a Ojeda, Grau suspendía en posición favorable, pero menos fácil de ganar, su partida con Gerschman, lo que provocó un aumento del interés del público por la sesión complementaria de anoche, ya si Grau empata su ventaja disminuiría a sólo medio punto.[164]

Pilnik venció a Molina, PD Defensa Holandesa, en la 37ª jugada. En la temprana jugada 20ª Iliesco fue vencido por Bensadón, PD Variante Marienbad, luego de muchos desaciertos. Un grave error cometió Falcón en su partida con Cámara, PD Variante Schlechter. Tuvo que entregar la dama, quedando en desventaja material; abandonó en la movida 47ª. Un error de planteo de Ojeda facilitó la victoria de Guimard, que se impuso después de jugar la Ortodoxa (Sic)[165] y lograr ventaja central de espacio. Guimard jugó muy bien, pues luego ganó la calidad y en la movida 37ª Ojeda abandonó.

Lalich empató con Puiggrós, PD Defensa Ortodoxa y al hacerlo logró el 40% necesario para mantenerse en la Categoría Superior de la FADA. La partida careció de grandes complicaciones, y se definió en la movida 32ª. Nogués Acuña suspendió en posición difícil para ambos (Sic), Apertura Inglesa. Si bien Nogués tiene un peón menos, disponía de dos muy agresivos en el centro, los que finalmente avanzaron hasta la coronación, y Benko abandonó en la movida 58ª. Maderna y Bolbochán empataron, PD Defensa Nimzowitsch. Muy equilibrado estaba el final suspendido, que era de reyes y peones, cuatro por cada bando, todos en un mismo flanco pero con uno aislado de Bolbochán. Se acordaron las tablas sin continuar.

[163] Roberto Grau, *La Nación*, lunes 24 de octubre de 1938.

[164] Nunca estuvo mejor Grau, y Gerschman tuvo una pequeña ventaja durante muchas jugadas. Recién en la 44ª Grau gana un peón en un final de torres, pero la pieza activa de Gerschman impidió cualquier intento. Fue tablas en la jugada 76ª.

[165] Con blancas, Guimard se impuso fácilmente después de una serie de jugadas sumamente débiles de Ojeda.

Como todas las partidas en que actúa Corte, esta ofreció un espectáculo en su etapa final, por el apremio de tiempo, que esta vez compartía su adversario. Se inició con PR Defensa Francesa, y fue favorable para Carballo, quien sobre el final se equivocó y suspendió en situación muy delicada. Corte venció anoche en buena forma. Fenoglio – Palau también se suspendió en un final de reyes y peones, que parecía tablas, si bien tenía mejores perspectivas Fenoglio. Se declaró tablas en la jugada 58ª, luego de varios errores por ambas partes. Fenoglio tuvo posición ganadora en varios pasajes del final, fallando con 41.P5T?? También se suspendió en una posición equilibrada Passero – Villegas, PD Defensa India del Este, en un final de torre, pieza menor y dos peones por bando.

Era completamente tablas, pero Passero entró en una celada al capturar un peón con 54.TxP??, que fue aprovechado por Villegas para entrar con el rey y obligar al sacrificio de calidad. Una vez en el final de torre contra alfil, fue sencillo para Villegas encontrar la línea ganadora. Esta noche se jugará la penúltima rueda, con este *fixture*: Bolbochán – Nogués, Gerschman – Maderna, Benko – Molina, Pilnik – Bensadón, Iliesco – Corte, Carballo – Passero, Ojeda – Lalich, Puiggrós – Cámara, Falcón – Fenoglio, Palau – Grau. Las posiciones luego de la 19ª rueda son: Grau 15½; Guimard 15; Nogués Acuña 14; Puiggrós 11½; Bolbochán 11; Bensadón, Falcón, Fenoglio e Iliesco 10; Cámara, Maderna y Villegas 9½; Carballo, Palau y Pilnik 8½; Corte, Lalich y Ojeda 8; Passero 6½; Benko y Gerschman 6; Molina 5½.[166]

20ª rueda, 27 de octubre, Club Español

Falta sólo una rueda, y no es posible formular un pronóstico categórico sobre el desenlace de la lucha que por el primer puesto han entablado Guimard y Grau. Si bien el segundo lleva medio punto de ventaja, e una superioridad tan minúscula que todo queda supeditado al resultado de las partidas que deben disputarse esta noche: Grau con Falcón y Guimard ante Carballo. En la rueda de anteanoche ambos triunfaron en sus respectivos cotejos, y estos resultados, unidos a la derrota de Nogués Acuña frente a Bolbochán, aleja toda posibilidad de que cualquiera de los dos punteros pueda ser desplazado de los dos primeros puestos de la tabla. La lucha por el cuarto lugar se mantiene incierta, ya que tanto Puiggrós como Bolbochán están en situación de ocupar esa destacada posición, que asigna un lugar en el equipo internacional que se entrenará para el torneo de la Copa Hamilton Russell, y quizá para el que actuará en el próximo torneo sudamericano de Río de Janeiro.

Palau – Grau, PD Defensa India del Oeste, fue una partida muy difícil, que se mantuvo indecisa y peligrosa durante largo rato. En busca de complicaciones, Grau emplazó un ataque sobre el ala rey, para entregar la dama por dos torres y un peón, pero quedaron en una posición delicada ambos. No jugó lo menos en cierto momento Palau, y esto permitió a Grau hallar una combinación larga y justa que le dio la victoria en la jugada 37ª. Fue, sin duda, la partida más interesante de la noche. En la temprana jugada 15ª Puiggrós batió a Cámara, PR Defensa Francesa, que se definió con un ataque típico sobre el PTR de las negras. Carballo le ganó cómodamente a Passero, quien jugó defectuosamente una Defensa Alekhine, perdió una serie de tiempos y esto permitió a Carballo ganar por ataque en la 22ª jugada. Corte batió a Iliesco en uno de sus habituales ping pong. Maderna –negras– perdió con Gerschman, Gambito Budapest, en la 45ª movida.

Ojeda y Lalich empataron, PD Defensa Ortodoxa, en una partida correcta que se definió en la jugada 38ª. Al empatar con Molina, Benko alcanzó el porcentaje mínimo requerido para permanecer en la categoría superior. Comenzó con PR Defensa Siciliana, y se acordó el empate en la jugada 20ª. Guimard le ganó en buena forma a Villegas, PD Defensa Lásker, luego de un planteo equilibrado. Ante una amenaza de mate, Villegas optó por entregar un peón. Al suspenderse, Guimard ganaba

---

[166] Roberto Grau, *La Nación*, jueves 27 de octubre de 1938. Notas del autor.

una pieza, por lo que Villegas abandonó sin continuar. Pilnik – Bensadón, PR Defensa Caro-Kann, se suspendió y todavía se jugaba anoche al cierre de esta edición.

Bolbochán le ganó a Nogués, PR Defensa Siciliana, después de una lucha intensa. Teniendo un peón de ventaja, Nogués cometió un error que lo dejó con un final perdido, que anoche abandonó sin continuar. Falcón jugó mejor que Fenoglio, PR Defensa Caro-Kann variante Panov, pero se llegó a un final que era teóricamente tablas. Anoche se declaró tablas sin seguirlo. Hoy se jugará la última rueda, con estas partidas: Nogués – Maderna, Molina – Bolbochán, Guimard – Carballo, Grau – Falcón, Bensadón – Benko, Corte – Pilnik, Passero – Iliesco, Lalich – Villegas, Cámara – Ojeda, Fenoglio – Puiggrós, Gerschman – Palau. Faltando una rueda, las posiciones quedaron así: Grau 16½; Guimard 16; Nogués Acuña 14; Puiggrós 12½; Bolbochán 12; Bensadón 11; Falcón y Fenoglio 10½; Iliesco 10; Cámara, Carballo, Maderna y Villegas 9½; Corte y Pilnik 9; Lalich, Ojeda y Palau 8½; Gerschman y Benko 7; Passero 6½; Molina 6.[167]

21ª rueda, 29 de octubre, Club Español

Las partidas de la última rueda no variaron la situación de los competidores en la tabla final de posiciones, pero debe destacarse el cuarto puesto logrado por Julio Bolbochán. Grau triunfó por medio punto sobre Guimard, y ambos dirimirán en un *match* el próximo Campeonato Argentino. Nogués Acuña quedó tercero, pero a considerable distancia de los dos punteros.

Corte perdió con Pilnik, PR Giuoco Piano con centro retenido. Corte enrocó largo y se preparó para una lucha de ataques, pareja hasta la jugada 16ª. Se equivocó Corte al retroceder 17.A2A?, y entonces el ataque de Pilnik llegó primero, y en su desesperada carrera por no perder por tiempo, a Corte hasta casi le dieron mate al llegar a la jugada 29ª. Rápidamente obtuvo ventaja decisiva Cámara frente a Ojeda, PD Antiguo, al perder éste una pieza en la jugada 13ª. Fenoglio derrotó a Puiggrós, Zukertort transformado en algo así como una Defensa Semieslava. La partida estaba pareja, pero Puiggrós cometió un serio error con 17…P4CR? –antes debió cambiar alfiles– y quedó rápidamente perdido, abandonando en la movida 28ª.

Gerschman y Palau hicieron tablas rápidas, en la jugada 21ª. Grau venció a Falcón, PD Sistema Antiguo sin desarrollar el AD, se desarrolló en forma pareja hasta la jugada 16…T1R?, error que es "devuelto" por Grau con 18.D4R? Pese a un peón de ventaja de Grau, el juego queda parejo, con alfiles de distinto color y piezas pesadas, y cuando el empate era un hecho, Falcón comete el grave error 43…DxPC?? y recibe mate en pocas jugadas, abandonando en la 48ª.

Guimard venció a Carballo, PD Defensa India del Rey, en una partida que se desarrolló en forma aproximadamente equilibrada hasta la movida 23ª. Dos errores de Carballo en las jugadas 24ª y 26ª permitieron a Guimard vencer mediante la avalancha de los peones centrales. Carballo abandonó en la 37ª. Lalich – Villegas tuvo un azaroso derrotero. En una posición pareja, Villegas comete el grave error 34…A6R?? cuando con la sencilla y natural 34…PxP conservaba la igualdad. Entonces Lalich tiene oportunidad de rematar el juego mediante 37.PxP o 38.P6A, pero las omite y en cambio juega la horripilante 38.PxP??, que lo deja ¡perdido! Villegas ganó en la jugada 49ª. En Molina – Bolbochán, PD Sistema Antiguo, Molina jugó, como es su costumbre, sólida pero pasivamente.

Se equivoca en las jugadas 29ª y 30ª, permitiendo a Bolbochán rematar el juego con elegancia, en la jugada 40ª. Nogués Acuña planteó ante Maderna su apertura híper moderna, del tipo Inglesa, con centro retenido y *fianchetto* del alfil rey. Con 10…P5R Maderna obliga a la fea retirada 11.C2T, que podría haber aprovechado mediante 11…D2D. En cambio, con 11…PxP el juego vuelve a nivelarse. Nogués Acuña no acierta con sus jugadas 20ª y 24ª, y Maderna toma decididamente la

[167] Roberto Grau, *La Nación*, sábado 29 de octubre de 1938.

iniciativa, que impone en un largo final, en la jugada 65ª. Passero perdió con Iliesco, PD India del Rey, después de el error 26.D3D?, que es aprovechado por Iliesco para definir en la movida 41ª.[168]

Ha terminado el Torneo Mayor con la victoria de aquellos jugadores a quienes la crítica les asignaba las mejores posibilidades. Guimard, Nogués Acuña y quien esto escribe habían acreditado en sus campañas respectivas, títulos sobrados como para aspirar a la situación obtenida, y sólo puede discutirse la colocación lograda por Maderna, que en otras oportunidades alcanzó situaciones de primer plano. En lo demás, la lógica se ha impuesto, y la enorme diferencia de puntaje existente entre los primeros y gran parte de los demás competidores obliga a pensar en la conveniencia de limitar el número de participantes en nuestro principal torneo, por cuando se corre el riesgo de que los ajedrecistas de calidad comiencen a desinteresarse por actuar en una prueba tan larga, y cuya victoria les proporciona tan pocos halagos íntimos.[169]

Resumen

▓ Entre los meses de setiembre y octubre se jugó el Torneo Mayor. El certamen tenía un doble incentivo: no sólo clasificaría al desafiante del campeón argentino, sino que además los primeros clasificados integrarían el equipo argentino que jugaría en el TN de 1939. Por eso, la participación fue masiva: 22 jugadores. Luego de una extenuante lucha se impuso Roberto Gabriel Grau, con 17½/21, seguido por Carlos Guimard con 16½; Alejandro Nogués Acuña 14; Julio Bolbochán 13; Guillermo Puiggrós 12½; Virgilio Fenoglio 11½; Rafael Bensadón y Juan Iliesco 11; Luciano Cámara, Enrique Falcón y Benito Villegas 10½; Herman Pilnik 10; Carlos Maderna y Floreal Carballo 9½; César Corte y Luis Palau 9; Voyin Lalich y Joaquín Ojeda 8½; José Gerschman 7½; Francisco Benko 7, Pedro Passero 6½ y Julio Molina 6. El 28 de octubre *El Gráfico* publica una página con dos grandes fotos del certamen, una de la partida Guimard vs Grau, y otra de Nogués Acuña vs Villegas.[170]

Las sensaciones de un participante rosarino

▓ Este certamen quedó grabado en mi memoria, sobre todo porque he jugado pocos torneos en mi vida, ya que la necesidad de supervivencia me lo impidió. Debuté frente a Villegas, que me superó en la apertura y no me dejó respirar más. (…) El torneo se desarrolló en un amplio salón del subsuelo del Club Español. Concurrían muchos aficionados, ansiosos no sólo por ver las partidas de Grau y Guimard, o las de Julio Bolbochán, Virgilio Fenoglio, Herman Pilnik y otros, sino las del entrerriano César Corte, que ofrecía un espectáculo extra con los tremendos apremios de tiempo en que incurría. La gente gusta de estos platos fuertes. Observaban con ojos desorbitados cómo se levantaba la flecha del reloj mientras las jugadas se suceden unas a otras en un silencio, no de sepulcro –porque el aire vibraba–, sino de angustia, con la gente subida a las sillas, amontonada y estorbando a las mesas vecinas. Esta situación provocó que un nervioso Grau manifestara que Corte debía jugar en otro salón, o directamente prohibirlo, cosa que naturalmente nunca se concretó.

Después de terminada la sesión, a la una o dos de la madrugada, venían los interminables comentarios que nos arrastraban a algún negocio, al que accedíamos impulsados por la 'voz del hambre', como repetía José María Cristiá, en Rosario, donde ocurría lo mismo. No quiero terminar sin citar algunos recuerdos de aquel torneo. Por ejemplo, la 'trensa de ocho' (Sic) que a menudo plateaba Julio Molina (peones en 3AD, 4D, 3R y 4AR o algo parecido), los puros de Guillermo Puiggrós, el modoso Julio Bolbochán, debutante como yo y que finalizó cuarto, el contundente Maderna, el

[168] Notas del autor.
[169] Roberto Grau, *Leoplán*, 19 de noviembre de 1938.
[170] *El Gráfico* nº 1007, pág. 28. *Caras y Caretas* nº 2095 del 26 de noviembre de 1938.

bueno de Iliesco con sus cordiales consejos, y Herman Pilnik, que no quería creer que terminaba con sólo diez puntos.[171]

Torneo Mayor 1938

	Participantes	1	2	3	4	5	6	7	8	9	0	1	2	3	4	5	6	7	8	9	0	1	2		
1	Grau, Roberto Gabriel	*	1	½	1	1	1	½	1	0	1	½	1	1	½	1	1	1	1	½	1	1	1	17.5/21	
2	Guimard, Carlos Enrique	0	*	1	1	½	1	1	1	1	0	1	1	1	1	½	1	1	1	1	½	½	1	17.0/21	
3	Nogués Acuna, Alejandro	½	0	*	0	1	1	½	1	0	½	1	1	½	0	1	1	1	1	½	1	1	½	14.0/21	
4	Bolbochán, Julio	0	0	1	*	0	1	½	½	½	0	1	1	0	1	1	½	1	½	1	1	½	1	13.0/21	
5	Puiggrós, Guillermo	0	½	0	1	*	0	0	0	1	1	1	½	0	0	1	1	½	1	1	1	1	1	12.5/21	
6	Fenoglio, Virgilio	0	0	0	0	1	*	0	½	1	½	1	1	1	1	1	½	½	0	0	1	1	½	11.5/21	
7	Iliesco, Juan Traian	½	0	½	½	1	1	*	0	0	1	½	½	0	½	0	½	½	1	1	0	1	1	11.0/21	109.25
8	Bensadón, Rafael	0	0	0	½	1	½	1	*	1	1	0	1	½	0	1	0	½	0	1	½	½	1	11.0/21	105.75
9	Maderna, Carlos Hugo	1	0	1	½	0	0	1	0	*	½	½	0	1	0	0	1	½	1	0	1	1	½	10.5/21	107.75
10	Falcón, Enrique	0	1	½	1	0	½	0	0	½	*	0	½	1	1	0	0	½	1	1	0	1	1	10.5/21	105.50
11	Cámara, Luciano Walter	½	0	0	0	0	0	½	1	½	1	*	0	½	1	1	1	0	1	1	1	½	0	10.5/21	99.75
12	Villegas, Benito Higinio	0	0	0	0	½	0	½	0	1	½	1	*	0	1	0	1	1	1	½	1	1	½	10.5/21	93.75
13	Pilnik, Herman	0	0	½	1	1	0	1	½	0	0	½	1	*	1	1	0	0	½	0	1	0	1	10.0/21	
14	Carballo, Floreal	½	0	1	0	1	0	½	1	1	0	0	0	0	*	0	1	½	½	1	0	1	½	9.5/21	
15	Corte, Cesar Juan	0	½	0	0	0	0	1	0	1	1	0	1	0	1	*	1	0	0	1	0	½	1	9.0/21	86.25
16	Palau, Luis Argentino	0	0	0	½	0	½	½	1	0	1	0	0	1	0	0	*	1	½	½	1	½	1	9.0/21	82.00
17	Lalich, Voyin	0	0	0	0	½	½	½	½	½	½	1	0	1	½	1	0	*	½	0	1	½	0	8.5/21	82.25
18	Ojeda, Joaquín	0	0	0	½	0	1	0	1	0	0	0	0	½	½	1	½	½	*	½	1	1	½	8.5/21	76.75
19	Gerschman, José	½	0	½	0	0	1	0	0	1	0	0	½	1	0	0	½	1	½	*	0	0	1	7.5/21	
20	Benko, Francisco	0	½	0	0	0	0	1	½	0	1	0	0	0	1	1	0	0	0	1	*	½	½	7.0/21	
21	Pasero, Pedro	0	½	0	½	0	0	0	½	0	0	½	0	1	0	½	½	½	0	1	½	*	½	6.5/21	
22	Molina, Julio	0	0	½	0	0	½	0	0	½	0	1	½	0	½	0	0	1	½	0	½	½	*	6.0/21	

Caras y Caretas y el ajedrez

■ El 1º de octubre *Caras y Caretas* nº 2087 anuncia que un equipo argentino de solucionistas ha ganado un importante torneo en un concurso organizado en Brasil por la Federación Brasileña de Ajedrez a través de su revista oficial *Xadrez Brasileiro*, bajo la organización de Francisco Vieira Agarez. Los cuatro argentinos compartieron el primer lugar con 250 puntos, el máximo que podía alcanzarse: Arnoldo Boccalandro, Gastón Pedro Dubox –periodista de ajedrez de Caras y Caretas– Fernando Lombardi y Braulio M. Pereyra. El 17 de diciembre, esta revista publica el muy antiguo artículo del doctor Wenceslao Tello *El ajedrez y la mujer*, tomado del libro de José Pérez Mendoza, página 529, y sin mencionar la fuente.[172]

El Torneo Femenino del Club Argentino

■ El 2 de diciembre *El Gráfico* dedica las dos páginas centrales al Torneo Femenino que se juega en el Club Argentino. Incluye once fotos de la primera ronda, jugada el 24 de noviembre.[173]

María Angélica Berea, del Círculo de San Martín, Torneo Femenino de 1938 en *El Gráfico*

[171] Luciano Cámara, *Ajedrez Postal Americano* nº 157, pág. 4/5.
[172] *Caras y Caretas* nº 2098 del 17 de diciembre de 1938.
[173] *El Gráfico* nº 1012, pág. 27/8.

Argentinos en el Sudamericano de Río de Janeiro

▓ Los ajedrecistas de Río de Janeiro anuncian la organización de un torneo sudamericano, que se iniciará en 20 de noviembre en la capital brasileña. No es la época más propicia para jugar en la bella ciudad, pero es tan cordial el ambiente y tan obsequiosos los habitantes de la república hermana, que siempre será grato el viaje y el certamen.[174]

El 15 de noviembre partió en el *Campana* el equipo argentino que actúa en el torneo sudamericano realizado en Río de Janeiro. El *team* satisface al ajedrez nacional, ya que junto a la experiencia de Guimard y Grau, ha ido Nogués Acuña, dispuesto a entrenarse para otras competencias, y la juventud de Julio Bolbochán y Guillermo Puiggrós, dos serias promesas para el ajedrez argentino. Evidentemente, la época del año no es la más adecuada para jugar en Río de Janeiro, ya que el calor es muy fuerte, pero debe reconocerse que la prueba se postergó por culpa de los organizadores argentinos, que no pudieron enviar sus hombres antes, a causa del Torneo Mayor, que fue excesivamente largo.[175]

Comienza el sudamericano en Río de Janeiro.
La Nación,
22 de noviembre de 1938

▓ En las primeras horas de la mañana partirá en avión con destino a Río de Janeiro el ajedrecista Virgilio Fenoglio, cuya designación fue hecha ayer a último momento en razón de haber desistido el señor Alejandro Nogués Acuña.[176]

▓ El Torneo Sudamericano de ajedrez comenzará a disputarse hoy por la noche. Las delegaciones se hospedan en el Hotel de Extranjeros. Las partidas se efectuarán en días hábiles, quedando los domingos reservados para que los visitantes puedan recorrer la ciudad y sus alrededores.[177]

1ª rueda: 21 de noviembre

▓ En Río de Janeiro fue inaugurado el X Torneo Sudamericano, prueba que ha despertado un considerable interés. El torneo se inauguró ayer, en presencia del cónsul argentino don Edmundo Calcagno, mediante un discurso del presidente de la Federación Brasileña, señor Joaquim de Almeida Pinto, quien destacó la importancia del torneo y el significado que tendrá el gran TN a realizarse en Buenos Aires, al que calificó de prueba magna del ajedrez de todos los tiempos. Luego se efectuó el sorteo, quedando el orden de este modo: 1. Carlos Guimard; 2. Walter Cruz; 3. Silva Rocha; 4. Oswaldo Cruz; 5. João de Souza Mendes; 6. Alfredo Salles D'Oliveira; 7. Virgilio Fenoglio; 8. Jayme Moses; 9. Alfredo Olivera; 10. Ernesto Rotunno; 11. Pablo Duarte; 12. Julio Bolbochán; 13. Roberto Grau; 14. Cauby Pulcherio; 15. Orlando Roças; 16. Hernán Corbo. Las partidas se jugarán de 10 a 1, debiendo hacerse cuarenta y cinco jugadas en cinco horas. Las partidas suspendidas seguirán al día siguiente por la tarde. Las ruedas serán sorteadas momentos antes de iniciarse cada sesión. El equipo argentino se encuentra en perfecto estado, y sólo podrá hallar un obstáculo serio en el fuerte calor.[178]

[174] Roberto Grau, *Leoplán*, 26 de octubre de 1938.
[175] Roberto Grau, *Leoplán*, 23 de noviembre de 1938. *La Nación*, 16 de noviembre de 1938
[176] Especial, *La Nación*, 18 de noviembre de 1938.
[177] Especial, *La Nación*, 21 de noviembre de 1938.
[178] Especial, *La Nación*, 22 de noviembre de 1938.

■ Bajo los mejores auspicios de confraternidad y buenas perspectivas de excelente juego se inició este torneo en los salones del *Circulo Rio Grande do Sul*. En la rueda fue derrotado Fenoglio por Silva Rocha, en la 43ª jugada, apertura C3AR. Salles de Oliveira venció a Oswaldo Cruz, en la 25ª, con la apertura P4D. Souza Mendes derrotó a Hernán Corbo, en la 51ª jugada de una apertura similar. Jayme Moses venció a Walter Cruz, y Roberto Grau hizo tablas con Cauby Pulcherio, en la 45ª movida. Quedaron suspendidas Rotunno – Trompowsky, Duarte – Puiggrós y Oliveira – Guimard.[179]

■ Durante dieciséis días, exceptuando los domingos, cada uno de los ajedrecistas tendrá que participar diariamente en ocho partidas, cada una de las cuales se compondrá de cuarenta y cinco jugadas (Sic). El señor Almeida Pinto, presidente de la Federación Brasileña, explicó los motivos por los cuales se permitirá el acceso libre del público:

En esta forma esperamos acrecentar el interés por el ajedrez en nuestro país, que hace dos años era muy reducido, y la afición por este arte en el Brasil.

Erratas de *Crítica*, 21 de noviembre de 1938

■ El señor Almeida Pinto es un joven de poco más de veinte años, que es considerado aquí como uno de los mejores jugadores del Brasil, y a quien se llama el gran benefactor del ajedrez.[180]

2ª rueda: 22 de noviembre

■ En las partidas de la rueda Fenoglio, Bolbochán, Grau y Guimard ganaron, y sólo perdió Puiggrós, del *team* argentino. Esta madrugada finalizaron casi todas las partidas, y los resultados fueron: Rotunno ½:½ Salles; Duarte 1:0 Souza Mendes; Fenoglio 1:0 Olivera; Bolbochán 1:0 Oswaldo Cruz; Corbo 1:0 Moses; Trompowsky 1:0 Puiggrós; Guimard 1:0 Roças; Grau 1:0 Silva Rocha, y suspendieron Pulcherio – Walter Cruz.[181]

Derrota inicial de Fenoglio.
La Razón, 22 de noviembre de 1938

3ª rueda: 23 de noviembre

■ Los resultados de esta rueda fueron los siguientes: Walter Cruz venció a Oswaldo Cruz, Salles empató con Trompowsky, Moses empató con Roças, Olivera batió a Pulcherio, Grau venció a Rotunno, Bolbochán a Duarte y Souza Mendes dio la nota de sensación al batir al campeón argentino Guimard en notable forma. Fenoglio y Puiggrós suspendieron, lo mismo que Silva Rocha y Carlo (Sic).[182]

[179] *La Razón*, 22 de noviembre de 1938.
[180] *Agencia UP, Crítica*, 21 de noviembre de 1938.
[181] *Especial, La Nación*, 23 de noviembre de 1938.
[182] *Especial, La Nación*, 24 de noviembre de 1938.

4ª rueda: 24 de noviembre

Guimard Venció a Paulo Duarte en el Torneo de Río

RIO DE JANEIRO, 25 (United). — Las partidas de la cuarta rueda del campeonato sudamericano de ajedrez, jugadas anoche, tuvieron un desarrollo interesante desde el punto de vista técnico, a pesar de que su planteo fué somero, por el deseo de los competidores de empeñarse en jugadas decisivas, como lo demuestra la forma rápida en que se resolvieron en su mayoría.

La partida que se siguió con mayor interés en sus peripecias es la que iniciaron Fenoglio y Souza Méndez, brasileño, pero ésta se suspendió y deberá proseguir esta tarde. El argentino tiene una leve ventaja de colocación que, bien aprovechada, le puede reportar un nuevo triunfo. Roberto Grau venció a su compatriota Guillermo Puiggrós en 36 jugadas con una apertura P4R, que su rival repitió como defensa y Carlos Guimard se impuso al brasileño Paulo Duarte, que llevaba las blancas, en 34 jugadas, tras de oponer una defensa ortodoxa a una apertura de peón de dama. A su vez, J. Bolbochán hizo tablas con el brasileño Trompovsky, en 25 jugadas.

Los demás resultados fueron: Alfredo Oliveira hizo tablas con Silva Rocha, ambos brasileños, en 26 jugadas, con una apertura de peón de dama y una defensa Tarrash; C. Pucherizo hizo tablas con Orlando Roca, ambos brasileños, en 25 jugadas.

Victoria de Guimard. *Crítica*, 25 de noviembre de 1938

■ Guimard venció a Pablo Duarte. Las partidas tuvieron un desarrollo interesante desde el punto de vista técnico, a pesar de que su planteo fue somero, por el deseo de los competidores de empeñarse en jugadas decisivas, como lo demuestra la forma rápida en que se resolvieron, en su mayoría. La partida que se siguió con mayor interés en sus peripecias es Fenoglio – Souza Mendes, pero se suspendió y deberá continuar esta tarde. El argentino tiene una leve ventaja de colocación (Sic) que, bien aprovechada, le puede reportar un nuevo triunfo. Grau venció a su compatriota Puiggrós en la 36ª jugada, con una Apertura P4R. Guimard se impuso a Duarte, que llevaba las blancas, en la 34ª movida. A su vez, Julio Bolbochán hizo tablas con el brasileño Trompowsky, en la 25ª. Los demás resultados fueron: Oliveira ½:½ Silva Rocha, Pulcherio ½:½ Roças.[183]

■ Con gran entusiasmo de todos los competidores sigue disputándose el torneo, que ha despertado en esta ciudad un considerable interés. Los periódicos, hasta en ancho de página, no vacilan en ocuparse del gran certamen. Anoche Grau, Guimard y Bolbochán lograron conservar la excelente colocación que hasta ahora tienen. Grau se enfrentó con Puiggrós, y luego de una partida de excelente factura lo venció, alcanzando 3½ puntos.[184]

5ª rueda: 25 de noviembre

■ Hoy por la tarde fueron terminadas las cuatro partidas que habían quedado suspendidas. El joven representante argentino Bolbochán derrotó al fuerte ajedrecista local Silva Rocha, motivando elogiosos comentarios. Fenoglio venció, y la partida Puiggrós – Moses terminó empatada. También jugaron Olivera – Salles, ganando el primero. Después de terminada la ronda encabezan en cuadro de posiciones los argentinos Bolbochán, Grau y Guimard, juntamente con el brasileño Souza Mendes.[185]

■ En los finales pendientes vencieron Fenoglio, Bolbochán y Olivera, respectivamente, a Moses, Rocha y Salles Oliveira. Luego de cinco ruedas encabezan las posiciones Bolbochán, Grau, Guimard y Souza Mendes, con 4/5.[186]

6ª rueda: 26 de noviembre

■ Se registraron los siguientes primeros resultados: Souza Mendes 1:0 Pulcherio, PD Benoni, en la 27ª; Olivera ½:½ Rotunno, PD Ortodoxa, en la 30ª ; Guimard 1:0 Corbo, en la 32ª; W. Cruz 1:0 Trompowsky, PD Nimzowitsch, en 37; O. Cruz ½:½ Roças, PD Nimzowitsch, en la 29ª. Quedan por definirse Silva Rocha – Puiggrós; Salles – Grau, Fenoglio

Prosiguió Disputándose En Río de Janeiro el Certamen de Ajedrez

Río de Janeiro, noviembre 26 (United) — Hoy por la tarde fueron terminadas las cuatro partidas que habían quedado suspendidas en la quinta rueda del torneo internacional de ajedrez que se está realizando en esta capital.

El joven representante argentino Julio Bolbochán derrotó hoy al fuerte ajedrecista local Silva Rocha, motivando ello, así como la actuación general que ha tenido hasta ahora el ajedrecista argentino, elogiosos comentarios. Fenoglio venció a Moses y la partida de Puiggrós contra el uruguayo Corbo terminó empatada. También se jugó el encuentro del campeón uruguayo Olivera contra el jugador brasileño Salles Oliveira, ganando el primero de los nombrados.

Después de terminada la quinta rueda, encabezan el cuadro de posiciones los argentinos Julio Bolbochán, Roberto Grau y Carlos Guimard, juntamente con el destacado ajedrecista brasileño, doctor Souza Méndez, con un total de cuatro puntos cada uno.

Anoche fué disputada la sexta rueda del torneo, registrándose los siguientes resultados:

El campeón argentino Carlos Guimard venció al jugador uruguayo Corbo; el jugador brasileño Souza Méndez venció a su compatriota Cauby Pulcherio; los uruguayos Olivera y Rotunno hicieron tablas; el campeón brasileño Walter Cruz le ganó a Octavio Trompovsky y Osvaldo Cruz hizo tablas con Orlando Rossa, quedando en suspenso los cuatro encuentros restantes.

Victoria de Julio Bolbochán. *La Prensa*, 27 de noviembre de 1938

---

[183] *Agencia UP, Crítica*, 25 de noviembre de 1938.
[184] *La Razón*, 25 de noviembre de 1938.
[185] *Agencia UP, La Prensa*, 27 de noviembre de 1938.
[186] *Agencia UP, El Mundo*, 27 de noviembre de 1938.

– Bolbochán y Moses – Duarte. Mañana los jugadores harán una excursión a Tijuca. (…) En las suspendidas, Fenoglio venció a Bolbochán, Grau a Salles, y fue tablas Silva Rocha – Puiggrós.[187]

7ª rueda: 28 de setiembre

▓ En la rueda de ayer ganaron los argentinos Grau y Fenoglio, mientras que Julio Bolbochán y Puiggrós perdieron frente a Olivera y Souza Mendes. Resultados: Fenoglio 1:0 Pulcherio, en la 14ª; Moses 0:1 Grau, en la 34ª de una Defensa Tarrasch; Rotunno 1:0 Duarte, PD Defensa Holandesa, en la 27ª; O. Cruz 1:0 Trompowsky, Gambito Dama, en la 27ª; Olivera 1:0 Bolbochán, PD Defensa Ortodoxa, en la 38ª; Souza Mendes 1:0 Puiggrós, PD Ortodoxa, en la 30ª; Salles Oliveira 0:1 Roças, PD *Fianchetto de Rey*, en la 33ª.[188]

8ª rueda: 29 de noviembre

▓ Con la victoria que obtuvo anoche, Souza Mendes pasó a ocupar el primer puesto en la tabla de posiciones, pero hay que hacer notar que el campeón argentino Guimard dejó pendiente para hoy su partida con Fenoglio, y si se adjudica la victoria pasará al brasileño por medio punto. Los resultados fueron los siguientes: Corbo 1:0 O. Cruz, en la 25ª; Bolbochán 1:0 Grau, en la 20ª; Puiggrós 1:0 Olivera, en la 39ª; Moses 1:0 Trompowsky, en la 47ª; Roças 1:0 Rotunno, en la 34ª; Pulcherio 1:0 Duarte, en la 35ª; Souza Mendes 1:0 Rocha, en la 41ª. Quedaron suspendidas para hoy a las 14.30 Guimard – Fenoglio y Salles – W. Cruz. La posición de los jugadores es la siguiente: Souza Mendes 6½/8; Guimard 6/7; Grau 6/8; Fenoglio 5½/7; Bolbochán y Roças 5/8.[189]

Guimard Puede Desplazar a Mendes del Primer Puesto

RIO DE JANEIRO, 30 (A.P.). — Con la victoria que obtuvo anoche Souza Mendes en la octava rueda del campeonato sudamericano de ajedrez, el jugador brasileño pasó a ocupar el primer puesto en la tabla de posiciones, pero hay que hacer notar que el campeón argentino Guimard dejó pendiente para hoy su partida con Fenoglio, y si se adjudica la victoria pasará a Souza Mendes por medio punto.

Los resultados de la octava rueda fueron los siguientes: Corbo derrotó a Oswaldo Cruz en la jugada 25; Bolbochán a Grau en la 20; Puiggrós en la 34; Pulcherio a Duarte en la 33; Souza Mendes a Rocha en la 41. Quedaron suspendidas para ser continuadas hoy, a las 14.30, las partidas entre Guimard y Fenoglio y la de Salles Oliveira contra Walter Cruz.

La posición de los jugadores es la siguiente: Souza Mendes, 6 1|2 puntos a favor y 1 1|2 en contra; Guimard, 6 a favor y 1 en contra; Grau, 6 a favor y 2 en contra; Fenoglio, 5 1|2 a favor y 1 1|2 en contra; Bolbochán y Roças, 5 a favor y 3 en contra; Walter Cruz, 4 a favor y 4 en contra; Silva Rocha, Duarte, Corbo y Puiggrós, 3 a favor y 5 en contra; Salles Oliveira, 2 1|2 a favor y 4 1|2 en contra; Pulcherio, 2 1|2 a favor y 5 1|2 en contra; Oswaldo Cruz y Rotunno, 1 1|2 a favor y 6 1|2 en contra.

Souza Mendes, primero; Guimard, acecha.
Noticias Gráficas, 30 de noviembre de 1938

▓ Que el ajedrez es un juego lleno de sorpresas lo vemos en el desenlace que tuvo la partida Fenoglio – Guimard. Al suspenderse, la posición del campeón argentino era desesperada, pues no sólo tenía dos peones menos sino que también tenía sobre su rey una amenaza constante de mate, que le inmovilizaba constantemente. Esta circunstancia tuvo, sin duda, influencia en el ánimo de Fenoglio, que dejó bajo sobre una jugada inocua que bastó para que Guimard, con una maniobra imprevista, al reanudarse la lucha hoy hiciera tablas el encuentro. Este resultado mantiene a Guimard primero junto con Souza Mendes, estando a sólo medio punto Grau y Fenoglio. Grau cometió un grave error en el planteo en el cotejo con Bolbochán, perdiendo una pieza que luego no pudo recuperar, y perdió en la 20ª.[190]

9ª rueda: 30 de noviembre

▓ Los argentinos Grau y Guimard reconquistaron el primer puesto en la tabla de posiciones, al finalizar esta rueda. Las partidas finalizaron así: Moses 1:0 Olivera, en la 30ª; Salles ½:½ Duarte, en la 25ª; Grau 1:0 O. Cruz, en la 25ª; Pulcherio 1:0 Silva Rocha, en la 40ª; Corbo 1:0 Trompowsky, en la 31ª; Guimard ½:½ Puiggrós. Pendientes: Bolbochán – Souza Mendes, Fenoglio – Rotunno y

[187] *Agencia UP, El Mundo*, 27 de noviembre de 1938.
[188] *Agencia UP, La Razón*, 29 de noviembre de 1938.
[189] *Agencia AP, Crítica y Noticias Gráficas*, 30 de noviembre de 1938.
[190] *Especial, La Nación*, 1º de diciembre de 1938.

W. Cruz – Roças. Grau y Guimard tienen 7 puntos a favor y 2 en contra; Souza Mendes 6½ y 1½; Fenoglio 6 y 2; Bolbochán, Roças y W. Cruz 5 y 3.[191]

■ La nota sensacional la dio el joven Julio Bolbochán, por su efi-caz desempeño frente a uno de los favoritos del certamen, el doctor Joâo de Souza Mendes, haciéndole perder su calidad de invicto y ratificando su actuación de la rueda anterior frente a Grau. Parece evidente que este nuevo representante del ajedrez porteño está destinado a proporcionarle mayores satisfacciones en un futuro no lejano. Juega con suma facilidad, y no parece afectado por la temperatura elevada de estos días.[192]

■ Tal cual suponíase, Bolbochán ganó hoy la partida pendiente con Souza Mendes. El ajedrecista brasileño, ante la evidencia de la inevitable derrota, comunicó telefónicamente el abandono. Fenoglio empató con Rotunno luego de un largo final, e idéntico resultado tuvo el cotejo de Walter Cruz con Roças. El resultado del torneo se mantiene incierto, si bien es cierto que los argentinos ocupan cuatro de los cinco primeros lugares. Se está jugando ajedrez de buena calidad, a pesar de que el fuer-te calor conspira contra el esfuerzo mental continuado.[193]

10ª rueda: 1º de diciembre

■ Las partidas fina-lizaron con los resultados siguientes: Trompowsky 1:0 Olivera, en la 20ª; Guimard 1:0 Moses, en la 33ª; Bolbo-chán 1:0 Pulcherio, en la 29ª; Roças 1:0 Duarte, en la 34ª; O. Cruz ½:½ Souza Mendes, en la 32ª; Grau ½:½ Corbo, y Fenoglio 1:0 W. Cruz. Se postergaron hasta mañana Puiggrós - Rotunno, que probablemente sea tablas, y Silva Rocha - Salles de Oliveira[194]. Las posiciones son encabezadas por Gui-mard con 8/10, y siguen Grau y Fenoglio 7½/10; Souza Mendes 7/10; Bolbochán 6/9.[195]

11ª rueda: 2 de diciembre

■ Esta noche comenzó esta rueda, siendo los re-sultados los si-guientes: Puiggrós ½:½ Pulcherio, en la 27ª; W. Cruz ½:½ Duarte, en la 22ª; O. Cruz ½:½ Olivera, en la 26ª; Corbo 1:0 Roças, en la 46ª; Grau 1:0 Trompowsky, en la 40ª; Souza Mendes 1:0 Moses, en la 62ª; Silva Rocha 1:0 Rotunno, en la 36ª; quedando suspendidas Bolbochán – Guimard y Salles – Fenoglio.

Grau y Guimard recuperan la punta. *El Pregón*, 1º de diciembre de 1938

Julio Bolbochán sube. *La Nación* y *La Prensa*, 2 de diciembre de 1938

[191] *El Pregón*, 1º de diciembre de 1938.
[192] *El Mundo,* 2 de diciembre de 1938.
[193] *Especial, La Nación,* 2 de diciembre de 1938.
[194] Ambas finalizaron empatadas.
[195] *La Prensa,* 2 de diciembre de 1938.

Las posiciones son encabezadas por Grau con 8½/11, seguido por Guimard 8/10; Souza Mendes 8/11; Fenoglio 7½/10; Bolbochán 7/10; Roças 6½/11.[196]

█ Resultan tablas las cinco partidas disputadas ayer: Walter Cruz – Duarte, en 22; Oswaldo Cruz – Olivera, en la 22ª; Puiggrós – Pul-cherio, en la 27ª; Silva Rocha – Salles, en la 45ª; Puiggrós – Rotunno, de la rueda anterior, en la 62ª.[197]

█ Pasada ya la primera mitad de la prueba, cuatro de los cinco ar-gentinos que intervienen ocupan los cuatro primeros puestos, lo que dio lugar a elogiosos comentarios. Sin embargo, la situación no está aún aclarada definitivamente, porque el fuerte ajedrecista brasileño doctor Souza Mendes marcha a poca distancia del puntero. Con ello, adquiere la parte final del torneo un extraordinario interés.[198]

Cinco empates. *El Mundo*,
3 de diciembre de 1938

12ª rueda: 3 de diciembre

█ Grau encabeza las posiciones a consecuencia de su triunfo sobre Souza Mendes y la sensacional derrota de Guimard frente a Trompowsky. Segundo en la clasificación va Fenoglio. Los resultados de las partidas fueron: Trompowsky 1:0 Guimard, PD Irregular, en la 32ª; Puiggrós ½:½ W. Cruz; Grau 1:0 Souza Mendes; Duarte 0:1 Fenoglio; Olivera ½:½ Corbo; Roças ½:½ Silva Rocha; Bolbochán 1:0 Salles de Oliveira; Pulcherio – O. Cruz, suspendida. La clasificación de los jugadores es: Grau 9½/12; Fenoglio 9/12; Guimard y Bolbochán 8/11; Souza Mendes 8/12; Roças 7/12.[199]

█ Grau derrotó a Souza Mendes, y el campeón argentino Guimard fue vencido por Trompowsky. Las partidas suspendidas de la 11ª rueda continuaron hoy por la tarde, empatando Fenoglio con Salles Oliveira, mientras que Guimard - Bolbochán fue nuevamente aplazada luego de tres horas de juego, y seguirá el lunes.[200]

Cuatro argentinos
arriba. La Prensa,
3 de diciembre de 1938

Cuatro argentinos arriba. *La Prensa*,
3 de diciembre de 1938

[196] *Agencia AP, La Nación*, 3 de diciembre de 1938.
[197] *Agencia UP, El Mundo*, 3 de diciembre de 1938.
[198] *Agencia UP, La Prensa*, 3 de diciembre de 1938.
[199] *Crítica*, 4 de diciembre de 1938.
[200] *Agencia UP, La Prensa*, 4 de diciembre de 1938.

13ª rueda: 5 de diciembre

▓ Al suspenderse esta madrugada la disputa de esta rueda, el jugador argentino Guimard mantenía el primer puesto en la tabla de posiciones, seguido por sus compatriotas Grau y Fenoglio, que ocupan el segundo y tercero, y el brasileño Souza Mendes. Los resultados son los que se expresan a continuación: Guimard 1:0 O. Cruz, en la 36ª; Corbo ½:½ Duarte, en la 29ª; Puiggrós 1:0 Salles de Oliveira, en la 34ª; Souza Mendes ½:½ Trompowsky, en la 33ª.[201]

▓ Habiéndose cumplido buena parte del torneo, marchan primeros tres argentinos, faltando disputarse sólo cuatro ruedas. La incógnita sobre quién será el ganador subsiste. Guimard es el que ahora encabeza el lote de jugadores, con diez puntos, pero esta posición es factible de ser variada, dado que Grau posee 9½ puntos, y tiene una partida el suspenso con el campeón uruguayo Olivera, partida que de adjudicarse le reportaría nuevamente el primer puesto. Fenoglio, que está actuando en magnífica forma, tiene 9, y Bolbochán 8, ambos con una partida pendiente. En las partidas suspendidas, Guimard venció a Bolbochán en la 63ª jugada, y Pulcherio a O. Cruz en la 60ª. De la 13ª solamente se definieron cuatro: Guimard 1:0 Cruz, en la 36ª; Puiggrós 1:0 Salles, en la 34ª; Corbo ½:½ Duarte, en la 29ª; Trompowsky ½:½ Souza Mendes, en la 33ª. Quedaron suspendidas Grau – Olivera; Bolbochán – Rotunno; Pulcherio – Moses y W. Cruz – Silva Rocha. Posiciones de los competidores: Guimard 10½/13; Grau 9½/12; Fenoglio 9/12; Souza Mendes 8½/13; Bolbochán 8/12; Roças 7/12.[202]

14ª rueda: 6 de diciembre

GuimardSigue Encabezando la Tabla

Grau y Fenoglio van segundo y tercero

RIO DE JANEIRO, 6 (AP). — Al suspenderse esta madrugada la disputa de la 13a. rueda del Campeonato Sudamericano de Ajedrez el jugador argentino Guimard mantenía el primer puesto en la tabla de posiciones, seguido por sus compatriotas Grau y Fenoglio, que ocupan el segundo y tercero, y Souza Mendes, brasileño que ocupa el cuarto.

LA 13a. VUELTA

Los resultados de la rueda son los que se expresan a continuación.

Guimard se impuso a Oswaldo Cruz en la jugada 36; Corbo y Duarte empataron en la 29; Puiggrós venció a Salles de Oliveira en la 34, y Trompowsky y Souza Mendes hicieron tablas en la 33. Quedaron postergadas para ser definidas hoy las partidas Bolbochán v. Rotunno, Grau v. Olivera, Pulcherio v. Moses, Roças v. Fenoglio, y Welter Cruz v. Silva Rocha.

Guimard, primero.
La Prensa,
7 de diciembre de 1938

▓ Guimard va primero, y Grau fue vencido. En la sesión de esta tarde se continuaron las partidas que habían quedado en suspenso el día anterior, que tuvieron el siguiente resultado: Puiggrós 1:0 Salles; W. Cruz ½:½ Silva Rocha; Bolbochán 1:0 Rotunno; Fenoglio ½:½ Roças; Pulcherio ½:½ Moses. Grau empató con Olivera y con este resultado vuelve a quedar en el primer puesto de la tabla, lo cual hace que aumente la expectativa, pues ambos jugadores argentinos aún deben medirse entre sí. Hoy por la noche comenzó la 14ª rueda, y los resultados fueron: Guimard 1:0 Salles; Bolbochán 1:0 Corbo; Puiggrós ½:½ Moses; Roças ½:½ Olivera; Rotunno 1:0 Pulcherio y Duarte 1:0 Grau, resultado que fue la sensación de la jornada. Después de los resultados de hoy, las posiciones quedaron como sigue: Guimard 11/14; Bolbochán y Grau 10/14; Fenoglio 9½/13; Souza Mendes 8½/13; Roças 8½/14; Walter Cruz 7/13.[203]

▓ Grau, que estaba primero con Guimard, sufrió su segunda derrota en el certamen, siendo su vencedor Duarte, elemento que en la prueba se venía desempeñando en forma discreta. Esta partida fue la nota sensacional de la jornada, y tuvo un desarrollo un tanto anormal como consecuencia de las jugadas arriesgadas de Grau, en su intento de complicar la lucha en procura de una definición favorable. Duarte paró en buena forma todos los lances de su adversario, y en determinado momento efectuó el cambio de sus dos torres por la dama, pero en una posición francamente dominante. Condujo el final en excelente forma y se impuso en la jugada 42ª.[204]

[201] *Agencia AP, El Pregón,* 6 de diciembre de 1938.
[202] *Agencia UP, La Razón,* 6 de diciembre de 1938.
[203] *Agencia UP, La Prensa,* 7 de diciembre de 1938.
[204] *La Razón,* 7 de diciembre de 1938.

15ª rueda, 7 de diciembre

▪ El uruguayo Rotunno venció a Guimard, resultado que produjo sensación. Ahora cuatro representantes argentinos quedaron empatados en el primer puesto: Guimard, Grau, Fenoglio y Bolbochán. Posiblemente el desfallecimiento del campeón argentino se deba a cierto cansancio por la intensa labor que se impuso en las jornadas anteriores. Los resultados fueron: Puiggrós 0:1 Bolbochán; W. Cruz ½:½ Olivera; Silva Rocha 1:0 Moses; O. Cruz 0:1 Fenoglio; Roças 1:0 Grau; Corbo 1:0 Pulcherio; Guimard 0:1 Rotunno; Trompowsky 0:1 Duarte. Suspendida Souza Mendes – Salles. Las posiciones quedaron así: Grau, Guimard, Fenoglio y Bolbochán 11/15; Souza Mendes 9/14; Roças 8½/15; W. Cruz 8/15; Corbo y Silva Rocha 7½/15; Trompowsky 7/15; Puiggrós y Duarte 6½/15.[205]

▪ Comenzó a disputarse esta noche la 15ª rueda, habiéndose registrado los resultados siguientes: Bolbochán 1:0 Puiggrós, en la 22ª; Silva Rocha 1:0 Moses, en la 49ª; W. Cruz ½:½ Olivera, en la 25ª; Corbo 1:0 Pulcherio, en la 34ª; Fenoglio 1:0 O Cruz, en la 32ª; Rotunno 1:0 Guimard; Duarte 1:0 Trompowsky, en la 44ª; Grau 1:0 Roças, en la 44ª; Salles 1:0 Souza Mendes. Esta rueda ha provocado una inusitada situación en la tabla de posiciones: cuatro jugadores argentinos ocupan el primer puesto, con 11 puntos, hecho que ha provocado vivísimos comentarios. Para arribar a esta situación, buena parte de ella se debe al resultado Guimard – Rotunno, quien condujo en forma notable. Bolbochán batió a Puiggrós a raíz de haber realizado éste una combinación falsa, perdiendo una pieza.[206]

16ª Rueda, 8 de diciembre

▪ Esta noche comenzó la penúltima rueda, registrándose los resultados siguientes: Duarte ½:½ Silva Rocha, en la 29ª; Grau ½:½ Guimard, en la 25ª; Pulcherio ½:½ Trompowsky, en la 31ª; Roças 1:0 Puiggrós, en la 47ª; Rotunno ½:½ O. Cruz, en la 29ª; Salles 1:0 Moses, en la 36ª; Olivera 1:0 Souza Mendes, en la 28ª; Bolbochán – Cruz y Fenoglio – Corbo fueron suspendidas. Sólo una de las partidas en que intervinieron dos de los primeros candidatos para el primer puesto pudo definirse: Grau – Guimard. Comenzó con una PD, adoptando las negras la Defensa Holandesa. La lucha fue muy compleja, y paulatinamente se fueron cambiando la mayor parte de las piezas, para arribarse a un final equilibrado que los dos resolvieron declarar tablas, máxime al observar que Cruz tenía una posición tablas contra Bolbochán, y que Corbo se encontraba en mejor posición que Fenoglio en un final de piezas menores.[207]

HICIERON TABLAS GRAU Y GUIMARD SU PARTIDA DEL TORNEO DEL BRASIL

Bolbochán y Fenoglio empataron sus partidas con Walter Cruz y Corbo, respectivamente

LA ÚLTIMA RUEDA

Grau – Guimard, tablas.
La Nación, 9 de diciembre de 1938

RIO DE JANEIRO, 8 (United). – Cuatro representantes argentinos, Bolbochán, Guimard, Grau y Fenoglio empataron el primer puesto en la tabla de posiciones del torneo sudamericano de ajedrez, al finalizar la 15a. rueda.

	J.	G.	T.	P.	Pts.
Guimard	15	10	2	3	11
Bolbochán	15	10	2	3	11
Grau	15	9	4	2	11
Fenoglio	15	8	6	1	11
Souza Mendes	14	7	4	3	9
Roças	15	5	7	3	8
W. Cruz	15	5	10	2	8
Corbo	15	5	5	5	7
Silva Rocha	15	5	5	5	7
Trompowsky	15	5	4	6	7
Duarte	15	3	7	5	6
Puiggrós	15	3	7	5	6
Olivera	15	3	6	6	6
Moses	15	4	4	7	6
Pulcheiro	15	3	5	7	5
Rotunno	15	3	5	7	5
Paz Oliveira	15	5	5	5	5
Ov Cruz	15	1	3	10	2

Cuatro argentinos primeros.
La Prensa, 8 de diciembre de 1938

---

[205] *Agencia UP, La Prensa,* 8 de diciembre de 1938.

[206] *Especial, La Nación,* 8 de diciembre de 1938.

[207] *Agencia AP y Especial, La Nación,* 9 de diciembre de 1938.

▊ Las partidas pendientes de la 16ª tuvieron estos resultados: Fenoglio ½:½ Corbo; W. Cruz ½:½ Bolbochán. Con estos resultados, los cuatro jugadores argentinos vuelven a quedar igualados en la primera colocación, con 11½/16.

17ª Rueda, 9 de diciembre

▊ Las primeras partidas en definirse fueron las siguientes: Guimard 1:0 W. Cruz, Gambito Dama Ortodoxo, en la 28ª; Pulcherio ½:½ Salles, Apertura Reti, en la 25ª; Corbo 1:0 Rotuno, Gambito Dama Ortodoxo, en la 27ª; Bolbochán 1:0 Moses, Gambito Dama Ortodoxo, en la 55ª. Con estos resultados, Bolbochán y Guimard se han clasificado en el primer puesto, igualando méritos, mientras Fenoglio y Grau continúan una trabajosa partida, discutiendo el punto en litigio. Además, Puiggrós le ganó a O. Cruz, Apertura PR. Mañana por la noche el presidente de la Confederación Brasileña de Deportes, doctor Luis Aranha, distribuirá los premios en un acto de singular relieve. El domingo todos los competidores jugarán un torneo relámpago. Por la noche, Grau dará una sesión de simultáneas.[208]

▊ Llega el último día de juego, y tienen que medirse Grau – Fenoglio. Cuatro argentinos tienen el mismo número de puntos: Guimard, Bolbochán, Fenoglio y Grau. El que haga tablas puede despedirse del primer puesto. No se ha visto jamás una final de torneo más interesante. Al día siguiente por la mañana abrimos el diario con inusitada impaciencia, y buscamos un título que nos anticipe esto, y lo encontramos. Dice así: *Bolbochán, Fenoglio y Guimard terminan igualados.* Es la mejor actuación de Fenoglio desde que ganara el Torneo Mayor de 1930, pero los laureles más lozanos le corresponden a Julio Bolbochán, que es la verdadera revelación del certamen por su juventud y porvenir. Guimard ha ratificado actuaciones anteriores, y Grau ha demostrado hasta el último momento su valer. En este equipo puso la afición argentina sus esperanzas al despedirlo, y ha cumplido ampliamente.[209]

Bolbochán y Guimard, arriba. *El Mundo*, 10 de diciembre de 1938

Repercusiones

▊ Los ajedrecistas argentinos fueron objeto de diversos agasajos con motivo de su brillante actuación en el torneo. Los miembros del Club de Ajedrez de Río de Janeiro les ofrecieron una comida después de una sesión de partidas simultáneas a cargo de Roberto Grau, quien se adjudicó, además, el torneo relámpago, aventajando a Guimard y Bolbochán, en ese orden. La delegación argentina se embarcará pasado mañana en el Belle Isle.[210]

---

[208] *El Mundo*, 10 de diciembre de 1938.
[209] Amílcar Celaya bajo el seudónimo de Roque de Reina, *Mundo Argentino*, 21 de diciembre de 1938.
[210] *La Nación*, 14 de diciembre de 1938.

A poco de atracar el vapor tuvimos oportunidad de conversar con los ajedrecistas, para recabar así las impresiones respecto al desarrollo del certamen. Carlos Guimard, campeón argentino y compañero nuestro de tareas, nos manifestó:

Estamos muy satisfechos de la actuación que nos cupo, si bien no dimos todo lo que puede esperarse de nosotros. Contribuyeron a ello diversos factores, entre los cuales el intenso calor reinante, al cual no estamos acostumbrados, fue el que más redujo nuestra eficiencia habitual. Respecto de la organización de la prueba, sólo tengo palabras de caluroso elogio. Hemos sido tratados por los brasileños con una cordialidad sin igual. Hasta en el viaje de regreso, al hacer escala en Santos, se nos agasajó en ese puerto.

También fuimos huéspedes de honor en Montevideo. La verdadera relevación del torneo ha sido el joven Julio Bolbochán, hermano del ex campeón argentino, que jugó con una maestría sin igual. Superó en mucho las expectativas que en él se habían cifrado, y constituye, quizá, la más brillante promesa del ajedrez argentino. El detalle más interesante lo constituye la expectativa creada en torno al TN. La propaganda que dicho certamen hace para la Argentina es la mejor y más efectiva que pudiera pretenderse.[211]

▨ Satisfechos regresaron los ajedrecistas, que arribaron esta mañana a la dársena norte de Buenos Aires en el vapor *Belle Isle*. Fenoglio, Guimard, Bolbochán, Grau y Puiggrós fueron recibidos en el puerto por numerosos aficionados y representantes del Club Argentino, Club Jaque Mate, Círculo de Vélez Sarsfield y Círculo. Al pasar por Montevideo fueron agasajados con un banquete, ofrecido por la Federación Uruguaya. A los postres ofreció la demostración el presidente de esa entidad, señor Mieres, quien auguró para el ajedrez argentino el primer puesto en el próximo TN. En nombre de algunos intelectuales uruguayos, asistieron el doctor Vaz Ferreira, y finalmente Roberto Grau agradeció la demostración.[212]

Satisfechos Regresan los Ajedrecistas

Los Vencedores del Torneo de Río Fueron Agasajados

EN el vapor "Belle Isle" arribaron esta mañana a Buenos Aires los ajedrecistas argentinos que intervinieron con gran éxito en el reciente campeonato sudamericano de Río de Janeiro.

Virgilio Fenoglio, Carlos Guimard y Julio Bolbochán, que empataron el primer puesto; Roberto Grau, que se clasificó cuarto y Guillermo Puiggrós, que ocupó el 12o. lugar, fueron recibidos en el puerto por numerosos aficionados y representantes del Club Argentino de Ajedrez, del Club Jaque Mate, Círculo de Ajedrez y Club de Ajedrez Vélez Sársfield de esta capital.

Regreso con gloria. *Crítica*, 21 de diciembre de 1938

▨ Cuando sus numerosos amigos y admiradores le dieron un momento de libertad al capitán del equipo argentino Roberto Grau, nos pusimos al habla con el destacado deportista. Nos dijo:

Vengo encantado, no tanto por el brillante desempeño nuestro, como por los agasajos que se nos tributaron, tanto en Brasil como a nuestro paso por Montevideo. No se imaginan ustedes lo gentiles que son en aquel país hermano. Entiendo que la nota más destacada ha sido la actuación descollante de Julio Bolbochán. Hombre nuevo en estas lides, supo conservar su serenidad en los momentos más apremiosos (Sic), saliendo airoso. Con decirle que hasta a mí me venció… Julio, que es un digno émulo de su hermano Jacobo, se ha ganado con este triunfo un puesto en el equipo que nos representará en el próximo Torneo de las Naciones.[213]

▨ Dice claramente aquí Grau que "Julio se ha ganado un puerto en el equipo". Posteriormente se supo que Julio entrenó en Adrogué con los otros nueve maestros argentinos, pero que finalmente no fue designado entre los seis titulares que jugarían el TN. Creemos que la "cuestión de los hermanos Bolbochán" se decidió por una "decisión de familia". Estando Grau, Guimard y Pleci por encima de la consideración, seguían los dos Bolbochán y Piazzini para dirimir dos lugares. Como se verá en otro capítulo, Piazzini tuvo cierta preferencia porque aportó dinero en un momento en que la

[211] *El Pregón*, 21 de diciembre de 1938.
[212] *Crítica y La Nación*, 21 de diciembre de 1938.
[213] *El Diario*, 22 de diciembre de 1938.

FADA hacía agua por la falta de los subsidios del gobierno. Entonces quedaba una plaza para los dos Bolbochán, y Jacobo fue el elegido por ser el hermano mayor.[214]

▨ El X Torneo Sudamericano ha servido para que el ajedrez argentino lograra un nuevo éxito. Por novena vez sus jugadores han sabido del halago de un triunfo de este tipo, y lo que es más significativo, cuatro de los cinco argentinos que intervinieron alcanzaron las primeras colocaciones. El puesto de honor terminó empatado entre el campeón argentino Carlos Guimard, Julio Bolbochán, la nueva estrella que surge en el ambiente ajedrecístico nacional, y Virgilio Fenoglio, que conquistó un nuevo premio a su tenacidad. Cuarto, a un punto de los tres nombrados, me clasifiqué, y en realidad estoy satisfecho de mi actuación, más que por el puesto logrado por las partidas que disputé en la primera parte de la competencia, ya que jugué varias de las que no puedo quejarme.[215]

Grau dice: "Julio se ganó un lugar en el equipo".
El Diario, 22 de diciembre de 1938

▨ Guimard, campeón argentino, ganó su última partida a Walter Cruz, campeón brasileño. Fue un combate de campeones. El nuestro, con esa gran victoria, se aseguró uno de los primeros puestos del certamen. Julio Bolbochán, el adolescente de dieciocho años que nunca había disputado un torneo internacional, también derrotó en la última rueda al brasileño Moses, rival de menor jerarquía que el que le tocó en suerte a Guimard, y también se aseguró así otro de los primeros puestos. Además, Fenoglio y Grau podían totalizar igualmente 12½ puntos, pero como debían jugar entre sí, el triunfo de uno significaba por fuerza el desplazamiento del otro. Fenoglio zanjó momentáneamente una vieja rivalidad, nunca dilucidada, y Grau quedó eliminado del primer puesto del cuadro de posiciones, pero no en el concepto de los aficionados argentinos, brasileños y uruguayos que siguieron con emoción el electrizante desenlace de esta magna justa. No hubo matemáticamente cuatro primeros, pero moralmente los hubo para la afición. Guimard, razonablemente, no debió perder tres partidas. Es que nuestro campeón tiene una condición que resulta al mismo tiempo cualidad que se premia, y defecto que se paga.

Le gusta forzar las partidas, es atropellador –al decir de Grau, lancero–, y por eso la solidez de su estilo deja a veces que desear. Julio Bolbochán fue el vencedor moral, no sólo porque fue el único

[214] Notas del autor.
[215] Roberto Grau, *Leoplán*, 4 de enero de 1939.

que perdió una sola partida, sino porque además debió haber derrotado con holgura a Guimard. Sin embargo, no logró más que un empate, por explicable exceso de confianza, en una posición que estaba ganada de cualquier manera. Este resultado azaroso le obligó a compartir el primer puesto, que de otra manera hubiera obtenido, con justicia, sólo para sí. Fenoglio es el otro argentino que compartió el primer puesto. Necesitó vencer a Grau en la última partida del certamen para obtener este halagador resultado, y ha sido el verdadero vencedor moral. En cuanto a Grau, conspiró contra él el excesivo calor reinante mientras se disputaba el torneo, contraindicado sin duda para el pletórico físico de Grau.[216]

▓ Río de Janeiro ha cumplido su deuda con el ajedrez sudamericano, y lo ha hecho de manera cabal. El torneo de que fuimos protagonistas ha carecido, sin duda, de los premios instituidos en otros, lo que hará en el futuro peligrar la realización de este tipo de competencias, que obligan a un dilatado abandono de las tareas personales. Pero, en cambio, la competencia ha significado una valiosa demostración técnica sobre el estado actual del ajedrez en tres de los países sudamericanos que más han hecho en bien de la difusión del juego. La victoria argentina no admite discusión. Los cuatro primeros puestos fueron logrados por los nuestros, y se dio la curiosa situación final de un empate entre tres de los mismos, para caberme la satisfacción de escoltar a los tres vencedores. Pero adelantémonos a manifestar que el empate no establece una idéntica eficiencia técnica en la actuación de los tres triunfadores, y que no pueden ser considerados de idéntica manera.

El torneo ha tenido como máxima virtud para el ajedrez argentino la comprobación cabal de la eficiencia de Julio Bolbochán, que paseó airosamente sus dieciocho años y dio pruebas terminantes de que nos hallamos en presencia del valor más firme de la nueva generación de ajedrecistas, y su nombre ha de girar, sin duda, en primer plano, cuando de

Cuatro argentinos en Brasil. *El Gráfico*,
23 de diciembre de 1938

constituir el equipo nacional se trate. Pero esto no impide que yo crea que el ganador de la prueba debió ser Carlos Guimard, especialmente luego de mi derrota frente a Paulo Duarte. Fenoglio jugó bien, y demostró que en aquellos torneos donde el promedio se acerque al 75%, debe ser considerado siempre un serio adversario, y que es uno de los sólidos valores de nuestro ajedrez. Se demostró que el ajedrez argentino puede esperar confiado el próximo Torneo de las Naciones.[217]

---

[216] *El Gráfico*, 23 de diciembre de 1938.
[217] Roberto Grau, *Aquí Está!!*, 28 de diciembre de 1938.

Julio Bolbochán, consagrado. *La Razón*,
20 de diciembre de 1938

Julio Bolbochán fue una revelación. *¡Aquí Está!*
29 de diciembre de 1938

Campeonato Sudamericano de Río de Janeiro 1938

	Participantes	1	2	3	4	5	6	7	8	9	10	11	12	13	14	15	16	17	18		
1	Guimard,Carlos	*	½	1	½	1	0	1	1	1	1	0	½	1	1	1	1	0	1	12.5/17	102.25
2	Fenoglio,Virgilio	½	*	1	1	½	½	½	1	0	1	½	1	1	1	½	1	½	1	12.5/17	101.75
3	Bolbochán,Julio	0	0	*	1	½	1	1	½	1	0	½	1	1	1	1	1	1	1	12.5/17	94.25
4	Grau,Roberto Gabriel	½	0	0	*	1	1	½	½	1	½	1	1	0	1	1	½	1	1	11.5/17	
5	Roças,Orlando	0	½	½	0	*	½	0	½	½	1	1	1	1	½	1	½	1	½	10.0/17	
6	Souza Mendes,Joao	1	½	0	0	½	*	1	½	1	0	½	1	0	1	0	1	1	½	9.5/17	
7	Corbo,Hernán	0	½	0	½	1	0	*	½	0	½	1	½	½	1	0	1	1	1	9.0/17	
8	Cruz,Walter	0	0	½	½	½	½	½	*	½	½	1	½	½	0	1	½	½	1	8.5/17	65.00
9	Silva Rocha,Adhemar da	0	1	0	0	½	0	1	½	*	½	½	½	½	1	½	0	1	1	8.5/17	64.25
10	Olivera,Alfredo	0	0	1	½	0	1	½	½	½	*	0	0	1	0	1	1	½	½	8.0/17	64.75
11	Trompowsky,Octavio	1	½	½	0	0	½	0	0	½	1	*	1	0	0	½	½	1	1	8.0/17	64.00
12	Puiggrós,Guillermo	½	0	0	0	0	0	½	½	½	1	0	*	1	½	1	½	½	1	7.5/17	
13	Duarte Filho,Paulo	0	0	0	1	0	1	½	½	½	0	1	0	*	½	½	0	1	½	7.0/17	55.25
14	Moses,Jayme Schreibman	0	0	0	0	½	0	0	1	0	1	1	½	½	*	0	½	1	1	7.0/17	48.00
15	Salles de Oliveira,Antonio	0	½	0	0	0	1	1	0	½	0	½	0	½	1	*	½	½	½	6.5/17	50.75
16	Pulcherio,Cauby	0	0	0	½	½	0	0	½	1	0	½	½	1	½	½	*	0	1	6.5/17	48.00
17	Rotunno,Ernesto	1	½	0	0	0	0	0	½	0	½	0	½	0	0	½	1	*	½	5.0/17	
18	Cruz Filho,Oswaldo	0	0	0	0	½	½	0	0	0	½	0	0	½	0	½	0	½	*	3.0/17	

Piazzini sobre Alekhine

▌ Integró también el pasaje del *Alcántara* el ajedrecista argentino Luis Piazzini, que viajó en compañía de su esposa. Tuvo oportunidad, nos dijo, de conversar con Alekhine, quien se embarcará para Venezuela a comienzos de 1939, para llegar a la Argentina en junio, a fin de intervenir en el torneo de maestros que se realizará en esta capital. En las conversaciones con Alekhine, nos declaró Piazzini, el viejo maestro me anticipó su colocación en el torneo de Ámsterdam AVRO, un poco distante por razones de cansancio, falta de entrenamiento, y la modalidad misma del juego que no estaba con su carácter (Sic).[218]

[218] *El Diario*, 30 de noviembre de 1938.

I Campeonato Argentino Femenino

█ La FADA ha iniciado la disputa del primer campeonato nacional femenino. La prueba tiene un doble significado, ya que, además de concentrar a las mejores aficionadas del ajedrez nacional, ha de constituir una base sólida para designar la representante nacional en el Campeonato Mundial Femenino.[219]

█ En el Club Argentino prosigue disputándose el Campeonato Femenino de la FADA, cuya finalidad es la de sacar a la representante nacional que nos ha de representar en el certamen a realizarse en Buenos aires simultáneamente con la Copa Hamilton Russell. En esta rueda se produjeron los siguientes resultados: Dora B. Trepat 1:0 Hebe Aguilera, en la 28ª; María E. Villegas 1:0 Carmen Castro de Bernal; María A. de Vigil 1:0 Amanda D. de Panizza; Electra A. de Bilbao 1:0 Tomasa Lario. Se suspendió el cotejo Augusta S. de Carné – María A. Berea.[220]

█ Seis jugadoras intervendrán en el turno final del Campeonato Femenino. Ha finalizado el primer turno después de más de tres semanas de encarnizada lucha. La señora María E. Vigil ha terminado en el primer puesto, invicta, con 9/10, seguida a escasa diferencia por las señoritas María E. Villegas, hija del conocido maestro, y Dora B. Trepat, ambas con 8. En el cuarto puesto finalizó la señorita María Angélica Berea con 7½, en el quinto la señorita Electra Bilbao con 6, y en el sexto Augusta S. de Carné, con 5½. Las restantes participantes quedaron eliminadas por no haber conseguido el 50% de los puntos: Brunilda O. de Münch 4; Tomasa Lario 3½; Amanda D. de Panizza 1½; Hebe Aguilera y Carmen Bernal 1. El segundo turno se iniciará en el Club Jaque Mate, disputándose los jueves y sábados hasta terminar. Una de las rondas finales se efectuará en el Círculo de San Martín, entidad que ha ofrecido a las competidoras las mayores comodidades para su traslado a la vecina localidad.[221]

Seis mujeres al turno final.
El Mundo, 24 de diciembre de 1938

█ En la última rueda disputada, la señorita María Villegas batió a la señorita Dora Trepat, la señora Electra Bilbao a la señora Augusta de Carné, y la señorita María Angélica Berea a la señora María de Vigil. El primer turno terminó así: Vigil 9; Trepat y Villegas 8; Berea 7½; Bilbao 6; Carné 5½. La próxima rueda se realizará el 3 de enero en el Club Jaque Mate.[222]

█ Compartieron el primer puesto las señoritas María Berea –representante de San Martín–, Dora Trepat y María Villegas –ambas del Club Jaque Mate–. El certamen constituyó una nota simpática y motivó una reñida lucha entre todas las participantes. Una vez terminara la rueda preliminar, quedaron habilitadas para intervenir en el turno final seis de las participantes, que

LA SEXTA RUEDA DEL TORNEO FEMENINO DE AJEDREZ SERA DESARROLLADA HOY

María de Vigil. *El Diario*, 6 de diciembre de 1944

[219] Roberto Grau, *Leoplán*, 7 de diciembre de 1938.
[220] *La Razón*, 30 de noviembre de 1938.
[221] *El Mundo*, 24 de diciembre de 1938.
[222] *La Nación*, 31 de diciembre de 1938

obtuvieron los siguientes puntajes: Berea, Trepat y Villegas 11½; Vigil 11; Bilbao 7; Carné 6½. La FADA decidirá si las ganadoras deberán jugar un desempate, a efectos de definir quienes clasifiquen al campeonato mundial a disputarse en julio.[223]

Berea, Trepat y Villegas, empatadas.
La Razón, 10 de enero de 1939

■ Comenzó en el Club Jaque Mate la disputa del triangular, midiéndose el sábado las señoritas Villegas y Trepat, disputándose el punto en medio de acciones parejas hasta llegar a la última hora reglamentaria, en la cual la señorita Villegas supo sacar mayor provecho de las situaciones, llegando a asegurarse una ventaja material de tal índole que parece tener ganado el final pendiente. El juego se continuará esta tarde.[224]

■ Se efectuó ayer la 3ª partida con un *match* que estuvo a cargo de las señoritas María Barea y Dora Trepat,

las que hicieron tablas. Con este resultado terminó el primer turno, finalizando Berea con 1½, Villegas 1 y Trepat ½. El sábado continuará el torneo con el segundo turno.[225] Las señoritas Dora V. Trepat y María Villegas, hija y discípula del maestro del mismo apellido, jugaron anoche en el Club Jaque Mate. En el primer *match* había triunfado la señorita Villegas, pero ahora la Trepat se vengó. El puntaje actual es: Berea 1½/2; Trepat 1½/3; Villegas 1/3.[226]

■ La señorita Dora Trepat acaba de adjudicarse el campeonato femenino organizado por la FADA para establecer por primera vez el título oficial. El puntaje final fue de 2½/4 puntos para Trepat, 2 para Berea y 1½ para Villegas.[227]

■ La señorita Dora B. Trepat conquistó el título de primera campeona femenina de ajedrez, al derrotar a María Angélica Berea en la última partida del certamen. La lucha encarnizada que prometía el encuentro decisivo llevó al Club Jaque Mate una numerosa concurrencia, entre la que no faltaron entusiastas representantes del bello sexo.[228]

Dora Trepat, campeona argentina

■ El 24 de febrero *El Gráfico* publica un amplio artículo de más de dos páginas firmado por Amílcar Celaya, con un reportaje a Dora Trepat, del Club Jaque Mate, primera campeona argentina de ajedrez, que

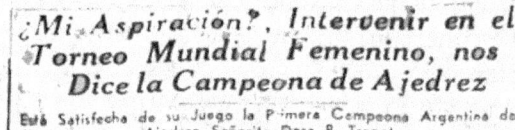

Dora Trepat, campeona.
Crítica, 12 de febrero de 1939

[223] *La Prensa y La Razón,* 10 de enero de 1939
[224] *El Mundo,* 30 de enero de 1939.
[225] *La Nación,* 3 de febrero de 1939.
[226] *Crítica,* 5 de febrero de 1939.
[227] *La Razón,* 12 de febrero de 1939. Resultados finales fueron Trepat 1:0 Berea y Berea ½:½ Villegas.
[228] *Crítica,* 12 de febrero de 1939.

automáticamente queda entonces clasificada para participar en el próximo Campeonato Mundial Femenino que se jugará simultáneamente con el Torneo de las Naciones. Trepat igualó el primer lugar con María Angélica Berea (Federación de San Martín) y María Vigil (Club Jaque Mate), y luego del desempate, quedaron en ese orden. Las dos primeras clasificaron para intervenir en el Campeonato Mundial Femenino. La campeona es profesora de piano y ama la música de Beethoven; se inició en el ajedrez en el Club Jaque Mate, y fue discípula de Rafael Bensadón. La nota incluye varias fotos, una de ellas junto a Carlos Enrique Guimard y el autor.

Profesora de piano y campeona.
El Gráfico, 24 de febrero de 1939

Código de ajedrez

█ La Editorial Grabo publica un librito titulado *Reglamento y Código de Ajedrez*, que incluye el reglamento oficial de la FIDE, adoptado por la FADA, así como las fórmulas para *fixtures*, sistemas de anotación, y normas para torneos con ventaja. Aunque no figura como autor, Roberto Grau fue quien supervisó los contenidos.[229]

VII Torneo Mayor de Córdoba: vence José Manuel Lascano, Secchi retiene el título

█ En el Torneo Mayor de la Federación Cordobesa participan doce jugadores, resultando ganadores José Manuel Lascano y Jaime Kohan, con 8/11. Luego siguieron Jorge Lagos Altamira 7½; Manuel Castiñeiras y Ramón Palau 7; Gaspar Rivero 6½; José I. Chávez 6; Benito Moyano 4½; Lorenzo Cardona 3½; Rodolfo Astrada y Boris Yurevich 3 y Alejandro Rysser 2. En el desempate por el primer puesto, Lascano se impuso a Kohan 2½:½. En setiembre se jugó el encuentro por el título, venciendo Secchi por 6:3 (+4 =4 –1)

Reglamento oficial y Código de Ajedrez, edición Grabo 1938

Uno de los hermanos García Vera vence en el Mayor Rosarino

█ Oscar García Vera triunfó en forma meritoria en el Torneo Mayor de la Federación Rosarina, clasificándose en segundo término el campeón del Círculo de Obreros, Líbero Gallieri. Después de disputarse trece ruedas, todas ellas disputadas en el cálido ambiente que suelen generar las competiciones de la categoría superior, se ha dado término a la más importante prueba a cargo de la entidad directriz del ajedrecismo en nuestra ciudad, la que otorga a su vencedor el título de challenger del campeón rosarino.

---

[229] Nota del autor.

Oscar García Vera, el destacado representante de Newell's, una vez más ha gustado de los halagos del triunfo. En la larga serie de encuentros, sólo en uno debió inclinar su rey, en cuatro dividió el punto en disputa, y conquistó ocho victorias. En segundo término se clasificó Líbero Gallieri, que realizó un aporte valioso por el espíritu de lucha reflejado en todos los cotejos. La tabla final de posiciones fue como sigue: Oscar García Vera 10/13 (+8 =4 -1); Líbero Gallieri 9 (+7 =4 -2); Romeo García Vera 8½ (+8 =1 -4); Manuel Calatayud 6½ (+3 =7 -3); J. Longobuco 6 (+3 =6 -4); Oscar Giustina 5½ (+3 =5 -5).[230]

Oscar García Vera gana el Mayor de Rosario.
La Capital, 9 de diciembre de 1938

El III Campeonato Argentino por Equipos: vence La Plata

También en enero se juega el Campeonato Interprovincial por Equipos, prueba que se consolida en el calendario nacional. Participan nueve federaciones, venciendo en gran forma La Plata, por sobre la Ciudad de Buenos Aires, Rosario, Bahía Blanca, Santa Fe, Entre Ríos, San Juan, Santiago del Estero y Mendoza. A parece por primera vez en un torneo importante un jovencito de dieciséis años que dará que hablar: Héctor Decio Rossetto, segundo tablero de Bahía Blanca.[231]

El concurso general de todos los deportes reunirá a aficionados de varias provincias y territorios. Toca ya a su término la organización previa de la competencia preparada por la Confederación Argentina de Deportes, Comité Olímpico Argentino, que reunirá a gran número de deportistas de todo el país. De acuerdo con la reglamentación, cada provincia o gobernación podrá anotar tres representantes por cada deporte. Los participantes serán alojados en las instalaciones de los Regimientos 1º y 2º de Infantería, situados en Palermo, y en los clubs Ríver Plate y San Lorenzo de Almagro.

Todas las delegaciones del interior llegarán esta semana a la Capital. Las representaciones de Santiago del Estero y Tucumán arribaron anoche a la estación Retiro, y la de Chubut al puerto de La Plata. Mañana llegará a la Dársena Sur, a bordo del vapor Washington, la delegación de Formosa. Las disciplinas serán: ajedrez, atletismo, pelota, esgrima, natación, tenis, remo, *basquetball*, ciclismo. Los locales de juego del torneo de ajedrez serán el Club Argentino, Avenida de Mayo 1411; el Círculo, Bartolomé Mitre 670; y el Club Jaque Mate, Entre Ríos 122, con un horario de juego de 21 a

El Campeonato Argentino por Equipos.
La Nación, 7 de diciembre de 1938

---

[230] *La Capital*, 9 de diciembre de 1938.
[231] *El Gráfico* nº 1019, pág. 36/7.

1, cuarenta jugadas en dos horas. De cada rueda, dos *matches* se jugaron en una institución y los dos restantes en otra, en el orden en que se indican más abajo.[232]

■ Destácase el equipo de La Plata en el Torneo Interprovincial. El Campeonato Argentino por Equipos ha reunido en esta capital a nueve delegaciones de distintas zonas del país, destacando el equipo de La Plata en el primer puesto, integrado por los señores Carlos Maderna, Alberto Vilches, Luis García Baladó y Luis Atencio. En el segundo puesto se ha colocado el equipo de la Capital Federal, y en el tercero el equipo de Rosario, que desde ahora se perfila como un serio candidato al primer lugar, por la homogeneidad de su constitución y de acuerdo con el destacado desempeño que tuviera el año anterior. Las alternativas de este certamen se siguen con mucho interés, atrayendo sus resultados tanto como los del Concurso General de Deportes que se está disputando simultáneamente. Los resultados fueron los siguientes:

1ª Rueda: 9 de diciembre, Club Argentino y Círculo

■ **Rosario 3:1 San Juan**: A. Juan Vinuesa 1:0 Carlos Guido Porcel; Luciano W. Cámara 1:0 Antonio Suvire; Romeo García Vera 0:1 Juan Cirilo Alfani; Oscar García Vera 1:0 Arturo.[233]

La Plata 3:1 Santa Fe: Carlos Maderna 1:0 Antonio Bahamonde; Alberto Vilches 1:0 Manuel Faisal; Luis García Baladó 0:1 Marcelo Visentín; Luis Atencio 1:0 Agustín B. Pettinari.[234]

Capital 3½:½ Santiago del Estero: Juan Iliesco ½:½ Horacio Díaz; Enrique Falcón 1:0 Víctor S. Guzmán; Joaquín Ojeda 1:0 Antonio F. Santillán; Herman Pilnik 1:0 Benjamín J. Martínez.[235]

Mendoza ½:3½ Bahía Blanca: Duncan MacKay 0:1 Voyin Lalich; Pedro Ivanissevich 0:1 Héctor Rossetto; J. Di Bello 0:1 Antonio Cuadrado; J. Díaz Padilla ½:½ José Bohoslavsky.

2ª Rueda: 10 de diciembre, Club Argentino y Club Jaque Mate

■ **La Plata 4:0 Bahía Blanca**: Maderna 1:0 Lalich; Vilches 1:0 Rossetto; García Baladó 1:0 Cuadrado; Atencio 1:0 Bohoslavsky.

San Juan 2:2 Santiago del Estero: Porcel 0:1 Díaz; Suvire 1:0 Guzmán; Alfani 0:1 Santella; Arturo 1:0 Martínez.

Rosario 3:1 Santa Fe: Vinuesa 1:0 Bahamonde; R. García Vera 1:0 Visentín; Cámara 1:0 Faisal; O. García Vera 0:1 Pettinari.

Un atractivo certamen por equipos.
El Mundo, 3 de diciembre de 1938

---

[232] *La Nación*, 7 de diciembre de 1938.

[233] El tablero suplente de San Juan fue Alejandro Batista.

[234] Guimard era el primer tablero de Santa Fe, pero desistió. El suplente de La Plata fue A. Gordillo.

[235] Arón Schvartzman estaba designado como primer tablero de Capital, pero desistió a último momento. El suplente santiagueño fue Severo Márquez. Nota del autor.

Capital 4:0 Entre Ríos: Falcón 1:0 César Juan Corte; Ojeda 1:0 Manuel Demonte Vitali; Pilnik 1:0 J. M. Sanguineti; Luis Palau 1:0 Guillermo A. Seri.[236]

3ª Rueda: 11 de diciembre, Círculo y Club Jaque Mate

█ **Mendoza 0:4 La Plata**: MacKay 0:1 Maderna; Ivanissevich 0:1 Vilches; Di Bello 0:1 García Baladó; Díaz Padilla 0:1 Atencio.

Santa Fe 2½:1½ Santiago del Estero: Bahamonde 1:0 Díaz; Faisal 0:1 Guzmán; Vicentín 1:0 Santillán; Pettinari ½:½ Martínez.

San Juan 2:2 Entre Ríos: Porcel 0:1 Corte; Suvire 0:1 Demonte Vitali; Alfani 1:0 Sanguineti; Arturo 1:0 Seri.

Rosario 3:1 Bahía Blanca: Vinuesa 1:0 Lalich; Cámara 0:1 Rossetto; R. García Vera 1:0 Cuadrado; O. García Vera 0:1 Bohoslavsky.[237]

4ª Rueda: 3 de diciembre, Club Argentino y Círculo

█ **Rosario 3:1 Mendoza**: Vinuesa 1:0 MacKay; R. García Vera 1:0 Di Bello; Cámara ½:½ Ivanisevich; O. García Vera ½:½ Julio Díaz Padilla.

Santiago del Estero ½:3½ Bahía Blanca: Díaz 0:1 Lalich; Guzmán ½:½ Rossetto; Santillán 0:1 Cuadrado; Martínez 0:1 Bohoslavsky.

Entre Ríos 3:1 Santa Fe: Corte 1:0 Bahamonde; Demonte Vitali 1:0 Faisal; Sanguinetti 1:0 Visentín; Seri 0:1 Pettinari.

Capital Federal 3½:½ San Juan: Falcón 1:0 Porcel; Palau 1:0 Suvire; Pilnik 1:0 Alfani; Joaquín Ojeda ½:½ Arturo.

5ª Rueda: 12 de diciembre, Club Argentino y Club Jaque Mate

█ **Santa Fe 1:3 Capital Federal**: Bahamonde 1:0 Falcón; Visentín 0:1 Pilnik; Pettinari 0:1 Palau; Faisal 0:1 Ojeda.

Bahía Blanca 2:2 Entre Ríos: Lalich 1:0 Corte; Rossetto 1:0 Demonte Vitali; Cuadrado 0:1 Demonte Vitali; Bohoslavsky 0:1 Sanguinetti.

Mendoza 1½:2½ Santiago del Estero: MacKay ½:½ Díaz; Ivanisevich ½:½ Guzmán; Di Bello 0:1 Santillán; Díaz Padilla ½:½ Martínez.

La Plata 2½:1½ Rosario: Maderna 0:1 Vinuesa; Vilches ½:½ Cámara; García Baladó 1:0 R. García Vera; Atencio 1:0 O. García Vera.

Posiciones luego de la 5ª rueda: Rosario 14½/18; Capital Federal 14/16; La Plata 12/16; Bahía Blanca 10/20; Entre Ríos 8/16; Santiago del Estero 7/20; San Juan 6½/16; Santa Fe 6/20; Mendoza 3/16.

6ª Rueda: 15 de diciembre, Círculo y Club Jaque Mate

█ **Santiago del Estero 0:4 La Plata**: Díaz 0:1 Maderna; Guzmán 0:1 Vilches; Santillán 0:1 García Baladó; Martínez 0:1 Atencio.

---

[236] También jugó para Entre Ríos, Diego Mackinnon.
[237] *El Mundo*, 3 de diciembre de 1938.

Entre Ríos 2:2 Mendoza: Corte 1:0 MacKay; Mackinnon 1:0 Di Bello; Demonte Vitali 0:1 Ivanisevich; Sanguinetti 0:1 Díaz Padilla.

Capital Federal 2½:1½ Bahía Blanca: Iliesco 1:0 Lalich; Falcón 0:1 Rossetto; Pilnik ½:½ Cuadrado; Palau 1:0 Bohoslavsky.

San Juan 1½:2½ Santa Fe: Porcel 0:1 Bahamonde; Suvire ½:½ Faisal; Alfani 0:1 Visentín; Arturo 1:0 Pettinari.

7ª Rueda: 16 de diciembre, Club Argentino y Círculo

Bahía Blanca 2:2 San Juan: Lalich 1:0 Porcel; Rossetto 1:0 Suvire; Cuadrado 0:1 Alfani; Bohoslavsky 0:1 Arturo.

La Plata 3:1 Entre Ríos: Maderna 1:0 Corte; Vilches 0:1 Demonte Vitali; García Baladó 1:0 Mackinnon; Atencio 1:0 Sanguinetti.

Mendoza ½:3½ Capital Federal: MacKay 0:1 Iliesco; Pilnik 1:0 Di Bello; Palau 1:0 Díaz Padilla; Ojeda ½:½ Ivanisevich.

Rosario 3:1 Santiago del Estero: Vinuesa 1:0 Díaz; Cámara 0:1 Guzmán; R. García Vera 1:0 Santillán; O. García Vera 1:0 Martínez.

8ª Rueda: 17 de diciembre, Club Argentino y Club Jaque Mate

Capital Federal 2:2 La Plata: Iliesco 0:1 Maderna; Falcón 0:1 Vilches; Ojeda 1:0 García Baladó; Pilnik 1:0 Atencio.

Santa Fe 2:2 Bahía Blanca: Bahamonde 1:0 Lalich; Faisal 0:1 Rossetto; Visentín ½:½ Cuadrado; Pettinari ½:½ Bohoslavsky.

Entre Ríos 1:3 Rosario: Corte 0:1 Vinuesa; Demonte Vitali 1:0 Cámara; Mackinnon 0:1 R. García Vera; Sanguinetti 0:1 O. García Vera.

San Juan 2:2 Mendoza: Porcel 0:1 MacKay; Suvire 0:1 Ivanisevich; Alfani 1:0 Di Bello; Arturo 1:0 Díaz Padilla.

9ª Rueda: 18 de diciembre, Círculo y Club Jaque Mate

Rosario 2½:1½ Capital Federal: Vinuesa 1:0 Falcón; Cámara ½:½ Ojeda; O. García Vera 1:0 Pilnik; R. García Vera 0:1 Palau.

Mendoza 0:4 Santa Fe: MacKay 0:1 Bahamonde; Ivanisevich 0:1 Faisal; Di Bello 0:1 Visentín; Díaz Padilla 0:1 Pettinari.

Hoy se definirá el primer puesto del torneo de ajedrez

La lucha intensa por el primer puesto que desde ruedas anteriores vienen sosteniendo los equipos de La Plata, Rosario y Capital Federal rodeó de justificada expectativa la última reunión del certamen realizada anoche en los locales de juego del Círculo de Ajedrez y Club Jaque Mate.

La Plata tuvo por rival al entusiasta conjunto de San Juan, que en el papel tenía quizá menos probabilidades que su adversario, que, en este torneo, se ha estado desempeñando con una gran eficacia, pero que anoche se superó ofreciendo una gran resistencia y luchando sus componentes de igual a igual con sus adversarios.

De las cuatro partidas realizadas, sólo se definieron dos, una favorable a San Juan y la restante a La Plata. Carlos H. yo Maderna de La Plata, venció a Porcel, y N. Arturo de San Juan, se impuso a Atencio. Quedaron suspendidos para ser proseguidos esta tarde los encuentros de Vilches con Suvire y García Balado con Alfani, que asumen una gran importancia, pues de su resultado depende que La Plata se clasifique primero.

Capital Federal y Rosario brindaron un match reñido, cosa que, por otro lado, era de esperar dada la reconocida fuerza de todos sus tableros, integrados por jugadores ampliamente conocidos en el ambiente.

Una sola partida de este match quedó definida, siendo la que el primer tablero de Rosario. Vinuesa, le ganó a Falcón. El resto de los cotejos entre Cámara y Ojeda, Pilnik y Oscar García Vera, y Palau y R. García Vera no se definieron en las cinco horas de juego reglamentarias y seguirán esta tarde. El resultado de los mismos— tal como acontece con los que tiene en suspenso La Plata—es decisivo para la colocación de los dos conjuntos, aspirantes también al primer puesto.

Lucha entre tres equipos.
La Nación, 19 de diciembre de 1938

La Plata 2½:1½ San Juan: Maderna 1:0 Porcel; Vilches 1:0 Suvire; García Baladó ½:½ Alfani; Atencio 0:1 Nelson.

Santiago del Estero 1:3 Entre Ríos: Díaz 0:1 Corte; Santillán 0:1 Mackinnon; Guzmán 1:0 Demonte Vitali; Martínez 0:1 Sanguinetti.

Posiciones finales: La Plata 22½/30; Rosario 22/29; Capital Federal 22/29; Bahía Blanca 15½/32; Entre Ríos 14/31; Santa Fe 12½/30; San Juan 11/29; Santiago del Estero 9/32; Mendoza 6½/32.[238]

▉ El torneo terminará esta tarde, con los juegos suspendidos. Las ruedas finales han suscitado intensa expectativa por la forma reñida con que los equipos de la Capital Federal, La Plata y Rosario se han disputado el puesto de honor. En el *match* entre Capital y Rosario hay tres partidas suspendidas favorecen al primero, en especial Ojeda – Cámara y Palau – O. García Vera (Sic). En el encuentro La Plata – San Juan las dos suspendidas favorecen a los sanjuaninos (Sic).[239]

▉ Obtuvo el primer puesto el *team* platense, y el segundo lugar fue ocupado por Rosario, quedando Capital Federal en el tercer lugar. Es la primera vez que La Plata se adjudica este certamen, en una performance sobresaliente.[240]

Ajedrez entre todos los deportes: La Plata, ganador.
La Razón, 20 de diciembre de 1938

▉ El equipo de La Plata, integrado por Carlos Maderna, Alberto Vilches, Luis Atencio y Luis García Baladó, ha ganado el Torneo Interprovincial por la mínima diferencia. Se ha impuesto a una serie de conjuntos de calidad, entre los que sobresalían los de Capital y Rosario, integrados por jugadores de valía. Podrá objetarse que el equipo porteño careció del aporte de sus mejores hombres. Que faltó el concurso de los hermanos Bolbochán, Piazzini, Schvartzman, Fenoglio, Pleci, Nogués Acuña, Puiggrós y quien esto escribe, que ocupan los primeros lugares del ranking argentino junto con Guimard, que tampoco integró el team de Santa Fe, por encontrarse con varios de los antes nombrados en el torneo de Río de Janeiro.

Pero lo que nadie podrá manifestar es que un *team* compuesto por Herman Pilnik, Juan Iliesco, Luis Palau, Enrique Falcón y Joaquín Ojeda no sea una excelente combinación porteña. Y si el de Capital era excelente, el de Rosario ofrecía asimismo un alto nivel, ya que Juan Vinuesa, los hermanos García Vera y Luciano Cámara son cuatro jugadores de 1ª categoría y de calidad, especialmente el primero, que ganó todas las partidas en el primer tablero. Esto demuestra que en La Plata ha mejorado el término medio de juego, y que todo el interior asiste al surgimiento de una serie de elementos de gran fuerza.[241]

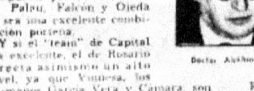

Victoria de La Plata.
Leoplán, 17 de enero de 1939

[238] *La Nación*, 19 de diciembre de 1938.
[239] *La Prensa*, 19 de diciembre de 1938.
[240] *La Razón*, 20 de diciembre de 1938. No se jugó este certamen en 1939, debido al Torneo de las Naciones.
[241] Roberto Grau, *Leoplán*, 17 de enero de 1939.

Posiciones finales

	ARGENTINO POR EQUIPOS	1	2	3	4	5	6	7	8	9	J	G	E	P	Pts
1	La Plata	X	2½	2	4	3	3	2½	4	4	32	22	4	6	24
2	Rosario	1½	X	2½	3	3½	3	3	3	4	32	21	5	5	23½
3	Capital Federal	2	1½	X	2½	3	4	3½	3½	3½	32	21	5	5	23½
4	Bahía Blanca	0	1	1½	X	2	2	2	3½	3½	32	13	5	14	15½
5	Santa Fe	1	½	1	2	X	1	2½	2½	4	32	12	5	15	14½
6	Entre Ríos	1	1	0	2	3	X	2	3	2	32	14	0	18	14
7	San Juan	1½	1	½	2	2½	2	X	2	2	32	11	3	18	12½
8	Santiago del Estero	0	1	½	½	1½	1	2	X	2½	32	6	6	20	9
9	Mendoza	0	0	½	½	0	2	2	1½	X	32	3	7	22	6½

■ Con las pruebas realizadas ayer finalizó el primer concurso general de todos los deportes establecidos en el plan de difusión que la CAD se ha propuesto cumplir para preparar a los deportistas del país. La cantidad de atletas de las distintas especialidades que se presentaron ha sido discreta, y por ser la primera vez que se realiza un concurso de esta naturaleza, cabe expresar que ha sido todo lo numerosa que podía esperarse. La representación de La Plata ganó el Campeonato Interprovincial de Ajedrez por Equipos, luego de una lucha como pocas veces se recuerda en una prueba de esta naturaleza, cuya organización estuvo a cargo de la FADA. En las últimas la lucha ya prácticamente se había reducido a un duelo entre las delegaciones de La Plata, Rosario y Capital Federal, que marchaban en el cuadro de posiciones separadas por escasa diferencia.

Los resultados de la última jornada, con algunas partidas suspendidas que terminaron anoche, fueron los que decidieron la primera colocación, totalizando La Plata 24 puntos, aventajando a Rosario y la Capital Federal, que entraron apareados, por la diferencia de medio punto. De acuerdo con la reglamentación, correspondió el segundo lugar a Rosario por haber ganado el *match* individual. Las partidas suspendidas entre estos dos equipos fueron las que definieron el torneo. En efecto, mientras Palau vencía a Oscar García Vera, Pilnik perdía frente a Romeo García Vera, y tras un prolongado final, hacían tablas Ojeda y Cámara. Mientras tanto, La Plata, que tenía dos partidas suspendidas ante San Juan, logró vencer en una y empatar la otra, quedando el *match* La Plata 2½:1½ San Juan. Ha sido la primera vez que se ha impuesto un equipo que no es el de Capital.[242]

[242] *La Nación*, 20 de diciembre de 1938.

El campeonato argentino de ajedrez por equipos lo ganó la representación de La Plata

El segundo puesto correspondió a los ajedrecistas de la ciudad de Rosario

TERCERO CAPITAL

MURIÓ EL "GENERAL" AGNOLI, EL VETERANO MAESTRO DEL AJEDREZ

Fallece *El General* Agnoli.
Crítica, 28 de diciembre de 1938

Murió el *general* Agnoli, el veterano maestro de ajedrez

▓ ¿Quién es el aficionado al ajedrez que alguna vez no haya oído hablar del *general* Agnoli y sus extraordinarias proezas en el reinado de las 64 casillas? Agnoli, que pomposamente se hacía llamar *General del ajedrez mundial*, era, por sobre todas las cosas, un hombre lleno de bondad y un entusiasta del noble juego. Nunca alcanzó a ser un jugador de mediana fuerza, pero conocía bastante el historial ajedrecístico, principalmente el de nuestro país, donde empezó a actuar hace más de veinticinco años. Sus partidas amistosas frente a jugadores consagrados –porque Agnoli sólo admitía enfrentarse contra maestros de *su* categoría– eran siempre seguidas por una numerosa barra que, situada alrededor del tablero, y en las ocasiones memorables trepados sobre las sillas y mesas, seguían las rápidas partidas y la pintoresca cháchara de Agnoli, que invariablemente hacía el comentario y crítica de todas las jugadas. Agnoli, que era muy apreciado en todos los centros ajedrecísticos de Buenos Aires, falleció a los sesenta años de edad, víctima de un ataque de apendicitis.[243]

Jacobo Bolbochán ganó el Campeonato de 1ª Categoría del Club Argentino

▓ El informe incluido en el tomo 1 de *Historia del Ajedrez Argentino*, de José Antonio Copié es el siguiente:

Reñida lucha en los principales puestos deparó este torneo de la Primera Categoría del Club Argentino, entre los cuatro jugadores primeros en la tabla de posiciones. Es de señalar que Enrique Falcón hizo abandono de la prueba en la sexta rueda. Las crónicas de la época indican que Benito Villegas estuvo cerca de ganar el Torneo pero no tuvo suerte, por ello Jacobo Bolbochán y Virgilio Fenoglio empataron en el primer puesto.

Por el desempate del primer puesto, realizado en enero de 1939, Jacobo Bolbochán se impuso a Virgilio Fenoglio, pero luego no se realizó el correspondiente desafío por el título mayor de la entidad, continuando Aron Schvartzman en posesión del mismo. Posiciones: Jacobo Bolbochán (+7 =4 -1) y Virgilio Fenoglio (+8 =2 -2); Julio A. Lynch /+8 =1 -3) y Benito Villegas (+7 =3 -2); Mario Camponovo (+5 =2 -5) y Gregorio Lastra (+3 =6 -3) 6; Carlos Querencio (+5 =1 -6); Benito Benjamín, Alberto Lanzarini (ambos +4 =2 -6) y Rafael Grigera (+3 =4 -5) 5; Luis Carné y Paulino Alles Monasterio (ambos +3 =2 -7) 4; Enrique Falcón (+2 =0 -10) 2.[244]

El desempate: Jacobo Bolbochán 3:0 Fenoglio

▓ En el nuevo local del Club Argentino, Bartolomé Mitre 2152, dará comienzo mañana a las 21 la disputa de un *match* entre dos elementos que gozan de un sólido prestigio en el ambiente del juego: Jacobo Bolbochán y Virgilio Fenoglio. De esta forma, desempatarán el primer puesto del Campeonato de 1ª Categoría del Club Argentino de 1938.[245]

▓ Jugaron anoche Bolbochán y Fenoglio la primera partida del *match* a cuatro partidas. La partida dio comienzo a la hora fijada y comenzó con una Apertura PR, replicando las negras comandadas por Fenoglio, con la Defensa Caro-Kann. La partida se desarrolló en ritmo tranquilo hasta muy promediada la lucha, consiguiendo recién después de unos cuantos cambios centrales, ganar un peón Bolbochán, arribándose posteriormente a una posición ganadora para él. La lucha se suspendió, y la próxima partida se jugará el martes.[246]

[243] *Crítica*, 28 de diciembre de 1938. Este personaje era un habitué del lugar.
[244] *Historia del ajedrez argentino*, tomo 1, José Antonio Copié, Cuatro Vientos, 2012.
[245] *La Razón*, 20 de enero de 1938.
[246] *La Razón*, 22 de enero de 1939.

▓ Bolbochán volvió a vencer a Fenoglio. En la partida anterior, Fenoglio había abandonado sin continuar. Ésta comenzó con el PD y nuevamente Bolbochán destacó la calidad de su técnica, al lograr una pequeña ventaja, que hábilmente explotada, decidió el cotejo en su favor luego de un final correctamente conducido. Con este resultado Bolbochán vence 2:0, y como el *match* es a cuatro partidas, se descuenta su triunfo final.[247]

▓ Jacobo Bolbochán se impuso a Virgilio Fenoglio, pero luego no se realizó el correspondiente desafío por el título mayor de la entidad, por lo que Arón Schvart zman continuó en posesión del mismo.[248]

BUEN RIVAL

Virgilio Fenoglio será un serio rival para Bolbochán.

Fenoglio Jugará con Bolbochán

En el nuevo local del Club Argentino de Ajedrez, Bartolomé Mitre 2152, dará comienzo mañana a las 21 la disputa de un match entre dos elementos que gozan de un sólido prestigio en el ambiente del juego.

Nos referimos a Jacobo Bolbochán y Virgilio Fenoglio, los cuales de acuerdo con una resolución de la comisión directiva de la prestigiosa entidad, deben disputar un match para en esta forma desempatar el primer puesto del torneo interno realizado el año anterior.

Se trata no hay duda de un gran encuentro, no sólo por la calidad de los adversarios, sino también por la perspectiva que tiene el vencedor de enfrentar al campeón del club, doctor Arón Scharvtzman, en un cotejo por el campeonato.

Fenoglio se presenta a la lucha prestigiado por su exitosa actuación reciente en Río de Janeiro, donde jugando un certamen en el cual competían los más fuertes ajedrecistas de esta parte del continente empató el primer puesto con el campeón argentino Carlos Guimard y con la nueva promesa del ajedrez nacional, Julio Bolbochán.

Match desempate 1ª Categoría del Club Argentino 1938

		1	2	3	TB Perf.		±
1	Bolbochán, Jacobo	1	1	1	3.0/3	800	0
2	Fenoglio, Virgilio	0	0	0	0.0/3	-800	0

Caissa, con nuevo director

▓ En junio de 1939, sin dar explicaciones, *Caissa* anuncia que su nuevo director es Juan Iliesco, en reemplazo de Arnoldo Ellerman; y en octubre, con su n° 15, deja de aparecer.[249]

Desempate Jacobo Bolbochán – Fenoglio.
La Razón, 20 de enero de 1938

---

[247] *La Nación*, 27 de enero de 1939.
[248] *Historia del ajedrez argentino*, José A. Copié, op. cit.
[249] Nota del autor.

Capítulo 5

LOS PROLEGÓMENOS DE LA ORGANIZACIÓN
DEL TORNEO DE LAS NACIONES

Goebbels muestra sus garras

■ Pocas publicaciones británicas son tan imparciales, tan tranquilas y se comportan tan austeramente como *The Spectator*. Su crónica de la reciente opinión de un periodista de ajedrez desafortunado que se había atrevido a alabar el juego del Dr. Lásker, ¡un judío!, logra aún más difusión por el hecho de que no implica ningún juicio de valor, no le llueven denuncias, pero presenta los hechos y deja al lector que saque sus propias conclusiones nauseabundas de ellos.

El Dr. Goebbels, titular del Ministerio de Ilustración Nacional y Propaganda, anunció hace algún tiempo que la crítica de las obras de arte estaba prohibida. Era intolerable que se permitiera a los escritores juzgar obras de teatro, esculturas, poemas o composiciones musicales de mayor grado de lo que ellos mismos pudieran producir. Dijo el Dr. Goebbels a los críticos:

Vete y produce algo mejor, ¡o quédate callado para siempre![250]

El sueño de Grau

■ El ajedrez nacional tiene desde ahora una gran deuda de gratitud. Los hombres del gobierno argentino han comprendido la importancia del TN que debe realizarse en Buenos Aires en 1939. Han comprendido que nunca el país podría obtener una propaganda más feliz que la que este certamen involucra, pues delegaciones de más de 25 países visitarán nuestro suelo, y llevarán en su retina la impresión de nuestro progreso y de nuestro empuje.

Yo sé de qué manera se nos ignora, pues en todas partes he sido objeto de preguntas absurdas, algunas tendientes a saber si en Buenos Aires había luz eléctrica y automóviles, y otras para averiguar cuántos miles de hombres de raza blanca teníamos. Por eso sé cuánto necesita nuestro país que la propaganda se intensifique, y que los europeos de todas las razas que viven encastillados en sus países, sepan, de una vez por todas, lo que es Sudamérica, y especialmente lo que es la República Argentina, como riqueza, como raza, como historia y como libertad.[251]

El general Justo y el TN

■ En febrero el general Justo, presidente de la República, prometió interesarse en el magno proyecto de organizar el TN en 1939, que ya es el comentario de toda la afición mundial, y ésta es la hora en que las Cámaras (de Diputados y Senadores) han votado $ 150.000 para sufragar los gastos que demande el envío de delegaciones. Ciento cincuenta mil pesos, o sea cerca de 1.350.000 francos, que se transformarán en una enorme propaganda para nuestro país en el exterior.[252]

---

[250] *Chess (Sutton Colfield)*, febrero de 1937.
[251] Roberto Grau, *Leoplán*, 2 de febrero de 1938.
[252] *El Ajedrez Americano* 2ª época nº 33, pág. 33.

El TN y un subsidio

■ El Congreso ha convertido en ley el presupuesto argentino, y en él está incluida una partida de $ 150.000 para la FADA, con el propósito de facilitar la realización del gran torneo mundial por la Copa Hamilton Russell. Ha triunfado, pues, plenamente en sus gestiones don Augusto De Muro, presidente de la FADA, y junto a su nombre deben perdurar en el recuerdo de los ajedrecistas el del general Agustín P. Justo, presidente de la República, que puso toda su valiosa influencia para que el pedido prosperara, y el de los diputados nacionales Roberto J. Noble, Emilio Ravignani, Numa Soto, Eduardo Brochou, y todos aquellos que en sus distintas esferas cooperaron para que este proyecto, acariciado como una utopía, tuviera forma real.

Y para nosotros, los que en Estocolmo comprometimos nuestro nombre anunciando que el torneo se realizaría, así como para el cónsul en aquella ciudad, el dinámico Humberto Bidone, esta seguridad de no haber hecho invitaciones en vano, es el premio mayor a nuestra actividad en este asunto, que desde ahora nos absorberá íntegramente todo nuestro tiempo. Lo que es necesario es que todas las federaciones de Sudamérica y Centroamérica de dirijan a la FADA, Cangallo 860, Buenos Aires, solicitándole informes sobre este torneo, al que todos deben concurrir. El pago de los gastos de viaje a todos los equipos es un esfuerzo que ha de facilitar el envío de los jugadores. Ahora sí que cabe repetir sin temores la frase que al terminar el torneo de Estocolmo pronunciamos al despedirnos: ¡Hasta abril de 1939, en la ciudad de Buenos Aires! ¡La gran ciudad de Sudamérica![253]

Alekhine y el TN

■ Un mes antes de iniciarse el año próximo el TN, debe estar en Buenos Aires el doctor Alekhine. Realizará una serie de actividades que ha de preparar la FADA con vistas exclusivas a mejorar el estándar de juego de nuestros principales ajedrecistas, y más tarde capitaneará el *team* de Francia que intervendrá en el torneo.[254]

Se activan las gestiones por el TN

■ Nunca tendrá el ajedrez latinoamericano una oportunidad más propicia para vincularse, conocerse y poder concertar las bases de futuras competencias americanas que la que debe brindar el TN por la Copa Hamilton Russell. En esta oportunidad los equipos de cinco jugadores que cada país envíe serán invitados de la FADA desde que salgan de su país, pues se les pagará el pasaje y sus gastos de estada en Buenos Aires. Por eso *Leoplán* agrega al pedido de la FADA, una invitación cordial para que la afición toda de América se preocupe por este acontecimiento extraordinario del ajedrez mundial. Y para que concurra a la cita.[255]

■ LA FIDE recibió numerosas notas de adhesión a la realización del TN de 1939 en Buenos Aires, presentando los pedidos de afiliación correspondientes para ingresar a la institución.

■ La organización del TN en Buenos Aires está teniendo un éxito resonante. Todos los países del mundo han demostrado su interés por la prueba, y suman más de diez las entidades sudamericanas y centroamericanas que han solicitado su adhesión a la FIDE para poder actuar en la competencia. De las federaciones europeas se ha recibido la adhesión total de casi todas ellas.[256]

[253] Roberto Grau, *Leoplán*, 16 de febrero de 1938.
[254] Roberto Grau, *Leoplán*, 13 de abril de 1939.
[255] Roberto Grau, *Leoplán*, 25 de mayo de 1938.
[256] Roberto Grau, *Leoplán*, 8 de junio de 1938.

Cuando la FADA resolvió organizar el TN, suponía que la prueba alcanzaría un relieve excepcional. Contaba con la simpatía de toda la afición del ajedrez mundial, y se conocía la buena voluntad del gobierno argentino para cooperar en la realización de la prueba. Las manifestaciones que se escucharon en el Congreso de Estocolmo eran coincidentes con esa suposición, pues el propio doctor Rueb, presidente de la FIDE, se encargó de exaltar la generosidad de la propuesta argentina, y la importancia que tendría una prueba de esta magnitud en un país de Sudamérica. (...) Merece consignarse que este torneo ha de significar para la FIDE la verdadera consolidación del ajedrez mundial.[257]

Latinoamérica se prepara para venir a la Argentina. *La Nación*, 11 de mayo de 1938

Caras y Caretas anuncia el TN

El 25 de junio *Caras y Caretas* titula *Torneo por la Copa Hamilton Russell y Campeonato Femenino*. La organización de ambos torneos, que por resolución de la FIDE se jugarán en Buenos Aires en abril de 1939, ha despertado un entusiasmo extraordinario en el exterior, y al poco tiempo de haberse remitido las invitaciones respectivas han comenzado a llegar a la FADA numerosas expresiones de adhesión. Han prometido su asistencia a ambos certámenes Italia, Francia, Suiza, Brasil, Costa Rica, Cuba, México, Paraguay, Perú, Uruguay, Puerto Rico, Venezuela y Australia. Australia y los países americanos no estaban en condiciones de participar por no ser afiliados de la FIDE, y se han apresurado a cumplir con ese requisito, a fin de poder enviar sus equipos representativos.[258]

El TN y Latinoamérica

En julio se confirma que nueve países de Latinoamérica se han afiliado a la Federación Internacional, y han confirmado su participación en el TN de 1939.[259]

La FIDE, el título y el TN

La FIDE tiene un vigor notorio. Constituida por las federaciones de gran número de países europeos y sólo tres americanos hasta el presente (Estados Unidos, Uruguay y Argentina), ha logrado, por medio de una acción tenaz, perseverante y digna, granjearse el respeto y la estima de todos los ajedrecistas del mundo. Sólo la discuten en su deseo de legitimar el campeonato mundial los hombre que, como Alekhine, Capablanca y muy pocos otros, estiman que el título de campeón mundial es de propiedad exclusiva del ganador, y que sólo debe establecerse la fórmula de su disputa mediante un convenio entre los directamente interesados en su posesión, y los organizadores de los *matches*.

Podemos afirmar que una de las causas por las cuáles se enfrió el entusiasmo de los organizadores de Sudamérica, a pesar de las desorbitadas exigencias de Alekhine y la falta de una clara comprensión de las aspiraciones de Capablanca, fue precisamente el hecho de que ambos desconocían la autoridad de la FIDE en este asunto. Las decisiones del Congreso de Estocolmo, si fueron

[257] Roberto Grau, *Leoplán*, 22 de junio de 1938.
[258] *Caras y Caretas* nº 2073 del 25 de junio de 1938.
[259] *Caras y Caretas* nº 2070 del 4 de junio y 2072 del 18 de junio de 1938.

equivocadas, pueden enmendarse, como lo demuestran la Asociación Uruguaya y la FADA, tratando de darle una oportunidad a Capablanca, aún teniendo en cuenta lo resuelto por aquel Congreso, pero exigiendo que el ganador jugara con Flohr, para no comprometer la autoridad de la FIDE, que para las entidades disciplinadas es fundamental.

Y que la preocupación argentina por triunfar en sus propósitos por la vía de la razón es evidente, lo prueba el afán de que nuevas entidades engrosen las filas de la FIDE, para que de esa forma, en los futuros congresos, se escuchen la voces de Sudamérica y Centroamérica, que tienen intereses comunes y respetables en la vida del ajedrez mundial. Para eso se propuso organizar el Congreso de Buenos Aires, y para eso está dispuesta a gastar cerca de $ 300.000 en la organización del Torneo de las Naciones. La FIDE se robustecerá con gran beneficio para el ajedrez mundial y el intercambio espiritual entre hombres de todas las razas y países, y se evitará que se repitan las injusticias de aquella malhadada votación del Congreso de Estocolmo.[260]

TN: adhesiones a granel

Cuando se pensó en hacer disputar el torneo por la Copa de las Naciones, se temió por su éxito. No faltó quien opinara, con argumentos sólidos, que era imposible que una prueba de este tipo hallara el eco necesario entre los posibles participantes. La distancia que separa a nuestra capital de gran parte del mundo, que impone viajes lentísimos para arribar a ella, era argumento poderoso para los pesimistas, pero los hechos han probado que es más poderoso el atractivo de un viaje, que los inconvenientes que éste pueda originar, y que el prestigio de la clásica prueba del ajedrez mundial allana las barreras.

La Copa de las Naciones donada por Sir Hamilton Russell tendrá su verdadera consagración en Buenos Aires, ya que significará en realidad una competencia mundial. Además, entrañará el despertar de todo Sud y Centroamérica a la vida del ajedrez, y esto sirve, por sí solo, para justificar los sacrificios. Que son muchos, y solo la tenacidad y el optimismo de un hombre como don Augusto De Muro, presidente de la FADA y gestor de la idea de realizar en Buenos Aires el torneo, es capaz de llevar adelante.[261]

El TN y *Leoplán*

¡Treinta y cinco países! Son treinta y cinco los países que han manifestado su deseo de intervenir en el Torneo de las Naciones, que se realizará en Buenos Aires en abril de 1939. Pocas veces una expectativa mayor ha rodeado a una prueba, y pocas veces se ha observado un entusiasmo más evidente. El hecho nos pone en el deber de hablar, en cada número, de este suceso, ya que *LEOPLÁN* es, quizá, el vehículo que más ha contribuido al éxito de esta iniciativa en toda Sudamérica, y se ha transformado en el órgano de información obligado de la FADA y de las entidades americanas. Es intensa la actividad que se despliega en Buenos Aires entre las subcomisiones encargadas de llevar adelante la prueba. Graves, asimismo, los problemas económicos a resolver, pero todo ha de ser salvado ante la trascendencia del acontecimiento.[262]

[260] Roberto Grau, *Leoplán* nº 91, 1º de julio de 1938. La FIDE designó como *challenger* de Alekhine a Salo Flohr.
[261] Roberto Grau, *Leoplán*, 20 de julio de 1938.
[262] Roberto Grau, *Leoplán*, 3 de agosto de 1938.

El TN y las subcomisiones

▓ Se ha intensificado la tarea de los organizadores del TN. Han sido constituidas las subcomisiones encargadas de organizarlo. Una, la de Finanzas, que debe ocuparse de reunir el dinero necesario, calculado en $ 360.000, la encabeza el señor Alberto Daroqui, presidente del Club Argentino. La de Hacienda, que ha hecho el presupuesto exacto de gastos, la dirige el señor Pedro Barbé, presidente del Círculo de Ajedrez. La de Propaganda me ha sido encomendada a mí, y la Técnica es presidida por el doctor Gómez Masía, secretario de la FADA. Y en todas ellas gravita poderosamente el presidente de la FADA, don Augusto De Muro, alma de este esfuerzo extraordinario en bien del ajedrez mundial. Entre las resoluciones fundamentales adoptadas está la postergación del torneo hasta julio, para amoldarse a una de las cláusulas del reglamento de la Copa, que así lo establece, y favorecer la venida de los equipos europeos, pues ese mes coincide con el período de vacaciones.

El número de *teams* participantes ha obligado a pensar en dividir en grupos a los mismos, y realizar un torneo entre los mejores clasificados, y otro entre los que ocupen posiciones menos destacadas. Se ha querido, por otra parte, darle al Campeonato Mundial Femenino un carácter serio, para evitar el envío de jugadoras sin calidad, atraídas por el simple hecho de realizar un paseo a expensas de quienes tanto se esfuerzan por hacer posible el certamen de Buenos Aires, y se ha resuelto exigir que las jugadoras que vengan tengan antecedentes de ajedrecistas formales, con actuaciones permanentes en el ajedrez, pues el abuso se está comenzando a hacer sentir de parte de algunos dirigentes de federaciones sin responsabilidad.[263]

El TN en *Caras y Caretas*

▓ El 20 de agosto *Caras y Caretas* titula: "Hay treinta y cinco países inscriptos en el Campeonato Mundial de Ajedrez por Equipos que se disputará en esta Capital en julio próximo". Luego informa que "por razones fundamentales que se originan en la organización, el torneo se llevará a cabo en julio, en vez de abril, como se venía anunciando. Es inusitado el interés que ha despertado la sola enunciación del torneo, a juzgar por lo que se desprende de la lectura de las cartas que se reciben de los cuatro continentes en la sede de la FADA, Avenida de Mayo 560.

Han de ser consideradas las afiliaciones de Brasil, Paraguay, Bolivia, Chile, Ecuador, Venezuela, Costa Rica, Panamá, El Salvador, Guatemala, Cuba, Puerto Rico, Canadá y Australia. En el Congreso de París la Argentina estará representada por Luis Piazzini, quien informará acerca del estado del ajedrez sudamericano. Países inscriptos en el torneo: Bélgica, Checoslovaquia, Estonia, Francia, Holanda, Hungría, Islandia, Irlanda, Inglaterra, Italia, Noruega, Polonia, Suiza, Suecia, Yugoslavia, Dinamarca, Bolivia, Brasil, Canadá, Costa Rica, Cuba, Chile, Ecuador, Guatemala, México, Panamá, Paraguay, Perú, Puerto Rico, San Salvador, Venezuela, Uruguay, Palestina y Australia. Se espera de un momento a otro la confirmación de Alemania.[264]

El Congreso de la FIDE de París

▓ La FADA ha resuelto cancelar todas las invitaciones formuladas para el Torneo de las Naciones, a disputarse en Buenos Aires, para aquellos países que no hayan creado federaciones de ajedrez y se hayan adherido a la FIDE en el reciente Congreso de París. Desde hace más de catorce meses que nuestra Federación viene insistiendo en la necesidad de adherirse a la FIDE, pues el reglamento

[263] Roberto Grau, *Leoplán*, 17 de agosto de 1938.
[264] *Caras y Caretas* n° 2081 del 8 de agosto de 1938 (resumen).

de la Copa Hamilton Russell exige que sólo los países federados internacionalmente pueden intervenir en la disputa del trofeo.

A pesar de todo esto, el torneo internacional alcanzará un notable relieve, pues hay seis o siete federaciones sudamericanas y centroamericanas que han enviado con tiempo su solicitud de afiliación, y esto permitirá que más de cuarenta países estén presentes en la importante competencia de Buenos Aires. Otra resolución importante ha sido postergar su iniciación hasta el mes de julio, para que la prueba coincida con las vacaciones europeas, y permita que los equipos realmente fuertes puedan estar presentes con sus mejores elementos. (...) Los jugadores de Europa saldrán de uno o dos puertos del Atlántico, y los de Centroamérica desde Panamá, viajarán por el Pacífico y llegarán en tren a Buenos Aires. Los gastos de viaje desde Panamá a Buenos Aires serán pagados por la FADA, que gastará en la organización del torneo $ 360.000, o sea alrededor de U$S 110.000. El torneo durará veintitrés días, y la estaba en Buenos Aires se ha calculado en un mes.[265]

El Torneo de las Naciones y el *anschluss*

■ El 17 de setiembre *Caras y Caretas* titula: *"El conjunto alemán será robustecido con la incorporación austríaca"*. Hace referencia al reciente *anschluss* y dice:

> Uno de los acontecimientos de la política internacional ocurridos últimamente, tendrá inesperada repercusión cuando se realice en Buenos Aires, en julio de 1939, el Torneo de las Naciones. La anexión de Austria por el Reich determinará la formación de un equipo alemán extraordinariamente vigoroso, por cuanto los jugadores austríacos, que constituyeron uno de los rivales más destacados en el torneo anterior, robustecerán la representación alemana.

A este respecto ya se han iniciado algunas conversaciones, y se ha anticipado que no se opondrán dificultades a la concurrencia de Alemania en esas condiciones. Con motivo de la organización de este certamen, se ha organizado un interesante concurso de afiches alusivos, para el que se han establecido seis premios en efectivo: $ 500,[266] $ 250, $ 100, y tres premios de $ 50 cada uno.[267]

El trabajo previo del TN

■ El 24 de setiembre *Caras y Caretas* n° 2086 titula: "La organización del TN considera los más diversos problemas". Se realiza una intensa labor preparatoria para el viaje de las delegaciones. Reunir en Buenos Aires a los integrantes de cuarenta equipos representativos de otros tantos países constituye un esfuerzo de trabajo y de organización al cual ha hecho frente la FADA, con motivo de la Copa Hamilton Russell que se jugará en Buenos Aires en julio de 1939. De Europa vendrán los representantes de Bélgica, Checoslovaquia, Estonia, Francia, Holanda, Hungría, Islandia, Irlanda, Inglaterra, Italia, Noruega, Polonia, Suiza, Suecia, Yugoslavia, Finlandia y Portugal, que ya han aceptado, esperando la respuesta afirmativa de Bulgaria, Rumania, Letonia y Escocia, estando por resolverse la concurrencia de Alemania, que lo hará con un equipo reforzado por los jugadores austríacos. De América concurrirán Brasil, Bolivia, Canadá, Chile, Costa Rica, Cuba, Ecuador, Guatemala, México, Panamá, Paraguay, Perú, El Salvador, Venezuela y Uruguay. La concurrencia de Estados Unidos es indudable, ya que dicho país tiene en su poder la Copa Hamilton Russell. De Asia concurrirá Palestina, y de Oceanía, Australia.

---

[265] Nota de Roberto Gabriel Grau en *Leoplán* n° 95 del 31 de agosto de 1938.
[266] Equivalen hoy a más de U$S 3.000.
[267] *Caras y Caretas* n° 2085 del 17 de setiembre de 1938 (Resumen).

Concretar las fechas de partida de todas estas delegaciones desde los más lejanos y distintos puertos del mundo, financiar los viajes, alojarles y agasajarles en Buenos Aires, considerar las conveniencias de cada uno, gustos y costumbres, hacerles lo más grata posible su permanencia dentro de la hospitalidad argentina, son una mínima parte de los múltiples detalles que deben considerarse, organizarse y atenderse con toda precisión, para que el Torneo de las Naciones se cumpla brillantemente y sin entorpecimientos. Esta es la tarea a la que se ha dado comienzo, y todo permite asegurar que será llevada a cabo con un éxito que estará en proporción con el entusiasmo que se pone en la misma. México destaca la magnitud del Torneo de 1939. El órgano de prensa dice:

> La Federación Mexicana ha recibido invitación de la Federación Argentina para que envíe una delegación, acto que constituye un honor. Los ajedrecistas mexicanos intervendrán por primera vez en la Copa Hamilton Russell.[268]

El TN y la Comisión de Hacienda

▓ Activamente sigue la FADA ocupándose del torneo. La Comisión de Hacienda trabaja de manera infatigable para resolver los serios problemas derivados de los números, pero sólo podrán hacerse cálculos exactos cuando se conozca cuáles son en realidad los países con derecho a intervenir en la competencia. Y la necesidad de hacer cálculos precisos es la que ha movido al Comité de Asuntos Internacionales a limitar las invitaciones definitivas a los países que se hayan adherido a la FIDE en el Congreso de París, y cancelar automáticamente las de aquellas naciones que no hubieran cumplido con ese requisito, aun cuando tengan el propósito de hacerlo. Los primeros análisis de los números demuestran, sin embargo, que la prueba no podrá costar menos de $ 360.000, o sea alrededor de 3.600.000 francos, esfuerzo inigualado en la vida del ajedrez mundial, como así también un veraz y magnífico exponente que refleja claramente la capacidad económica de la República Argentina.[269]

Caras y Caretas y los preparativos del TN

▓ El 10 de diciembre *Caras y Caretas* titula: *La difusión del nombre del país en el extranjero. El Campeonato Mundial de Ajedrez le dará gran impulso. Atención mundial.* Luego comenta:

> La atención internacional permanecerá fija en nuestro país, ocupando un lugar de preferencia en el comentario de la prensa mundial. Es interesante recordar algunas anécdotas ocurridas en países europeos con motivo de las destacadas actuaciones que tuvieran en torneos anteriores los representantes argentinos. Un representante diplomático, en vista del extraordinario interés con que eran mirados los argentinos, convertidos por sus éxitos en una atracción, suplicó a éstos que durante el juego tomaran mate, con el propósito de atraer la atención sobre esta costumbre argentina, y procurar por ese medio la difusión del consumo de yerba.

> Y hubo un destacado dirigente polaco que se vio precisado a dar una conferencia de prensa gracias a sus conocimientos sobre nuestro país, explicando que la Argentina era una nación civilizada, con grandes ciudades, y que por lo tanto no era extraño que de ella procedieran esos jugadores que actuaban con tanta fortuna.

---

[268] Notas del autor.
[269] Roberto Grau, *Leoplán*, 12 de noviembre de 1938.

También se refiere a declaraciones de Euwe, quien sigue con atención los preparativos que se están desarrollando para organizar el TN, el Campeonato Mundial Femenino y el XVI Congreso de la FIDE para julio de 1939. "Encontrándose en Alemania (…) la señora madre de de nuestro compatriota Luis Piazzini, a quien Euwe había conocido en Estocolmo, fue a saludarla, y le confirmó su presencia y la del equipo de Holanda".

Finalmente, informa sobre el resultado del concurso de afiches, detallando los ganadores, premiados por el jurado integrado por Augusto De Muro, C. R. Martínez Reyes y Atilio Chiapori. Se recibieron más de cien trabajos, y el primer premio de $ 500 fue para Juan Dell'Acqua. Luego fueron galardonados Ernesto Scotti con $ 250, Alfredo Pranzetti $ 100. La FADA hará una exposición con todos los afiches presentados.[270]

Un acontecimiento de esta naturaleza brinda una magnífica oportunidad para propender al conocimiento de la Argentina en el extranjero. Así lo ha entendido la FADA al planear el cumplimiento –paralelo al Torneo de las Naciones– de un vasto programa de propaganda. Se imprimirán afiches y folletos, que serán distribuidos en los clubs de ajedrez de todo el mundo, consulados, agencias de turismo, estaciones ferroviarias y de navegación, con informaciones de nuestro país, incluyendo reseñas de carácter histórico y geográfico, y sobre el grado de adelanto que hemos alcanzado en toda clase de manifestaciones económicas, culturales, artísticas, industriales, deportivas, comerciales, etc.

El gobierno nacional ya ha apreciado la importancia que tendrá para nuestro país la celebración del TN, del Campeonato Mundial Femenino y del XVI Congreso de la FIDE en Buenos Aires. Conforme con ello, se ha incluido en el presupuesto para el año en curso la suma de $ 150.000 m/n, destinados a sufragar una parte de los gastos que ocasionará la organización de estos actos, pues la FADA costeará el traslado de todas las delegaciones y su permanencia en Buenos Aires. También el Concejo Deliberante de la ciudad ha querido adherirse al gran acontecimiento, existiendo un despacho –que se descuenta será aprobado– por el cual se destinan también $ 50.000 m/n para engrosar el fondo común.[271]

La Copa Hamilton Russell (TN)

Ha sido convertido en Ley el presupuesto argentino, y en él está incluida una partida de $ 150.000 para la FADA, con el propósito de facilitar la organización del gran torneo mundial por la Copa Hamilton Russell. Ha triunfado, pues, plenamente en sus gestiones don Augusto De Muro, su presidente, y junto a su nombre deben perdurar en el recuerdo de los ajedrecistas, el del general Agustín P. Justo, presidente de la República, que puso toda su valiosa influencia para que el pedido prosperara, y el de los diputados nacionales R. J. Noble, Sáenz, E. Ravignani, Numa Soto, Brochou y todos aquellos que en sus distintas esferas cooperaron para que este proyecto, acariciado como una utopía, tuviera forma real.

Y para nosotros, los que en Estocolmo comprometimos nuestro nombre anunciando que el torneo se realizaría, así como para el cónsul de aquella ciudad, el dinámico Humberto Bidone, esta seguridad de no haber hecho invitaciones en vano es el mayor premio a nuestra actividad en este asunto, que desde ahora absorberá todo nuestro tiempo íntegramente. Lo que es necesario es que todas las federaciones de Sudamérica y Centroamérica se dirijan a la FADA, Cangallo 860, Buenos Aires, solicitándole informaciones sobre el torneo, al que todas deben concurrir. El pago de los gastos de viaje a todos los equipos es un esfuerzo que ha de facilitar el envío de los jugadores. Ahora

---

[270] *Caras y Caretas* n° 2097 del 10 de diciembre de 1938.

[271] Nota de Amílcar Celaya, *El Gráfico* n° 1051, 25 de setiembre de 1939, pág. 18/22. Julio Bolbochán, Carlos Maderna y Guillermo Puiggrós también estuvieron en Adrogué, aunque no fueron seleccionados para el equipo titular. Notas del autor.

sí que cabe repetir sin temores la frase que al terminar el Torneo de Estocolmo pronunciamos al despedirnos: ¡Hasta abril de 1939, en la ciudad de Buenos Aires, la gran ciudad de Sudamérica![272]

Italia envía una maestra al TN

■ En la secretaría de la FADA prosiguen activándose los trabajos de preparación del Campeonato Mundial por Equipos y del Campeonato Mundial Femenino, que deben realizarse en Buenos Aires en julio próximo. Se ha comenzado a recibir varias de las nóminas de los teams que estarán presentes en el torneo, y se tiene ya la certeza de la participación del campeón mundial, ya que el equipo de Francia estará capitaneado por el doctor Alejandro Alekhine, pues así lo ha comunicado la federación francesa. La federación italiana ha enviado, asimismo, la inscripción de la señorita Clarice Benini, que destaca una corta pero brillante trayectoria en el ajedrez mundial.[273]

El TN y las federaciones de América

■ La FADA ha considerado la situación en que se halla un grupo de federaciones sudamericanas y centroamericanas que no han oficializado su afiliación a la FIDE, pero están tramitando su adhesión. A tal fin, resolvió conceder un plazo para que estas entidades puedan completar su formación y cumplir con las obligaciones reglamentarias que les permitirían actuar en el gran torneo, que cuenta con la adhesión de casi todos los países del mundo. La inscripción del equipo de Estados Unidos, oficializada hace pocos días, asegura la intervención, con muy pocas excepciones, de todos los grandes equipos mundiales.[274]

Nuevos conjuntos se inscriben en el TN

■ La FADA prosigue con toda actividad los trabajos tendientes a un mayor éxito de la Copa Hamilton Russell, la cual tendrá efecto en julio próximo. Cabe destacar, por ser la primera vez que ello ocurre, la participación del equipo australiano, el cual deberá recorrer veinte mil km para intervenir en la justa, debiendo utilizar para ello los servicios de dos compañías de navegación. Será un viaje, ida y vuelta, de unos noventa días. También la federación francesa enviará un equipo de grandes valores. Los nombres de los cuales ha de surgir la nómina definitiva son Alekhine, Betbeder, Gromer, Raizman, Kahn, Rometti y Anglares; para el torneo femenino concurrirá la señorita Schwartzmann. Los jugadores de Canadá serán: Fox, Blumin, Morrison, Yanofsky, Gale y Belson. La federación inglesa ha designado a Alexander, Golombek, Sergeant, Milner Barry y Thomas.[275]

Nuevos equipos para el TN.
La Razón, 6 de enero de 1939

[272] Nota de Roberto Gabriel Grau en *Leoplán* nº 81 del 16 de febrero de 1938.
[273] *La Nación*, 31 de diciembre de 1938.
[274] Roberto Grau, *Leoplán*, 7 de diciembre de 1938.
[275] *La Razón*, 6 de enero de 1939.

CAPÍTULO 6

LAS MÚLTIPLES GESTIONES
PARA LA REVANCHA ALEKHINE – CAPABLANCA

Alekhine y Capablanca son noticia

El 1º de enero *Caras y Caretas* nº 2048 informa acerca de la victoria de Alekhine sobre Euwe, recuperando el título mundial. En enero, *El Gráfico* publica una importante nota de más de tres páginas sobre Capablanca, firmada por *El Historiador*.[276] El cubano contrae enlace con la princesa rusa Olga Chagodaieff. Luego viaja a Holanda donde participa con poca fortuna en el Torneo AVRO, un octogonal donde finaliza séptimo.

Capablanca contrae enlace con la princesa rusa Olga Chagodaieff, enero de 1938. Foto AGN

La revancha Alekhine – Capablanca, idea obsesiva

¿Por qué nos hará sufrir tanto nuestro buen amigo Capablanca? Como hombre mimado por la suerte, es difícil de satisfacer, y además, nos sigue prodigando disgustos en sus actuaciones deportivas. Lo vimos jugar sin ningún brío en Baden, donde venció Keres, y el cubano se concretó a empatar un sinfín de partidas. Ahora juega en París y gana por sólo medio punto a Rossolimo y Cukierman, jugadores apenas de la fuerza de nosotros, luego de perder dos puntos frente a elementos de avanzado segundo orden.

Y no es que Capablanca esté en decadencia, sino que se agudiza en él la ausencia de espíritu de lucha, la pereza para poner en marcha ese poderoso talento. Y nosotros, que estamos abocados al estudio de su *match* con Alekhine, que ofrece dificultades económicas en su financiación por las imposiciones de ambos maestros, y que hemos de resolver estos problemas satisfactoriamente, tenemos un poco el derecho de reclamarle a Capablanca algún triunfo neto, que levante el optimismo de sus parciales que aún forman la legión.[277]

Negociaciones por el *match* Alekhine – Capablanca

Aún no puede afirmarse que el Campeonato Mundial se dispute en Sudamérica en el corriente año. Las probabilidades son grandes, y el dinero está reunido. Los $ 50.000 que el cotejo costará serán cubiertos por partes iguales por la Municipalidad de Montevideo y la FADA, que este año y el próximo ha de acaparar, por sus actividades, la atención del mundo deportivo. Pero de persistir algunas exigencias de Capablanca, que parece olvidar que lo que se desea es brindarle la oportunidad, tantas veces reclamada por él, de disputar el *match* desquite, quizá el cotejo deba sufrir una postergación, o cambiarse a los actores del *match*. No obstante, confiamos en que todo se arreglará.

---

[276] Seudónimo de Amílcar Celaya.
[277] Roberto Grau, *Leoplán*, 2 de febrero de 1938.

El viaje a Montevideo del doctor Alekhine ha de permitir que se imponga la diplomacia de quienes tenemos entre manos este *match*. En primer término, la voz práctica y sensata de Mario Blixen, y junto a él la relativa influencia que Piazzini y yo podemos tener ante Alekhine.[278]

Noticias Gráficas, 26 de noviembre de 1938, sigue de cerca el Torneo AVRO

El Torneo AVRO es la sensación

▓ Luego de una lucha intensa, como pocas veces se recuerda en pruebas de esta naturaleza, ha permitido que dos ajedrecistas empataran esa colocación: Fine y Keres, con 8½/14. Siguieron Botvinnik 7½; Alekhine, Reshevsky y Euwe 7; Capablanca 6; Flohr 4½.[279]

▓ La revista *El Hogar* –de Buenos Aires– correspondiente al mes de noviembre, dedica a nuestro famoso campeón un artículo firmado por Hildebrando Fuentes, bajo el título de *En el tablero del celibato una princesa ha dado mate al rey del ajedrez*. Y salvo el error de creer solterón a Capablanca, el articulista lo juzga bastante acertadamente, poniendo un poco de exageración en ciertos rasgos del retrato de *The Perfect Chess*, mote con el que era conocido el gran cubano, que ni siquiera necesitaba estudiar para producir partidas que están conceptuadas como las más hermosas y precisas.[280]

El Torneo AVRO es noticia en Buenos Aires

▓ En noviembre de 1938 la noticia ajedrecística proviene de Holanda, con la iniciación del gran Torneo AVRO, en el que participan ocho de los mejores maestros del mundo: Alekhine, Ca-

[278] Roberto Grau, *Leoplán*, 16 de febrero de 1938.
[279] *La Nación*, 28 de noviembre de 1938.
[280] Juan Corzo, *Carteles*, Cuba, abril de 1939. Comenta un hecho de noviembre de 1938. Nota del autor.

pablanca, Euwe, Flohr, Botvinnik, Reshevsky, Fine y Keres. Alekhine promete aceptar el desafío de quien resulte ganador del certamen. El resultado final fue frustrante para Alekhine, y más aún para Capablanca. Alekhine sólo obtuvo el 50% de los puntos, perdiendo tres partidas, y Capablanca finalizó anteúltimo con cuatro derrotas. Además, la Federación Internacional quedó descolocada, ya que el desafiante designado, Salo Flohr, finalizó... ¡último!, sin victorias y con cinco derrotas. En el encuentro individual no hubo desquite para Capablanca: Alekhine lo volvió a vencer, esta vez por 1½:½. El 16 de diciembre *El Gráfico* publica un artículo de Amílcar Celaya, titulado Paul Keres es hoy por hoy el que juega mejor, y critica la decisión de la FIDE de designar a Flohr como desafiante al título.[281]

La revancha Alekhine – Capablanca y Blixen

▪ Alejandro Alekhine ha llegado a Sudamérica. El campeón mundial visita de nuevo estas tierras que le fueron tan propicias, y donde la generosidad de sus hombres le permitió alcanzar por primera vez el título máximo, luego de su sensacional *match* con Capablanca. Los triunfadores suelen tener poca memoria, y a menudo se olvidan de gestos como el que nos ocupa, pero el doctor Alekhine, en varias oportunidades, nos ha manifestado lo viva que es su simpatía hacia los países de este continente, y especialmente hacia la Argentina, donde se produjo la caída sensacional del ídolo del ajedrez latino y la consagración del actual campeón.

La Municipalidad de Montevideo y la FADA tienen un proyecto que ya se conoce. Desean presenciar un nuevo *match*, y desean a la vez brindar a Capablanca la oportunidad de probar su eficiencia actual en una lucha por el campeonato y con el mismo adversario que lo batió en 1927. Las declaraciones del doctor Alekhine son alentadoras, y revelan su propósito de jugar, siempre que las condiciones se ajusten al famoso pacto de Londres, por cierto sutilmente interpretado por Alekhine, ya que exige alrededor de U$S 7.000, como lo establece el pacto, pero oro, o sea U$S 11.000 papel, más o menos.

Pero no hay obstáculos para los organizadores sudamericanos; nada hace palidecer a Mario Blixen ni a quienes traducen el sentir de la FADA, y esta interpretación de Alekhine ha sido aceptada. Capablanca, por su parte, en un primer momento dispuesto a jugar en cualquier condición, parece haberse arrepentido y solicita, a su vez, una bolsa en relación a la de Alekhine. Pero esto no será tan fácilmente aceptado, ya que bien puede estar conforme Capablanca con que se le brinde la ansiada oportunidad de recobrar el título, por el cual el maestro Alekhine, en su último *match* frente a Euwe, jugó gratis. Y Capablanca, al parecer, no lo hará así, ni mucho menos.[282]

La revancha Alekhine – Capablanca en Cuba

▪ Hacer que un tanto por ciento de la bolsa vaya a manos del campeón por poner en juego su título, y el resto para el que gane el *match*, no favorece a uno de ellos en particular, sino al más fuerte. Si Alekhine estuviera seguro de que él lo era no evitaría la ocasión para humillar a Capablanca, y embolsarse US$ 10.000, dejando a éste en la Luna de Valencia, esto es, vencido y sin haber sacado un solo peso. (...) La opinión internacional debiera poner término a los *guabineos* (Sic) del campeón mundial, para negarse, hoy por fas, mañana por zas, a dar la revancha a su rival de Buenos Aires.[283]

[281] *El Gráfico* nº 1014, pág. 36, 16 de diciembre de 1938.
[282] Roberto Grau, *Leoplán*, 10 de marzo de 1938.
[283] Juan Corzo, *Carteles*, Cuba, setiembre de 1938.

La revancha Alekhine – Capablanca en Montevideo y Buenos Aires

▨ El doctor Alekhine se embarcará desde Trieste para Montevideo el 5 de febrero próximo; llegará el 20 del mismo mes. Más tarde actuará quince días en Buenos Aires, y luego regresará a la capital uruguaya, para disputar un torneo en el Hotel Miramar, de Carrasco. Pero no es esto lo que más interesa de su viaje. Lo que le da trascendencia para quienes estamos vinculados de tan cerca al problema del *match* con Capablanca por el título máximo, es saber que este viaje ha de permitir que se ultimen los detalles de organización del *match* entre ambos, que a iniciativa del don Mario Blixen propiciará la Municipalidad de Montevideo, con el concurso de la FADA, la que correrá con la mitad de los gastos que el *match* demande. De no surgir dificultades por parte de Alekhine, o del propio Capablanca, que también tiene sus cosas, el importante encuentro se llevaría a cabo en setiembre de 1938.[284]

El convenio de la revancha Alekhine – Capablanca

▨ Ha quedado formalizada la disputa de un *match* por el Campeonato Mundial entre el doctor Alekhine y un ajedrecista a designar, en la primavera de 1939. Éste es el saldo de las conversaciones realizadas con el actual poseedor del título por el director del ajedrez uruguayo, don Mario Blixen, y por quien esto escribe, en representación de la FADA. Esto quiere decir que el doctor Alekhine acepta jugar con cualquier rival que se le designe, de acuerdo a condiciones preestablecidas, ya que en caso de ser Capablanca su adversario, Alekhine insiste en las condiciones conocidas, de una bolsa de acuerdo a su interpretación personal del pacto de Londres, impuesto por Capablanca en 1922, y de ser su rival cualquier otro maestro, jugará por una bolsa de U$S 4.000 oro, sea cualquiera el resultado del *match*.

El deseo natural es que sea Capablanca el challenger, pero éste no muestra la buena voluntad de los demás posibles desafiantes, que jugarían, o bien solamente por el título, o por una bolsa reducida. Capablanca quiere ponerse a tono con Alekhine en vista de la considerable cantidad de dinero que le corresponderá a éste de disputarse el *match*,[285] y esto hace difícil la financiación del mismo, especialmente por la actual situación de los cambios, que no favorecen, por cierto, a las monedas del Río de la Plata.

De no resolverse este problema, y de exceder la cantidad a la primeramente establecida, es probable que se trate de organizar el *match* Alekhine – Keres, brindándole así una oportunidad al nuevo astro del ajedrez mundial, para que muestre, a los veintitrés años, la enorme calidad de su talento creador. Sería artísticamente un *match* formidable, si bien desde el punto de vista de la emoción y la expectativa ambiente, no comparable al de Capablanca – Alekhine, que arrastraría la curiosidad de todo el mundo latino.[286]

¿Quién tiene razón? ¿Alekhine o Capablanca?

▨ Demasiado largo va resultando el episodio de la revancha por el Campeonato Mundial de Ajedrez. El tan deseado *match* desquite entre Alekhine y Capablanca no se realizará ya este año, y es imprescindible que tanto la FADA como la Asociación Uruguaya aclaren y publiquen lo más pronto posible los pormenores de las tramitaciones para que la opinión ajedrecística de todo el mundo sepa a qué atenerse. Alekhine dice que Capablanca tiene la culpa de que no se efectúe el

---

[284] Roberto Grau, *Leoplán*, 19 de enero de 1938. *La Nación*, 5 de febrero de 1938.
[285] Más de U$S 11.000.
[286] Roberto Grau, *Leoplán*, 30 de marzo de 1938.

encuentro, y Capablanca acaba de hacer publicaciones que (...) colocarían al campeón mundial en una situación muy poco delicada.

Manifiesta Capablanca que no es cierto que él exija sumas exorbitantes, y dice claramente que lo que él pide son 2.000 dólares papel en caso de perder. También dice que está dispuesto a jugar por cualquier bolsa, con la base de que se entregue a Alekhine el 20% de la misma, y que el resto sea destinado íntegramente al ganador del *match*. Tiene pues la palabra el comité argentino-uruguayo.[287]

Revancha en veremos

En abril parecía que todo estaba en orden para jugar el esperado encuentro desquite entre Alekhine y Capablanca. Incluso las exigencias económicas parecían solucionadas: se ponía a disposición de los contendores la suma de 10.000 dólares, más gastos de viajes, hoteles de primera categoría y estadía pagos. Pero ahora Alekhine exige que su parte le sea abonada en dólares oro. Capablanca se enoja, y pide lo mismo. Entonces el costo en pesos argentinos sube a $ 70.000. *El Gráfico* publica una extensa nota titulada "Cómo se salvó el campeón del mundo", analizando las posibilidades de victoria que tuvo Guimard contra Alekhine; también hay dos fotos de su visita al Club Argentino y de su partida de exhibición con los hermanos Del Sel.[288]

La revancha Alekhine – Capablanca, vista por los cubanos

Exijo a Capablanca las mismas condiciones que él me impuso a mí.

Tal es la respuesta del doctor Alekhine cuando se le habla del *match* revancha. ¿Tiene razón? Unos dicen que sí, y otros que no. Yo figuro entre los últimos. Las mismas causas que se exponen dondequiera para *revalorizar* las deudas del pasado, se pueden invocar para que se disminuya el valor de la bolsa, señalado en 1919. Los tiempos han cambiado ideológica y económicamente. A pesar de ello, los amateurs argentinos y uruguayos, ansiosos de facilitar esa contienda que se ha demorado demasiado tiempo –de 1927 a 1939 van 12 años– reunieron los miles de dólares necesarios. Alekhine los dejó hacer, y cuando ya todo estaba listo, salió con el *cuento de los dólares oro*. ¿Por qué no lo dijo cuando se iniciaba la colecta?

La respuesta es clara, evidente: porque tiene respeto, no queremos decir miedo, por Capablanca. Dado su rencor, su odio eslavo de personaje de Dostoievski –del que hablara *El Gráfico* de Buenos Aires– contra el campeón cubano, sin otra base que la atribuida a éste antes del *match* de Buenos Aires de que aquél encuentro no ofrecía interés por ser su retador inferior a él, jactancia que, de haber existido, estaba vengada con la victoria alcanzada por Alekhine en 1927. De seguro el campeón mundial aceptaría jubiloso la oportunidad de derrotarlo decisivamente de nuevo, con el agravante de dejarlo en blanco en materia pecuniaria, pues Capa está dispuesto, según ha declarado oficial y públicamente, a jugar el *match* de revancha por cualquier bolsa, restándole de ella la cuota debida al campeón por arriesgar el título, y quedando el resto íntegro para el vencedor. Alekhine no acepta, y ello demuestra que el único adversario a quien no está seguro de vencer es nuestro gallo: José Raúl Capablanca.[289]

Durante el torneo, aprovechando la presencia de Alekhine, se esperaba finiquitar todas las cuestiones relacionadas con la concertación del tantas veces mencionado *match* revancha entre Capablanca y Alekhine. Nuestra FADA, modelo de dinamismo, también prestará su colaboración,

[287] *El Ajedrez Americano* 2ª época nº 37, junio de 1938, pág. 161.
[288] *El Gráfico* nº 978, pág. 10/11, 8 de abril de 1938. Nota de Roberto Grau en *Leoplán* nº 139 del 8 de mayo de 1940.
[289] Julio Corzo, *Carteles*, Cuba, enero de 1939.

financiando la mitad de los gastos. De esta forma los aficionados argentinos podrán ser espectadores de parte de las partidas, que se jugarían en Buenos Aires, realizándose el resto en Montevideo. El 30 de marzo Alekhine visita el Club Jaque Mate.[290]

Alekhine: *un match revancha ya no tiene interés*

█ El 19 de mayo *El Gráfico* publica un reportaje al campeón mundial Alekhine, aprovechando que está en Buenos Aires. Entre otras cosas, dice Alekhine refiriéndose al reciente torneo de AVRO, Holanda:

Capablanca ocupó el séptimo lugar entre ocho participantes. Un *match* (por el título) con él ya no tiene interés. Respecto a la organización del certamen, fue detestable. No lo digo en desmedro de Fine y Keres (los más jóvenes), que lo ganaron. Además de los viajes diarios, un señor grueso, organizador o director del torneo, nos presentaba todos los días al público como si fuéramos ocho boxeadores, y por si ello no bastase para colmar la paciencia de un santo, echaba un discurso antes de cada rueda. En la segunda partida entre Keres y yo, hizo la jugada inicial en el tablero de mi adversario, y luego nos espetó su consabido discurso, en el que me deseó, con ingenua y desconcertante franqueza, que perdiera. Es que los holandeses me tienen mala voluntad, (...) porque reconquisté el título mundial derrotando a su ídolo y campeón, Euwe.[291]

La revancha Alekhine – Capablanca: siguen las dudas

█ Nada hay aún concreto sobre el *match* por el Campeonato Mundial. El doctor Alekhine se ha manifestado dispuesto a jugar con Capablanca por el título en el invierno de 1939, siempre que se cumplan las bases del convenio de Londres, pero ateniéndose a la actual diferencia de moneda, que sean dólares oro y no dólares papel lo que le correspondan. De esta suerte, en caso de triunfar, le corresponderían alrededor de U$S 6.800 oro, o sean U$S 11.000 papel –más de $ 40.000–, y si es derrotado, U$S 5.100 oro, unos U$S 7.500 papel. De haber aceptado Capablanca la propuesta uruguayo-argentina para que el *match* se jugara con una bolsa mínima para él, ya que siempre ha dicho que sólo le interesaba reconquistar el título –Alekhine jugó absolutamente sin bolsa el segundo *match* con Euwe–, nada podría oponerse a su disputa.

Pero el maestro cubano quiere que se le acuerde una bolsa a tono con la que reclama Alekhine, en un desorbitado afán de confundir dólares oro con dólares papel, y esto hace muy difícil financiar el *match*, ya que con la actual baja de las monedas sudamericanas costaría más de $ 70.000, y esto es grave, en momentos en que se proyecta realizar el Torneo de las Naciones, que ha de costar más de $ 250.000. Y entre tanto, el *match* sigue incierto, pero se está a la espera de una carta de Capablanca que podría resolver el problema.[292]

Alekhine y Seitz en Brasil

█ En carta fechada el 29 de mayo último, mi distinguido amigo y colega señor Francisco Vieira Agarez, director de *Xadrez Brasileiro*, me informa amablemente que en aquella Capital se encontraban, en esos momentos, el doctor Alekhine y el doctor Adolphe Seitz, que darán exhibiciones.[293]

---

[290] *Anuario de La Razón,* 22 de noviembre de 1938.
[291] *El Gráfico* n° 1031, pág. 49, 21 de abril de 1939.
[292] Roberto Grau, *Leoplán,* 13 de abril de 1939.
[293] Juan Corzo, *Carteles,* Cuba, 18 de julio de 1939.

Anoche se embarcaron para Río de Janeiro el doctor Alekhine y su esposa. El campeón mundial dictará una serie de conferencias y disputará partidas simultáneas y en consulta contra destacados aficionados cariocas. Al término de estas actividades, que insumirán unas dos semanas, Alekhine retornará a Buenos Aires a fin de cumplir el contrato con la FADA, concentrándose durante un mes con los diez ajedrecistas argentinos designados. Esto permitirá elegir, días antes del torneo, el equipo de cinco jugadores que actuará en el mismo. Nos declaró momentos antes de partir:

Confío que la FADA hará todo lo posible por cumplir con su compromiso internacional de realizar en Buenos Aires esa justa.

Al requerirle informes acerca del Campeonato Mundial, Alekhine nos dice que probablemente disputará un *match* con Keres, a comienzos de 1940. Agrega humorísticamente:

En cuanto a las pretensiones de Flohr y Capablanca, estimo que han quedado definitivamente postergadas después de lo que sucedió en AVRO y Margate.[294]

Grau y el fracaso de las gestiones para la revancha Alekhine – Capablanca

Ahora en Buenos Aires se aprestan a recibir a los *teams* europeos y americanos con generosidad extraordinaria, y no es dudoso que ese acontecimiento –el TN– hará adelantar al ajedrez argentino a parte de los lauros que individualmente conquisten sus representantes. (…) Roberto Grau, uno de los negociadores del fracasado *match* revancha Alekhine – Capablanca, publica en *¡Aquí Está!* un extenso *compte rendu* de las negociaciones, en el cual, sin dejar de reconocer que las desorbitadas pretensiones pecuniarias de Alekhine fueron la principal causa del fracaso, también inculpa a Capablanca por su actitud hacia el campeón, y por no haberse prestado a reducir su parte, en la cuantía que la codicia de su rival lo exigía, dado que el crédito disponible no era ilimitado, y la baja del peso argentino con relación al dólar agravaba la magnitud de cualquier déficit.

Capablanca dará cumplida respuesta al periódico argentino, pero desde ahora me pide que aclare dos extremos: uno, que nunca ha hablado con la señora de Alekhine, y siendo así mal pudo expresarse en la forma que se le atribuye, y otro, que si Piazzini dijo que él había manifestado estar dispuesto a jugar el *match* por nada, lo cual dudo mucho, seguramente interpretó mal sus palabras, ya que su disposición a jugar en cualesquiera condiciones se sobreentendía que era dentro de una justa proporción, y no con una diferencia tal que resultara lesiva, no ya pasa su bolsillo, sino para su dignidad como gran maestro del juego ciencia.[295]

No hay revancha Alekhine – Capablanca

El campeón mundial francés, doctor Alekhine, contestó anoche a la propuesta que le formulara la FADA para que pusiera en juego su título en un *match* contra Capablanca. Manifiesta el doctor Alekhine que el hecho de encontrarse Francia en guerra no le permite llevar a efecto dicho *match*, ya que su situación es movilizable, y podría ser llamado a las filas en cualquier momento.[296]

[294] *Crítica*, 22 de mayo de 1939.
[295] Juan Corzo, *Carteles*, Cuba, agosto de 1939.
[296] *El Mundo*, 19 de setiembre de 1939.

Alekhine rehusa jugar la revancha

Explica el Maestro A. Alekhine
por qué no Puede Jugar el Match

*Alekhine explica que no puede jugar
con Capablanca. La Razón,
19 de setiembre de 1939)*

■ El campeón mundial ha contestado a la FADA explicando las razones que por ahora le impiden disputar el campeonato. Sus razones valederas ponen un paréntesis en este asunto, que quizá se defina en el mes de diciembre próximo si la contienda europea no crea nuevos tropiezos. Dijo:

Como ya lo explicó el comandante Dez, delegado francés a la FIDE, en una de las recientes reuniones de esa entidad, yo soy movilizable como oficial intérprete de reserva. En consecuencia, me es actualmente imposible contraer un compromiso por un tiempo prolongado, tal como lo exigiría un *match* por el título. Quiero aclarar, sin embargo, que siempre que continúe la buena voluntad de parte de los interesados, y que las intenciones de los organizadores –contrariamente a lo que ya se ha producido en diversas ocasiones– no veo razón alguna para que el *match* proyectado no se realice cuando las circunstancias lo permitan.[297]

El campeón mundial francés, doctor Alekhine, contestó anoche a la propuesta que le formulara la FADA para que pusiera en juego su título en un *match* contra Capablanca. Manifiesta el doctor Alekhine que el hecho de encontrarse Francia en guerra no le permite llevar a efecto dicho *match*, ya que su situación es movilizable, y podría ser llamado a las filas en cualquier momento.[298]

"Usted, doctor Alekhine, no puede negarse a jugar la revancha" (Querencio)

■ La siguiente es la emocionada carta que le envió Carlos Querencio a Alekhine en respuesta a los argumentos de éste para postergar el encuentro revancha con Capablanca.

El Club Argentino designó al doctor Carlos Querencio su representante oficial ante la FADA, para que solicitase el auspicio de esta entidad en la realización del *match* por el Campeonato del Mundo entre el actual poseedor doctor Alejandro Alekhine y el ex campeón José Raúl Capablanca. En vista de esta designación, la FADA remitió dos notas del mismo tenor a ambos maestros, la que ha sido contestada por Capablanca con la siguiente carta:

(…) Tengo el agrado de decirle que estoy dispuesto a jugar el *match* por el campeonato del mundo en cualquier momento en que éste pueda ser arreglado. Acepto jugar por la bolsa que usted convenga con el señor Alekhine, sea cual fuese. Reconozco que de dicha bolsa el señor Alekhine tiene derecho a percibir el 20% a título de honorarios como campeón del mundo. El 80% restante estará dividido en la proporción 60%/40%, pero si se desea alterarla al 70%/30% u 80%/20%, o incluso todo para el ganador, no tengo el menor inconveniente. También aceptaré cualquiera otra modificación razonable que se desee. Como usted podrá comprobar, conmigo no tendrá dificultad alguna en llegar a un acuerdo. (…)

En cuanto al doctor Alekhine, hasta el momento de cerrar esta edición aún no había contestado, aunque extraoficialmente circuló el rumor de que, francés de adopción, se considera movilizado, y por lo tanto tampoco jugaría esta vez con Capablanca. Con este motivo, y ante la inminencia de la idea de Alekhine a Montevideo para disputar un torneo en Uruguay –parte mañana– el doctor Carlos Querencio nos ha remitido, con destino a su publicación, la siguiente carta abierta dirigida al doctor Alekhine:

---

[297] *La Nación, Noticias Gráficas y La Razón*, 19 de setiembre de 1939.
[298] *El Mundo,* 19 de setiembre de 1939.

(...) Hace aproximadamente una década que el mundo ajedrecístico está ansioso por saber quién es el campeón mundial. Culpo a usted por mantener esa incógnita por su conducta, ante las frecuentes evasivas cada vez que se ha presentado a la pedana el maestro Capablanca. Supongo que no pretenderá usted hacer creer que los encuentros individuales que ha sostenido en estos últimos tiempos, con adversarios elegidos o a su paladar, sin la intervención autorizada de una prestigiosa institución como es la FIDE, han convencido al mundo ajedrecista de su campeonato. No, maestro Alekhine, se equivoca usted. Está en la conciencia universal ajedrecista que mientras continúe usted seleccionando adversarios inocuos, la verdad pura, prístina, sin lugar a duda como la ansiamos todos, no la obtendremos. En cambio, seguirá usted eternizándose en su puesto ficticio, creyéndose campeón en contra de toda la opinión que no lo cree.

Desarraigue usted esa convicción, aproveche la ocasión que se presenta ahora de estar ustedes dos en nuestro país, en este país que le brindó generosamente la oportunidad de jugar aquel inolvidable *match* y que hoy lo reclama de nuevo, porque estima que es una reivindicación necesaria para el maestro Capablanca, y porque así lo siento con honradez y sinceridad, porque quiere saber quién de los dos es el más fuerte, y finalmente, porque espera de usted que, por razones de gratitud, no ofrecerá la más leve resistencia. Tanto más que usted lo prometió así ante numerosos testigos de aquél inolvidable *match*, incluso al que suscribe, a quien dijo usted textualmente:

El único adversario que tengo yo en el mundo es Capablanca, y le prometo a usted que le he de dar revancha.

Recuerde, para proceder en consecuencia, su *match* con el maestro Euwe. En su primera etapa cae usted vencido, pero le restaba aún una esperanza, a dos años de plazo, anticipadamente pactado. Esa es la lucha más pareja, de ida y vuelta. Ésa es una lección que no se debe olvidar. Haga usted con Capablanca lo propio, y le prometo caballerescamente que seremos los primeros en aplaudirlo y proclamarlo campeón si reedita su performance de 1927. Arguyen usted en última instancia que su patria de adopción, Francia, lo reclama para prestar servicios en sus filas. Muy bien, maestro. Apruebo su patriotismo, pero permítame que le sugiera una solución elegante: JUEGUE EL *MATCH* A BENEFICIO DE LA CRUZ ROJA FRANCESA.

Es una forma efectiva y generosa de enrolarse en la sanidad militar, sin perjuicio de que más tarde se aliste en las líneas de combate. La Francia le quedará eternamente agradecida por su valioso aporte moral y pecuniario. Por nuestra parte, experimentaremos la viva satisfacción de haber prestado nuestro concurso, por su digno intermedio, a la Francia de toda nuestra admiración. Para terminar, nos ofrecemos para allanarle todas las dificultades ente S. E. el Embajador de Francia.[299]

Escribe Alekhine (Nota XXVI) contestando a Querencio indirectamente

█ Los acontecimientos de la última noche han asegurado, de manera general, los resultados obtenidos anteriormente. Alemania tuvo pocas dificultades para empatar su *match* con Holanda, estando la partida suspendida más bien en favor del representante alemán, y Polonia se impuso de manera concluyente a Dinamarca. Una nota extremadamente agradable fue producida por la enérgica actividad del equipo argentino, que está en vía de batir a los muy fuertes estonianos por 2½:1½. Particularmente interesante fue la lucha victoriosa, al borde del abismo, de Pleci contra Friedemann. Nuestro equipo terminó entre los diez primeros, y es el máximo al que podíamos aspirar en estas circunstancias. Mi partida contra Czerniak, que está suspendida en una posición ganadora para mí, tomó rápidamente un ritmo muy animado, y esto gracias a una razón especial: inmediatamente

---

[299] *Noticias Gráficas,* 18 y 19 de setiembre de 1939.

antes de la iniciación del juego llegué a enterarme de que en carta abierta se me hacía un ataque injustificado.

Respuesta de Alekhine a Querencio. *La Razón*, 20 de setiembre de 1939

Esta manera, por lo menos extraña, de reconocer la sincera amistad que yo siento y que he demostrado tan a menudo hacia este país y su familia ajedrecística, no me permitió, naturalmente, interesarme mucho en mi duelo contra Czerniak. La consecuencia fue que, contrariamente a mi estilo actual, me decidí a jugarme el todo por el todo con el sólo objeto de terminar lo más rápidamente, y resultó quizá la partida más viva que he jugado en este torneo. En fin, todo está bien cuando termina bien, ya que si las partidas suspendidas terminan de la manera prevista, yo tendría la satisfacción de terminar la competencia sin pérdidas y con un 75%.

El solo porcentaje superior parece ser el de Capablanca, pero como fue obtenido como consecuencia directa de su negativa de medirse contra Keres, Eliskases y contra mí mismo, y como, por otra parte, su porcentaje de partidas que pudieron ser jugadas (11 sobre 14) es inferior al mío (10 sobre 12), el mundo ajedrecístico apreciará el valor respectivo de nuestra actuación. Con estas palabras me despido de mis lectores, con los cuáles he estado en contacto con gran placer de mi parte, durante cerca de un mes. Si mis comentarios, de alguna manera, les han permitido orientarse en las múltiples peripecias de la gran prueba que acabamos de terminar, ello representaría para mí la mejor de las recompensas.[300]

Solicitada, acción legal de Querencio contra Alekhine, y conciliación

▓ Buenos Aires, setiembre 20 de 1939

Doctor Manuel Ruiz Moreno e Ingeniero Joaquín Meiner

Amigos míos:

Con motivo de una carta abierta dirigida por mí a Alejandro Alekhine publicada en noticias Gráficas del 18 del corriente, en la que refiere hechos rigurosamente exactos, registrados, por otra parte, en todos los anales del ajedrez mundial, este maestro responde descomedidamente por conducto de la *Radio El Mundo* a la corrección de mi lenguaje en forma tal que impone evidentemente una amplia reparación. Ruégoles se apersonen a este señor y le exijan una retractación documentada por escrito, o de lo contrario quedan ustedes autorizados para tramitar el lance de honor.

Saluda a Uds atte.

Carlos A. Querencio

---

[300] *La Razón*, 20 de setiembre de 1939.

A 20 días del mes de setiembre, siendo las 20 horas, reunidos en el local de Diagonal Norte Sáenz Peña 890, 3° piso, los señores ingeniero Joaquín Mainer y doctor Manuel Ruiz Moreno en representación del doctor Carlos Querencio, y los señores comandante Edmundo Dez, Oficial de la Legión de Honor, y don Adolfo Gabarret, en representación del doctor Alejandro Alekhine. Los primeros expusieron:

Que en la transmisión radial de *El Mundo* del día 19 del corriente el doctor Alekhine había empleado el calificativo *crapuloso* refiriéndose al doctor Querencio, según se desprendía de la forma de la exposición, por lo que le pedían una amplia retractación.

Los representantes del doctor Alekhine manifestaron que las afirmaciones de su representado en cuanto a su actitud con el Campeonato Mundial, las había hecho por ser exactas según sus convicciones, lo que está dispuesto a probar. Que en cuanto al término *crapuloso* que el doctor Querencio ha creído que le había dirigido aquél, declaran que su representante no lo ha dicho refiriéndose al doctor Querencio ni a la carta por él publicada. Que del doctor Querencio ha tenido la opinión de que es un caballero y no tiene por qué modificarla.

Los representantes del doctor Querencio manifiestan que su representado ha tenido y tiene igual opinión del doctor Alekhine.

Se firman dos ejemplares de un mismo tenor y aun solo efecto, en la ciudad de Buenos Aires, a las 11 horas del día 21 de setiembre de 1939.

Firman: Joaquín Mayner, Manuel Ruiz Moreno, Edmond Dez, Adolfo Gabarret.[301]

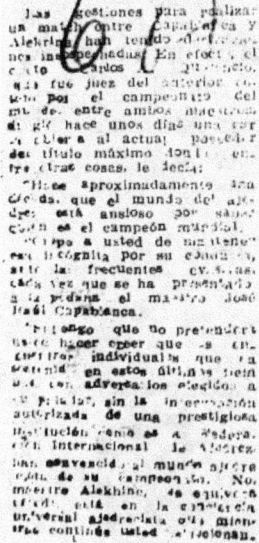

Repercusiones del reto a duelo.
El País, de Córdoba, 25 de setiembre de 1939

Reto a duelo y conciliación.
Noticias Gráficas, 21 de setiembre de 1939

[301] *Noticias Gráficas*, 21 de setiembre de 1939.

Ahora hay que organizar en gran *match* revancha

■ No están satisfechos los hombres que actúan en la dirección de nuestro ajedrez. Animados por el entusiasmo del público, han pensado en la posibilidad de llevar adelante una idea desde hace rato acariciada: la de brindarle a Capablanca la oportunidad de un desquite frente al doctor Alekhine. Claro está que hay que vencer nuevas dificultades económicas, pero esto no ha de resultar lo más difícil. Más complicado ha de ser que se apacigüen los ánimos entre capablanquistas y alekhinistas, que están excitados por el tomo un tanto agudo de los comentarios recíprocos de los maestros. Hace años que están empeñados en un sordo *match* de resquemores, y hace rato que el mundo espera que la rivalidad se defina.

No comprende las razones que puedan oponerse a su realización, y hasta sospecha que el campeón, al exigir dólares oro, sólo intenta evitar el compromiso. Pero yo, que conozco a los dos maestros, espero vencer las resistencias, y cooperar a que el ajedrez del mundo contemple el *match* entre estos colosos del tablero. Si se consigue concertar este *match*, nadie podrá discutirle a Buenos Aires el honroso derecho a ser considerada la *Meca del ajedrez del mundo*.[302]

¿Arreglo de la revancha Alekhine – Capablanca?

Anuncian el ansiado *match*. *Noticias Gráficas*, 15 de octubre de 1939

■ Las gestiones del presidente del Club Argentino aparentan haber dado resultado, y se anunció que el encuentro entre Alekhine y Capablanca se jugaría en abril de 1940.

Otra vez rumores de revancha.
Nueva Palabra, 16 de octubre de 1939

Según *The Standard*, Alekhine quiere enfrentar a Capablanca, 19 de octubre de 1939

[302] Roberto Grau, *Leoplán*, 27 de setiembre de 1939.

Jugarán en Abril los Maestros del Tablero

Hablan Alekhine y Capablanca. *Crítica*, 19 de octubre de 1939

LA carta enviada en el día de ayer al presidente del Club Argentino de Ajedrez por el campeón del mundo doctor Alejandro Alekhine, ha tenido la virtud de conmover a un gran sector de la opinión pública. Y no es para menos, el campeón manifiesta en ella estar dispuesto a jugar el match revancha por el título de campeón mundial con José Raúl Capablanca, poniendo fin así, en principio, a un largo pleito que en muchas oportunidades se lo creyó sin solución.

Desde 1927

Poco después de terminado el partido en el año 1927, José Raúl Capablanca buscó el desquite, y sólo después de doce largos años él lie-

"Consiento en poner en juego mi título"

"Deseo precisar, ante todo, que en este caso no se trata de una aceptación solamente en principio

Habla Raúl Capablanca

A raíz de las declaraciones formuladas por el campeón mundial de ajedrez, doctor Alejandro Alekhine...

LA RAZON
BUENOS AIRES
19 OCT 1939

Alekhine Acepta Jugar Aquí el Match por el Certamen Mundial de Ajedrez

El doctor Alekhine, el actual campeón, que está dispuesto ahora a defender su título frente a José R. Capablanca

Alekhine acepta jugar con Capablanca. *La Razón*, 19 de octubre de 1939

LAS activas gestiones que desde tiempo atrás se vienen realizando para dar margen al anhelado desquite Capablanca-Alekhine, anoche han dado un gran paso con el envío de una carta aceptación de parte del campeón mundial, doctor Alekhine, dirigida al presidente del Club Argentino de Ajedrez, en la cual manifiesta que se muestra dispuesto a aceptar el referido encuentro, sujetándolo a las condiciones en que se jugó el anterior en esta capital.

No hay duda que es éste un gran adelanto para los organizadores, los que en esta forma ven por fin allanadas las dificultades de parte de los dos adversarios, dificultades que en varias oportunidades hicieron fracasar las más empeñosas gestiones.

Anoche hemos tenido ocasión de estar en contacto con dirigentes caracterizados del ajedrez nacional, los cuales no ocultan su optimismo que les embarga. Para que el match se materialice resta ahora dejar resuelta la parte de la financiación, cosa que se espera llevar a feliz término a la brevedad.

El texto de la nota del doctor Alekhine es el que sigue:

Señor presidente: El obstáculo a la realización del match por el campeonato del mundo, que yo había mencionado en mi carta del 5 de octubre, pudiendo ser razonablemente considerado como eliminado, paso a someterle mis consideraciones en cuanto a la organización de un match con el señor...

LOS POCO CLAROS ENTRETELONES DE LA PROYECTADA DISPUTA DEL TITULO DE CAMPEON MUNDIAL DE AJEDREZ

Escribe ROBERTO GRAU

QUE el nuestro es un país de empresas temerarias, nadie lo ignora. Por otra parte, nadie puede quitarle encanto a esta postura latina de enfrentarse con los más duros compromisos, para lanzarse sólo entonces a la obra proyectada. El Torneo de las Naciones no se habría llevado a cabo si la Federación Argentina de Ajedrez se hubiera propuesto realizar las cosas de la manera más cuerda y prudente; si hubiera cobrado integramente el subsidio acordado por el Estado antes de dar comienzo el torneo, en lugar de mendigarlo en todos los tonos durante la prueba, para completarlo en el grave momento en que lo consiguió, cuando ya había perdido 30.000 pesos por variaciones en los pasajes.

Pero el torneo se realizó, y de la única manera posible. Si la Federación Argentina hubiera soñado con lograr los otros doscientos mil pesos que necesitaba, sin el apremio de la situación, sin la urgencia del compromiso, habría pecado de excesivo optimismo y el fracaso habría acompañado a su gestión. Y cuando aún no se apagaron los ecos de este esfuerzo, cuando aun la Federación Argentina debe hacer frente a graves compromisos internos, cuando existe un déficit de 40.000 pesos a cubrir, y cuando muchas comisiones honorarias del interior demoran sus envíos sin sospechar la urgencia de los mismos, surge la idea de llevar a efecto un match por el campeonato mundial entre Capablanca y Alekhine. He criticado personalmente este esfuerzo. Les he reprochado a los organizadores su falta de colaboración en la campaña pro Torneo de las Naciones. Les he dicho que es inexplicable que un grupo de argentinos sea incapaz de mover un dedo para que el equipo argentino pueda ser campeón del mundo, y en cambio movilizan gestiones y esferas de influencia para lograr los 70.000 pesos que exige el match por el campeonato mundial entre Capablanca y Alekhine.

Tremendas declaraciones de Roberto Grau, *¡Aquí Está!* 19 de octubre de 1939

Amplia declaración de Alekhine en *La Nación*, 19 de octubre de 1939

El Dr. Alekhine está dispuesto a jugar un match con Capablanca

Manifiesta no haber rehuido nunca el encuentro y estar a la espera del desafío

LA BASES

Mediante una carta dirigida al presidente del Club Argentino de Ajedrez, entidad que se ha manifestado interesada en facilitar el desquite por el campeonato mundial entre los maestros Alejandro Alekhine, poseedor del título, y José Raúl Capablanca, aquélla ha manifestado que está dispuesto a disputar el match por el título máximo.

La carta hace consideraciones sobre su actitud con respecto a este match. Manifiesta el Dr. Alekhine que el mismo se rehúso a jugar con Capablanca, a quien no sólo ha considerado siempre como uno de los pretendientes más calificados al título, sino al aspirante más legítimo entre los maestros de su generación. A continuación expresa que jugaría en las mismas condiciones del match de 1927, siempre que Capablanca efectúe un desafío formal, ajustándose a las bases anteriores.

Manifiesta el Dr. Alekhine que le parece que el mejor sistema para jugar técnicamente el match sería ajustarse a las condiciones que rigieron en los últimos matches con Euwe, o sea al que logre primero 15 1/2 puntos, con un total mínimo de seis victorias. Asimismo entiende que la mayor parte de lo que se recaude en concepto de entradas debe ser a beneficio de la Cruz Roja Francesa.

Opina el Dr. Alekhine que la Federación Internacional de Ajedrez nada tiene que hacer en la organización del match, desde el momento en que en el reciente congreso de Buenos Aires se resolvió que el título no es propiedad del campeón sino de la entidad que dirige la práctica del ajedrez en el mundo. Se extiende en consideraciones sobre las actitudes asumidas en anteriores oportunidades por el ex presidente de la F. I. D. E., Dr. Rueb, que han impedido encarar el problema con la necesaria amplitud.

Roberto Grau y los invariantes argentinos: ¡palabras incendiarias!

■ Que el nuestro es un país de empresas temerarias, nadie lo ignora. Por otra parte, nadie quiere quitarle encanto a esta postura latina de enfrentarse con los más duros compromisos, para lanzarse sólo entonces a la obra proyectada. El TN no se habría llevado a cabo si la Federación Argentina se hubiera propuesto realizar las cosas de la manera más cuerda y prudente: si hubiera cobrado íntegramente el subsidio acordado por el Estado antes de dar comienzo al torneo en lugar de mendigarlo en todos los tonos durante la prueba, para completarlo en el grave momento en que lo consiguió, cuando ya entonces había perdido $ 30.000 por variaciones de precio en los pasajes.

Pero el torneo se realizó, y de la única manera posible. Si la FADA hubiera soñado con lograr los otros $ 200.000 (de subsidio) que necesitaba sin el apremio de la situación, sin la urgencia del compromiso, hubiera pecado de excesivo optimismo y el fracaso habría acompañado a su gestión. Y cuando aún no se apagaron los ecos de este esfuerzo, cuando aún la FADA debe hacer frente a graves compromisos internos, cuando existe un déficit de $ 40.000 a cubrir, y cuando muchas comisiones honorarias del interior demoran sus envíos sin sospechar la urgencia de los mismos, surge la idea de llevar a cabo un *match* por el Campeonato Mundial entre Alekhine y Capablanca. He criticado personalmente este esfuerzo. Les he reprochado a los organizadores su falta de colaboración en la campaña pro TN. Les he dicho que es inexplicable que un grupo de argentinos sea incapaz de mover un dedo para que el equipo argentino pueda ser campeón del mundo, y en cambio movilizan gestiones y esferas de influencia para lograr los $ 70.000 que exige el *match* Alekhine – Capablanca.

Es este un grave mal argentino que se extiende a todas las actividades. Mientras en el interior del país se debaten en la miseria provincias enteras, y en los hospitales de la capital se carece de elementos necesarios, se crean organizaciones para prestar auxilio a países extranjeros. Y mientras en una esfera más humilde una entidad argentina se debate en un duro drama por el delito de haber querido realizar una magnífica obra de propaganda nacional, y de brindar la posibilidad de que los nuestros se encaramen a situaciones internacionales en materia de prestigio deportivo, existen "espíritus generosos" que disponen de una gruesas suma de dinero para que se la repartan dos hombres de excepción en el deporte mundial, acreedores sin duda al aplauso por sus virtudes como ajedrecistas, pero desde luego menos acreedores al dinero argentino que los organizadores del TN y que los propios jugadores argentinos.

Entiendo que la FADA no debe propiciar ninguna actividad hasta que cumpla con sus compromisos internos, que no son insalvables ni mucho menos. Y una vez que se cumpla con esta deuda interna, puede y debe estar la FADA del lado de quienes pugnan por llevar a cabo el *match* Alekhine – Capablanca. No por ellos, que también en mi opinión poco merecen ese esfuerzo nuestro, sino por el ajedrez, que necesita de esas inyecciones de entusiasmo para progresar y difundirse. (…) Justo es que se pongan las cosas en su lugar, ya que la opinión pública ha sido un poco engañada con respecto a las dificultades del *match* y a la postura del doctor Alekhine frente al mismo. He sido protagonista de alguna gestión para concretar este *match*, y en la FADA está depositada la copia de un contrato escrito de puño y letra del doctor Alekhine, en el que se compromete a jugar un *match* con el adversario que seis meses después le designáramos, sea cual fuera este. Si el contrato no se firmó, no fue por que el campeón del mundo rehuyera el encuentro, sino por las dificultades para reunir la bolsa impuesta, que ofrecía estas diferencias: para el caso de ser Capablanca su adversario, U$S 10.000 oro, y de ser cualesquiera de los otros maestros, U$S 6.000 oro (U$S 4.000 para él y U$S 2.000 para el desafiante).

Entiendo que el doctor Alekhine no tiene deportivamente derecho para establecer diferencias en cuanto a sus adversarios. Y, aun más, que no debería organizarse ningún *match* hasta que la FIDE oficialice una reglamentación. Y hasta que ambos adversarios manifiesten reconocer como autoridad suprema para dirimir todas las cuestiones a la FIDE o a un comité de maestros, a razón de uno por cada país adherido, designado por la FIDE. Es preciso acabar con la dictadura de los campeones.[303]

Una teoría peregrina de Alekhine

█ La pretensión del doctor Alekhine que los dólares que deben entregarse en el *match* sean oro y no papel, significa un encarecimiento enorme del costo del cotejo. Pero no es una teoría nueva, sino que es, en realidad, el único obstáculo que ha opuesto siempre el campeón del mundo. Mario Blixen y yo incurrimos en el error de aceptar esto cuando iniciamos las conversaciones. Necesariamente la cuestión económica se tornó en un obstáculo.

Habiendo hecho fracasar el intento de organizar una revancha con Capablanca, Alekhine viaja en enero de 1940 a Portugal –que era neutral–, y desde allí pasa a Francia, donde se alista en una oficina sanitaria del ejército francés.

El 9 de abril se produce la invasión alemana a Dinamarca, llamada Operación Weserübung, que violaba su neutralidad. Para evitar víctimas, el gobierno danés se rindió enseguida, y a cambio logró que los germanos respetaran su autonomía y permitieran el escape de la comunidad judía. Simultáneamente los nazis ocuparon también Noruega, mediante desembarcos en Oslo, Bergen y otras ciudades.[304]

¿Dónde está Alekhine?

█ Vía Buenos Aires simultáneamente con Nueva York, recibimos la noticia de que Alekhine cablegrafió desde Marsella a Cuba unas pocas semanas atrás, consultando hasta dónde sería posible establecer fechas para una revancha contra Capablanca. Se sabe que Capablanca contestó negativamente, preguntando a la vez por qué Alekhine no aceptó jugar en Buenos Aires, en momentos en que se hicieron grandes esfuerzos por organizar el *match*. Dijo:

Se trata solamente un ruso que desea conseguir una visa para dejar Francia.[305]

Siguen las negociaciones para el *match* revancha

█ Pudimos incluir en este número la noticia de que Alekhine está a salvo en Lisboa, Portugal. Ahora estamos encantados de publicar una contribución desde nuestro punto de vista que muestra que el genio que cautivó a millones permanece encarnizado en sus intentos. Unas semanas atrás él ofreció una sesión gigante de simultáneas contra 150 oponentes. El próximo mes él relatará la extraordinaria historia de sus experiencias de la última semana. Mientras la guerra arrastra su cadáver pestilente por toda Europa, muchas de las personalidades destacadas fueron aplastadas a su paso. Znosko-Borovsky está vivo aún, en París. El Dr. Cukiermann, el talentoso franco-polaco

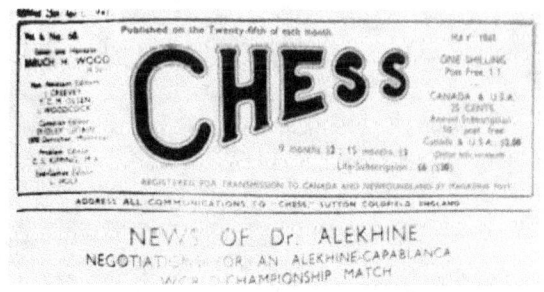

Frustrado último intento de Alekhine, *Chess*, mayo de 1941

---

[303] Roberto Grau, *¡Aquí Está!* 19 de octubre de 1939, pág. 17/9.

[304] Roberto Grau, *¡Aquí Está!*, 28 de diciembre de 1939. Notas del autor. *ABC Sevilla*, nº 11446, abril de 1940.

[305] *Chess (Sutton Coldfield)*, noviembre 1940. Se advierte claramente el odio que tenía Capablanca hacia Alekhine. Pensándolo bien, le convenía a Capablanca aceptar el *match*, ya que se hubiera jugado en La Habana, con todas las ventajas para el cubano.

que encabezó el torneo de reservas en Nottingham, se ha suicidado. El sobrio relato de Alekhine es un documento humano conmovedor.

Él ha reabierto las negociaciones para organizar la revancha con Capablanca, (…) ofreciéndole su realización en cualquier parte del mundo, pero dice que es Capablanca, en su papel de desafiante, quien debe activar las negociaciones. Refuta la afirmación del cubano que su ofrecimiento fuera solamente un pretexto para obtener una visa, y solicita una rápida respuesta, ya que está en tratativas con otros dos jóvenes maestros altamente calificados.[306]

Estado final de las negociaciones entre Alekhine y Capablanca. Boletín del Congreso de la FIDE

Notas intercambiadas entre Alekhine y la FADA. Boletín del Congreso de FIDE

---

[306] *Chess (Sutton Coldfield)*, mayo de 1941. La revista reproduce la larga carta de Alekhine al embajador de Cuba en Lisboa, 8 de abril de 1941.

CAPÍTULO 7

LAS NOTAS DE CAPABLANCA EN *CRÍTICA*

Escribe Capablanca en *Crítica* (Nota I)

▓ Ávido de una revancha con Alekhine, pendiente desde hace 12 años, Capablanca muestra un alto perfil, esperando ser correspondido en su insistente pedido. La serie de notas que comienzan en este número son altamente apreciadas por los aficionados, y le permiten estar en primer plano.

Primero, un saludo afectuoso para mis lectores de *CRÍTICA*. Hace ya doce años que tuve el gusto de dirigirme a ellos a través de estas mismas columnas. Durante ese intervalo mis experiencias han aumentado forzosamente, y espero que ellas me sirvan para poder pintar o expresar en forma clara lo que vaya sucediendo en el torneo, al mismo tiempo que me permitan reproducir un panorama general de su desarrollo. Hagamos, ante todo, una historia retrospectiva de lo que significa el TN. En su origen no fue más que la conjunción de un pequeño número de sociedades ajedrecísticas que tenían por finalidad reunir cada dos años a sus diversos miembros para la disputa de la copa donada por lady Hamilton Russell.

Poco a poco el interés fue aumentando, y muy pronto algunos de los países que la integraban enviaron como parte de su equipo a destacados jugadores de fama mundial. Esto produjo como consecuencia que otras naciones, a su vez, hicieran lo mismo, y de ese modo muy pronto nos encontramos con que los diversos países adheridos a la FIDE enviaban para estas justas a sus más fuertes jugadores, al extremo de figurar como cosa corriente en dichas contiendas, no sólo al campeón del mundo, sino gran número de candidatos al cetro mundial.

El torneo actual lleva la contienda a un grado de universalidad hasta ahora desconocido, pues por primera vez, no sólo concurren a él muchos de los equipos más fuertes de Europa, sino que también gran número de las naciones de América participa por primera vez. Y no hay duda que así continuarán haciéndolo. La FADA, por su gran iniciativa, las autoridades de la Nación y todas aquellas asociaciones que han contribuido a la realización de esta empresa, deben ser calurosamente felicitadas por la magnitud de la obra que han realizado. Por mi parte, no sólo como comentarista sino también como capitán del equipo cubano que por primera vez participa en estas luchas, felicito con todo entusiasmo y sin *arrière pensée* de ninguna clase, en primer lugar al 'Excmo. Presidente de la Nación' y a la FADA, y después a todos aquellos que han contribuido al éxito de este torneo.

Los argentinos, ajenos a los bombardeos.
La Razón, 28 de agosto de 1939

Aunque no tengo inclinación a vaticinar, desearía indicar a los lectores de *CRÍTICA* cuáles son los equipos que a mi juicio tienen mayores posibilidades de éxito: Estonia, Suecia y Argentina. Si bien no pueden dejar de considerarse las posibilidades de Polonia y posiblemente las del otro equipo báltico.[307]

[307] *Crítica*, 24 de agosto de 1939.

Capablanca escribe para *CRITICA*

CONSIDERACIONES GENERALES SOBRE
★ EL TORNEO DE LAS NACIONES ★

Con el presente artículo de consideraciones generales inicia, en forma exclusiva para CRITICA, el comentario del Torneo de las Naciones que desarrollará en veinte artículos el mundialmente famoso ajedrecista cubano señor José Raúl Capablanca. De este modo nuestros lectores tendrán como punto de referencia para ilustrarse acerca de la calidad de las partidas, la opinión, de uno de los más grandes jugadores que intervienen en la presente contienda ajedrecística al cual han acudido equipos de las más diversas naciones del mundo. En estos momentos en que Buenos Aires se ha convertido en la Meca del ajedrez universal quien haya visto alguna vez un tablero comprenderá exactamente la hazaña periodística que significa el que sea el gran ajedrecista cubano el encargado por CRITICA para comentar con su firma el desarrollo del campeonato por la copa de oro Hamilton Russell, el trofeo más preciado que tiene el ajedrez de los momentos actuales.

PRIMERO un saludo afectuoso para mis lectores de CRITICA. Hace ya 12 años que tuve el gusto de dirigirme a ellos a través de estas mismas columnas. Durante ese intervalo mis experiencias han aumentado forzosamente y espero que ellas me sirvan para poder pintar o expresar en forma clara lo que vaya sucediendo durante el torneo, al mismo tiempo que me permitan reproducir un panorama general de su desarrollo.

Hagamos, ante todo, una historia retrospectiva de lo que significa el Torneo de las Naciones. En su origen no fué más que la conjunción de un pequeño número de sociedades ajedrecísticas que tenían por finalidad reunir cada dos años a sus diversos miembros para la disputa de la copa donada por lady Hamilton Russell. Poco a poco, el interés fué aumentando y muy pronto, algunos de los países que la integraban enviaron como parte de su equipo a destacados jugadores de fama mundial. Esto produjo como consecuencia que otras naciones a su vez hicieran lo mismo con los suyos, y de este modo muy pronto nos encontramos con que los diversos países adheridos a la Federación Internacional de Ajedrez enviaban para estas justas a sus más fuertes jugadores; al extremo de figurar como cosa corriente en dichas contiendas no solamente al campeón del mundo, sino gran número de

los candidatos al cetro mundial. El torneo actual lleva esta contienda a un grado de universalidad hasta ahora desconocido. Pues por primera vez, no sólo concurren a él muchos de los equipos más fuertes de Europa, sino que también gran número de las naciones de América participan, por primera vez. Y no hay duda que así continuarán haciéndolo.

La Federación Argentina por su gran iniciativa, las autoridades de la Nación y todas aquellas Asociaciones que han contribuído a la realización de esta empresa, deben ser calurosamente felicitados por la magnitud de la obra que han realizado. Por mi parte, no solamente como comentarista sino también como capitán del equipo cubano que por primera vez participa en estas luchas, felicito con todo entusiasmo y sin "arrière pensée" de ninguna clase, en primer lugar a la Federación Argentina de Ajedrez, al Excmo. Sr. Presidente de la Nación y a la Federación Argentina de Ajedrez y después a todos aquellos que han contribuído al éxito de este torneo.

En cuanto al resultado posible de esta brega, deseo llamar la atención del público argentino sobre la diferencia fundamental que existe entre los torneos individuales que generalmente se juegan y los torneos por equipos como el presente. Aquí el valor individual de un jugador si bien

El famoso ajedrecista cubano José Raúl Capablanca, que inicia en forma exclusiva el primero de sus veinte artículos

influye en el resultado final, no es, sin embargo, decisivo; debido a que en los torneos por equipos no es sólo el resultado del jugador principal el que cuenta, sino que se suman los resultados de cada uno de los jugadores. Y así, por ejemplo, se puede dar

el caso que un equipo tenga un jugador de vasta superioridad sobre sus adversarios; y, a pesar de esto, dicho team no tenga éxito ninguno, debido a que sus otros integrantes sean inferiores a los componentes de los contrarios.

A tal extremo que podíamos suponer hasta que en un equipo X el jugador del tablero número 1 ganase todas sus partidas y sin embargo que dicho equipo quedase a la cola porque en los tableros números 2, 3 y 4 dicho equipo X en lugar de ganar 100 por 100, perdiera 100 x 100.

Aunque no tengo inclinación a vaticinar, desearía indicar a los lectores de CRITICA cuáles son los equipos que a mi juicio tienen mayores probabilidades de éxito. Ellos son: Estonia, Suecia y Argentina. Si bien no puede dejarse de considerar las probabilidades de Polonia y posiblemente del otro equipo báltico como nuestros lectores sabrán, debido al gran número de contendientes ha sido necesario dividir los participantes en secciones al objeto de eliminar unos cuantos antes de entrar en la pose final. Se han hecho cuatro secciones, tres de siete y una de seis. En esta última está Cuba, la que espero logrará formar parte del grupo final en esta misma sección se encuentran Estonia y Suecia, los cuales, sin duda llegarán al final. En las otras tres secciones la Argentina está muy bien situada. Y en cambio, no se puede decir lo mismo de los equipos del Uruguay, Chile, Alemania, Francia y Lituania. Todos estos integran la misma sección y como quiera que entrarán en la final solamente cuatro equipos de cada sección, uno de estos cinco forzosamente será eliminado.

J. R. Capablanca

Capablanca inicia una serie de atractivas notas en Crítica

Escribe Capablanca en *Crítica* (Nota II)

En la afición argentina, así como en los ajedrecistas del mundo que presenciaron la sesión de anoche del TN, el recuerdo del espectáculo sin duda perdurará. En mi larga experiencia de treinta años de justas internacionales de todas clases, nunca he presenciado espectáculo más brillante. Puede decirse que con lo que se ha hecho se consolida en forma definitiva el gran éxito de este torneo. De mi actuación personal quedé bastante satisfecho. Fue una partida interesante, en la cual, a raíz de la apertura, obtuve una ventaja que supe mantener hasta el final, y que debió ser decisiva. Mis amigos y muchos aficionados habrán pensado, sin duda, que yo debía haber ganado, y probablemente tienen toda la razón. Pero para mí lo importante era poder comprobar, a mi propia satisfacción, el estado de mis fuerzas, no sólo en la parte estratégica y en la comprensión general de la situación, sino también en lo referente a la facilidad para ver y profundizar las combinaciones posibles en determinados casos.

En estos elementos de juego quedé bastante satisfecho. En la parte técnica fue donde quizás estuve flojo, como viene sucediendo desde hace tiempo. Pero esto es fácilmente comprensible si se tiene en cuenta que, debido a mis ocupaciones y a los diversos intereses que tengo, ajenos al ajedrez, me paso a menudo meses enteros sin ver un tablero, y lo que es peor, sin siquiera pensar en el ajedrez. Esta falta continua de práctica es la que produce esa debilidad en cuanto a la técnica del juego. También, hay una marcada tendencia al cansancio mental después de las tres primeras horas de juego. Lógicamente, esta debilidad debe disminuir y quizás desaparecer juntamente con la marcha del torneo. De todos modos, ruego a la afición que no sea demasiado severa conmigo en sus críticas, si el resultado de mi actuación personal no llega en este torneo a la altura que ellos desean. Lo que sí puedo asegurar es que después de un par de meses de un entrenamiento adecuado, yo estaría en condiciones de enfrentarme *ventajosamente* contra cualquier adversario. Y a ello estoy dispuesto incluso en condiciones donde cualquier premio que haya sea todo para el ganador. Hago esta aclaración, no por vanidad o por jactancia, sino para que no se pueda creer que busco una contienda determinada, con la seguridad de que, aun en el caso de perder, iba a ser yo recompensado de alguna manera. Tengo fe en mi habilidad una vez bien entrenado, y estoy dispuesto a someterme a la prueba.[308]

Capablanca escribe en *Crítica*, 25 de agosto de 1939

Escribe Capablanca en *Crítica* (Nota III)

El interés principal de la segunda vuelta radicaba en la entrada en acción del equipo argentino. En justicia a sus componentes, me siento obligado a aclarar ciertos conceptos, a mi juicio equivocados, que los aficionados de la República se han hecho sobre sus representantes. En el corto tiempo que llevo aquí he podido notar que el triunfo del equipo argentino es considerado como una cosa casi cierta. Sin querer quitarles mérito ninguno, debo, sin embargo, declarar que a mi juicio no es el equipo argentino el más fuerte. No quiero decir con esto que no tenga chance, pero sí es preciso darse cuenta que si en lugar de ganar quedasen en uno de los seis primeros puestos, su actuación siempre podría considerarse brillante. Es injusto echar sobre los hombros de los jugadores argentinos la responsabilidad enorme de exigirles, por así decir, que ganen o poco menos, un torneo como el actual en el cual participan equipos de probadas fuerzas. Hechas estas aclaraciones, podemos pasar a estudiar su actuación en la primera vuelta.

Su capitán, Roberto Grau, llevando las blancas, acometió con verdadero brío y obtuvo una buena posición, en que llevaba una torre y un peón por dos caballos. Quizás bajo la fuerza del análisis, se pudiera comprobar que su adversario, Möller, tenía una manera ventajosa de salir de la situación en que se encontraba, pero bajo el punto de vista práctico, la idea del campeón argentino estaba completamente justificada. La partida ha quedado suspendida en una posición que quizás sea tablas, pero en la cual el señor Grau no corre el menor peligro.

[308] José Raúl Capablanca, *Crítica*, 25 de agosto de 1939.

La partida de Guimard fue la única que se decidió en la sesión, y fue, a mi juicio, la mejor conducida por parte del equipo argentino. Después de un planteo cuidadoso, el jugador argentino se aprovechó de una pequeña debilidad del adversario para proceder a una parcial liquidación y ganar un peón sin perder nada de su buena posición. Inmediatamente después procedió a reagrupar sus fuerzas en forma que a las pocas jugadas se encontró en situación adecuada para acometer de nuevo. Si hemos de hacer alguna crítica adversa de la forma desplegada por el equipo argentino, ésta sería la tendencia a postergar una acción decisiva. De ahí que tengamos que encomiar la labor de Guimard, quien procedió en forma fundamentalmente justa cuando se llevan las blancas: un planteo sólido que mantenga la iniciativa.

El jugador argentino Pleci, después de su planteo clásico, tuvo un momento de debilidad que le costó un peón, con lo cual quedó con partida claramente inferior. Nada de especial interés podemos decir sobre la forma en que se desenvolvió dicha contienda posteriormente, pues se trata de posiciones sumamente difíciles, en las cuales es casi imposible encontrar siempre el mejor camino. La partida ha quedado suspendida, llevando el señor Pleci un peón menos.

La partida Asgeirsson – Bolbochán fue muy interesante bajo el aspecto técnico, defendida por Bolbochán con mucha sutileza, llegando a lograr en determinados momentos una posición que a mí me pareció ventajosa. Más adelante, por el contrario, me pareció como si hubiera aflojado un poco, y que, a su vez, el contrario mejoraba la posición. Sería necesario un análisis cuidadoso para poder precisar dónde estuvieron las faltas y dónde se procedió con energía. Justamente antes de quedar suspendida la partida, las negras se decidieron por una pequeña combinación, en la que se pierde momentáneamente la calidad a cambio de un peón, con una posición en que las negras tienen buenas oportunidades. Queda por demostrar la exactitud del pequeño sacrificio.

Conforme pronosticamos en nuestro artículo anterior, el joven Keres ganó su partida suspendida contra Ståhlberg. A esta victoria la obtuvo, sin embargo, después de una lucha tenaz y difícil, en que ambos jugadores hicieron gala de sus grandes poderes de combinación. Ciertas fases de la segunda parte de esta partida pudieron en evidencia las grandes cualidades que adornan al maestro estoniano.[309]

Escribe Capablanca en *Crítica* (Nota IV)

█ El equipo argentino se presentó con un pequeño cambio; su capitán Grau no actuó, lo que motivó que Piazzini jugara en el tablero nº 1, en el nº 2 Bolbochán, en el nº 3 Guimard y en el nº 4 Pleci. Piazzini tuvo una partida muy interesante, bien jugada por ambas partes, produciendo el resultado natural de tablas. Bolbochán obtuvo una ventaja de posición desde la apertura, debido a la forma inferior de defensa adoptada por las negras. Como consecuencia, el argentino pudo ejercer fuerte presión contra la defensa del adversario, hasta llegar el momento, cerca del final de la partida, en que su adversario entregó la dama por una torre, abandonando poco después. Guimard defendió bien, al principio, una partida Bird planteada por su adversario. Pero, más adelante, en medio del juego, después de un pequeño cambio de peones y juegos (Sic) cometió un error que debió haberle costado la partida. Por suerte para él, su adversario no jugó con la precisión necesaria, y Guimard pudo salirse de su precaria situación. La partida quedó suspendida en una posición que parece, a primer golpe de vista, con posibilidades más bien favorables a Guimard, aun que me inclino a creer que terminará tablas.

Pleci jugó de nuevo una partida cerrada, que siempre produce situaciones delicadas, en las cuáles el error es fácil y la precisión sumamente difícil. Tuve la impresión todo el tiempo que la

---

[309] *Crítica,* 26 de agosto de 1939.

partida terminaría en tablas. Sin embargo, en la posición suspendida, Pleci parece tener una pequeña superioridad de posición debido a una mayor cantidad de espacio y facilidad en el movimiento para sus piezas. Resta saber si esa superioridad se puede convertir en algo tangible.

La inquietud del público se refleja después de las 23. Colma la sala y trata de adivinar cómo siguen las cosas. Por eso, cuando desde el altavoz se anuncia que en el foyer alguno de los jugadores de prestigio comentará las partidas que concentran la atención general, se produce un movimiento singular. La gran mayoría trata de salir apresuradamente, pero sin hacer ruido; sube por la escalera a zancadas y calma su agitación frente al tablero mural donde está fijada la posición de los competidores.

En cuanto al equipo alemán, considerado como fuerte por gran parte del público, me permito disentir de dicha opinión… Y si bien estoy seguro que entrará en la fase final, no creo que llegue a ocupar uno de los tres primeros puestos del torneo. Este equipo tiene en Eliskases un excelente jugador, aunque no un sumador de puntos como Alekhine y Keres. Pero el resto del equipo deja mucho que desear. El doctor Becker, uno de sus componentes, ha tenido a menudo en años pasados actuaciones muy brillantes, pero de dos a tres años a esta parte, por razones que desconozco, sus actuaciones han dejado mucho que desear. Los otros componentes del equipo no pueden considerarse a la misma altura.[310]

Capablanca describe al equipo nacional. *Crítica*, 27 de agosto de 1939

Escribe Capablanca en *Crítica* (Nota V)

▓ Mi partida con Keres debe ser estudiada. Ya se vislumbra un número de equipos como participantes seguros en la etapa final: en el Grupo A, Bohemia y Moravia y Polonia; en el Grupo B, Alemania y Letonia; en el Grupo C, Argentina; en el Grupo D, Estonia, Suecia y Cuba. El equipo argentino se portó bien anoche en su lucha contra Lituania, los adversarios más fuertes del grupo, pues si bien es que su capitán, Grau, perdió, en cambio Pleci se anotó una victoria, y Guimard seguramente ganará su partida, mientras que la de Bolbochán parece que terminará en tablas.

En su partida de anoche, Grau no jugó la apertura con la energía debida, y como consecuencia pronto tuvo una posición difícil. Cuando yo vi la partida por primera vez, la consideré perdida, y lo único que me llamó la atención un poco más tarde fue la resistencia del campeón argentino en una

---

[310] José Raúl Capablanca, *Crítica*, 27 de agosto de 1939.

situación tan desventajosa. Sin embargo, llegó un momento en que la fuerza sola de la situación lo dominó, y como es natural, tuvo que perder. En la partida de Bolbochán, su contrario obtuvo una pequeña ventaja de posición, a la cual, empero, no le pudo sacar gran provecho, puesto que al suspenderse, si bien había una leve ventaja por parte de Vaitonis, no me parece lo suficiente para ganar.

Guimard acometió valerosamente y con gran energía a su adversario, apenas comenzada la partida. Entregó un peón en la apertura a cambio de un ataque, y ya sea que la entrega fuese justa o bien que su adversario no jugara con toda la corrección necesaria, el caso fue que cuando yo fui a ver la partida me encontré con que Guimard tenía dos piezas menores a cambio de una torre y un peón, lo cual en posiciones iguales constituye una ventaja decisiva. Incidentalmente debemos recordar que la partida anterior de Guimard había quedado suspendida en posición ligeramente ventajosa para éste, que en su deseo de ganar a toda costa se extralimitó, con el resultado desastroso para él, perdiendo una partida que podría haber hecho tablas con facilidad.

Pleci jugó una excelente partida y se anotó un buen triunfo. Se ve, por su modo de jugar, que este jugador argentino no teme a sus adversarios. Complica la partida todo lo que puede, y en esas situaciones difíciles juega con gran serenidad. Éstas son cualidades llamadas a darle a menudo la victoria, dado el hecho de que como juega en el tablero nº 4, no se enfrenta nunca con jugadores de mayor calibre. No queremos desmerecer la actuación de Pleci, pero hay que considerar que lo que sucede en el equipo argentino es que las fuerzas de sus componentes son muy parejas, situación que no se repite en la mayoría de los otros equipos, que en el tablero nº 4 y el sustituto son marcadamente inferiores.

En cuanto a mi partida de anoche, tuvo el honor de ser la atracción principal de la cuarta vuelta, debido a que tenía por adversario al brillante estoniano Keres, con excepción de Botvinnik, el más fuerte de los jugadores jóvenes. La partida fue de gran interés teórico, por haber elegido mi adversario una variante del Ruy López que le ha valido a menudo resonantes victorias. Yo opté por un sistema de defensa semejante a otros adoptados por mí hace muchos años, y que siempre me habían sacado de apuros. Mi concepto de la apertura quedó ampliamente justificado, pues ya en la jugada 15ª se veía claramente que yo no corría mayor peligro, y que, salvo un error de mayor cuantía, la partida sería tablas. En esas condiciones, y dado que tanto el equipo estoniano como el cubano no necesitaban, ni el uno ni el otro, ganar esta partida para clasificarse en la serie final, pregunté a Keres si jugaba a ganar o si estaría dispuesto a entablar. Me contestó que deseaba hacer, por lo menos, unas cuantas jugadas más. Supongo que creía tener una pequeña ventaja, pues así me lo expresó al terminar la partida, y esto justificaba ampliamente su deseo de continuar el *match*. Al final, cuando Keres me propuso tablas, si existía alguna pequeña ventaja, sería ésta a mi favor y nunca en contra. A los aficionados avanzados les recomiendo un estudio cuidadoso de esta partida.[311]

Escribe Capablanca en *Crítica* (Nota VI)

█ La posición de casi todos los equipos estaba ya prácticamente decidida antes de que comenzara anoche la sexta rueda. Durante largo tiempo el equipo de Uruguay parecía destinado a vencer al de Francia, pero en un momento culminante el jugador uruguayo Hounie Fleurquin perdió una pieza por mero descuido, decidiendo así la partida a favor del francés. Pero aún más, probablemente esto influyó en Rotunno, quien hasta ese momento llevaba muy bien su partida contra Alekhine. Es casi seguro que al notar que su compatriota echaba a rodar las probabilidades del team uruguayo, se produjo en él una reacción desfavorable que motivó un aflojamiento de su juego, como consecuencia del cual Alekhine pudo obtener una pequeña ventaja en el final de torres que ha quedado suspendido. Todavía el uruguayo puede hacer tablas si juega con precisión.

[311] José Raúl Capablanca, *Crítica*, 28 de agosto de 1939.

El equipo argentino marcha fácilmente a la cabeza del grupo C, y conforme se desenvuelve el torneo vemos probada nuestra aseveración respecto a las buenas chances que tiene el equipo argentino para quedar en el primer lugar en el torneo final, debido a la igualad de fuerzas de sus componentes, lo cual les da una ventaja marcada en los tableros n° 3 y n° 4. Pleci ha ganado todas sus partidas, y de seguir jugando en la forma desplegada hasta ahora es muy posible que obtenga una puntuación del 75% al 80%, y quizás más. Esto le daría al team argentino una buena base para su marcha hacia el triunfo final.

Suecia y Cuba se enfrentaban anoche, y Cuba necesitaba ganar sólo un punto y medio para asegurarse prácticamente la entrada al grupo final. En estas condiciones, consideré innecesaria mi participación, pero por consideración al público argentino me presenté a jugar, dispuesto a hacer el esfuerzo necesario para ganar si la situación lo permitía, y en caso de que mis colaboradores aflojasen demasiado y fuese necesario que yo jugase a ganar. Deseo hacer aquí una aclaración. Siendo este torneo una lucha por equipos y no individual, y dado que los puntos de la rueda inicial no se acumulan para la rueda final, mi obligación como capitán del equipo cubano es atender a que éste participe en la final; esto es mucho más importante que mi actuación individual. Hecha esta aclaración, los aficionados comprenderán mejor por qué anoche, en una posición ventajosa, ofrecí tablas. Efectivamente, ya Planas había ganado su partida, y Alemán me pareció que tenía un final fácil de entablar. Aunque éste perdiera su partida, unas tablas en la mía nos aseguraba prácticamente la entrada al turno final.

Pasemos ahora a comentar un poco nuestra partida contra Ståhlberg. El planteo, un Gambito de la Dama, siguió las líneas regulares hasta la jugada 12ª del negro inclusive. En la movida 13ª introduje una jugada recomendada precisamente por mi adversario de anoche, y en la 15ª introduje una pequeña modificación de mi cosecha, jugando D1C y no D2A, como el propio Ståhlberg había jugado en Inglaterra contra Thomas. La partida tomó un aspecto muy interesante a partir de la jugada 19ª del negro, el cual parecía inclinado a contraatacar violentamente en lugar de defenderse. En estas condiciones, yo decidí arriesgarme un poco, pensando que una actitud puramente defensiva me llevaría a una posición, si no del todo perdida, por lo menos muy inferior. No puedo asegurar que esto sea así, pero, pero ésa fue mi impresión del momento. Por consiguiente, en la jugada 20ª comencé a atacar los peones del lado de la dama contrarios con TD3T, y a continuación se llevaron a cabo una serie de maniobras entre esta torre y mi caballo, atacando los peones de dama y tendientes a debilitar su posición, para, finalmente, eliminar mediante el cambio el caballo negro fuertemente ubicado en 4D y al mismo tiempo obtener la abierta AD para mi T1AD. De este modo obtuve una ventaja manifiesta del lado de la dama, pues controlar esa línea abierta tenía como consecuencia la posibilidad de entrar con mis torres atacando los peones de mi adversario. En esas condiciones, y al hacer yo 27.T5A, mi adversario, con muy buen juicio, en lugar de defender el PTD decidió avanzar enérgicamente con sus peones del lado del rey, jugando 27...P5A. Esto produjo complicaciones que me hicieron reflexionar un tiempo largo. Después de la jugada 29ª se produjo una situación en la que me era fácil llegar a un final con un peón de ventaja. Viendo la puntuación de nuestro equipo hasta el momento, y a mi juicio, cumplida mi obligación con el público argentino, decidí proponer tablas a mi adversario, el cual aceptó inmediatamente. La partida es de verdadero valor para los aficionados adelantados, y creo que vale la pena que la estudien.[312]

Escribe Capablanca en *Crítica* (Nota VII)

▊ Los sucesos de Europa han obligado a *CRÍTICA* a suspender por unos días los artículos que hemos estado publicando. Como consecuencia, se terminó la rueda inicial y se han jugado tres

---

[312] José Raúl Capablanca, *Crítica*, 30 de agosto de 1939.

vueltas de la etapa final, de las cuales no hemos podido hablar hasta el momento. Los resultados eliminatorios se produjeron en la forma esperada por los expertos, y de ahí que hayan concurrido a las finales los equipos más caracterizados. Por desgracia, debido a la guerra europea, ya uno de ellos, el inglés, se retiró, habiéndose embarcado la mayor parte de sus componentes. Por otra parte, existe una situación sumamente difícil para los equipos de Alemania y Bohemia y Moravia con respecto a los de Francia y Polonia, sin contar asimismo con el estado de excitación en que se encuentran muchos de los competidores de equipos de naciones no participantes en la guerra, los cuales, ya sea por simpatía, ya sea por las circunstancias del momento, no están en el humor apropiado para rendir la labor que de ellos se espera. El torneo, como puede verse, sufre las consecuencias de la situación por lo menos en lo que se refiere a la parte interna, y queda por saber cómo podrán salvarse todas estas dificultades y otras que puedan presentarse.

Respecto a la labor de los diversos *teams*, la nota sobresaliente ha sido la labor del equipo argentino, que se ha anotado tres victorias seguidas, una de las cuales, contra Bohemia y Moravia, lo coloca a la cabeza de los candidatos actuales para la victoria oficial. El equipo de Estonia, que era mi favorito al principio, no ha demostrado la fuerza que aparecía en el papel. El equipo alemán se mantiene fuerte, y va bien. Y lo mismo puede decirse de Polonia y Suecia, los cuales aparecen por el momento como los más fuertes competidores del equipo argentino. Se me olvidaba del equipo holandés, el cual, para mí, ha sido hasta ahora la sorpresa del torneo. Sus resultados son sorprendentes si se tiene en cuenta que faltan en él tres de los jugadores más destacados de Holanda.

En cuanto a la actuación individual de los jugadores más prominentes, la rueda final es aún demasiado joven para poder permitir un análisis meticuloso. De mi actuación personal estoy bastante satisfecho, aunque sin duda alguna, podría haberla mejorado. Anoche se enfrentaba el *team* cubano al de Palestina, al cual habíamos vencido en la rueda preliminar por 3:1, a pesar de que yo sólo tuve tablas. Como es mi costumbre, a poco de iniciadas las partidas me fui a observar la marcha del juego de mis compatriotas. Y pude observar que íbamos mal, pues mis compañeros de equipo habían hecho planteos deficientes y se encontraban todos bajo presión. Mientras tanto, yo había obtenido un planteo satisfactorio con las blancas, en una variante de la Caro-Kann bastante conocida, pero poco jugada. Supongo que gran número de los aficionados habituados a verme jugar casi siempre un juego de posición en que todo está sólidamente construido, se extrañarían de verme jugar una partida puramente agresiva. Pero debo señalar que hay que jugar las partidas de acuerdo con la índole del planteo, y que en la defensa adoptada anoche por las negras, el blanco, si desea obtener alguna ventaja, necesita atacar vigorosamente antes de que el negro pueda consolidar su defensa y ejercer acción sobre el PD blanco aislado.

Hecha esta aclaración, el público comprenderá por qué me lancé al asalto de una manera tan decidida. Tuve la buena fortuna de poder hacer una larga y difícil combinación, de resultas de la cual obtuve una ventaja manifiesta que exploté rápidamente. Y así se produjo el derrumbe del juego negro antes de que terminase la sesión. La partida fue de ésas que más interesan a los aficionados en general, y tuve la satisfacción de que fuera la primera de ese género que se haya jugado en el torneo.[313]

Escribe Capablanca en *Crítica* (Nota VIII)

▓ La final será entre Argentina y Suecia. La cuarta rueda produjo la primera derrota del equipo argentino. Si bien es verdad que tres partidas quedaron suspendidas para hoy, no debe esperarse que el conjunto local haga más de un punto y medio, y es muy posible que haga solamente uno. Analizando objetivamente los diversos *matches* del encuentro argentino alemán, vemos que el partido Grau – Eliskases fue la causa primordial de la pérdida de la rueda por parte del equipo argentino.

[313] José Raúl Capablanca, *Crítica*, 5 de setiembre de 1939.

Eliskases, si bien es un jugador de escasa acometividad, cuando se enfrenta con los ajedrecistas de primera línea tiene, sin embargo, conocimientos sumamente sólidos; además no puede dejar de saber que, con excepción de unos diez jugadores en todo el mundo, su superioridad sobre los restantes es evidente. De ahí que lo hayamos visto anoche hacer una combinación a base de la entrega de un peón, a cambio de la iniciativa de un ataque relativamente violento contra la posición del rey blanco.

Naturalmente, no he dispuesto del tiempo necesario para estudiar con detenimiento la situación, pero un examen superficial me inclina a pensar que la entrega del peón estuvo ampliamente justificada como consecuencia de la posición resultante. Lo que sí parece evidente es que Grau aflojó en algo la defensa, facilitando el triunfo de su adversario. De las otras tres partidas que quedaron en suspenso, los alemanes tienen ventaja evidente en dos de ellas. En la tercera Pleci tiene una ventaja posicional, pero a mi juicio ella es tan pequeña que no puede tomarse en consideración.

El resultado de esta rueda dará, probablemente, un empate entre argentinos y alemanes en cuanto a la totalidad de puntos obtenidos, y Suecia, que ha jugado cuatro partidos menos, se encontrará verdaderamente a la cabeza del torneo con un porcentaje mayor que los otros. De esta situación es, en parte, responsable el equipo de Cuba, que anoche aflojó en forma muy acentuada. Mis compañeros tenían una posición excelente en determinado momento del *match*. Dos de ellos, a mi juicio, se hallaban en situación marcadamente superior, y sin embargo, pocas jugadas después, se habían equivocado de camino a tal punto que tenían partidas perdidas. De los otros equipos, lo más interesante fue la lucha entre Palestina y Polonia, que resultó verdaderamente dura. Los de Palestina parecen hallarse, por lo menos, en condiciones de igualdad.

De no producirse un cambio inesperado, la lucha final será entre Suecia y la Argentina, con la posibilidad de que Polonia, Letonia y Alemania todavía puedan recuperar el terreno perdido. Alemania tiene la desventaja que, como consecuencia de la guerra europea, ha sido necesario un arreglo que impida sus encuentros con Polonia y Francia, dividiéndose los puntos. La referida medida no permitirá a Alemania anotarse una victoria con cualesquiera de estos dos equipos. En lo que respecta a Estonia, conforme dije en mi artículo de ayer, me hallo decepcionado. Antes de comenzar el torneo los expertos contaban con que Schmidt sumaría muchos puntos para su país, pero en lugar de esto encontramos que únicamente ha sumado muchos ceros. Verdaderamente sorprendido por la ineficiencia de Schmidt, le pregunté a Keres a qué obedecía ello, y éste me contestó que él suponía que se debía a que se encontraba en un país extraño, pues en Estonia siempre había jugado mejor.

Capablanca cree que definirán Argentina y Suecia. *Crítica*, 6 de setiembre de 1939

De mi actuación personal, sólo diré que durante algún tiempo los aficionados creyeron que me hallaba en serio peligro. Por mi parte, nunca tuve esa impresión, pues siempre me pareció que mi posición era demasiado sólida, y que si bien el movimiento de mis piezas resultaba algo restringido, sabía en cambio que tarde o temprano se presentaría la oportunidad en que yo podría romper con un resultado favorable. Dicha oportunidad apareció alrededor de la jugada 28ª, y mi contrario optó sabiamente por la única continuación que le permitía mantener el equilibrio.[314]

[314] José Raúl Capablanca, *Crítica*, 6 de setiembre de 1939.

Escribe Capablanca en *Crítica* (Nota IX)

▦ Alemania, Suecia o Argentina ganarán el primer puesto. La quinta rueda se desarrolló en la forma en que era de esperarse en todos los tableros. Hubo, sin embargo, algunas sorpresas, como por ejemplo la ofrecida por Chile en su lucha contra Palestina. Este último se había mostrado fuerte en la rueda final, pero anoche los chilenos, debido principalmente a la victoria de Flores sobre Czerniak, dieron buena cuenta de ellos. Después de terminada la partida, cuyo desarrollo yo observé en una o dos ocasiones, pregunté a Czerniak a qué se debía el resultado, y él me contestó que Flores había jugado muy bien. Esta contestación hace honor al capitán de Palestina, pues no siempre se acepta que la derrota es una consecuencia de la habilidad del adversario. Los equipos de Polonia y Suecia sostuvieron una lucha muy interesante, que debe tener una importancia definitiva respecto a la clasificación final, puesto que el segundo conjunto marchaba antes de la quinta rueda a la cabeza del torneo.

Una victoria o un empate frente a Polonia puede mantenerlo en dicho lugar. De ahí el gran interés de la partida entre Tartakower y Ståhlberg, en la cual este último llevaba las negras. Como los dos jugadores son de primera línea y de mucha imaginación, y además muy arriesgados, el cotejo fue muy reñido hasta su finalización en un empate. Al terminar la vuelta Suecia llevaba 1½:½, y quedan otros dos partidos suspendidos. Así, pues, parece que aún se mantendrá a la cabeza del torneo, por el momento.

Dos brasileños opusieron fuerte resistencia a los alemanes, quedando suspendidas tres partidas para hoy. Si Alemania puede anotarse 3½ puntos o 4, se colocaría muy próxima al equipo sueco. Conforme avanza el torneo, las posiciones de Alemania, Suecia y Argentina se van consolidando.

Crítica, 7 de setiembre de 1939

El conjunto local se enfrentó anoche con el de Letonia, a cuya cabeza se encuentra Petrovs, jugador de excelentes cualidades a mi juicio muy superiores a su reputación. Con la victoria de Pleci los argentinos empataron el *match*, y así pudieron mantener su posición en los primeros puestos. Cuba se enfrentó con Holanda, equipo que, a mi juicio, ha hecho prodigios hasta ahora.

Si se considera que dos o tres de los jugadores más fuertes de dicho país no participan, y que si hubieran venido a Buenos Aires el joven van Scheltinga, que ocupa el primer tablero, ocuparía el tercero o cuarto, se advertirá que la actuación de los representantes de los Países Bajos es excelente.

Los resultados de anoche constituyen un rudo golpe para los holandeses, pues de las tres partidas terminadas, perdieron dos, y la que ha quedado suspendida puede resolverse en un empate. En mi partida con van Scheltinga tuve en la apertura un momento de ausencia mental y me olvidé de hacer una jugada elemental, que fue la causa, durante largo tiempo, de que no pudiese movilizar ni la torre ni el caballo rey, y no lograra enrocar. De hecho, nunca enroqué, y mi rey no se movió de su casilla original hasta casi terminado el encuentro. Mi adversario aprovechó ese instante de ausencia mental para obtener una posición superior hasta la jugada 13ª. A partir de ese movimiento se lanzó a un ataque con la intención de desbaratar mi juego rápidamente. La maniobra tuvo, sin embargo, el grave inconveniente de que su CR se ubicó en una posición inferior, y al mismo tiempo me ofreció la oportunidad de desarrollar análoga pieza con relativa facilidad. Esta maniobra constituyó, a mi juicio, para van Scheltinga, un error decisivo, pues como consecuencia de una liquidación de caballo por caballo yo pude liberar un poco mi juego y emprender un violento contraataque, sin ocuparme de enrocar ni de la posición aparentemente precaria de mi monarca. Logré, así, alcanzar una posición dominante, que me permitió, a mi vez, atacar el rey adversario y obligar a las negras a retroceder.

Una vez obtenidos estos resultados, mis dos alfiles entraron en acción, ejerciendo una presión cada vez más intensa. Hasta que, conseguido el objetivo deseado, cambié uno de ellos para reforzar la posición de un peón y consolidar a mi rey, todo esto sin dejar de presionar las líneas de mi adversario. La partida con van Scheltinga fue emocionante, pero desde mi punto de vista, inferior, debido a que el cansancio que experimento desde hace varios días me produjo una ausencia mental que me llevó a cometer un error que habría podido ser fatal si, en lugar de un adversario joven y agresivo, hubiera tenido que enfrentarme con un maestro de primera línea que, tomando las cosas con más calma, hubiese continuado trabando el desenvolvimiento de mis piezas en lugar de lanzarse al ataque antes de una completa y cuidadosa preparación.[315]

Escribe Capablanca en *Crítica* (Nota X)

▉ Hubo sorpresas en la 6ª rueda de anoche del TN. Fue brillante la actuación de Chile frente a Suecia, que encabeza el cuadro de posiciones. Flores, con blancas en el tablero 2, actuó en forma encomiable contra Lundin, hombre modesto pero ajedrecista de envergadura. El chileno, que al parecer juega mejor con las blancas que con las negras, mantuvo la presión durante todo el cotejo, y cuando el encuentro fue suspendido la situación continuaba favorable para él. En el tablero 1 Castillo opuso bastante resistencia a Ståhlberg, pero no obstante haber sido suspendido, está perdido para el chileno. El tablero 3 también quedó en suspenso después de una reñida lucha de pronóstico incierto, y en el tablero 4, desplegando una gran energía, el chileno obtuvo una rápida victoria en la jugada 25ª. Esta fue la sensación de la rueda de anoche, no sólo por tratarse de un éxito sudamericano sino por haberse logrado frente a uno de los más fuertes tableros 4 de todo el concurso.

El sueco adoptó la defensa que lleva el nombre de Alekhine, si bien fue producto de un análisis de otro jugador ruso. A mi juicio es inferior, ya que con frecuencia ofrece grandes dificultades por las complicaciones que suele originar. Las negras cometieron un grave error al jugar 4...C3AD en lugar de 4...A5C. Las blancas atacaron vigorosamente entregando un peón en la 6ª jugada al hacer P6R, que tuvo el doble efecto de impedir el desarrollo de las piezas negras y debilitar la posición del rey adversario, que se encontró privado del enroque. Es indudable que las negras, sorprendidas ante lo inesperado y viril del ataque, no se defendieron muy bien, pero esto no resta méritos al chileno, que prosiguió su ofensiva con gran energía, rematándola con una combinación a base de la entrega momentánea de una pieza, que recobró más tarde con creces. En suma, una excelente labor por parte del señor Reed y una actuación muy meritoria por parte del equipo chileno frente a uno de los mejores conjuntos de este torneo.

El equipo argentino, que jugó contra Francia y que dio la sensación que tenía vía libre debido a que Alekhine no intervino en el tablero 1, se encontró sin embargo al final de la noche con que los resultados no respondían a la expectación de los aficionados. Bien pudiera ser que el exceso de confianza haya influido algo en ello. Se dice que no hay enemigo pequeño, pero aquí podría agregarse que el enemigo no era tan pequeño como se suponía, ya que Gromer, si bien no es un

[315] José Raúl Capablanca, *Crítica*, 7 de setiembre de 1939.

ajedrecista de calibre superior, tiene gran experiencia y amplios conocimientos y es actualmente uno de los mejores de Francia. Asimismo, Kahn no puede tomarse mucho a la ligera, pues se trata de un técnico de la apertura muy competente. En resumen, el resultado parece que será 2½:1½ en favor del cuarteto argentino.

Holanda, contra Polonia, también se distinguió anoche, pues ganó el tablero 2 y además Scheltinga suspendió su cotejo con el maestro Tartakower en una posición muy favorable. Conforme va aumentando el número de vueltas jugadas, Suecia, Alemania y Argentina se van distanciando de los otros. En cuanto a Estonia, que se había quedado rezagado por la mala actuación de Schmidt, parece que va mejorando su *score*. El equipo cubano se desempeñó anoche en forma superior a mis previsiones. Sintiéndome un poco indispuesto y cansado, decidí no intervenir anoche, para hallarme hoy en condiciones más favorables.[316]

Escribe Capablanca en *Crítica* (Nota XI)

▓ Cuando comencé a escribir estos artículos llamé la atención a los lectores sobre el hecho de que durante el transcurso del torneo se producirían varias sorpresas. Así ha ocurrido, pues ello está en la naturaleza misma de esta clase de pruebas, especialmente en las que se realizan por equipos, donde a veces los más calificados son derrotados por otros a los que no se les asignaba la menor importancia.

Anoche hubo varias sorpresas. En primer lugar, el equipo del Brasil, que se halla a la retaguardia, no solamente mantuvo a raya al equipo de Suecia, que marchaba a la vanguardia, sino que posiblemente lo derrotará. La segunda sorpresa fue la partida del cuarto tablero argentino a cargo de Pleci, quien ha sido el más consecuente ganador de todo el concurso, y no era de esperarse que contra un equipo relativamente débil como el de Dinamarca, tropezara con dificultades. Sin embargo, su encuentro quedó suspendido en una situación tan desfavorable que es muy problemático que no la pierda. Otra sorpresa más fue el cotejo entre la campeona del mundo señora Menchik de Stevenson y la señorita Sonia Graf.

Como dijimos ayer, la primera, después de una apertura débilmente planteada, logró durante el medio juego obtener posición predominante, que según creíamos sería suficiente, sino para ganar, por lo menos para entablar. Ayer por la tarde las posibilidades de triunfo habían disminuido notablemente. El encuentro, por ambas partes, siguió en forma bastante floja, pero especialmente por parte de la señora Menchik, quien en un momento dado se halló en una posición tan inferior que parecía imposible que su adversaria no ganara. En esas circunstancias, la señorita Graf, posiblemente agotada por un largo esfuerzo, empezó a cometer disparate tras disparate, a tal punto que perdió finalmente una partida que pudo haber ganado, primero, y en su defecto, hacer tablas.

Nuestro equipo midió anoche sus fuerzas contra el fuerte cuarteto de Bohemia y Moravia. Durante largo tiempo mis compatriotas mantuvieron a raya a sus adversarios, jugando en forma excelente, pero luego la situación se modificó bruscamente. Por suerte para nosotros, yo pude triunfar después de una emocionante lucha, que mantuvo a los aficionados en suspenso durante todo su desarrollo. Mi adversario, Opocensky, tiene una marcada tendencia a complicar el juego, y no se amedrenta ante la reputación de sus contrincantes. Ayer, con las blancas, jugó una variante en la cual entregó un peón a cambio de un ataque que consideró suficiente compensación por aquella pérdida.

A mi juicio su concepción fue falsa y el sacrificio no se justificó, pero como sucede a menudo cuando no se estima objetivamente la situación en su valor intrínseco y haciendo caso omiso del adversario, se corre riesgo serio de equivocarse. En un momento crítico de la partida me hice la ilusión de que tenía una posición fácil, y en consecuencia jugué un poco a la ligera.

---

[316] José Raúl Capablanca, *Crítica*, 9 de setiembre de 1939.

El resultado fue que en un momento dado me vi en una situación muy difícil; por suerte, ella era muy complicada y había tantas líneas susceptibles de estudio que mi adversario no eligió la mejor, y en la jugada 22ª me dio la oportunidad de obtener, mediante varias maniobras arriesgadas, una ventaja que no abandoné hasta obligar a Opocensky a rendirse.[317]

Escribe Capablanca en *Crítica* (XII)

El final de la 9ª rueda, en la tarde de ayer produjo dos verdaderas sorpresas en las partidas suspendidas entre la Argentina y Cuba. En primer lugar Guimard, en una posición muy favorable, que continuada con precisión le hubiera dado la victoria, siguió un plan equivocado cuya consecuencia fue su derrota. Yo, por mi parte, con un final fácilmente ganado, cometí un error mecánico de tal naturaleza que es casi imposible de comprender o de explicar.

En más de 45 años que llevo jugando al ajedrez nunca me había ocurrido nada semejante. El incidente fue el siguiente: en la movida 41ª Grau, con las negras, en lugar de efectuar A2C como yo esperaba y como debía haberlo hecho, jugó D5C. Esto significaba la pérdida inmediata de un peón, lo que dio lugar a que yo reflexionara 15 minutos para comprobar que no había peligro en tomarlo. En esas condiciones, después de haber calculado bien todo, me decidí por la jugada ganadora, que eta D7D+. Pero he aquí el nudo de la cuestión: al efectuar dicho movimiento en lugar de poner la dama en 7 dama, como era mi intención, la coloqué en 8 dama. Aún no se había soltado la pieza cuando advertí la enormidad de lo que hacía, pero ya era demasiado tarde. Realizamos luego algunas jugadas, debido a que Grau, dándose cuenta exactamente de lo que había sucedido, generosamente se prestó a la rectificación, pues era tan evidente lo que yo intenté hacer que no podía

[317] José Raúl Capablanca, *Crítica*, 10 de setiembre de 1939.

Son Decisivas las Partidas que Deberán Jugarse en las próximas ruedas del Torneo

Por JOSE RAUL CAPABLANCA
(campeón mundial de ajedrez)

(Especial para CRÍTICA). Prohibida la reproducción total o parcial)

EL final, en la tarde de ayer, de la novena rueda, produjo dos verdaderas sorpresas en las partidas suspendidas entre la Argentina y Cuba. En primer lugar, Guimard, con una posición muy favorable, que continuada con precisión le hubiera dado la victoria, siguió un plan equivocado cuya consecuencia fué la derrota. Yo, por mi parte, con un final fácilmente ganado, cometí un error mecánico de tal naturaleza, que es casi imposible de comprender o de explicar. En más de 45 años que llevo jugando al ajedrez, nunca me había ocurrido nada semejante. El incidente fué el siguiente: en la movida 41a. Grau con las negras, en lugar de efectuar A2C como yo esperaba y como debía haberlo hecho, jugó D5C. Esto significaba la pérdida inmediata de un peón, lo que dió lugar a que yo reflexionara 15 minutos para comprobar que no había peligro en tomarlo. En esas condiciones, después de haber calculado bien todo me decidí por la jugada ganadora, que era D7D, jaque. Pero he aquí el nudo de la cuestión: al efectuar dicho movimiento en lugar de poner la dama en 7 dama, como era mi intención, la coloqué en 8 dama. Aún no había soltado la pieza cuando advertí la enormidad de lo que hacía, pero ya era demasiado tarde. Realizamos luego algunas jugadas, debido a que Grau, dándose cuenta exactamente de lo que había sucedido, generosamente se prestó a la rectificación, pues era tan evidente lo que yo intenté hacer que no podía haber dudas sobre ello. Sin embargo, como ello hubiera significado una irregularidad y contravenía, además, los reglamentos del torneo, resolvimos, de común acuerdo, declarar tablas el encuentro.

Los resultados de la 10a. rueda

La décima rueda produjo, a su vez, algunas sorpresas: sintiéndome cansado decidí no jugar y por así decir, solté a mis compatriotas en la jaula de los leones, puesto que debían enfrentarse con el equipo alemán, que en estos momentos marcha a la cabeza del torneo. Yo no esperaba más de un punto para los míos, de manera que grande fué mi sorpresa al comprobar que no sólo tenemos probabilidades de empatar, sino hasta de ganar el match.

El equipo holandés tuvo suerte en su cotejo con Brasil, pues Prins ganó una partida que tenía perdida, y De Groot hizo tablas contra Walter Cruz, en un encuentro en el que se hallaba seriamente amenazado. Como se ve, los equipos de las naciones hermanas, Brasil y Cuba, hicieron todo lo posible por ayudar a la Argentina.

Suecia se enfrentó anoche con Estonia. Keres y Stahlberg hicieron tablas rápidamente, pero en las otras tres partidas hubo una lucha reñida que resultó más bien favorable a Suecia, ya que Lundin está seguro de ganar, y Danielson no puede perder, si bien es verdad que en el otro tablero el estoniano Friedman tiene ventaja y posiblemente una posición victoriosa.

Argentina v. Polonia

Argentina se midió anoche con Polonia y claro está que el resultado es de gran importancia para los dos contrincantes, ya que ambos son serios candidatos al primer puesto.

En el tablero número 1, el veterano Tartakower obtuvo una ventaja sobre Piazzini, pero éste, a su vez, en un final difícil, maniobró hábilmente y pudo así reducir la superioridad material de su adversario al peón de torre únicamente, produciéndose el empate sin dificultades.

En el tablero número 2, Najdorf obtuvo una posición a mi juicio ganadora contra Bolbochan. No sé lo que ocurrió en una parte del match, pero cuando me acerqué para observar de nuevo la lucha, advertí que los términos se habían invertido en favor del argentino, no obstante, este último no creyó que valía la pena continuar la lucha y aceptó las tablas que le propuso el polaco.

La partida de Guimard contra Frydman fué compleja. El argentino en la apertura entregó un peón de ventaja a cambio de un ataque. Ignoro si el sacrificio estaba o no justificado, pero sí puedo decir que más tarde Guimard atravesó momentos peligrosos en los que la situación favorecía a su adversario. Sin embargo poco después el campeón argentino aprovechó algunas jugadas débiles del polaco y obtuvo un honroso empate.

En el tablero número 4 Pleci se defendió bien, pero el empeño en ganar a todo trance debilitó su posición y poco antes del final de la sesión tuvo que rendirse. Este resultado es una verdadera lástima, ya que Pleci, con un poco más de prudencia hubiera logrado medio punto, con el cual la Argentina se hallaría en las mismas condiciones que Suecia y Alemania.

De todos modos, la situación de los diversos contendientes y principalmente el empuje de Polonia y Holanda, que se han incorporado decididamente al pelotón de los finalistas, da un interés realmente extraordinario al torneo que se está realizando en el Politeama. Los aficio-

Crítica, 13 de setiembre de 1939

haber dudas sobre ello. Sin embargo, como ello hubiera significado una irregularidad, y contravenía, además, los reglamentos del torneo, resolvimos de común acuerdo declarar tablas el encuentro.

La décima rueda produjo, a su vez, otras sorpresas. Sintiéndome cansado decidí no jugar, y por así decir, soltar a mis compatriotas en la jaula de los leones, puesto que debían enfrentarse con el equipo alemán. Yo no esperaba más de un punto para los míos, pero grande fue mi sorpresa al comprobar que no sólo tenemos posibilidades de empate, sino hasta de ganar el *match*. (…)

Argentina se midió anoche con Polonia, y claro está que el resultado es de gran importancia para los dos contrincantes, ya que ambos adversarios son candidatos al primer puesto. En el tablero 1 el veterano Tartakower obtuvo una ventaja sobre Piazzini, pero este, en un final difícil, maniobró hábilmente y logró el empate sin dificultades. En el tablero 2 Najdorf obtuvo una posición a mi juicio ganadora contra Bolbochán, pero no sé lo que ocurrió después. (…) Cuando me acerqué para observar de nuevo la lucha advertí que los términos se habían invertido en favor del argentino, pero este no creyó que valía la pena continuar el cotejo y aceptó las tablas que le propuso el polaco.

La partida de Guimard con Frydman fue compleja. (…) Guimard atravesó momentos peligrosos, pero después aprovechó algunas jugadas débiles del polaco y obtuvo un honroso empate. En el tablero 4 Pleci se defendió bien, pero en el empeño de ganar a todo trance debilitó su posición, y poco antes del final de la sesión tuvo que rendirse. Este resultado es una verdadera lástima, ya que con un poco más de prudencia Pleci hubiera logrado medio punto, con el cual la Argentina se encontraría en la mismas condiciones que Suecia y Alemania.

Escribe Capablanca en *Crítica* (Nota XIII)

La novena vuelta resultó interesante por varias razones. El equipo de Holanda superó al de Suecia, que marcha a la cabeza en el cuadro de posiciones, con lo que se produjo una doble situación: por una parte se comprobó lo que habíamos dicho respecto de los bríos y entusiasmos con que juega el conjunto de los Países Bajos, y por otra se estableció que los suecos parecen fatigados de la larga jornada. A parte de las condiciones de sus adversarios, el ir a la cabeza de un torneo, aún por equipos, produce siempre una tensión nerviosa en los líderes que termina por influir en su actuación. La victoria del equipo holandés, unida a la que el polaco obtuvo anteanoche sobre Lituania, ha incorporado a dos nuevos aspirantes al primer puesto, de manera que la lucha, que se hallaba limitada a Argentina, Alemania y Suecia, se ha ampliado a Polonia y Holanda.

El cuarteto de Estonia parece estar definitivamente eliminado, pues ayer el joven Keres suspendió en una posición completamente perdida. Esto se debe, en parte, a que en la jugada 20ª, las negras, dirigidas por el maestro estoniano, rehusaron el cambio de damas, que hubiera llevado al empate. En su deseo de evitar las tablas, Keres hizo una o dos jugadas débiles, que proporcionaron a su adversario no sólo el cambio deseado, sino además un peón de ventaja. Ello, unido a una buena posición, debe darle la victoria al palestino Foerder. El equipo alemán se presentó a jugar con Dinamarca sin la presencia de su primer tablero Eliskases; a pesar de esta circunstancia obtuvo 1½/3, y dejó un encuentro en suspenso.

Para el público argentino la atracción principal de la noche radicaba en el encuentro de su equipo con Cuba. Los aficionados locales descontaban mi victoria sobre Grau, y tal vez pensaban que ello produciría la desmoralización de los otros jugadores. Teniendo presentes estas consideraciones, mis lectores podrán comprender que me hallaba anoche en una situación totalmente incómoda, pues dado que mi equipo marchaba a la retaguardia, mis deseos son de que triunfen los argentinos, sobre todo puesto que ellos me han hecho el honor de considerarme, y así lo han publicado, como la primera figura del torneo.

En ese estado de ánimo decidí efectuar una clase de juego que forzosamente debía ser largo y complejo, así los otros jugadores argentinos, no pudiendo prever el desenlace de mi partida, actuarían con más tranquilidad. No quiere esto decir que tuviera seguridad absoluta de ganar jugando de otro modo, pero así suponía que llevando las blancas, las posibilidades de triunfo estarían de mi parte. El cotejo, por consiguiente, se desenvolvió con lentitud, manteniendo yo desde el principio una superioridad de posición que puede convertirse en superioridad material en cualquier momento.

Algo acosado por la presión de las blancas, el campeón argentino resolvió en la jugada 18ª, practicar una combinación a fin de movilizar sus piezas y obtener un ataque que parecía prometedor. Esa contingencia la había previsto yo al hacer mi jugada 17.A1A, la cual tenía por objeto provocar por parte de las negras una de las tres maniobras a su disposición. Al decidirse Grau por 18…A4A las blancas advirtieron que obtendrían un peón de ventaja a cambio de un ataque que no podía resultar suficiente compensación. Quizás esta seguridad haya hecho parecer que las blancas actuaban con demasiada soltura, pero hay que reconocer que el campeón argentino jugó vigorosamente el ataque y le sacó todo el provecho posible, al extremo de forzar al blanco a jugar con mucha precisión para no perder la ventaja obtenida. La partida quedó en suspenso después de la jugada 40ª de las negras, a mi juicio, en una posición que debe ser relativamente fácil de ganar.[318]

La visión de Capablanca.
Crítica, 12 de setiembre de 1939

Escribe Capablanca en *Crítica* (Nota XIV)

▐ Mi ausencia frente a Alekhine no tiene importancia: ni Cuba ni Francia tienen posibilidades de ganar el torneo. En mi último artículo dije que el equipo cubano, en su *match* frente a Alemania, había constituido la sensación de esa jornada por las características de su actuación. Efectivamente, al día siguiente por la mañana fui a visitar a mis compatriotas y pude comprobar que de las tres partidas suspendidas, los cubanos tenían una completamente ganada, otras fácilmente tablas, y la tercera también tablas, siempre y cuando el representante de Cuba hiciese lo que era indispensable para ello. Naturalmente, usando de mi derecho, expliqué cuidadosamente a cada uno de ellos lo que convenía hacer. Grande fue, pues, mi sorpresa, cuando, por la noche, me informaron que mis compatriotas habían perdido los tres encuentros. La noticia casi me enfermó por lo insólita.

Puede comprobarse, en consecuencia, que mi ausencia en la jornada frente al conjunto alemán, motivada por un cansancio fácil de comprender, no pudo en forma alguna influir en los resultados del *match*, pues si hubiese jugado en las condiciones en que me encontraba, no habría podido aspirar más que a unas modestas tablas, con lo cual tal vez se habría establecido la diferencia de sólo medio punto entre el score actual y el hipotético.

Deseaba formular esta aclaración por haber circulado el rumor que mi ausencia había proporcionado una gran ventaja a Alemania sobre Argentina, contra la cual jugué la noche anterior, y también

---

[318] José Raúl Capablanca, *Crítica*, 12 de setiembre de 1939. Capablanca escribió en total 25 artículos.

porque parecía que ello significaba una falta de buena voluntad para los ajedrecistas locales. Esto último es tan absurdo que no necesita comentarse. Los que han leído mis artículos habrán observado que siempre he hablado favorablemente del equipo argentino, y que sólo he tratado de defenderlo, aunque sin exagerar la nota, más que nada por un espíritu de justicia respecto a sus componentes. No siendo Cuba factor importante en esta competencia, mi deseo, naturalmente, es que triunfe el equipo argentino. Cualquier otra interpretación es completamente falsa.

Ayer tuvo lugar la duodécima rueda del certamen, después de la cual la situación de los líderes continúa compleja e interesante, si bien Alemania lleva una ventaja que, al parecer, será, una vez concluidos los *matches* pendientes, un punto a un punto y medio. Siguen Argentina y Suecia con igual puntuación, y aún bastante cerca Holanda y Estonia. En este último equipo se ha operado tardíamente una reacción favorable, que lo transforma también en candidato a los primeros puestos. La excelente situación del equipo argentino se debe en gran parte a la resonante victoria sobre Chile, al que venció por 3½:½.

El *match* que se efectuó anoche entre Cuba y Francia resultó empatado 2:2. Y aquí deseo aclarar mi ausencia, que obedeció a razones puramente personales. Hace una semana yo notifiqué a la FADA que no pensaba enfrentarme con Alekhine, y expliqué en esa ocasión los motivos que me hacían adoptar esa decisión. Este anuncio a FADA lo hice para definir mi actitud con anticipación y evitar que el público fuera engañado. Al ratificar anteayer mi resolución no incurrí en descortesía para la FADA ni en falta de consideración hacia el público porteño. No se trata, en consecuencia, de haber rehusado un favor solicitado por la FADA. Tanto para el público como para la entidad organizadora me han animado siempre, y me animan, los mejores deseos.[319]

Escribe Capablanca en *Crítica* (Nota XV)

▓ La decimotercera rueda produjo una serie de cambios diversos, unos esperados y otros no, cuyo resultado es que la lucha por el primer puesto, lejos de aclararse, sigue tan compleja como antes. Por desgracia, uno de esos cambios significó la caída vertical del equipo argentino, el que ha pasado ahora a una posición que le da muy escasas chances para adjudicarse, como se suponía, el torneo; no sólo por la puntuación, sino porque además, sus contendientes de las dos últimas rondas son Holanda y Estonia. Para ganar, por lo menos tendría que obtener unos 6½/8 puntos, y además sería necesario que Alemania no hiciera más de 3/8 contra Suecia y Holanda, y que Suecia no hiciera más de 4/8. Estos resultados, si bien posibles, son poco probables. En realidad, la lucha parece estar limitada a Alemania y Suecia para el primer puesto, mientras que el tercero será disputado entre Polonia, Estonia, Argentina y Bohemia y Moravia. Incidentalmente, Estonia, que ascendió vertiginosamente en las últimas jornadas (7/8), lograría conquistar el primer puesto si consiguiese anotarse 6/8 en los dos últimos *matches*.

Analicemos las partidas de anoche. La contienda entre Polonia y Francia se definió muy pronto a favor de la primera, que ganó en los tableros nº 1 y nº 2, y suspendió las otras dos en una situación que le permitirá obtener un punto y medio más. Esto colocará a Polonia con 31½ y un solo *match* a jugar, contra Dinamarca, con el cual muy bien puede alcanzar el score necesario para pasar al primer puesto. En la lucha entre Estonia y Lituania, Keres hizo una bonita partida, y Schmidt triunfó por segunda vez desde que comenzó el certamen. Éste es el jugador que, por razones difíciles de explicar, ha sido la causa principal del retraso del equipo estoniano, que si entra en juego ahora y gana sus partidas, como se esperaba que hiciera desde el principio, puede, todavía, a último momento, ser la sorpresa del torneo.

[319] José Raúl Capablanca, *Crítica*, 15 de setiembre de 1939.

El resultado de la contienda entre Suecia y Argentina produjo, como decimos más arriba, el descalabro del equipo local. En el primer tablero, Ståhlberg, que había descansado el anterior, tuvo como contrario a Piazzini, quien planteó bien su juego y en determinado momento pareció que haría una buena partida. Pero la apariencia era superior a la realidad. Ståhlberg, jugador de gran imaginación, apeló a sus reservas en el momento crítico, y con una serie continuada de jugadas excelentes obtuvo la victoria. En defensa de Piazzini puede decirse que su posición llegó a ser extremadamente difícil. Además, el jugador argentino ha adquirido el mal hábito de encontrarse escaso de tiempo en las últimas diez o quince jugadas, y como consecuencia de esto a menudo pierde encuentros que podría ganar si dispusiera del tiempo necesario para reflexionar.

Bolbochán frente a Bergqvist hizo en sus comienzos una partida parecida a la de Ståhlberg – Piazzini. En ambos cotejos las negras adoptaron análoga defensa, pero pronto hubo un cambio, y en tanto que en el tablero nº 1 se produjo una lucha violenta, en el tablero nº 2 se efectuó una liquidación general que aportó un final en el que el argentino quiso forzar el juego sin tomar las precauciones debidas. El resultado fue un serio error que le costó una pieza, y con ella la partida.

En el tablero nº 3, Guimard, con las negras, luchó denodadamente contra Danielsson, defendiendo su flanco rey y presionando el flanco de la dama enemigo. Me pareció que el encuentro terminaría tablas, pero en un momento dado el sueco entregó un peón, produciéndose una situación favorable al argentino. En el tablero nº 4 hubo una lucha reñida, que no seguí de cerca, pero me parece que el jugador local debe haber cometido un grueso error para perder tan repentinamente.

Argentina tiene aún que jugar con Holanda y Estonia, mientras que Alemania debe enfrentarse con Suecia y Holanda, y Suecia con Alemania y Letonia. Todos éstos serán *matches* muy reñidos, y si Argentina tuviera la fortuna de obtener una victoria decisiva en alguno de ellos, aún podría aspirar al primer puesto.[320]

Capablanca lamenta la derrota argentina. *Crítica*, 16 de setiembre de 1939

Escribe Capablanca en *Crítica* (Nota XVI)

La última rueda atrajo a una enorme concurrencia al Teatro Politeama, la mayor, creo yo, desde el comienzo de la contienda. Entre las cosas curiosas que se produjeron, una fue la demanda intensa de autógrafos a los jugadores, al punto de que durante el transcurso de mi partida debo haber dado no menos de sesenta. Algo parecido les ha ocurrido a muchos otros, quizá con perjuicio para algunos de ellos, pues no es siempre fácil atender esas peticiones cuando se tiene por delante un

[320] José Raúl Capablanca, *Crítica*, 16 de setiembre de 1939.

complicado problema de ajedrez que resolver. Los resultados de la lucha entre Holanda y Alemania eran los que, sin duda, mayor gravitación habrían de tener en la tabla de posiciones, ya que existía la posibilidad de que Alemania perdiera, y en ese caso Polonia podía muy bien alcanzarla y hasta aventajarla, pues ésta tuvo por adversaria a Dinamarca, cuyo equipo es el más débil de todos los que participan en el actual certamen.

Por algún tiempo me pareció que los holandeses iban a tener éxito. A mi juicio se hallaban en una posición mejor en tres tableros, pero conforme se fue desarrollando la sesión, hubo modificaciones en el desarrollo de dichos encuentros, que terminaron resolviéndose en tres empates. Quedó suspendida una partida, cuyas perspectivas son de tablas, de manera que Alemania concluirá la prueba con 36 puntos sobre 56 (64%). Esto demuestra lo dura que fue la lucha por el primer puesto. El éxito de Alemania se debe especialmente a que de 56 cotejos perdió seis, en tanto Polonia fue derrotada en once.

El encuentro de Estonia con Argentina atrajo también mucho público, pues los estonianos disponían de una pequeña oportunidad de alcanzar a los alemanes si lograban obtener el éxito decisivo sobre el conjunto local, siempre, claro está, que Alemania hubiese sido vencida por Holanda. Esta lucha resultó muy interesante, y al suspenderse la sesión Argentina no sólo había logrado mantener enhiesto su pabellón, sino que parecía destinada a obtener un excelente resultado, ya que con un score de 1½:1½ quedaba pendiente una partida completamente favorable a Bolbochán. Como consecuencia, Estonia permanece definitivamente en el tercer lugar. Mi encuentro con Trompowsky se desenvolvió de manera muy interesante, y ya en la jugada 15ª las blancas, que yo conducía, habían obtenido una posición superior.

En la movida 16ª las negras cometieron un pequeño error, del cual me aproveché inmediatamente, para hacer una liquidación general y al mismo tiempo obtener un peón de ventaja. Mi adversario hizo gala de excelentes recursos, y como consecuencia, se produjo un final interesante que en la jugada 36ª tuvo desenlace a mi favor. La partida, por sus características, merece un estudio por parte de los aficionados.[321]

Escribe Capablanca para *Crítica* (Nota XVII, final)

▓ Ayer por la tarde tuvo lugar el acto de clausura, con asistencia de numeroso público. Como era de prever, Alemania obtuvo el primer puesto por el pequeño margen de medio punto sobre Polonia. Estonia ocupó el tercer lugar, a mayor distancia, seguida de cerca por Suecia y Argentina. La diferencia entre estos tres equipos es de sólo un punto, circunstancia que demuestra lo reñida que fue la lucha.

Los que han seguido estos artículos podrán comprobar que mis cálculos originales no se han apartado mucho del resultado final, y que sólo hubo un pequeño cambio en el orden de colocación, al ubicarse Estonia en el tercer lugar, y no en el primero. En cambio, se recordará que afirmamos que Argentina se clasificaría entre los cinco primeros, pues si bien creíamos que podría ser cuarta e incluso tercera, no pensamos nunca que pudiese ganar el certamen. No queremos decir con esto que el equipo local no sea excelente, sino que, con el debido respeto a cada uno de sus jugadores, creemos firmemente que para ganar una prueba de esta índole es necesaria la presencia en el tablero 1, de un jugador superior que obtenga no menos del 60% de los puntos. La intervención de un ajedrecista de alto calibre no sólo refuerza el *score* sino que tonifica también la moral del conjunto. El campeón argentino, señor Roberto Grau, es un excelente jugador, y si a él u otro de su talla lograran perfeccionarse un poco más, el *team* argentino se convertiría en una seria amenaza para cualquier contienda internacional.

[321] *Crítica*, 19 de setiembre de 1939.

De todos modos, creo firmemente que la afición argentina debe sentirse orgullosa de su equipo. Esto significa que en el ajedrez argentino se ha efectuado un gran adelanto en los últimos diez años. Para lograr un máximo de desenvolvimiento ajedrecístico es necesario ahora, a mi juicio, organizar en el país torneos internacionales en los que figuren media docena de los jugadores más prominentes del mundo, los que se medirían con un conjunto de ajedrecistas locales que tendrían así oportunidad de habituarse a actuar ante los ases del tablero. En mi larga carrera ajedrecística he podido comprobar la importancia que tienen esas pruebas para el desarrollo del ajedrez. Recuerdo, por ejemplo, que en Moscú 1925 se efectuó un gran torneo de maestros, en el cual participaron conjuntamente con los rusos, ocho o diez grandes maestros de otras nacionalidades. Durante el transcurso del certamen fui a Leningrado a dar una sesión de simultáneas: allí, un joven de 14 años me ganó una excelente partida. Diez años más tarde, ese joven, Mikhail Botvinnik, se había transformado en una de las primeras figuras del ajedrez mundial.

En mi propio caso, la presencia de grandes maestros en La Habana en diversas etapas de mi niñez fueron causa directa de mi perfeccionamiento. Recuerdo que tenía 9 años cuando Pillsbury visitó mi ciudad natal, lo que fue motivo para que mi padre me llevara varias veces al club de ajedrez donde actuaba. Esto influyó notablemente en la calidad de mi juego. Ya que la FADA ha realizado un esfuerzo tan grande, esperemos que no deje decaer su obra y que continúe en la tarea de propagar y perfeccionar el ajedrez argentino mediante la organización de torneos magistrales.

Volvamos al TN. La lucha que acaba de cumplirse y las dificultades de orden económico que la FADA tuvo que afrontar, sugieren la necesidad de un cambio de sistema respecto a forma en que se debe organizar la disputa de la Copa Hamilton Russell. En sus comienzos, los aspirantes a la Copa no pasaban de media docena. Hoy son alrededor de cuarenta los países que intervienen. Lo que era fácil hace algunos años resulta ahora sumamente complejo por las dificultades que se derivan de trasladarlos de un país a otro de 30 o 40 equipos, acomodarlos y ocuparse de sus diversas necesidades. A mi juicio debería modificarse el sistema de realización, asemejándolo al que se utiliza en la Copa Davis de tenis. Se podrían hacer eliminatorias en América y Europa. Este procedimiento es el más indicado para evi-

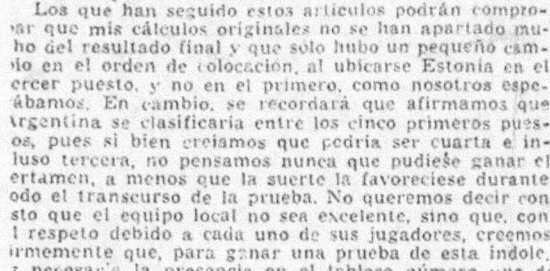

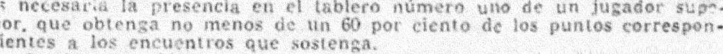

Última nota de Capablanca. *Crítica*, 20 de setiembre de 1939

tar enfrentamientos inocuos entre gran cantidad de equipos que no tienen probabilidades de éxito, y al mismo tiempo para evitar los enormes gastos a que nos hemos referido. Me permito hacer estas sugerencias a la FADA, actualmente sede de la FIDE. Para terminar, diré que en más de 30 años que llevo participando en contiendas de toda índole, pocas veces he presenciado un espectáculo tan bien organizado y dirigido como este TN. Mis felicitaciones a todos quienes intervinieron en su realización.

CAPÍTULO 8

LAS NOTAS DE ALEKHINE EN *EL MUNDO*

Escribe Alekhine en *El Mundo* (Nota I)

El TN inaugurado ayer está destinado, sin duda, a constituir una etapa importante en la evolución del ajedrez contemporáneo, y no es esto gracias a la participación del tal equipo o tal jugador, que puedan presentar un interés particular, y menos todavía por los valores artísticos que se producirán en las luchas que comienzan mañana, por más grandes que esos valores puedan ser. Las verdaderas razones de la importancia del acontecimiento son, en primer lugar, el hecho mismo que un torneo de esta envergadura haya podido encontrar en este continente, un apoyo unánime y eficaz de la opinión pública y de las esferas gubernativas.

Bienvenida de Alekhine en su primera nota.
El Mundo, 24 de agosto de 1939

Este apoyo demuestra de una manera brillante que el ajedrez continúa su marcha a través del mundo, que fue lenta en sus comienzos, pero que ahora se torna de más en más, rápida y seguramente, hacia una posición inexpugnable, al tiempo que se convierte en factor cultural. En segundo lugar, el torneo de Buenos Aires 1939, por la amplia participación de los países de la América Latina, será indudablemente el debut de una nueva era, en la que las jóvenes fuerzas de este continente aunarán sus esfuerzos a favor de la causa común, a los de las viejas organizaciones europeas, ligeramente debilitadas estos últimos tiempos a causa de la tensión internacional.

Mis colaboraciones diarias van a estar consagradas principalmente a poner de relieve los momentos deportivos más importantes de las luchas que comienzan. Sin poder hacer pronósticos precisos y definitivos, estoy persuadido, sin embargo, que la Argentina puede estar segura de obtener un luchar de honor en estas luchas. Estoy persuadido también de no ser, ni mucho menos, el único jugador extranjero que desea que el ajedrez argentino obtenga la mejor recompensa posible, por el magnífico y excepcional esfuerzo que ha realizado. Por hoy, nada más.[322]

Escribe Alekhine en *El Mundo* (Nota II)

Por primera vez la Federación de los Estados Unidos ha decidido no enviar sus representantes, y esta abstención es muy lamentable desde más de un punto de vista. Primero, privando a los equipos rivales de demostrar, enfrentándose con ellos, hasta qué punto han acrecido en fuerza, tenacidad y experiencia. Además, y sobre todo, considerando que su ausencia es debida a las exigen-

---

[322] Alejandro Alekhine, *El Mundo*, 24 de agosto de 1939.

cias financieras muy exageradas de algunos de sus miembros. Hay una cosa clara: cuando se trata de defender los colores de un país, toda comercialización profesional está fuera de lugar. Igualmente, Hungría brilla por su ausencia, pero por circunstancias completamente diferentes: Lilienthal se ha naturalizado ciudadano soviético, y Szabó se ha refugiado en la Europa Occidental. No hay que extrañarse, pues, de su abstención.

De los vencedores pasados, queda solamente Polonia, y no temo equivocarme al afirmar que este equipo es, en fuerza, igual al que venció en 1930, porque si falta el gran Rubinstein, tiene al siempre joven Tartakower, y hay que tomar en consideración a la joven guardia polaca: Najdorf, Frydman y Regedzinski. Entre los encuentros más importantes de esta rueda está el de Suecia y Estonia, donde se asistirá al duelo de los dos viejos adversarios, Keres y Ståhlberg. Entre los otros encuentros más importantes de la primera rueda, se dará el de Inglaterra – Canadá, donde la experiencia de sir George Thomas se opondrá al niño prodigio Abe Yanofsky.[323]

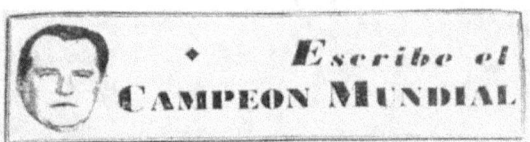

El Mundo, 25 de octubre de 1939

Escribe Alekhine en *El Mundo* (Nota III)

El resumen de la primera rueda puede caracterizarse por una palabra: fue brillante. Brillante por el aspecto de la fiesta del Teatro Politeama, cuya sala fue arreglada con buen gusto y arte por los organizadores, a fin de procurar, tanto a los jugadores como al público el máximo de espacio y de confort para esa afluencia imponente de espectadores que hasta el fin no dejó de seguir el desarrollo con emoción y disciplina, no muy frecuentes en los países de Europa, a la cual, nosotros, los jugadores, debemos rendir pleno homenaje.

En cuanto a la lucha misma, he aquí mis primeras impresiones:

1º. La ausencia de sorpresas colectivas, de resultados inesperados. Esto demuestra que la valorización de la fuerza respectiva de los equipos de parte de los organizadores fue generalmente exacta, y que, por consiguiente, el reparto por grupos es equitativo.

2º. La prueba de que casi todos los equipos latinoamericanos que toman parte por primera vez en la competencia pueden llegar a ser adversarios peligrosos, hasta para los favoritos. Es de notar que durante la primera parte de la noche inicial, el Uruguay dominó netamente a Letonia, y sólo una mayor resistencia hizo inclinar la balanza a favor de los letones.

3º. Igualmente apreciable fue la actividad de los tres últimos ajedrecistas cubanos contra los representantes bien entrenados de la Palestina. Los brasileños, a pesar de que llegaron pocas horas antes de comenzar la lucha, hicieron buen papel contra la temible Polonia. Como sorpresas individuales

---

[323] Alejandro Alekhine, *El Mundo*, 25 de agosto de 1939.

asistimos a las derrotas rápidas del brillante crack inglés Alexander contra el canadiense Morrison, y del estratega sueco Lundin contra el estoniano Raud. El inglés, por exceso de confianza; el sueco, por exceso de prudencia.[324]

Los elogios de Alekhine en su nota III para *El Mundo*, 26 de agosto de 1939

Escribe Alekhine en *El Mundo* (Nota IV)

Habiéndose cumplido ya la primera mitad de las luchas preliminares, no es inútil ahora dar un golpe de vista sobre las posibilidades de entrar en la rueda final que tienen los competidores de los cuatro grupos. En el Grupo A la lucha se ha caracterizado, sobre todo, por la actuación brillante de Bohemia-Moravia, y la igualmente buena de Polonia. A parte de estos dos países, Inglaterra está igualmente segura de clasificarse, aunque la actividad de sus representantes no ha respondido, hasta ahora, a la expectativa general. Hay que notar, particularmente, las dos derrotas del campeón Alexander. Hay que ver en esta defección parcial una repercusión de la terrible tensión europea en los representantes de los países cuyos integrantes están más directamente afectados. Esto es muy natural. En cuanto al cuarto candidato de este grupo para la final, la cuestión se resolverá, aparentemente, en ocasión del *match* Brasil – Canadá.

En el Grupo B, la nota preponderante fue el excelente juego del equipo chileno, que luchó honrosamente frente a Alemania, batió al Uruguay y terminó con un resultado favorable frente a Francia. Los concurrentes más serios para el cuarto lugar son Francia y Bulgaria. Las probabilidades de este último país fueron sensiblemente aumentadas por el hecho de que el letón Petrovs,

---

[324] Alejandro Alekhine, *El Mundo*, 26 de agosto de 1939.

cometiendo un error de apreciación poco perdonable para un jugador de su clase, rehusó las tablas propuestas por su adversario Zvetkoff, y se deslizó hacia una situación que parecía, después de la segunda interrupción, sin esperanzas.

En el Grupo C los vencedores serán Argentina, Lituania, y probablemente Holanda e Islandia. La actividad del equipo argentino suscitó un interés creciente, no sólo gracias a su excelente actuación deportiva, sino también sobre todo para los conocedores, por la calidad de las partidas producidas. El final de Grau contra Islandia, y las victorias de Pleci y Bolbochán contra Dinamarca, son obras de gran clase.

Por fin, en el Grupo D, la lucha se desarrolla sin grandes emociones deportivas. Su atracción reside enteramente en la actividad de dos estrellas de primera magnitud: Capablanca y Keres. Nada asombroso, por consecuencia, que su encuentro de anoche suscitara un interés excepcional. Aunque las peripecias de esta lucha no fueron particularmente emocionantes, considero que sus resultados científicos no deben despreciarse. En efecto, si las blancas no tienen nada mejor, en la variante adoptada por Keres, y considerada en estos últimos tiempos como muy favorable, puede decirse que toda esta línea de juego está destinada a desaparecer rápidamente del repertorio de los maestros. Este encuentro habría producido aquello a que aspiran, generalmente, los mejores representantes de nuestro arte: una nueva e inmutable verdad.[325]

Escribe Alekhine en *El Mundo* (Nota V)

▓ Gracias a una coincidencia del sorteo, la mayoría de las estrellas del TN, tales como los representantes de Cuba, Estonia, Polonia y Suecia, estuvieron libres anteanoche, y una de las otras principales atracciones, el equipo argentino, sólo tuvo un trabajo muy fácil y sin emociones deportivas ante Ecuador. Por consecuencia, el interés general se concentró en la partida que tuve que jugar contra el joven campeón de Alemania, Eliskases. Me había medido con él, por última vez, en 1936, y habiendo seguido desde entonces las alternativas de su carrera, sabía que su forma se encuentra en constante y rápido ascenso. En efecto, una simple ojeada sobre su actuación en el año último es una prueba: gana brillantemente y sin derrotas el Campeonato de Alemania; gana, sin derrotas también, el fuerte torneo internacional de Noordwijk delante del doctor Euwe, Keres, Tartakower, Bolgoljubow y otras celebridades; gana de una manera concluyente el *match* contra Bogoljubow; en fin, de cinco torneos nacionales e internacionales en los que toma parte en los últimos meses, fue primero cuatro veces, y no perdió en total, más que una sola partida.

El conocimiento de esta imponente estadística me decidió, naturalmente, a producir un esfuerzo correspondiente a la circunstancia. Y como considero el presente torneo, entre otras cosas, como una magnífica ocasión de entrenamiento para los *matches* futuros por el título, aproveché la oportunidad para tratar un tema que actualmente me interesa de modo especial: el de la explotación exacta de las ventajas microscópicas en las posiciones simplificadas. Este problema es, en efecto, de primera importancia práctica contra adversarios de gran clase, contra los cuales, en la forma en que está actualmente la técnica moderna, es casi imposible obtener una ventaja de posición importante. Es necesario, en la mayoría de los casos, tratar de *crear algo*, de una pequeñísima cosa, como lo hizo, por ejemplo, Botvinnik contra mí en el Torneo de AVRO, o bien Capablanca en su 10ª partida del *match* contra Lásker.

El hecho de que mi adversario se encontrara desde el comienzo, sin error aparente, en una ligera inferioridad, y que la posición suspendida no le ofreciera sino pocas probabilidades de salvación, demuestra que el problema que yo me había propuesto en esta ocasión fue resuelto de una manera

[325] Alexander Alekhine, *El Mundo*, 27 de agosto de 1939.

satisfactoria. Y como mis compañeros de equipo han producido un esfuerzo muy meritorio, la cuestión de nuestra entrada a la rueda final se resolverá en nuestro *match* con Uruguay, que no dejará de ser emocionante, puesto que todo puede depender de medio punto.

En esta ocasión pienso que no es superfluo recordar a mis lectores un hecho de que el público no se da siempre cuenta, es decir, que no sea solamente EL DERECHO, SINO EL DEBER, DE LOS CAPITANES DECIDIR SI SUS COMPAÑEROS DE EQUIPO DEBEN PROPONER O ACEPTAR TABLAS, O BIEN SUSPENDER O NO LA PARTIDA. ESTA VERDAD FUE CONFIRMADA HACE ALGUNOS DÍAS, POR UNANIMIDAD, POR LA COMISIÓN DE ÁRBITROS, Y TIENE, ENTONCES, FUERZA DE DE LEY. (Sic por las mayúsculas).[326]

Escribe Alekhine en *El Mundo* (Nota VI)

Entre los jóvenes grandes maestros reputados por sus conocimientos teóricos, el americano Fine es, seguramente, aquel cuyo renombre está más consolidado. Este renombre está basado, en parte, sobre la serie de artículos que publicó últimamente en la revista decana de los ajedrecistas ingleses: la British Chess Magazine, y sobre todo, por el trabajo gigantesco que se impuso al poner al día el excelente manual de Griffith y White, Modern Chess Openings. Sin embargo, debí persuadirme anteanoche de que este astro ajedrecístico, como tantos otros, desde luego, no es infalible, puesto que habiendo adoptado en mi partida con el campeón uruguayo Rotunno una línea de juego particularmente recomendada por Fine, me vi, a los pocos movimientos, delante de una alternativa muy penosa, vistas las necesidades del momento: o bien correr serios riesgos en el medio juego, o bien, simplificando la posición, llegar a un final con probabilidades más que problemáticas de ganar.

En un tornero individual en donde sólo mis intereses hubieran estado en juego, hubiera probablemente optado por la primera solución, pero imponiéndome el juego de equipo eliminar en lo posible toda especie de peligro, forcé un final en el que Rotunno, jugando constantemente lo mejor, hubiera podido forzar las tablas. Pero, ¿cómo encontrar siempre lo mejor, sobre todo cuando se está apurado por el tiempo? Hasta aquí ningún jugador del mundo, al menos, ha resuelto este problema. Por consiguiente, llegamos en el momento de suspender a una situación en donde mi adversario, encontrándose en desventaja material, tendría dificultades para mantenerse. Como ustedes saben, la victoria me correspondió luego. Además, el resultado de nuestra partida (ganada por mí o tablas) no tenía importancia deportiva, puesto que el hecho de que mi compañero de equipo Kahn haya ganado, hace que nuestros adversarios, el Uruguay, no pueda alcanzarlos, aunque ganara sus últimas cuatro partidas.

El Mundo, 31 de agosto de 1939

---

[326] Alexander Alekhine, *El Mundo*, 30 de agosto de 1939.

El hecho de que los dados cayeran entonces en nuestro favor, despertó en mí un sentimiento de doble naturaleza: reconocimiento hacia mis compañeros, que a pesar de su falta de experiencia y sobre todo de entrenamiento serio, lograran ganar alrededor del 30% de sus partidas, y sincera pena de que el valiente y eminentemente deportivo equipo de Uruguay, sin réplica uno de los cuatro mejores de la América del Sur, sea, por este hecho, eliminado de la final. Podría preguntarse en este momento si la distribución por grupos fue equitativa. YU JUZGO PERSONALMENTE QUE LO FUE, VISTAS SOBRE TODO, VARIAS CIRCUNSTANCIAS DE FUERZA MEYOR, COMO POR EJEMPLO LA FORMACIÓN DE UN GRUPO DE SEIS EQUIPOS SOLAMENTE, QUE POR ESTE HECHO FUERON EVIDENTEMENTE FAVORECIDOS.

A propósito de esto quiero precisar que mi papel personal en la formación de los grupos ha sido generalmente muy exagerada. Me limité a dar a la FADA mi opinión sobre el respectivo valor de los cinco o seis equipos más fuertes, y de sugerir un procedimiento de votación para el caso en que los capitanes se rehusaran a acertar la lista preparada por la federación organizadora. Desde luego, el honor de haber encontrado una distribución que obtuvo la aprobación unánime, corresponde al capitán del equipo argentino, Roberto Grau.[327]

Escribe Alekhine en *El Mundo* (Nota VII)

Salvo una excepción, la situación incierta entre Dinamarca e Islandia, el problema de las eliminaciones había sido resuelto antes de comenzar la rueda de anteayer. La última sesión estuvo, por consecuencia, consagrada sobre todo a mejorar los scores respectivos de los equipos ganadores, y considerada bajo este aspecto, presenta algunos momentos de considerable interés deportivo. Así, en el Grupo A, la competencia entre Polonia y Bohemia-Moravia llevó a estos dos equipos a producir resultados excepcionalmente brillantes. En el Grupo B, la suerte quiso que los dos equipos más fuertes, Alemania y Letonia, se encontraran en la final, y aunque Alemania parece ganar este encuentro, su rival triunfa, a pesar de eso, en la clasificación general. En el Grupo C, la Argentina no solamente gana la competencia, sino que también logra el *tour de force* de SER EL ÚNICO PAÍS ENTRE 27 QUE HA GANADO TODOS SUS *MATCHES*. Es un resultado bien merecido y del mejor augurio para la rueda final. Por fin, en el Grupo D, la preliminar está ganada por Suecia, entrando Estonia segunda en buena forma.

¿En qué medida estos resultados permiten pronósticos en cuanto al verdadero torneo que comienza hoy? De manera general, ellos confirman los cálculos previos, aunque aportando pequeñas correcciones. Así, Argentina y Polonia quedan siendo como antes, los dos grandes favoritos. Por el contrario, las posibilidades de victoria final para los equipos de Bohemia-Moravia y Letonia parecen haber sido ligeramente aumentadas, mientras que las posibilidades de Estonia y particularmente de Alemania han sido disminuidas en el mismo grado. De todas maneras, los seis equipos nombrados formarán en el final, probablemente con Suecia y Lituania, un grupo privilegiado de donde saldrá el ganador de la copa.

Como actuaciones individuales, hay que destacar en primer lugar la de Pleci, no solamente desde el punto de vista cuantitativo, sino, sobre todo, vista la facilidad con la cuál obtiene sus victorias; además, la excelente forma sobre los primeros tableros del doctor Tartakower, de Mikenas y de Opocensky. En cambio, el campeón inglés Alexander representa, hasta aquí, la única decepción deportiva verdadera del torneo. Todos los que, como nosotros, conocen aquello de que es capaz, después de haber restablecido su verdadera forma, esperan que se tomará una brillante revancha en la rueda final.[328]

[327] Alexander Alekhine, *El Mundo*, 31 de agosto de 1939. Las mayúsculas son de Alekhine.
[328] Alexander Alekhine, *El Mundo*, 1º de setiembre de 1939. Las mayúsculas son de Alekhine

Escribe Alekhine en *El Mundo* (Nota VIII)

Hay poco que decir sobre el sorteo de anteayer, salvo que ya la primera acción va a producir, al menos, tres encuentros individuales de considerable interés deportivo: Alekhine – Ståhlberg, Capablanca – Tartakower y Eliskases – Keres. Desde luego, el gran público, siempre ávido de partidas sensacionales, podrá esperar espectáculos parecidos durante toda la duración del torneo que comenzó anoche, puesto que los *matches* de equipo más importantes para la clasificación final parecen ser: Argentina – Lituania y Argentina – Estonia.

Aquellos que han seguido la actividad del equipo francés, se sorprenderán posiblemente de la presencia en el cuarto tablero de nuestro miembro suplente, el comandante (Edmond) Dez. Esta presencia que va a repetirse en adelante, tiene el valor de un símbolo: está destinada a demostrar que nuestro equipo, formado como está, no se considera capaz de luchar con efectividad para la obtención de la Copa. Lo hubiera sido si, como había estado previsto, Betbeder, con su grande y fructuosa experiencia internacional, y Raizman, ex campeón de Francia, hubieran tomado parte. Pero en las circunstancias actuales, desventajados (Sic) como lo fuimos no solamente por estas ausencias –debidas a las horas trágicas que atraviesa Europa–, sino también por el hecho de que no tenemos sino un suplente de pura fórmula.

El comandante Dez embarcó como delegado de la Federación Francesa, y no como jugador, el único fin deportivo que nosotros podíamos proponernos era entrar en la final. Gracias a la excelente actividad de mis compañeros de equipo, que ganaron alrededor de la mitad de sus partidas, y no el 30% con que fue reproducido por error, ese propósito fue alcanzado después de una lucha llena de peripecias.

En cuanto a las partidas que vendrán, nuestra ambición va a limitarse a alcanzar, sobre los tres primeros tableros, siendo cuatro jugadores, el mejor porcentaje posible; es decir, aquello a que aspirarán todos los otros equipos sobre cuatro tableros, siendo cinco jugadores. Se llegamos, como lo espero, a un resultado honorable, esto probará que en circunstancias normales, Francia, en adelante, podrá ser considerada como un candidato serio para la Copa. Y esto es, por el momento, lo esencial.[329]

Escribe Alekhine en *El Mundo* (Nota IX)

El *jiro* trágico que tomaron los acontecimientos de Europa tuvo, ciertamente, una repercusión sobre nuestras luchas pacíficas del torneo. La incertidumbre, casi hasta último momento, de participación de los equipos más directamente afectados; el regreso, tan lamentable como inevitable, del equipo inglés; todo eso hizo que no hubiera precisamente una atmósfera de concentración, y la calidad de las partidas se resintió en cierta medida. La primera cosa a destacar es el juego perfectamente incomprensible, en cuanto al final, de Keres contra Eliskases. Habiendo fácilmente igualado el juego, a pesar de la salida de su adversario, llegó, después de una serie de cambios, a una posición que, lógicamente, hubiera debido ser dejada como tablas.

En cambio de eso, Keres emprendió una excursión más que aventurada con su rey, que le costó dos peones sin ninguna clase de compensación. En resumen, fue una partida de la que el ganador no puede vanagloriarse. Sintiéndome con poca disposición para jugar por las razones arriba indicadas, adopté contra Ståhlberg la misma variante tranquila que había experimentado tan a menudo en el *match* contra Capablanca en 1927. La sensación de poder forzar las tablas de muchas maneras tuvo como efecto –cosa que ocurre a menudo cuando uno no está en forma– disminuir mi vigilancia. No sólo no saqué ventaja de una jugada inferior de apertura, sino que sacrifiqué, sin necesidad

---

[329] Alexander Alekhine, *El Mundo*, 2 de setiembre de 1939. El comandante Edmond Dez era un militar que, al menos, realizaba tareas de inteligencia, y fue incluido en el equipo como pantalla para sus actividades. Nota del autor.

ni urgencia, un peón, con el sólo fin de complicar la situación. Este sacrificio abrió, es verdad, nuevas perspectivas a mi alfil, que seguramente me serán de mucha utilidad en la segunda sesión, pero como yo no puedo, de todas maneras, aspirar ahora sino a las tablas, toda la operación debe ser considerada como un esfuerzo superfluo, y por consecuencia, condenable.

Comparada con esta producción sin gran altura, resulta tanto más meritoria la actuación del doctor Tartakower puesto que, jugando con las negras, no solamente no encontró ninguna dificultad de apertura contra Capablanca, sino que consiguió, a pesar de los alfiles de distinto color, obtener una especie de iniciativa que obligó a su adversario a liquidar rápidamente la tensión y contentarse con tablas. El score obtenido por Polonia es muy significativo, puesto que dos de sus adversarios, Letonia y Estonia, no han conseguido imponerse.[330] La lucha de los argentinos con Lituania fue espectacular, y según todas las probabilidades terminará con un resultado al menos tan favorable para ellos como el *match* contra el mismo país en el torneo preliminar.

Pleci fue, como siempre, original y atrevido en sus concepciones estratégicas de apertura; Piazzini hizo alarde un temperamento y una fuerza de voluntad inesperada en la defensa de su posición en peligro; por fin, Bolbochán demostró una vez más su habilidad para acumular mínimas ventajas. Solamente el campeón Grau parece haber encontrado su *Bete Noir*[331] en la figura del lituano Mikenas. Sin querer despreciar las aptitudes tácticas de este último, se debe convenir que el hecho, para un jugador de la clase de Grau, de perder contra él dos partidas consecutivas con las blancas no puede ser considerado normal.

La historia de los torneos modernos conoce, desde luego, un número suficiente de parecidos casos de idiosincrasia ajedrecística: también el brillante Janowsky perdía regularmente con el inglés Mason, entonces en la declinación de su carrera. Tschigorin era incapaz de resistir al maestro vienés de mediana categoría Heinrich Wolff, etc. Este fenómeno de orden psicológico no tiene nada que ver con la fuerza ajedrecística: Grau sigue siendo Grau, y probablemente lo probará en las partidas que vendrán.[332]

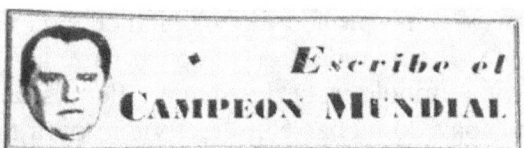

Escribe Alekhine su nota 9ª.
El Mundo, 3 de setiembre de 1939

Escribe Alekhine en *El Mundo* (Nota X)

La jornada del sábado, a pesar de no haber sido fértil en resultados sensacionales, dio probablemente satisfacción a los conocedores de nuestro arte, puesto que las luchas fueron ásperas, ricas

[330] Estas referencias elogiosas hacia Polonia son un argumento evidente para apoyar la tesis de que Alekhine no escribió voluntariamente aquellos artículos antisemitas en el *Pariser Zeitung en 1941*. Si Alekhine hubiese sido antisemita no hubiera redactado esta crónica con ese lenguaje. Ver nota en el capítulo siguiente. Nota del autor.
[331] Bestia negra.
[332] Alexander Alekhine, *El Mundo*, 3 de setiembre de 1939.

en ideas, y varias de ellas marcan un jalón en el estudio de la teoría de las aperturas. El más largo y más accidentado de los finales suspendidos fue el de Ståhlberg conmigo. Mi adversario, que tenía al reanudar la lucha un peón de más, con una posición que podía fácilmente anular, adoptó una línea de juego decididamente demasiado arriesgada, a consecuencia de la cual no solamente perdió su ventaja, sino que también se encontró a un paso de la derrota. Posiblemente, yo tuve, en cierto momento, un triunfo forzado, pero en todo caso, mantuve la iniciativa hasta el final de la sesión, y ahora, suspendida por segunda vez, toca a Ståhlberg buscar las tablas.[333]

Escribe Alekhine en *El Mundo* (Nota XI)

■ El hecho saliente de la sesión fue la actuación brillante de la Argentina contra la muy fuerte Bohemia-Moravia, que será probablemente vencida con un resultado de medio a tres y medio, o uno a tres. Destacables en este *match* fueron la magnífica confianza en sí mismo de Pleci, y el juego de posición cristalino de Guimard. Por el contrario, los polacos, que aparecen por el momento como los adversarios más peligrosos de la Argentina, tuvieron la mala suerte de perder en el cuarto tablero a consecuencia de un error manifiesto una partida que les era muy favorable. Ellos ganarán el

Nota 10ª de Alekhine.
El Mundo, 5 de setiembre de 1939

match, es probable, pero estrechamente.[334] En nuestro *match* contra el homogéneo equipo de Holanda, hay que señalar el excelente juego de mi compañero Rometti, que obtuvo la victoria por medio de un ataque enérgico y lleno de precisión.

En mi partida con Scheltinga se produjo una desagradable sorpresa: a causa del funcionamiento defectuoso del reloj, advertimos que en el momento de sonar el gong que anuncia la suspensión de la jornada, teníamos todavía media hora para jugar. En consecuencia, los últimos movimientos fueron ejecutados en medio del ruido del público que abandonaba la sala, y este hecho puede haber tenido una repercusión sobre el resultado normal del combate, puesto que la partida misma presenta un interés en la apertura, como consecuencia de un mejoramiento de la línea de juego de Reshevsky contra Euwe en Estocolmo de 1937, introducido por mí en esta ocasión. En medio de la partida, con el fin de evitar las tablas por repetición de jugadas, sacrifiqué una pieza por tres peones, habiendo estimado esta transacción poco riesgosa. La continuación de la partida demostrará hasta qué punto esta valuación fue justa.[335]

Escribe Alekhine en *El Mundo* (Nota XII)

■ La partida que tuve que disputar anteayer contra Keres fue el centro de la atracción general, y espero que el público no se haya decepcionado, por lo menos en cuanto al valor artístico de la misma. Fue, en resumen, una lucha llena de peligros para mi adversario, y de la cual logró salir

---

[333] Alexander Alekhine, *El Mundo*, 5 de setiembre de 1939.
[334] Este párrafo también puede agregarse a la cuestión de los artículos de Alekhine en *Pariser Zeitung*.
[335] Alexander Alekhine, El Mundo, 6 de setiembre de 1939.

airosamente. Desde el punto de vista científico, parece que mi concepto de tratar la apertura elegida fue el más justo, puesto que conservé, desde el comienzo hasta el final, la iniciativa. A parte de eso y a consecuencia de la victoria convincente de mi compañero Kahn, Francia está, de todas maneras, segura de empatar el *match* con Estonia.

Entre los otros encuentros individuales hay que destacar particularmente la bella actuación de Petrovs contra Mikenas, que representa una feliz amalgama de interesantes concepciones estratégicas y de combinaciones exactamente calculadas, y la revancha (por las tablas de la rueda preliminar) de Capablanca contra Czerniak, cuya serie de *intermezzos* tácticos causó, probablemente, no poca emoción al público. El hecho más saliente, sin duda, de la reunión de anteanoche, fue la nerviosidad creciente, y más que excusable en vista de la declaración de guerra, de muchos equipos europeos. Así, Polonia no obtuvo sino un empate ante el joven equipo chileno, y Bohemia y Moravia, a pesar de la posición ventajosa de Opocensky contra Eliskases, perdió contra Alemania.

Como contraste con todas estas defecciones parciales, la marcha victoriosa de Argentina se hace cada vez más imponente. Se esperaba, en verdad, que el equipo nacional obtuviera un resultado favorable contra el Brasil, pero el score final de 3½:½, que da al equipo argentino punto y medio de ventaja sobre los otros concurrentes, excede todas las esperanzas y todas las previsiones. Anoche la Argentina luchaba contra el equipo alemán, que hasta ahora ha obtenido scores bastante favorables. Los resultados de este encuentro pueden, por lo tanto, ser de gran importancia para la clasificación final. En cuanto a los encuentros individuales de interés para la cuarta rueda, en encuentras los de Opocensky – Petrovs, Ståhlberg – Capablanca, y Mikenas – Alekhine.[336]

Escribe Alekhine en *El Mundo* (Nota XIII)

▓ La jornada de anteayer se destacó por una decisión de los organizadores que no dejará de tener una influencia directa sobre la clasificación final del Torneo Copa Hamilton Russell. Esta decisión, que fue consecuencia de una moción presentada por los equipos francés y polaco, consiste en no poner en contacto a los cuatro equipos de los países beligerantes que toman parte; vale decir, Francia, Polonia, Alemania y Bohemia-Moravia. Las partidas que serían disputadas en los cuatro *matches* entre estos equipos, serán declaradas perdidas por ausencia y adjudicados los puntos en proporción de dos a dos; y por consiguiente, cada equipo obtendrá cuatro puntos por los dos *matches* que hubiera debido jugar. Hablando objetivamente, la solución encontrada por la FADA es, no solamente la única idea posible, sino también la más deportiva, puesto que ninguno de los equipos en cuestión puede sentirse seriamente aventajado.

Pero, subjetivamente, cada equipo, y sobre todo aquellos que luchan por el primer puesto, podía esperar obtener contra sus rivales más del 50%, y cada jugador en particular podía esperar anular a éste o aquel rival. En cambio, los equipos arriba mencionados tienen la ventaja –frente a la Argentina por ejemplo– de gozar de dos días más de descanso, circunstancia que hacia el final del torneo no hay que desdeñar. En suma, como lo hemos mencionado, no había prácticamente qué elegir.

El encuentro entre la Argentina y Alemania fue rico en episodios dramáticos, y digamos enseguida que si las luchas se hubieran desarrollado lógicamente, de acuerdo a los planes en que estuvieron basadas en las primeras horas, los resultados hubieran sido muy diferentes. Así, Grau obtuvo con rapidez una partida fácilmente anulable contra Eliskases; Bolbochán superó a su rival Engels en la apertura, Piazzini, en una variante delicada del Ruy López, logró, después de maniobras sutiles, llegar a un medio juego lleno de promesas, y por fin, Pleci, como de costumbre, en un contraataque al centro minuciosamente preparado, consiguió una iniciativa de largo alcance. Desgraciadamente,

---

[336] Alexander Alekhine, *El Mundo*, 7 de setiembre de 1939.

sólo él fue quien mantuvo esta ventaja al llegar la suspensión, puesto que Bolbochán y Piazzini flaquearon al final, bajo la presión del reloj, y deben ahora luchar para conseguir las tablas, mientras que Grau cometió un error elemental. Reanudados los juegos, Alemania se adjudicó finalmente el triunfo, no obstante lo cual la Argentina sigue teniendo buenas probabilidades para la victoria final.[337]

Escribe Alekhine en *El Mundo* (Nota XIV)

En la sesión complementaria, la Argentina salvó contra Alemania aquello que se podía salvar, y el score respectivo de estos dos equipos antes de la quinta rueda, marcando una diferencia de sólo medio punto, no puede dar ninguna base para un pronóstico en cuanto a los resultados definitivos.

Entre las otras partidas que suscitaron interés en la sesión hay que anotar la derrota del doctor Tartakower frente al imaginativo representante de Palestina, Czerniak, y mi final contra Mikenas, que una parte de la prensa había considerado como muy peligroso para mí. El hecho de que la partida fuera declarada tablas después de solamente ocho jugadas, prueba hasta qué punto ese juicio era superficial. En esta oportunidad quiero rectificar una falsa información publicada por un periodista extranjero y poco escrupuloso[338] y repetida de buena fe por los periódicos argentinos, diciendo que Mikenas me había batido dos veces; mi score contra el campeón lituano es hasta hoy de uno a uno y tres tablas.

Por la noche, la atención del público se concentró, como es natural, sobre el equipo nacional, sobre todo porque uno podía preguntarse si el score desfavorable contra Alemania podría tener una influencia psicológica sobre su juego. Afortunadamente no fue así, puesto que el historial de los argentinos fue enriquecido ayer por una verdadera perla ajedrecística que está destinada a dar la vuelta al mundo, y que hará, probablemente, más propaganda a la calidad del juego argentino que cualquier score. Hablamos de la partida Pleci – Endzelins, cuyo desarrollo y combinación, decisivas, encantarán, sin duda alguna, a cada amante de nuestro arte. En cuanto a las otras partidas, Guimard hizo tablas rápidamente con las negras contra el fuerte Feigins; Bolbochán suspendió en una situación ventajosa, y solamente Grau perdió contra Petrovs. El campeón argentino atraviesa, posiblemente, por un mal momento. Él lo acepta con esa serena filosofía y ese sentido agudo de la responsabilidad que le son tan propios, y que constituyen su fuerza tanto deportiva como humana. En cuanto a los otros encuentros individuales de importancia, Capablanca y Keres ganaron, y Tartakower hizo tablas con Ståhlberg una partida movida. Hay que destacar también la bella actuación del joven campeón chileno Flores contra Czerniak.[339]

El Mundo, 8 de setiembre de 1939

[337] Alexander Alekhine, *El Mundo*, 8 de setiembre de 1939.
[338] Se refiere a Adolf Jacob Seitz.
[339] Alexander Alekhine, *El Mundo*, 8 de setiembre de 1939.

Escribe Alekhine en *El Mundo* (Nota XV)

■ El equipo argentino se midió anoche con el francés. En el primer tablero se notó la ausencia del campeón mundial doctor Alekhine, que fue reemplazado por el campeón de Francia Aristide Gromer. Continúa lucida la actuación de nuestros jugadores. Si bien es cierto que en el primer tablero Piazzini sufrió un contraste, éste fue compensado con creces por los triunfos que conquistaron Guimard y Pleci en tanto Bolbochán dejó suspendido en posición algo favorable su partida con Kahn, lo que hace presumir que el equipo local conquistará otra victoria de conjunto. (...)

En cuanto al encuentro de Argentina con Francia, yo tomé la decisión de no intervenir en ese *match*, y esto, de ninguna manera por razones sentimentales –las cuales, por fuertes que sean, estarían en este caso fuera de lugar– sino a consecuencia de consideraciones de orden puramente deportivo. No pudiendo por razones de fuerza mayor medirme con blancas contra los campeones de Alemania y Bohemia-Moravia –contra los cuales mi score es de +5 =3 -0, y que yo tenía, por consecuencia, una esperanza justificada de batir–, he estimado que la sola solución equitativa era la de abstenerme de jugar con los campeones de países como Argentina y Polonia, que son sus principales adversarios. Como encuentro individual de esta noche, la atracción será la segunda partida entre Keres y Capablanca, que ofrecerá al gran maestro estoniano la ocasión de tratar de mejorar su score. Hasta mañana.[340]

Escribe Alekhine en *El Mundo* (Nota XVI)

■ El encuentro de nuestro equipo con los temibles argentinos terminó ayer de una manera satisfactoria para las dos partes, pues si es verdad que Francia perdió de manera ajustada, nuestro compañero Gromer ha conseguido, con las negras, una de las mejores partidas del día. Igualmente, Kahn se defendió obstinadamente contra Bolbochán y luego logró tablas, y el comandante Dez, a cuyo esfuerzo inusitado hay que rendir homenaje, resistió hasta la 40ª jugada al tanque de guerra argentino Pleci. Desde un punto de vista de la clasificación general, este resultado es igualmente bastante satisfactorio para la Argentina, puesto que si no representa un avance frente a Alemania –que ha ganado a Letonia 3:1–, la ha puesto en una situación favorable respecto a Suecia, que ha sido vencida en el tablero nº 4 de una manera fulgurante. El vencedor de esta corta y brillante partida fue el chileno Reed, y la víctima el reputado maestro Danielsson. Además, una de las cumbres suecas, Lundin, perdió contra Flores.[341]

■ No obstante, el *match* Suecia – Chile, que pudo terminar empatado, finalizó a favor de la primera. El encuentro entre Holanda y Polonia, en el cual Frydman batió rápidamente a De Groot, pero por el contrario Tartakower y Najdorf jugaron bien por debajo de su forma habitual. Salvo una reacción vigorosa e inmediata, parece ya poco probable que el equipo polaco pueda transformarse en un serio aspirante a la copa.

Por otra parte, la partida más comentada ayer fue aquella que no tuvo lugar. Queremos decir, el encuentro tan esperado Keres – Capablanca. No queremos entrar aquí en comentarios sobre las razones de esta abstención sensacional ni sobre sus repercusiones deportivas. Nos parece suficiente indicar, simplemente, los resultados individuales y la clasificación en los torneos donde ambos tomaron parte juntos estos dos jugadores. Antes del TN Keres y Capablanca se encontraron tres veces:

** Semmering 1937; 1º Keres, 3º/4º Capablanca. Ambas partidas tablas.

** AVRO 1938; 1º/2º Keres, 7º Capablanca. Keres venció 1½:½ en las partidas individuales.

** Margate; 1º Keres, 2º/3º Capablanca. Empataron la partida.

---

[340] Alexander Alekhine, *El Mundo*, 9 de setiembre de 1939.
[341] Alekhine indica el resultado erróneamente, ya que ganó Lundin.

Desde luego, parece de manera general que no se puede hacer una comparación, como se pensaba, de los resultados individuales de los jugadores sobre los tableros que les corresponden, puesto que después de los acontecimientos de los últimos días tendríamos que vernos en una competencia en la cual ciertos jugadores algunas veces están forzados a abstenerse de jugar por razones de fuerza mayor, y otros se rehúsan, pura y simplemente, a enfrentarse con los adversarios a quienes más le temen. Hasta mañana.[342]

Escribe Alekhine en *El Mundo* (Nota XVII)

¿Qué es lo que representa un gran maestro? ¿A qué valores corresponde ese título? Y su creación, ¿está justificada? He ahí la pregunta que involuntariamente se presentó a mi espíritu cuando, gozando de un descaso forzado, tuve anoche la oportunidad de seguir con más atención que de costumbre el desarrollo de las partidas más importantes de la séptima rueda. Comparando dos de ellas, Capablanca – Mikenas y Petrovs – Trompowsky, se llega sin esfuerzo a esa definición. Grandes maestros del ajedrez son aquellos que, no solamente se han creado una personalidad ajedrecística bien característica, sino que tienen la fuerza de imponerla, en la mayoría de los casos, a sus adversarios. En efecto, en esta ocasión la actividad de los dos jóvenes campeones lituano y letón, Mikenas y Petrovs, ofrece un contraste llamativo y se presta a conclusiones muy precisas. Mientras que Mikenas se limitó a copiar servilmente una serie de malas jugadas que se habían realizado últimamente en la partida decisiva por el Campeonato de la URSS entre Kotov y Botvinnik, y es probable que únicamente porque dicha partida fue ganada por azar por las negras. Petrovs, con la tranquila seguridad que caracteriza su estilo, permitió el desencadenamiento del hirviente ataque de su rival Trompowsky, y no solamente lo detuvo sin esfuerzo aparente, sino que obtuvo, casi inmediatamente después, un contraataque victorioso. Cuando le pregunté, después de la partida, la razón de su triunfo rápido, me dijo simplemente:

El ataque de Trompowsky DEBÍA (Sic) fracasar, puesto que había omitido movilizar su flanco dama.

Esa sola palabra *DEBÍA* encierra toda una filosofía ajedrecística, que ofrece la garantía, y al mismo tiempo, la explicación de los éxitos duraderos. En cuanto a Mikenas, recibió un castigo rápido por su falta de personalidad.[343]

Escribe Alekhine en *El Mundo* (Nota XVIII)

La gran sensación de la noche del sábado fue la derrota del fuertísimo (Sic) equipo sueco por los brasileños, cuya enérgica actividad en la rueda final es el mejor augurio para el rápido desarrollo de nuestro arte en América del Sur. Su juego del sábado no merece sino elogios, puesto que en el primer tablero Trompowsky se encontró todo el tiempo en una posición muy cómoda contra el gran maestro Ståhlberg, y entabló sin dificultades. Silva Rocha, con las negras, obtuvo una victoria record en cuanto a la rapidez, contra Lundin, que, tan teórico, parece haber olvidado a sus clásicos. Si hubiera recordado el histórico encuentro Pillsbury – Lásker del torneo de Cambridge Springs en 1904, tanta desventura no le hubiera llegado.

Y como los otros dos tableros fueron favorables a los representantes de Brasil, las probabilidades de victoria final de sus adversarios, quedando en el campo de lo posible, se han menoscabado

---

[342] Alejandro Alekhine, *El Mundo*, 9 de setiembre de 1939.
[343] Alejandro Alekhine, *El Mundo*, 11 de setiembre de 1939.

un poco. Por el contrario, las acciones de Polonia, que conquistó una victoria del 100% contra el experimentado equipo lituano, han aumentado sensiblemente, y puede muy bien continuar a aspirar, sino al primero, al menos a uno de los principales puestos.[344] Entre las partidas interesantes de la octava ronda hay que destacar, en primer lugar, el encuentro Mikenas – Tartakower, en el que el gran maestro polaco condujo el ataque en su mejor estilo, obteniendo el triunfo. Pintoresca en cuanto a la estructura de la posición, fue la partida Opocensky – Capablanca, donde las blancas, enseguida de comenzar, sacrificaron un peón, probablemente por simple curiosidad, para ver qué sucedería. Pero, como dicen en Inglaterra, *la curiosidad mata al gato*, y el pobre bohemio fue en poco tiempo aplastado por la avalancha de los peones negros.

El encuentro Francia – Letonia no fue feliz para nosotros. En las dos partidas perdidas, Kahn, con las blancas, obtuvo rápidamente una excelente posición de ataque, que precipitó, desgraciadamente, por exceso de nerviosidad; y sobre el tablero nº 4, el comandante Dez tuvo en un momento excelentes probabilidades de tablas.

En cuanto a mi adversario Apschenieks, eligió la variante de cambios de la Defensa Francesa, una línea de juego en la cuál es extremadamente difícil para las negras evitar las tablas, y esto, sobre todo, cuando no estando en disposición de concentrarse sobre el tablero, como me sucede en este momento, no se quiere emprender nada arriesgado. Yo hice, de todas maneras, mi deber como componente del equipo, al rehusar dos veces las tablas, pero la posición suspendida deja, a pesar de todo, prever el resultado.[345]

El Mundo, 12 de setiembre de 1939

Escribe Alekhine en *El Mundo* (Nota XIX)

Nada inesperado sucedió en la 9ª fecha. Tartakower y Keres ultimaron a sus adversarios; Pleci, no pudiendo cumplir milagros, debió resolverse a abandonar, y por fin mi obstinado Apschenieks fue llevado a la misma decisión.[346] De todas maneras, en este última partida, los honores fueron, en cierto modo, divididos, puesto que mi adversario tuvo la satisfacción de emplazar una bella combinación que aumentó sensiblemente sus probabilidades de tablas, y debí esforzarme, acometiendo un trabajo de precisión que duró hasta las 19 y me dejó sin energías para la sesión de la noche, con el fin de llegar a la meta.[347]

[344] Nueva referencia elogiosa de Alekhine para con el equipo polaco.
[345] Alexander Alekhine, *El Mundo*, 12 de setiembre de 1939.
[346] Partida de la ronda 8ª.
[347] Alexander Alekhine, *El Mundo*, 13 de setiembre de 1939.

Escribe Alekhine en *El Mundo* (Nota XX)

▓ Nada inesperado en la novena fecha. Tartakower y Keres ultimaron a sus adversarios. Pleci, no pudiendo cumplir milagros, debió resolverse a abandonar. Y por fin, mi obstinado Apschenieks fue llevado a la misma decisión. De todas maneras, en esta última partida, los honores fueron divididos, puesto que mi adversario tuvo la ocasión de emplazar una bella combinación que aumentó sensiblemente sus posibilidades de tablas, y debí esforzarme acometiendo un trabajo de precisión que duró hasta las 19 horas y me dejó sin energías para la sesión de la noche, con el fin de llegar a la meta.

Los resultados se caracterizaron por un nuevo retroceso de Suecia, que a pesar del excelente juego de Ståhlberg, no llegó a entablar su *match* con Holanda, y como la actividad de Alemania contra Dinamarca fue igualmente poco brillante, la Argentina, que como era previsible dominó fácilmente a Cuba, probablemente después de la terminación de las partidas suspendidas se pondrá a la cabeza de la clasificación. ¿Quedará así, después de enfrentar al temible equipo polaco? Si es así, sus posibilidades de mantenerse hasta el final deberán ser consideradas como superiores a las de los otros concurrentes, que con excepción de Alemania, tendrán que enfrentar en las ruedas finales a equipos de una fuerza superior.

Nuestro *match* con el equipo brasileño, que se había cubierto de gloria en la rueda anterior contra Suecia, tomó un cariz bastante satisfactorio, puesto que considerando la posición de la suspendida sobre el tablero nº 4, parece poco probable que perdamos. Este resultado debía ser superior, si yo hubiera explotado metódicamente la evidente ventaja en espacio que obtuve en la apertura con Trompowsky. Pero, fatigado como lo estaba por la partida de la tarde, preferí tomar la primera oportunidad de simplificación, con el fin principal de no tener una vez más una partida suspendida. Tengo, de todas maneras, el placer de reconocer que la defensa en el medio juego del campeón brasileño fue absolutamente exacta y llena de recursos, y que por consecuencia merece plenamente su éxito.

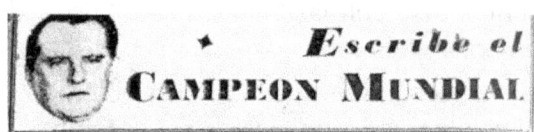

La principal y bastante penosa sensación individual fue la derrota virtual de Keres contra el joven palestino Foerder. Decimos penosa puesto que siempre es desagradable ver a un gran jugador perder por razones que prácticamente no tienen nada que ver con el arte. Cuando juega por sí mismo, Keres es uno de los maestros más difíciles de vencer. Lo ha demostrado suficientemente en el torneo de AVRO, donde fue el único invicto. Pero tratando de mejorar el score de su equipo, se cree obligado –equivocadamente a mi entender– a correr riesgos fantásticos en posiciones *archi* tablas. Así fue con Eliskases, y así se produjo en la partida contra Foerder. Si uno quiere darse cuenta de la verdadera fuerza respectiva de los mejores jugadores que toman parte en el TN, como miembro de equipo, el único medio es organizar entre ellos un torneo individual a dos vueltas; los resultados, estoy convencido, serían diferentes.[348]

El Mundo, 13 de setiembre de 1939

[348] Alexander Alekhine, *El Mundo*, 13 de setiembre de 1939.

Escribe Alekhine en *El Mundo* (Nota XXI)

A medida que nos acercamos hacia el fin del torneo, la ansiedad de los jugadores va in crescendo, y los resultados de las partidas comienzan a diferir de más en más el curso lógico que deberían haber tomado. Así, Guimard, en el *match* con Cuba, queriendo forzar a todo trance la victoria, no solamente dejó escapar la ventaja que tenía antes de la suspensión, sino que desechó tablas fáciles de obtener, y finalmente se abalanzó, por decir así, contra su propia espada. No es imposible que haya sido afectado, en cierta medida, por los incidentes tragicómicos que se produjeron al mismo tiempo sobre el tablero vecino: Capablanca – Grau, cuyo encuentro no terminó tampoco de manera normal y prevista. Desde luego, estos *intermezzi*, cuya responsabilidad no cabe al campeón argentino, y que no contribuyeron a la dignidad de la prueba, fueron ya objeto de comentarios severos y merecidos en la prensa extranjera.

Anteanoche, la atracción fue el encuentro Argentina – Polonia, y el público no se decepcionó, porque no solamente pudo gozar de toda la gama de las emociones deportivas, sino que asistió también, en la primera parte de la noche sobre todo, a partidas de muy buena clase. Después de dos horas de juego más o menos, la balanza se inclinaba decididamente a favor del equipo nacional, puesto que Guimard, por medio del sacrificio de un peón, había obtenido una posición de ataque prácticamente ganada, y las otras tres partidas se encaminaban a las tablas. No fue así, sin embargo, ya que a la cuarta hora los acontecimientos sobre los tableros nº 3 y nº 4 fueron precipitados por los argentinos: Guimard, buscando una solución rápida, sacrificó demasiado material, y debió contentarse con las tablas; Pleci, buscando igualmente el triunfo, cometió, apurado por el tiempo, un error elemental.

El resultado de 1½:2½ así obtenido, disminuye las probabilidades de los argentinos, ya que Suecia parece al menos empatar contra Estonia, y Alemania, que tuvo que vérselas con un equipo cubano *decapitado,* gracias a la abstención de Capablanca, tan perjudicial a los competidores de Alemania: Argentina y Polonia., comienza a perfilarse de más en más peligrosamente como el ganador posible. Esperamos una reacción enérgica de Argentina, a pesar de no tener una misión demasiado fácil contra el valiente equipo chileno. Un encuentro de importancia es Suecia – Lituania, y como partida individual, la de Capablanca con Petrovs.[349]

Escribe Alekhine en *El Mundo* (Nota XXII)

Las partidas suspendidas de la 10ª rueda dieron lugar, en parte, a resultados muy inesperados, sobre todo en lo que concierne al *match* Alemania – Cuba. En efecto, la partida de Reinhardt había sido suspendida en una posición completamente tablas, y la de Engels, lógicamente, debía ser perdida por el representante de Alemania. Y he aquí que los cubanos encontraron el medio de perder las dos, lo que mejoró con 1½ puntos la clasificación general de sus adversarios.

Inútil decir que tal diferencia, en este momento crítico a pocas ruedas del final, puede hacerse decisiva. Y sería realmente una ironía de la suerte que el equipo cubano, cuya participación en la final fue tan ardientemente deseada por la FADA –visto el interés que podía presentar la actuación de su capitán– fuera la causa principal del éxito incompleto del equipo nacional. Agreguemos enseguida que sería prematuro e injusto desesperar de ganar la copa, y los argentinos, ciertamente, no desesperan, pues tienen las puertas abiertas a todas las esperanzas.

Para el equipo francés la sesión de anteanoche fue de las más satisfactorias, ya que obtuvimos nuestra primera victoria en la final. Mi partida contra Enevoldsen, que he ganado, se caracterizó por

---

[349] Alexander Alekhine, *El Mundo*, 14 de setiembre de 1939.

el hecho de que, al ataque en apariencia peligroso de mi adversario, dirigido contra la posición de mi rey, logré no sólo oponer una sola jugada de defensa, consagrándome enteramente a una estrategia de largo alcance, sino también el debilitamiento de la base adversaria en el centro. El resultado de esta estrategia fue la posibilidad de un súbito contraataque contra el rey de Enevoldsen, lo que terminó la partida en la 35ª jugada. Igualmente por un contraataque de mate terminó la partida de Kahn, mientras que Gromer venció a consecuencia de un convincente juego de posición.[350]

Escribe Alekhine en *El Mundo* (Nota XXIII)

■ La actuación de los argentinos en las partidas suspendidas frente a Chile sobrepasó todas las esperanzas, puesto que lograron ganar las tres, reduciendo así la diferencia que los separaba de los líderes alemanes a sólo un punto. Es verdad que cuanto más disminuye el número de *matches* a disputar, más pesa ese punto sobre la balanza, y en este orden de ideas la negativa de Palestina a jugar contra Alemania y la decisión, por compromiso, de dividir los puntos, fueron probablemente perjudiciales a los intereses del equipo nacional. A pesar de todo, la situación después de la 12ª rueda queda tan indecisa como antes, y es, por consecuencia, con un interés excepcional que se han seguido las peripecias de las lucha entre la Argentina y Suecia.[351]

Escribe Alekhine en *El Mundo* (Nota XXIV)

■ A parte del aspecto deportivo, los encuentros de anteayer dieron lugar a producciones artísticas de valor; entre ellas debemos citar, sobre todo, la victoria de Petrovs contra Tartakower y la de Keres contra Trompowsky, pero también la manera cómo Scheltinga obtuvo con las negras ventaja contra el peligroso Mikenas fue instructiva desde el punto de vista posicional. Con la victoria mencionada, el campeón letón se ha puesto a la cabeza de la clasificación individual en cuanto al porcentaje, y queremos señalar que por la calidad de su juego en el torneo final –hay que recordar sus impecables producciones contra Grau, Mikenas y Enevoldsen– merece plenamente esta distinción. En nuestro *match* con Cuba, al contrario de lo que pasó con el encuentro Francia-Brasil, ninguna de las partidas fue tablas. La división de honores fue decididamente favorable para la clasificación de Francia, ya que eliminando prácticamente a Cuba como competidor, asegura las probabilidades de nuestro equipo para llegar entre los diez primeros.[352]

Escribe Alekhine en *El Mundo* (Nota XXV)

■ Llegamos a la conclusión de la gran prueba, cuyos resultados, si, como es natural en cada competencia deportiva, no son del agrado de todo el mundo, marcarán, en todo caso, un jalón de importancia en el desarrollo y la divulgación gradual del ajedrez mundial. Las posiciones de los ganadores están definidas, resolviéndose esta vez la lucha a favor del equipo alemán. Estaríamos mal colocados si quisiéramos disminuir de manera general las cualidades de este equipo, ya que fue por nuestra sugestión que Alemania fue ubicada, en ocasión de la distribución de los grupos, en segundo lugar, habiendo sido Polonia ubicada en el primer puesto. De todas maneras, si esta vez parece producirse lo contrario, ello se debe principalmente al hecho de que el equipo polaco, que con excepción probablemente del primer tablero, es netamente superior al equipo alemán, no ha tenido, merced a razones de fuerza mayor, que todo el mundo conoce, la ocasión de medirse con éste último.

[350] Alexander Alekhine, *El Mundo*, 15 de setiembre de 1939.
[351] Alexander Alekhine, *El Mundo*, 16 de setiembre de 1939 (Resumen).
[352] Alexander Alekhine, *El Mundo*, 17 de setiembre de 1939.

La victoria eventual de los alemanes, por más victoria que sea, entraña en la historia del ajedrez como incompleta. Hay que tomar igualmente en consideración que estuvieron favorecidos por la suerte, de manera excepcional. Así, el equipo cubano tenía contra ellos, a pesar de la ausencia de Capablanca, el *match* en sus manos, y logró, por medio de un juego extremadamente débil, dejarse batir por ½:3½. Así, el sábado a la noche, el excelente teórico Lundin, jugando con las blancas frente a Michel, ronda 14ª, y debiendo en consecuencia buscar la victoria, se dejó sorprender de una manera infantil en una variante conocida, donde su adversario tuvo enseguida las tablas aseguradas; y esperando evidentemente un milagro, jugó el todo por el todo, y como pasa generalmente, no llegó sino a perder.[353]

La lucha por el segundo puesto se desarrollará entre Estonia y Polonia, siendo las probabilidades de estos últimos decididamente superiores, puesto que van a luchar contra la comparativamente débil Dinamarca, mientras que los estonianos se medirán con el equipo argentino, el cual, por más deprimido que esté por el brusco e inmerecido revés de los últimos días[354] es siempre uno de los más temibles de la competencia.[355]

---

[353] Nueva declaración de Alekhine en favor de Polonia.
[354] Se refiere al *match* con Suecia de la rueda 13ª.
[355] Alexander Alekhine, *El Mundo*, 19 de setiembre de 1939.

CAPÍTULO 9

CONTEXTO SOCIAL Y POLÍTICO

> **1939: Conmoción por la II Guerra Mundial: miedo universal. Las vicisitudes dramáticas del TN. Perón viaja a Europa para conocer de cerca el escenario de guerra desde el lado del Eje. Pacto Ribbentrop – Molotov. Los comunistas cambian abruptamente de discurso. Los docentes de Corrientes no cobran los sueldos. Se agiganta la actividad ajedrecística y se desarrollan muchos certámenes.**

El país en 1939

El año 1939 fue un año trágico para el mundo, y para Argentina en particular. El 5 de enero se suicidó Lisandro de la Torre, el legislador que había denunciado tiempo antes el negociado de los frigoríficos. En España, el general Franco toma el poder "por la gracia de Dios". En Italia, la Cámara de los Fascios y de las Corporaciones suplantaba a la de Diputados, y en abril Mussolini se anexaba Albania. El 17 de febrero Juan Domingo Perón es nombrado agregado militar en Roma, y parte en el buque Conte Grande. El 1º de julio se incorporaba como agregado a la Segunda División Alpina Tridentina en Merano, pero a la semana ya estaba en Roma, donde se unió a su compañero Virginio Zucal.

El 15 de marzo, cuando los tanques alemanes entraron cubiertos de nieve en Praga, desde Sajonia y Austria, el mundo se dio cuenta de que la promesa de Hitler en Múnich, de garantías de independencia checa, era sólo una frase más entre las numerosas que se intercambiaban durante las negociaciones, y que en la misma forma, posteriormente se olvidan.[356]

En el Vaticano les concedieron a Pistarini y a Perón una audiencia con al Papa, y éste le manifestó a Pío XII que el Ejército Argentino se había *catolizado*, y consideraba a Cristo su Supremo Jefe Espiritual. Juan Domingo, en sintonía con lo expresado, solicitó bendiciones papales para llevar a camaradas y amigos de Buenos Aires. Después de un Tedeum para celebrar la fecha patria argentina, el 25 de Mayo, se tomaron una foto con el embajador ante Italia, doctor Manuel Malbrán, el embajador ante el Vaticano, Enrique Ruiz Guiñazú, y sus hijas. Ruiz Guiñazú estaba a favor de la amistad del gobierno argentino con los países del Eje, mientras que el canciller Carlos Saavedra Lamas representaba la posición a favor de los Aliados.[357]

El secretario de estado, señor (Ernst von) Weiszacker, en representación del canciller Hitler, hizo entrega al señor Carlos Morla Lynch, encargado de negocios de la embajada chilena, de la orden del águila alemán con estrella. El señor Morla fue condecorado por los servicios que prestó a los alemanes en Madrid durante la guerra civil.[358]

Paz en España, preparativos contra Varsovia. El 8 de abril, *Caras y Caretas* nº 2114 publica la siguiente nota:

¡Paz en España! La cruenta guerra que asoló a la *Madre Patria* ha terminado sin nuevos derramamientos de sangre. Este epílogo, que abre para la noble España una era de reconstrucción, debe alegrar a los pacifistas del mundo. En nuestro país, ligado por vínculos raciales y de cultura a la

---

[356] *Juegos de simulación*, Edgardo Matute Bravo, Círculo Militar, Buenos Aires 1970, pág. 178/9. Notas del autor.
[357] *Juan Domingo*, Ignacio García Hamilton, Sudamericana, Buenos Aires 2009, pág. 91.
[358] *La Prensa*, 6 de julio de 1939. Notas del autor.

histórica península, causaba hondo dolor el conflicto, donde se prodigaron las vidas de innumerables valientes de ambos bandos. ¡Que la paz española sea duradera y profunda![359]

El presidente Ortiz y su ministro buscan infiltrados nazis. Caricatura de Eduardo Álvarez en *Caras y Caretas* nº 2117 del 6 de mayo de 1939

■ En mayo Italia y Alemania firmaban el Eje Roma-Berlín, y el Estado Mayor alemán comenzó a planificar la invasión a Polonia, mediante la concepción estratégica elaborada por el general Manstein, consistente en un avance rápido y masivo sobre Varsovia. En Argentina el gobierno decide investigar una red de espionaje nazi; *Caras y Caretas* lo refleja en su tapa del nº 2117.[360]

■ El 2 de agosto Einstein envía una carta al presidente norteamericano Roosevelt en la que lo alerta sobre el avance del nazismo en el terreno nuclear. Allí mismo nace el Proyecto Manhattan, que derivó en el desarrollo atómico ulterior de los Estados Unidos que tuvo su bautismo de fuego cuando, algunos años después, en 1945, se arrojan sendas bombas nucleares en Japón, dando por acabada la II Guerra Mundial.[361]

■ Dando una muestra del desconcierto y la mala información de muchos militares argentinos, ese mismo día, el general Enrique Jáuregui[362] publica un artículo titulado "Por qué creo que no se producirá la conflagración europea".[363]

■ El gobierno de Roberto Ortiz demostró su preocupación por frenar las actividades de los grupos nazis en la Argentina mediante la aparición del decreto Nº 31.321, sancionado el 15 de mayo de este año, que reglamentaba el funcionamiento de las asociaciones extranjeras en el territorio argentino, *con el fin de impedir aquellas actividades que puedan menoscabar la soberanía nacional.* Este decreto contaba con la firma de Ortiz y de los titulares del Ministerio del Interior, Diógenes Taboada, de Relaciones Exteriores y Culto, José María Cantilo, y de Justicia e Instrucción Pública, Jorge Eduardo Coll. (...) Además, por este decreto, el Poder Ejecutivo Nacional dispuso la disolución del Partido Nacionalsocialista Alemán de la Argentina (PNSA o NDAP) y del Frente del Trabajo Alemán (*Deutsche Arbeitfront*), entidad también considerada nazi.

No obstante, buscando eludir los alcances del decreto, el PNSA o NDAP de la Argentina continuó funcionando con el nuevo nombre de Federación de Círculos Alemanes de Beneficencia y Cultura, el cual llegó a contar con 64.000 afiliados entre 1940 y 1941. Su presidente, Alfred Müller, fue procesado y debió abandonar el territorio argentino. Por su parte, el Frente del Trabajo Alemán, cambió su nombre por el de Unión Alemana de Gremios, integrada por 12.000 asociados, mayormente empleados de empresas alemanas).

[359] Lamar a España como nuestra Madre Patria es un concepto equívoco. En todo caso, en Argentina logramos el voto popular en 1916, en tanto la península ibérica recién lo obtuvo en 1975, casi 60 años después. Nota del autor.

[360] Fritz Erich Georg Eduard von Manstein (1887–1973), fue mariscal de campo alemán, considerado uno de los más grandes estrategas militares de la Alemania nazi.

[361] *Historia del ajedrez olímpico argentino. La generación pionera 1924-1939*, Sergio Ernesto Negri y Enrique Julio Arguiñariz, Secretaría parlamentaria, Honrable Senado de la Nación Argentina, pág. 307.

[362] El general Enrique Jáuregui era miembro de la CD del Club Argentino. Fue quien tiempo antes impidió el ingreso de Francisco Benko a la institución, acusándolo de *judío comunista.* Testimonio de Benko al autor, marzo de 1995; *Revista del Club Argentino* nº 93, dorso de tapa.

[363] *La Nación*, 23 de agosto de 1939.

Asimismo, las Juventudes Hitleristas *(Hitler Jugend)* se transformaron en el Cuerpo de Boy Scouts Argentino-Alemanes y la Liga de Muchachas Argentino-Alemanas. De igual manera, la Asociación de Maestros Nacionalsocialistas Alemanes actuó a partir del decreto de mayo de 1939 como Asociación del Profesorado Alemán, que se integró en la Unión de Escuelas Alemanas (constituida en 1941 por ocho escuelas, sesenta y cinco directivos, mil ochocientos alumnos argentinos y trescientos cincuenta y ocho alemanes). En dichos establecimientos educativos se prestaba juramento de fidelidad al Führer, siendo su personal directivo y docente de activa militancia nazi. La Comisión Investigadora de Actividades Antiargentinas de la Cámara de Diputados del Congreso acusó a todas estas organizaciones de estar respaldadas por la embajada del Reich en Buenos Aires.[364]

▓ Llega el *Blitzkrieg* de Alemania contra Polonia, y la situación argentina se complica. Al amanecer del 1º de setiembre, sin declarar la guerra, Alemania invadió en forma brutal Polonia, en una operación militar relámpago, que en sólo dos días aniquiló la mayor parte del ejército polaco. Iniciaron la ocupación cuarenta y cuatro divisiones, doce de ellas blindadas y motorizadas, formando dos grupos de ejército (norte y sud) que estaban a cargo de los generales Fedor von Bock y Karl Rudolf Gerd von Rundsted. Perón escucha la noticia por radio en Tridentina. Veintiocho días después el ejército alemán ocupaba Varsovia y obligaba a la rendición incondicional. Francia e Inglaterra declararon las hostilidades horas después, y el conflicto se generalizó.

En tanto, Argentina sigue creciendo, y llegan desde España miles de inmigrantes que escapan del hambre. Se inaugura el Círculo Militar en el lujoso Palacio Paz, sobre la Plaza San Martín. El intendente de la ciudad de Buenos Aires, Arturo Goyeneche,[365] que acababa de inaugurar el TN, reglamenta el tránsito de peatones en el centro. Quienes van, deben ir por la derecha, y quienes vienen por la izquierda. Es un verdadero papelón, y la ordenanza debe ser cancelada enseguida.

La guerra en el mar se desarrollaba a todo trapo, y entre setiembre y diciembre el acorazado de bolsillo *Admiral Graf Spee* había mandado al fondo del mar a ocho mercantes ingleses, causando un tremendo daño a la economía británica. Por ese motivo, iniciaron una desesperada caza del *Graf Spee*, y tres cruceros ligeros lograron acorralarlo en el Río de la Plata. En el combate, las cuatro naves resultaron con serios daños. Langsdorff llevó el Graf Spee a Montevideo. Allí se inició una batalla diplomática, en la cual Alemania fue derrotada, y entonces Langsdoff, a las 19.40 del 17 de diciembre, decide hundir el barco, y suicidarse. Los soldados sobrevivientes y los oficiales –más de mil– embarcaron hacia Buenos Aires, y fueron alojados en el Hotel de los Inmigrantes y en la Marina, respectivamente.[366] Por un decreto de Ortiz los alemanes fueron llevados a la Isla Martín García, y posteriormente se establecieron en distintas provincias argentinas, donde se adaptaron y formaron familias.

Declaración formal: el 3 de setiembre Inglaterra y Francia declaran la guerra a Alemania, y se inicia la Segunda Guerra Mundial. Las caricaturas de las tapas de Caras y Caretas se refieren una y otra vez a la guerra que se ha desatado. La invasión soviética a Polonia se inició el 17 de septiembre de 1939, dieciséis días después de la invasión de Polonia por parte de la Alemania Nazi. El Ejército Rojo aplastó rápidamente a las tropas polacas, y gobierno soviético anunció que actuaba "para proteger a los ucranianos y bielorrusos que vivían en la parte oriental de Polonia, debido al colapso de la administración polaca tras la invasión nazi". Según los soviéticos, dicha administración, no podía ya garantizar la seguridad de sus ciudadanos.

Unos cuatrocientos cincuenta mil soldados polacos fueron hechos prisioneros de guerra. El gobierno soviético se anexó el nuevo territorio, poniéndolo bajo su control y declarando en noviembre de ese mismo año que trece millones y medio de ciudadanos polacos, que vivían en la zona anexada, habían pasado a ser ciudadanos soviéticos. Los soviéticos contrarrestaron la oposición mediante

---

[364] El partido nacionalista alemán en la Argentina, *Todo es Historia*, Nº 148, septiembre de 1979, pág. 44/49.
[365] Entre los muchos cargos que ocupó, Arturo Goyeneche fue presidente de la Cámara de Diputados en 1919/21.
[366] El velatorio de Langsdoff se realizó también en el edificio de la Marina.

ejecuciones y arrestos. Muchos miles fueron enviados a Siberia y a otras zonas remotas de la URSS, en cuatro series de deportaciones producidas entre 1939 y 1941. La cruenta invasión fue calificada por el Politburó como "campaña de liberación", y permitió la incorporación de millones de polacos, ucranianos y bielorrusos a las Repúblicas Socialistas Soviéticas de Ucrania y de Bielorrusia.[367]

▉ ¿Viveza criolla y un plagio de Perón? Luego de la invasión de Hitler a Polonia se había desencadenado la guerra. Las tropas alemanas se dirigían al territorio francés, y Mussolini, cumpliendo con la alianza, declaró la guerra a Francia e informó del hecho a los italianos en una masiva manifestación realizada en la Plaza Venecia. Una mañana, al llegar a la Embajada Argentina, su compañero Virginio Zucal le comentó que había llegado un expediente desde Buenos Aires:

> *Me ordenan comunicarte que debés cumplir un arresto de cinco días, debido al tema de un plagio. ¿Qué fue lo que pasó?*

> Recordarás que junto con el coronel Rottger[368] publicamos un libro sobre Las Operaciones de 1870 en la guerra franco-prusiana. El general Monferini[369] le dijo a Rottger que vetaría su ascenso a general y pediría un tribunal de honor para él y para mí, porque en esa publicación incluimos un folleto de la Escuela Superior de Guerra, dirigido por el propio Monferini con la participación de Carranza Zavalía, Rosas y Belgrano y otros oficiales, sin mencionar a los autores originales.

> No parece muy prolijo[370]

▉ El 22 de agosto la Unión Soviética intentaba formar una alianza con el Reino Unido, Francia, Polonia y Rumanía para hacer frente a la Alemania Nazi, pero se presentaron varias dificultades, como la negativa de Polonia y Rumania a permitir el tránsito de tropas soviéticas a través de sus territorios por seguridad colectiva. Ante la ausencia de avance en las negociaciones, los soviéticos cambiaron su estrategia y firmaron el 23 de agosto de 1939 el Pacto Ribbentrop-Molotov con la Alemania Nazi.

▉ Estalla un grave problema docente en la provincia de Corrientes: todos los maestros de Sauce renuncian: ¡les deben tres años de sueldos! El periódico cultura de Curuzú-Cuatiá, trae una información que da una idea de la gravedad del problema docente en Corrientes. En efecto, dice que los docentes del departamento de Sauce han renunciado colectivamente a sus cargos debido a que se les adeudan tres años de sueldos.

Los educadores han elevado una nota al presidente Ortiz relatan la paupérrima situación en que se encuentran, y terminan pidiendo la intervención federal a la provincia. Por otra parte, el dueño del edificio que ocupa la Escuela nº 1, acaba de solicitar que sea desalojada de inmediato, pues se le deben varios años de alquiler. No se sabe qué actitud adoptará el gobierno de la provincia, pero los maestros consideran que aunque haga nuevas promesas, en realidad no hará nada para solucionar la situación.[371]

▉ El 3 de diciembre se habían realizado elecciones en Catamarca, sucediéndose gravísimos hechos de violencia, y Ortiz cumplió su advertencia: intervino la provincia, y anuló las elecciones fraudulentas. Esto causó un gran impacto en el ambiente político, y casi provocó la ruptura de la Concordancia, ya que el vicepresidente Castillo, un catamarqueño natural de Ancasti, se oponía fuertemente a la intervención. La Unión Cívica Radical aplaudió la medida, y Alvear elogió fuertemente a Ortiz.

---

[367] Notas del autor.

[368] Paradójicamente, Ernesto Alfredo Rottger fue ministro de Asistencia Social y Salud en 1955, apenas asumido el gobierno militar. Una de sus primeras tareas fue saquear la casa del ex ministro Ramón Carrillo.

[369] Juan M. Monferini es autor de *La instrucción de oficiales (cartografía), 1934*, y *Operaciones militares llevadas a cabo contra la Colonia del Sacramento, 1941.*

[370] *Juan Domingo*, Ignacio García Hamilton, Sudamericana, Buenos Aires 2009, pág. 89.

[371] *Noticias Gráficas*, 26 de agosto de 1939. Notas del autor.

Los comunistas cambian el discurso: era la época de la Guerra Mundial. En 1939, para los comunistas, se trataba de una guerra imperialista. Entonces, lo que hacían era llenar el Centro (de Estudiantes de Filosofía y Letras, CEFyL) de carteles en contra de la guerra imperialista, es decir,

a favor de la prescindencia: no había que entrar en la guerra, (había que dejar que) que se mataran los imperialistas entre ellos. Por un lado, los ingleses y los yanquis, y por otro, los alemanes. Siguieron esas políticas por meses y meses. Cuando Hitler invade Rusia –eso fue un viernes y un sábado–, el lunes ya habían sacado todos los carteles y hubo un abrupto cambio de guardia: ahora se trataba de una guerra por la libertad, la lucha del hombre contra la barbarie nazi. Cambiaron la retórica de una manera escandalosa, a unos niveles inaceptables para cualquiera con un mínimo de sentido común.[372]

Grau con los niños. *¡Aquí Está!*, 23 de enero de 1939

Al finalizar el año las reservas en oro y divisas eran de 480 millones, de ellas 478 en oro, y sólo 2 en divisas convertibles. La tasa de inflación de Buenos Aires fue de 1,6%. La revista El Ajedrez Americano se vendía a $ 0,70.[373]

Grau en Liniers

En el Bochín Club de Liniers habrá esta noche una serie de partidas simultáneas que estarán a cargo de Roberto Grau.[374]

Roberto Grau y el piberío porteño

En muchos aspectos, Buenos Aires es una ciudad que ofrece actividades dignas de ser señaladas. Sacar a la niñez de la calle, inculcarle principios de cordialidad, de disciplina, educarla físicamente y alimentarla en gran número de casos, es obra patriótica fundamental. Y esto es el móvil que inspiró la creación de la Dirección Municipal de Educación Física en todos los barrios de la Capital por medio

[372] *Gino Germani, del antifascismo a la sociología*, Ana Alejandra Germani, Taurus, Buenos Aires 2004, pág. 61/2. Entrevista de la autora a Eduardo Prieto, líder el movimiento estudiantil de ese momento.
[373] *Ensayos sobre la historia económica argentina*, Carlos F. Díaz Alejandro, Amorrortu Ediciones, 2002, pág. 414.
[374] *La Nación*, 27 de enero de 1939.

de los patios de juegos de los parques de recreación, de las colonias de vacaciones y de los comedores municipales para niños. Donde quizá sea más interesante la función se refiere a la educación social de los niños. Para esto se cuenta con los cuerpos de líderes, practicándose una serie de juegos educativos, entre los que se destaca por su finalidad, su jerarquía y su función social, el ajedrez.

El torneo que acaba de terminar reunió a cuarenta y cinco equipos de tres niños cada uno, y puso una nota novedosa y simpática en la actividad deportiva de la ciudad.[375]

Se estrena *El jugador de ajedrez*

El 11 de abril se estrena en el Gran Teatro Broadway la película francesa *El jugador de Ajedrez*, dirigida por Jean Dreville, y cuyos intérpretes principales son Conrad Veidt, Françoise Rosay, Paul Cambo y Edmond Guy. Es la versión histórica de una novela histórica de Henri Dupuy-Mazuel, basada en las andanzas del Barón von Kempelen.[376]

RELATO DE AVENTURAS: "EL JUGADOR DE AJEDREZ"

Básase en una novela de H. Dupuy-Mazuel este film francés

Producción francesa, distribuida por la Compañía Comercial Radiolux; hablada en francés, con títulos sobreimpresos en español. Estrenada ayer en el Gran Teatro Broadway. Intérpretes principales: Conrad Veidt, Françoise Rosay, Paul Cambo, Edmond Guy, Micheline Francey, Bernard Lancret, Gastón Modot y Jacques Gretillat. Director: Jean Dreville.

Las andanzas del Barón de Kempelen, el sentimiento de independencia en Polonia en 1776 y la figura, siempre imantada, de Catalina la Grande, con atisbos de su corte, sirven en la producción francesa estrenada ayer por la Radiolux en el Broadway para confeccionar en torno al primero un amasijo de fáciles elementos de aventura, algo insípido y, desde luego, algo incoherente, en su unidad dramática desde el punto de vista cinematográfico. Es la versión de una divulgada novela histórica de Henri Dupuy-Mazuel, "Le Joueur d'echecs", y, como ella, tiene la película en nuestro idioma el título de "El jugador de ajedrez", que se refiere a la máquina, pasmo y motivo de especulación dubitativa en su época, que el Barón paseó por los países europeos. La desviación de la trama hacia los amores de Sonia y Boleslas, sobre el fondo de la rebelde sociedad polaca, y hacia la intimidad de Catalina, va en des-

medio del relieve de la interesantísima personalidad de Kempelen, cuyo talento de invención en la mecánica aparecía más misterioso por las circunstancias cronológicas que por su verdadera esencia. Posee el film una positiva atracción cuando se fija en el inventor y en su curioso mundo de autómatas en Vilna, pero no ahonda lo suficiente en ese sugestivo aspecto, y, contrariando a la exactitud histórica, sin que la modificación represente en el caso una ventaja en la pantalla, presenta al Barón en el sacrificio de su vida en la corte rusa, bajo la mirada astuta y comprensiva de la soberana, para permitir la fuga de los jóvenes que en el relato se encargan de conjurar la parte idílica, mientras luchan por la libertad de Polonia.

"El jugador de ajedrez" ha sido rodado con relativo boato. Aparte de los altibajos de su intriga, debe reconocérsele cierto colorido, también desigual, en las notas de época, y cierta precisión documental meritoria en los parlamentos puestos en labios de varios personajes. El director, Jean Dreville, se señala por la inquietud que reflejan en planos algunas tomas, y la agudeza de un par de esfumes, aunque en cuanto a animación del espectáculo no pueda evidentemente hacer nada con un libreto de escasa calidad técnica. Conrad Veidt, el veterano actor europeo, aporta su alta silueta, sus maneras graves y su estilo algo anticuado, pero aún vigoroso, a la semblanza del barón de Kempelen y Françoise Rosay, la sabrosa actriz, da un retrato casero —discutible y parcial— de Catalina la Grande. Bernard Lancret, Gastón Modot, Micheline Francey, Paul Cambo, Jacques Gretillat y Edmonde Guy intervienen en la interpretación. Los comentarios musicales pertenecen a Jean Lenoir.

Conrad Veidt en "El jugador de ajedrez"

El jugador de ajedrez, crónica de *La Nación*, 12 de abril de 1939

Conrad Veidt en una escena de "El jugador de ajedrez", película francesa que presentará en esta temporada la Radiolux

El Gráfico se vuelca al ajedrez

▇ El 6 de enero *El Gráfico* publica una nota de tres páginas, titulada *Tartakower comenta una partida de Keres*, en la que éste analiza extensamente la partida que Keres le ganó a Petrov en Semmering.[377]

El Club Argentino se muda nuevamente

▇ En marzo se traslada el Club Argentino a su nueva sede de Bartolomé Mitre 2152, para dar mayor amplitud a sus instalaciones. Entre los proyectos de la comisión directiva figura una gran conscripción de socios.[378]

El Club Argentino de Ajedrez Posee Nueva Sede Social

El Club Argentino de Ajedrez, una de las instituciones más conocidas del noble deporte y en la que militan varias figuras destacadas del arte de mover trebejos, que hasta hace poco funcionaba en el local de la calle Avenida de Mayo 1411, ha trasladado su sede social a la calle Bartolomé Mitre número 2152.

Se muda el Club Argentino. *El Pregón*, 15 de enero de 1939

Recuerdos de Lipiniks

▇ A la distancia, entre todos los hechos a los que asistí, el que evoco con mayor nitidez es el que presencié en mi segunda y última visita al TN. Allí vi a Sonja Graf, que atravesando raudamente el gran vestíbulo de entrada, se retiraba ofuscada y mascullando improperios ininteligibles –y supongo que irreproducibles–, que dejaban traslucir su evidente contrariedad. No era para menos, pues acababa de caer derrotada ante la chilena Carrasco en la ronda 18ª.[379]

Caras y Caretas y los gorriones

▇ El 20 de enero la revista titula: *Gorriones del Tablero*, dedicando dos páginas al Torneo de Ajedrez Infantil por Equipos, incluyendo once fotos. Una de ellas que muestra a Grau con varios de los niños.[380]

Grau junto a los niños. Foto *El Gráfico*

El ranking nacional

▇ La FADA ha establecido su ranking anual, de acuerdo con los resultados del último Torneo Mayor. Los jugadores que ocupen los diez primeros puestos serán la base del equipo que representará a la Argentina en el TN. La situación actual, que puede modificarse todavía en el 1º y 2º puestos de la tabla de acuerdo con el resultado del próximo *match* por el Campeonato Argentino entre Guimard y quien esto escribe, es la siguiente: 1º Carlos Guimard; 2º Roberto Grau; 3º y 4º Alejandro Nogués Acuña y Luis Piazzini; 5º y 6º Julio y Jacobo Bolbochán; 7º y 8º Guillermo Puiggrós e Isaías Pleci; 9º, 10º y 11º Virgilio Fenoglio, Arón Schvartzman y Carlos Maderna; 12º Antonio Juan Vinuesa; 13º y 14º Raúl Bensadón y Juan Iliesco; 15º Benito Villegas. Este orden jerárquico, ante la proximidad del TN, tiene esta vez especial importancia, pues será utilizado parea designar a los ajedrecistas que han de constituir el equipo de la FADA.[381]

---

[377] *El Gráfico* nº 1017, pág. 23/5.
[378] *El Mundo*, 8 de enero de 1939. *Carteles*, Cuba, marzo de 1939. *El Pregón*, 15 de enero de 1939.
[379] Testimonio de Leonardo Lipiniks al autor, 29 de agosto de 2006.
[380] *Caras y Caretas* nº 2102 del 14 de enero de 1939.
[381] P. Alles Monasterio, *El Mundo*, 26 de diciembre de 1938. Roberto Grau, *Leoplán*, 17 de enero de 1939.

El Torneo Selección

▓ El Torneo Selección, clasificatorio para el Torneo Mayor es ganado por Antonio Piro. La información de este certamen quedó tapada por el enorme flujo de información acerca del TN.

Torneo Infantil

▓ El Círculo de Ajedrez organiza un nuevo Torneo Infantil, que tiene gran éxito, ya que se inscriben niños. Las partidas se disputarán los miércoles y sábados, de 16.30 a 18.30, y la inscripción es gratuita.[382]

Los nuevos maestros

▓ La FADA adoptó una resolución de trascendencia, al crear la Categoría Maestros, y asignar este título a quienes hubieran realizado en años anteriores un esfuerzo continuado y digno en bien del ajedrez. Los testimonios de capacidad exigida eran serios, ya que sólo se les podía asignar el título a aquellos que hubieran ganado un Torneo Mayor, el Campeonato Argentino, un gran torneo sudamericano o local, o campeones en varias oportunidades en *matchs* del Club Argentino o del Círculo de Ajedrez, antes de 1921. Ha correspondido esa situación a once jugadores vivos, y dos que han desaparecido.

Luis Palau en abril de 1938. Foto AGN

Son los nuevos y primeros maestros argentinos Carlos Guimard, Luis Piazzini, Arón Schvartzman, Roberto Grau, Isaías Pleci, Jacobo Bolbochán, Benito Villegas, Julio Lynch, Luis Palau, Carlos Maderna y Virgilio Fenoglio. Asimismo, se les asignó el título a Damián Reca y Rolando Illa, fallecidos hace dos años, pero a quienes se tributará un homenaje, consistente en la colocación del diploma que les hubiera correspondido, y sus respectivos retratos, en el local de la FADA. Pueden, pues, ostentar el título que se les confiere con toda dignidad, pues al concedérseles no se hace otra cosa que reconocer oficialmente su jerarquía ajedrecística.[383]

Guimard – Grau, sin laboratorio

▓ Éste será el primer *match* por el Campeonato Argentino en que se realizarán exclusivamente partidas vivas, en el que se descartarán no solamente la ayuda del análisis ajeno, sino también la del propio. No habrá laboratorio. Grau y Guimard comenzarán a jugar a las 14, suspenderán a las 19, se tomarán dos horas para cenar juntos, y proseguirán la lucha, si es que no se ha definido por la tarde, en una sesión complementaria. Surgirá campeón argentino, pues, quien demuestre una superioridad efectiva sobre el tablero, no en los análisis caseros. En los salones del Club Español, donde Grau es profesor, éste disertará sobre las características de juego de su adversario, y uno de sus oyentes será el mismo Guimard. Es ésta una bella y audaz actitud del señor Grau, quien descubrirá ante el campeón los puntos en que piensa apoyarse para poder derrotarlo. Finalizada la conferencia de Grau, Guimard jugará una sesión de simultáneas contra socios e hijos de socios del Club Español.[384]

---

[382] *El Mundo*, 6 de febrero de 1939.
[383] Roberto Grau, *Leoplán*, 1° de marzo de 1939. *El Ajedrez Americano* 2ª época n° 46, marzo de 1939, pág. 65. *Caras y Caretas* n° 2111, 18 de marzo de 1939.
[384] *Noticias Gráficas*, 25 de enero de 1939.

Guimard – Grau en *El Gráfico*

■ El 10 de febrero *El Gráfico* anticipa el encuentro por el Campeonato Argentino entre Grau y Guimard, con una nota de tres páginas titulada *Otra vez frente a frente*. Dice Grau:

¿Qué piensa Grau de Guimard?

Creo que Guimard es el más fuerte ajedrecista argentino

¿El mejor?

No. El mejor soy yo. Expreso mi opinión categóricamente, con la sinceridad y el riesgo de lo que considero la verdad, sin la hipocresía de una falsa modestia. Guimard es el más fuerte, que es otra cosa.

¿...?

Me explicaré. Creo que Guimard, aunque sabiendo mucho menos ajedrez que yo, me debe ganar, otra vez, el *match* por el Campeonato Argentino. Entre él y yo existe la diferencia que va del ejecutante al conocedor. Guimard es un magnífico ejecutante. Tiene todas las condiciones para serlo: una visión rapidísima del tablero, una salud de hierro, sano concepto práctico de la posición, inagotable espíritu de lucha, saludable confianza en sí mismo, sutil observación psicológica del estilo de sus adversarios, y una acentuada dosis de picardía criolla, gaucha, de tierra adentro, que si bien es cierto desluce teóricamente algunas de sus partidas, le permite en cambio anotarse victorias inesperadas, sorprendentes.

Guimard no es un ajedrecista académico, no es un estilista; no es el Capablanca que plantea aperturas impecables, llega a un medio juego ligeramente superior y va desmoronando con lógica férrea la posición de su adversario. Guimard no se ha quemado las pestañas en gruesos volúmenes estratégicos, ni los ha intuido, como el genio cubano; ataca las fortalezas a caballo, a punta de lanza, ¡y lo desconcertante es que las toma! Cuando a mí me quitó el Campeonato Argentino, hace dos años, por un score injusto (4:0 y 4 tablas), me ganó las partidas ganadas, las partidas tablas y hasta las partidas perdidas. ¿Guimard tuvo suerte, como se dijo por ahí? No creo en la suerte en el ajedrez. Nadie me ha ganado como me ganó él. Observe usted una partida *standard* de Guimard.

Generalmente sale trabado de las aperturas –hay muchas que no conoce– pero con algún esfuerzo y no poco de ingenio, logra equilibrar el combate. ¿Busca entonces la simplificación para llegar a un final donde espera imponer sus conocimientos del ajedrez, o bien se contenta con un plácido empate? Ninguna de las dos cosas. Ni los finales –porque no son su fuerte–, ni las tablas –porque el carácter neutro que tienen repugna a su vigoroso espíritu de lucha–. ¡Guimard procura definir las partidas en pleno medio juego, con todas las piezas sobre el tablero, atacando bastiones en apariencia inexpugnables! Continúa el combate cuando ya la atención de su adversario se ha relajado, aprovechando la creencia de éste, a menudo errónea, de que la partida será tablas… ¡Y Guimard la gana! Contemplar el rostro de Guimard cuando su cerebro proyecta su formidable tensión de voluntad sobre el tablero es todo un espectáculo. He visto ese rostro y confieso que me ha impresionado.[385]

Revancha Guimard vs Grau en *El Gráfico* n° 1022 del 10 de febrero de 1939

---

[385] Reportaje de Amílcar Celaya a Grau en *El Gráfico* n° 1022 del 10 de febrero de 1939 (Resumen).

Se inicia el encuentro Guimard – Grau

▌ Pocas horas faltarán, cuando estas líneas aparezcan, para la iniciación del *match* por el Campeonato Argentino. Ha querido la suerte que pueda volver a jugar en procura del título que ya ostenté en otras oportunidades, y que sea mi adversario Carlos Guimard, con quien es siempre un honor y una satisfacción enfrentarse. El *match* significa el cotejo de dos hombres habituados a la lucha cordial y a los resultados favorables, pero con una evidente ventaja de parte de mi adversario, que desconoce el aleccionador lenguaje del tropiezo en la ascensión. *Guimard es, sin duda, el ajedrecista argentino de mayor calidad*, dijo el doctor Alekhine, y yo he ratificado en varias oportunidades ese juicio. Pero esto no impide que trate de vencerlo, ya que exigirle un esfuerzo serio es cooperar a su perfeccionamiento, y difícil será apagar, con una derrota accidental, los bríos de su temperamento de luchador. Creo, sin embargo, que él tiene más seguridad que yo en la lucha pura, pero no se me escapa que tengo más experiencia. Difícil es, entonces, formular un pronóstico.[386]

▌ Ha quedado definitivamente concertado el *match* por el Campeonato Argentino que debo sostener con Carlos Guimard. El mes próximo, en el Jockey Club de La Plata comenzará el cotejo, y una vez más tendré por cordial rival a Guimard, que me despojó del título y de manera categórica hace dos años. Adquiere así el *match* el significado de un desquite, de una oportunidad para tratar de probar que aún no he sido superado totalmente, o de que se evidencie que Guimard ha significado un paso definitivo hacia nuestro ajedrez magistral. Pero el ser humano gusta de hacer pronósticos antes de los acontecimientos, y son ya muchos los aficionados que han afirmado categóricamente

Match Guimard vs Grau, abril de 1939, patrocinado por el Jockey Club de La Plata. Foto AGN

que volveré a ser vencido, y otros, también entusiastas, que sostienen que el Gordo Grau está aún llamado a dar mucho que hacer en nuestro ajedrez.

Esta suma de interrogantes me obliga a meditar y a realizar un análisis juicioso sobre el *match*. Cada vez que me veo abocado a un compromiso, medito serenamente sus consecuencias y sus posibilidades, y justo es que no oculte el saldo de mis razonamientos a los amigos de *¡Aquí Está!* Por otra parte, ya estoy habituado a este permanente codeo con el ridículo que significa la necesidad periodística de juzgarse a sí mismo. Y hasta no negaré que siento un raro placer cada vez que penetro en el tembladeral de la autocrítica, o de la críticas de mis amigos y mis rivales.[387]

▌ La historia del Campeonato Argentino demuestra que debo ganar el *match*. Esta tarde comenzará, y estaré por tercera vez en la situación agradable de un aspirante al título máximo de nuestro ajedrez, y por séptima vez intervendré en un *match* de este tipo, ya que en otras cuatro oportunidades jugué como campeón, en defensa de la situación ya conquistada. Muchas veces me formé el propósito decidido de abandonar el ajedrez deportivo, alejarme de las luchas y concretarme a mis tareas profesionales y periodísticas, tan vinculadas a ese juego, pero la vanidad suele ser superior al razonamiento, nubla la cordura, y hete aquí que

Autocrítica humorística de Grau.
¡Aquí Está! 2 de febrero de 1938

---

[386] Roberto Grau, *Leoplán*, 1º de marzo de 1939.
[387] *¡Aquí Está!*, 2 de febrero de 1938.

los hechos me ponen otra vez frente a frente con Carlos Guimard, el ajedrecista argentino a quien más admiro, y al que creo difícil que alguien pueda batir en nuestro medio.

Y no vaya a suponerse que la tarea me haya sido impuesta por nadie, sino que bonitamente yo me la gané al ganar el último Torneo Mayor. Ya me he ocupado del *match* y he formulado mi pronóstico. He afirmado que Guimard tiene más probabilidades que yo de triunfar, sencillamente porque juega mejor, porque incurre en menos errores. También dije que haré todo lo posible por ganarle, y que pondré en juego mi mayor experiencia y una ambición grande de victoria, para ver si *autopremio* mis bodas de plata ajedrecísticas con una nueva inyección de vanidad.[388]

Grau se tiene fe. *¡Aquí Está!*, 6 de marzo de 1939

1ª Partida, 6 de marzo de 1939

▓ En los salones del Jockey Club de La Plata comenzó a disputarse ayer por la tarde el *match* por el Campeonato Argentino entre el actual poseedor Carlos Guimard, y el ex campeón Roberto Grau. La competición fue inaugurada a las 14, con la presencia de las autoridades de la FADA, un núcleo de ajedrecistas platenses y porteños, y varios periodistas. A la hora reglamentaria, el presidente de la Comisión de Torneos de la FADA, Paulino Alles Monasterio, en presencia del presidente de la Comisión de Torneos del Jockey Club, doctor Luis Herrera, se procedió a labrar el acta de práctica, donde constan las condiciones del encuentro. Efectuado el sorteo de colores, correspondió jugar con las blancas en la primera partida al desafiante Grau.

Acto seguido pasaron los jugadores a la sala especial que se había habilitado para la realización del campeonato. En el vestíbulo dc la institución se habían dispuesto varias mesas para que el público presente pudiera seguir las alternativas del juego. Comenzó la lucha con una partida de PR, que el campeón argentino defendió con la variante (Sic) Francesa. Las acciones

Grau – Guimard, tablas en la primera partida. *La Prensa*, 7 de marzo de 1939

fueron en principio favorables a Grau, pero cn la parte media maniobró Guimard con mucha seguridad, y poco a poco fue anulando todos los peligros hasta arribar en el momento de la suspensión a una posición de equilibrio, aún cuando bastante compleja.[389]

▓ Paulatinamente se fueron cambiando las piezas mayores, conservando las blancas cierta leve superioridad. En esta forma se llegó a un final de torre, alfil y peones de parte de Grau, contra torre, caballo y peones de su adversario, en el cual Grau siempre conservaba ciertas perspectivas debido a la circunstancia de tener el negro aislados sus PAD y PTD. Guimard, empero, se defendió acertadamente, consiguiendo neutralizar la ofensiva del rival. Se llegó de esta forma a la movida

[388] Roberto Grau, *¡Aquí Está!*, 6 de marzo de 1939.
[389] Arnoldo Ellerman, *La Prensa*, 7 de marzo de 1939.

40ª, acordando los jugadores suspender la lucha, dejando Grau su movida siguiente bajo sobre. Reanudado el juego en la sesión nocturna, sólo se efectuaron ocho movidas, que fueron pensadas en forma intensa tanto por Guimard como por Grau, al extremo de encontrarse seriamente apremiados por el tiempo. Fue entonces cuando de común acuerdo, y en el deseo de no estropear con una jugada de suerte un cotejo hasta ese momento correctamente conducido, resolvieron declarar las tablas.[390]

■ Apremiados por el reloj, ambos jugadores se vieron en el trance de efectuar siete jugadas en cinco minutos. Emplearon las blancas 3h 23' y las negras 3h 23'. La segunda partida fue postergada por excusación de Guimard.[391]

■ El análisis del juego muestra que ambos jugaron en forma segura y sin errores. Grau quedó con leve ventaja en el pre-final, con su dupla torre y alfil frente a torre y caballo de Guimard. Sin alternativas, acordaron el empate en la movida 48ª.[392]

2ª Partida, 9 de marzo

■ Tuvo esta partida alternativas sumamente agradables, y durante su desarrollo pudieron notarse una vez más las excelentes condiciones de ajedrecista de gran calidad que posee el campeón argentino. Abrió el juego éste con PD, planteando un sistema antiguo que condujo a una posición de peones trabados. En la parte media, permitió Grau en forma peligrosa la apertura del juego, y ello dio oportunidad a Guimard para lucir sus dotes de combinador, iniciando una bonita maniobra central que colocó al rey adversario en situación por demás incómoda, y luego, mediante de una serie de jugadas brillantes, remató la lucha a su favor. Después una brillante exhibición Guimard conquistó una espléndida victoria.[393]

Gana Guimard en Forma Emocionante la Segunda Partida del Campeonato

Salva de aplausos para Guimard.
El Mundo, 10 de marzo de 1939

■ ¡Gana Guimard en forma emocionante la segunda partida del campeonato! Dio comienzo a las 14.30 horas de ayer, e instantes después comenzaban a afluir los aficionados al gran salón de reuniones, que se había habilitado especialmente para que contrincantes y espectadores pudieran desenvolverse con toda comodidad. Comenzó el planteo en medio de la mayor expectativa, y a la tercera jugada ya tuvo la virtud de dar pábulo al comentario. A una jugada tranquila de las blancas, Grau replicó con un movimiento prolongado del AD, que evidenciaba la intención de no esperar a que su contrario, por derecho de salida, le fue dictando el curso de los acontecimientos.

Desde ese momento, Guimard comenzó a meditar las jugadas con mayor detenimiento, mientras que el visitante daba la impresión de estar familiarizado con el terreno que pisaba. Al cumplirse la 10ª movida, el reloj del campeón marcaba 53', mientras el del desafiante sólo acusaba una meditación de 33'. Resuelto a forzar las acciones antes de que las negras avanzaran en el flanco de la dama, Guimard concibió un sacrificio audaz de dos peones que puso en eviden-

[390] Roberto Grau, *La Nación*, 7 de marzo de 1939.
[391] Paulino Alles Monasterio, *El Mundo*, 7 de marzo de 1939.
[392] Notas del autor.
[393] Arnoldo Ellerman, *La Prensa*, 10 de marzo de 1939.

cia la peligrosa situación del rey negro, privado de espacio. Al sacrificio de los peones siguió otro temporario de una torre, viéndose luego Grau en la necesidad de entregar un caballo para salvar al rey. Aunque la combinación no fuera estrictamente exacta, esto llenó de júbilo a los espectadores. Así quedaron en suspenso hasta el instante en que una inusitada salva de aplausos, que premiaba por igual a los campeones por su juego, estalló en la sala, aflojando la tendida (Sic) emoción. Grau abandonó en la jugada 43ª, con tiempos empleados de 2h 25' y 2h30', respectivamente.[394]

▓ El negro, con el evidente propósito de complicar las acciones en su tercera movida, movilizó su AD a 5C, cambiándolo de inmediato por el caballo adversario. Esto no le dio una mala partida, ya que pudo, en determinado momento, cerrar la posición en el flanco rey con un oportuno P4AR, quitándole al blanco las perspectivas de buscar contra chances en ese sector. De ser así, después las negras podían haber aspirado a obtener una partida muy prometedora en el flanco de dama merced a una eventual ruptura en ese sector. Sin embargo, no llevado a cabo este propósito, bien pronto se encargaron los hechos de demostrar lo rica en posibilidades de que estaba dotada la partida del primer jugador.

Es así como en la movida 18ª el campeón argentino, mediante el magnífico golpe P5A inició una combinación plena de complicaciones, que comenzó con la entrega de una torre, pero que a la postre, luego de variadas alternativas, le reportó ventaja de material. La combinación aludida, si bien arriesgada, estaba en el fondo perfectamente justificada, ya que la réplica justa, de existir, no era fácil de encontrar sobre el tablero, máxime contando las negras con un tiempo en el reloj muy limitado, debido al hecho de haber meditado sus anteriores movimientos en forma por demás intensa. Grau se defendió de la mejor forma, pero al final se vio obligado a hacer abandono de la lucha.[395]

▓ Los cronistas y espectadores no pudieron más que asombrarse por las combinaciones que tuvieron lugar en esta emocionante partida. El análisis posterior muestra, sin embargo, que toda la maniobra de Guimard era errónea y que quedó perdido, y que la diabólica posición ideada por Guimard superó los nervios de Grau, ocasionando que éste cometiera a su vez graves errores que lo llevaron a la derrota. Luego de una apertura jugada correctamente por ambos, Guimard inicia su fantástico raid con una jugada dudosa, la 18ª, y una errónea, la 19ª, y continúa con un sacrificio de torre falso, la 22ª. Como consecuencia de ello, Grau queda con gran ventaja material –una torre–, aunque debe devolver parte de ella para evitar los mates en el centro del tablero. En esa crítica jugada 23ª, Grau dispone de al menos tres variantes completamente ganadoras, y elige una de ellas. Así se llega a la jugada 25ª, donde Grau comienza a perder el rumbo, fallando consecutivamente también en la 26ª y 27ª, dejando a Guimard con todo servido para el triunfo. Una partida loca, incorrecta, emocionante… Guimard 1½:½ Grau.[396]

▓ ¡Gentilezas mutuas! Ya están frente a frente los dos campeones del ajedrez argentino, detentor del título, y Roberto Grau, su desafiante. Antes de pisar la liza escaramucearon (Sic) a su gusto, pluma en mano, cediéndose mutuamente el derecho moral de ganar el cotejo, porque la cortesía no está reñida con el concepto que cada uno tiene de su propio valer, que a fin de cuentas, se prueba en el momento de ajustarlas. Y para ello han bajado a la palestra esgrimiendo las mejores armas de sus esclarecidos ingenios, y han arremetido uno y otro con tal ímpetu, que al cumplirse el tercer encuentro ya ha rodado por el tablero una vez la corona de sus respectivos reyes negros. La contienda promete ser viva en lo que resta. La expectativa, intensa. El vaticinio, difícil. Porque no hay como perderle el miedo al revés para extremarse en el ansia de vencer. No se presenta este cotejo como el anterior, en el que Guimard venciera a Grau cuatro veces, sin gustar el áspero sabor de una derrota. La lucha se ha hecho más pareja, porque Roberto Grau siempre ha tenido la virtud de

[394] Paulino Alles Monasterio, *El Mundo*, 10 de marzo de 1939.
[395] *La Nación*, 10 de marzo de 1939.
[396] Notas del autor.

buscar el desquite, y encararlo con renovada lozanía espiritual. Y esto lo sabe la afición, que desde el comienzo se ha solazado admirando la alta calidad de los juegos producidos. El Jockey club de la Provincia de Buenos Aires ha resuelto premiar la labor de los contendores estableciendo una bolsa de $ 1.500, que se repartirá proporcionalmente entre el vencedor y el vencido, en cuanto uno de ellos se adjudique 7½/14.[397]

3ª Partida, 12 de marzo

▓ Postergóse por mutuo acuerdo la tercera partida entre Grau y Guimard; se jugará recién el lunes próximo en el balneario de Punta Lara.[398]

▓ En el local social del Club Boca Juniors se realizó anoche una sesión de simultáneas, a cargo del campeón argentino y profesor de la institución, Carlos Guimard. Anunciada a cincuenta tableros, la subcomisión de ajedrez de la entidad resolvió que la misma se llevara a efecto con un número mucho menor, en un deseo muy plausible de evitarle al campeón un desgaste de energías, en estos momentos en que se encuentra abocado a un *match* de tanta intensidad como es el que juega frente a Grau por el título.[399]

▓ Se esperaba con interés la realización de este encuentro, pero el desarrollo del mismo defraudó las expectativas de los aficionados por la debilidad con que el campeón condujo el juego, que terminó con la victoria de Grau en la 23ª jugada. El desenlace se produjo a raíz de un serio error cometido por el perdedor en momentos en que la situación era ya para él inferior.[400]

▓ Roberto Grau ganó la tercera partida; Guimard abandonó en la 23ª jugada. La partida comenzó a las 14 en el balneario de Punta Lara que allí tiene el Jockey Club de la Provincia. Se señala que el campeón argentino Guimard incurrió en un grave error al efectuar el enroque en la jugada 16ª, causa que produjo, más adelante, una situación de apremio, por lo que tuvo que abandonar.[401]

▓ Un desenlace un tanto rápido tuvo la tercera partida. El cotejo sólo duró hasta la 23ª jugada, al cabo de la cual abandonó Guimard en una situación en la que ya todo intento de resistencia hubiera sido en vano, ante la inminencia del mate. Comenzó la lucha con una Apertura de PR, replicando las negras como en la primera partida, esto es, con la Defensa Francesa. Producido el enroque del primer jugador, Guimard hizo lo propio, sin reparar que ello no era posible debido a la sencilla réplica de que disponía Grau: la entrega del alfil. Después, su posición se desmoronó rápidamente.[402]

Grau se desquita en la 3ª partida.
Noticias Gráficas, 13 de marzo de 1939

---

[397] Paulino Alles Monasterio, *Mundo Argentino*, 29 de marzo de 1939.

[398] *Crítica*, 10 de marzo de 1939.

[399] *La Razón*, 12 de marzo de 1939.

[400] *La Prensa*, 13 de marzo de 1939.

[401] Amílcar Celaya, *Noticias Gráficas*, 13 de marzo de 1939.

[402] Roberto Grau, *La Nación*, 14 de marzo de 1939.

▓ Ayer fue disputada la tercera partida del *match*. Después de la brillante exhibición de la segunda sesión de juego, en la que Guimard conquistó una espléndida victoria, se esperaba con interés la realización del tercer encuentro, pero el desarrollo del mismo defraudó las esperanzas de los aficionados por la debilidad con que el campeón condujo el juego, que terminó con la victoria de Grau tan solo en la 23ª movida, a raíz de un serio error.[403]

▓ La tercera partida se jugó en el Jockey Club de la Plata, contra lo que se había anticipado, considerando que el tiempo estaba un tanto destemplado para trasladarse a las instalaciones de Punta Lara. Llegados los campeones a la sede del Jockey Club, un grupo de aficionados que los esperaba comenzó a interrogarlos sobre algunas incidencias de la partida anterior. Satisfecha la curiosidad y sonada la hora de comenzar el juego, los rivales se aprestaron a iniciarlo en medio de la expectativa general. Grau comenzó otra vez con la Apertura de PR, y Guimard respondió con la Defensa Francesa. La apertura fue variada por las blancas al llegar a la 5ª movida, ensayando Grau un tratamiento cerrado, y formando una cadena de peones desde 2CD hasta 5R. El campeón replicó avanzando su flanco dama, llegándose así hasta la jugada 23ª en sólo 27' de juego, de los cuales Grau había empleado 12' y Guimard 15'.

Los dos golpes siguientes que iban a dar su sello particular exigieron mayor cuidado en sus análisis, y fue así que dos jugadas después los relojes registraban 20' más cada uno. La apertura llegaba a un punto de transición, y fue en ese preciso instante en que Guimard, al enrocarse, cayó en una celada conocida. Lo curioso es, como lo recordara Maderna, allí presente, que el campeón haya caído en la misma combinación que ya le costara un punto a Luis Piazzini en el último *match*, achacando la falta a una ofuscación que tiene cierta semejanza con otro descuido que tuviera frente al brasileño Trompowsky en el torneo de Miramar.[404]

▓ Grau abrió con el PR y Guimard respondió con la Defensa Francesa. Ambos siguieron los lineamientos

---

GANA R. GRAU EN FORMA BREVE LA 3 PARTIDA DEL CAMPEONATO

Guimard cae en una trampa infantil.
El Mundo, 14 de marzo de 1939

Grau Venció a Guimard en la Tercera Partida Del "Match" por el Campeonato de Ajedrez

Hoy se iniciará un nuevo encuentro en el Jockey Club de La Plata, correspondiéndole las piezas blancas al campeón argentino

DEFENSA FRANCESA
Blancas: Grau — Negras: Guimard

1. P4R   P3R   4. A3CR   A2R
2. P4D   P1D   5. P3R
3. C3AD C3AR

Grau: victoria en 23 jugadas.
La Prensa, 14 de marzo de 1939

---

[403] *La Prensa*, 14 de marzo de 1939.
[404] Paulino Alles Monasterio, *El Mundo*, 14 de marzo de 1939.

de la partida Emanuel Lásker – Lilienthal, Moscú 1936 hasta la jugada 14ª, momento en que Grau intenta una interesante novedad. En la jugada 15ª Guimard tiene a su disposición un interesante y agresivo sacrificio de pieza, pero opta por una línea más pasiva. En la jugada 16ª, cuando nada lo hacía prever, Guimard comete un error de principiante, permitiendo a Grau una sencilla combinación que lo lleva a la victoria poco después, en la 23ª movida. Guimard 1½:1½ Grau.[405]

4ª Partida, 16 de marzo

▉ La cuarta partida que debían jugar ayer en La Plata, quedó postergada hasta mañana por haber solicitado permiso el campeón Carlos Guimard, quien se encontraba indispuesto. En consecuencia, este encuentro se jugará mañana a las 14 en los salones del Jockey Club.[406]

▉ Este encuentro resultó deslucido por la forma en que el campeón argentino jugó la parte final, evidenciando hallarse en malas condiciones. Después de un medio juego algo complejo, se había llegado a una posición donde Guimard tenía un peón de ventaja, y en momentos en que la situación le era bastante favorable, cometió un gravísimo error que le costó la pérdida de una torre, y entonces no tuvo más remedio que abandonar. (...) El campeón argentino manifestó ayer encontrarse enfermo, por cuya razón se postergará la 5ª partida. Por otra parte, ambos jugadores y el presidente de la Comisión de Torneos de la FADA, convinieron ayer en modificar las condiciones del encuentro, debiéndose ahora jugar los martes, jueves y sábados, con igual horario que antes, empezando a las 14. Esta modificación deberá ser aprobada por las autoridades de la FADA.[407]

▉ Una definición imprevista tuvo la cuarta partida del *match* que sostuvieron en el Jockey Club de La Plata, Guimard y Grau. En efecto, la 30ª jugada llevábase realizadas, y la situación en el tablero se evidenciaba, si bien no definida a favor de Guimard, por lo menos favorable. Mas al efectuar la 30ª jugada, descuidó completamente una torre, que al ser tomada por su contrincante le hizo desistir del juego.[408]

Grau Derrotó hoy a Carlos Guimard en la 32a. Jugada

CON el triunfo del "challenger" Roberto Grau terminó esta tarde la cuarta partida el match por el campeonato argentino de ajedrez.
El veterano maestro, que conducía las piezas negras se desempeñó en brillante estilo, obligando a su rival, el actual campeón nacional Carlos Guimard, a rendirse cuando habían transcurrido 32 jugadas.
Después de este resultado, el desafiante aventajaba a su adversario en el puntaje por el siguiente score:
R. Grau, dos ganadas; C. Guimard, una ganada y una partida resultó tablas, quedando aún diez encuentros por disputarse.
La próxima partida se realizará, al igual que todas las del presente match, en el Jockey Club de La Plata, debiendo iniciarse, salvo pedido de postergación, mañana a las 14 horas. El desafiante Grau abrirá el juego.

Nuevo triunfo de Grau. *Crítica*, 16 de marzo de 1939

▉ Con el triunfo del *challenger* terminó esta tarde la cuarta partida del *match*. El veterano maestro, que conducía las piezas negras, se desempeñó en brillante estilo, obligando a su rival a rendirse cuando habían transcurrido la 32ª jugada. Después de este resultado, el desafiante aventajaba al campeón por 2½:1½.[409]

▉ Este encuentro tuvo un desarrollo interesante hasta la jugada 23ª, pero a partir de ese instante el juego cambió de aspecto, pues los dos adversarios no siempre acertaron con la movida exacta, debido, más que nada, al apremio del tiempo. Guimard disponía de sólo dos minutos y medio para hacer las diecisiete jugadas que le faltaban. En ese estado de cosas, Grau se embarcó en una combinación, basada en la entrega de una pieza, que su rival se apresuró a capturar. Logró una compensación de dos peones por ella, amén de dejarle a su adversario otro doblado en la columna TR. Cuando la partida se tornaba más interesante, Guimard, bajo el apuro del reloj, perdió una torre con jaque, entrando en una situación insostenible por la mala ubicación del rey, cosa que lo indujo a abandonar la partida. El vertiginoso ping-pong final dio término a la contienda.[410]

[405] Notas del autor.
[406] *La Prensa*, 15 de marzo de 1939.
[407] *La Prensa*, 17 de marzo de 1939.
[408] *El Mundo*, 17 de marzo de 1939.
[409] *Crítica*, 16 de marzo de 1939.
[410] Roberto Grau, *La Nación*, 17 de marzo de 1939.

Con las negras, Grau jugó una línea antigua del Gambito Dama. En el medio juego ambos cometieron imprecisiones: Grau en las movidas 17ª, 20ª, y Guimard en la 21ª, justo cuando podía consolidar una ventaja importante. Grau vuelve a equivocarse en la jugada 25ª, y nuevamente el campeón queda con la iniciativa; cuando aún tenía ventaja, hace un terrible *blunder*, y debe abandonar. Guimard 1½: 2½ Grau.[411]

5ª Partida, 21 de marzo

Fue postergada la 5ª partida hasta el martes, atendiendo al pedido especial realizado por el actual campeón, quien, sin duda, atraviesa por un mal momento, pues está produciendo un juego deslucido y muy por debajo de sus antecedentes.[412]

Nociones de quirología científica: en las manos de Guimard, el ajedrez de la vida tiene anotadas sus partidas. Corre peligro su título, pero puede defenderlo: está en jaque hasta fin de año. Reproducimos hoy la mano derecha del campeón argentino Carlos Guimard. He tenido oportunidad de efectuar un interesante estudio de sus manos, y pronostico que saldrá ganador, reteniendo el título por escaso margen. Puede decirse que, en cierto momento, estará muy próximo a la derrota, porque todo el año 1938 hasta fines del 1939 es una época de desgastes y de excitaciones en la vida de Guimard. Pero posee a su favor un muy amplio margen de vitalidad que lo defiende.

La Moderna Quirología, de Eugenio Soriani. Editorial Kier. 1989

Recuerdo haber prometido en uno de mis precedentes artículos indicar cómo se sacan las impresiones palmares de las manos. Tales manos serán publicadas y servirán de ejemplo. Tan solo me comprometo a examinar aquellas manos que me parezcan interesantes práctico para el curso de lecciones que desarrollaré semanalmente en esta sección. Debe enviarse una sola impresión de cada mano a: Eugenio Soriani, *Noticias Gráficas*, Riobamba 280, Buenos Aires. Los que poseen mi *Tratado de Quirología* pueden encontrar en la página 128 y siguientes, muy detallada, la técnica quirográfica.[413] Demás está decir que el quirólogo falló en su pronóstico, ya que Guimard perdió el encuentro.[414]

Grau y Guimard no lograron definir ayer la quinta partida: quedó pendiente en un final de torres con un peón de ventaja para Grau, aunque las chances de victoria no son claras. Fue una partida tenazmente disputada, que tuvo una duración hasta la 73ª jugada y dos sesiones. El comienzo ofreció en sus comienzos la nota novedosa a cargo del blanco (Grau), quien adoptó contra la Defen-

Ping-pong final y nueva derrota de Guimard. *La Nación.* 17 de marzo de 1939

---

[411] Notas del autor.

[412] *Crítica*, 17 de marzo de 1939.

[413] Eugenio Soriani, *Noticias Gráficas,* 17 de marzo de 1939. ¡Es sorprendente que este libro todavía se siga editando! Editorial Kier, 260 páginas, 1989. En la Librería Solar del Bruto, de España, ¡se vende un ejemplar original a Euros 70! La pregunta obvia es, ¿por qué Soriani no le tomó quirogramas a Grau?

[414] Nota del autor.

sa Francesa una línea de juego muy vieja, la variante Tschigorin, logrando obtener una excelente partida. Prueba de ello fue que bien pronto las blancas comenzaron a presionar seriamente la posición adversaria, y en la jugada 30ª, ya en plena ofensiva, entregaban una torre para poco más tarde capturar un caballo, quedándose con calidad menos pero con una posición francamente dominante por la posesión de dos peones libres en el centro. Pero cuando era creencia general que las blancas conseguirían aún sacar más ventaja de su dominio evidente, comenzaron a actuar con poca decisión, permitiéndole al negro reaccionar en buena forma. En el momento exacto Guimard devolvió la calidad, provocando un final de torres con un peón menos, pero en el cual las chances de tablas son muchas.[415]

■ Comenzó la lucha con una Apertura de PR, a lo que el campeón respondió con la Defensa Francesa. Grau ensayó una vieja línea de juego, lo cual dio origen a la realización de un juego complejo desde el comienzo, sacando mejor provecho de la situación las blancas, que empezaron a dominar las acciones centrales, y poco a poco colocaron al adversario en una posición bastante restringida. Grau atacó el enroque negro con energía, entregando en cierto momento

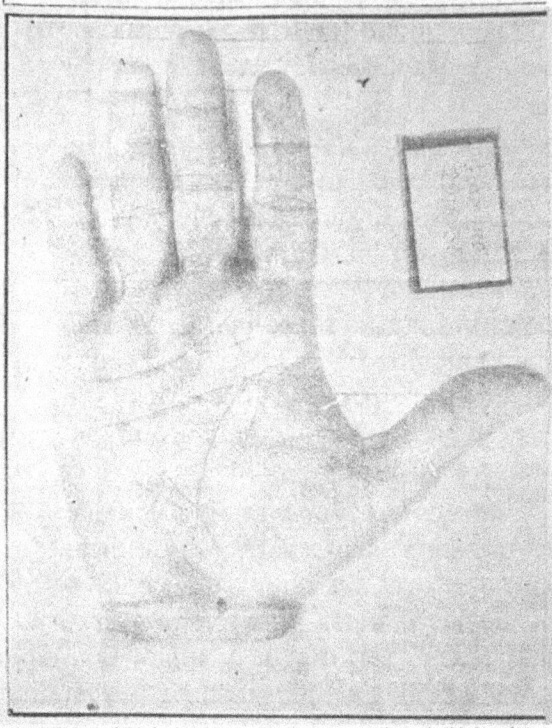

Nociones de Quirología Científica *por E. Soriani*

En las Manos de Guimard, el Ajedrez de La Vida Tiene Anotadas sus Partidas..

Corre Peligro Su Título, Pero Puede Retenerlo

Está en Jaque Hasta Fin de Año

La quirografía de Guimard. *Noticias Gráficas*, 17 de marzo de 1939

una calidad, que en la parte final de la sesión de la tarde recuperó, arribando a un final de torre y peones netamente favorable. Pero cuando se esperaba el triunfo de Grau, dada la precaria situación de la posición de Guimard, el desafiante cometió un error que le hizo perder la ventaja adquirida, y llegar a un final con un peón de ventaja, pero sin ninguna esperanza de victoria. En tales condiciones quedó suspendido el juego para ser continuado mañana jueves.[416]

[415] Roberto Grau, *La Nación*, 22 de marzo de 1939.
[416] *La Prensa*, 22 de marzo de 1939.

▓ Resultó tablas el final de la 5ª partida. Pocas o ninguna probabilidad de ganar tenía el maestro Grau, a pesar del peón de ventaja, como lo demostraron los análisis. Pronto se vio con cuanta facilidad pararon las negras las amenazas contrarias, declarándose tablas en la 80ª jugada. Guimard 2:3 Grau.[417]

▓ Fue ésta una lucha plagada de errores. Comenzó equivocándose seriamente Guimard en sus jugadas 28ª y 29ª, quedando en posición de abandono, ya que Grau ganaba rápidamente con 30.Axe6. En su lugar sacrificó su torre, línea que pese a todo lo deja con clara ventaja, pero ya no ganadora. Luego Grau se equivoca en la jugada 33ª, permitiendo a Guimard igualar el juego. Nuevamente Guimard falla en la jugada 37ª, Grau devuelve el error en la 39ª, Guimard vuelve a errar en la 39ª y con 40.e6, Grau vuelve a tener posición ganadora. El punto final de los desaciertos lo ofrece Grau con 46.Tf2+, cuando definía la partida fácilmente con 46.e6. Luego queda un final con leve ventaja para Grau, que resulta tablas.[418]

6ª Partida, 25 de marzo

▓ Con la victoria del aspirante al título finalizó la 6ª partida. Este triunfo es de grande importancia, ya que le permite a Grau totalizar cuatro puntos, dos más que su adversario. La partida, llevando las blancas Guimard, dio comienzo con una Apertura PD, haciéndose por ambos lados las jugadas hasta el movida 10ª de la 4ª. En vez de 10.A2C, Guimard optó ahora por 10.A2R. Ello trajo como consecuencia lógica un cambio fundamental en la estructura de la partida. Las blancas no vacilaron en aislarse un peón en la columna AD, peón que pocas jugadas después perdieron. Obtuvieron, empero, compensación suficiente por la gran movilidad de sus piezas. Más avanzada la lucha, en la movida 28ª, Guimard entregó una calidad, pudiendo decirse que después de esto que las complicaciones para los dos bandos continuaban. Pero había un detalle que habría de gravitar a esta altura en forma poderosa en el desarrollo posterior del juego.

Y ello no era otro que la excesiva lentitud con que Guimard había estado pensando las jugadas. Por esta causa se vio obligado a cumplir sus últimas jugadas en forma acelerada, perdiendo una segunda calidad. Grau, dueño entonces de gran ventaja material, hizo el cambio de damas, llegándose después a un final en el que devolvió parte de su ventaja, quedándose, en definitiva, con una calidad neta. Las blancas prosiguieron jugando sin esperanzas hasta la jugada 60ª.[419]

▓ El cotejo se presentó a los numerosos aficionados que se dieron cita en el Jockey Club en forma interesante, repetía en cierto modo el de la cuarta partida, y demostraba que, en principio, ambos contendores estaban de acuerdo con el juego que alcanzaron en aquella ocasión. Las primeras jugadas se hicieron en ritmo vivo, y pronto se vio que Guimard

---

[417] *El Mundo*, 24 de marzo de 1939.
[418] Notas del autor.
[419] Roberto Grau, *La Nación*, 26 de marzo de 1939.

variaba su planteo, acelerando el desarrollo del flanco del rey. El titular, en su afán de complicar las acciones, sin esperar a desarrollar todas sus fuerzas, saltaba con un caballo al centro provocando las primeras escaramuzas. Grau replicó en forma cuidadosa, recogiendo poco después el fruto de su cálculo al adueñarse de un peón blanco.

Dispuestas las blancas a forzar el juego a todo trance, efectuaron una serie de amenazas contra el enroque de las negras, apoyándose en los dos alfiles, pero éstas no tardaron en dictar los acontecimientos, imponiendo su mayor fuerza. Mediante una serie de cambios arribaron a un final de dos torres contra dos alfiles de las blancas, que no tardaron en verse trabados en la acción de proteger a su propio rey. Pocas jugadas duró la resistencia después de un sacrificio de calidad, al que siguió otro para imponer un peón pasado.[420]

La lucha, que en un comienzo fue similar a la del cuarto encuentro, se mantuvo en todo momento favorable para Grau, quien poco a poco fue consolidando su superioridad hasta llegar a una situación insostenible, con dos calidades de ventaja, finalizando con el triunfo de Grau en la movida 39ª.[421]

Nueva derrota de Guimard.
El Mundo, 26 de marzo de 1939

Nuevamente se lo vio a Guimard impreciso. Luego de la apertura quedó con dos alfiles contra dos caballos, pero siempre las negras tuvieron contrajuego. Cometió su primer error serio en la jugada 27.T3T, entregando a continuación una calidad, sin compensación. Grau lo perdona con 34… D8D?, que restaura la igualdad. Sin embargo, Guimard se vuelve a equivocar inmediatamente con 35.PxP? y 36.Txc4?, ingresando en un final claramente ganador para Grau. Ahora el score queda Guimard 2:4 Grau.[422]

7ª partida, 28 de marzo

La lucha fue interesante en el planteo y medio juego, y terminó con el triunfo del desafiante, quien eleva de ese modo a tres puntos la diferencia, y ello hace que la situación de Guimard se torne comprometida. Dada la forma débil con que ha conducido las últimas partidas, y por otra parte, la seguridad y empuje que demuestra Grau, no es presumible ni muy probable una reacción por parte del campeón. El encuentro de ayer se desarrolló dentro de las líneas clásicas de la Defensa Francesa, y en la parte media mejoró Grau una vieja variante, obteniendo superioridad de material, y poco a poco colocó a su adversario en posición difícil, hasta quedar con una ventaja suficiente para ganar, abandonando Guimard cuando se había efectuado la 31ª movida.[423]

Breve ha sido en realidad la séptima partida, y sin que se puedan señalar en su desarrollo errores garrafales de táctica. Las blancas, conducidas por Grau, impusieron en la apertura todas las ventajas del primer jugador en un planteo sólido y claro, que les aseguró cierta ventaja estratégica. Ante ello, Guimard, que conducía una Defensa Francesa, reaccionó en forma violenta entregando un peón central con jaque, exigiendo a su rival el mayor cuidado en las réplicas.

[420] Paulino Alles Monasterio, *El Mundo*, 26 de marzo de 1939.
[421] *La Prensa*, 26 de marzo de 1939.
[422] Notas del autor.
[423] *La Prensa*, 29 de marzo de 1939.

No obstante la situación delicada del rey blanco en el centro, sobre el que se cernían toda clase de amenazas, en el momento crítico Grau dio con la maniobra que le aseguró la ventaja material y un juego firme, que en vano las negras trataron de dominar. Cumplida la mitad del tiempo reglamentario se vio al campeón empleando en el reloj más de lo conveniente en sus meditaciones, en su afán de encontrar un plan o una combinación que le diera una iniciativa duradera. Este nuevo factor en contra no tardaría en incidir sobre la nerviosidad de su juego, llegando el momento en que, resuelto a todo, se jugó íntegro una aventura que desbarató el caballo de Grau en una serie de golpes bien calculados. Después de la jugada 26ª, Guimard estaba muy apremiado por el reloj y jugaba cualquier cosa. Se jugó en el balneario de Punta Lara.[424]

▆ Guimard volvió a experimentar otra derrota; su adversario lo venció en una partida que duró hasta la 31ª movida. Esto hace que ahora la ventaja de Grau se eleve a tres puntos. La partida de ayer era aguardada con singular expectación, porque se deseaba comprobar la forma en que Guimard pudiera reaccionar ante su desventaja en el score. Por ello fue que no tomó de sorpresa que el campeón nacional, pese a ir con las negras, tratara de complicar las acciones apenas salidos de las jugadas de la apertura, Defensa Francesa. Los primeros siete movimientos fueron iguales a los de la 3ª partida, introduciendo las blancas la primera variación al realizar la jugada 7.D2D.

Guimard se enrocó rápidamente, y luego del canje de su PAR por el PR adversario, efectuó 13…P4R, movida que involucraba la entrega de un peón, que Grau se apresuró a capturar. El blanco se enrocó largo, posesionándose el negro, con sus torres, de las columnas AD y CD, amagando un ataque que las blancas no tardaron en neutralizar. Viendo que la iniciativa se le escapaba, Guimard no vaciló en entregar una pieza, pero ello sólo contribuyó a empeorar su posición. Grau le obligó al cambio de damas, y de hecho ahí quedó definida la lucha. Guimard, que ya desde la jugada 20ª se encontraba apurado por el tiempo, poco pudo hacer, y abandonó cuando se llegaba a la 31ª.[425]

▆ Guimard, inseguro. Las primeras definiciones registradas en el *match* no fueron en verdad favorables al poseedor del título máximo. Había transcurrido la mitad del *match* cuando pudo verse al desafiante con un abultado puntaje a su favor que duplicaba el de su contrario. Toda la afición, atónita, se planteaba una serie de cuestiones que el asombro no atinaba a resolver partiendo de las viejas premisas que daban al campeón

Grau se impuso en la 7a. partida del match con Guimard

El vencedor cuenta ahora con 5 puntos, contra 2 logrados por Guimard

ACTUARÁN MAÑANA

Grau gana la 7ª con sencillez. *La Nación*, 29 de marzo de 1939

Gana R. Grau la Séptima Partida del Campeonato

Guimard, descontrolado. *El Mundo*, 29 de marzo de 1939

[424] Paulino Alles Monasterio, *El Mundo*, 29 de marzo de 1939.
[425] Roberto Grau, *La Nación*, 29 de marzo de 1939.

una superioridad incontrastable sobre todos sus rivales. Los resultados pedían una modificación sorprendente, que los aficionados se resistían a aceptar a pesar de los éxitos, porque hacerlo significaba retrotraer al ajedrez nacional unos años atrás.

Guimard obtuvo un buen triunfo en la 7ª partida.
La Prensa, 29 de mayo de 1939

Y ahí estaba la desilusión, entre dos aperturas repetidas una y otra vez, con pequeñas variantes. El desarrollo del *match* hacía suponer sin mayor esfuerzo que el *challenger* había elegido cuidadosamente su repertorio de planteos luego de un examen prolijo, en el que había sospechado ciertos puntos vulnerables en la armadura de su contrario. Y éste daba razón a lo supuesto, no saliéndose de los caminos trillados. Agréguese a todo esto que la *gaffe* y la sentencia dura del reloj siempre estuvieron presentes como fantasmas ante el campeón, que cerebraba (Sic) trabajosamente, según lo demostraron los tiempos parciales. Guimard 2:5 Grau.[426]

8ª partida, 1º de abril

Hasta mañana sábado a las 14 horas ha quedado suspendida la octava partida, en atención a que Grau se excusó por hallarse indispuesto.[427]

Con la victoria de Guimard finalizó anoche la octava partida, que ofreció pasajes de gran interés, y bajo este aspecto puede afirmarse que fue una de las más correctas de las realizadas hasta ahora. Pero luego de suspendida la lucha, en la sesión nocturna, las negras, que tenían aseguradas las tablas con cierta facilidad en algunas variantes, comenzaron a desacertar, y en pocas movidas las blancas lograron arribar a una posición ganadora. Promediada la lucha, fue dable advertir una cierta iniciativa del blanco, que obligó a Grau a jugar con mucha cautela para evitar alguna sorpresa desagradable. Pudo, no obstante, orillar todas las dificultades, y paulatinamente se fueron esfumando todas las chances de victoria del campeón nacional. Así se llegó al final de la primera sesión de juego, con todas las perspectivas de tablas. Reanudado el cotejo, Grau comenzó a desacertar en las réplicas, y fue así cómo dejó pasar primero 43…DxP, y luego, ya en franco tren de desorientación, complicaron su ya delicada posición con 49…P5R, que precipita el desenlace. Guimard colocó al rey negro en situación desesperada, y Grau abandonó.[428]

Guimard logró ayer un buen triunfo, que permite que el *match* vuelva a tener interés. Antes de comenzar la lucha Guimard nos manifestó que atravesaba por un mal momento de su carrera, y que sólo a esta circunstancia debe atribuirse la sucesión de contrastes que experimentó en la primera mitad del *match*:

Todos los jugadores, y aun los más grandes maestros, como por ejemplo Capablanca en el reciente torneo AVRO realizado en Holanda, han pasado por igual trance en algún momento de sus vidas. En la segunda parte procuraré que la suerte me sea menos esquiva, ya que no estoy desalentado ni he perdido la fe en una reacción.

[426] Paulino Alles Monasterio, *Mundo Argentino*, 29 de marzo de 1939.
[427] *El Mundo*, 31 de marzo de 1939.
[428] Roberto Grau, *La Nación*, 2 de abril de 1939.

Sintetizando el desarrollo de la partida de ayer, diremos que los rivales plantearon una apertura cuyo espíritu conocen a fondo por haberla jugado, con pocas en variaciones, en las partidas segunda, cuarta y sexta. Durante una cantidad de jugadas el juego se concentró en el sector dama, conservando las blancas (Guimard), la iniciativa, lo que obligó a las negras a observar gran cautela en las réplicas. Un cambio de las dos torres por la dama acentuó las perspectivas de triunfo, aunque Grau pudo, en cierto momento (jugada 43ª), neutralizar el juego de ambas torres. No continuó, sin embargo, con la debida exactitud, rindiéndose finalmente en una situación en la que su rey recibía mate, o perdía la dama.[429]

■ Guimard planteó el mismo esquema del Gambito Dama que en las partidas cuarta y sexta de este encuentro. En tanto, Grau innovó en la jugada 7ª, cambiando de diagonal el alfil. Grau comete un error serio en la movida 19ª, al entregar voluntariamente sus dos torres por la dama. Por un tiempo la mayor fuerza de las dos torres no se advierte porque aún hay muchas piezas sobre el tablero, pero a medida que se van produciendo cambios, el efecto es cada vez más evidente. Hacia la jugada 30ª se llega a un pre-final de dos torres y alfil para Guimard, contra dama y alfil para Grau, con alfiles de distinto color, y seis peones por bando enfrentados y simétricos. Las blancas lograron doblar sus torres en la séptima fila amenazando el peón de 7AR, pero Grau logra armar una buena resistencia colocando su dama en 3CD y 4CD.

Si las blancas llegaran a capturar en 7AR, entonces se produciría el cambio de las dos torres por la dama, y el peón ganado no tendría valor debido a los alfiles de distinto color. Cuando parecía que el empate se produciría pronto, Grau yerra nuevamente en la jugada 44ª, permitiendo a Guimard poner a resguardo su rey, e iniciar una letal maniobra con su alfil hasta 5D. Grau debe avanzar su peón rey, y entonces se producirá la variante antes mencionada, pero serán dos los peones de ventaja. Suficientes para ganar aunque haya alfiles de distinto color. De todos modos, Grau facilitó la tarea de Guimard con un nuevo error en la movida 50ª. Guimard 3:5 Grau.[430]

9ª partida, 4 de abril

■ Después del triunfo logrado por Guimard en la octava partida se esperaba con gran interés el encuentro de ayer, por estimarse que la reacción del campeón daría lugar a la realización de una lucha emocionante. Correspondieron las blancas a Grau, quien, como en todas las partidas anteriores, abrió el juego con P4R, contestando del mismo modo Guimard con su habitual Defensa Francesa. La partida se desarrolló en idénticas condiciones que la séptima de este *match* hasta la jugada 14ª, en cuyo momento varió Grau el juego para entrar en una de las variantes conocidas de esa defensa. El campeón argentino trató de eludir las maniobras de simplificación, cosa que evidentemente está obligado a hacer en virtud de los dos puntos que su adversario le lleva de ventaja. La lucha adquirió entonces una interesante complejidad, pero las blancas pudieron mantener la iniciativa y se aseguraron más tarde un peón de ventaja.[431]

■ Rudamente disputado fue el noveno juego entre Guimard y Grau. El planteo reprodujo hasta cierta altura del juego el séptimo cotejo de este *match*, transcurriendo las primeras quince jugadas en contados minutos. Pisaban firme sobre la experiencia de la citada partida y los análisis caseros complementarios. Los espectadores comentaban risueñamente el ritmo vivo impreso a las primeras movidas, pues los contrarios invertían más tiempo en anotar las jugadas y apretar el tope del reloj que en efectuar los movimientos. Con todo, este aspecto del juego no tardó en ser modificado, por las complejidades que del mismo se presentaron con el transcurrir del tiempo y el desarrollo de las fuerzas.

[429] *Crítica*, 2 de abril de 1939.
[430] Notas del autor.
[431] *La Prensa*, 5 de abril de 1939.

Las manos adoptaron entonces ese movimiento tentacular característico de la interrogación y de la duda, del tanteo, para buscar un punto firme en medio del tembladeral de las complejidades.

GANA ROBERTO GRAU LA NOVENA PARTIDA DEL CAMPEONATO

Rudamente disputado fue el noveno juego del campeonato argentino de ajedrez que jugaron ayer en el Jockey club de la Provincia los maestros Carlos E. Guimard, campeón argentino, y su desafiante Roberto Grau.

El planteo reprodujo hasta cierta altura del juego, el séptimo cotejo de este match, transcurriendo las primeras quince jugadas en contados minutos. Pisaban firme los contrarios sobre la experiencia de la citada partida y los análisis caseros complementarios. Los espectadores comentaban risueñamente el ritmo vivo impreso a las primeras movidas, pues los contrarios invertían más tiempo en anotar las jugadas y en apretar el tope del reloj que en efectuar los movimientos.

Con todo, este aspecto del juego no tardó en ser modificado por las complejidades que del mismo se presentaron al transcurrir del tiempo y el desarrollo de las fuerzas. Las manos adoptaron entonces ese movimiento tentacular característico de la interrogación y de la duda, del tanteo, para buscar un punto firme en medio del tembladeral de las complejidades.

Ya jugaba Guimard a su gusto con un peón menos entregado a sabiendas para llegar primero a la lucha donde los nervios son el principal factor. Grau, con aparente parsimonia, llegó con su ventaja material hasta el final de la sesión y suspendió el juego al

meditado hasta ahora 10 minutos y su contrario 12, prueba evidente de que se venían con la lección bien aprendida.

```
16. C2R                    A5C
17. O-O-O                  .....
```

Veintiséis minutos de meditación le costó esta huida del rey blanco del centro del tablero.

```
.....                      TD1D
```

Interesantes complicaciones traía consigo la jugada 17, ... C5R.

```
18. D3R                    PxP
19. DxD                    CxD
20. A4A                    TxT!
21. TxT                    C4A
```

Un nuevo sacrificio de peón con miras a abrir la columna para jugar TTA y ganar una pieza; el avance compromete, no obstante, la estabilidad de las negras.

```
24. A3D                    PxP
25. R2C                    P6A
26. RxC                    PxC
27. R3D                    T1R
28. R1R                    A6A
```

Larga lucha y victoria de Grau.
El Mundo, 5 de abril de 1937

posición. En la jugada 19ª se presentó el cambio de damas, y posteriormente los de una de las torres y un caballo, amén de varios peones, sin que por ello el equilibrio existente pudiera ser variado. Pero Guimard, más adelante, se embarcó en una combinación dudosa, merced a la cual logró colocar un peón en 7R, que Grau, en pocos movimientos, pudo capturar. En esta forma se llegó hasta la 41ª jugada, suspendiéndose la partida para ser reanudada en la sesión de la noche. Grau tenía un peón de ventaja, y el final fue tenazmente disputado, y luego del cambio del alfil quedó reducido a una posición en que el blanco, para forzar la lucha, debió entregar un peón, ganando en la jugada 69ª.[433]

▮ Los contendientes jugaron la línea aguda de la Defensa Francesa ya practicada en las partidas tercera y séptima. Siempre –y también en ésta– ganó Guimard. En este juego la lucha fue algo favorable para las negras luego de 16.C2R?!, cuando mejor era 16.CxC, con iguales posibilidades. Las negras perdieron la iniciativa conquistada con 21…C4A?!, volviendo a igualarse el juego. Fueron poco afortunadas las jugadas 24ª y 25ª de Guimard, que otorgaron a Grau una clara ventaja en el final, ya que un peón de Guimard tenía poca vida. Las blancas jugaron muy bien 56.R5T, y ganaron en la 69ª jugada. Guimard 3:6 Grau.[434]

10ª Partida, 11 de abril

▮ Guimard venció a Grau en la décima partida: fue un encuentro breve y sólo duró hasta la 24ª jugada. Una de las características más salientes del *match* la ha constituido

cumplirse el término reglamentario. Las blancas ganaron en la 69ª jugada.[432]

▮ Una vez más insistió Guimard en oponerle a su adversario la Defensa Francesa. El juego se desarrolló como en la séptima partida hasta la jugada 14ª, circunstancia que Grau aprovechó para introducir la primera variación. En efecto, dejando de lado 14.AxP, optaron por capturar este peón con el caballo. Las negras, que evidentemente estaban actuando en terreno familiar, respondieron con toda justeza y lograron de inmediato equilibrar la

Roberto Grau gano la novena partida del match con Guimard

Luego de una larga sesión, el challenger se impuso en 69 jugadas

5/4-39

JUEGAN EL SÁBADO

Con el triunfo del aspirante al campeonato argentino de ajedrez, Roberto Grau, finalizó, tras una larga sesión de juego, la novena partida del match que este ajedrecista viene sosteniendo con Carlos E. Guimard y en el local del Jockey Club de La Plata.

Una vez más Guimard insistió en oponerle a su adversario la Defensa Francesa, cosa que ha acontecido en varias de las partidas de este match.

El juego se desarrolló como en la 7a. partida, hasta la movida catorce, circunstancia que el aspirante al campeonato aprovechó para introducir la primera variación.

En efecto, dejando de lado 14-AxP, que hicieran en aquella oportunidad, en este caso optaron por capturar este peón de dama con el caballo. Las negras, que evidentemente estaban actuando en un terreno familiar, respondieron con toda justeza y lograron de inmediato equilibrar la posición.

En la jugada 19 se presentó el cambio de damas y posteriormente el de una de las torres y el caballo, amén de varios peones, sin que por ello el equilibrio existente pudiera ser variado.

Pero Guimard, más adelante, se embarcó en una variante dudosa, merced a la cual llegó a colocar un peón en siete rey, peón que Grau en pocos movimientos pudo capturar.

En esta forma se produjeron las primeras 41 jugadas, momento en el cual se procedió a suspender la partida, que luego fué reanudada en la sesión de la noche. Los adversarios tenían a esta altura del juego, Grau: torre, alfil y cuatro peones, contra torre, alfil y tres peones de Guimard.

El final fué tenazmente disputado y luego del cambio del alfil quedó reducida a una posición en que el blanco, para forzar la lucha, debió entregar un peón, ganando en la jugada 69, con la cooperación de su rey. La partida se desarrolló del siguiente modo:

Grau gana un largo final.
La Nación, 5 de abril de 1939

---

[432] Paulino Alles Monasterio, *El Mundo*, 5 de abril de 1937.
[433] Roberto Grau, *La Nación*, 5 de abril de 1939.
[434] Notas del autor.

el empeño con que ambos jugadores se han dedicado a emplear exclusivamente determinada línea de juego. Es así como hemos presenciado varias defensas francesas y aperturas del PD con la variante antigua del alfil encerrado detrás de la cadena de sus propios peones. Ayer se produjo una vez más este caso. En forma paulatina los adversarios fueron salvando con facilidad las dificultades del planteo, llegándose a la movida 22ª, momento en el cual podía conceptuarse el juego como muy equilibrado. Pero cuando se esperaba que las negras realizaran 22…A3D o C4R, que mantenía la partida en un plano de igualdad, Grau realizaba 22…P4CR, grave error que bastaba para colocarlo en una situación insostenible por el jaque mortal D8AD. Grau, ante esto, hizo abandono de la partida.[435]

La lucha fue iniciada por el campeón con P4D, adoptando el sistema de desarrollo similar al de todas las partidas anteriores en que Guimard condujo las piezas blancas. El juego fue en un principio equilibrado, pero en la parte media, a raíz de una maniobra de valor dudoso puesta en práctica por Grau, las blancas asumieron la iniciativa y poco a poco fueron conquistando la superioridad hasta que por medio de un fuerte ataque sobre el enroque negro pudieron inclinar definitivamente la balanza a su favor, acreditándose el triunfo en la jugada 24ª. Con esta victoria acorta Guimard la distancia que lo separa de su fuerte adversario, y el *match* adquiere nuevamente interés, pues este resultado indica una reacción por parte del campeón.[436]

■ El juego fue muy equilibrado desde el comienzo, hasta que Grau realizó la jugada dudosa 22…P4CR, que le causaba inconvenientes, pero no era todavía decisiva. Sin embargo, en la jugada siguiente

Guimard achica la desventaja.
La Prensa, 14 de abril de 1939

Grau logró una victoria casi decisiva.
La Prensa, 12 de abril de 1939

[435] Roberto Grau, *La Nación*, 13 de abril de 1939.
[436] *La Prensa*, 12 de abril de 1939.

comete el gravísimo error 23…T2D??, y pierde de inmediato. Ahora el score quedó Guimard 4:6 Grau.[437]

11ª Partida, 13 de abril

Tablas interesantes en la 11ª partida.
La Nación, 16 de abril de 1939

▌Esta partida fue, quizá, una de las más originales y lucidas, llevando las blancas Grau. Comenzó con la Defensa Francesa. Una interesante maniobra es 11. C2A. Guimard ataca el PCD y también el de AD, ya que amenazaba CxPA. Las blancas optan por entregarlo, con tal de mejorar la situación del caballo y mantener sólido el bloque central de peones. Luego de 16.R2D se ha simplificado la partida y se ha llegado a una posición difícil de forzar por ambas partes. Juegan 17…C2D, ya que el tema negro de la partida es la casilla 5AD, y el de las blancas el cuadro 5AR y la columna AR abierta. Grau juega 19.C3R, ya que si 16.AxA PxA 17.TxP P3AD, y las negras tendrían la iniciativa en el flanco dama. Luego de 25.TR1AR las blancas están un poco mejor, ya que amenazan C5C. Es única 29…R1A, ya que si 29…R3A 30.CxPR con ventaja. En vez de 31.T1TD, algunos críticos sugerían 31.T7A como maniobra decisiva, pero no es fácil afirmar que sea la solución luego de 31…P4TD, y este peón podría ser peligroso. En la jugada 42ª la partida se suspendió, y como los análisis probaran que había una maniobra oculta que permitía tablas a las negras, se convino el empate.[438]

▌La lucha se inició con P4R, a lo cual el campeón respondió con la Defensa Francesa. La parte media ofreció detalles interesantes, manteniendo Grau una posición preferible en todo momento. Es bien sabido, y hasta constituye un axioma, que en esta defensa resulta absolutamente imprescindible la realización de la jugada P4AD. Su omisión o renuncia a efectuarla crea en la totalidad de los casos inconvenientes serios al segundo jugador. Sin embargo, a pesar de que todo hacía presumir su triunfo, no se vislumbró ningún procedimiento ganador, y en la jugada 42ª ambos rivales convinieron en declarar tablas el juego.[439]

▌Fue un empate, jugado correctamente en líneas generales. El primer pequeño error lo cometen las negras con 25…R2D?!, en lugar de 25…C7C con contrajuego. A su vez, con 30.C6C?! las blancas pierden la iniciativa, cuando eran mejores 30.P3TD o 30.P4TR.

Declaróse Tablas la 11ª. Partida del "Match" por el Campeonato de Ajedrez

Grau no pudo imponer su ventaja, y tablas.
Noticias Gráficas, 14 de abril de 1939

---

[437] Notas del autor.
[438] Frente al tablero, Roberto Grau, *La Nación*, 16 de abril de 1939.
[439] *La Prensa*, 14 de abril de 1939 (Resumen).

Un error serio es 35…R3T, que hubiera perdido si Grau jugaba 36.T1AR. En cambio, equilibró las chances con 36.T1TD?, errores que, curiosamente, se reiteran al repetirse las jugadas, en las jugadas 37ª y 38ª. Por último, en vez de 42.CxPR las blancas disponían de 42.CxPD!, que conduce a un final ganador debido al alejamiento del rey negro. Guimard 4½:6½ Grau.[440]

12ª Partida, 22 de abril

■ Las varias postergaciones que había sufrido este encuentro, motivadas por las causas conocidas, no habían hecho sino avivar el interés de los aficionados por asistir a su desenlace, cosa que por otro lado pudo ponerse en evidencia por el número elevado de personas que, desde temprano, se hicieron presentes en el salón de juego. La victoria, luego de la 58ª jugada, correspondió al campeón argentino, que descuenta la ventaja que su adversario le llevaba en el score, y se coloca a un solo punto. Guimard inició con una PD, produciéndose las mismas jugadas de apertura que en partidas anteriores.

Grau fue el primero que se apartó de lo conocido, siguiendo con 6.PxP en lugar de enrocar. La lucha fue interesante desde los primeros momentos, manteniéndose pareja hasta que Grau cometió un error al hacer 26.A3R?, que poco más tarde le acarreó la pérdida de un peón. Las negras se vieron en la necesidad de complicar las acciones, pero Guimard halló siempre la réplica exacta eludiendo todas las amenazas. Grau, ya en posición muy inferior, entregó un segundo peón y posteriormente un tercero, que Guimard se apresuró a capturar. Las negras prosiguieron la lucha hasta que en la jugada 58ª decidieron abandonar.[441]

Guimard gana la 12ª y se acerca.
La Nación, 23 de abril de 1939

■ Después de un descanso de nueve días fue reanudado ayer el *match*. Guimard comenzó la lucha con PD, y en cierto momento Grau cambió el procedimiento de ataque, a pesar de que en oportunidades anteriores había conquistado partida superior. Las blancas obtuvieron una posición favorable por la mejor disposición de sus piezas, y el campeón argentino comenzó a presionar en buena forma, hasta que al promediar el encuentro, a raíz de una mala jugada de Grau, asumieron decididamente las operaciones, ganando un peón primeramente, y más tarde otros dos, arribándose a un final de torres y piezas menores con cuatro peones contra uno, donde Grau no tuvo más remedio que abandonar.[442]

■ Sienta un mal precedente el aplazamiento desmedido en el *match*. La expectativa se ha visto defraudada por la cantidad extraordinaria de permisos solicitados para aplazar las partidas. Al comenzar el cotejo se dijo que cada rival disponía de dos excusaciones, pero luego menudearon, y ya se debe haber perdido la cuenta de los permisos otorgados. Esto sienta un mal precedente, y se hace necesario que la FADA, para poder exigir disciplina a otros ajedrecistas, haga cumplir fielmente la letra escrita en los reglamentos. Guimard venció y acortó a un punto su

Errores de Grau y victoria
de Guimard. *La Prensa*,
23 de abril de 1939

[440] Notas del autor.
[441] Roberto Grau, *La Nación*, 23 de abril de 1939.
[442] *La Prensa*, 23 de abril de 1939.

desventaja. Ahora que dan dos partidas por jugarse, y de triunfar en una e igualar en la otra, Guimard retendrá el título.[443]

▨ Guimard, a un punto de Grau. Se ha hecho sentir ayer otra vez la vigorosa reacción de Guimard, quien derrotó a Grau en la 58ª movida. Todavía Grau lleva ventaja, pero ésta se ha reducido a un punto, mientras hubo momentos en el *match* en que llegó a tres. La expectativa no puede ser más electrizante. Mucho se ha criticado a Guimard por jugar con las blancas una especie de Gambito Dama aceptado. Es cierto que ello le permite a Grau, más que con cualquiera de las aperturas conocidas, arribar pronto a una situación de igualdad. Pero, como nos ha dicho Guimard, es una igualdad compleja, la que indudablemente le conviene a quién, como él, necesita ganar a todo trance. En esta partida, Guimard aplicó a Grau una difícil combinación; difícil, sobre todo, porque el desafiante reaccionó con múltiples amenazas, que obligaron al campeón durante varias jugadas a hallar la réplica exacta para cada una de las impresionantes amenazas de Grau.[444]

Malestar por demasiadas
postergaciones. *Crítica*,
22 de abril de 1939

▨ Guimard inició el juego con el mismo planteo del Gambito Dama que en las partidas segunda, cuarta, sexta y octava, innovando Grau en la jugada 6ª. Jugaron correctamente el medio juego, hasta que ambos cometen pequeñas equivocaciones en la jugada 24ª. Luego Grau yerra nuevamente en las jugadas 26ª y 30ª, en momentos en que Guimard presionaba sobre el flanco rey, pero las negras disponían de buenas alternativas para igualar. Hacia la jugada 34ª las blancas quedaron dos torres, alfil y cuatro peones, frente a dos torres, caballo y tres peones de Grau. Al no acertar tampoco con la movida 34ª, el peón de ventaja se hizo sentir fuertemente, lo mismo que la mayor actividad del alfil sobre el caballo. El resto fue sencillo para Guimard, y fue poco comprensible la insistencia de Grau sobre el final, siguiendo una partida completamente perdida. Guimard 5½:6½ Grau.[445]

13ª Partida, 25 de abril

▨ La victoria de Grau no ha de producir sorpresa entre los aficionados argentinos, pero hay que convenir que constituye una nota de extraordinaria excepción en el mundo del reporte, puesto que Grau, después de ganar por primera vez el título máximo del ajedrez nacional, perdió el título en dos oportunidades y otras tantas veces lo recuperó. El encuentro de este año ha tenido alternativas interesantes, y tiene valor desde el punto de vista técnico por haberse repetido en casi todas las partidas una determinada variante de la Apertura PD en ocasión de jugar con las piezas blancas Guimard, y la Defensa Francesa cuando las blancas eran conducidas por el vencedor. En términos generales, puede afirmarse que Grau dominó a su fuerte rival, dado que la mayor parte de los juegos le fueron favorables desde el principio.

Salvo algunas pequeñas indecisiones finales, las partidas fueron conducidas por él con gran seguridad, y demostró una vez más que es un ajedrecista completo. Pero, por sobre todas estas consideraciones, debemos destacar que el mérito mayor de Grau en la presente ocasión consiste en haber derrotado a un ajedrecista de extraordinaria calidad como es Guimard. Su reacción final nos prueba cuánto vale esta notable figura del ajedrez argentino, y nos da la seguridad de que esta derrota será para él beneficiosa. En cuanto al aspecto general de la competencia, tuvo alternativas agradables y constituyó, como siempre, una nota destacada entre las actividades del año, pero debe lamentarse la excesiva lentitud en su desarrollo. Las autoridades de la FADA deben estudiar este

[443] *Crítica*, 22 de abril de 1939.
[444] Amílcar Celaya, *Noticias Gráficas*, 23 de abril de 1939.
[445] Notas del autor.

asunto para tratar de evitar en lo sucesivo las demoras innecesarias que conspiran contra el buen éxito de estas competencias.[446]

▓ Roberto Grau conquistó el título de campeón argentino al vencer esta tarde a Carlos Guimard. El juego, que se inició con PR, Defensa Siciliana, se destacó por la poca resistencia que opuso Guimard , quien se concretó a un juego indeciso, de escasa iniciativa. Al promediar la lucha, Guimard se vio obligado a elegir entre parar la amenaza de mate en una jugada o permitir la coronación de un peón. En consecuencia, prefirió abandonar la partida, y con ello, el preciado título. Se había efectuado la 46ª jugadas. Grau fue inmediatamente felicitado por la concurrencia y declarado campeón argentino.[447]

▓ El nuevo poseedor del título máximo es el conocido maestro Roberto Grau. Por tercera vez en su carrera ha logrado tan preciado éxito, y lo ha conseguido en disputa con quien se lo arrebatara dos años antes en otro cotejo semejante. Su mayor elogio sería decir que Grau continúa siendo el campeón de los desquites, el hombre de remozadas energías, de espíritu continuamente inquieto por todo lo que se produce en ajedrez. En esta condición debe residir, precisamente, esa facilidad con que vuelve a la lucha de primer plano, más que todo con la idea de probar el mismo grado de conocimiento que sus rivales. Y es por esto que la afición, en general, si no ve subir al primer puesto a una nueva figura, tiene la impresión de que quien custodia los laureles del título máximo sólo los cederá a quien sea capaz de ganarlos (Sic).[448]

▓ Roberto Grau ha ganado por tercera vez en su ya larga carrera el título de campeón argentino, que perdiera hace dos años frente a su contrario reciente, Carlos Guimard, llegando con laureles reverdecidos a festejar sus bodas de plata con el tablero. Esta es la síntesis actual de una vocación iniciada en edad temprana, notable por todos los conceptos, que recuerda a quienes son sus mayores o a sus contemporáneos, y sugiere a los demás, todas las energías puestas en juego para llegar a la situación expectable que nuevamente ocupa. Ya hemos dicho que Grau es el hombre del desquite; cuando parece aflojar porque las circunstancias le son adversas, no hace más que ahorrar fuerzas, esperando el momento que se le brinde propicio para emplearse a fondo, prodigándose con esa fácil naturalidad que distingue a los que tienen pasta de campeones.[449]

▓ Estimulado por su última victoria que acortó la ventaja de Grau al mínimo, Guimard se sentó frente al tablero decidido a jugar fuerte: planteó la Defensa Siciliana en lugar de su habitual Francesa. Ya en la jugada 2ª eligió una línea poco trillada: la variante Nimzovich, que desarrolla rápidamente su caballo rey. Las negras lograron buen juego al salir de la apertura, controlando fuertemente la casilla d4. En la jugada 18ª Guimard arriesga en demasía sacrificando un peón, cuando disponía de otras variantes sólidas; de este modo, en la posición resultante debe limitarse a obtener una compensación. Tampoco encuentra la mejor alternativa en la 20ª, quedando ya definitivamente inferior, y su

R. Grau se Clasificó Campeón Argentino al Vencer a Guimard

LA PLATA, 25 (De nuestra agencia). — Roberto Grau conquistó el título de campeón argentino de ajedrez al vencer esta tarde a Carlos Guimard en la 13ª partida del match.
El juego, que se inició con peón rey, defensa siciliana, se destacó por la poca resistencia que opuso Guimard, quien se concretó a un juego indeciso, de escasa iniciativa. Al promediar la lucha, Guimard se vio precisado a elegir entre parar la amenaza de mate en una jugada o en su defecto permitir la coronación de un peón. En consecuencia, prefirió abandonar la partida y con ello el precia-

R. GRAU

Grau vence con sencillez, y es nuevamente campeón.
Crítica, 25 de abril de 1939

[446] *La Prensa*, 26 de abril de 1939.
[447] *Crítica*, 25 de abril de 1939.
[448] Paulino Alles Monasterio, *El Mundo*, 26 de abril de 1939.
[449] Paulino Alles Monasterio, *Mundo Argentino*, 17 de mayo de 1939.

posición se derrumba luego del serio error en la 28ª, quedando con tres peones menos, abandonando finalmente en la 46ª. ¡El desafiante recupera su título! Guimard 5½:7½ Grau.

Resumen[450]

▓ El 2 de marzo comenzó el *match* por el Campeonato Argentino entre Guimard y Grau. Todo el encuentro se jugó en los elegantes salones del Jockey Club de La Plata, que donó una bolsa de $ 1.500,[451] de los cuales dos tercios eran para el ganador. Finalmente se impuso Grau por 7½:5½, y recuperó el título. Se jugó en esa entidad, merced a una gestión del presidente de la FADA Augusto De Muro, y a un generoso gesto del doctor Vignart, presidente de la citada institución. Para evitar análisis, las partidas se jugaron en sesiones de nueve horas diarias. La primera de cinco horas, 14 a 19, y si la partida no se hubiera definido, seguía de 20.30 a 0.30. Se jugó cuatro veces por semana: lunes, martes, jueves y viernes.[452]

Grau en *Noticias Gráficas*

▓ Grau ha vuelto a ganar el Campeonato Argentino por segunda vez (Sic. Es la tercera), es decir, ha realizado una hazaña única en los anales del deporte, revelando un asombroso poder juvenil de recuperación. Cada vez que han doblado a muerto las campanas de la crítica, dando a Grau por terminado, éste les ha contestado ganando el campeonato nacional. Es lo que nos dijo el flamante campeón, el nuevo viejo campeón argentino:

> Me alegro de haber reconquistado el título, más que por haber vencido a Guimard, de quien soy amigo, para demostrar que todavía no estoy tan viejo.

Grau, otra vez campeón, se hallaba muy contento. Su carácter expansivo, movedizo, le hacía recibir con grandes risas, con repetidos desplazamientos de su voluminosa humanidad, las felicitaciones que le llegaban a granel. Como durante el curso del *match* nos había manifestado varias veces que, si llegaba a ganarlo, haría abandono del título porque veinticinco años de ajedrez es bastante, le preguntamos concretamente si persistía en ese propósito. Nos respondió:

> Esas son cosas que siempre se dicen, y que nunca se cumplen. Ahora que percibo la sensación de propiedad, de cosa de uno, se me hace más difícil renunciarlo. Está de por medio, también, la pequeña vanidad de que no carecemos ni siquiera los que la escondemos siempre. Y, sobre todo, están de por medio los amigos, los compañeros del club, los compañeros de redacción, los discípulos, hasta los muy pequeños del Parque de los Patricios, que me lo reprocharían airados. La familia, las relaciones. Está el encanto, a veces ingrato y doloroso, del ajedrez. ¿Cómo haría para vencer tal cúmulo de resistencias? A menos que –y su rostro bonachón adquiere una seriedad inusitada– alguna circunstancia externa, en la que no quiero pensar, me produzca un disgusto invencible por el ajedrez.

> Jugué este *match,* entre otras cosas, con la esperanza íntima de festejar mis bodas de plata con el tablero siendo campeón argentino. No creí realizar esta esperanza, porque Guimard es un rival muy serio, sin duda el adversario más serio que tengo entre todos los ajedrecistas argentinos. Pero las circunstancias me han favorecido. Si diez veces se disputara un *match* entre Guimard y yo, las diez veces podría ganar cualquiera de los dos.

---

[450] Notas del autor.
[451] La cantidad de $ 1.500 equivale hoy a aproximadamente U$S 10.000.
[452] Roberto Grau, *Leoplán*, 15 de febrero de 1939.

¿Y por qué ganó usted esta vez?

Nunca he perdido un *match* como desafiante. En cambio, dos veces me han quitado el campeonato. Entre adversarios de fuerza pareja, el que va a conquistar algo lleva un impulso, una ansia, de la que carece el otro. El que *burguesmente* (Sic) defiende lo que tiene está siempre debajo, en efectividad y entusiasmo, del que se lo pretende arrebatar. Como desafiante me derrotó Guimard hace dos años, y también como desafiante lo he ganado ahora.

El retorno suyo al campeonato, ¿no le parece que significa que nuestro ajedrez permanece estacionario?

No, yo creo que también he progresado junto con el resto del ajedrez argentino. En nuestros primeros viajes a Europa la inferioridad de los aficionados argentinos frente a los maestros, era visible; en los últimos, jugábamos de igual a igual. El progreso del ajedrez argentino no se mide por el arrumbamiento de valores, sino por el comportamiento de estos valores en el concierto del ajedrez internacional.

¿Cuándo volverá a jugar?

Probablemente, enseguida, y con el mismo Guimard, con quien tenemos concertado un encuentro en que no se pondrá en discusión el título. Ha sido éste un *match* de amigos; juntos hemos ido a La Plata, todas las veces, a jugar las partidas, y juntos hemos vuelto. En el camino hemos comentado alegremente, burlándose cada uno de las propias fallas. De Guimard, que me extendió notablemente la mano al terminar la partida de ayer, recibí la primera felicitación, para mí valiosísima.[453]

Grau, exultante ante Celaya.
Noticias Gráficas, 26 de abril de 1939

Grau por Grau, en *La Nación*

▓ Cada vez que se disputa un *match* por el Campeonato Argentino la crítica se especializa en los comentarios y se regodea con los errores, reales o supuestos, que animan cada una de las partidas disputadas. Como es natural, el que acaba de finalizar no podía eludir los halagos del comentario abundante, ni los sabores de la crítica agria. Se ha dicho esta vez, como muchas otras, que el *match* era técnicamente malo, que se cometían demasiados errores, y si mucho de esto es cierto, justo es que se trate de poner las cosas en su verdadero lugar, y explicar las causas de las fallas técnicas de varias partidas.

No es posible suponer que los jugadores incurran en errores por incapacidad, ya que esto significaría extender una lápida al ajedrez nacional, pues si los dos valores más eficientes del momento son tan malos, ¿qué debe opinarse del resto? La verdad es que el *match* no ha sido tan malo, y hasta nos atreveríamos a decir que en muchos aspectos ha sido excelente. Técnicamente ha permitido llegar a interesantes comprobaciones en una maniobra del PD que la crítica reputó de inferior, y que los hechos probaron perfectamente jugable por la compleja igualdad que se produce. En la Defensa Francesa también se han hecho experimentos teóricamente valiosos, ya que en nuestra opinión se

---

[453] Reportaje a Grau por Amílcar Celaya, *Noticias Gráficas* 26 de abril de 1939.

ha mejorado una variante fundamental de ella. Las partidas han sido muy complicadas, y los errores posibles habidos se deben en gran parte a la complejidad de la lucha. No es fácil producir partidas académicas cuando se juega con el peligro, y en cambio es posible realizarlo cuando se prefieren las rutas cómodas de la simplificación y se busca el empate eludiendo los caminos que pueden alterar el equilibrio. El *match* ha ofrecido detalles muy interesantes en el medio juego, algunos finales técnicamente meritorios, y por sobre todo esto, ha servido para devolver al ajedrez nacional a un ajedrecista veterano, un tanto apagado en su entusiasmo, y ha de servir, sin duda, para brindar una nueva meta en las ambiciones de Guimard, un tanto aletargadas luego de la obtención del título que acaba de perder.

Con esta 13ª partida terminó el 13º *match* por el Campeonato Argentino, que ha sido una de las mejores de esta interesante lucha. Y Grau volvió a recobrar el título que conquistó por primera vez en 1926, es decir, hace trece años. Como se ve, el número 13, que fue, por otra parte, el que correspondió al ganador del *match* en el sorteo del Torneo Mayor, ha provocado una serie de coincidencias que harán la delicia de los cabalistas.[454]

Grau en *El Gráfico:* el torneo hogareño

Hace un cuarto de siglo, en el hogar de don Patricio Luis Grau, caballero español fundador de una familia argentina, se organizó un torneo privado de ajedrez. Se pusieron de acuerdo para tomar parte en la prueba el dueño de casa, su hijo mayor Patricio J., Pozo, aficionado de tercera categoría del Club Argentino, Hoffman, jugador de tercera o quizás segunda, un dibujante cuyo nombre no ha conservado la historia, subordinado de don Patricio Grau en los talleres gráficos que éste dirigía, y algún otro contertulio que hoy escapa a mi recuerdo.

Sin embargo, la nómina de los participantes no iba a quedar reducida a los que he enumerado; habría de enriquecerse, bien que tras dura resistencia, con otro nombre, el de Roberto Gabriel Grau, hijo segundo del dueño de casa, a la sazón de catorce años de edad. ¡Audacia la del mocoso, que pretendía medirse en el sesudo entretenimiento del ajedrez, con personas serias y respetables! La resistencia a que este muchacho compitiese tenía, además, otra explicación. Roberto no jugaba nunca: se limitaba, en su casa, a observar las partidas que disputaban su padre, su hermano, los amigos de la familia. Entonces, ¿cómo pretendía deslucir el augusto torneo familiar con sus chiquilinadas?

Pero tanto gritó, aulló y pataleó Robertito, que concluyeron por acceder a sus ruegos, avalados por la garantía maternal de que se portaría bien. Porque Roberto Grau, aunque ya había cumplido catorce años, era bajito, y tan éticamente (Sic) delgado que toda su persona dijérase representada por una gran cabeza que bailoteaba sobre sus débiles hombros. ¿Qué representación tenía, pues, para intervenir en un torneo de ajedrez, de ese ajedrez solemne, practicado a menudo por Jacques, a principios del siglo que vivimos?

Pero, como se trataba de un torneo familiar, jugó. Jugó y lo ganó, con asombro y modestia primero, con incondicionada admiración paternal después, como ocurre siempre. Nos decía Grau rememorando ese primer laurel, laurel doméstico de su carrera ajedrecística.

> ¡Ganarle al padre! El padre, el superhombre que deslumbra nuestra niñez, que lo sabe todo, que tiene una contestación para cada una de nuestras despiertas curiosidades infantiles… Ganarle al padre es abrigar la convicción de que uno es, por fin, alguien en la vida.

También otro ajedrecista, más grande que Grau, Capablanca, logró su primer éxito derrotando a su progenitor, a la inconcebible edad de cuatro años, lo que le valió que lo mandaran a la cama sin

---

[454] Frente al tablero, Roberto Grau, *La Nación*, 30 de abril de 1939.

postre; y, entre nosotros, como Carlos Portela le ofreciese un caballo de ventaja a su señor padre, éste lo corrió por toda la casa para darle una merecida soba...

A los 25 años de haber Grau, dentro de los severos muros de su hogar, ganado el primer torneo en que participó, acaba de clasificarse campeón argentino en larga y reñida lucha. No podía haber festejado mejor sus bodas de plata con el tablero. Había declarado Grau en *El Gráfico*:

Si por algo ansío ganarle a Guimard, es porque este año cumplo mis bodas de plata ajedrecísticas.

Dije que Grau fue, en su niñez y en su juventud, extraordinariamente delgado. Cortaba el aire con sus cuarenta kilos escasos. Hoy, la curva de la felicidad ha dilatado su abdomen cuarentón, y violando un secreto que me contó en uno de sus habituales momentos de locuacidad, divulgaré su peso: confiesa noventa y dos kilos. Probablemente sean más. Conozco pocos hombres, quizás ninguno, que sea más ágil de cuerpo y de espíritu, que despliegue una actividad más agotadora y diversa, que el campeón argentino. Grau está en todo, y hace de todo, y como si ello fuera poco, mantiene largas tertulias en el club, en la redacción; habla por los cuatro costados, bombardea con sus chistes a cuantos le rodean, a diestra y siniestra; sonríe a todo el mundo, y no toma en serio ni a su sombra, que es, sin embargo, una sombra dilatada y de tamaño respetable.

Grau juega partidas de ajedrez que le demandan un esfuerzo de cinco horas diarias, sin contar los análisis de las posiciones suspendidas; en un periódico matutino *hace* ajedrez, desde luego, automovilismo, ciclismo, y cuanto caiga bajo su estilográfica infatigable. Supongamos, por la parte baja, que esto le lleve cuatro horas. Hace notas en una revista popular; pongámosle otra hora más. Agreguemos media hora para atender El Ajedrez Americano, revista técnica cuya dirección comparte con Palau, y media hora para escribir los libros que tiene en preparación. Otra más como profesor del Club Español, otra para enseñar en Ríver Plate, y dos horas para dirigir y organizar a los ajedrecistas infantiles de Parque Patricios. Supongamos que sus actividades de miembro de la CD del Círculo de Ajedrez le insuman un cuarto de hora, y otro cuarto de hora la de miembro del Consejo Federal de la FADA. Añadamos hora y media para atender las complejas tareas de organización del TN. Como es un temperamento exuberante, necesita además charlar; ¿qué menos de dos horas diarias puede calcularse para el club, la redacción y el Círculo de Prensa?

Por otra parte, Grau es un hombre tan modesto que ni siquiera tiene automóvil, de manera que no puede ir muy ligero de un sitio para otro. Supongamos que la movilidad le lleva una hora y media, que no es mucho. Grau no se anquilosa en sus conocimientos ajedrecísticos. Estudia, imaginemos, un cuarto de hora por día. Además, su personalísima curiosidad lo lleva a estar al día en cuanto acontece en el mundo, de manera que concedámosle media hora para leer los diarios. Agreguemos ocho horas de sueño... Pero antes de seguir adelante, sumemos: con 29 horas y cuarto. Aunque estiráramos el día como un elástico: ¿a qué horas come –lo que indudablemente hace, a juzgar por sus kilos, y por el espantado testimonio de quienes lo hemos visto a la mesa– Grau? ¿A qué horas vive Grau? Confieso que, cuando examino su atareadísima existencia, vacilan mis firmes convicciones sobre la exactitud de las matemáticas.

También trastabillan mis escasos conocimientos biológicos cuando lo observo rozagante, dicharachero, eje central de todas las reuniones en que interviene, después de activísimas jornadas susceptibles de abatir a un plesiosauro. Jamás lo he visto cansado. Hay que creer, por lo tanto, que encierra mucha exageración todo eso que afirman médicos e higienistas acerca de las proyecciones perjudiciales de la fatiga en el organismo. Grau es la antítesis del individuo tranquilo, viejo, hosco, lacónico y ensimismado, en el que el vulgo personifica al jugador de ajedrez. No es extraño que, viviendo, si eso es vida, a un ritmo semejante, Grau se equivoque a menudo. En otra época, en que mi propio trabajo era mucho más escaso, y por lo tanto, más cuidadoso, me horrorizaba al advertir estas frecuentes equivocaciones de Grau, y sin ninguna acritud, con un hermoso lírico afán de poner las cosas en claro que he perdido con los años, puntualizaba cada uno de los errores del maestro, aún los intrascendentes, aún los de simple detalle: un apellido extranjero mal escrito, un número de jugada equivocado…

Desde luego, cuando Grau llegó a afirmar, como lo hizo, que Nimzowitsch, el estratega más profundo que ha producido la historia del ajedrez, era un jugador que embarullaba las piezas, confiado en su singular habilidad táctica, casi me da un ataque. En éstas y otras inexactitudes ha incurrido, sin que se me ocurriera señalarlas, no obstante disponer de la oportunidad para hacerlo. Es tanto lo que el ajedrez argentino le debe a Grau, su labor de divulgación es tan valiosa en la capital y en el interior, en más de un centro ajedrecístico del extranjero sólo se conoce, y elogiosamente, a nuestro país por la obra exclusiva de Grau, ha llevado los beneficios del ajedrez a todas las capas sociales y a todas las edades, que buscarle pelos a su pluma velocísima y fecunda resulta una tarea generalmente negativa, y siempre ingrata.

Deportivamente, lo que ha hecho Grau es enorme. Ha revelado su voluntad, un poder de recuperación asombroso. El campeón nacional, que ha ganado su título en buena lid, nada más que por esta sola circunstancia tiene derecho a ser considerado el primer ajedrecista del país. Grau fortalece la razón apuntada con cincuenta más, de las cuales no es la más poderosa su empate con Alekhine, y su triunfo sobre Fine en Varsovia, ni el haber sido el maestro de una notable generación de ajedrecistas argentinos, ni sus conocimientos teóricos, ni sus condiciones ajedrecísticas excepcionales; la razón más poderosa, que no escapará a la penetración de ningún deportista, es su maravilloso espíritu, que le ha permitido encaramarse en un campeonato del que fue desalojado dos veces, una por Pleci y otra por el propio Guimard, esta última registrando un score aplastador: 4:0 y cuatro tablas. "Los campeones no vuelven", acostumbra a dogmatizarse en el deporte. Grau ha vuelto una vez, y por si no fuera suficiente, otra. Ha arrasado con los dogmas deportivos.

No puede discutirse que Grau sea un deportista en la lucha; ha probado serlo también en las declaraciones que me hizo al finalizar el campeonato:

> Me alegro de haber ganado, no precisamente por haber obtenido el triunfo a expensas de Guimard, de quien soy muy amigo, sino porque creo haberme demostrado a mí mismo que aún no he llegado a la edad de arrumbarme, que aún estoy joven. Mi triunfo, además, creo que servirá para detener, por lo que concierne a nuestro ajedrez, la corriente iconoclasta que se observa tanto en el tablero como en la vida. Es necesario que a los jóvenes se les enseñe a mirar el pasado.

¡Y se encasilla *en el pasado* un hombre en la plenitud de la vida, a quien le falta un año para cumplir los cuarenta!

> Éste ha sido un *match* de amigos. Juntos hemos ido a La Plata, con Guimard, cada vez que debimos disputar una partida; juntos hemos vuelto; juntos hemos comentado, llana y abiertamente, nuestros aciertos; juntos nos hemos reído de nuestros errores. La primera mano que me tendió, cordial y efusiva, cuando recuperé el título, fue la mano franca y robusta de Guimard. Declaro, por otra parte, que éste es el único ajedrez, cordial, amistoso, que estoy dispuesto a jugar. No me hallo en edad, ni en condiciones, ni en estado de ánimo, de aguantar un *match* en el que haya una leve sombra de inquina personal. Antes de poner en juego, en tan desagradable forma, el título que acabo de recuperar, preferiría abandonarlo.

Grau evalúa las virtudes y los defectos propios, y los compara con los de sus rivales. Así suele llegar a conclusiones sabias:

> Decididamente, soy poco hábil para formular pronósticos. Antes de iniciarse el *match* por el Campeonato Argentino, sostuve que Guimard debía vencer. Nadie podrá dudar del grado de simpatía que

le profeso, y de las razones que tengo para conocerlo, y de esta suerte mi pronóstico resultaba dictado por razones de lógica profunda y, por cierto, muy a mi pesar. Sostuve que Guimard debía vencer, no tanto porque creyera que era muy superior a mí, ni tampoco por falsa modestia, y mucho menos por cábala. Entendí que Guimard debía imponer su juventud, su optimismo, su voluntad vencedora y los magníficos recursos del medio juego.

Dije que mis conocimientos eran superiores a los de él, pero también sostuve que en ajedrez no gana quien más sabe, sino quien ve más lejos y con mayor seguridad. ¿Cuál puede ser, pues, la razón del para mí agradable fracaso en el pronóstico? Una y muy concreta: que Guimard no tuvo la voluntad vencedora de antes, que sus recursos del medio juego no fueron superiores a los míos, y que no fue en esta oportunidad el adversario optimista de sus anteriores performances.

Grau se refiere luego al afán desmedido que puede producir el éxito, que puede distorsionar las realidades:

El exitismo es el grave defecto del público, que se entusiasma ante una victoria, y reacciona acerbamente ante una derrota. No han faltado quienes, luego de la derrota de Guimard, sostuvieran que este notable ajedrecista carecía de títulos para ser campeón nacional, y hasta discutiera el brillo de su campaña, de la misma manera que no faltó quien dijera que el *bluff* de Grau se había desinflado ante el primer propósito serio de desenmascararlo, hace apenas dos años, cuando perdí el título.[455] Suelen ser a veces tan injustas las críticas y tan mal intencionados los comentarios, que atribuyo a los mismos la desaparición del primer plano de nombres de grandes méritos ajedrecísticos. Sólo quien tenga, como yo, otras ambiciones en la vida, y haya, por el imperio de las mismas, relegado a segundo plano su vanidad ajedrecística, puede encogerse de hombros permanentemente, y destruir periódicamente, con el lenguaje elocuente de la victoria, los comentarios molestos.

Dice finalmente Grau, refiriéndose a las posibilidades de un encuentro futuro con el propio Guimard:

Entiendo que si volviera a jugar con Guimard en otras oportunidades, el resultado variaría con gran frecuencia, y sostengo que el día en que Guimard se convenza de que es necesario enriquecer el bagaje de conocimientos técnicos, será para mí muy difícil batirlo. La reciente victoria tiene para mí otro significado, y para el ajedrez argentino otro valor. No creo que con ella aumente mis méritos ni los disminuya. En ajedrez se vence y no siempre uno está y alegre por el resultado. Yo no puedo alegrarme en batir a Guimard, porque tengo por él una estima enorme, y porque su fracaso sería para mí una gran desilusión. No creo que haber perdido el *match* conmigo sea un fracaso, ya que entiendo que soy un ajedrecista, en nuestro medio, capaz de superarse, y porque mi experiencia me otorga muchos recursos.

Creo que la derrota puede ser beneficiosa para Guimard, si le advierte la necesidad de pulir detalles técnicos valiosos. Por otra parte, ha tenido para mí un ponderable factor de sorpresa. Me he descubierto renovadas energías y una ambición que creía extinguida. Me ha rejuvenecido deportivamente, y esto también significa un elemento valioso para el ajedrez nacional. No lo digo por vanidad, sino porque las figuras de primer plano se van alejando de la actividad, absorbidas por

Familia: Roberto Grau y su esposa María Gloria, su madre Carmen, su hija Gloria y su sobrina Marta.
El Gráfico nº 34 del 5 de mayo de 1939

[455] Se refiere a comentarios de la revista *Caissa*.

otros problemas más vitales de la lucha por la subsistencia, y sólo la perpetuación de ajedrecistas realmente fuertes evitará que se acerquen al primer plano las segundas partes, y hasta el coro de primera categoría. No hay que olvidar aquella famosa frase de que *cuando la sombra de los pigmeos se alarga, es que viene la noche...*[456]

La Plata, *match* por el Campeonato Argentino 1939

			1	2	3	4	5	6	7	8	9	0	1	2	3	
1	Grau, Roberto Gabriel	+54	½	0	1	1	½	1	1	0	1	0	½	0	1	7.5/13
2	Guimard, Carlos Enrique	−54	½	1	0	0	½	0	0	1	0	1	½	1	0	5.5/13

Match masivo Ríver Plate – Nueva Argentina

▉ El 14 de abril *El Gráfico* publica una foto del *match* a 50 tableros entre el Club Ríver Plate y la Asociación Deportiva y Cultural Nueva Argentina, venciendo el primero por estrecho margen.[457]

Alekhine en el Club Alemán

▉ El campeón mundial Alekhine realizó ayer una brillante sesión de partidas simultáneas en los salones del Club Alemán, Córdoba 731, exhibición organizada por el Club Alemán de Ajedrez de Belgrano. Alekhine enfrentó a cuarenta aficionados, uno de ellos a ciegas. A la hora de cerrar esta edición, el doctor Alekhine se había adjudicado más de la mitad de las partidas, y llevaba gran ventaja material y de posición en el encuentro a ciegas. Salvo en dos juegos, el campeón llevaba ventaja también en los restantes cotejos.[458]

Con buen score, pero lenta, fue la exhibición de Alekhine: a seis horas y media ascendió el tiempo empleado en las cuarenta simultáneas que disputó, con aficionados de 2ª, 3ª y 4ª categorías. Obtuvo +34 =4 -2; entre los empates figura la partida a la ciega; lo vencieron Carlos Isenberg y Christian Rosch. El puntaje obtenido por el doctor Alekhine se considera excelente, a excepción de la duración extrema de la exhibición, pues se comentó que los maestros argentinos habitualmente conducen igual número de partidas en dos horas menos. El desarrollo de las partidas fue seguido atentamente por los concurrentes, fuera de un aficionado a la estadística... ¡y al *footing*!, quien, desentendiéndose de las distintas alternativas, calculó, lápiz en mano, que el maestro, en sus interminables vueltas alrededor del cuadrángulo formado por los cuarenta tableros, había recorrido tres mil treinta y ocho metros. ¡Ni uno más ni uno menos![459]

Luciano Cámara – Oscar García Vera en Rosario

▉ Organizado por la Federación Rosarina, dio comienzo al *match* programado entre Luciano Cámara y Oscar García Vera, quienes dirimirán supremacías para establecer la posesión del más preciado título del ajedrecismo en nuestra ciudad. Se declarará vencedor al mejor score en diez partidas, y si hubiera empate, se agregarán otras cuatro. La primera partida, que fue desarrollada en el

[456] Reportaje a Grau por Amílcar Celaya, *El Gráfico* nº 1034, 5 de mayo de 1939, pág 32/3. Entre las torres, Roberto Grau, *Leoplán*, 6 de mayo de 1939, pág. 122. *Roberto Grau el maestro*, Juan S. Morgado, op. cit. pág. 28,

[457] *El Gráfico* nº 1031, pág. 49.

[458] *La Prensa*, 5 de mayo de 1939.

[459] *Crítica*, 5 de mayo de 1939.

Club Newell's Old Boys, se inició con un PR, continuando con la Defensa Siciliana en la variante del *fianchetto* rey. García Vera actuó en forma precisa, venciendo en la 50ª movida.[460]

Campeonato de 1ª Categoría del Club Jaque Mate

▮ Mañana a las 21.30 comenzará en el Club Jaque Mate, Entre Ríos 126, el campeonato anual de 1ª categoría. Las primeras partidas las jugarán Pilnick (Sic) – Jacobo Bolbochán; Moguilevsky – Fenoglio; Bensadón – Huguet; Julio Bolbochán – Carné. Se jugará los miércoles y sábados.[461]

Agasajo a Grau

▮ En uno de los salones del Círculo de la Prensa se realizó anoche la demostración que sus compañeros de *La Nación* y un grupo de amigos ofrecieron a don Roberto Grau por haber reconquistado nuevamente el título argentino. La fiesta constituyó una grata demostración de las simpatías con que cuenta el popular ajedrecista, tanto de sus compañeros de labor como entre los automovilistas, en cuyo ambiente reparte sus actividades como periodista, puesto que se hallaban presentes el conocido volante Carlos Arzani,[462] Paulino Furió[463] y otras personas allegadas a esa rama del deporte. Ofreció la demostración el señor Augusto De Muro, quien comenzó diciendo que el triunfo de Grau tenía un profundo significado moral, y que era un ejemplo valioso en esta época de esfuerzo fácil y renunciamiento rápido.

Se refirió más adelante a la voluntad del nuevo campeón, al volver a la lucha renovado cada vez más, no porque sus rivales hayan declinado, sino porque su calidad le hace mantenerse en primer plano entre los notables jugadores que integran el equipo argentino, uno de los más fuertes del mundo. Mencionó más adelante el alborozo con que fue recibido el triunfo de Grau por sus compañeros de tareas, entre los que tiene tantos amigos, y terminó con la afirmación de que aquél capitaneará el equipo argentino que participará en el TN, que se hará pese a las dificultades surgidas últimamente.[464]

Ezequiel Martínez Estrada y Morphy

Vuelve a escribir notas sobre ajedrez el escritor Ezequiel Martínez Estrada. Esta vez se publicó en *El Ajedrez Americano* el notable artículo *Morphy, un artista de la afinación intelectual*.[465]

Pablo Morphy, un artista de la afinación intelectual

Por Ezequiel MARTÍNEZ ESTRADA

El Ajedrez Americano n° 5, mayo de 1939

---

[460] *La Capital*, 6 de abril de 1939.

[461] *La Nación*, 6 de mayo de 1939. No apareció más información. No se sabe si el torneo se jugó. Nota del autor.

[462] Carlos Arzani (1909–1952) fue un piloto argentino que corrió en la butaca de los Alfa Romeo. En 1937 compró un modelo 8C35 y lo corrió en Nápoles; lo trajo a la Argentina. El 13 de febrero de 1937 ganó la carrera de Mar del Plata.

[463] Paulino Furió fue uno de los fundadores del Autódromo de San Martín, inaugurado el 9 de julio de 1927 bajo los auspicios del ACA. Al decir del famoso periodista Mario Lorenzo 'Borocotó', "fue uno de los dirigentes más entusiastas, muy alegre y contador de sabrosas anécdotas".

[464] *La Nación*, 11 de mayo de 1939.

[465] *El Ajedrez Americano* n° 5, mayo de 1939, pág. 162/5.

Demasiados clubs

▨ Nunca los clubs de ajedrez tuvieron una vida próspera. Todos subsistieron merced al empeño, la tenacidad y el espíritu resignado de sus directores, que se conformaban con cubrir mensualmente los gastos de sostenimiento de la entidad. A primera vista, parecerá incomprensible esa situación, ya que la gran cantidad de clubs de ajedrez que hay en la Capital hace suponer que la vida de los mismos es próspera. Es que nada podrá eliminar del espíritu nacional esa tendencia natural de los hombres a ser dirigentes, a vivir en pequeños grupos, aislados, endebles, y crear un organismo fuerte y poderoso. En la zona central hay, por lo menos, seis o siete clubs de ajedrez, cuando con uno o dos bastarían para las necesidades de la misma, y podrían crearse clubs dignos de ser llamados así. (…) Esta agrupación de los clubs de ajedrez es tanto más necesaria, si se recuerda que aumentan los clubs deportivos dedicados a la difusión del ajedrez, con profesores pagos y con abundancia de elementos. De no hacerlo, sólo uno o dos sobrevivirán a la absorción de parte de entidades más poderosas. Lo que, bien pensado, quizá sea la mejor solución posible dentro de la actual situación.[466]

Fiesta en honor de Alekhine en el Club Argentino

▨ En el local del Club Argentino se realizó anoche una recepción en honor del campeón mundial doctor Alekhine, que ha llegado a nuestro país para realizar una serie de actividades, de acuerdo con un programa trazado por la FADA con miras a mejorar la técnica de los representantes argentinos en el TN. Estas actividades deberán iniciarse el 15 de junio, y el doctor Alekhine, que debía marchar para Río de Janeiro, ha demorado su estada en la argentina hasta el 20 del actual, a la espera de que se resuelvan las dificultades que parecen entorpecer la realización del Campeonato Mundial por *teams*.

En la reunión de anoche, a la que asistió gran cantidad de jugadores y dirigentes del ajedrez nacional, se testimonió la simpatía de que goza el campeón mundial en nuestro medio. El secretario del club, don Paulino Alles Monasterio, hizo uso de la palabra para darle la bienvenida al maestro, y éste agradeció con frases cordiales y de estímulo para el ajedrez nacional. Más tarde se sirvió un lunch y se anunció que el doctor Alekhine dictará dos conferencias en el local del club la semana próxima.[467]

La llegada de Alekhine, según Grau

▨ El campeón mundial, doctor Alejandro Alekhine, ha realizado una *jira* larga por Sudamérica. Por primera vez un ajedrecista de su categoría recorre en toda su extensión nuestro continente, y brinda así el generoso estímulo de su experiencia y su ejemplo. No cabe duda de que el doctor Alekhine, sin proponérselo quizá, será un valioso factor en el desenvolvimiento del ajedrez sudamericano. Llevado a realizar estas *jiras* por su espíritu inquieto de viajero perpetuo, alejado con gusto de Europa por una larga temporada, Sudamérica ha recogido los beneficios de una iniciativa feliz, y el TN de Buenos Aires le deberá no poco de su éxito.[468]

XII Torneo Selección

▨ Con doce inscriptos ha comenzado el Torneo Selección de la FADA, con el objeto de promover a la categoría superior a los nuevos candidatos. Se juega los días martes, jueves y sábados, de 21 a 1 horas, a dos turnos. En el segundo tendrán derecho a participar quienes hayan obtenido el 52% del puntaje ideal. La nómina de participantes es: Joaquín Alonso Díaz (Círculo), Guillermo Hand

---

[466] Roberto Grau, *Leoplán*, 10 de mayo de 1939.
[467] *La Nación*, 6 de mayo de 1939.
[468] Roberto Grau, *Leoplán*, 10 de mayo de 1939.

(Vélez Sarsfield), Efraín Berelejis (Vélez Sarsfield), Benito Benjamín (Club Argentino), José Sordi (Villa Crespo), Ángel de la Llave (Vélez Sarsfield), León Simsilevich (Club Argentino), Abraham Simsilevich (Club Jaque Mate), Héctor Rossetto (Club Jaque Mate), Antonio Piro (Club Jaque Mate), Rafael Grigera (Club Argentino) y Manuel Aguilera (Vélez Sarsfield).[469]

Alekhine en Buenos Aires

La breve estada del campeón mundial, doctor Alekhine, entre nosotros, de paso para Brasil, en su viaje por toda Sur América, ha servido para hacer concebir un proyecto que interesa sobremanera a los aficionados argentinos. El doctor Alekhine ha sugerido la posibilidad de que en el próximo verano se pueda efectuar en algún balneario del Plata un *match* por el Campeonato Mundial. (…) Esta vez no se habla del cubano como posible contrincante del titular, sino del joven maestro estoniano Paul Keres, ganador del famoso Torneo AVRO, donde su figura delineó trazos preciso, al superar a los maestros de más grande prestigio de la actualidad.[470]

Alekhine en Rosario y San Nicolás

En San Nicolás, Alekhine fue recibido por las autoridades de la Federación Regional que preside el doctor Genaro Scarpino. En el Club Social le fue servido un té. Tras breve estada, el campeón mundial siguió camino a Rosario.[471]

Una numerosa concurrencia asistió esta noche al local del Jockey Club a presenciar la sesión de simultáneas ofrecida por el campeón mundial doctor Alekhine, que fue muy aplaudido. Asistieron representantes de varias instituciones, además del presidente y el vice del Jockey, señor José Grasso Grognet y doctor Guido Castagnino, y el vicepresidente de la FADA, señor Luciano Long Vidal. En el Círculo Italiano obtuvo el resultado de +13 =11 -1, perdiendo con el señor Eusebio Díaz, y empatando con los señores Luis Batchillería, Orlando Lerguetti, J. Waissman, David Claversani, Pedro Passero, Luis Iribarren, Antonio Bahamonde, Juan Rivarola, Rubén Leiva y J. Schapces.[472]

Alekhine, a la ciega en Avellaneda

La sesión de partidas simultáneas a la ciega efectuada el sábado en el Teatro Roma, de Avellaneda, tuvo la virtud de atraer a numerosos aficionados, que presenciaron el esfuerzo del campeón mundial al enfrentar a dieciséis aficionados sin distinción de categoría, que jugando en consulta, iban a tratar de rendir al rey del maestro. La sesión comenzó a las 21.30, y después de cinco horas Alekhine se había adjudicado siete victorias, perdiendo la restante.[473]

Cristiá gana el Torneo Mayor de Rosario

Finalizó el certamen organizado por la Federación Rosarina, con el triunfo del ex campeón rosarino doctor José María Cristiá. Le siguió en la tabla el campeón de Newell's Old Boys, don Romeo García Vera, circunscribiéndose la lucha a estos dos destacados representantes de los colores rojinegros. Ahora deberá enfrentar al campeón don Oscar García Vera, quien ya lo venciera en dos *matches* realizados hace unos años. Tercero finalizó Oreste Giustina, del Club Rosarino. Los cuatro ajedrecistas que clasificaron para el turno final fueron: Cristiá, que obtuvo 10/11, Romeo García

[469] *El Mundo*, 26 de mayo de 1939.
[470] Paulino Alles Monasterio, *Mundo Argentino*, 7 de junio de 1939.
[471] *La Nación*, 24 de julio de 1939.
[472] *La Nación*, 23 y 24 de julio de 1939.
[473] *El Mundo*, 7 de agosto de 1939.

Vera 7½, Giustina 7 y José Ciro Sánchez 6. Los demás participantes fueron: J. R. Longobuco 3½/8; L. Gallieri 2½; Emilio Desinano y Diego Oliva 2; E. Barbagelata 1½.[474]

Héctor Grau y Pedro Olmos

█ Uno de los hermanos de Roberto Grau, Héctor, junto al dibujante Pedro Olmos, publican en el periódico socialista *La Vanguardia* una interesante nota sobre el origen del ajedrez.

Orígenes del ajedrez.
La Vanguardia, 23 de agosto de 1939

conocimientos ajedrecísticos.

Este tratado, cuya edición del primer tomo data de 1930, todavía sobrevive hoy, pese a los gigantescos avances de la técnica. Fue elogiado, entre otros, por el mítico Robert "Bobby" Fischer.[475]

Capitán Tartakower, ¡Al Asalto!

█ *El Gráfico* nº 1057 publica una nota firmada por Amílcar Celaya dedicada a Savielly Tartakower. Nacido en un pequeño pueblo de la Polonia austríaca, no hubo soldado en el ejército del emperador Francisco José más valiente que el capitán Tartakower. Su personalidad de doctor en derecho, escritor, maestro de ajedrez, humorista de estilo sutil y penetrante, se eclipsaba ante la personalidad del soldado. Cuando los jefes austríacos querían intentar una acción

Sopena edita el *Tratado General de Ajedrez* de Grau

█ La revista *Aquí Está!!* nº 349 del 4 de setiembre de 1939, publica una publicidad de una página del primer tomo del *Tratado General de Ajedrez*, de Roberto Gabriel Grau, editado por Sopena, con sede en Esmeralda 116, ciudad de Buenos Aires. En rústica cuesta $ 6 y en tapa dura $ 8. Dice, entre otras cosas:

En este libro de Roberto Gabriel Grau, campeón argentino de ajedrez, podrá el aficionado a este juego tener una idea exacta del mismo. (…) El libro de Grau es claro, completo, armónico. En él se hallan reunidos la notable habilidad didáctica del autor, y sus grandes

Aviso del *Tratado General de Ajedrez*, de Roberto Grau, 1939. Revista *¡Aquí Está!*

---

[474] *La Capital*, 15 de agosto de 1939. No fue posible reconstruir el cuadro de posiciones. Nota del autor.
[475] Notas del autor.

imposible y descabellada, ya sabían quién habría de ser su ejecutor: el capitán Tartakower. Éste, con modales cómicos, como quien fuera a representar un sainete, iba a jugarse la vida, y siempre respondía a sus superiores de la misma manera:

O vuelvo con mi misión cumplida, o no vuelvo.

Los actos de arrojo del capitán Tartakower maravillaban al Estado Mayor, pero él no les daba importancia. Soldado, se burlaba de sus hazañas y sólo comentaba las de los demás. Ajedrecista, se ríe de sus partidas, y habla de las de Alekhine, Capablanca, Keres. ¿Las suyas? ¡Bah! No vale la pena hacerles caso.

No habla de la guerra. En el año 1931 mantuve una estrecha relación con Tartakower. Yo era el traductor de los artículos magníficos que el maestro escribía en un diario de la tarde, quizá los mejores que han aparecido en la prensa argentina sobre ajedrez. Nunca he visto aunados, en una suma armoniosa, tanto *esprit* y tanta ciencia. Yo iba a visitarlo todos los días. Hablábamos de mil cosas, humanas y divinas, del cielo y de la tierra. Jamás el maestro Tartakower me refirió sus hazañas bélicas ni me dijo que había sido capitán de una compañía de asalto. Sólo una vez, en una noche de asfixiante humedad, se lamentó que le molestaran demasiado "algunas heridas que había recibido en la guerra". Y nada más. Ocho años después, en 1939, me he enterado, por un conducto absolutamente insospechable, que Tartakower no tiene un solo órgano sano, que haya escapado al plomo y a la metralla; que su cuerpo es un muestrario de las más dolorosas y variadas lesiones de guerra.

Manos de hierro. Tartakower, que es capaz de derribar un regimiento, tiembla de sólo pensar en mostrarse incorrecto, poco amable de no rendir a cada cual el homenaje que se merece, de rozar el amor propio de alguien. Es de una cortesía y delicadezas absolutas. Tiene, además, una fuerza física excepcional, sobre todo en las manos. En cierta ocasión se discutía entre varios luchadores de "catch" y el doctor Tartakower acerca de qué deporte daba más fuerza en las manos. En maestro aseveró, muy serio, que era el ajedrez, provocando la hilaridad general. Pero cuando Tartakower, ya en tren de apuestas, retorció la diestra a un gigante del "catch", arrancándole un grito de dolor, todos miraron asombrados a ese hombre ceremonioso y cordial, miope, de mediana estatura, que sostenía, muy suelto de cuerpo, que la acción de levantar un caballito de madera de una casilla blanca a una negra, desarrollaba una fuerza irresistible en las manos…

Como existe un inagotable fondo de bondad en este inteligentísimo maestro, como tiene la preocupación de la amabilidad y es ingénitamente (Sic) caballeresco, el doctor Tartakower no ha tenido incidentes con nadie. Cierto maestro de ajedrez –prematuramente desaparecido– acudía a todos los medios imaginables para perjudicar al doctor Tartakower, por puro espíritu malévolo, desde que Tartakower no le había hecho sino servicios.

Refiriéndose una noche, a la salida del Club Argentino, que nunca había tomado represalias contra ese maestro, el doctor Tartakower se justificaba:

No es que yo sea menos malo que él, ¡es que tengo tanto trabajo! ¡Estoy tan ocupado! Prefiero ocupar el tiempo para favorecerme yo y no para hacer el mal a otro.

Valiente, tiene el pudor del coraje; bondadoso, tiene el pudor de su bondad. No faltó alguien, sin embargo, que una sola vez pretendiera confundir la bonhomía de este caballero con debilidad. Ese alguien era el doble más grande que el doctor Tartakower. Tar-

Nota de Amílcar Celaya sobre Tartakower, en *El Gráfico* nº 1037, 3 de octubre de 1939

takower, sencillamente, en presencia de todo el mundo, mirando hacia arriba por sobre los gruesos cristales de sus anteojos al descompuesto rostro de su interlocutor, a un paso de quien había intentado menoscabarlo, sin que se alterara en una vibración el tono atenorado de su vocecita, le dijo:

Usted es un puerco, y sabe que es un puerco.

El grandote no reaccionó. El grandote conocía bien quién era el culto, ceremonioso, cordial y buenísimo doctor Tartakower. Era Savielly Grieg Tartakower, capitán de la más audaz compañía de asalto de los ejércitos del Emperador Francisco José.[476]

El juego histórico de Pedro Somellera

Exhibición de un juego histórico. *Crítica,* 24 de agosto de 1939

▊ Durante todo el transcurso del TN se exhibió el juego de ajedrez histórico de Pedro Somellera, en una vitrina situada en el hall del Teatro Politeama. En 1956 estaba en poder de Ernesto R. Fox, que vivía en la calle Las

Recién ha aparecido la "Biblia" de las aperturas, y ya se le encuentran errores.

DE COMO UNA OMISION DEL DOCTOR MAX EUWE FUE COPIADA Y TRANSPORTADA MAQUINALMENTE AL MAS NOTABLE DE LOS TRATADOS DE AJEDREZ

Por AMILCAR CELAYA

Acaba de aparecer la sexta edición de "Modern Chess Openings", original de R. C. Griffith y J. H. White, "completamente revisada" por el gran maestro Reuben Fine, por R. C. Griffith (uno de sus autores) y por P. W. Sergeant. Desde su edición inicial se llamó a esta obra "librito maravilloso". La enorme, profusa y diversificada ciencia de las aperturas de ajedrez ha sido compendiada en un tomito de bolsillo con la seriedad, la precisión, el espíritu de síntesis y la agradable presentación tipográfica característicamente británicas. Dice en su primera página — y tiene razón — "especialmente compilada para jugadores de matches y de torneos". Efectivamente: creo que desde Alekhine hasta el aficionado que debuta en un torneo de la más modesta categoría, ninguno debe prescindir de esta obra de consulta, tan manuable y tan al día. Es la palabra más cercana a la verdad en materia de aperturas; es la biblia de los ajedrecistas que disputan certámenes de cierta responsabilidad.

JUNTO AL CAMPEON. — El doctor Alejandro Alekhine, campeón mundial de ajedrez, concurrió a efectuar la entrega de premios a los pequeños vencedores del campeonato infantil de las colonias de vacaciones, organizado por la Dirección Municipal de Educación Física. Los camponcitos rodean al maestro, a cuya derecha se encuentra Roberto Grau, profesor de aquéllos.

¡AJEDRECISTAS!...
Pensad con vuestra propia cabeza

UN LUNAR

Sin embargo, ofrece tantas dificultades el encantador esparcimiento del ajedrez — de ahí su encanto — que los curiosos de la teoría ajedrecística ya hemos encontrado, a la primera lectura de la sexta edición de "Modern Chess Openings", algunos errores. Explicables errores por la intrínseca complejidad del juego-ciencia; menos explicables si se piensa que quien ha revisado "completamente" ese tratado de aperturas es nada menos que Reuben Fine, aspirante con justos títulos al campeonato del mundo y el más realista de los teóricos de la hora actual...

Hoy examinaré uno de esos errores. Se encuentra en la página 165, columna

160 de la defensa eslava en el gambito de la dama rehusado.

IDEA DE BUERGER

"Modern Chess Openings" estudia una idea de Buerger (no menciona el origen para no apartarse de su carácter sintético) que este ajedrecista puso en práctica por primera vez contra Baratz, en el torneo de Scarborough (1926). Después de las jugadas iniciales:

BLANCAS	NEGRAS
1 P4D	P4D
2 P4AD	P3AD

3 C3AR	P3R
4 C3A	PxP
5 P4TD	A5C
6 P3R	P4CD
7 A2D!	

Las negras, puesto que de todas maneras no van a tener más remedio que devolver el peón enemigo que han capturado, imaginan quedarse con dos peones "pasados" y unidos en el flanco de la dama, los cuales — esperan — han de contrabalancear la superioridad blanca en el centro del tablero. Para ello juegan:

7	P4TD?!
8 PxP	AxC
9 AxA	PxP
10 P3CD	A2C

Alekhine y Grau con los niños ganadores. *El Gráfico,* 27 de octubre de 1939

[476] *El Gráfico* nº 1057, pág. 8/10.

Heras 3790, biznieto del doctor Somellera. Fue exhibido en 1939. Era tío de Eduardo Widmer Fox, mi concuñado.[477]

Entrega de premios a los niños

Alekhine concurrió a la entrega de premios a los pequeños vencedores del campeonato infantil de las colonias de vacaciones organizado por la Dirección Municipal de Educación Física, en la que Grau es profesor.[478]

Berna Carrasco según Amílcar Celaya

El 22 de setiembre, *El Gráfico* publica una extensa nota de Amílcar Celaya dedicada a chilena Berna Carrasco, titulada "La revelación del TN". Este certamen ha finalizado tristemente con el derrumbe final, en poquísimas ruedas, del equipo argentino, que durante todo su transcurso fue el candidato con mayores posibilidades de obtener la Copa Hamilton Russell —derrumbe originado por razones que son del dominio público— ha producido una magnífica revelación, confortante para las mujeres de esta parte de América. Salvo la señora Vera Menchik de Stevenson, (…) ninguna otra ajedrecista, ni siquiera Sonja Graf, se ha revelado superior a Berna Carrasco, campeona de Chile. (…) Ella ha sido la revelación más grata del TN.[479]

Simultáneas de Ståhlberg, Frydman, Najdorf y Capablanca

El 23 de setiembre ofrecerá una sesión de simultáneas

Nota de Amílcar Celaya a Berna Carrasco,
El Gráfico nº 1054, 22 de setiembre de 1939

---

[477] Archivo de Paulino Alles Monasterio.
[478] Amílcar Celaya, *El Gráfico*, 27 de octubre de 1939.
[479] Nota de Amílcar Celaya en *El Gráfico* nº 1054.

el maestro polaco Miesczyslav Najdorf. Se disputarán en el Círculo, B, Mitre 670, y la cuota de inscripción será de $ 2. Se anuncia para el día 30 una exhibición similar del maestro Paulin Frydman.[480]

■ El 21 de setiembre a las 21 habrá en el Club Argentino una sesión de simultáneas del maestro sueco Ståhlberg. El precio del tablero, para todo aficionado, ha sido fijado en $ 2. Asimismo, el 30 se hará otra exhibición a cargo de Mieczyslav Najdorf.[481]

■ El 30 de setiembre a las 17.30 José Raúl Capablanca ofrecerá una sesión de partidas simultáneas en el Jockey Club.[482]

Simultáneas de Najdorf y
Capablanca, *El Mundo*, 23 y
30 de setiembre de 1939

Capablanca en el Jockey Club. *Noticias
Gráficas*, 30 de setiembre de 1939

AJEDREZ

EL JUGADOR POLACO NAJDORF, ACTUARA EN VALENTIN ALSINA

Para el sábado 21 de octubre, a las 21 en el salón de la Sociedad Polaca, sito en la calle Curupaity 2883, Valentín Alsina, la Biblioteca Popular "Sarmiento" y el Club S. y D. "Los Unidos", han organizado un juego simultáneo de ajedrez, donde competirá con 50 tableros el reconocido jugador polaco Najdorf cuya actuación en sumo grado brillante se ha comprobado en el reciente torneo de las naciones, donde se adjudicó el primer puesto de segundo tablero.

Se reciben inscripciones hasta el día 15 del corriente de 18 a 20 horas, en la secretaría de las instituciones organizadoras. Parcela 2357 y Valentín Alsina 2247 V. Alsina.

Najdorf en Valentín Alsina.
La Libertad, de Avellaneda,
6 de octubre de 1939

Exhibición de Eliskases

■ Erich Eliskases, tablero nº 1 del equipo alemán, jugará esta tarde a las 15 una partida de exhibición contra el conocido ajedrecista del Círculo, Joaquín Ojeda, en el campo de deportes de la Asociación de Empleados de Banco, en Vicente López.[483]

Varias simultáneas de Sonia Graf

■ En el Círculo de Ajedrez, Bartolomé Mitre 670, se realizará esta tarde una sesión de simultáneas, conducida por la jugadora alemana Sonia Graf. Los participantes deberán abonar $ 2 por tablero, y la entrada es libre y gratuita para quienes deseen presenciarla.[484]

Esta tarde a las 17, en el local del Club Español, la subcampeón (Sic) mundial de ajedrez miss Sonia Graf realizará una serie de partidas simultáneas contra los aficionados de la institución. Como en las anteriores exhibiciones de la señorita Graf, se confía en el éxito deportivo de la misma, pues en todos los casos altos scores premian su notable esfuerzo. Han sido invitados socios y sus familiares, y aficionados de todo el país.[485]

---

[480] *El Mundo*, 23 y 30 de setiembre de 1939.
[481] *La Nación*, 19 de octubre de 1939. *El Mundo*, 30 de setiembre de 1939.
[482] *El Mundo*, 30 de setiembre de 1939.
[483] *La Prensa*, 28 de octubre de 1939.
[484] *La Prensa*, 28 de octubre de 1939.
[485] *La Nación*, 11 de noviembre de 1939.

Un *match* atractivo: Aristide Gromer 2:2 Roberto Grau

▊ En el Círculo se disputó ayer la primera partida del *match* internacional entre el señor Roberto Grau, campeón argentino, y *monsieur* Aristide Gromer, campeón de Francia, no registró, en realidad, una lucha seria. A la Apertura de PR, con la que sistemáticamente suele abrir el juego monsieur Gromer, Grau respondió mediante la Defensa Siciliana, de la que reveló tener conocimientos mucho más profundos que los que esgrimió el francés, quien, por otra parte, domina con mayor amplitud el medio juego y el final, que las aperturas. Pronto la posición de Grau fue preferible, hasta que finalmente el argentino concluyó por imponerse en la jugada 52ª. El *match* ha sido concertado a un total de seis partidas. Mañana a las 15 se iniciará el segundo cotejo.[486]

▊ En los salones del Club Argentino se jugó ayer la 3ª partida de este interesante *match*, que se definió en un empate luego de una serie de lucidas alternativas. El encuentro empezó con 1.P4R, oponiendo Grau la Defensa Caro-Kann. Se efectuó un cambio de los peones centrales, y la posición, que se complicó en extremo, era algo favorable a Grau, quien formalizó un serio ataque sobre el enroque de su adversario. Sin embargo, Gromer se defendió en buena forma, neutralizando todas las amenazas de su rival, por cuya causa el resultado fue equitativo. El score ahora está igualado en 1½ puntos.[487]

▊ Merece comentarse la actuación que le ha correspondido al campeón de Francia, Arístides Gromer, en sus actuaciones en nuestro medio. Necesario es hacer justicia a quien ha logrado batir a dos buenos jugadores argentinos, y empatar un cotejo con el actual campeón nacional Roberto Grau. Dueño de una gran ambición y de un deseo de progreso, Gromer ha querido mostrar de lo que es capaz, antes de realizar ninguna de sus proyectadas actuaciones en el interior del país. Propuso un *match* a Iliesco, que aceptó, y lo venció por 4½:1½, y acto seguido jugó otro cotejo con el veterano maestro Villegas, al que superó por 4:1. Esto lo movió a invitar a Grau a jugar un *match* amistoso a seis partidas, que fue interrumpido en la cuarta cuando un empate en dos puntos expresaba la igualdad de méritos. Gromer actuará en el torneo de La Plata,[488] y esto le permitirá figurar por primera vez en un torneo de importancia, ya que en ese torneo participarán los mejores jugadores europeos radicados aquí.

Ese grupo lo forman Najdorf, Eliskases, Ståhlberg, Frydman, Czerniak, Raud y Luckis, y formará guarda alrededor de Alekhine en esa importante prueba, para matizar su casi obligada permanencia en nuestro país. El TN ha dejado en nuestro medio más de veinte jugadores, que anclaron sus esperanzas en la Argentina, a la espera de que las circunstancias les permitan regresar a sus países. Están en esa situación los integrantes del equipo de Alemania, de Bohemia y Moravia, de Polonia, y muchos jugadores de los países del Báltico y de Palestina. El país merece mostrarse generoso con los mismos, ya que se está organizando una serie de actividades, entre las que se destaca el esfuerzo del club Atlético de Tucumán, que contrató a Frydman por una semana.[489]

GRAU DERROTO A A. GROMER EN LA PRIMERA PARTIDA

La primera partida del match internacional entre el señor Roberto Grau, campeón argentino de ajedrez, y monsieur Aristide Gromer, campeón de Francia, no registró, en realidad, una lucha seria. A la apertura del peón del rey, con la que sistemáticamente suele abrir el juego monsieur Gromer, Grau respondió mediante la defensa siciliana, de la que reveló tener *R. GRAU* conocimientos mucho más profundos que los que esgrimió el campeón de Francia, quien, por otra parte, domina con mayor amplitud el medio juego y el final que las aperturas.

Pronto la posición de Grau fué preferible, hasta que, finalmente, el campeón argentino concluyó por imponerse.

El match ha sido concertado a un total de seis partidas jugadas. En la próxima las piezas blancas corresponderán al señor Grau.

Grau vence a Gromer en la 1ª partida. *Noticias Gráficas*, 1º de noviembre de 1939

---

[486] *La Nación*, 1º de noviembre de 1939. Amílcar Celaya, *Noticias Gráficas*, 1º de noviembre de 1939.

[487] *La Nación*, 8 de noviembre de 1939.

[488] Este es el torneo que no se concretó.

[489] Roberto Grau, Frente al Tablero, *La Nación*, 19 de noviembre de 1939. No ha quedado registrada ninguna partida de estos tres *matches*.

CAPÍTULO 10

DE LA EUFORIA AL TRAPALANDA

Varios equipos ratifican su inscripción en el TN

▊ A medida que se aproxima la fecha de iniciación, fijada definitivamente para julio próximo, las autoridades de la FADA van teniendo cada vez más la sensación exacta de las proporciones de este torneo colosal que, en todas partes del mundo, constituye el comentario obligado de los adeptos, por considerársele la manifestación ajedrecística más importante del año, y la más completa de todas las realizadas hasta la fecha.[490]

El intendente apoyará el TN

▊ El presidente y el secretario de la FADA, señor Augusto De Muro y doctor Joaquín Gómez Masía, se entrevistaron con el intendente municipal, a fin de solicitarle su adhesión al TN a realizarse en julio próximo en Buenos Aires. Las autoridades de la FADA solicitaron al señor Goyeneche su conformidad para integrar la Comisión Honoraria del torneo, y para dar la bienvenida a las delegaciones. Solicitaron, asimismo, el apoyo del departamento ejecutivo al proyecto de subsidio municipal, presentado al Concejo Deliberante por el concejal doctor C. F. Stanchina, y que será considerado en el próximo período de sesiones de ese cuerpo.[491]

El intendente Goyeneche apoya el TN. *La Prensa*, 3 de febrero de 1939

Más equipos para el TN. *El Mundo*, 27 de enero de 1939

Declaran huéspedes oficiales a quienes intervengan en el TN

▊ En audiencia especial concedida al presidente de la FADA señor Augusto De Muro, y al secretario general doctor Joaquín Gómez Masía, el intendente municipal don Arturo Goyeneche manifestó su plena adhesión a los torneos que se disputarán en esta capital durante el próximo mes de julio.

Los ajedrecistas, huéspedes oficiales. *El Mundo*, 9 de febrero de 1939

[490] *El Mundo*, 27 de enero de 1939.
[491] *La Prensa*, 3 de febrero de 1939.

De acuerdo con el protocolo, el primer edil de la ciudad dará la bienvenida a los participantes y los declarará huéspedes oficiales.[492]

Comienza el TN en el Politeama, y se avecina la guerra

▇ El 24 de agosto el ajedrez tenía su escenario grande. Comenzaba en el Teatro Politeama el TN, con la participación de veintisiete equipos de países, y veinte damas que participarían en el Campeonato Mundial Femenino Individual. Ese mismo día, en presencia de Stalin, los ministros alemán y soviético, Joachim von Ribbentrop y Viacheslav Molotov, firmaron el pacto que establecía una serie de cláusulas de no agresión mutua y el reparto de facto de las respectivas "zonas de interés". En el caso de Polonia, ello implicó la partición del país de acuerdo a la línea divisoria de los ríos Narev, Vístula y San. La consecuencia inmediata desde el Tercer Reich fue, seis días después, la invasión de Polonia. Dos semanas más tarde, el 17 de septiembre de aquel año, y también conforme a la colaboración acordada entre Hitler y Stalin, los territorios orientales de Polonia fueron invadidos y anexionados por la URSS.[493]

La FADA, hiperactiva

▇ El 1º de enero *Caras y Caretas* nº 2103, con uno de los largos títulos comunes en la época, elogia:

> La FADA cumple sus programas trazados con acierto, en forma encomiable. El organismo máximo del ajedrez argentino (…) que preside dignamente Don Augusto De Muro, despliega una intensa labor en pro del ajedrez argentino. Actualmente está abocada de lleno a los preparativos de los campeonatos mundiales a realizarse en julio próximo. Su preocupación por hacer las cosas bien y con anticipación es digna de todo elogio y admiración.

Primeros indicios de problemas en la organización del TN

▇ Un éxito señalado acompaña todas las gestiones que se realizan para dar trascendencia al TN. Más de cuarenta países estarán presentes en la competencia, y varios de ellos han dado a conocer la nómina de sus representantes. Suecia enviará su mejor equipo: Ståhlberg, Stoltz, Lundin y Danielsson. Francia estará presente por medio del campeón mundial doctor Alekhine, Betbeder, Gorme, Anglares y Kahn, y siguen llegando ya las nóminas de otros países, acompañadas de las referencias y antecedentes sobre la calidad de los mismos. Económicamente falta resolver muchos problemas, pero todo ha de conseguirse, dada la tenacidad con que trabaja la comisión que con tanto acierto preside el infatigable señor Augusto De Muro, verdadero puntal de este esfuerzo sin precedentes en la historia del ajedrez mundial.[494]

Grau dirigirá el equipo argentino para el TN

▇ En la última reunión, la CD de la FADA resolvió designar al maestro Roberto Grau como director del equipo que participará en el TN a disputarse en julio, con la participación de cerca de cuarenta países de Europa, América, Asia y Oceanía. La designación del señor Grau responde al propósito de desarrollar con anticipación debida un plan de entrenamiento perfectamente madurado.

---

[492] *El Mundo*, 9 de febrero de 1939.
[493] Notas del autor.
[494] Roberto Grau, *Leoplán*, 18 de enero de 1939.

Los jugadores que participarán en esta reunión son los siguientes: Guimard, Nogués Acuña, Piazzini, Jacobo y Julio Bolbochán, Pleci, Puiggrós, Fenoglio, Maderna y Schvartzman.[495]

Convocatoria de Grau por el TN

La FADA está preparando una formidable campaña en todo el país para conseguir que el aporte oficial y privado permita resolver los problemas económicos del TN. No quiere volver a apelar a la ayuda del gobierno nacional, porque entiende que éste, con su subsidio de $ 150.000, ha cumplido ampliamente, y que es necesario que los $ 200.000 que faltan salgan de otras fuentes. Además, entiende que el TN es un acontecimiento nacional, que beneficia el conocimiento de todo el país en más de cuarenta naciones que enviarán sus delegados, y que es justo que cada provincia y cada municipio presten su concurso, acorde con sus medios, para el brillo de este congreso deportivo y de propaganda nacional. Entiende también que las entidades deportivas y la enorme masa de jugadores del país deben cooperar. El TN debe ser un poco el producto del esfuerzo de cada uno de nosotros, y nadie debe negar el aporte que se le solicitará, o por lo menos, la propaganda necesaria para que cada municipio del país inscriba su nombre en el libro de oro del gran acontecimiento. En su parte técnica, el torneo ya es un éxito indiscutible.

Se han inscripto en la prueba todos los países del mundo adheridos a la FIDE, y han enviado la nómina de sus equipos: Canadá, Gran Bretaña, Francia –con Alekhine a la cabeza–, Suecia, Estonia, Australia e Italia, que sólo ha enviado el nombre de la señorita Benini, que la representará en el Campeonato Mundial Femenino, pues como la mayoría de los otros países, está en plena tarea de selección del *team* masculino. En cuanto a la Argentina, designará su equipo de entre los siguientes jugadores que ocupan los primeros puestos del ranking nacional, en este orden: Carlos Guimard, Roberto Grau, Alejandro Nogués Acuña, Luis Piazzini, Julio Bolbochán, Jacobo Bolbochán, Guillermo Puiggrós, Isaías Pleci, Virgilio Fenoglio, Carlos Maderna y Arón Schvartzman. He sido designado director del equipo, y espero que éste reedite, luego del severo plan de adiestramiento que cumplirá, la performance de Estocolmo. Que es ya mucho pedir.[496]

Paulino en *Mundo Argentino*

El 1º de febrero, con el seudónimo de Roque de Reina, propiedad de la Editorial Haynes, Paulino Alles Monasterio inicia su columna de ajedrez en la revista *Mundo Argentino*. Incluyó la partida Bird – Steinitz, Londres 1899, un final de F. Rieman, y una pequeña noticia confirmando la participación de los australianos en el próximo TN.

Vienen los australianos, franceses e ingleses

El 11 de febrero *Caras y Caretas* titula largamente: "Los ajedrecistas australianos que vienen a Buenos Aires realizarán un viaje de 20.000 km para participar en el TN". Continúa luego: "Para ello utilizarán los servicios de dos compañías de navegación, y permanecerán en viaje, ida y vuelta, alrededor de noventa días. (…) La Federación Francesa enviará un equipo de grandes valores. Baste decir los nombres de entre los cuales saldrá la nómina definitiva de sus integrantes: Alekhine, Betbeder, Gromer, Raizman, Kahn, Rometti y Anglares, además de su campeona femenina Paulette Schwartzmann. Por su parte, el equipo inglés estará integrado por su campeón C. H. Alexander, Golombek, Sergeant, Milner Barry y Thomas".[497]

---

[495] *Crítica*, 29 de enero de 1939 (Resumen).
[496] Roberto Grau, *Leoplán*, 1º de febrero de 1939.
[497] *Caras y Caretas* nº 2106, 11 de febrero de 1939. P. Alles Monasterio, *Mundo Argentino*, 1º de febrero 1939.

El TN y la hospitalidad argentina

NOTICIAS GRÁFICAS, por mi intermedio, es el segundo diario que se ocupa editorialmente del TN, justa en la que se disputará en Buenos Aires el Campeonato Mundial de ajedrez por equipos. El primero fue *The Times*, de Londres. Su editorial responde a este bello título: *Hospitalidad argentina*. En mérito a su significado difícil de reemplazar, *NOTICIAS GRÁFICAS* lo adapta, textual, para caracterizar las consideraciones que van a venir. The Times destaca la extraordinaria magnitud del certamen y la ímproba labor organizadora que ha debido realizar, y continúa realizando, la FADA. Señala la importancia de los tres acontecimientos ajedrecísticos que van a desarrollarse: el Campeonato Mundial por Equipos, el Campeonato Mundial Femenino y el XVI Congreso de la FIDE. Hace notar que esos tres acontecimientos reunirán en Buenos Aires a los representantes de cuarenta naciones, cuyo traslado –ida y vuelta– desde los países de origen hasta nuestra capital, correrá por cuenta de la Argentina, lo mismo que el costo de su permanencia durante la disputa de las pruebas.

The Times tiene razón: es hermosa esta nueva manifestación de la tradicional hospitalidad argentina, y es meritorio el esfuerzo realizado por la FADA, cuyos atentos detalles y riesgos –sí, riesgos– el público no conoce, y por lo tanto, no ha podido apreciar. Creo, sin embargo, que no serán vanos, ni la nobilísima actitud de nuestro país, ni la importante actividad que se ha desplegado, ni la mucha que aún falta desplegar.

En un momento mundial desgraciado, en que naciones que despertaron nuestra admiración proceden de mala fe, faltan a los más sagrados compromisos, dan muestras de espíritu rapaz, de inexplicables cobardías colectivas, de egoísmos sórdidos; en un instante en que corre exacerbado por pueblos enloquecidos un pretendido nacionalismo, agresivo y morboso, que da sus frutos agrios en la política y hasta en el deporte, la República Argentina extiende sus brazos humanamente abiertos a los representantes de cuarenta naciones de la tierra, que considera sus hermanos y a los que trata como a tales.

Hospitalidad argentina. *Noticias Gráficas*, 4 de febrero de 1939

No le importan raza ni religión; sólo sabe que son sus huéspedes. Europa, con el pulso incontrolado y la frente afiebrada, contempla sorprendida esta serenidad de un país –nuestro país– donde parecen haberse refugiado la fraternidad y la tolerancia, expulsadas de casi toda la superficie del planeta; y, por su órgano periodístico más autorizado, junta las manos en espontáneo aplauso.

El Congreso ha votado $ 150.000 para la financiación. Nada más que los viajes importarán $ 212.000, y el total de gastos previstos $ 360.000.[498]

Grau encabeza el equipo argentino para el TN

▓ Prosiguen recibiéndose en el local de la FADA comunicaciones que prueban hasta qué punto ha interesado el TN, y cuál es en realidad el éxito que acompañará a la más grande competencia de ajedrez de todas las épocas. Se van conociendo los integrantes de los equipos europeos, y figuran entre los mismos nombres consagrados a través de largas actuaciones brillantes. Desde el campeón del mundo, doctor Alejandro Alekhine, que vendrá acompañado de su esposa, y capitaneará el equipo de Francia, hasta el nuevo astro del ajedrez mundial, el estoniano Paul Keres, que por su juventud puede cerrar el selecto conjunto de maestros que será huésped nuestro, todos han realizado en el ajedrez mundial campañas que los colocan en lugar de privilegio.

Por las adhesiones ya conocidas y los nombres de quienes anuncian su viaje, puede descontarse que entre los cuarenta países que estarán presentes en Buenos Aires durante el mes de julio, figurarán, además de Alekhine y Keres, hombres de la calidad del doctor Euwe, Vidmar, Ståhlberg, Stoltz, Lundin, Schmidt, Flohr, Lilienthal, Thomas, Alexander, Koltanowsky, Maróczy, Steiner, Szabó, Kostic, Tartakower, Najdorf, Frydman, Fine, Reshevsky, Marshall, Kashdan, Pirc, y varios otros de parecido prestigio. Ocasión magnífica para que, terminado el TN, se efectúen en Sudamérica algunos otros torneos individuales de maestros, ya que es difícil reunir a tanto hombre calificado. Sabemos que los brasileños tienen intención de organizar un torneo en Poço de Caldas, con la participación de cuatro maestros y seis jugadores sudamericanos, y se esperan nuevas manifestaciones de este tipo para interesar aún más a los grandes ajedrecistas acerca de su viaje a nuestro continente.

La FADA me ha designado director del equipo internacional argentino. Mi tarea será la de procurar que los integrantes del mismo efectúen un adiestramiento intenso, y que en esta forma reediten, de ser posible, la excepcional performance de Estocolmo. Los elementos de que se dispone son excelentes: once jugadores de reconocida habilidad y de parecida eficiencia, como la nómina lo indica, entre Guimard, Piazzini, Nogués Acuña, los hermanos Bolbochán, Pleci, Schvartzman, Puiggrós, Maderna, Fenoglio y quien esto escribe, que también está en condiciones de integrar el *team*. De ajustarnos rigurosamente al ranking argentino, debiera formarse así: Guimard, Grau, Nogués Acuña, Piazzini, y uno de los dos hermanos Bolbochán.

La FADA ha resuelto, sin embargo, que el equipo se forme con mayor amplitud de criterio, para intercalar en el mismo a cualquiera de los otros jugadores citados, si su situación en el adiestramiento prueba una eficiencia mayor que la de los legítimos integrantes. Estoy, pues, ante una tarea de responsabilidad, y espero que una vez más el ajedrez argentino quedará satisfecho, pues conozco el esfuerzo, el patriotismo y la calidad de mis compañeros de equipo. La FADA confirma que ha contratado al campeón mundial Alekhine como entrenador del equipo argentino.[499]

Cuba intervendrá en el TN

▓ El TN que hará disputar la FADA durante el mes de julio prosigue sumando países a la larga lista de seguros participantes de la competencia. Tres naciones de América Central han resuelto enviar sus representantes e incorporarse por primera vez al clásico acontecimiento del ajedrez

---

[498] Amílcar Celaya, *Noticias Gráficas*, 4 de febrero de 1939.
[499] Roberto Grau, *Leoplán*, 15 de febrero de 1939.

mundial. Los nuevos inscriptos son: Costa Rica, Cuba y Puerto Rico. Costa Rica enviará a Joaquín Gutiérrez Mangel, Juan José Loria Rivera, Rogelio López Campo, Rogelio Sotelo Montagno, Marco Tulio Messen y la señora Rosalía Escalante de Serrano. El *team* de Puerto Rico lo formarán Rafael Cintrón, Francisco Benítez, Pedro Gotay, Gevaldo Padilla y F. Soler Lacroix. En cuanto a Cuba, no ha enviado todavía su team, pero por fortuna el conflicto que amenaza alejar a este equipo del gran torneo ha quedado solucionado.[500]

Capablanca también llegará para jugar en el TN

▌Nuestra afición podrá ver jugar otra vez en Buenos Aires al siempre notable cubano. En cuanto a Cuba, el conflicto que mantiene dividido al ajedrez de ese país y que hacía peligrar su intervención en el certamen, ha sido resuelto en forma momentánea. En efecto, el presidente de la FIDE, doctor Rueb, comunicó al presidente de la FADA que autorizó al comandante Jaime Meriné, director general de deportes de Cuba, para constituir e inscribir el equipo. De ese modo los aficionados argentinos tendrán, una vez más, oportunidad de ver actuar al ex campeón mundial José Raúl Capablanca, que competirá en Buenos Aires con los valores más grandes del mundo.[501]

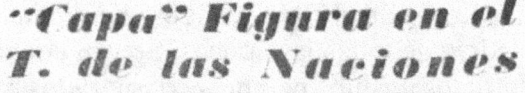

Viene Capablanca con el equipo de Cuba.
Noticias Gráficas, 17 de febrero de 1939

El equipo argentino será entrenado por Alekhine

▌Los jugadores argentinos designados por la FADA para integrar el núcleo sobre cuya base se designarán nuestros cinco representantes, son los siguientes: Guimard, Grau, Jacobo y Julio Bolbochán, Pleci, Fenoglio, Piazzini, Schvartzman, Nogués Acuña, Maderna y Puiggrós. Estos conocidos ajedrecistas deberán concentrarse en el mes de junio bajo la dirección del doctor Alekhine, contratado al efecto, y someterse a un plan especial de preparación y entrenamiento.[502]

Programas y dificultades con el TN

▌El 25 de febrero *Caras y Caretas* nº 2108 anuncia que ha recibido los programas del TN, y titula con letras grandes: "El pueblo argentino debe apoyar los campeonatos mundiales de ajedrez". Si la tarea de organizar el TN dándole la magnitud de un aconte-

Alekhine, entrenador del equipo argentino.
Crítica, 23 de febrero de 1939

[500] *La Nación*, 16 de febrero de 1939.
[501] Amílcar Celaya, *Noticias Gráficas*, 17 de febrero de 1939.
[502] *Crítica*, 23 de febrero de 1939.

cimiento mundial, ofrecía desde los primeros momentos un gran número de complejos y difíciles problemas, éstos aumentan y se subdividen a medida que se avanza la preparación del certamen. Sólo la firme decisión y el entusiasmo de las comisiones organizadoras, apoyadas por las entidades ajedrecísticas de todo el país, han podido poner en marcha la iniciativa que se delinea progresivamente como una gran realidad.

Es de imaginar el número de complicaciones que emergen de la organización simultánea de cuarenta viajes, en los que intervendrán representantes de países ubicados en las más diversas latitudes geográficas, y para cada uno de los cuales hay que llevar a la práctica un desafío por separado. La FADA está realizando este trabajo, y lo hace con el auspicio de la Nación. La ciudad de Buenos Aires no podrá permanecer indiferente y está en su deber propiciar este esfuerzo con todo entusiasmo.

Tucumán se adhirió al TN

Después de considerar los beneficios que aportará al país en general, y a cada provincia en particular, el TN, anunciado para el mes de julio, el gobierno de Tucumán hizo saber a la FADA su decisión de adherirse en forma oficial al extraordinario certamen. Con la de Tucumán son ya seis las provincias que resolvieron prestar su adhesión. Anteriormente habían hecho lo propio Buenos Aires, Córdoba, Entre Ríos, Santa Fe y Santiago del Estero.[503]

La Copa Reca

La Asociación de Ajedrecistas del Uruguay y la FADA han resuelto disputar un *match* anual entre tres jugadores de 2ª categoría y tres de 3ª, en el que se pondrá en juego un trofeo denominado Damián M. Reca, instituido por la entidad uruguaya. Los cotejos se efectuaron anoche en Montevideo, pero al momento de cerrar esta edición aún no habían terminado. Intervienen los siguientes argentinos: Abraham Simsilevich, José J. Castellanos, Guillermo Hand, R. Pazos Gramajo, Atilio Fernández y Lucio Contreras, los tres primeros de 2ª categoría.[504]

Costa Rica anuncia su viaje a Buenos Aires

En la revista brasileña Xadrez Brasileiro de marzo-abril se anuncia que la Federación de Costa Rica designó su equipo para el TN. Estará integrado por el delegado Marco Tulio Jiménez Mesén, Joaquín Gutiérrez Mangel, Juan José Loria Rivera, Rogelio López Campo y Rogelio Sotela Montagne; Rosalía Escalante participará en el Mundial Femenino.[505]

Cuarenta delegaciones

El 25 de marzo *Caras y Caretas* nº 2112 titula: *Cuarenta delegaciones llevarán, cuando regresen, sus impresiones del país*. De acuerdo a las perspectivas que hasta este momento ofrece la organización del torneo, llegará a cuarenta el número de delegaciones que concurran en representación de otras tantas naciones. Las delegaciones que vendrán a Buenos Aires estarán de regreso a los países de origen en condiciones de informar sobre lo que es la Argentina. Y todo cuanto se haga en tal sentido, habrá de ser profundamente saludable para el prestigio y el crédito del país en el

---

[503] *La Nación*, 22 de marzo de 1939.

[504] *El Mundo*, 20 de marzo de 1939.

[505] *Revista Xadrez Brasileiro* nº 80-81, pág. 33. Costa Rica fue uno de los equipos que se perdió luego de la cancelación de la primera fecha establecida. Nota del autor.

exterior. Una tarea ardua, tan llena de responsabilidades como de problemas de difícil solución, es la que tiene a su cargo la Comisión de Hacienda que preside Pedro Barbé, y que integran el doctor Carlos Querencio, Patricio Grau y Roberto Álvarez.

Capablanca, a Buenos Aires

▓ El 11 de marzo *Caras y Caretas* titula su sección Ajedrez: *Capablanca vendría a Buenos Aires. Un reflejo del extraordinario interés que despierta el TN.* Luego informa sobre el conflicto existente en el ajedrez caribeño, donde se han formado dos grupos –uno de ellos liderado por Capablanca– que pretenden tener la representación. El presidente y el secretario de la FADA, Augusto De Muro y Joaquín Gómez Masía, se entrevistaron con el intendente Arturo Goyeneche para invitarlo a adherirse a los actos oficiales.[506]

La *jira* del doctor Alekhine

▓ El campeón mundial, doctor Alekhine, está en América desde hace algunos meses. Ha visitado varios países de Centroamérica, y nos ha escrito para expresarnos la sensación de paz y cordialidad que recoge el europeo cuando sale del infierno del Viejo Mundo para sumirse en el ambiente dulce y tranquilo de nuestro continente. El gran ajedrecista se irá acercando pausadamente a Buenos Aires, donde estará sin duda a mediados del mes de junio, ya que a partir del 15 de dicho mes empezará a desarrollar un programa intenso de actividad en nuestro país, que irá preparando el ambiente para el gran TN que se iniciará el 21 de julio próximo.

Mas lo que ha probado la última carta del maestro es que el correo no es un modelo en Sudamérica. Una carta aérea fechada en Caracas el 6 de enero, ha llegado a mi poder el 21 de febrero, lo que me ha impedido contestarle al doctor Alekhine a la dirección por él enviada. Pero confío en que algún lector de Sudamérica o Centroamérica que lea estas líneas se encargue de comunicarle al doctor Alekhine la fecha exacta de iniciación del torneo, y de manifestarle que espero una nueva carta con su dirección exacta, para ultimar detalles de su actuación en Buenos Aires.

Difícil es imaginarse la intensa tarea que desarrolla la FADA con motivo de la organización del TN. A los $ 150.000 asignados por el gobierno, se deben sumar los $ 50.000 de la Municipalidad de Buenos Aires, que se asocia a este formidable acontecimiento en favor de la propaganda argentina en el exterior. A estos detalles, valiosos para el éxito de la prueba, cabe agregar que el primer magistrado de la Nación, doctor Roberto M. Ortiz, aceptó la presidencia honoraria del gran congreso, y que alrededor de su nombre han de constituirse una serie de comisiones que reunirán a todas las fuerzas vivas, políticas, sociales y económicas del país. La tarea es enorme, ya que hará falta reunir más de $ 360.000 para poder llevar adelante el esfuerzo, y la FADA tiene la seguridad de que ha de arbitrar, mediante el aporte privado, la importante suma que aún falta para nivelar el elevado presupuesto de gastos que demanda su realización.

Entre tanto, se sigue recibiendo la nómina de los equipos que actuarán, entre los que se encuentra el de Alemania, que será encabezado por Eliskases, el notable maestro austríaco incorporado ahora al Reich, lo que asigna al conjunto del gran país europeo grandes posibilidades en la clasificación final.[507]

---

[506] *Caras y Caretas* nº 2088 del 8 de octubre de 1938; nº 2110 del 11 de marzo de 1939.
[507] Roberto Grau, *Leoplán*, 15 de marzo de 1939.

La ciudad de Buenos Aires adhiere al TN

▓ Notable es la actividad que despliega la FADA con motivo del TN. Ha debido aumentar el número de sus empleados y ha aprobado un plan magnífico para llevar a buen término la campaña destinada a conseguir los fondos que se necesitan para que el torneo no sufra tropiezos. Entre tanto, se ha logrado la media palabra necesaria del intendente municipal, doctor Arturo Goyeneche, que tendrá así la misión de dar la bienvenida en nombre de la ciudad a los protagonistas del gran Congreso, que se realizará entre el 20 de julio, y el 13 de agosto próximos.[508]

Alekhine, en Perú y Brasil

▓ En abril Alekhine pasó también por Perú, donde ofrece varias exhibiciones, una de ellas el día 17 en el Palacio Municipal de Exposición, donde Pinzón Solís logra hacerle tablas. Entre el 25 de mayo y el 19 de junio Alekhine continúa su gira latinoamericana previa al TN, visitando Brasil. En Río de Janeiro, patrocinado por el *prefeito* (alcalde) de la ciudad enrique Dodsworth, permanece hasta el 6 de junio, jugando 70 partidas de exhibición en sus distintas modalidades (Simultáneas, a ciegas, en consulta, etc.), con el resultado de +51 =14 -5.

Entre el 15 y el 19, organizadas por la Federación Mineira, juega otra serie Belo Horizonte, +61 =9 -0. Lo sigue el doctor Jacobo Adolfo Seitz, que también está haciendo una gira por las Américas, y también aprovechó para dar simultáneas en el Club de Xadrez de Río de Janeiro, con el pobre resultado de +7 =9 –8. También jugó en San Pablo, pero no se dispone de los resultados. Se anuncia que viajará a la Argentina, y que luego volverá a Río de Janeiro.[509]

Grau: ¿Y si ganamos aquí?

▓ El equipo argentino estará preparado para adjudicarse el torneo. Cuando en el Congreso de Estocolmo conseguimos, merced a la tenacidad de nuestro intérprete, el cónsul argentino en Suecia don Humberto Bidone, que se proclamara la justicia del derecho de nuestro país a constituirse en sede del TN de 1939, experimenté una de las sensaciones más intensas de mi vida ajedrecística y dirigente. La actitud del Congreso significaba el reconocimiento de los méritos de la FADA en la vida del ajedrez mundial, y, ¿por qué negarlo?, testimoniaba de qué manera se consideraba a nuestro país en el concierto mundial.

Habíamos vencido en una lucha ardua y tenaz, frente a las poderosas influencias que sostenían el derecho de los Estados Unidos para transformarse en sede del certamen, y a las razones reglamentarias y sentimentales opuestas por el delegado de Hungría, Sr. Abonyi, a quien logramos convencer de que desistiera de su pedido, luego de una larga conferencia privada que significó adquirir algunos compromisos futuros. Nos hallamos así frente al compromiso más grave contraído por una federación deportiva en el mundo.

Para lograr que el torneo tuviera éxito y oponernos a otras propuestas muy generosas, debimos manifestar que la FADA estaba dispuesta a correr con todos los gastos de traslado de los jugadores, y el banquete final del gran Congreso de Estocolmo de 1937, fue más que la despedida de Suecia, una fiesta en homenaje a los futuros organizadores de la competencia. ¡Hasta 1939, en Buenos Aires!, era la frase obligada con que en todos los idiomas se despedían los actores de la gran prueba.

[508] Roberto Grau, *Leoplán*, 1° de marzo de 1939.
[509] *Xadrez Brasileiro* n° 84-85, pág. 81/85. *El Ajedrez en Perú*, Felipe Pinzón Solís, edición del autor, 1987, pág. 11/2.

Y cuando regresábamos, más de una vez me estremecí ante la gravedad del compromiso contraído y el temor a que circunstancias imprevistas nos pudieran colocar en una encrucijada desagradable.

Pero algo nos reconfortaba y nos permitía confiar en el éxito de la atrevida iniciativa. Acabábamos de clasificarnos terceros en la extraordinaria lucha, y nos asistía el derecho a confiar ampliamente en el triunfo de nuestra colaboración.

Grau se pregunta: ¿Y si ganamos aquí? *¡Aquí Está!* nº 297, 23 de marzo de 1939

Una afirmación atrevida

El equipo argentino está en condiciones de ganar el TN de 1939. Esta afirmación, atrevida si se quiere, está respaldada por las circunstancias. (…) En Varsovia 1935 el equipo argentino comenzó a provocar comentarios elogiosos. Fui capitaneando el equipo que integraba con Isaías Pleci, Carlos Maderna y Jacobo Bolbochán. Carecíamos de suplente y teníamos que oponernos a los equipos más poderosos del mundo. Los europeos se presentaron en esta oportunidad integrados por los profesionales de más renombre, y por aficionados avezados a este tipo de pruebas. Con problemas económicos graves que salvar, que en algunos casos fueron un drama, y sin los auxilios de un suplente que nos permitiera descansar, alcanzamos un honroso octavo puesto.

Fuimos superados por siete equipos de profesionales, pero nos clasificamos delante de todos los *teams* amateurs del mundo. Y así llegamos al Torneo de Estocolmo. Formamos una combinación ajustada en todos sus puntos y pudimos ubicar a los jugadores en el equipo de la manera más ingeniosa. Y ante el asombro de los expertos, Argentina se mezcló con las más fuertes representaciones del mundo. Nos superaron Estados Unidos y Hungría, empatamos con Polonia el tercero, y aventajamos a Checoslovaquia con Flohr a la cabeza, y a conjuntos del relieve de los yugoslavos, suecos, holandeses.

La colaboración de Alekhine

¿Puede extrañar, ahora, que quienes saltaron del octavo al tercer lugar en dos años, logren en 1939 la máxima satisfacción para Argentina? Por cierto que no, y mucho menos si se considera que el equipo será adiestrado severamente, que se le exigirá una vida higiénica y ordenada, que contará con el concurso de un gran maestro como Alekhine durante el último mes de su preparación, y que el progreso del ajedrez argentino sigue un ritmo sólido e indiscutible, como lo prueban sus experiencias internacionales.[510]

Alekhine en Colombia

El 21 de marzo, en su camino hacia Buenos Aires, Alekhine visita Bogotá. Se alojó en la Avenida 39 con Carrera 13, justo enfrente de la casa de mis tíos Vicente Arias y Leticia de Greiff, y hasta allí llegó don Otto (de Greiff) con su ejemplar en alemán del libro de Alekhine sobre Nueva

[510] *¡Aquí Está!* nº 297, 23 de marzo de 1939.

York de 1927. El campeón se sorprendió al encontrar un lector suyo, quien además le solicitó en perfecto alemán que se lo autografiara. De allí que lo escogiera como su asistente para la exhibición de simultáneas a ciegas contra ocho tableros, que tuvo lugar en el foyer del teatro Colón dos días después de su primera exhibición contra treinta y ocho tableros. En la primera mencionada, ganó siete y perdió contra Fernando Caro Tanco y José Luis Pardo Umaña, ambos en consulta. En la segunda, obtuvo +33 =3 -2, con Anita Caro de Tanco y Antonio Bonell.[511]

Síntesis de lo que será el gran TN

Haremos una síntesis de lo que será el TN, de acuerdo con las comunicaciones recibidas, y las resoluciones adoptadas. El torneo comenzará a jugarse el 20 de julio y terminará el 20 de agosto. Participarán en la prueba: Alemania, Bélgica, Checoslovaquia, Dinamarca, Escocia, Estonia, Finlandia, Francia, Holanda, Hungría, Irlanda, Islandia, Inglaterra, Italia, Letonia, Lituania, Noruega, Polonia, Portugal, Rumania, Suecia y Yugoslavia, de Europa. América estará presente por medio de la Argentina, Bolivia, Brasil, Canadá, Costa Rica, Cuba, Chile, Ecuador, El Salvador, Estados Unidos, Guatemala, México, Panamá, Paraguay, Perú, Puerto Rico, Uruguay y Venezuela. De Asia vendrá Palestina, y de Oceanía el *team* de Australia. Total: 42 países.

Es probable que a última hora deserte alguno, pero lo que sí puede afirmarse es que el número de participantes no será inferior a 36 equipos. Las delegaciones de Europa y Palestina partirán el 15 de junio desde Amberes, en el vapor *Copacabana*. Las de Estados Unidos y Canadá partirán desde Nueva York el 1º de julio, en el vapor *Brasil*. En la misma motonave viajará la delegación de Venezuela. Las delegaciones de la América Central saldrán desde La Habana o de Balboa, en el *Reina del Pacífico*, que llegará a Valparaíso el 13 de julio.

Se esperan no menos de 36 equipos.
Leoplán, 29 de marzo de 1939

Viajarán también en ese barco las delegaciones de Ecuador y Perú. Los participantes se dividirán, en caso de ser más de 26 equipos, en grupos. Las delegaciones de Europa regresarán el 16 de agosto en el vapor *Mar del Plata*. Las de América Central en el *Órbita* el 22 de agosto, y las de los Estados Unidos, Canadá y Venezuela, en el *Argentina*, que sale de Buenos Aires el 19 de agosto. Los equipos europeos que deseen viajar por su cuenta, tendrán derecho a percibir la suma de 6.400 francos belgas por pasaje. Los jugadores pueden ser designados delegados al Congreso, pues se ha resuelto que las sesiones de éste no coincidan con las ruedas del torneo.[512]

[511] *Jaque al Olvido*, Boris de Greiff, El Navegante Editores, Bogotá, 2004, pág. 15/19.
[512] Paulino Alles Monasterio, *El Mundo*, 31 de marzo de 1939. Roberto Grau, *Leoplán*, 29 de marzo de 1939.

El TN en *Caras y Caretas*

▓ El 8 de abril Gastón Pedro Dubox dedica su columna de ajedrez en *Caras y Caretas* al magno certamen mundial:

Y ahora en Buenos Aires se acrecienta el entusiasmo. Por especialísima decisión del Congreso Internacional de Estocolmo, la ciudad de Buenos Aires ha sido elegida escenario del próximo TN. El significado de esta designación puede hallarse en el hecho de que los Estados Unidos aspiraban a que el TN se realizara este año en Nueva York, como uno de los números más destacados de la exposición internacional. Correspondió, sin embargo, a Buenos Aires el honor de organizarlo, y no fue ajena a la designación el esfuerzo magnífico del equipo argentino, que consiguió igualar con Polonia la tercera ubicación, luego de una rutilante sucesión de victorias. Buenos Aires vivirá así en el próximo mes de julio las emociones del torneo más importante del mundo. Nunca más de veinte países intervinieron en el certamen, pero ahora serán más de cuarenta los que enviarán representantes. Millones de personas estarán pendientes de lo que ocurra en Buenos Aires mientras dure el certamen. Y millares de viajeros mirarán con ojos de asombro una ciudad de la cual no tenían más que difusas referencias.[513]

La 'condesa de Sangro',
¿ajedrecista? *La Razón*,
16 de abril de 1939

Invitan a la condesa de Sangro al TN

▓ Sorprendía *La Razón* con la siguiente noticia:

Fue invitada a participar en la competición femenina la señora de Gainza Paz, Condesa de Sangro, que tiene su residencia en Roma, por considerársela una jugadora de excelentes condiciones. En efecto, esta ajedrecista ha jugado con varios maestros europeos, y la opinión de los mismos es que es la única jugadora capaz de hacer peligrar en un torneo la victoria de la campeona mundial Vera Menchik.[514]

El tablero político europeo y el TN

▓ Los acontecimientos políticos de Europa están alterando la nómina de participantes en el gran TN. Primero fue Austria la que debió ser eliminada. Su incorporación al Reich significó la pérdida de un conjunto poderoso, que siempre logró situaciones notables, y solían integrar maestros de la fuerza de Spielmann, Grünfeld, Eliskases, Becker, Kmoch y Wolf. La desaparición de Checoslovaquia elimina otro conjunto capaz de lograr una situación final notable, como que debía encabezar el gran equipo un hombre de los quilates de Salo Flohr, que se ha refugiado en Rusia, patria de su esposa, donde permanecerá largo tiempo, a estar a las informaciones publicadas por varias revistas europeas.[515]

Caen las participaciones de
Austria y Checoslovaquia.
Leoplán, 15 de abril de 1939

---

[513] *Caras y Caretas* nº 2114 del 8 de abril de 1939. Resumen.

[514] *La Razón*, 16 de abril de 1939. *La Prensa*, 19 de abril de 1939. Angélica Gainza Paz era la esposa del conde italiano Nicolas di Sangro, hija de Zelmira Paz, viuda de Gainza Paz. Fue la promotora de los deportes invernales en Bariloche. Compró en 1943 el lote nº 11 de la Colonia Nahuel Huapi, donde construyó su residencia veraniega en la Bahía Kraft, obra del arquitecto Alejandro Bustillo. El gran impulso del esquí data de 1937, con la contratación de Hans Nöbel. Su meta era el turismo y el deporte invernal en los cerros Otto y Dormilón. Nöbel fue campeón mundial de esquí y organizador del centro invernal de Sestriere, creado por el magnate italiano Agnelli. La condesa era una gran esquiadora y andinista. Nöbel recomendó el cerro Catedral, por su cercanía al ferrocarril y al núcleo urbano. [La Angostura digital web]

[515] Roberto Grau, *Leoplán*, 15 de abril de 1939.

La adhesión provincial

▨ Todas las provincias argentinas se han adherido al TN. Un criterio amplio y cabal de la importancia del acontecimiento es el que ha orientado a los gobernantes argentinos en esta emergencia. El torneo será, así, la expresión de un deseo de la Nación, que está siempre dispuesta a colaborar en todas las manifestaciones que puedan significar una propaganda saludable para el país. La tarea a realizarse es aún mucha, ya que junto a la adhesión oficial se hace necesario lograr la colaboración económica de todo el país. La FADA cuenta ya con una base importante, que es el subsidio oficial, pero debe doblarse esa suma para poder llevar a cabo el plan de gastos de la competencia.

El presidente Roberto Marcelino Ortiz preside la Comisión de Honor del TN. *Caras y Caretas*, Archivo de Paulino Alles Monasterio

Es probable que la misma se lleve a cabo en los magníficos salones del Concejo Deliberante, que han sido el asiento de congresos de tan alta jerarquía como el Panamericano, al que asistió el presidente de los Estados Unidos de Norteamérica; el *Pen Club*, que contó con el concurso de escritores de todo el mundo y todas las tendencias, y actualmente el Congreso Postal, que ha reunido a centenares de delegados de todos los continentes y de todas las razas. Se está en el momento crítico del esfuerzo, pero se descuenta que nada ha de oponerse al vasto y atrevido plan de la FADA, iniciado en base a la sólida promesa de un apoyo oficial que, sin duda, será cumplida.[516]

El presidente de la República, doctor Roberto Ortiz, presidente de honor

▨ El TN que se realizará en Buenos Aires el próximo mes de julio será auspiciado por una Comisión Honoraria, encabezada por el presidente de la República doctor Roberto M. Ortiz, quien ya manifestó su aceptación a las autoridades de la FADA, organizadora del magno certamen. La mencionada comisión será integrada por los demás miembros del Poder Ejecutivo, el intendente municipal, señor don Arturo Goyeneche, y los gobernadores provinciales. En esta forma se cumplirá la noble tradición del TN que establece que el primer mandatario o soberano de cada país debe presidir la Comisión de Honor. Por ello, el presidente Massarick, en ocasión del Torneo de Praga, el Rey Jorge V, al realizarse el de Folkestone, y Gustavo de Suecia, últimamente en Estocolmo, ejercieron la presidencia honoraria del acontecimiento más importante del ajedrez mundial. El TN comenzará el 20 de julio y terminará el 13 de agosto aproximadamente.[517]

26 de abril: ¡Noticia bomba: se cancela el TN! Trapalanda

▨ Por falta de fondos no se realizará el TN. Tendrá el fracaso una repercusión muy desfavorable. El TN corre serio riesgo de fracasar. Razones de índole económica han venido a entorpecer su realización; más aún, a poner a la FADA en la afligente situación de comunicar a la FIDE y a las asociaciones, que en número de cuarenta se aprestaban a concurrir, la imposibilidad de que se juegue en Buenos Aires el magno torneo. En una extensa comunicación, la FADA detalla los trámites efectuados para lograr el consentimiento de la FIDE, gestión que llegó a verse coronada por

[516] Roberto Grau, *Leoplán*, 26 de abril de 1939.
[517] Gastón Dubox, *Caras y Caretas*, abril de 1939.

el buen éxito debido al empeño puesto por los delegados que concurrieron al Congreso de 1937, al cual llevaron la palabra formal del entonces presidente Agustín P. Justo, en el sentido de que contaría nuestra federación con la ayuda del gobierno para su organización. Así ocurrió, en verdad, pues en el presupuesto de gastos del año anterior fue incluida una partida de $ 150.000 destinada a contribuir a sufragar una parte de los gastos, que ascienden a $ 360.000 que demandará la organización del certamen. El saldo restante de $ 210.000 debía ser logrado por la FADA.

Conseguido el aporte del gobierno, que constituía la base financiera de la FADA, esta entidad solicitó al Ministerio de Justicia e Instrucción Pública la entrega de dichos fondos, pero se le hizo saber que las sumas serían entregadas en diversas cuotas, la primera de las cuales, de $ 10.000, se hizo efectiva, y posteriormente otra igual, mas al serle requerido el resto se advirtieron dilaciones, por lo que los dirigentes de la FADA se dirigieron al Ministerio de Hacienda y luego al presidente de la Nación, cuya secretaria contestó que se habían adoptado las providencias necesarias para que fuera entregado el saldo, cantidad que le era imperiosa a la FADA dada la proximidad de la fecha de iniciación del torneo.

Llevado el trámite a un estado en que una nueva dilación era imposible, el Ministerio de Justicia hizo saber que no podrá entregar sino otra partida de $ 50.000, es decir, sólo una tercera parte del monto de la partida votada. Se comprenderá que con el aporte de sólo $ 50.000 la FADA no podría siquiera intentar la venida de las cuarenta delegaciones, ya que el total en concepto de pasajes de venida solamente, era superior.

La derivación inesperada que esto ocasionó a la FADA, hizo que juzgáramos oportuno recabar la palabra del presidente de este organismo, señor Augusto De Muro, quien nos formuló las siguientes declaraciones:

No Podrá Realizarse el Campeonato Mundial de Ajedrez en Buenos Aires

El Poder Ejecutivo no entrega el importe del subsidio nacional votado para ese objeto e incluido en la ley de presupuesto de 1938

Ante la imposibilidad de obtener del gobierno los fondos del subsidio acordado por la ley de presupuesto de 1938, puede considerarse malogrado el Campeonato Mundial de Ajedrez por equipos anunciado para el próximo mes de julio en Buenos Aires, y en cuya organización venía trabajando desde hace más de un año la Federación Argentina de Ajedrez.

Del subsidio de 150.000 pesos que acordó el Congreso nacional para el gran torneo, sólo ha podido hacer efectivo la federación la suma de 20.000 pesos. Las reiteradas y empeñadas gestiones que los directores de dicha entidad han efectuado ante el Poder Ejecutivo, no han dado resultado y en estos momentos la federación deberá hacer frente a la grave situación planteada y comunicar la inesperada noticia a los 42 países inscriptos en el certamen, que, a su vez, habían elegido ya a sus equipos representantes y comprometido su esfuerzo en los preparativos para el viaje y consiguiente participación.

ANTECEDENTES DEL ASUNTO

El certamen de julio, denominado Torneo de las Naciones, es la competencia de ajedrez internacional más importante del mundo y su reglamentación está regida por la Federación Internacional con asiento en La Haya. Se realiza cada dos años y a ella envían sus equipos de 5 jugadores y una jugadora, las federaciones de todos los países del mundo.

La Argentina participó en los torneos de Varsovia (1935) y Estocolmo (1937), con el buen resultado que se conoce. Poco antes de partir el equipo argentino para la última de las ciudades nombradas, se lanzó la iniciativa de organizar en el país el próximo certamen mundial. El entonces presidente de la Nación, general Justo, apoyó decididamente el proyecto y ofreció la cooperación del gobierno.

La delegación argentina actuó en el congreso de Estocolmo sobre la base de esa promesa, que fué inmediatamente cumplida, pues el Poder Ejecutivo auspició ante el Congreso de la [...] certamen mantuviese su brillante tradición y la superase si ello fuera posible. La invitación inicial fué aceptada por las federaciones de 42 países, entre los cuales figuran los de toda América, ausente en las competiciones anteriores y cuya concurrencia se hizo a medida que adelantaba la política de confraternidad panamericana intensificada en los últimos años por todos los gobiernos del continente y, en particular, por el nuestro.

De la importancia que los países invitados asignan a este acontecimiento, puede dar una idea el hecho de que muchos gobiernos se interesaron especialmente por la presencia de sus representantes e incluso hubo gestiones y por vía diplomática en algunos casos en que por simples inconvenientes de trámite, la invitación se retrasó más de lo prudente.

Podría recordarse, como ejemplo, que el gobierno de Cuba designó al director general de deportes, comandante Jaime Mariné, para la selección y designación del equipo que debe capitanear el famoso maestro latino Raúl Capablanca. El presidente de la república de Colombia se interesó directamente para que su país, omitido en un principio por no contar con la federación constituida, ocupase el lugar de Checoslovaquia, imposibilitada de participar por los hechos políticos conocidos.

Los países inscriptos en el torneo de las naciones y que han comunicado ya que enviarán sus mejores maestros y aficionados así como a la respectiva campeona nacional para el certamen de julio, son, además de la Argentina los siguientes:

De América: Bolivia, Brasil, Canadá, Costa Rica, Cuba, Chile, Ecuador, Estados Unidos, Guatemala, México, Panamá, Paraguay, Perú, Puerto Rico, El Salvador, Uruguay y Venezuela.

De Europa: Alemania, Bélgica, Checoslovaquia, Dinamarca, Escocia, Estonia, Finlandia, Francia, Holanda, Hungría, Irlanda, Islandia, Inglaterra, Italia, Letonia, Lituania, Noruega, Polonia, Portugal, Rumania, Suecia, Yu- [...]

[...] torneo era menester el dinero del subsidio, incluido, como queda dicho, en la ley de presupuesto sancionada y promulgada para el año 1938, [...] correspondiendo el renglón de pago en poder del Ministerio de Hacienda.

En el Ministerio de Instrucción Pública, encargado de hacer efectivo el subsidio, se expresó desde el primer momento que el dinero sería entregado a medida que lo requiriese. El 28 de agosto se entregó a la federación la suma de 10.000 pesos. Posteriormente se entregó otra suma igual hasta que el 23 de enero se volvió a pedir el resto, ante la necesidad de pagar parcialmente los pasajes.

Se hicieron múltiples gestiones personales y por escrito ante el ministerio y siempre se respondió que el expediente estaba en trámite, que se gestionaba la entrega de los 150.000 pesos y, por último, que el expediente estaba a la firma del ministro.

Luego los plazos de la organización se tornaron angustiosos ante la proximidad de la fecha del certamen, y así que en la hora actual, la federación de 20.000 pesos no cuenta con comprobantes para más adelante. En este último momento no se expresó, sin embargo, que existiera el propósito de no dar cumplimiento a la ley de presupuesto de 1938, por lo cual se alentó en la entidad la esperanza de que se entregaría el subsidio y más aún, en el curso del presente mes, el presidente de la Nación hizo saber por intermedio de su secretaria, que se interesaba ante el ministro de Hacienda para que entregara la cantidad restante para la organización del torneo.

Días después, el primer magistrado expresó que pediría al ministro de Instrucción Pública que arreglara definitivamente la cuestión. Pero el día 21, dicho secretario de Estado hizo comunicar a la federación que se le entregaría 50.000 pesos en adelante, en total sobre los 150.000 que figuran en la orden de pago. Estos 50.000 pesos no alcanzan ni para cubrir los gastos actuales.

Sesión extraordinaria de la federación

Ante esta situación la Federación Argentina de Ajedrez celebrará hoy, a las 22, una sesión extraordinaria de su consejo federal y de las comisiones organizadoras del certamen para adoptar las medidas que considere oportunas.

En esta reunión se resolverá conv- [...]

Reunión extraordinaria de la FADA. *La Prensa*, 27 de abril de 1939

El problema es de aquellos que no tienen explicación lógica. Hemos encontrado apoyo en todas las autoridades oficiales con la aceptación de la presidencia honoraria por el doctor Ortiz, con un ministro como el de Instrucción Pública que implantó el ajedrez en institutos porque consideró que ese juego es una disciplina mental necesaria; con el ministro de Hacienda, que nos reiteró personalmente que el dinero estaba a disposición de la FADA y que sólo esperaba el expediente para hacer entrega del mismo; con el de Relaciones Exteriores, que le pareció necesario no malograr el torneo porque su repercusión internacional afectaría un tanto el prestigio del país por lo que supondrá de poco serio el haber adquirido un compromiso en un congreso internacional para no cumplirlo por la falta de entrega de los fondos votados por ley; con los altos funcionarios que intervinieron directamente en este asunto y nos mostraron una buena voluntad innegable; y luego de todo esto, con la realidad cruda: que ese dinero no nos será entregado; es decir, con la anulación práctica de toda posibilidad, a sólo dos meses del torneo, cuando algunas delegaciones estaban por embarcarse, y cuando las de cuarenta países se entrenaban para actuar con brillo en esta justa internacional.

Me inclino a creer que el asunto ha parecido intrascendente. Pero

¡Conmoción! ¡No se hace el TN! *La Razón y La Prensa*, 27 de abril de 1939

cuando comiencen a llegar telegramas de todos los países del mundo con la transcripción del acre comentario periodístico sobre la poca seriedad argentina, se apreciará en toda su importancia lo que constituye la suspensión del torneo. Se agrava la situación porque esta noticia la hemos conocido apenas hace una semana, es decir, sin el tiempo material para solucionar el problema.

Para considerar este grave asunto que amenaza de un modo cierto la organización del torneo, se reunirá extraordinariamente esta noche la FADA.[518]

Deberá desistir de organizar el TN la FADA

El Ministerio de Instrucción Pública resolvió interrumpir la entrega de fondos a la FADA acordados por el presupuesto de 1938, lo que imposibilita la realización de la competencia. Es un asunto de resonancia internacional. El hecho adquiere extraordinaria gravedad, dada la inminencia de la fecha de la gran competencia –el mes de julio– y la circunstancia de que 40 países se habían adherido a la misma y preparado sus equipos para actuar en la importante manifestación. Como en la mayoría de los casos los gobiernos (extranjeros) actuaron directamente para aclarar detalles de la organización y asegurar el envío de los teams, así como para resolver conflictos internos, la trascendencia que la determinación tendrá en el deporte mundial está llamada a ser excepcional. El comunicado de la FADA dice:

El presupuesto estudiado en detalle registró la suma de $ 360.000, y el subsidio era de sólo $ 150.000, por lo que la FADA debía conseguir $ 210.000 más. A ese efecto estudió minuciosamente y preparó un plan que habría de reportarle la suma faltante. Pero, como es natural, tanto para ello como

---

[518] *La Razón y La Prensa*, 27 de abril de 1939.

para iniciar la organización del torneo mismo era menester el dinero del subsidio, para cuya obtención no parecía que pudiera haber ninguna dificultad, puesto que estaba incluido en la Ley de Presupuesto de 1938, ya promulgada. No la hubo, en efecto, sino en cuanto al ritmo con que se entregaría el dinero. En el Ministerio de Instrucción Pública, encargado de hacer efectivo el subsidio, se expresó que el dinero sería entregado a medida que la organización del certamen lo requiriera. Es por ello que el primer pedido fue de $ 10.000, hecho el 26 de agosto último, por consejo del Ministerio.

Avanzaba la organización, y ya era menester más dinero, por lo que se hizo un segundo pedido por el resto del subsidio. Nuevamente se expresó en el Ministerio que, si no eran absolutamente imprescindibles en el acto los $ 140.000 restantes, se entregará otra vez una suma parcial. Ante la imposibilidad de que esto pudiera significar inconvenientes en la entrega de la suma total, tanto en el citado ministerio como en la tesorería se expresó que no habría inconveniente alguno, no solamente por tratarse de una ley ya promulgada, sino porque estaba firmada la orden de pago por el total del subsidio, cosa imprescindible para poder iniciar el cobro. Es así que en la fecha citada se obtuvieron otros $ 10.000 a cuenta.

El 23 de enero se volvió a hacer un pedido por el resto, ya que, siendo inminente la necesidad de realizar el pago por lo menos parcial de los pasajes, ya era imprescindible toda la suma. A la nota haciendo el pedido siguieron las gestiones personales, porque el trámite se hacía muy lento. Cada caso se respondió que el expediente estaba en trámite; que se estaba gestionando la entrega, y por último, que estaba a la firma del ministro. Como a pesar de todo no se conseguía el dinero, fueron visitados personalmente los más altos funcionarios del ministerio, al mismo tiempo que se informaba al ministro de la gravedad de la situación, puesto que ya se había puesto en acción el plan organizativo, comprometiendo no solamente el crédito de la FADA, sino también el crédito personal de sus dirigentes. Estaba tan próxima la fecha de iniciación del torneo, que ninguno de los aspectos de su organización admitía demora, y como el ministerio siempre se expresó que el pedido seguía su trámite, se utilizaron esos adelantos para poder organizar con tiempo el certamen y cumplir así el compromiso contraído sobre la base del subsidio acordado.

Es así que en la hora actual, la FADA y sus dirigentes personalmente, deben alrededor de $ 20.000 por gastos efectuados para el certamen, sin contar compromisos contraídos para más adelante. Fue hace un mes, cuando, ante la persistencia de la demora, se tuvo la evidencia de que había algún inconveniente. Ante nuevas gestiones se obtuvo la respuesta de que el Ministerio de Hacienda no entregaba fondos. Requerida la Tesorería General de la Nación, expresó que no los entregaba porque no los pedía el Ministerio de Instrucción Pública. Nuevas entrevistas personales con el subsecretario y el ministro de instrucción pública tampoco dieron resultado práctico, aunque en ningún momento se expresó que hubiera el propósito de no cumplir con la ley de presupuesto de 1938.

Como la situación era desesperante, fue entrevistado el ministro de hacienda, quien, no obstante las reservas que hizo sobre la situación financiera, prometió que no habría ninguna dificultad de su parte para que se abonara el resto del subsidio. El señor presidente de la Nación, a quien le fue planteado el caso con todos los antecedentes, por intermedio del secretario de la presidencia, contestó con nota del 11 de abril manifestando que *se interesa ante el Ministerio de Hacienda a fin de que se disponga la entrega de la cantidad que resta de los fondos votados para la organización del TN.*

Deberá desistir de organizar el Torneo de las Naciones la Federación Argentina de Ajedrez

El Ministerio de Instrucción Pública resolvió interrumpir la entrega de los fondos acordados por el presupuesto de 1938, lo que imposibilita la realización de la competencia

ASUNTO DE RESONANCIA MUNDIAL

Una inesperada actitud del Ministerio de Instrucción Pública que ha negado a la Federación Argentina de Ajedrez la entrega del total del subsidio acordado por la ley de presupuesto de 1938 para contribuir a los gastos que demandaría la realización del Torneo de las Naciones en Buenos Aires, ha obligado a la mencionada entidad a desistir de la organización de la importante competencia.

El hecho adquiere extraordinaria gravedad, dada la inminencia de la fecha de la gran competencia —el nueve de julio— y la circunstancia de que 40 países se habían adherido a la misma y preparado sus equipos para actuar en la importante manifestación. Como en la mayoría de los casos los gobiernos actuaron directamente, para aclarar el envío de los teams, así como para resolver conflictos internos, la trascendencia que la determinación tendrá en el deporte mundial está ilímitada y a tal excepcional.

Al fundar las razones de su actitud, la Federación Argentina explica la gestación del torneo y detalla los hechos de la siguiente manera:

Por qué organizaba el torneo la Argentina

"Poco antes de partir el equipo argentino de ajedrez para intervenir en el Campeonato Mundial efectuado en Estocolmo, en el año 1937, sus integrantes, acompañados por dirigentes de la Federación Argentina, hicieron una visita de cortesía al entonces presidente de la Nación, general Justo, y en el curso de la entrevista se habló de la nota de extraordinaria resonancia que podría proporcionar la Argentina en el caso de organizar el campeonato siguiente.

universal, hacían necesaria una elevada suma para gastos. El presupuesto estudiado en detalle registró una cifra de 360.000 pesos y el subsidio era de sólo 150.000, por lo que la Federación Argentina de Ajedrez debía obtener 210.000 pesos más. A ese efecto estudió minuciosamente y preparó un plan que habría de reportarle la suma faltante. Pero, como es natural, tanto para ello como para iniciar la organización del torneo mismo era menester el dinero del subsidio, para cuya obtención no parecía que pudiera haber ninguna dificultad, puesto que estaba incluido en la ley de presupuesto de la Nación de 1938 ya promulgada. No la hubo, en efecto, sino en cuanto al ritmo con que se entregaría el dinero. En el Ministerio de Instrucción Pública, encargado de hacer efectivo el subsidio, se expresó que el dinero sería entregado a medida que la organización del certamen lo requiriera. Es por ello que el primer pedido fue solamente de 10.000 pesos —hecho el 26 de agosto último—, por consejo del Ministerio.

"Avanzaba la organización y ya era menester más dinero, por lo que se hizo un segundo pedido por el resto del subsidio. Nuevamente en el Ministerio se expresó que si no eran absolutamente imprescindibles en el acto los 140.000 pesos restantes, se entregaría otra vez una suma parcial. Ante la imposibilidad de que esto pudiera significar inconvenientes en la entrega de la suma total, tanto en el citado ministerio como en la Tesorería General de la Nación se expresó que no habría inconveniente alguno, no solamente por tratarse de una ley de presupuesto ya promulgada, sino porque estaba firmada la orden de pago por el total del subsidio, cosa imprescindible para poder iniciar el cobro. Es así que en la fecha citada se obtuvieron otros 10.000 pesos a cuenta.

"El 23 de enero se volvió a hacer un pedido por el resto, ya que, siendo inminente la necesidad de hacer el pago por lo menos parcial de los pasajes, era imprescindible el pedido continuaron gestiones personales porque el trámite se hacía muy lento. En cada caso se respondió que..."

La FADA, en una situación desesperante.
La Nación, 27 de abril de 1939

Visitado el señor presidente por un legislador, unos días después, transcurridos sin que se consiguieran los fondos, el doctor Ortiz expresó que pediría al doctor Coll que arreglara definitivamente la cuestión. El 21 de abril el ministro de instrucción pública, por intermedio de uno de los altos funcionarios de su ministerio, hizo saber a la FADA que sólo serían acordados $ 10.000 más, es decir, $ 30.000 en total sobre los $ 150.000 acordados, por los cuales se había librado oportunamente la orden de pago. Estos $ 10.000 no alcanzan siquiera a cubrir los gastos efectuados, y naturalmente, la falta de entrega del resto imposibilita en absoluto a la FADA para realizar el torneo.[519]

Un papelón incalificable

La República Argentina está a punto de incurrir en un papelón internacional incalificable. Es cierto que quien hará el mal papel será la FADA, pero, en el exterior, recaerá sobre el país entero. Se volverá a decir, esta vez con razón, que seguimos siendo *sauvages*. Si no ocurre algún acontecimiento imprevisto, esta noche a las 22 realizará una reunión extraordinaria la FADA para comunicar a cuarenta países del orbe que no podrá realizarse en Buenos Aires el TN, y que cancela sus invitaciones. Hasta aquí los hechos.

Unánime opinión: traba burocrática incalificable.
Noticias Gráficas, 27 de abril de 1939

Queremos creer que ese acontecimiento extraordinario e imprevisto se produzca antes de las 22. De lo contrario, nuestro país será el blanco de la censura, cuando no de la befa de cuarenta naciones. El papelón internacional sería tan lamentable que no es posible que se lo deje prosperar.[520]

Desiste de organizar el TN la FADA

La FADA realizó anoche la anunciada reunión extraordinaria, convocada para tratar la difícil situación creada por la actitud del poder ejecutivo al no entregar el subsidio acordado. Se resolvió desistir de la organización del TN, *ad referéndum* de la asamblea extraordinaria que se convocará para el 13 de mayo próximo, y designar una comisión especial para entrevistar al ministro de relaciones exteriores, doctor Cantilo, dándose a conocer el texto de la nota que será enviada a los cuarenta y dos países invitados, comunicándoles la no realización del torneo. El diputado nacional ingeniero Numa Tapia, en la primera sesión de la cámara, presentará un pedido de informes al Poder Ejecutivo sobre las razones que tuvo para negar la contribución fijada por la ley de presupuesto de 1938.[521]

Anulóse el TN

Anoche se reunió el consejo directivo de la FADA para considerar la situación creada. En los círculos ajedrecísticos y en el ambiente en general se considera actualmente con preocupación la

[519] Roberto Grau, *La Nación*, 27 de abril de 1939.
[520] Amílcar Celaya, *Noticias Gráficas*, 27 de abril de 1939 (Resumen).
[521] *El Mundo*, 28 de abril de 1939.

repercusión exterior que tendrá la anulación del TN, no sólo en cuanto a la escasa seriedad que se adjudicaría a nuestro país como organizador de certámenes, sino, lo que es más grave, los comentarios que provocará la razón que determina la suspensión.[522]

Preocupación por la repercusión en el exterior. *La Razón*, 28 de abril de 1939

La FADA resolvió no realizar el TN

▋ Así lo acordó la entidad en la sesión extraordinaria realizada anoche. Asistieron a la reunión, que fue presidida por su titular, señor Augusto De Muro, los delegados del Club Argentino, Círculo, Club San Lorenzo, Círculo de Villa Crespo, Fundación Ateneo de la Juventud, Federación Rosarina, Círculo de Vélez Sarsfield, Club Boca Juniors, Club Ríver Plate, Federación de San Martín, Racing Club, Círculo Metropolitano y Club Israelita Argentino. Estuvieron presentes, asimismo, los miembros de las comisiones internas que han tenido a su cargo la organización del certamen internacional en sus diversos aspectos. La presidencia informó que habían fracasado todas las gestiones hechas ante el gobierno para hacerlo desistir de su actitud y obtener la entrega de los fondos votados por el Congreso e incluidos en la ley de presupuesto de 1938. Después de una prolongada deliberación, se aprobó por unanimidad la siguiente resolución:

1. Desistir de la organización del TN ad referéndum de la Asamblea Extraordinaria que se convocará para el día 13 de mayo próximo;

2. Redactar, para someter a esa asamblea, la declaración circunstanciada de lo ocurrido;

3. Pasar todos los antecedentes a la CAD, a los efectos que la misma estime pertinentes;

4. Designar una comisión especial para entrevistar al ministro de Relaciones Exteriores a fin de darle a conocer el texto de la nota que será enviada a los cuarenta y dos países invitados comunicando la no realización del TN.

Creemos que en asuntos de esta naturaleza, en los que, en cierto modo, está en juego el buen nombre de la Nación en el exterior, el gobierno debiera proceder muy meditadamente. Por lo que

_____
[522] *La Razón*, 28 de abril de 1939.

respecta al caso que nos ocupa, resultaría simpático que se reconsiderara la actitud asumida, y más cuando se trata de una partida pequeña dentro del presupuesto nacional, y autorizada sin ninguna observación por las dos cámaras del Congreso.[523]

El gobierno aclara sobre el TN: la burocracia al ataque. Trapalanda

▮ Como en el memorial dado a publicidad por la FADA se hacen cargos al Ministerio de Justicia e Instrucción Pública de negar la entrega a esa entidad del subsidio de $ 150.000 acordado por el ex gobierno del general Justo para organizar el TN, hemos creído oportuno entrevistar al subsecretario de esa repartición, quien nos expresa que nunca constituyó una determinación del ministerio perturbar la organización del mencionado campeonato; que el gobierno ya entregó a la FADA $ 30.000, de conformidad a los considerandos del decreto que acordaba un subsidio de *hasta $ 150.000*; que al enterarse el ministro por diversas publicaciones periodísticas que el presupuesto estudiado en detalle por la FADA arrojaba la enorme cifra de $ 360.000, es decir, $ 210.000 más, que a la postre debían salir de las arcas de la Nación, había resuelto, atendiendo a un plan general de economías, no entregar más fondos a la FADA.[524]

El gobierno se justifica con argumentos vergonzosos. *Crítica*, 28 de abril de 1939

La Fed. de Ajedrez Resolvió no Realizar el Torneo de Las Naciones

Así lo acordó la entidad en la sesión extraordinaria realizada anoche

Incomprensible actitud del gobierno. *La Prensa*, 28 de abril de 1939

La llegada de Alekhine según *Crítica*

▮ Por cuarta vez se encuentra entre nosotros el doctor Alekhine, campeón mundial. Su arribo, operado ayer por el tren internacional de La Paz (Bolivia), permitió al maestro indiscutido del tablero comprobar una vez más la simpatía y el respeto que supo granjearse en nuestro medio por sus condiciones personales, y las jerárquicas de as del tablero. Acompañado por su señora esposa, el doctor Alekhine, de regreso de un prolongado viaje por América del Sur, fue recibido por las autoridades de la FADA y numerosos aficionados. Como se sabe, el doctor Alekhine se trasladó a nuestro país con el objeto de encabezar el equipo de Francia que debía participar en el TN. Es de dominio público que la FADA no podrá llevar a cabo el torneo porque no le han sido entregados los fondos que el Congreso votara a ese efecto. Al comentar esa situación, nos dice:

> Es lamentable la situación, ya que la disputa de la Copa Hamilton Russell ha despertado enorme interés en todo el mundo. Durante mi largo viaje por Europa y América del Sud he podido comprobar que el anunciado cotejo iba a contar con el auspicio y la participación de los valores más altos del ajedrez. En virtud de estas razones, unido al hecho de que la disputa del torneo constituiría una propaganda de primer orden para la República Argentina, país cuyo concepto de hospitalidad es ya tradicional, sería de esperar que los obstáculos fueran allanados.

---

[523] *La Prensa*, 28 de abril de 1939.
[524] *Crítica*, 28 de abril de 1939.

EL CAMPEON del mundo, don Alejandro Alekhine, que llegó hoy a Buenos Aires, donde disputará algunas partidas

Alekhine Va a Actuar Entre Nosotros

Lamenta la Suspensión del Torneo de las Naciones

POR cuarta vez se encuentra entre nosotros el doctor Alejandro Alekhine, campeón mundial de ajedrez. Su arribo, operado ayer por el tren internacional de La Paz, permitió al maestro indiscutido del tablero, comprobar una vez más la simpatía y el respeto que supo granjearse en nuestro medio por sus condiciones personales y las jerárquicas de as del la biera.

Acompañado por su señora esposa, el doctor Alekhine, de regreso de un prolongado *viaje por América del Sud*, fué recibido por las autoridades de la Federación Argentina de Ajedrez y numerosos aficionados.

Alekhine en Buenos Aires. *Crítica*, 2 de mayo de 1939

Después de otras reflexiones en ese sentido, añade:

He de jugar varias partidas durante mi estada, la cual será breve porque tengo compromisos de actuación en Río de Janeiro. El jueves jugaré en el Club Alemán de Belgrano.[525]

La llegada de Alekhine según *El Mundo*

▌ Como lo anunciamos oportunamente, llegó ayer a ésta el campeón mundial doctor Alekhine, acompañado por su señora esposa, pero en vez de hacerlo con el tren Panamericano a las 14 horas, arribó con el tren internacional de Ferrocarriles del Estado, a las 20 horas. Lo esperaban en el andén varios representantes de la FADA, del Club Argentino, del Círculo y del Club Alemán de Belgrano, así como un grupo de aficionados conocidos de nuestro ambiente ajedrecístico. Interrogado por nuestro cronista, Alekhine se mostró muy satisfecho de su viaje por Sudamérica, iniciado en Venezuela, pasando luego a Colombia, Guatemala, Panamá, siguiendo por la costa del Pacífico hacia el sur por Ecuador, Perú, e internarse en Bolivia, para atravesar hasta nuestra capital. Hizo propaganda en favor de la concurrencia de los sudamericanos al TN, y se enteró en La Paz de las últimas noticias referentes al gran certamen. Expresó el deseo que se arreglen todos los inconvenientes que surjan.[526]

Llegó el Dr. Alekhine Procedente de La Paz

Como lo anunciamos oportunamente llegó ayer a ésta el campeón mundial de ajedrez, doctor Alejandro Alekhine, acompañado de su señora esposa, pero en vez de hacerlo con el tren Panamericano a las 14 horas arribó con el tren internacional de Ferrocarriles del Estado a las 20 horas. Lo esperaban en el andén varios representantes de la Federación Argentina de Ajedrez del Club Argentino, del Círculo de Ajedrez y del Club Alemán de Ajedrez Belgrano, así como un grupo de aficionados conocidos de nuestro ambiente ajedrecístico.

Interrogado por nuestro cronista, el doctor Alekhine se mostró muy satisfecho de su viaje por Sudamérica, iniciado en Venezuela, pasando luego a Colombia, Guatemala, Panamá, siguiendo el sur por Ecuador, Perú e internarse en Bolivia, para atravesar hasta nuestra capital. Se mostró gratamente sorprendido al comprobar la asistencia en distintas capitales de los países que visitara, de verdaderos planteles de ajedrecistas muy superior a la común. Hizo propaganda a favor de la concurrencia de los sudamericanos al Torneo de las Naciones, y se enteró en La Paz de las últimas noticias referentes al gran certamen. Estará varios días entre nosotros y luego pasará a Río de Janeiro.

Se mostró especialmente interesado en conocer las gestiones que se habían hecho con respecto a la realización del gran certamen, y expresó el deseo de que se arreglen todos los inconvenientes que surjan. El doctor Alekhine y su señora se alojan en un hotel central.

Alekhine viaja desde La Paz en tren. *El Mundo*, 2 de mayo de 1939

Entrevista entre dirigentes y el canciller

En cumplimiento de la resolución adoptada por el Consejo Federal de la FADA en su sesión extraordinaria, sus autoridades se entrevistaron con el ministro de relaciones exteriores, doctor José María Cantilo, para considerar con él la forma en que se ha de comunicar a las cuarenta federaciones extranjeras inscriptas en el certamen la cancelación del compromiso contraído. El presidente de la FADA, señor Augusto De Muro, fue acompañado por el secretario de la misma, doctor Joaquín Gómez Masía, por el campeón argentino señor Roberto Grau, y por el ex campeón señor Luis Piazzini, quienes expusieron al doctor Cantilo la naturaleza de los compromisos adquiridos y la preocupación que en su oportunidad demostraron las entidades extranjeras y los respectivos gobiernos para asegurar la más eficaz concurrencia al certamen de Buenos Aires.

Las autoridades de la FADA darán cuenta de las gestiones iniciadas para resolver el punto mencionado que plantea una situación de índole delicada en la asamblea general de esa entidad convocada para el día 13 del corriente.[527]

[525] *Crítica,* 2 de mayo de 1939.
[526] Paulino Alles Monasterio, *El Mundo*, 2 de mayo de 1939.
[527] *El Mundo*, 4 de mayo de 1939.

Realízanse gestiones para organizar el TN

▌ Continúan las gestiones alrededor del compás de espera impuesto por el poder ejecutivo para la realización del TN, tendientes a procurar una solución que interprete el deseo general. Los diputados, doctores Numa Tapia y José Solá celebrarán el martes próximo una entrevista con el presidente Ortiz, en la que tratarán sobre el asunto. Por otra parte, en el seno del Concejo Deliberante, el concejal doctor Stanchina ha presentado un proyecto de minuta de comunicación (Sic) al departamento ejecutivo, para que realice gestiones ante el poder ejecutivo de la Nación, a fin de que se entregue a la FADA los fondos acordados por ley.[528]

Nueva adhesión a la FADA

▌ Con motivo de la suspensión del TN, el Club Mate Pastor de Paraná envió el siguiente despacho telegráfico a la FADA:

> Ingratamente sorprendidos por las causas que han forzado a la FADA a suspender la realización del TN, el Club Mate Pastor expresa a las autoridades de esa federación su más amplia solidaridad, ofreciendo su calurosa adhesión moral con todo procedimiento que se intente para conseguir la realización del magno certamen.[529]

La CAD solicita el subsidio para el TN

▌ La CAD se ha dirigido por una nota en la que manifiesta que el fracaso del TN afectaría la reputación del país. Conocidas las causas que motivaron la paralización de la organización del certamen, y agotados algunos de los recursos para llevarlo a la práctica, cuya trascendente importancia halló rápido en la anotación de más de cuarenta países, la FADA llevó adelante las gestiones tendientes a conseguir el apoyo financiero indispensable, elevando una nota explicativa a la CAD, institución que se libró a un detenido estudio de la misma. La CAD resolvió dirigirse por nota al presidente de la República, a fin de interesarlo, claro está, en la suspendida organización del torneo. Dicha nota, cuya aprobación fue resuelta por federaciones de atletismo, básquet, bochas, box, ciclismo, esgrima, fútbol, gimnasia, *handball*, hipismo, *lawn tennis*, lucha, natación, patín, pesas, pelota, pesca, polo, remo, tiro y *yachting*, dice así:

Carta de la CAD al presidente Ortiz.
La Nación, 11 de mayo de 1939

El TN no es una de las tantas pruebas deportivas; por el contrario, es uno de los certámenes de mayor importancia y jerarquía en el deporte mundial, el honor de cuya organización se disputan todos los países, aún a costa de los mayores sacrificios , y que así lo entendió el gobierno nacional lo demuestra con toda elocuencia el hecho de que el poder ejecutivo recabara del Congreso las sumas que la FADA consideró indispensables y que ambas cámaras votaron sin vacilación.

[528] *El Mundo*, 7 de mayo de 1939.
[529] *La Nación*, 9 de mayo de 1939.

Tenemos la íntima convicción de que no escapará al elevado criterio de V. E. la situación difícil y molesta que se le crearía a la FADA, y con ella al país, si ella fuera colocada en el duro trance de declarar que no está en condiciones de organizar un torneo de tanta magnitud, cuando ya está comprometido su crédito y el de la República, no sólo ante las federaciones similares de los países invitados, sino también ante muchos gobiernos extranjeros.

No se nos escapa que la situación financiera del país no es muy halagüeña, pero igualmente sabemos que los perjuicios morales y materiales que sufrirá el deporte nacional serán siempre mayores que el que sufrirá el erario público al desprenderse de las sumas votadas con el Congreso. Al dejar el problema en manos de V. E. con la seguridad de que le encontrará una justa solución, nos es grato saludarlo con nuestra consideración más distinguida.[530]

Capablanca y los cubanos

Grau confirma en *Leoplán*
los detalles organizativos del TN

En mayo se confirma que Capablanca integrará el equipo cubano. Esta noticia trae mucho alivio a los organizadores del TN, ya que había un cisma en la Federación de Cuba, y estaba en duda su participación. Asimismo, se anuncia que vendrá la campeona mundial Vera Menchik. Se anuncia que se jugará entre el 20 de julio y el 15 de agosto, y que se han inscripto cuarenta y dos equipos.[531]

Un telegrama de Buenos Aires publicado en La Habana, dando cuenta del fracaso del TN que organiza la FADA para el mes de julio próximo, causó penosa impresión entre los amantes del juego ciencia, que esperan ansiosos la inauguración del certamen de la FIDE en el cual participará por primera vez un equipo cubano. ¿Será posible que culmine en un fracaso lo que se anunciaba como importantísimo evento internacional, que había encontrado el más generoso patronato en la progresista República Argentina? Una carta recibida por mí del señor Marco Tulio Jiménez Mesén, titular de la Secretaría de la Federación de Costa Rica, fechada el 17 de mayo, contiene el siguiente párrafo:

Vieira Agarez, de Río de Janeiro, me informa que ha oído *un radio* de Buenos Aires en el que se ha anunciado que el TN está fracasado, y que el referido radio no ha sido desvirtuado por quienes deben hacerlo.

Por mi parte, diré que era mal augurio que el presidente de la FADA, señor De Muro, hubiera dado la callada por respuesta a los reiterados cablegramas de la Dirección General de Deportes, indagando qué auxilio concreto ofrecía la Argentina al equipo de Cuba, teniendo en cuenta que Capablanca se halla en París, y debe embarcar en unión de su esposa, dato que necesitaba el Comandante Mariné para poder calcular el saldo a cubrir del presupuesto para el envío del *team* cubano. Roberto Grau, en su última sección quincenal llegada a La Habana, dice que está asegurado el apoyo económico al torneo por el gobierno argentino y las provincias, pero que la acción privada debe contribuir con otro tanto, y "aún falta mucho por hacer" para que sea viable. No es la declaración del

---

[530] *La Nación*, 11 de mayo de 1939.
[531] Nota del autor.

fracaso, pero sí un SOS envuelto en almíbar, para que no transparente hondo pesimismo. De todo corazón, deseo que la noticia del fracaso del torneo no se confirme, porque, a estas horas resultaría, imposible es desconocerlo, un monumental *papelazo*.[532]

Conferencias de Alekhine y Grau

Esta tarde el campeón argentino dará una conferencia en el campo de deportes del Club Ríver Plate, y se ocupará de la situación argentina ante el compromiso del TN. Luego, el martes próximo, Grau jugará una serie de partidas simultáneas en Morón. El martes próximo a las 18 el campeón mundial Alekhine jugará en el Círculo de Ajedrez, Bartolomé Mitre 670, una partida contra los hermanos Luis y Enrique (Sic. Debe decir Fulgencio) Del Sel, campeones bancarios, quienes jugarán en consulta. Esta partida, que ha sido patrocinada por el Club Banco Nación, será comentada durante su desarrollo por el campeón argentino don Roberto Grau. La exhibición adquiere especial interés, pues se cobrará una entrada de $ 2 a total beneficio del TN.

Durante la próxima semana, última de su estada en Buenos Aires, ya que partirá para Río de Janeiro, Alekhine desplegará intensa actividad. Mañana por la noche dictará una conferencia en el Club Argentino sobre las últimas novedades de la Ruy López, y el jueves dictará la segunda, sobre un tema similar. Ambas actividades han sido organizadas gracias a la generosidad del señor Gordon Jackson, que donó una fuerte suma para cubrir los gastos de organización.[533]

La partida en consulta que debían jugar en la tarde de ayer el campeón mundial Alekhine con los hermanos Luis y Fulgencio Del Sel, campeones del Banco Nación, fue aplazada por enfermedad de Fulgencio. La noticia de este inconveniente fue comunicada con mucho retraso al Círculo, donde debía realizarse la importante exhibición, lo que obligó al doctor Alekhine a perder más de una hora en los salones de la entidad, a la espera de sus rivales. En la tarde de hoy será resuelta la situación creada con motivo de este compromiso no cumplido, y quizá, de llegarse a un acuerdo, se fije nueva fecha y hora. Como la única fecha de que dispone el campeón mundial antes de su partida para Río de Janeiro es el viernes, es probable que sea ese día cuando que se realice el cotejo.[534]

Esfuerzo por el TN

La FADA está desde hace dos años organizando el TN. El gobierno argentino se adhirió con la suma de $ 150.000. El subsidio siguió el trámite administrativo normal, logrando orden de pago con la firma del ministro correspondiente. El poder ejecutivo actual se adhirió al certamen, enviando el presidente Ortiz un hermoso retrato dedicado a los organizadores del torneo. Nunca se plantearon dificultades sobre ese dinero, que estaba al pago en tesorería. El Ministerio de Relaciones Exteriores envió durante un año elementos de propaganda al exterior, e instrucciones a los miembros del cuerpo diplomático para que facilitaran los trámites a los viajeros que se presentaran con motivo del torneo. La FADA invitó a cuarenta países, sostuvo correspondencia con varios gobiernos para resolver problemas de emergencia en aquellos países donde había conflictos internos o no existían organismos de ajedrez responsables. Designó numerosos empleados para llevar adelante la campaña para lograr los $ 210.000 restantes, y designó mil cien comisiones en el interior. Contrató al doctor Alekhine para colaborar en el adiestramiento del *team* argentino.

Hizo constituir más de quince federaciones en distintas partes del mundo, para ajustarse a la reglamentación del certamen. Hizo un concurso de afiches de propaganda para el torneo, y del país.

---

[532] Juan Corzo, *Carteles*, Cuba, mayo de 1939.
[533] *El Mundo y La Nación*, 13 de mayo de 1939.
[534] Roberto Grau, *La Nación*, 17 de mayo de 1939. No se realizó.

Comprometió la firma de sus directores en garantías de alquileres y operaciones bancarias. Y cuando sólo faltan dos meses para la iniciación del torneo, ¡lo inesperado! El poder ejecutivo manifestó que no entregaría el resto del subsidio. Nunca fue más inexplicable una resolución oficial.

El Ministerio de Instrucción Pública encontró más tarde argumentos para no entregar el resto del dinero, que, serios o no, debieron ser invocados antes. Ahora es tarde para anular el torneo. La falta de cumplimiento a una promesa a tan poco tiempo del compromiso, ha de redundar en desprestigio del país, como se establece alrededor de algunos artículos que ya se han publicado en el exterior. Hay que salvar al TN, y todo el país está dispuesto a hacerlo. Sólo falta que el gobierno dé algún paso auspicioso.[535]

Informe de *Chess*, mayo de 1939

Los ingleses informan que el TN está cerca de fracasar

Problemas financieros: todo el torneo está ahora ensombrecido por la duda. El siguiente informe que apareció en el Times del 20 de abril habla por sí mismo:

La FADA anunció que considerando la decisión del Ministerio de Educación de garantizar sólo una pequeña parte del subsidio autorizado por el Congreso, el TN programado para julio debe ser cancelado, a menos que el ministro cambie de opinión.

Desde Buenos Aires, un corresponsal informa que el proyecto está virtualmente muerto, pero las últimas informaciones dan cuenta de un esfuerzo extenuante para reactivar la organización, aún pese a una postergación. Si Buenos Aires falla, entonces probablemente se juegue el Campeonato Británico en Bournemouth.[536]

Un cambio sorpresivo: resolvió la FADA realizar el TN

■ Se tratará de cubrir la falta de subsidio con una colecta popular. Para considerar la situación creada por la suspensión del certamen internacional, el consejo directivo de la FADA convocó a la asamblea, que se reunió ayer con asistencia de los delegados de la mayoría de los clubes adheridos. La asamblea fue presidida por el titular, señor Augusto De Muro, quien hizo la narración de los hechos producidos, y comunicó que los miembros del comité organizador habían llegado a la conclusión de que el torneo debía efectuarse a pesar de los hechos producidos, haciendo honor a la palabra argentina empeñada en el Congreso de la FIDE en Estocolmo 1937. Los delegados apoyaron esta decisión, y finalmente se aprobó este temperamento. Para la financiación se solicitará el apoyo de la municipalidad, de los gobiernos de provincia y de los municipios, de los clubes deportivos y sociales, y de todos los aficionados del país. Enseguida, se redactó y se aprobó por aclamación un manifiesto en el que la FADA explica los hechos y solicita el apoyo del país para la realización del TN, cuyos puntos principales fueron:

Invitados ya los equipos participantes, en viaje
grandes jugadores, en plena marcha todos los prepa-

---

[535] Roberto Grau, *¡Aquí Está!*, 11 de mayo de 1939.
[536] *Chess (Sutton Coldfield)*, mayo de 1939.

rativos, cuando el país entero se disponía a presenciar la más formidable competición ajedrecística de todos los tiempos, la reducción del subsidio nos colocó en la dolorosa situación de dejar sin efecto la disputa del certamen.

No podemos engañarnos acerca del juicio que una decisión de esta naturaleza debía necesariamente provocar en los círculos extranjeros, y de la influencia que tendría con respecto al buen nombre y honor del país y al prestigio del deporte nacional.

Habíamos conseguido para Buenos Aires el honor de ser la sede del certamen, en oposición a los Estados Unidos y Hungría. La FADA entiende que no es posible cruzarse de brazos ante una situación de esta naturaleza. Podría aceptar la cómoda resignación que elude el esfuerzo, pero advierte que no es ése el camino más digno. Por ello, recapacita sobre la cantidad y la calidad de adhesiones y estímulos recibidos desde los cuatro puntos cardinales de la República, y vuelve su decisión. Hemos pulsado la opinión general, y entendemos que el país no quiere quedar en descubierto y que no tenemos el derecho de defraudar su expectativa. Vamos a hacer el torneo. La Argentina debe mantener su palabra. Pedimos al país que nos ayude a cumplirla.[537]

La FADA reúne fuerzas. *Crítica*, 14 de mayo de 1939

La FADA se rehace. *La Prensa*, 14 de mayo de 1939

Gran esfuerzo de la FADA, y nueva esperanza para el TN. *La Razón*, 14 de mayo de 1939

[537] *El Mundo, Crítica, La Razón, La Prensa y La Nación*, 14 de mayo de 1939.

La Federación Británica pide explicaciones

En la reunión efectuada por el consejo directivo de la Federación Británica se informó que hasta el presente no se había recibido en la entidad ninguna comunicación categórica con respecto a las disposiciones últimas que habrían sido adoptadas por la FADA en lo que se refiere a la organización del TN. Dada la incertidumbre, se resolvió telegrafiar a la FADA para solicitar el envío de informaciones precisas. El cable de la Federación Británica tiene el objeto de aclarar la situación, ya que la falta de decisión le ha acarreado dificultades. Ha tenido que resolver que el campeonato británico tenga lugar en Londres en el mes de setiembre, y no en Bournemouth, para que en esta forma los jugadores puedan participar en el mismo a su regreso de Buenos Aires.[538]

El viaje de Alekhine

Es realmente brillante la *jira* de Alekhine. Está el viajero emocionado por las atenciones que le han sido dispensadas en los países del Pacífico. Actualmente se encuentra en el Brasil, donde está desarrollando un largo programa de actividades, que sin duda, será muy provechoso para los integrantes del equipo que representará al país vecino en el TN. De regreso de Río de Janeiro, permanecerá sin duda en Montevideo varios días, para actuar en Buenos Aires y cumplir más tarde el convenio efectuado con la FADA, que consiste en el desarrollo de una serie de actividades técnicas frente a los ajedrecistas argentinos que actuarán en el próximo TN, y tienen frente a sí el duro compromiso de reeditar la extraordinaria performance de Estocolmo 1937.[539]

Giras de propaganda por el TN

En la secretaría de la FADA, Avenida de Mayo 560, piso 5, se encuentra abierta la inscripción para los maestros que quieran tomar parte en las *jiras* de propaganda del TN, que se realizarán en todo el país. Los ajedrecistas de Posadas, Misiones, resolvieron manifestar su decidida adhesión mediante el siguiente telegrama a la FADA:

Vemos con júbilo magnífica demostración entusiasmo y patriotismo al disponerse afrontar la organización magno certamen mundial. Rogamos esa federación acepte la solidaridad y apoyo moral y material. Club de Ajedrez Posadas, Alejandro Domínguez, presidente.[540]

De Muro, en el Círculo de la Prensa

A comienzos de junio se realiza un gran banquete en el Círculo de la Prensa. Concurre el presidente de la FADA, Augusto De Muro.

"El pueblo argentino hará el TN"

¡Hay que seguir la partida! Alguna vez habrá que escribir la historia del desarrollo adquirido por la cultura física y los deportes en el país. Será necesario hacerlo, quizá, prontamente, como un acto de estricta justicia a todos aquellos que comenzaron a fundar clubs, organizar federaciones, torneos y campeonatos, poniendo en el esfuerzo el cariño entrañable por lo que era hijo de sus afanes. La FADA emprende la cruzada enorme de reunir, en todo el país, $ 400.000.

[538] *La Nación*, 24 de mayo de 1939.
[539] Roberto Grau, *Leoplán*, 7 de junio de 1939.
[540] *El Mundo*, 26 de mayo de 1939.

Lo hace porque quienes dirigen la institución y actúan en todos los clubs de ajedrez saben que han de encontrar, hasta en el club más humilde de la República, el apoyo inmediato, aunque sea de la cuota que ha de reunirse con moneditas. Porque así, con moneditas, se formaron las grandes instituciones, y ese comienzo tuvieron las iniciativas más generosas y más bellas. Los grandes clubs deportivos, los menos pudientes, los pequeñísimos de los barrios o de los pueblos de la campaña, han de sentirse solidarios con nosotros en esta emergencia, para dar prueba una vez más de los propósitos que animan a quienes emprendemos la cruzada bella sin otro objetivo que el de cumplir con un ideal que tantas veces es duro y difícil, pero que siempre colma el espíritu de satisfacciones hondas.

De los seis mil clubes que hay en todo el país, a los que nos dirigimos, ni uno solo dejará de responder a nuestro pedido. Es que en todas partes se sabe que el equipo argentino ocupó el tercer puesto en el último mundial y puede ser el campeón en el que se avecina. Y nadie querrá dejar de ayudarnos para que luchemos por ese triunfo, porque es y fue siempre generosa la labor de todos los hombres del deporte. Nuestras dificultades habrán servido para poner en evidencia una solidaridad magnífica, que será a la vez la prueba de un espíritu que hará honor a todos los clubs.[541]

Épica lucha de la FADA. *Crítica*, 2 de junio de 1939

"Usted puede colaborar con el torneo"

Para que el TN se realice no basta con la amplia simpatía popular con que cuenta. Es preciso que esa simpatía se concrete. Es necesaria la ayuda efectiva. Toda contribución es valiosa. Cada cual en su medida puede colaborar a este gran esfuerzo del país pleno. Las donaciones recibidas serán destacadas de manera especial por los diarios, y todo donante figurará en el Libro de Oro del certamen.

---

[541] Augusto De Muro, *Crítica*, 2 de junio de 1939.

Formulario para pedir colaboración a la población.
Crítica, 2 de junio de 1939

Las empresas comerciales en general pueden enviar aportes importantes por intermedio de sus gerentes. A quienes no se hallen en condiciones de remitir una suma elevada se les pide una contribución, por pequeña que sea. Si usted puede entregar personalmente o remitir por giro postal una cantidad mayor a $ 1, le rogamos llene el cupón y lo remita a la FADA, Avenida de Mayo 560 piso 5, donde se atiende al público de 9 a 20 horas.[542]

La FADA solicita un subsidio al Congreso

[Ver Expediente 247 del 16 de junio de 1939 en el tomo 2 de esta obra]

Roberto Grau: "tengo algo que decir"

▓ Es una fuerza ineludible la que me impulsa a alzar mi voz a favor del TN. No quiero que esto se interprete como una forma más de las muchas en que se manifiesta la humana vanidad. No me alienta otro propósito que el de contribuir, en mi medida, a que se cumpla la palabra empeñada ante cuarenta y dos países. Simple y grande es el propósito que me inspira. Tiene la sencillez de las cosas grandes, y la grandeza de las cosas sencillas. Es preciso que se realice el TN, porque no puede ser de otra manera.[543]

El TN, postergado

▓ El TN ha sido pospuesto para el 23 de agosto, dándose así un mes de plazo para allegar todos los recursos económicos que el evento demanda, pues, habiendo anunciado los organizadores que se pagarían los gastos de viajes y estancia en Buenos Aires de las delegaciones extranjeras, no es cosa de reducir el auxilio ofrecido, creándose con ello complicaciones a los países que preparan sus equipos. De esperar es que todo se arregle satisfactoriamente, para honor de la República Argentina, cuya reputación de rica y generosa está tan alta, y para satisfacción y auge del ajedrez universal.[544]

Exhortación de Grau. *Crítica*, 2 de junio de 1939

---

[542] *Crítica*, 2 de junio de 1939.
[543] Roberto Grau, *Crítica*, 2 de junio de 1939.
[544] Juan Corzo, *Carteles*, Cuba, junio de 1939.

■ ¿Se celebrará, al fin, el TN, en Buenos Aires? He aquí la pregunta que está en los labios de los amateurs de cuarenta países, y que sólo podrán contestar las organizaciones invitadas, siendo aún dudoso que la posposición acordada afecte o no a los países de las misiones europeas. Claro es que si las grandes potencias ajedrecistas no estuviesen conformes con el aplazamiento, y renunciaran al envío de delegados al Torneo y Congreso de la FIDE por esa causa, la organización del gran evento podría darse por fracasada. Respecto de la participación de Capablanca, lo único que puedo decir es que está pronto a partir en dirección a Buenos Aires, tan luego como se le remitan los fondos para el viaje, incluido el pasaje de ida y vuelta para su esposa.[545]

■ Me referí hace semanas al SOS lanzado por Roberto Grau, desde la revista quincenal en que asiduamente colabora, diciendo que lo envolvía en las mieles del optimismo para que la opinión pública no diera por definitivamente fracasado el TN de 1939. En el número de mayo 11 del bisemanario *¡Aquí Está!*, el campeón argentino deja escapar toda la amargura que la inesperada negativa del presidente Ortiz a entregar los subsidios votados por el presupuesto nacional de 1938 para el evento ajedrecístico, ha acumulado en su corazón de argentino amante del buen nombre de su patria. Con sobrada razón, dice que para desistir del torneo ya es tarde.

Todos los países afiliados a la FIDE han hecho sus preparativos. ¿Cómo informarles que de lo dicho no hay nada? Primero, las objeciones a la entrega del dinero fueron de mera forma, y al final, cuando todos los requisitos habían sido llenados, viene la negativa, y de los $ 150.000 votados por el Congreso, sólo ha recibido la Comisión Organizadora $ 30.000, para gastos ya abonados. Grau, ante esa realidad, se dirige a sus compatriotas y a los poderes públicos en vibrantes términos:

> Y como yo fui el gestor en Europa de este torneo, como tengo un prestigio internacional que, en realidad, nunca sufrió desmedro, apelo a la buena voluntad y a la cordura de quienes pueden resolver el grave problema, para evitarnos a varios de nosotros el pequeño drama de la muerte deportiva en el ámbito internacional. Porque no debe olvidarse que si gestionamos que el torneo se efectuara en Buenos Aires, fue por una palabra oficial que nos respaldaba. Y el Congreso de Estocolmo aprobó porque creía en nuestra palabra de argentinos, que está a punto de carecer de valor, y no por culpa nuestra, que siempre tratamos de contribuir con mayor o menor humildad al prestigio de nuestro nombre. Y que alguna vez logramos que el himno argentino se escuchara en países lejanos por obra de nuestro esfuerzo.

El grito del campeón de la Argentina no debe haberse lanzado en vano, y confiamos aún en que logre su objetivo de rectitud y de seriedad para honor de la República hermana. En ocasiones, y ésta es una de ellas, el crédito vale más que el oro. La FADA confía en el apoyo popular para que el torneo se celebre de todos modos. Cuenta para ello con el concurso positivo de los aficionados de su país, cuyo honor está empeñado en esta empresa, y también deben ayudarla los países invitados, proveyendo de los recursos necesarios a sus delegaciones, aliviando en lo posible la carga que ha echado sobre sus hombros. Urge pues, remitir fondos a Capablanca para que pueda trasladarse con su esposa a Buenos Aires. Tiene la palabra el comandante Mariné.[546]

El TN comenzará el 23 de agosto

■ Por circunstancias que la FADA ya ha hecho conocer, fue necesario modificar la fecha de iniciación del TN. Como se recordará, éste debía efectuarse el mes próximo, pero las dificultades surgidas obligaron a la entidad a postergar su realización hasta el 23 de agosto, finalizando el 19 de setiembre.[547]

[545] Juan Corzo, *Carteles*, Cuba, junio de 1939.
[546] Juan Corzo, *Carteles*, Cuba, julio de 1939.
[547] *La Nación*, 4 de junio de 1939.

¿Logra la FADA sacar adelante el TN?

▌En mayo surgieron serios problemas organizativos y económicos, y se pone en duda la realización del certamen. Cuando todo estaba preparado para el embarque de los jugadores, el Gobierno no entregó los fondos acordados por ley del presupuesto de 1938 (...). La desagradable situación creada a la FADA llegó hasta a hacer pensar en la anulación del certamen. Pero enseguida, pasado el primer momento de sorpresa e indecisión, las autoridades de la Federación resolvieron realizar el torneo en cualquier forma, apelando a la buena voluntad de todos los habitantes del país.[548]

▌Un grupo de jugadores y dirigentes encabezados por Grau logra revertir la situación, y se confirma que se jugará con una postergación, entre el 23 de agosto y el 19 de setiembre.

Los componentes de las cuarenta y dos naciones que hasta ahora se han inscripto en la prueba deberán embarcarse en los puertos y fechas siguientes:

Europa: Todas las delegaciones europeas deberán embarcarse en el vapor *Piriápolis*, que sale de Amberes el 27 de julio. Llegarán a Buenos Aires el 19 de agosto.

Centro y Sudamérica: Deberán embarcarse en el vapor Órbita, que sale de Panamá el 2 de agosto, y llega a Valparaíso el 13 de agosto, para trasladarse a Buenos Aires donde arribará el 18 de agosto.

Norte América y Canadá: El equipo estadounidense y la delegación de Canadá se embarcarán en Nueva York el 4 de agosto en el vapor Southern Prince y llegarán a Buenos Aires el 22 de agosto. Llegarán de vuelta a Nueva York el 11 de octubre.

Todas las federaciones recibirán las correspondientes órdenes de pasajes en su debida oportunidad y con la necesaria anticipación, por intermedio de la agencia internacional de turismo *Exprinter*.[549]

El TN y un dramático llamado de Grau

▌Una vez más un asunto de extraordinaria actualidad nos obliga a dedicar todo el espacio de la sección a un solo tema. El TN es el máximo acontecimiento del ajedrez argentino, y es el máximo acontecimiento también del ajedrez de todas las épocas. La FADA ha resuelto llevarlo a cabo con el auxilio de todas las fuerzas vivas del país, y sólo ha necesitado postergarlo hasta el 23 de agosto próximo, para poder cumplir el plan que esboza, en la nota que insertamos, nuestro colaborador Roberto Grau, que además de estar al frente de la campaña pro-recursos, es el director técnico del equipo que deberá representarnos en el citado torneo.

La FADA confía, para hacerle frente, en la reflexión de los hombres de gobierno y en la adhesión de todo el país. Pocas veces, o quizá ninguna, la federación deportiva de un país se ha visto frente a un problema tan grave como el del TN. Tres meses antes de la iniciación de la prueba, cuando más tupida era la red de compromisos de la FADA, cuando en base a la seguridad que le inspiraba el subsidio acordado por Ley de la Nación en el presupuesto de 1938, había concertado viajes, y comprometido sus recursos y los de los directores, el Poder Ejecutivo Nacional halló una dificultad para entregar el resto del dinero. Se argumentó que era necesario economizar, y que había tantos niños sin bancos en las escuelas, que habría sido injusto distraer dinero en una actividad que, sin duda, consideraron innecesaria.

---

[548] El *Gráfico* nº 1036, pág 28/9.
[549] *El Ajedrez Americano* 2ª época nº 49, junio 1939, pág. 190. Paulino Alles Monasterio, *El Mundo*, 5 junio 1939.

Fue un argumento poderoso y sentimental el que se esgrimió. Pero no son $ 120.000 los llamados a resolver el problema, y quizá sí las grandes iniciativas que tanto suelen costar a la colectividad. Podrían economizarse muchos millones en la frondosa red del presupuesto, pero nunca podrá justificarse que se deje de cumplir una palabra por una suma tan exigua, máxime cuando esa actitud puede afectar el renombre de un país. Así lo ha entendido la FADA, luego de un natural intervalo de pánico, causado por la imprevista resolución oficial.

Confía en que la última palabra no haya sido dicha, confía en los hombres de gobierno, y confía, por sobre todas las cosas, en el auspicio del país entero. Y que tiene plena fe en sus convicciones lo prueba el hecho de haber resuelto llevar a cabo el torneo, contra todos los eventos, y juntar los $ 400.000 que necesita por medio del aporte popular. Para lograr esa enorme suma movilizó lo mejor de sus energías, hizo un clamoroso llamamiento a la opinión, reclamó la generosidad de las personas más representativas del país, y se dirigió, también, a la masa humilde de aficionados y simpatizantes.

Se están recogiendo los frutos de esa labor, que sigue con intensidad en todas partes. Más de mil quinientas comisiones se han constituido en el interior, integradas por diez o quince personas cada una, y más de diez mil ajedrecistas están en campaña en el país. Iniciativas de toda clase se presentan, y llegan a la FADA aportes de tipo emocionante. Alumnos de humildes escuelitas del interior envían giros para adherirse a la patriótica iniciativa, y hasta hombres privados de libertad ofrecen su modesto concurso económico. Es necesario que quien no lo haya hecho ya, colabore en la obra de la FADA. Tiene el país más de seis mil instituciones deportivas que deben responder a este llamamiento. No es necesario que se logren aportes grandes, pues con la suma de minúsculos esfuerzos se llegará a triunfar.

Los grandes clubs están colaborando ya de manera intensa, y los jugadores están desplegando una intensa actividad, realizando exhibiciones a beneficio total del TN. Muchos son los llamamientos que ha hecho la FADA, y muchas las respuestas logradas. Mas no son suficientes, y esto me obliga a realizar, a mi vez, un llamamiento singular. Lo hago en nombre de los deportistas que en algún momento de la vida dieron una satisfacción a la patria. Lo hago en nombre de quienes, como humildes embajadores, hemos recorrido países extraños, y hemos buscado la victoria para ofrendarla a nuestros compatriotas, y aún a los sudamericanos que nos alentaron con sus deseos y sus aplausos. Nunca me había atrevido, sin embargo, a solicitarlo, pero la situación actual exige que me despoje de todo prejuicio, y eleve la voz de los hombres del deporte que fueron en alguna oportunidad bandera de un sentimiento nacional.

En muchas ocasiones hemos sentido el valor de ese estímulo, y sólo merced a él y al acendrado sentimiento nacional que nos animó siempre en nuestros esfuerzos deportivos, pudimos sobrellevar en el exterior épocas de dura angustia económica, y no ceder nunca en el esfuerzo. Sabemos que se formó en el país, con motivo de nuestros viajes a París, Londres, La Haya, Varsovia y Estocolmo, una conciencia favorable a nuestro esfuerzo, y quizá, en mérito a ese estímulo que palpamos en momentos ingratos, logramos que en alguna oportunidad los acordes de un himno sudamericano culminaran una actuación deportiva en países y tierras extrañas.

Nunca prometimos nada antes de viajar, y ésta es la primera oportunidad en mi vida de deportista que me atrevo a formular un pronóstico para estimular a quienes puedan y deseen colaborar con el esfuerzo estupendo de la FADA. Creo que el equipo argentino puede ganar el TN, y que sólo el *team* norteamericano es un adversario capaz de atenuar los bríos de nuestros hombres. Pero para poder exigir que una satisfacción tan intensa premie a la expectativa del país, se hace necesario que nadie deje de prestar su concurso a la FADA. No entraré, pues, a juzgar la necesidad de colaborar por la importante influencia que en materia de propaganda nacional el torneo pueda tener, pues sólo me interesa, en este caso, su importancia deportiva.

Cuarenta países se aprestan a la lucha, y es necesario evitar que deban cancelarse compromisos, pues de esta suerte, a la obra de acercamiento lograda, se deberá sumar la de un premio deportivo de singular jerarquía. Por esta causa se hace necesario que los ajedrecistas del país colaboren de manera intensa. No sólo con sus propios aportes, sino con su esfuerzo, con su propaganda, moviendo a las comisiones honorarias y ofrendando así lo mejor de sus energías para que el país cumpla una deuda, para que el deporte nacional no sufra un rudo traspié en su prestigio, para permitir que los ases de nuestro ajedrez muestren de lo que

Grau convoca a la población a apoyar el TN. *Leoplán*, 21 de junio de 1939

son capaces, para conocer de cerca de los grandes maestros del tablero, para que se les tienda una mesa de cordialidad, y sobre todo, para experimentar una satisfacción íntima, por lo menos tan intensa como la de Estocolmo, con el legítimo orgullo de habér contribuido a provocarla. El TN debe hacerse; ¡se hará!, y será un triunfo de todos los que colaboran para que el país abra las puertas de la amistad a los ajedrecistas del mundo.

Será también una demostración de que el deporte argentino sabe hacer frente a sus compromisos de honor, y de que la Nación entera lo apoya y alienta, cuando sus iniciativas –como en este caso de la magna competición ajedrecística–, están tan reciamente vinculadas con el prestigio nacional.[550]

El *basquetball* inició el apoyo del deporte nacional al TN

■ La FADA ha registrado la primera adhesión: le ha tocado al basquetball anticipar el entusiasta apoyo de los deportistas nacionales a la causa del TN. En efecto, la Federación Argentina de Basquetball ha comunicado su decisión de hacer disputar un torneo abierto por una copa especial, que se denominará Copa TN. El total beneficio de ese concurso abierto será destinado íntegramente a la FADA.[551]

El básquet ayuda a la FADA.
Crítica, 2 de junio de 1939

■ Hoy se iniciará el campeonato de basquetball en beneficio del TN. Se jugará por eliminación, participando ocho equipos. La primera fecha enfrenta, a las 21, a El Tala – GEBA A, en el *Palace Skating*, Las Heras 3915. Luego jugarán, a las 21.30, Dirección de Alumbrado – Ateneo de la Juventud; a las 22, Jockey Club de la Provincia – GEBA B; a las 22.30, Sporting Social – ANBA. Las semifinales se realizarán en el Palace Skating el jueves 29, y el sábado 1 será la final, en el Palacio Romano.[552]

[550] Roberto Grau, *Leoplán*, 21 de junio de 1939.
[551] *Crítica*, 2 de junio de 1939.
[552] *La Prensa*, 24 de junio de 1939.

De la catástrofe al resurgimiento de la organización del TN

■ La FADA se ha visto ante un serio problema. Invocando razones de economía, el Gobierno Nacional resolvió suspender la entrega de los fondos correspondientes al subsidio de $ 150.000 acordado por ley de presupuesto de 1938, lo que le creó una situación desesperada. Como es natural, esta entidad no ha cejado en su empeño de conseguir los $ 120.000 que aún debe recibir, pues entiende que legalmente le corresponden. Pero fue tan imprevista la actitud oficial, que la primera medida de la FADA fue suspender el torneo para siempre.

Mas los quince días que mediaron entre la resolución del Consejo Federal y la Asamblea Extraordinaria permitieron pulsar el estado de la opinión pública y advertir que la masa anónima del país no iba a aceptar en silencio que se colocara en situación tan poco airada el prestigio nacional ante los cuarenta y dos países adheridos a la prueba. El error oficial debía ser subsanado, y ante la certeza de que es posible lograr con el aporte privado gran parte de lo que el gobierno negó, la FADA decidió hacer el torneo a todo trance.

Para llevar a cabo tan atrevida iniciativa, que significa conseguir $ 360.000 por medio del aporte de todas las fuerza vivas de la Nación, se cuenta con una organización extraordinaria que muestra con qué minuciosidad había preparado la FADA la campaña para conseguir fondos. Dicha campaña está en estos momentos en su período de mayor intensidad, y es necesario que todos los ajedrecistas del país, y quienes no lo son, se conviertan en otros tantos propagandistas de la FADA y del TN. Éste deberá llevarse a cabo con el aporte de todos, y cada jugador debe ser, en su localidad, el nervio animador de las Comisiones de Honor que se constituyan.

La FADA hará, asimismo, un censo nacional de ajedrecistas, y para facilitar la tarea ha invitado a todos los aficionados del interior a que le envíen la nómina de aficionados, buenos o malos, que actúan en la localidad en que ellos habitan, para poder transformar, de esta suerte, a cada ajedrecista en un soldado de la cruzada pro-TN. La Argentina tiene un compromiso de honor, y los ajedrecistas pueden colaborar con su trabajo personal a la cristalización de este anhelo común para que la próxima disputa mundial de la Copa Hamilton Russell tenga el más grande éxito.[553]

El TN y el turismo

■ Los doscientos cincuenta jugadores y jugadoras que vendrán de los cuarenta países, llegarán acompañados por entusiastas ajedrecistas que han reservado pasajes, de manera que probablemente el total de visitantes alcanzará a quinientos, quienes serán atendidos por la FADA en la medida de lo posible, para hacerles más grata la permanencia en el país. Como el torneo coincidirá con la apertura de la exposición ganadera de la Sociedad Rural, se ha resuelto organizar una visita colectiva a la gran muestra argentina, para que los huéspedes conozcan una de las manifestaciones notables de la producción argentina.[554]

Relanzamiento del TN

■ El TN se hará. Así lo ha resuelto la FADA. Los inconvenientes de orden financiero que se presentaron de improviso, cedieron ante la voluntad unánime de innumerables simpatizantes, que aparecieron en todos los puntos del país. La organización de la justa estaba comprometida; ese halo de duda y sinsabor que por un momento desdibujó la imagen nítida de lo que iba a ser el gran certamen, desapareció, eliminado por una nueva visión entusiasta que brindaba el esfuerzo y su calor

---

[553] Roberto Grau, *Leoplán*, 7 de junio de 1939.
[554] Roberto Grau, *La Nación*, 10 de junio de 1939.

para que se llegara a la meta ansiada. En Buenos Aires se habían dado cita más de cuarenta países, y ya no se podía rehusar el compromiso de honor de recibirlos. Frente a ese esfuerzo extraordinario, está ahora la FADA, confiada en la elaboración que espontáneamente se le ofreció, dispuesta a superar todos los certámenes realizados hasta la fecha, y jubilosa de exteriorizar de manera palpable el cariño que pone nuestro pueblo en una idea cuando ella merece su valioso apoyo. Y es por eso que organiza la justa magna.[555]

Se cumple una palabra argentina

▓ Tengamos la bella vanidad de saber que no hablamos en vano ante todo el mundo. Tomemos el ejemplo de los ciudadanos dignísimos que a lo largo de todo el país vibran de emoción patriótica, se pliegan entusiastamente al esfuerzo común y aportan su abnegado apoyo a esta maravillosa empresa. Se podrá decir: ¡Así se cumplió una palabra argentina! Firmado: Comité Ejecutivo FADA.[556]

Los cinematografistas se adhieren al magno TN

▓ Los primeros en concretar su adhesión han sido los propietarios de los cinematógrafos Gran Rex, Ambassador, Ideal, Ópera, Broadway y Astoria, cada uno de los cuales ha hecho llegar a la FADA una suma en efectivo.[557]

Los cinematografistas se adhieren al magno torneo

Los cines también donan.
La Nación, 20 de junio de 1939

Envió su adhesión al torneo de ajedrez el general A. P. Justo

Ratificó sus deseos de que se realice en Buenos Aires el Torneo de las Naciones

LA SUMA

El general Justo aporta $ 1000. *La Nación*, 23 de junio de 1939

El general Agustín Justo: invitación y donación

▓ El ex presidente general Agustín Pedro Justo fue el más entusiasta partidario de que el TN se realizase en Buenos Aires, y autorizó a la FADA a gestionar en el Congreso de Estocolmo 1937, que se eligiese a nuestro país como sede. En una visita reciente efectuada por los directores de la FADA, se invitó al ex presidente a concurrir al acto inaugural, para prestigiarlo con su presencia, y como un acto estricto de justicia. El general Justo, luego de agradecer la invitación, expresó que asistiría con todo interés, y reiteró su adhesión al certamen.[558]

▓ El general Justo envió al presidente de la FADA, señor Augusto De Muro, un cheque por valor de $ 1000, al que acompañó una carta en la que expresa que con esta modesta suma deseo cooperar a los deseos argentinos de ver realizado en Buenos aires el TN.[559]

La Federación de Box hará un festival para el TN

▓ Con el ánimo de contribuir en la difícil empresa en que se halla empeñada la FADA, la FAB ha resuelto organizar un festival de boxeo, que se llevará a efecto en el Luna Park, cuya empresa cederá gratis su

---

[555] Paulino Alles Monasterio, *Mundo Argentino*, 14 de junio de 1939.
[556] Roberto Grau, *La Nación*, 20 de junio de 1939.
[557] Roberto Grau, *La Nación*, 20 de junio de 1939.
[558] Roberto Grau, *La Nación*, 20 de junio de 1939.
[559] Roberto Grau, *La Nación*, 23 de junio de 1939.8

estadio, y participarán en el festival las más destacadas figuras del boxeo amateur. Lo recaudado será entregado íntegramente a la FADA.[560]

▌ La FAB ha resuelto llevar a cabo un festival de boxeo amateur, cuyo producto se entregará a la FADA como contribución al TN. La reunión tendrá lugar pasado mañana en el estadio Luna Park, cuyos propietarios, señores Pace y Lectoure, han cedido gratuitamente el local. Combates de suma atracción integrarán el programa, por lo que se descuenta que el público ha de brindar su amplio apoyo. Se enfrentarán equipos calificados de Santa Fe y Buenos Aires, destacándose la pelea de Amelio Piceda con Emilio Trotta, en peso liviano, estableciéndose la entrada popular a $ 0,70.[561]

▌ Se realizó anoche en el Luna Park una brillante fiesta deportiva, con la base de un atrayente programa de boxeo. A pesar de su simpática y desinteresada finalidad, la fiesta no atrajo la cantidad de público que podía esperarse. Con todo, unas dos mil personas concurrieron al estadio, y tuvieron ocasión de presenciar buenas actividades del deporte. En la primera pelea el santafesino Constante Martino venció por puntos al porteño Adolfo Martínez, y el campeón José Sánchez, también santafesino, igualó con Alejandro Vázquez. Luego, el campeón Alfredo Carlomagno, por hallarse ligeramente indispuesto, sólo realizó un asalto académico frente a Humberto Federico.

En el combate siguiente, el campeón sudamericano de peso medio mediano empató con el campeón santafesino Guerino Mattía. Posteriormente, el campeón de peso pluma Víctor Cuenca derrotó al recio aficionado santafesino Antonio Alfieri. El campeón panamericano de peso liviano Amelio Piceda derrotó categóricamente al púgil local Emilio Trotta. A continuación se desarrollaron actividades de esgrima y lucha grecorromana.[562]

El festival de boxeo, con Piceda. *La Prensa*, 24 de junio de 1939

Gran apoyo de Mar del Plata al TN

▌ Mañana quedará constituida la Comisión de Honor que secundará en su labor a la junta ejecutiva del TN. Presidirá esta comisión el intendente municipal, don José Camusso, y estará integrada por los presidentes de la mayor parte de las instituciones y centros locales, autoridades, gerentes de entidades bancarias, directores de las publicaciones de la ciudad, corresponsales de los diarios metropolitanos, y caracterizados vecinos. Actuará de vicepresidente 1º el jefe de la base naval, capitán de fragata Fidel Anadón[563]; vicepresidente 2º, el presidente de la Asociación de Propaganda y Fomento, don José Bañuelos; secretario, el presidente del Club Náutico, don Rufino Inda; tesorero, el gerente del Banco Nación, don José M. Fernández Lan; además, figuran treinta vocales. El Concejo Deliberante votó ya una partida para el torneo, y el Club Náutico y otras instituciones contribuirán con estimables aportes.[564]

En el Salón de Turismo del Banco Nación se reunió anoche la Comisión de Honor que preside el intendente don José Camusso, informándose de las siguientes donaciones: Municipalidad de Mar del Plata $ 250, Club General Pueyrredón $ 200, Acción Católica $ 200, Círculo Marplatense $ 300, Asociación de Propaganda $ 100, Cámara Comercial $ 100, Asociación Marplatense de Fútbol $

[560] Roberto Grau, *La Nación*, 20 y 22 de junio de 1939.

[561] *Noticias Gráficas*, 18 de julio de 1939.

[562] *La Prensa*, 24 de junio de 1939.

[563] Fidel Lorenzo Anadón (1895-1981), más conocido como *el almirante Anadón*, fue un integrante de la marina de guerra argentina. Anadón fue el único marino en que Perón podía confiar, ya que la generalidad de esa fuerza le era adversa. En 1946 fue nombrado ministro de marina.

[564] Roberto Grau, *La Nación*, 22 de junio de 1939.

100, Club Náutico $ 50, empleados del Banco Nación $ 100, empleados de la sección 1ª de la Policía $ 100, varias contribuciones $ 10.[565]

Un programa radial

█ La FADA creará una audición radial como propaganda del TN. Se iniciará el 15 del corriente en la onda LR9 Radio Fénix, en la que se informará a los aficionados acerca de todas las novedades. A beneficio del certamen, el aficionado Julio Molina jugará el sábado una sesión de partidos simultáneos en el Círculo de Ciudadela, haciendo lo propio Roberto Grau, el miércoles, en el Círculo, donde ha sido fijado un precio de $ 2 por cada partida.[566]

No será modificada la fecha de iniciación

█ El Comité Ejecutivo de la FADA se ha dirigido por vía aérea y por cable a las distintas federaciones, comunicándoles que la fecha de iniciación del 23 de agosto, ya comunicada, no sufrirá alteración alguna. Al mismo tiempo se les informa que ya están reservados los pasajes, y que próximamente se enviarán nuevas instrucciones con respecto a los puertos de embarque. Las adhesiones recibidas ayer y las contribuciones que comienzan a enviar las comisiones honorarias, los clubs y los particulares, han renovado el optimismo de la institución. Existe también la impresión de que el poder ejecutivo hará efectiva la entrega de la suma restante del subsidio.[567]

Partida de varios equipos desde Amberes

█ Ha quedado establecida la forma en que se trasladarán a Buenos Aires los equipos representativos de las siguientes naciones europeas: Alemania, Bélgica, Dinamarca, Estonia, Finlandia, Francia, Holanda, Irlanda, Islandia, Inglaterra, Italia, Letonia, Lituania, Noruega, Polonia, Rumania, Suecia y Yugoslavia. También estará allí el equipo de Palestina. Todos se embarcarán desde ese puerto el 27 de julio, en el *Piriápolis* de la Cía Marítima Belga, y estarán en Buenos Aires el 19 de agosto.[568]

Adhesiones y colectas para el TN

█ En fechas próximas se realizarán sesiones de simultáneas a cargo de conocidos jugadores argentinos. Se han organizado ya varias: en el Club Español, Círculo de Villa Ballester, Club de San Martín, Club de Santos Lugares, Club R. Grau de San Justo, Club Dirección de Alumbrado, Círculo de Vélez Sarsfield y Club El Alba. Con auspicioso éxito, el presidente de la Federación Platense, doctor Luis Herrera inició una colecta en la ciudad de La Plata. Por propia iniciativa, los empleados de diversas reparticiones nacionales han organizado suscripciones para apoyar la obra de la FADA.[569]

█ El 8 de julio instituciones y ajedrecistas mendocinos realizan una colecta para aportar fondos a los organizadores del TN. El Banco Mendoza contribuye con $ 100.- Los bonos para particulares eran de $ 5 o $ 10. Entre otros aportantes, figura Manuel Pereyra Puebla. En ese marco, el día 15 Luis Palau brinda una sesión de simultáneas.[570]

[565] Roberto Grau, *La Nación*, 27 de junio de 1939. El total fue de $ 1.510.
[566] *La Razón*, 13 de junio de 1939.
[567] Roberto Grau, *La Nación,* 24 de junio de 1939.
[568] *La Nación*, 28 de junio de 1939.
[569] Paulino Alles Monasterio, *Mundo Argentino*, 5 de junio de 1939.
[570] Nota del autor.

▋ El Club Ríver Plate resolvió cooperar a la campaña pro-recursos del TN. Numerosas adhesiones recibe la FADA: la gran campaña para conseguir recursos está encaminada de brillante manera. La primera ofensiva de correspondencia orientada hacia el interior del país se ha traducido en la constitución de numerosas comisiones honorarias, que están desplegando extraordinaria energía. Reúnen, en su base inicial, a veinticinco mil personas, y varios centenares ya han quedado integradas y el domingo próximo serán nombradas las que aún no han logrado concretar su adhesión al simpático esfuerzo de la FADA. El viernes 16 visitarán Tandil don Augusto De Muro y Roberto Grau para ultimar detalles de varias propuestas importantes esbozadas por la Comisión Honoraria de esa ciudad. Mañana se reunirán los integrantes de la comisión con el intendente de La Plata, y el jueves quedará conformada la de Quilmes.[571]

▋ En la Capital, el Club Ríver Plate ha tomado la iniciativa, acordando $ 500 para la FADA como aporte de la entidad, y asimismo realizará una intensa campaña dentro de la institución. A tal fin, durante la disputa del *match* que disputarán Ríver y Boca, se colocarán alcancías en diversos sectores del estadio, y grupos de socias las harán circular. También la comisión directiva ha autorizado que en todas las secciones del club circulen listas de adhesión. El domingo partirá para Bartolomé Mitre, Pergamino y San Nicolás una comisión formada por Augusto De Muro y Alejandro Nogués Acuña, con el objeto de estimular las gestiones que tan activamente se realizan en esas ciudades.[572]

La gran colecta nacional para la FADA y simultáneas. *La Nación*, 7 y 10 de junio de 1939

▋ Se formó en La Plata la Comisión de Honor, designada por la FADA para cooperar con los trabajos de organización del TN. Fueron elegidas las siguientes autoridades: doctor Washington Ocampo, presidente; Uberto Vignart y Luis G. Herrera, vicepresidentes; Carlos Ballvé y Carlos Molteni, secretarios; José Catoggio, tesorero; Luis Betti, protesorero. Todos los presentes manifestaron su propósito de llevar a la práctica la iniciativa, para lo cual se dispondrá de lo concerniente a la propaganda que se realizará en esta ciudad.

Asimismo, la FADA se ha dirigido por nota al intendente, solicitándole la contribución pecuniaria de la Municipalidad platense. Ya contribuyeron la Cía Argentina de Electricidad con $ 400, Club Gimnasia y Esgrima $ 200, Club Estudiantes $ 200, presidencia de la Cámara de Diputados $ 300, presidencia de la Cámara de Senadores $ 100, Cía de Ahorro y Capitalización $ 250, presidencia de la Universidad de La Plata $ 100, Cía de Tranvías La Nacional $ 100, Círculo de Oficiales de Mar $ 50, lo que hace un total de $ 1700. Se esperan otras contribuciones prometidas.[573]

[571] *Sistema Pereyra y el ajedrez mendocino*, op. cit., pág. 107.
[572] Roberto Grau, *La Nación*, 7 de junio de 1939.
[573] Roberto Grau, *La Nación*, 8 de junio y 4 de julio de 1939.

▓ Partidas simultáneas se harán en distintos jugares. Estarán a cargo de los más destacados maestros argentinos. Se ha dispuesto que cada aficionado que desee intervenir en estas partidas, abone una modesta suma. Las primeras partidas se harán con el siguiente cronograma: hoy Carlos Guimard en el Club Estudiantil Porteño; mañana Luis Palau y Enrique Falcón en San Justo, y en Luis Piazzini en Villa Ballester; el miércoles Roberto Grau en el Círculo; el día 17 Carlos Guimard en San Martín, y Roberto Grau en la confitería de Pellegrini y Cangallo; el 24, Carlos Guimard en el Club Español, y Roberto Grau en Santos Lugares; el 1º de octubre, Roberto Grau en el Club Dirección de Alumbrado; el 8, Roberto Grau en el Centro Tolosano. Asimismo, en Lobos, don Emilio Rolán proyecta un torneo con el propósito de allegar fondos a la FADA.[574]

▓ El presidente del Círculo de Villa Ballester, don Ricardo Zanetti, ha invitado a caracterizados vecinos para reunirse y constituir la Comisión Honoraria para el TN. La reunión se celebrará el domingo 14 en el local social de la institución, José Hernández 60. Asistirán miembros de la FADA y Luis Piazzini, que sostendrá una serie de partidas simultáneas. Los aficionados pagarán la suma de $ 1, y el importe será destinado como parte de la contribución a la FADA.[575]

▓ La FADA ha fijado fechas definitivas para el TN: comenzará el 23 de agosto, y finalizará el 19 de setiembre. Con buen éxito el presidente de la Federación Platense, doctor Luis G. Herrera, inició una colecta en esta ciudad a beneficio del certamen.[576]

▓ Nuevas comisiones se nombraron en el interior. Pasado mañana una delegación de la FADA encabezada por Augusto De Muro y Carlos Guimard será recibida en las ciudades de Rosario y Santa Fe, y el domingo visitará Paraná. En todo el interior del país ha tenido una cordial y entusiasta acogida la iniciativa de la FADA de designar a los más caracterizados vecinos de cada lugar para integrar las Comisiones de Honor. En muchos sitios ya trabajan intensamente: en Ayacucho preside el señor Horacio Naveyra; en Carhué, Juan Marcalain; en Larroudé (La Pampa), Antonio de la Cruz García. Asimismo, el domingo se efectuará una sesión de simultáneas en el edificio de la Municipalidad de Quilmes.[577]

▓ Se formaron varias Comisiones de Honor. En Lobería preside el doctor Hugo Acevedo Díaz; en Pergamino, el doctor Raúl Ábalos; en General Villegas, Ramón Molina. En San Nicolás se efectuó un almuerzo en el Club Social, y la nueva comisión resolvió organizar partidas simultáneas, un festival en una sala cinematográfica y diversos actos para recaudar fondos. En el Club Roberto Grau de San Justo, que preside el doctor Cambiasso, fue recibida una delegación de la FADA; en el almuerzo servido en su honor usó de la palabra el doctor Arrieta, quien exhortó a los presentes a concretar su simpatía hacia el TN; se recolectaron en pocos minutos alrededor de $ 300. Posteriormente, Grau y Palau ofrecieron sesiones de simultáneas. La Federación Cordobesa informó que se halla ocupada en la constitución de las comisiones en las localidades más importantes de la provincia.[578]

▓ Los pueblos del interior harán festivales especiales en cinematógrafos, clubs y entidades recreativas. Fueron recibidas en la FADA las adhesiones del Círculo de Ciudadela, Club Carlos Pe-

Nuevas comisiones para el torneo de ajedrez se nombraron en el interior

Efervescencia en el interior. *La Nación*, junio 15 de 1939

[574] Roberto Grau, *La Nación*, 10 de junio de 1939
[575] Roberto Grau, *La Nación*, 10 de junio de 1939.
[576] *Crítica*, 11 de junio de 1939.
[577] *El Mundo*, 21 de junio de 1939. Roberto Grau, *La Nación*, 15 de junio de 1939.
[578] *La Prensa*, 16 de junio de 1939. Roberto Grau, *La Nación*, 14 de junio de 1939.

llegrini, Club Argentino Social Añatuya y Club Atenas de La Plata. También ya han comenzado a reunir fondos en M. Hirsch[579] y en Coronel Suárez. En Barranqueras, Chaco, la Comisión de Honor es presidida por el señor Héctor Sambarino, y en Hernando, Córdoba, por el doctor Pablo Arabel, que envió $ 250. En Bartolomé Mitre,[580] el intendente municipal y calificados grupos de vecinos forman parte de la Comisión de Honor, que preside el doctor Osvaldo Bracco. En los salones del Club Jaque Mate el aficionado Julio Ramírez de Arellano dará una conferencia sobre temas de actualizad ajedrecística, y luego jugará treinta partidas simultáneas.[581]

■ En el interior del país prosigue con toda intensidad la tarea de organización de grupos honorarios para arbitrar fondos. De nuestros corresponsales hemos recibido los siguientes telegramas confirmando la formación de comisiones: Zapala, presidida por el doctor Carlos Burdes; Santiago del Estero, por el doctor Pío Montenegro; Plaza Huincul, por el doctor Alberto F. Urquijo; Allen, por el señor Félix Rodolfo González. También se integraron en la Rioja, Concepción de la Sierra y Dolores –constituida por veintiséis personas.[582]

■ Se iniciaron gestiones para obtener fondos en las municipalidades de Tornquist, Lobos, Lobería, Jesús María y Trenque Lauquen.[583]

■ El presidente de la FADA, señor augusto De Muro, visitó la ciudad de San Francisco, donde fue recibido por las autoridades del club de ajedrez local, del Jockey Club, del Automóvil Club y un grupo de periodistas. Se aprobó el programa de acción a desarrollar. El domingo por la tarde, procedentes de Juárez, llegaron a González Chaves el señor De Muro y el secretario, doctor Joaquín Gómez Masía. Los visitantes, acompañados por el presidente del club social señor Cándido García, y por el gerente del Banco Nación, hicieron una visita al intendente municipal, quien prometió colaborar. En Marcos Juárez quedó constituida la comisión, presidida por el señor Carlos V. Zamora. En Bahía Blanca, los mencionados dirigentes de la FADA fueron huéspedes por dos días, encontrándose con Roberto Grau, quien ofreció una sesión de partidas simultáneas. En un almuerzo en el Rotary Club local se formó la Comisión Honoraria de esta ciudad. Grau y Gómez Masía finalizaron, así, la primera etapa de su viaje de propaganda, y retornaron a Buenos Aires.[584]

■ Todo el país responde al llamado de la FADA con el apoyo unánime. En el interior del país, el anuncio del TN ha provocado gran entusiasmo. Se valora el significado para la Argentina de ese acontecimiento, que convocará en la capital a los representantes de cuarenta y dos países. Hay un ambiente magnífico en toda la vasta extensión del país. Nadie quiere quedar al margen del acontecimiento, porque reconoce que al apoyarlo contribuye a su propio beneficio.

En cada pueblo se forman comisiones honorarias, muchas de las cuales ya hemos detallado; las nuevas son las siguientes: Saladillo, presidida por el señor Carlos Sabaté; Tandil, por el señor Francisco Fortunato; María Ignacia –provincia de Buenos Aires–, por el doctor Mariano Bordón; 25 de Mayo, por el señor Juan C. Curiel; Alicia –Córdoba–, por el doctor Antonio Roura; Ciudad de Córdoba, por el señor Néstor Olmos; Monte Maíz –Córdoba–, por el señor Inocencio Palavecini; Concordia, encabezada por los señores Carlos Cardozo y Gaspar Soria; Carmen –Santa Fe–, por el señor Abel Lipovetzky.

Firmat, por el señor Pedro Aramburu; Macachín –La Pampa–, por el señor Alfredo Cicognani; La Banda, por el señor Milcíades Fernández; Caucete –San Juan–, por el señor Edmundo Rojo; San

---

[579] Pueblo cercano a Carlos Casares, provincia de Buenos Aires.
[580] Pueblo cercano a Arrecifes.
[581] *La Prensa*, 16 de junio de 1939. Roberto Grau, *La Nación*, 16 de junio de 1939.
[582] *La Prensa*, 17 y 19 de junio de 1939.
[583] *El Mundo*, 21 de junio de 1939.
[584] *La Nación*, 21 de junio de 1939.

Miguel de Tucumán, por el señor Roque Pondal; Altona –provincia de Buenos Aires–, por el señor Carlos Campón; General Villegas, comandada por el diputado provincial Ramón E. Molina y el intendente municipal don Enrique Facciolo; General Fernández Oro –Río Negro–, por el señor Carlos Vera; San Salvador de Jujuy, por el señor Emilio Silvetti; Villa Alba –La Pampa–, por el señor Domingo Villarino; Rosario, por el presidente del Automóvil Club, señor Ruggero Moroni; Azcuénaga –provincia de Buenos Aires–, conducida por los señores Terrel & Cía y el Club Recreativo Apolo; Mercedes –provincia de Buenos Aires–, por el señor Alfredo Barbé;[585] General Levalle –Córdoba–, por el intendente municipal señor Nessim Bendayán; Huanchilla –Córdoba–, por Miguel Amaidén; Los Boulevares –Córdoba–, por el señor Antonio Montserrat; Arroyo Dulce –provincia de Buenos Aires–, por el señor Jesús M. Fernández; Ciudadela –provincia de Buenos Aires–, por el señor Augusto Parravicini; Canals –Córdoba–, por el doctor Héctor López; Baradero, por el comisario de policía don Juan C. Juárez; Villa Federal –Entre Ríos–, por el señor A. Aizenberg; Arroyo Seco –Santa Fe–, por el señor Cayetano Chiaramonte; Armstrong, por el señor Fernando Rodríguez de Lara; Quilmes, por el doctor Eduardo Colombo; Quiroga –provincia de Buenos Aires–, por el señor Alejandro Farré; Haedo, por don José Medina; Plaza Huincul, por el doctor Alberto Urquijo; Las Varillas –Córdoba–, por el señor Silvio Palmero; San Francisco, por el señor Pericles Dentesano; San Nicolás, por el doctor Genaro Scarpino; Chivilcoy, por el doctor Orlando Cufré; Camilo Aldao –Córdoba–, por el doctor Bernardino Reschia; Lobos, por el señor Juan Carlos Ratto; Marull –Córdoba–, por el señor N. Alustiza. Aluminé, por el señor Carlos Villarino.

Sola –Entre Ríos–, por el señor Aníbal Carlos Gómez; Gualeguaychú, por el señor Manuel Portela; La Cruz –Corrientes–, por el señor Rogelio C. Gonda; Curuzú Cuatiá, por el señor Amancio Moral; Mercedes –San Luis–, por el señor Manuel Beceyro; Realicó –La Pampa–, por el señor Antonio Russo; Manuela Pedraza –Salta–, por el intendente municipal don José O. Carrizo; Mar del Plata, por el señor A. Amelotti, director del diario La Capital; Bartolomé Mitre –provincia de Buenos Aires–, por el doctor Osvaldo Bracco; Bell Ville, por el señor Vicente Casciavillani; San Juan, por el señor Aburnio Werd; Dolores, por el señor Eduardo Scheggia; Necochea, por el intendente municipal don José Pucciarelli; Paraná, por el intendente municipal señor Ernesto Marengo; Concepción del Uruguay, por el señor M. Grianta; Corrientes, dirigidos por el gerente del Banco Popular, señor Santiago Mese, y por el senador Ramón Gómez; Concepción de la Sierra –Misiones–, por el señor R. L. Dalmaroni.

El excepcional torneo exigirá una suma no menor a los $ 400.000, de los cuales, sólo por gastos de pasaje y hoteles, suman $ 275.000. A ello habrá que agregar los gastos de organización, premios, agasajos, equipo argentino, y propaganda en el país y en el mundo. Las adhesiones, concretadas casi todas ellas en una ayuda efectiva, llegan a la FADA desde las regiones más apartadas del país. Al lado de las palabras de estímulo hay ofrecimientos de toda índole: desde el poderoso industrial, que coopera con una donación extraordinaria, hasta el modesto operario, que aporta unos níqueles; desde el que adquiere abonos para presenciar las partidas, hasta el que se ofrece a colaborar en lo que fuere menester.

Contribuyen al éxito varias colectividades. No es extraño que los residentes extranjeros se hallen interesados de manera directa en las gestiones que se realizan en todo el país para conseguir los fondos necesarios. No sólo en forma oficial, esto es, a través de las embajadas y legaciones, sino también en los núcleos de las diversas colectividades extranjeras se ha registrado un promisorio movimiento de adhesión. También ha surgido la idea de que los residentes extranjeros contribuyan a sufragar los gastos de permanencia de los equipos de sus respectivos países.[586]

---

[585] El 4 de julio se indica a Francisco Ferrer.
[586] Roberto Grau, *La Nación*, 20 de junio de 1939.

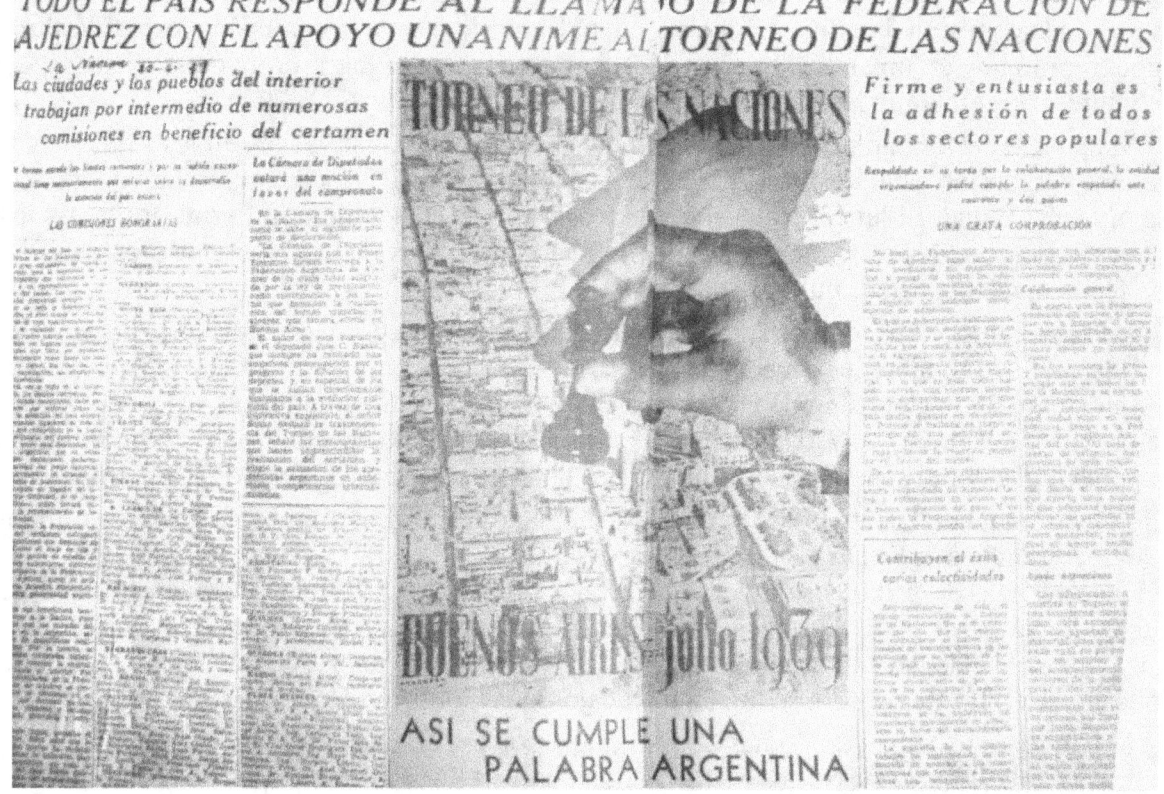

Contribuciones masivas. *La Nación*, 20 de junio de 1939

En La Rioja realizóse en la Escuela Normal una reunión de vecinos caracterizados con el objeto de constituir la Comisión de Honor que colaborará en ésta con el TN. Fue designado presidente el intendente municipal, don Rafael Torres.[587]

En Santa Fe la Comisión de Honor quedó presidida por don Pedro Gorostiza, a quien acompañan Ernesto Guimard –padre del ex campeón argentino– y el doctor Lorenzo de la Torre, entre otros.[588]

En Alcorta la Comisión Honoraria quedó formada por Miguel Ferro como presidente, Ángel M. Siri como secretario, y Luis Prémoli como tesorero.[589]

El Centro de Industriales Panaderos dirigió una nota a la FADA en la que expresa su adhesión al TN, y asegura una amplia colaboración de la entidad y cada una de las industrias que agrupa. En Florencio Varela la comisión quedó presidida por el señor Julián de los Santos Moyano. En el Club San Lorenzo se realizará el 29 una sesión de simultáneas, cobrándose $ 1 a beneficio del torneo.[590]

En La Plata la Comisión de Honor se reúne en el despacho del intendente, señor Luis María Berro, y ha recibido ya importantes adhesiones en dinero, figurando entre los primeros contribuyentes el Concejo Deliberante, La Compañía de Ahorro y Capitalización, la Federación Platense de Ajedrez, la Cía Argentina de Electricidad, las Cámaras de Diputados y Senadores. Además, se

---

[587] Roberto Grau, *La Nación*, 22 de junio de 1939. La Comisión de Honor riojana estaba integrada por 28 (!) personas, entre ellas el doctor Wenceslao Frías, que fuera consultado por Pérez Mendoza el 25 de junio de 1919, y cuya carta aparece en su libro, pág. 138. ¡Típico comportamiento de la *hybris* argentina!

[588] Roberto Grau, *La Nación*, 22 de junio de 1939.

[589] Roberto Grau, *La Nación*, 24 de junio de 1939.

[590] Roberto Grau, *La Nación*, 24 de junio de 1939.

han iniciado listas de contribuyentes individuales, una de las cuales será cubierta por los veintiún miembros de la comisión directiva del Jockey Club. El presidente de la comisión, doctor Washington Ocampo, reunió hoy en un almuerzo a varios caballeros de la magistratura y de la sociedad con el fin de interesarlos en la iniciativa, encontrando el más amplio apoyo.[591]

▊ Mañana se realizarán sesiones de simultáneas a beneficio de la FADA en las siguientes localidades: en Pergamino estará Roberto Grau; en Bartolomé Mitre, Luis Palau; en San Nicolás, Alejandro Nogués Acuña. El lunes Grau estará en Rosario, y el 1º de julio Guillermo Puiggrós jugará en el Club Liberal de Nueva Chicago. En el Club Morón de Seis de Setiembre se efectuará en esa misma fecha una sesión de simultáneas a cargo de Julio Molina.[592]

▊ En General Paz –Córdoba–, la comisión quedó presidida por el doctor Obdulio Hernández Castro. Se Adhirió también el Club Platense, y fijó una suma en efectivo como donación para la FADA. En Juárez[593] la Comisión de Honor consta de más de treinta miembros, y está presidida por el doctor Alfredo Saintout. En Coronel Suárez y en Olavarría también se formaron numerosas comisiones, presididas por el señor Bernardo Etcheto y el doctor Amadeo Grimaldi, respectivamente.[594]

▊ En la Cámara de Diputados de Santa Fe el diputado doctor Eufemio Riolo presentó un proyecto de ley, acordando a la FADA $ 5000 como contribución al TN. En San Nicolás ya se han recibido donaciones por más de $ 700, y se espera que pronto superen los $ 1000. Las donaciones se reciben en el Club Social, sede de la Asociación Regional de Ajedrez. La Asociación Cristiana de Jóvenes organiza una noche de gala en beneficio de la FADA, incluyendo una sesión de simultáneas a cargo de Roberto Grau. En Punta Alta se inició el trabajo de la Comisión Honoraria.[595]

▊ El Círculo de Ajedrez de Lomas de Zamora, resolverá en una asamblea extraordinaria la forma práctica de dar apoyo al TN. La FADA gestiona en la AFA que los equipos de fútbol designados para intervenir en los próximos *matches* internacionales de Montevideo y Asunción realicen en esta capital el último partido de práctica a beneficio del TN. En el Club Ríver Plate jugará una sesión de simultáneas Jacobo Bolbochán. En Tolosa, dará también hoy una exhibición Roberto Grau. El director de la Escuela Militar de Aviación de Córdoba, mayor Oscar Moratorio, ha hecho llegar al presidente de la FADA una expresiva nota, señalando la adhesión de los jefes, oficiales, suboficiales, soldados y personal civil del mencionado instituto, al TN. Juntamente con la nota, Moratorio envió un giro con el importe de la colecta realizada.

El Círculo de San Martín realizará mañana una velada danzante en su sede social, a total beneficio del TN. En Curuzú-Cuatiá se realizó una función en el Cine-Teatro Colón, a beneficio del torneo. En el Club del Progreso de Posadas se realizó una fiesta criolla, patrocinada por la Comisión de Honor que preside el señor Javier Celestino Rosas, cuyos fondos son destinados a la FADA.[596]

▊ El 25 de julio Comisión Honoraria del Club de Ajedrez Necochea, presidida por el Intendente Municipal José Pucciarelli, contribuye con $ 381 a los gastos del TN. Este importe se obtuvo de la venta de insignias, cartelones, listas de suscripciones, y con el aporte de la Municipalidad con $ 100.[597]

▊ Las comisiones directivas del Hindú Club y el Hindú Country Club han enviado a la FADA una suma en efectivo, además de poner a disposición de los ajedrecistas extranjeros las instalaciones

---

[591] Roberto Grau, *La Nación*, 24 de junio de 1939.
[592] Roberto Grau, *La Nación*, 24 de junio de 1939.
[593] Probablemente se trate de Benito Juárez, provincia de Buenos Aires.
[594] Roberto Grau, *La Nación*, 26 de junio y 4 de julio de 1939.
[595] Roberto Grau, *La Nación*, 1º y 3 de julio de 1939.
[596] Roberto Grau, *La Nación*, 8 de julio de 1939.
[597] *Enroque!!* nº 1, pág. 19. La Comisión Honoraria estuvo integrada, además, por Juan Bilbao, secretario; Kristian Bork, tesorero; José Brun, W. Gustafsson, Eleazar Seiler, R. Pucciarelli, A. Ferrioli, H. Bacigalupe, F. Cortesano, P. Bosisio, F. Borgo, S. Moreno Ortiz, O. Urruty, A. Lowengard, R. Ramovecchi, J. A. Gaggero, F. Nygaard y Jensen.

de ambas instituciones, para lo cual se les otorgará una credencial. La FADA ha organizado diversas sesiones de simultáneas, cuya recaudación será dedicada a engrosar la suma para el TN. Hoy a las 21.30 estarán Jacobo Bolbochán en el Club Alba, Luis Piazzini en el Club Hércules y Grau en el Círculo de Obreros de Rosario. Mañana a las 21.30, Guimard en el Club Español, Piazzini en el Club Lanús. El sábado, a las 21, Guimard en el Círculo de Vélez Sarsfield, Roberto Grau en Lomas de Zamora, Guillermo Puiggrós y Luis Palau en el Club Independiente. El Senado de Santa Fe convirtió en ley un aporte de $ 5.000 para la FADA, merced a la gestión del senador Luis Filippo y los diputados Raúl Emilio Aguirre, Leoncio Gianello y R. Visconti. En Villa Berthet –Chaco– se constituyó la Comisión de Honor, siendo presidida por el señor Sebastián Ucero. La subcomisión de ajedrez del Centro Cultural Sarmiento, de Florencio Varela, ha remitido a la FADA $ 200.[598]

▓ Hoy a las 11 partirá para Rosario, en un avión de la Corporación Sudamericana de Servicio Aéreo, que ha cedido gentilmente el pasaje, el presidente de la FADA, señor Augusto De Muro, quien se reunirá con Roberto Grau, y ambos concurrirán a una importante reunión en los salones del Jockey Club.[599]

▓ En breve partirán en excursión hacia las provincias de San Luis, Mendoza y San Juan, el vicepresidente de la FADA, señor Luciano Long Vidal, y el ex campeón nacional Carlos Guimard, quienes desarrollarán un extenso programa de propaganda en favor del TN. De regreso, todos ellos se detendrán en Córdoba.[600]

▓ Las próximas sesiones de simultáneas a beneficio de la FADA serán: hoy a las 16, Jacobo Bolbochán en el Club Náutico Hacoaj; Luis Palau, en Las Heras; Luis Piazzini, en Lobos; Alejandro Nogués Acuña, en Adrogué. Martes a las 21.30: Carlos Guimard en la Asociación Bancaria. Sábado a las 21: Luis Piazzini en la Cía Primitiva de Gas; Roberto Grau en la Federación Cordobesa; Carlos Guimard en la Biblioteca Democracia y Progreso, de Liniers.[601]

▓ La Comisión Honoraria de La Plata ha obtenido hasta la fecha contribuciones por $ 8.000, habiendo además recibido notas de apoyo de numerosas entidades sociales, comerciales y deportivas, que harán en breve sus entregas.[602]

▓ La Comisión de Honor de Necochea se integra con más de veinte miembros, y quedó presidida por el intendente municipal José Pucciarelli.[603]

▓ Nuevos fondos envió San Nicolás, con lo que su colecta pasa ya los $ 1.000, y además se organizan funciones cinematográficas a beneficio del certamen. Asimismo, los partidos de fútbol que se jugarán el domingo por el campeonato local Lavalle – Urquiza y Sportivo Buenos Aires – Defensores de Boca resolvieron ceder sus porcentajes a favor del TN.[604]

▓ La trascendencia que importa para nuestro país el TN, e interpretando el móvil que inspira la campaña patriótica de la FADA, el doctor Máximo Robledo Puch, activo vecino nuestro, tomó a su cargo la tarea de constituir la comisión de Carlos Tejedor que se encargará de reunir fondos.[605]

▓ Ha quedado constituida en Castelli la Comisión Honoraria, que quedó presidida por el intendente municipal, señor Jacobo Liforena.[606]

[598] *La Nación*, 12 de julio de 1939.
[599] *La Prensa*, 7 de julio de 1939.
[600] *La Prensa*, 15 de julio de 1939.
[601] *La Nación*, 17 de julio de 1939.
[602] *La Nación*, 20 de julio de 1939.
[603] *La Nación*, 20 de julio de 1939.
[604] *La Nación*, 20 de julio de 1939.ñ
[605] *Noticias Gráficas*, 20 de julio de 1939.
[606] *La Nación*, 25 de julio de 1939.

█ El presidente de la Comisión de Honor de Curuzú-Cuatiá envió un telegrama al presidente de la República, doctor Ortiz, solicitando su intervención para que sea entregada a la FADA la totalidad del subsidio acordado por el Congreso.[607] La Comisión de Honor organiza un torneo de fútbol en el que participarán los tres equipos que actúan en la ciudad, cuyo producto será destinado al TN.[608]

█ La FADA ha recibido nuevas donaciones del interior, enviadas por las siguientes comisiones honorarias: Barranqueras –Chaco–, municipalidad de Roque Sáenz Peña –Chaco–, municipalidad de Olavarría, municipalidad de Balcarce, Arroyo Seco, Lincoln, Ciudadela, Ranchos, Tricao Malal –Neuquén–, Uriburu, Presidencia de la Plaza, intendencia de General Pinto.[609]

█ La intendencia municipal de San Vicente dispuso que la estación transmisora Publicidad San Vicente, sea utilizada diariamente para propalar diversas noticias y boletines relacionados con el TN.[610]

El torneo de las Naciones

Cooperación del público local

En una rápida labor efectuada por la Comisión honoraria para obtener recursos Pro Torneo de las Naciones, se logró reunir la suma $ 110.

Nos comunica el Sr. E. Correa, presidente de esa comisión, que la referida suma ha sido girada por intermedio del señor Anaya.

Se trata de un primer envío, existiendo en circulación varias boletas de suscripción que se espera han de ser de vueltas en el transcurso de estos días.

La Arena, de Santa Rosa, 9 de setiembre de 1939

█ Hoy a las 14 Roberto Grau hará una exhibición de simultáneas en el Club Harrod's y Gath y Chaves, con la intervención de cincuenta aficionados. El producto de las inscripciones será destinado al TN.[611]

█ En la Asociación Mutual y recreativa del Personal de La Martona jugó Jacobo Bolbochán una sesión de simultáneas, con el resultado de +18 =0 -1, siendo superado solamente por el aficionado Alejandro Cocas. En Lomas de Zamora Roberto Grau obtuvo +21 =3 -1, destinándose el producto de las inscripciones el TN.[612]

Destacada Comisión de Honor en Bartolomé Mitre

█ Anoche quedó constituida la Comisión de Honor local pro-TN, de la siguiente manera: presidente, doctor Osvaldo Bracco; secretario, Arturo J. Mor Roig[613]; tesorero, Benito Insúa López; vocales, doctores Félix Buenader, León Muchnik, Teolino Rodríguez, Alberto Luchessi, el intendente Luis A. García; el ingeniero Oscar Tapia; don José M. Gómez Bustillo; y los señores Raúl Tonelli y Emilio Pascual, entre otros.[614]

█ Hoy la comisión giró a la FADA el primer aporte, que alcanza la suma de $ 516.[615]

Los radicales en pleno en la comisión de Córdoba

█ La Comisión Honoraria se constituyó de la siguiente forma: gobernador doctor Amadeo Sabattini;[616] vicegobernador doctor Alejandro Gallardo; comandante de la 4ª división del ejército,

---

[607] Lo mismo hizo el intendente de Mar del Plata, don José Camusso.

[608] *La Nación*, 25, 27 y 30 de julio de 1939.

[609] *La Nación*, 27 de julio de 1939.

[610] *La Nación*, 30 de julio de 1939.

[611] *La Nación*, 30 de julio de 1939.

[612] *La Nación*, nº 1 de agosto de 1939.

[613] Arturo J. Mor Roig (1914-1974) nació en Lérida y vino a la Argentina desde pequeño. Se afilió a la Unión Cívica Radical en 1939. Fue presidente del Rotary Club de San Nicolás, en 1944/5 y 1956/7. Se radicó en San Pedro, provincia de Buenos Aires, donde pasó su juventud. Se graduó en la UBA, y luego se doctoró en Ciencias Políticas en la UCA. Se mudó a San Nicolás de los Arroyos, donde se casó y tuvo cuatro hijos. Fue designado titular del Ministerio del Interior durante el gobierno militar de Lanusse, cuando éste buscaba una salida política mediante el Gran Acuerdo Nacional. Fue cruelmente asesinado por los Montoneros el 15 de julio de 1974. Su cuerpo tenía 32 balas.

[614] Roberto Grau, *La Nación*, 22 de junio de 1939. Pueden advertirse varios apellidos de raigambre radical.

[615] Roberto Grau, *La Nación,* 29 de junio de 1939.

[616] Amadeo Tomás Sabattini (1892-1960) fue un médico y político de filiación radical. Fue gobernador de Córdoba entre 1936 y 1943. Se opuso al ascenso de Perón en 1945, no aceptando su propuesta ni la de la Unión Democrática, que le ofrecen, al mismo tiempo, la vicepresidencia de la Nación.

general José M. Sarobe;[617] arzobispo de Córdoba, doctor Fermín Lafitte;[618] presidente del superior tribunal de justicia, doctor Carlos Oliva Vélez; presidente de la Cámara de Diputados, José Adolfo Luque; ministro de gobierno, doctor Antonio De la Rúa,[619] entre otros. La comisión ejecutiva ha quedado integrada así: señor Néstor Olmos, presidente; doctor Carlos Bertelani, vicepresidente; doctor Jaime Culleré, secretario; doctor Rodolfo T. Astrada y señor Eduardo Secchi, vocales. Asimismo, han sido designadas subcomisiones en las localidades de La Calera, Cosquín, Hernando, Alta Gracia, Jesús María y Deán Funes, proyectándose un festival de boxeo y funciones cinematográficas a beneficio del TN.[620]

Designan al equipo de Alemania

La Federación de Alemania ha designado al equipo que la representará en el TN. Fueron designados Erich Eliskases, de Innsbruck, Paul Michel, de Berlín, Ludwig Engels, de Dusseldorf, Albert Becker, de Viena, y Heinrich Reinhardt, de Hamburgo. En el torneo femenino representará a este país la señora Friedl Rinder. Asimismo, el gobierno mexicano enviará a Buenos Aires un equipo integrado por el actual campeón mexicano José Joaquín Araiza, y los señores Alberto Pérez, Joaquín Camarena, Alejandro Núñez y Cesáreo Naranjo.[621]

Los equipos de Alemania y México, designados. *La Nación*, 6 de julio de 1939

Designan al equipo inglés

Los más prestigiosos ajedrecistas de Inglaterra vendrán en breve a Buenos Aires a disputar el TN. El tablero nº 1 lo ocupará Sir George Thomas, el nº 2 Mr. Charles Alexander, el nº 3 Mr. E. G. Sergeant, el nº 4 Mr. Milner Barry, y el nº 5 Mr. Harry Golombek. Para disputar el campeonato femenino llegará Mrs. Vera Menchik de Stevenson, actual campeona mundial. El equipo viajará en el *Piriápolis*, desde Amberes, con excepción de Thomas, que lo hará en el *Almánzora*.[622]

Designación del equipo de Estados Unidos

En la secretaría de la FADA se recibió ayer una comunicación de la Federación de Estados Unidos, en la que da a conocer la constitución del equipo que participará en el TN. Como se esperaba, la delegación es de extraordinaria fuerza, integrándola los maestros Samuel Reshevsky, Rubén Fine, Isaac Kashdan, Israel Horowitz y el gran maestro Frank Marshall. Los estadounidenses se presentarán en Buenos Aires con su máxima potencialidad. El *team* norteamericano partirá desde Nueva York el 4 de agosto, junto a los canadienses, en el Southern Prince, arribando a Buenos Aires el 22 de agosto. En ese mismo barco viajarán los brasileños y uruguayos. Los equipos de México y la América Central saldrán de Panamá el 2 de agosto en el Órbita, que llegará a Valparaíso el 13 del

---

[617] El general José María Sarobe (1888-1946) fue agregado militar en Brasil y en Japón, secretario del Ministerio de Guerra durante el gobierno de Alvear. En 1934 ganó el concurso de ensayos del Círculo Militar, con *La Patagonia y sus problemas*. La clave de la Patagonia, según el autor, seguía siendo su nacionalización. Fue autor de *Hacia la nueva educación* (1937), *El General Urquiza, La Campaña de Caseros: 1843-1852, Memorias sobre la Revolución de 1930*.

[618] Fermín Emilio Lafitte fue Obispo de Córdoba entre 1934 y 1956, año en que el Papa Pío XII lo designó Arzobispo de Córdoba. Habiendo Perón atacado a la iglesia en 1954, Lafitte se encargó de organizar marchas multitudinarias con motivo del Corpus Christi. La situación conflictiva ocasionó la expulsión del país de renombrados sacerdotes. En 1955, Lafitte apoyó la llamada Revolución Libertadora que derrocó a Perón.

[619] Antonio De la Rúa fue el padre de Fernando, elegido presidente de la República en 1999.

[620] Roberto Grau, *La Nación*, 28 de junio y 4 de julio de 1939.

[621] *La Nación*, 6 de julio de 1939.

[622] *Crítica*, 5 de julio de 1939.

mismo mes. Desde aquí estas delegaciones y la chilena viajarán en tren hasta Buenos Aires, donde arribarán el 18 de agosto, junto con los *teams* de Perú, Colombia y Venezuela.[623]

Se confirma la llegada del equipo inglés. *Crítica*, 5 de julio de 1939

El ministro Coll, responsable de frenar el subsidio al TN. Desprecio a la ley

▨ Muchas son las satisfacciones que el TN brinda a sus organizadores. Satisfacciones hijas, por rara paradoja, de los sinsabores que la organización de la prueba ha planteado. La FADA, encargada casi oficialmente de llevar a cabo la prueba, de propiciarla, de solicitar para la Argentina el honor de ser la sede del importante congreso, se vio en un momento paralizada en su actuación por la resolución del Ministerio de Instrucción Pública,[624] que suspendió la entrega de los fondos del subsidio oficial. Pero ante el clamor de todo el país, ante la actitud de la prensa, y ante la importancia y gravedad de los compromisos ya contraídos, la FADA optó valientemente por seguir adelante e intentar efectuar el torneo por medio del aporte del país en todas sus esferas.

Grave es la tentativa y difícil el camino, pero se ha unido el aporte del país, a la actividad que despliegan centenares de Comisiones de Honor, el gesto cordial de los Estados Unidos, que ha resuelto costear los gastos de viaje de su equipo. Con esto se facilita el esfuerzo argentino, y entendiéndolo así, otros países americanos han efectuado idéntica propuesta, para evitar que se malogre la gran iniciativa. En realidad, éste es el primer torneo en que una federación ofrece pagar los gastos de

---

[623] *La Prensa*, 30 de junio de 1939. *La Nación*, 1º de julio de 1939.

[624] Se trataba del titular del Ministerio de Justicia e Instrucción Pública, Jorge Eduardo Coll (1882-1967), designado para el período 1938-1940. Fue jurista y profesor de derecho. Fundó la Universidad de Cuyo. En 1935 defendió al gobernador de la provincia de Buenos Aires, Federico Martínez de Hoz, en el juicio político que le siguieran ante el Senado de la Provincia por malversación de fondos. Notas del autor.

viaje, compromiso que se adquirió por entender que era la única forma para que pudieran concurrir los equipos más calificados de Europa, donde las federaciones de ajedrez, y los mismos países, se debaten en una situación difícil. Así lo han entendido algunas federaciones americanas, y gestos de este tipo son los que reconfortan, los que hablan de la solidaridad de los ajedrecistas de América, quienes están dando un ejemplo de cohesión y de desinterés deportivo altamente ejemplar.[625]

La FADA paga la cuota de los pasajes

Como ya se anunció, la FADA ha abonado a las compañías de navegación la primera cuota de los pasajes de las delegaciones europeas y americanas. De acuerdo al convenio firmado con las compañías, el 18 del actual deberá pagar la segunda cuota, que alcanza a $ 25.000. La FADA espera cubrir esa cantidad con el producto de las colectas que actualmente realizan las comisiones honorarias.[626]

Llega el *maestro doctor* Adolf Seitz, periodista, para cubrir el TN

Esta noche se realizará en el Círculo la primera exhibición que efectúa en nuestro medio el conocido maestro doctor Seitz. Este fuerte ajedrecista húngaro ha venido a esta capital en calidad de periodista, para transmitir las noticias concernientes al próximo TN a diversos diarios y revistas europeos. Ha intervenido en distintos campeonatos internacionales durante su larga campaña, y en la mayor parte de las veces ha conquistado situaciones sobresalientes, razón por la cual su actuación de esta noche en el Círculo es esperada con verdadero interés. Además corresponde destacar como nota simpática de parte del maestro europeo el hecho de haberse ofrecido a actuar en forma gratuita a total beneficio de la FADA, para contribuir a financiar el TN. En las simultáneas de hoy se cobrará una cuota de $ 2 por cada participante.[627]

Llega Seitz como periodista.
La Prensa, julio 15 de 1939

El agotador viaje de Grau para recaudar fondos

El 14 de julio *El Gráfico* publica una foto de Grau, con el siguiente epígrafe:

Roberto Gabriel Grau, nuestro campeón de ajedrez, está trabajando arduamente para que se verifique el TN. A los efectos de reunir fondos para esa patriótica empresa, en estos días iniciará un viaje a Jujuy en avión, y luego vendrá jugando partidas simultáneas y organizando comisiones en distintos pueblos y ciudades hasta llegar a la Ciudad de Buenos Aires. Todo el producto de sus partidas pasará al fondo destinado a solventar las necesidades del importante torneo ya mencionado.[628]

Una extensa gira, cuya duración ha sido estimada en diez días, emprendió ayer don Roberto Grau. El propósito del viaje responde al interés existente de activar toda labor relacionada con el TN. Grau partió por la noche rumbo a Paraná: en esa ciudad se entrevistará con numerosas autoridades, y hará una exhibición de partidas simultáneas. Actuará luego en Santa Fe, donde participará de otra simultánea y coordinará con los miembros de la Comisión de Honor el plan a seguir a favor del torneo. El miércoles y jueves estará en Esperanza, luego irá a San Francisco, para llegar a Cór-

[625] Roberto Grau, *Leoplán*, 5 de julio de 1939.
[626] *La Nación*, 12 de julio de 1939.
[627] *La Prensa*, 15 de julio de 1939.
[628] Nota de Amílcar Celaya, *El Gráfico*, N° 1044, 14 de julio de 1939, pág. 32. *El Ajedrez Americano* 2ª época n° 51, agosto de 1939, pág. 250. Esto se publica en el momento en que el Gobierno anunció que no pagaría los fondos prometidos.

doba el sábado. Posteriormente viajará hasta Tucumán y Salta, emprendiendo el regreso en avión a Buenos Aires el 26 del actual.[629]

En el ajedrez, como en la vida, hay que luchar con muchos preconceptos. Hay cosas que todo el mundo cree y que todo el mundo repite, sin detenerse a averiguar si son o no ciertas; una de ellas es que las partidas del peón del rey son vigorosas y brillantes, mientras las del peón de la dama arrástranse lentas y aburridas, máxime si se elige una tortuosa defensa irregular. Ya hace tiempo Alekhine se sublevó contra este difundido prejuicio, al explicar la razón que le asistió, en el principio de su carrera, para escoger de preferencia aperturas del peón del rey: no era que se aburriese con las otras —como se dió en decir,—sino que percibía la debilidad de su criterio estratégico incipiente para afrontar, frente a viejos maestros experimentados, la profundidad de los problemas que crea la apertura del peón de la dama; prueba de ello es que, en cuanto logró afinar su talento ajedrecístico, abandonó aquellas sus preferencias juveniles.

Bien. Para demostrar que la brillantez y el vigoroso juego de piezas no están excluidos de la apertura del peón de la dama y ni siquiera de sus defensas irregulares, voy a reproducir, completa, una corta partida entre ajedrecistas rusos, a la que en el próximo número agregaré las jugadas iniciales de otra disputada entre adversarios de la misma nacionalidad. A causa de la inclinación personal que me hizo escribir, en estas mis-

ROBERTO GRAU, nuestro campeón de ajedrez, está trabajando arduamente para que se verifique el Torneo de Las Naciones. A los efectos de reunir fondos para esa patriótica empresa, en estos días iniciará un viaje a Jujuy en avión y luego vendrá jugando partidas simultáneas y organizando comisiones en diferentes pueblos y ciudades hasta llegar a la Capital Federal. Todo el producto de sus partidas pasará al fondo destinado a solventar las necesidades del importante torneo ya mencionado.

Largo viaje de Grau para recaudar fondos.
El Gráfico, 14 de julio de 1939

Llegó esta mañana don Roberto Grau a Paraná, con el propósito de hacer gestiones a favor del TN. En compañía del secretario de la Comisión de Honor, don Ángel Barbaglia, visitó a concejales de diversos sectores, logrando simpática acogida a su solicitud. Más tarde visitó al intendente municipal, doctor Enrique Acébal, quien le manifestó hallarse resuelto a que Paraná esté presente entre las municipalidades que prestarán su concurso a favor del torneo. Luego visitó al gobernador, doctor Enrique S. Mihura, a quien acompañaban el ministro de hacienda señor Fermín Garay y el ex intendente de Paraná señor Francisco Bertozzi, manifestando el mandatario su propósito de facilitar en la medida de lo posible el concurso de la provincia en favor del torneo.

Más tarde el viajero visitó las redacciones de los diarios locales, y seguidamente se entrevistó con el tesorero general de la provincia, se-

ñor José Alcaín. Merece citarse el aporte de los marineros del resguardo local (Sic), que entregaron una suma de dinero, acompañando una nota de sentido aspecto patriótico. Por la noche Grau comió con un grupo de componentes de la Comisión Honoraria, y más tarde realizó en el Jockey Club una sesión de partidas simultáneas. Mañana partirá para Santa Fe.[630]

El viaje a Santa Fe que ha realizado el campeón argentino don Roberto Grau ha tenido en ésta la misma cordial acogida que en Paraná. Por la tarde visitó al gobernador Manuel María de Iriondo, quien se hallaba en su despacho acompañado del intendente municipal don Francisco Bobbio. El doctor de Iriondo manifestó su simpatía por la iniciativa y destacó su deseo de colaborar, para lo cual tratará de acelerar el despacho de la ley que acuerda $ 5.000 a la FADA, a pesar de las dificultades económicas. Grau jugó luego una serie de partidas simultáneas en el Club Filidor. Mañana partirá para Esperanza.[631]

Realizará un viaje por el interior del país el ajedrecista Roberto Grau

Una extensa gira, cuya duración ha sido calculada en 10 días, aproximadamente, emprenderá aeró el campeón argentino de ajedrez y capitán del equipo local para el Torneo de las Naciones, D. Roberto Grau.

El propósito del viaje responde al interés existente de activar todo lo relacionado con el campeonato mundial de ajedrez. Grau partió por la noche con rumbo a Paraná en esa ciudad se entrevistará con numerosas autoridades y hará una sesión de partidas simultáneas. Actuará, luego, en Santa Fe donde, además de participar en otra sesión de simultáneas, coordinará con los miembros de la Comisión de Honor de ésa, el plan a seguir en favor del torneo. Luego de permanecer el miércoles y el jueves en Esperanza, irá a San Francisco, para llegar a Córdoba el sábado.

Después de cumplidos sus compromisos en esa ciudad viajará hacia Tucumán y Salta, emprendiendo el regreso en avión, el 26 del actual, para hallarse en Buenos Aires ese mismo día.

Sesiones de simultáneas

Las próximas sesiones de simultáneas a beneficio del Torneo de las Naciones, se efectuarán de acuerdo al siguiente detalle:

Hoy, a las 16, Jacobo Bolbochan, en el Club Náutico Hacoaj, y Luis Palau, en Las Heras; a las 16.30, Luis R. Piazzini, en Lobos, y a las 21, Alejandro Noguës Acuña, en Adrogué.

Martes, a las 21.30, Carlos Guimard en la Asociación Bancaria, Sociedad Gremial.

Sábado, a las 21, Luis R. Piazzini, en el Club Compañía Primitiva de Gas, Montes de Oca 1120, y a las 21.30, Roberto Grau, en la Federación Cordobesa de Ajedrez, y Carlos Guimard, en la Biblioteca Democracia y Progreso, de Liniers.

Junín y Pergamino jugaron un match de ajedrez

Rojas, 16.—De acuerdo con una sugestión del entonces argentino de ajedrez, D. Roberto Grau, en su reciente visita a Junín y Pergamino, se llevó a efecto anoche, en el Club Español, un match entre los equipos representativos de ambas ciudades.

Luego del match, las autoridades del Club Español ofrecieron una comida a las delegaciones, y el ajedrecista G. Vidaurreta, efectuó una sesión de simultáneas frente a 18 aficionados locales.

Grau visita muchas localidades del interior.
La Nación, 17 de julio de 1939

---

[629] *La Nación*, 17 de julio de 1939.
[630] Roberto Grau, *La Nación*, 18 de julio de 1939.
[631] Roberto Grau, *La Nación*, 18 de julio de 1939.

▓ Grau es agasajado en Esperanza por numerosas autoridades de diversos círculos deportivos. Esta noche se servirá una comida en su honor en el Club Social. Más de cincuenta50 comensales rodearon al huésped, que fue objeto de múltiples atenciones. Durante la comida se destacó el noble propósito que persigue en su viaje el campeón argentino. Luego intervino en una sesión de partidas simultáneas, en la que, debido al mal tiempo, sólo intervinieron veintiséis aficionados.[632]

▓ Procedente de Esperanza, don Roberto Grau arribó ayer a Rafaela. Acompañado de periodistas, del presidente del Círculo que lleva su nombre, doctor Luis Mastandrea, y Juan García, hizo una visita de cortesía al jefe de policía, señor Calesancio (Sic). Pasó luego al Club Social, donde fue atendido por su presidente, doctor Isaac Velasco. Visitó también el Club Cultural Deportivo, en compañía del presidente doctor Eduardo Mathieu y varios socios. Aprovechó Grau la presencia del intendente municipal, señor Octavio Zobboli, para solicitarle el subsidio rechazado por el Concejo Deliberante en la última sesión. El intendente se expresó favorablemente, y prometió una reconsideración ante el Concejo. Después de la comida efectuó una sesión de simultáneas en el Hotel Toscano. En el Club Independiente se le entregó, además, una medalla de oro como expresión de simpatía y recuerdo de su paso por Rafaela. Grau partió esta mañana para San Francisco.[633]

▓ Organizada por la Federación de San Francisco, don Roberto Grau ofreció anoche una sesión de simultáneas en el salón del Jockey Club, con el resultado de +60 =5 -5. La exhibición se inició a las 21 y finalizó a las 5. Durante su permanencia en ésta, Grau fue muy agasajado.[634]

▓ Llegó hoy procedente de San Francisco don Roberto Grau, quien fue recibido por un grupo de aficionados y las autoridades de la Federación Cordobesa y la Comisión Honoraria local. El campeón argentino visitó en su despacho el vicegobernador y al intendente municipal, a fin de interesarlos en el pronto despacho de los subsidios, habiendo encontrado en todas partes la más cordial acogida, y la promesa de activar, en lo posible, la efectividad de esos aportes. Por la tarde, Grau jugó una sesión de simultáneas en el gimnasio del Parque Sarmiento. Por la noche dio una conferencia sobre la importancia del TN. Mañana irá a La Calera y a Cosquín.[635]

▓ El campeón argentino don Roberto Grau estuvo hoy en La Calera y Cosquín, donde jugó partidas simultáneas con aficionados de ambas localidades. Partió anoche para Tucumán.[636]

▓ El campeón argentino jugó simultáneas en el Club Atlético Tucumán. Mañana se trasladará a Salta, para regresar el miércoles por vía aérea, directamente a Buenos Aires.[637]

▓ Llegó ayer a Buenos Aires don Roberto Grau, de vuelta de una extensa gira. Dijo que halló en todos los lugares que visitó un gran interés por prestar un amplio apoyo al TN.[638]

▓ La Comisión Honoraria de La Plata, que preside interinamente el señor Carlos Molteni, ha realizado nuevas reuniones en el despacho del intendente municipal, y ya ha enviado a la FADA la suma de $ 8.000.[639]

Fué recibido ayer en Córdoba el campeón argentino de ajedrez

Roberto Grau efectuó gestiones en favor del Torneo de las Naciones

EN ROSARIO

Córdoba, 22.—Llegó hoy, procedente de San Francisco, el campeón argentino de ajedrez, D. Roberto Grau, que realiza en el interior del país, con la colaboración de las respectivas comisiones honorarias, una activa campaña en favor del Torneo de las Naciones. El Sr. Grau fué recibido por un grupo de aficionados y las autoridades de la Federación Cordobesa de Ajedrez y la comisión honoraria local.

El campeón argentino visitó en su despacho al gobernador, al vicegobernador y al intendente municipal, a fin de interesarlos en el pronto despacho de los subsidios de la provincia y de la Municipalidad para el mencionado torneo, habiendo encontrado en todas partes la más cordial acogida y la promesa de activar en lo posible la efectividad de esos aportes.

Por la tarde el Sr. Grau jugó una sesión de simultáneas con aficionados locales, en el gimnasio del parque Sarmiento. En la Caja de Ahorros, y con asistencia del vicegobernador, intendente municipal, otras autoridades y crecido público, el Sr. Grau dió esta noche una conferencia sobre la importancia del Torneo de las Naciones.

Mañana el campeón argentino irá a Calera y Cosquín, especialmente invitado por los centros ajedrecísticos de esas localidades.

Agotadora gira de Grau por Rosario y Córdoba. *La Nación*, 22 de julio de 1939

[632] Roberto Grau, *La Nación*, 18 y 21 de julio de 1939.
[633] Roberto Grau, *La Nación*, 22 de julio de 1939.
[634] Roberto Grau, *La Nación*, 22 de julio de 1939.
[635] Roberto Grau, *La Nación*, 22 de julio de 1939.
[636] Roberto Grau, *La Nación*, 24 de julio de 1939.
[637] Roberto Grau, *La Nación*, 24 de julio de 1939.
[638] Roberto Grau, *La Nación*, 27 de julio de 1939.
[639] Roberto Grau, *La Nación*, 2 de agosto de 1939.

Alekhine habla por Radio El Mundo

▌El campeón mundial doctor Alejandro Alekhine habló ayer por Radio del Mundo, acompañado de los señores Paulino Alles Monasterio, Carlos Guimard, Augusto De Muro, Roberto Grau, Ballester Mir –de Geniol– y el locutor Juan Bernabé Ferreira.[640]

▌El doctor Alekhine hablará por el micrófono de Radio El Mundo todos los días, para comentar el desarrollo del TN desde el comienzo hasta el final. Las impresiones del campeón mundial se referirán especialmente a los varios proyectos (Sic. Probablemente haya querido decir *aspectos*) técnicos de cada ronda, y completarán así la amplia información que la *broadcasting* tiene proyectada.[641]

Manuel Fresco y Alberto Barceló colaboran con el TN. Monarquía funcional.

La colaboración del gobierno de la provincia de Buenos Aires para el Torneo de las Naciones

Fresco y Barceló aportan fondos para el TN. *La Nación*, 5 de julio de 1939

▌En una entrevista con el gobernador de la provincia de Buenos Aires, doctor Manuel Fresco,[642] éste ofreció su colaboración amplia. Expresó que solicitará a las autoridades de los municipios que contribuyan a la formación de las comisiones honorarias, y manifestó su deseo de que las autoridades de la FADA lo mantengan al tanto de las actividades que desarrollan en los partidos, para prestar una ayuda incesante.

▌El intendente de Avellaneda, diputado nacional don Alberto Barceló,[643] a quien visitó una comisión especial de la FADA, señaló su deseo de que Avellaneda contribuya en forma vigorosa a la realización del magno certamen. Después de aceptar la presidencia honoraria de la Comisión de Honor de Avellaneda, expresó que secundará la labor que ya realizan las entidades deportivas locales, y que por medio de una colecta general en el partido, aportará una suma no menor a los $ 20.000.[644]

▌El gobernador de Buenos Aires, doctor Manuel Fresco, además del decidido apoyo prestado al TN, dispuso entregar la suma de $ 5.000 para engrosar los fondos. Se ha dispuesto, además, iniciar un movimiento popular para aumentar la colecta, y al efecto, se incitará a las numerosas instituciones deportivas y culturales de la ciudad a enviar delegados a una reunión, a fin de propender a la realización de otros actos y colectas.[645]

▌La Municipalidad de Avellaneda aportará $ 20.000, que fueron aprobados en sesión por el Concejo Deliberante.[646]

---

[640] *El Mundo*, 17 de julio de 1939.

[641] Paulino Alles Monasterio, *El Mundo*, 4 de agosto de 1939.

[642] Manuel Antonio Justo Pastor Pascual Fresco (1888-1971) fue un médico, diputado nacional y gobernador de la provincia de Buenos Aires entre 1936 y 1940 por el ultra conservador Partido Demócrata Nacional. Instalado en Avellaneda, fue un activo colaborador del caudillo conservador local, Alberto Barceló. Apoyó el golpe de estado de 1930, que dio inicio a la llamada Década Infame. En varios discursos elogió los regímenes totalitarios de Hitler y de Mussolini, cuyos bustos adornaban su despacho. En febrero de 1940 Fresco llamó a elecciones para elegir a su sucesor, llevando como candidato a Barceló, que triunfó mediante un aceitado mecanismo de fraude.

[643] Alberto Barceló (1873-1946), fue diputado y senador nacional e intendente del partido de Avellaneda por el Partido Conservador entre 1909 y 1917, 1924, 1927 y 1932. Ejerció el gobierno municipal en forma violenta, con fraude y corrupción, vinculado a la trata de personas. Esta localidad fue considerada "su feudo".

[644] Roberto Grau, *La Nación*, 5 de julio de 1939.

[645] Roberto Grau, *La Nación*, 4 de julio de 1939.

[646] *La Nación*, 8 de julio de 1939.

▓ Nuestro corresponsal en Quilmes nos informa que el Concejo Deliberante de este partido votó la suma de $ 300 en carácter de contribución para la FADA. Los clubs locales *Sportivo* Alsina, Santa Fe, Tucumán, Quilmes Oeste y *Boxing* Club organizan, con igual beneficio, una función cinematográfica radio teatral, que se realizará el 21 en el teatro Colón de esta ciudad.[647] La FADA recibió ayer el producto de las colectas efectuadas por las comisiones honorarias de Plaza Huincul, Coronel Pringles, González Chaves y la municipalidad de Colón, Entre Ríos.[648]

La FADA con la diplomacia británica

▓ Un ministro de Gran Bretaña en el Uruguay, Mr. Eugene Millington Drake, mantuvo una prolongada conversación con el presidente de la FADA don Augusto De Muro, con el objeto de interesarse en la organización del TN. El citado diplomático, bien conocido en el ambiente deportivo local por haber propiciado en diversas ocasiones la realización de manifestaciones de categoría, demostró especial atención por todo lo vinculado con este certamen. Drake concretó su adhesión poniendo a disposición de la FADA la mansión que posee en Punta Chica, Florida. Dicho ofrecimiento fue aceptado por el señor De Muro, ya que resuelve en parte el problema creado por el alojamiento de los equipos, pues en esa residencia se hospedarán los cinco jugadores del equipo británico, además de las campeones de Inglaterra y Escocia.[649]

▓ Sir Eugen John Henry Vanderstegen Millington-Drake (1889-1972) fue un destacado diplomático inglés. Ingresó al servicio en 1912, y sus destinos incluyeron a San Petersburgo (1913), Buenos Aires (1915), París (1919-1920), Bucarest (1921-1924), Bruselas (1924-1927), Copenhague (1927-1928), Buenos Aires (1929-1933) y Montevideo (1934-1941). En

El ministro británico en Montevideo se adhirió al Torneo de las Naciones

Importante ofrecimiento de Millington Drake a la FADA. *La Nación*, julio 7 de 1939

1936 fue presidente honorario de la delegación uruguaya a las Olimpíadas del Verano de 1936. Fue designado por el Foreign Office como Representante Principal del Consejo Británico en América Hispana entre 1942 y 1946. En 1948 fue presidente del Comité de Recepción de la XIV Olimpíada de Londres. Fue vicepresidente del Consejo la India Real, Pakistán y la Sociedad de Ceilán, visitando el Este en misiones culturales entre 1949 y 1950. Entre 1952 y 1953 visitó Madagascar, Mauricio y Reunión, en África.

La vinculación de Millington-Drake con Uruguay fue intensa, principalmente debido a que ocupaba el cargo de embajador británico en el momento de la Batalla del Río de la Plata en 1939. Las gestiones de Millington-Drake ante el gobierno uruguayo fueron decisivas para que se obligara al buque alemán *Admiral Graf Spee* a retirarse del puerto de Montevideo. Posteriormente, Millington-Drake escribiría un relato de los hechos titulado *The Drama of Graf Spee and the Battle of the Plate: A Documentary Anthology, 1914-1964*.

Promovió la formación del Instituto Cultural Anglo-Uruguayo, que se inauguró el 9 de marzo de 1934, y se destinó a la enseñanza del idioma inglés. En el año 1946 fue distinguido con el título de Doctor Honoris Causa, que otorga la Universidad de la República. Una calle de Montevideo lleva su nombre.[650]

---

[647] *La Prensa*, 15 de julio de 1939.

[648] *El Mundo*, 22 de julio de 1939.

[649] *La Nación*, 7 de julio de 1939. Golombek y Wood aparecen en una foto junto a Vera Menchik y Sonja Graf, en Punta Chica, Florida, "donde se hospedan en la casa quinta de Millington Drake". Libro de recortes de Dino Ruggieri.

[650] Nota del autor.

Los británicos reconocen la audacia argentina

¡Bueno, después de todo, al fin han logrado hacerlo! Se han completado todos los arreglos para la realización de este magno torneo del siglo, que les costará a los organizadores unas 25.000 libras. El *Piriápolis* saldrá de Amberes el 29 de setiembre.[651]

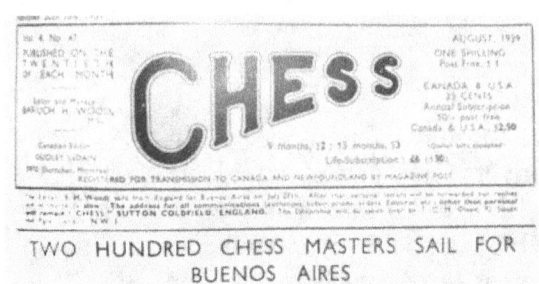

Carátula y crónica de *Chess*, 20 de julio de 1939

Breve *jira* de Long Vidal y Guimard

El vicepresidente de la FADA don Luciano Long Vidal y el ex campeón argentino don Carlos Guimard, emprenderán hoy una breve *jira* con el objeto de activas las gestiones en que se hallan ocupadas las Comisiones de Honor. Luego de permanecer un corto tiempo en Río Cuarto, ambos se dirigirán a Villa Mercedes, San Luis, Mendoza y San Juan. El regreso será emprendido el viernes próximo por avión, ya que Guimard deberá encontrarse en Buenos Aires para la concentración del equipo.[652]

Numerosos países confirman sus inscripciones

Muchos de los países que se hallarán representados en el TN han finalizado ya sus concursos de selección para formar sus equipos representativos. Ellos fueron: Noruega, Letonia, Islandia, Irlanda, Inglaterra, Holanda, Guatemala, Francia, Palestina, Polonia, Paraguay, Lituania, Estados Unidos, Chile, Estonia, Canadá, Dinamarca, Bulgaria, Bohemia y Moravia, Alemania, Cuba, Brasil, Suecia, Bélgica.[653]

Grau: "el TN es una lección de optimismo"

Que las obras temerarias, atrevidas, suelen ser las más cuerdas, no es una novedad. Multitud de empresas audaces han triunfado, y en cambio, muchos proyectos sesudos, sabiamente preparados, han muerto en el anónimo. Es que la suerte ayuda a los valientes multitud de veces, porque éstos arremeten y destruyen, conscientemente o no, los más firmes obstáculos. El TN ha entrado en la categoría de los actos atrevidos. Lo que en un principio estaba respaldado en una sólida promesa oficial, y sólo parecía una promesa feliz, se ha convertido, al conjuro de los acontecimientos adversos, en una magnífica aventura de optimismo. El fracaso, sin duda transitorio, de las gestiones ante los poderes públicos, multiplicó el esfuerzo de los organizadores y les hizo concebir el proyecto de lograr, peso a peso, la enorme suma de dinero que el torneo necesita.

---

[651] *Chess* (Sutton Coldfield) 20 de julio de 1939.
[652] *El Mundo*, 24 de julio de 1939.
[653] *El Mundo*, 24 de julio de 1939.

Y lo que parecía una pausada tarea de ajedrecistas, de hombres que han hecho una norma del raciocinio y los resultados matemáticos de una combinación, se transformó en una empresa romántica, linda a fuerza de ser atrevida y argentina, por el índice de juvenil optimismo de sus iniciadores. Ahora se hace necesario destacar cuáles eran los puntales del atrevido propósito de organizar el torneo contra todos los eventos que animaba a los directores de la FADA cuando decidieron *cumplir una palabra argentina,* sin más capital que esa hermosa frase y a la ciega confianza en su poder magnético.

Cuando se decidió organizar el TN (de 1937), se hizo en base a una sugestión del entonces presidente, general Agustín P. Justo, quien entendió que interesaba al país la realización de actos internacionales de este tipo, para lograr, con el pretexto de una competencia deportiva, la tan necesaria propaganda para el país. Se pensó en invitar sólo a los países adheridos en esa época a la FIDE, lo que significaba un gasto de cerca de $ 200.000. Pero tuvo tanta repercusión la iniciativa, que en toda América se realizó un movimiento a favor del torneo, y menudearon las gestiones diplomáticas para que la invitación se extendiera a todos los países hermanos. La FADA argumentó que para poder intervenir en el torneo era necesario constituir federaciones nacionales y adherir a la FIDE, y al conjuro de esa sola sugestión, se fundaron federaciones en todas las naciones de América, se multiplicaron los organismos dedicados al ajedrez, y más de quince nuevos países concretaron su entusiasmo y su deseo de visitar Buenos Aires, al adherirse al organismo internacional.

El enorme éxito significó un problema para los organizadores argentinos, y el costo de la prueba se elevó a $ 400.000. Crecieron las angustias, pero entendieron los directores del ajedrez argentino que no podía rehusarse esta adhesión entusiasta mientras se contara con la base, mucho menos definitiva ya, de los $ 150.000 del gobierno argentino (que aprobó el Congreso). Se creó una comisión pro recursos, y ésta preparó un plan minucioso para conseguir el resto de los fondos. Pero cuando el plan estaba en su madurez, cuando se habían gastado muchos miles de pesos en su preparación –en papel, impresos, revistas, folletos, sobres–, el inconveniente para cobrar el resto del subsidio agravó el problema y paralizó la actividad. Pero ya existía la base para una campaña, y la seguridad de que se contaba con los elementos para reunir una considerable suma de dinero y con un poderoso argumento, que hizo el resto.

De esta serie de circunstancias favorables y adversas, surgió la campaña actual, que tiene ramificaciones en todo el país. En todos los pueblos de importancia se han creado comisiones honorarias, y en todos ellos, hombres de todas las tendencias, de distintas creencias, habitualmente distanciados por problemas locales, han estrechado filas a favor de la FADA. No lo hacen por el ajedrez, ya que muchos de ellos hasta desconocen el juego, pero lo hacen porque *quieren que se cumpla una promesa argentina.* Notable demostración de romántico espíritu de adhesión a una causa nueva y justa, que si puede discutirse en su finalidad deportiva, no puede disminuirse en su trascendencia internacional.

Vistas así las cosas, si se considera que existen muchas posibilidades de que el gobierno nacional, dada la actividad desplegada por la FADA y ante la certeza de aporte al país, entregue los $ 120.000 que restan del subsidio; si se recuerda que todas las provincias han votado o propuesto aportes que oscilan desde los $ 20.000 de la legislatura bonaerense, a los $ 10.000 de Córdoba y $ 5.000 de Santa Fe y Entre Ríos; si se recuerda que hay movimientos similares en las demás provincias; si mencionamos el gesto de Avellaneda, que contribuirá con $ 20.000; si recordamos que en todos los municipios del país hay subsidios que oscilan entre $ 500 y $ 50 cada uno; si no se olvida que más de cuatrocientas comisiones honorarias actúan en todo el país; y si recordamos la posibilidad de un gran aporte de la Municipalidad de Buenos Aires, detenido en el Concejo Deliberante a la espera de un momento más propicio, se establece que la idea de recaudar $ 400.000 no es una temeridad.

Para facilitar la realización del torneo, varias federaciones centro y sudamericanas se han hecho cargo de los gastos de traslado de sus jugadores, atentas a la promesa de la FADA de reintegrarles la suma gastada si la colecta alcanza la cantidad señalada. Asimismo, se han realizado festivales en todo el país, se ha logrado el aporte de instituciones de todo tipo y se realizará una colecta de gran alcance. Comercialmente, el torneo será explotado adhiriendo al mismo el nombre de aquel producto comercial que haga un aporte más generoso. Asimismo, las *jiras* de jugadores al interior del país serán tanto ajedrecísticas como vinculadas a firmas que hacen de la propaganda el tema central de sus operaciones comerciales.

Si agregamos que varias colectividades están realizando esfuerzos para resolver problemas de alojamiento, y hasta de viaje, de sus connacionales; si recordamos también que se han introducido economías enormes en gastos de propaganda, de organización y de personal, ya que directamente realizan las tareas los directores de la FADA, se tendrá la sensación cabal de que lo que parece una aventura atrevida, un proyecto desorbitado, es la consecuencia lógica de un estado de ánimo colectivo y que tiene una enorme base de cordura.

EL TORNEO DE LAS NACIONES ES

Historia de una audacia. *¡Aquí Está!*, 13 de julio de 1939

No hay ningún temor por la suma de dinero que se necesita. El único problema estriba en el apuro que existe para pagar los pasajes antes de fin de mes, para poder embarcar a los equipos. Se trata de un problema de fechas, y no de cantidades, por lo que siguen apurándose las gestiones para que el gobierno entregue el dinero, que hábilmente conservó en su poder a fin de observar de qué manera se planteaba la campaña para lograr el resto de los fondos que se necesitaban. Ahora, ante la evidencia de la obra realizada, ante el reclamo de las comisiones de todo el país, y ante la proximidad del acontecimiento, sólo cabe premiar tantos esfuerzos y tantas tareas con la entrega de la suma que resta del subsidio votado.

El TN será, así, la obra de todo un país que sabe interpretar sus promesas, y que desea evitar que por causa alguna, grande o fútil, se menoscabe el prestigio nacional. Tendrá, así, un enorme significado, ya que expresará de qué manera se identifican todas las voluntades cuando se afrontan con decisión las responsabilidades. Y habrá dado un ejemplo de lo que se puede lograr con la armónica acción conjunta de todas las fuerzas vivas de un país. De un país poderoso, más que por su riqueza económica, por el espíritu romántico y generoso de todos sus habitantes. Que es, en síntesis, la verdadera riqueza de una nación.[654]

Los artistas y un gran espectáculo en el Luna Park

El 3 de agosto se efectuará en el Luna Park un festival artístico en beneficio del TN. La FADA se halla actualmente ocupada en su organización, y en el programa serán incluidos los más destacados cancionistas nacionales y extranjeros que actúan en las *broadcastings* y teatros locales, las orquestas típicas, clásicas y de jazz de mayor prestigio, y otros números de especial atracción.[655]

A pesar de haber sido anunciado para el 3, el festival artístico a beneficio del torneo se hará el 17 de agosto, con la promesa de algunos números de atracción. Dicho festival, al que ya han prestado desinteresada adhesión las figuras de mayor prestigio de los ambientes teatral, radiotelefónico y cinematográfico, se efectuará en el Luna Park. El programa que se cumplirá ya ha sido esbozado, aun cuando es espera el concurso de nuevos colaboradores. Hasta ahora la lista es la siguiente: Juan Arvizu, Fernando Ochoa, Marcos Caplan, Juan José de Soiza Reilly, Raquel Notar, George Retzin, Juan J. Piñeiro, Enrique Carbel, Ocampo-Flores, Mariano Balcarce, Yola Yoli, Juanita Larrauri, Enrique Rando, Martínez-Ledesma, Jaime Barraza, Azucena Maizani, Hugo del Carril, Pedrito Quartucci, La Tropilla de Huachi-Pampa, June Marlowe, Verón-Zauze, Daniel Arroyo, La Serranita, Abel Fleury, Roberto Zerrillo, René Cóspito, Eduardo Ferri, Osvaldo Fresedo, Santa Paula Serenaders, Efraín Orozco, Romeo Gentile, Quinteto Norton, Hawaian Sisters, Aieta y Copello.[656]

Grandes figuras en el festival a beneficio de la FADA. *La Nación*, 8 de agosto de 1939

[654] Roberto Grau, *¡Aquí Está!*, 13 de julio de 1939.
[655] *La Prensa*, 13 de julio de 1939, *La Nación*, 18 de julio de 1939.
[656] *La Nación*, 8 de agosto de 1939.

La Comisión Nacional del TN

▨ Hasta ayer aceptaron integrar la comisión nacional para el TN las siguientes personas destacadas:

Doctor Juan J. Kaiser, presidente de la Cámara de Diputados; senador nacional doctor Matías Sánchez Sorondo; diputados nacionales doctor José S. Susán, señor Alberto Barceló, doctor Mario Sáenz, doctor Urbano de Iriondo, señor Juan E. Solá, señor Numa Tapia, doctor Pío Gandolfo; concejal Camilo Stanchina; señor Horacio Bustos Morón, señor Antonio M. Delfino, ingeniero Enrique Chanourdie, doctor Horacio Pozzo, doctor Ángel Corti, doctor Mario Bravo –director de La Vanguardia–, ingeniero Julio A. Noble, doctor Sylla Monsegur –vicepresidente del Consejo Nacional de Educación–, contraalmirante José Guisasola –presidente del Centro Naval–, señor Félix de Álzaga Unzué –presidente del Jockey Club–, general Andrés Sabalain –jefe de policía de la Capital–, doctor Salvador Oría –presidente de la Dirección de Vialidad–, señor Luis Colombo –presidente de la Unión Industrial–, señor Atilio Massone, doctor Victorio Monteverde –presidente del Colegio de Médicos–, doctor Carlos Delcasse, señor Moisés Azize –presidente del Banco Sirio-Libanés–, señor Jacobo Saslavsky y señor Francisco Borgonovo –presidente del Hindú Club–.[657]

▨ El director de correos y telégrafos, doctor Adrián C. Escobar ha aceptado integrar la comisión nacional, y con ese motivo se ha dirigido a la FADA agradeciendo la distinción.[658]

Seis nuevos países se inscriben.
El Mundo, 14 de julio de 1939

Seis países se inscriben en el TN

▨ A las confirmaciones de Alemania y México, se suman las de otros cuatro países. Por Polonia jugarán Tartakower, Frydman, Najdorf, Regedzinski y Sulik; por Canadá, Morrison, Yanofsky, Blumin, Bolson y Fox, además de la señorita Lougheed; por Holanda, Cortlever, De Groot, van Scheltinga, Doesburgh y Prins. A su vez, la Federación de Bulgaria manifestó su conformidad con las condiciones establecidas, y correrá con los gastos de traslado de su equipo desde Sofía hasta Amberes.[659]

Ecuador y Lituania se suman

▨ Confirmada su afiliación a la FIDE, la Federación Deportiva Nacional de Ecuador ha ratificado a la FADA su inscripción. El equipo estará constituido por Jorge Fernández Usubillaga, Santiago Morales, José Sierra, Miguel Suárez Dávila, Carlos Ayala Cabanilla y Neptalí Ponce. Lituania también comunicó a la FADA su participación, con la siguiente formación: Mikenas, Vaitonis, Luckis, Tautvaisas y Andrasiunas.[660]

---

[657] *La Prensa*, 13 de julio de 1939.
[658] *La Nación*, 22 de julio de 1939.
[659] *El Mundo*, 14 de julio de 1939.
[660] *La Prensa*, 15 de julio de 1939.

Alekhine regresa a Buenos Aires

▋ Volvió a esta capital el doctor Alekhine, luego de un mes de estada en Río de Janeiro. Llega a Buenos Aires para esperar la realización del TN que comenzará el 23 de agosto, y en el que intervendrá en representación de Francia. Mientras tanto, se dedicará a adiestrar a los jugadores argentinos que integrarán la representación nacional, y además dará una serie de exhibiciones, algunas a total beneficio de la FADA.[661]

Colecta pública en la ciudad de Buenos Aires

▋ El Gobierno de la Nación ha concedido a la FADA la autorización correspondiente para realizar una colecta pública en favor del TN: comenzará el 15 y finalizará el 25 de este mes. Se realizará en las principales calles de la ciudad, para lo cual se cuenta con el desinteresado concurso de de un grupo de señoritas, que solicitarán la adhesión del público provistas de alcancías.[662]

▋ Una promisoria iniciación alcanzó la colecta popular organizada por la FADA como contribución general al TN. Un grupo de señoritas recorrió varias calles céntricas de la capital, y se trasladó anteayer por la tarde al estadio del Club Independiente, donde se midieron los equipos del fútbol local y Newell's Old Boys. La colecta proseguirá en días subsiguientes hasta el 25 del actual.[663]

El TN, Estados Unidos, y las ausencias forzadas

▋ Hay en el ajedrez mundial un equipo prácticamente imbatible. Lo ha demostrado a través de una actuación brillante en todas las últimas competencias, y lo han ratificado individualmente sus integrantes a través de una serie de actuaciones sobresalientes en grandes pruebas. Es el equipo de los Estados Unidos, depositario hace muchos años de la Copa Hamilton Russell, que parece dispuesto, una vez más, a no dejarse arrebatar el clásico trofeo. Y para hacerlo, ha recurrido al más cómodo expediente: enviar a Buenos Aires el mejor equipo que pudo constituir, ya que lo integran nada menos que Reshevsky, Fine, Kashdan, Marshall y Horowitz, o sea, cinco primeros tableros en cualquier otro equipo del mundo. (…)

Sus posibilidades se agrandan por la ausencia obligada de algunos equipos de naciones desaparecidas, y la debilitación de otros, como el de Checoslovaquia, que carecerá del apoyo de Salo Flohr, verdadero baluarte de su poderío. Y si a esto se agrega la ausencia de Austria, y la de varios ajedrecistas europeos en edad militar, cuyos gobiernos les niegan permiso para ausentarse del país por la situación existente, se tiene la certeza del agigantamiento de las posibilidades del gran equipo de la Unión.

Mas, al par que se aumentan las perspectivas de este conjunto, con idénticos argumentos aumentan para el *team* argentino las posibilidades de repetir la performance de Estocolmo 1937. Con casi todos los hombres listos para la prueba, sólo llevará el peso en contra de la multiplicación de los esfuerzos personales de varios jugadores, que han trabajado exclusivamente en la organización del gran campeonato, tambaleante por la falta del aporte del Estado, en lugar de concretarse a su adiestramiento para el gran esfuerzo.

Esto, sin duda, será salvado a partir del presente mes, ya que se hace necesario exigirles a los hombres que actuarán en el torneo la máxima concentración, para que el esfuerzo a realizar esté a tono con el magnífico espectáculo que ha brindado todo el país al cooperar para que el TN fuera un

---

[661] *La Prensa*, 15 de julio de 1939.
[662] *La Prensa*, 15 de julio de 1939.
[663] *La Nación*, 18 de julio de 1939.

testimonio vivo de la forma en que, aún en los momentos difíciles, los sudamericanos se esfuerzan para cumplir sus compromisos, y el ajedrez argentino en hacer honor a la palabra dada en el Congreso de Estocolmo citado, pese a todos los contratiempos y obstáculos que surgieron súbitamente, dejando a la FADA en la más desconsoladora orfandad, sin senda, sin ruta que seguir, Pero, como siempre, el país surgió prestamente para cobijar bajo su tutela la realización del TN.[664]

Los cubanos embarcan

Sólo resta proveer los fondos necesarios al *team* cubano para que pueda acudir a la liza, embarcando el 2 de agosto, desde Panamá. La Argentina facilita los pasajes y los gastos imprescindibles de residencia en Buenos Aires, pero un desplazamiento exige sacrificios pecuniarios: ropa de abrigo que no se necesita en el trópico, propinas, etc. Y no es justo que los gastos extra y las preocupaciones económicas recaigan sobre los que van a luchar con todo su esfuerzo físico y mental por el buen nombre de Cuba, la cual, no olvidemos, es la patria de Capablanca, y a fuer de tal se la reconoce universalmente como *gran potencia ajedrecística*. De La Habana deben salir los componentes del *team* (López, Alemán, Blanco y Planas) el día 29 de julio, a bordo del Órbita, para reunirse con Capablanca en Buenos Aires, dando por supuesto que la comisión argentina habrá llegado a un acuerdo satisfactorio con el capitán del *team* cubano.[665]

Gran delegación chilena

La Federación de Chile se constituirá en Comisión Honoraria para recibir y agasajar a las representaciones americanas que, por vía del Pacífico, se dirijan a Buenos Aires. Numerosos aficionados acompañarán a la delegación.[666]

El adiestramiento del equipo argentino

La FADA resolvió en su última reunión que los ajedrecistas que probablemente integrarán el equipo argentino comiencen inmediatamente su adiestramiento, y a partir del 30 del corriente suspendan toda actividad, para dedicarse por completo a su preparación. El subcapitán señor Luis Piazzini dispuso la realización de varias partidas. Anteanoche se midieron en el Círculo, Piazzini – Julio Bolbochán, y en el Club Argentino, Jacobo Bolbochán – Maderna. Hoy jugarán en el Círculo, Puiggrós – Maderna, y en el Club Argentino, Piazzini – Jacobo Bolbochán. En la semana entrante participarán Grau, Guimard y Nogués Acuña. A partir del 3 de agosto todos los jugadores deberán concentrarse con el doctor Alekhine, quien actuará como profesor, hasta pocos días antes de iniciarse el torneo.[667]

Comenzaron a entrenarse los componentes del equipo argentino. El entrenamiento intenso se iniciará el 5 del mes próximo, fecha en que se efectuará la concentración del equipo en Tandil, con la intervención técnica del campeón mundial Alekhine.[668]

Comenzaron a Entrenarse los Ajedrecistas

Los componentes del equipo argentino de ajedrez que participará en la justa magna del Torneo de las Naciones, que por la copa Hamilton Russell, se disputará en Buenos Aires, comenzaron desde ayer a entrenarse.

Luis R. Piazzini y Jacobo Bolbochán jugaron en el Club Argentino de Ajedrez, y Maderna y Puiggros jugaron en el Círculo de Ajedrez.

El entrenamiento intenso se iniciará el 5 del mes próximo, fecha en que se efectuará la concentración del equipo en Tandil, que será dirigido por el campeón argentino Roberto Grau, con la intervención técnica del campeón mundial, doctor Alejandro Alekhine.

EL LOCAL DEL TORNEO

La mesa directiva de la Federación Argentina de Ajedrez, que desde hace tiempo viene realizando gestiones tendientes a obtener una sala que reúna las condiciones necesarias para poder disputarse en ella el Torneo de las Naciones, ha considerado varias propuestas de clubs deportivos de esta capital.

En su última sesión ha resuelto darle forma definitiva al proyecto de utilizar la sala del teatro Maravillas, en Victoria y San José, y hoy, tal vez, queden finalizadas las gestiones en ese sentido.

Comienza el entrenamiento del equipo argentino.
Noticias Gráficas,
27 de julio de 1939

[664] Roberto Grau, *Leoplán*, 19 de julio de 1939.

[665] Juan Corzo, *Carteles*, Cuba, julio de 1939.

[666] *La Nación*, 17 de julio de 1939.

[667] *La Prensa*, 22 de julio de 1939.

[668] *Noticias Gráficas*, 27 de julio de 1939

No viene el equipo de Estados Unidos

▮ No actuará el equipo norteamericano en Buenos Aires. Los dirigentes de la Unión consideraron desmedidas ciertas exigencias de los jugadores. Así lo informaron por cablegrama a la FADA. La decisión fue tomada después de largas negociaciones con los miembros del equipo. En cambio, vendrá la representante femenina *Miss* May Karff, quien traerá a Buenos Aires la Copa Hamilton Russell.[669]

▮ No agradó en la Unión la actitud adoptada por los ajedrecistas. La resolución de no defender la Copa Hamilton Russell causó mala impresión. Por lo tanto, los campeones no defenderán su título. El retiro fue anunciado por el señor George Emlen Roosevelt, presidente de la *National Chess Federation,* quien manifestó que había consultado a varios de los contribuyentes del fondo de que dispone la entidad para sufragar los gastos que ocasione el viaje de los cinco componentes del equipo, pero éstos le informaron que de ninguna forma podían consentir que dicho dinero se usara para enviar a un torneo de la magnitud del de Buenos Aires a un equipo en el cual no figurarían Reshevsky ni Fine.[670]

▮ La ausencia del equipo campeón de los Estados Unidos en el TN ha sido sentida en nuestro país por los dirigentes, por los aficionados, y aún por el simpatizante espontáneo que sigue cualquier manifestación deportiva, por lo que tiene de lucha y de espectáculo. A la mayor parte de los mismos les ha costado aceptar que las poderosas entidades ajedrecísticas del país del oro no tuvieran tiempo para reunir los dólares, 500 por mes y por barba, que pedían sus representados para ausentarse del país.[671]

Buscan la sede del TN

▮ La mesa directiva de la FADA viene realizando gestiones tendientes a obtener una sala que reúna las condiciones necesarias para poder disputarse en ella el certamen. En su última reunión ha resuelto darle forma definitiva al proyecto de utilizar la sala del Teatro Maravillas, en Victoria y San José, y hoy tal vez queden finalizadas las gestiones.[672]

Sale el *Piriápolis* con las delegaciones europeas

▮ El 29 de julio partió de Amberes el vapor *Piriápolis*, llevando a su bordo ajedrecistas de 16 países. Alemania ha enviado 6 jugadores, Bélgica 1, Bulgaria 5, Checoslovaquia 6, Dinamarca 6, Estonia 5, Francia 5, Holanda 6, Irlanda 5, Gran Bretaña 5, Letonia 6, Noruega 5, Polonia 5, Suecia 6, Palestina 5 y Lituania 6. El cónsul general de la Argentina y el presidente de la Federación Belga, M. van de Wauver, asistieron a una reunión ofrecida como despedida a las delegaciones. El *Piriápolis* debe llegar a Buenos Aires el 21 de agosto, después de haber hecho escalas en Pernambuco, Río de Janeiro, Santos y Montevideo. Los ajedrecistas tienen intención de salir de regreso el 29 de setiembre próximo, en el *Copacabana*, que llegará a Amberes el 24 de octubre.[673]

NO AGRADO EN LA UNION LA ACTITUD ADOPTADA POR LOS AJEDRECISTAS

La resolución de no defender la copa Hamilton Russell causó mala impresión

LOS MOTIVOS

Nueva York, 27 (H).—Muy mala impresión ha causado en las esferas ajedrecísticas de esta ciudad y, en general, en todos los círculos deportivos la decisión adoptada recientemente por la National Chess Federation, en el sentido de no enviar la representación que había sido anunciada al torneo mundial de ajedrez que tendrá efecto en Buenos Aires en el próximo mes de agosto, y, por lo tanto, de no defender la copa Hamilton Russell, que posee en la actualidad.

El retiro de los participantes de la Unión fué anunciado por el presidente de la Federación, Mr. George Emlen Roosevelt, quien manifestó que había consultado a varios de los contribuyentes del fondo de que dispone la entidad para sufragar los gastos que ocasiones el viaje de los cinco componentes del equipo, pero éstos lo hicieron saber que en ninguna forma podían consentir que dicho dinero se usara para enviar a un torneo de la magnitud del que se realizará en Buenos Aires a una representación ajedrecística de los Estados Unidos en la cual no figuraran el campeón nacional, Reshevsky, ni el destacado jugador internacional Reuben Fine.

Debido a los cambios de programa y de fechas a que se vió obligada la Federación Argentina de Ajedrez, Fine anunció hace un mes su retiro, por serle imposible trasladarse a Buenos Aires en la fecha en que se realizará definitivamente el torneo.

Por su parte, Reshevsky informó al comité local, hace algunos días, que no podría ausentarse en esa fecha de los Estados Unidos por el término de dies semanas, como ha de ser el que demandan los viajes de ida y vuelta y la participación en el torneo, a menos que se le recompense en efectivo por su pérdida de tiempo, además de pagarle los gastos que incidentalmente le ocasione su actuación en el campeonato mundial.

Duro golpe: no viene el equipo norteamericano. *La Nación*, 28 de julio de 1939

---

[669] Roberto Grau, *La Nación*, 27 de julio de 1939. *El Mundo*, 29 de julio de 1939.
[670] Roberto Grau, *La Nación*, 28 de julio de 1939.
[671] Paulino Alles Monasterio, *Mundo Argentino*, 23 de agosto de 1939.
[672] *Noticias Gráficas*, 27 de julio de 1939.
[673] *El Mundo*, 1° de agosto de 1939.

Piriápolis, **el barco de los sueños**

■ El *Piriápolis* es un barco muy bonito que pertenece a la Compañía Marítima Belga, y tiene solamente dos años de antigüedad. Debido a su inusual nombre, se difundieron chistes acerca del viaje en un viejo tubo griego –disculpas para nuestros amigos de Grecia–, pero, como la fotografía muestra, su único inconveniente es que es un barco bastante pequeño. Los ajedrecistas británicos comparten un camarote.[674]

Foto del *Piriápolis* **en** *Chess*, 20 de agosto de 1939

Capablanca viaja a Buenos Aires en el *Neptunia*

■ Después de varios días de incertidumbre, ignorando si Capablanca habría podido embarcar en la fecha anunciada en su carta del 22 de julio al comandante Jaime Mariné –director general de deportes de Cuba– en la que hablaba de su propósito de tomar pasaje en el Conte Grande, que le permitiría llegar a Buenos Aires el 26 de agosto, dos días después de iniciado el TN, otra carta posterior fechada el 29 de julio, dice a Mario Figueredo:

Embarco el 31 de julio y espero estar en Buenos Aires el 20 de agosto. La noticia ha sido confirmada por un aerograma de Capablanca al comandante Mariné, expedido desde el vapor *Neptunia*, donde aquél viaja. Así, pues, el *team* cubano y su famoso capitán habrán llegado a la capital argentina casi al mismo tiempo, y estarán listos a entrar en acción el día 23, señalado para iniciarse el gran torneo. Ni hay que decir cuán viva satisfacción nos ha producido saber que Capablanca se ha puesto en marcha sin aguardar el auxilio pecuniario que había solicitado, y que ahora se le debe enviar a Buenos Aires. Dado que él viaja con su esposa, el viático es natural que sea doble del individual concedido a los otros miembros del *team*.[675]

Después de redactada mi nota sobre el TN, llegó a la Dirección Nacional de Deportes una grata noticia. El señor De Muro, presidente de la FADA, informa al comandante Mariné que la Comisión Organizadora está dispuesta a pagar los pasajes de ida y vuelta de París a Buenos Aires, de Capablanca y su esposa. Como ya es público que los gastos de viaje y estancia en Buenos Aires corren por cuenta de la FADA, ahora la Dirección de Deportes sólo necesita proveer de recursos a los miembros del equipo, en proporción a sus necesidades, gasto pequeño en relación con los que afronta la República Argentina, y sobre todo habiéndolo hecho *heroicamente* a causa de la negativa del presidente Ortiz a facilitar íntegramente el crédito votado por el Congreso Argentino.[676]

¿Cuántos equipos?

■ A fines de julio se informa que hay cuarenta y cuatro equipos inscriptos, incluso el de Estados Unidos, que se anuncia con sus figuras estelares Reshevsky, Fine, Kashdan, Horowitz y Marshall. A fin de mes se tiene la noticia que este equipo no viene, debido a que no aceptó las condiciones económicas ofrecidas por la Federación Norteamericana. Ya se sabe que serán veintinueve los países representados, y que dos de ellos sólo presentarán participantes femeninas. De los más de cuarenta originalmente inscriptos, varios se perdieron debido a la incertidumbre del mes anterior. Desde

---

[674] *Chess* (Sutton Coldfield), 20 de agosto de 1939.
[675] Juan Corzo, *Carteles*, Cuba, agosto de 1939.
[676] Juan Corzo, *Carteles*, Cuba, agosto de 1939.

este mes el TN tiene su espacio en la radio. En Radio Fénix, a cargo de Ignacio de María y Alfredo Tenaza, se emite diariamente una hora con informaciones y propaganda del certamen, y en *Radio El Mundo*, Los Laboratorios Suarry, para su producto *Geniol,* ceden un espacio de diez minutos los jueves y domingos, que está a cargo de Carlos Enrique Guimard.[677]

Frente al compromiso del TN

▨ La FADA está frente al más duro compromiso que haya encarado entidad deportiva del mundo en ningún momento. Lo está resolviendo merced a sus solas fuerzas, y al aporte de todo el país, logrado por medio de una hábil y persistente campaña de prensa, radiotelefonía, y directa, en todas las zonas de la Nación. Delegados de la misma, integrantes de la mesa directiva, y los propios jugadores que intervendrán en la gran justa, han recorrido uno a uno todos los caminos del país, solicitando el aporte de los hombres de buena voluntad. El torneo es y será así la obra de todos, y la responsabilidad del equipo argentino se agranda ante la generosa actitud del país. Pero la verdad es que, para poder colaborar en las tareas de organización, se ha necesitado que los jugadores abandonaran su adiestramiento, y coadyuvasen en la más apremiante labor de conseguir fondos con el aporte de su prestigio. Lo han logrado ampliamente, pero se ha resentido el plan de trabajo. Y ésta es la hora en que, frente al compromiso, nuestros jugadores se aprestan a poner término a su actividad, y dedicarse al torneo en sí.

Deberán cumplir una labor precipitada para adiestrarse, ya que algunos hace tiempo que no actúan en pruebas de gran severidad. Quizás sean Guimard y quien esto escribe los que están mejor entrenados, pero ambos, también, ofrecen fallas en algunos aspectos de su técnica, que deberán ser salvadas en estos pocos días de preparación. De los demás posibles integrantes del equipo, sólo ha demostrado una preocupación real por ponerse a tono con el esfuerzo que se les exigirá, el ex campeón Luis Piazzini, quien ha disputado varias partidas con otros de los probables integrantes del conjunto. Pero la verdad es que el estado del equipo no es satisfactorio todavía, y sólo podrá opinarse sobre la eficiencia del mismo, horas antes de iniciarse la competencia. Quizá sea éste el saldo más penoso de la situación que se le creó a la FADA, al obligársele a multiplicar de tal manera sus actividades a favor de la obtención de los fondos necesarios.

No es fácil saber cuántos países participarán en el torneo, pero se puede afirmar que serán más de treinta, pues a mediados de mes ya había veintiséis naciones inscriptas, entre americanas y europeas. Se descuenta, pues, el gran éxito del campeonato. Han dado su voz de presente Estados Unidos, Alemania, Polonia, Estonia, Lituania, Suecia, Dinamarca, Francia, Gran Bretaña, Escocia, Bulgaria, Islandia, Bélgica, Holanda, Checoslovaquia, Yugoslavia, Letonia, Uruguay, Brasil, Perú, Guatemala, México, Cuba, Chile, Paraguay, Bolivia y Argentina.[678]

Viene Lituania con Mikenas.
Leoplán, 2 de agosto de 1939

¿Un *team* norteamericano?

▨ Los círculos ajedrecistas dicen que aún existe la posibilidad de que se forme y se financie en los Estados Unidos el viaje de un *team* de jugadores, a tiempo para participar en el TN. Para ello,

[677] *Caissa* n° 16, agosto de 1939, pág. 21.
[678] Roberto Grau, *Leoplán*, 2 de agosto de 1939.

sería necesario que los jugadores se embarcaran el viernes próximo, día en que sale el último vapor que llega a Buenos Aires antes de que se inicie el torneo. Anoche partieron a bordo del *Argentina* los componentes del equipo canadiense, y también viaja May Karff.

El equipo cubano está formado por Alberto López, Miguel Alemán, Rafael Blanco, Francisco Planas y la campeón femenina (Sic) María Teresa Mora. Como capitán figura el ex campeón mundial don José Raúl Capablanca, quien se encuentra en viaje a la Argentina desde Europa. Asimismo, se constituyó el equipo paraguayo, que estará formado por el doctor Luis Oscar Boettner, y los señores Augusto Aponte, Ernesto Espínola y Juan Silvano Díaz Pérez.[679]

El TN, Gutiérrez Mangel y Neruda

▨ La postergación del certamen impidió la llegada del equipo de Costa Rica, pero pese a todo el campeón de ese país llegó a Buenos Aires, en soledad. Estábamos en julio de 1939. Era un adolescente costarricense, y en Buenos Aires, aunque no pudo jugar, tuvo la alegría de codearse con figuras de la talla de Capablanca, Alekhine, Keres, Najdorf y Ståhlberg, entre otros. Pero a pesar de esta honrosa compañía, no sería propiamente en el juego-ciencia en lo que habría de destacarse el joven "tico". Joaquín Gutiérrez Mangel había nacido en Puerto Limón en 1918 y desde muy niño se había sentido atraído por el mundo de las letras, de manera que alternaba la lectura de su libro favorito, *El Robinson Suizo*, de Rodolfo Wyss,[680] con la escritura de sus primeros poemas y narraciones.

Un día, su padre lo llevó de la mano a la oficina de don Joaquín García Monge,[681] el insigne pensador y director de *Repertorio Americano*, y con su invaluable ayuda adquirió una sólida cultura esencial que lo acompañaría el resto de su vida. Poco después, en el bachillerato, bajo la orientación de Carmen Lyra,[682] escritora marxista, quien también se hace inolvidable gracias a sus libros para niños, Carlos Luis Fallas, Yolanda Oreamuno y Carlos Luis Sáenz, entre otros, fue adquiriendo conciencia política y desde entonces tomó partido por el color y el lado del corazón, junto con los pobres de la tierra. Cuando alistaba su equipaje para irse a Francia, lo sorprendió la noticia del estallido de la Segunda Guerra Mundial, lo que lo obligó a buscar otros horizontes.

En Chile acababa de triunfar el Frente Popular liderado por don Pedro Aguirre Cerda[683] y decidió enrumbar sus pasos hacia el país austral. Con dos libros de versos publicados, Poesía (1937) y Jicaral (1938), no tardó en hacerse amigo de Pablo Neruda, quien lo vinculó a periódicos y revistas de Santiago, donde el costarricense inició una carrera periodística sin precedentes que lo llevaría más tarde a Europa, la URSS, China y Vietnam y en dos ocasiones a la clandestinidad.[684]

El campeón costarricense, en Buenos Aires

▨ Se ha iniciado en la república hermana de Costa Rica el gran cotejo nacional, a fin de clasificar el *challenger* que habrá de disputarle el título al actual campeón nacional Joaquín Gutiérrez Mangel, quien se encuentra en este momento en Buenos Aires, representando a su país en el TN.[685]

[679] *La Nación*, 30 de julio de 1939.

[680] *El Robinson suizo* o *La familia Robinson suiza* es una novela de 1812, que trata de una familia suiza que naufraga en las Indias Orientales de camino a Port Jackson (Australia).

[681] Joaquín García Monge (1881-1958) fue un destacado escritor y educador costarricense. Fue autor de *El Moto, Las Hijas del Campo, Abnegación, La Mala Sombra*, y fue declarado Benemérito de la Patria (1958).

[682] Carmen Lyra, seudónimo de María Isabel Carvajal Quesada (1887-1949) fue una escritora, pedagoga y política costarricense. Es considerada una de las escritoras más importantes su país.

[683] Presidente de Chile.

[684] *Joaquín Gutiérrez: La Literatura como un acto de Fe,* por José Luis Granados, Canal RSS Noticias WEB. Joaquín Gutiérrez, ex campeón costarricense, se radicó luego en Chile, y participó en el famoso Torneo de Viña del Mar 1945, junto a Najdorf y Guimard, entre otros. Nota del autor.

[685] Juan Corzo, *Carteles*, Cuba, agosto de 1939.

Aunque hubo dificultades invencibles para que Costa Rica mandase su equipo, la pequeña y culta República Centroamericana estará representada en el TN por su campeón Joaquín Gutiérrez Mangel, que tomó su pasaje en el *Órbita*. Supongo que con otros ajedrecistas de Nicaragua, Guatemala, etc., se formará un equipo centroamericano.[686]

Los bolivianos se preparan.

El TN y un esfuerzo feliz

▮ "Hay que cumplir con la palabra argentina". Magro capital con el cual la FADA inició su magnífica gesta a favor del TN, afrontando la utópica tarea de recaudar, pese a peso, la montaña de dinero que necesitaba para hacer disputar el gran torneo. Hubo momentos de pánico, de gravedad, de indecisión. Hubo que apelar a la buena voluntad de algunos equipos americanos, que decidieron, a última hora, afrontar sus gastos de traslado, y así, con más de una dolorosa exclusión, se logró concretar el magnífico esfuerzo actual. Nada menos que veintiséis equipos están por terminar su viaje a nuestro país, y entre los mismos se encuentran, con sólo una grave excepción, las combinaciones más poderosas del mundo. Pero el triunfo ha sido, por esta causa, doblemente meritorio.

Por medio de su tenacidad, de su labor, de su campaña, y de la cordial buena voluntad de los gobernantes, de hombres públicos, de gobiernos provinciales, de obreros, de literatos, de grandes y chicos, de poderosos y humildes, logró la FADA juntar la suma necesaria de dinero para embarcar los equipos extranjeros, que se hermanarán en esta memorable justa deportiva. La única nota penosa ha sido la actitud del *team* de los Estados Unidos, que capitanea Marshall, y que planteó graves exigencias de dinero a sus connacionales, para actuar en defensa de la Copa Hamilton Russell, tan gallardamente conquistada por él en los últimos torneos. (...)

A pesar de todo, el torneo es el más importante realizado en el mundo hasta la fecha, y probablemente, el de la más acusada trascendencia, pues significa la incorporación definitiva de todas las Américas al concierto del ajedrez mundial, así como también la difusión amplia y categórica del juego-ciencia por todo el continente americano. Con su realización, además, habrá quedado cumplida una palabra argentina, empeñada ante el mundo.[687]

Alekhine en Tandil y Santa Fe, y el TN

▮ El 19 de agosto el campeón mundial visita Tandil, donde ofrece una sesión de simultáneas. La sesión había sido anunciada a cien tableros, pero los organizadores se sorprendieron porque Alekhine no quiso jugar más de veinticinco. En la sala había sentada una mayor cantidad, pero Alekhine los contó, e hizo levantar a los que sobraban, hasta quedar esa cantidad. En su partida con A. B. Orofino, que vino desde Necochea para participar en la simultánea, Alekhine cometió un serio error en la jugada 33ª, y siguió al tablero contiguo, pero inmediatamente volvió y cambió la jugada. Sirvió esta partida para mostrarnos al campeón del mundo en su aspecto irascible y poco caballeresco, con un excesivo deseo de ganar, que no era necesario por los contrarios que enfrentaba. Empató dos partidas, con los señores Guillermo Teruelo y Lino Marcolín.[688]

▮ El nivel técnico de los ajedrecistas argentinos es cada vez más elevado. (...) Un ejemplo aleccionador lo han dado los aficionados de Santa Fe, en cuya ciudad actúa una falange de notables

La Esfera, de Caracas,
23 de agosto de 1939

---

[686] Juan Corzo, *Carteles*, Cuba, agosto de 1939.
[687] Roberto Grau, *Leoplán*, 16 de agosto de 1939.
[688] *Enroque!!* nº 1, pág. 18, y nº 3, pág. 19. *La Nación*, 22 de agosto de 1939.

ajedrecistas, con los cuales jugó el doctor Alekhine con el resultado +12 =12 -1. En la foto, aparece el intendente Municipal, señor Bobbio, acompañado de algunos miembros de la Comisión Honoraria pro TN, y del campeón argentino Roberto Grau, poco antes de iniciarse las simultáneas, con resultado de +29 =6 -5.[689]

Entrenamiento del equipo argentino en Adrogué

■ En Adrogué se iniciará hoy la preparación del equipo argentino. Luego de contemplar la urgente necesidad de darle las facilidades más indispensables para poder intervenir en las luchas próximas con una adecuada preparación, dispuso en la última reunión de su consejo directivo, la concentración los ajedrecistas que, una vez efectuadas las selecciones correspondientes, formarán la representación definitiva. La FADA resolvió que los componentes se reúnan en Adrogué, con la intervención técnica del campeón mundial Alekhine. Se concentraron Grau, Guimard, Piazzini, Jacobo y Julio Bolbochán, Nogués Acuña, Pleci y Maderna.[690]

■ Después de haber realizado una magnífica labor pro-recolección de fondos para la realización del TN, los ases integrantes del equipo argentino, que luchan en él por el triunfo del ajedrez nacional, se *concentraron* voluntariamente en Adrogué para someterse a un intenso entrenamiento, y conseguir así, en pocos días, lo que, de no haber surgido dificultades para la realización del torneo, podían haber hecho cómodamente en más largo plazo: estar en forma para defender dignamente el pabellón deportivo argentino. La foto, que muy bien puede ser histórica, muestra a nuestros pundonorosos ajedrecistas en el campo de concentración de la citada localidad.[691]

El equipo argentino en el Hotel La Delicia, de Adrogué. En la mesa, de izquierda a derecha, Grau, Nogués Acuña, Guimard, Jacobo Bolbochán, Paulino Alles Monasterio y Pleci. *Mundo Argentino*, 23 de agosto de 1939

[689] Roberto Grau, *Leoplán*, 16 de agosto de 1939.
[690] *La Nación*, 2 de agosto de 1939.
[691] Roberto Grau, *Leoplán*, 30 de agosto de 1939.

En el *Hotel La Delicia*, de Adrogué, se concentraron ayer los ajedrecistas, iniciando su entrenamiento que cuenta con la intervención técnica del campeón mundial Alekhine. Se dispuso que jugaran una partida en consulta Alekhine – Maderna contra Guimard, Piazzini y Puiggrós, que fue fiscalizada por Grau y terminó tablas en la 46ª jugada. Con todo, el equipo no está completo, pues faltan los hermanos Bolbochán, que recién se incorporarán el lunes, y el aficionado Alejandro Nogués Acuña, que por razones especiales no pudo intervenir ayer en la primera sesión, aunque está alojado en el mismo hotel.

Se PREPARAN como atletas para

El equipo antes de la partida de entrenamiento: Maderna, Alekhine, Grau, Guimard, Jacobo Bolbochán, Puiggrós y Julio Bolbochán. Mundo Argentino del 23 de agosto de 1939

En opinión del señor Grau, el equipo ganaría en eficiencia si se contara con la colaboración del maestro Pleci, y en este sentido ha recomendado a las autoridades de la FADA que deben agotarse los medios para conseguir su participación. El adiestramiento continuará todos los días menos los sábados, que serán dedicados al descanso.[692]

TABLAS RESULTO LA PARTIDA JUGADA EN CONSULTA EN EL CAMPO DE CONCENTRACION

Entrenamiento intensivo del equipo argentino. *El Mundo*, 4 de agosto de 1939

Una intensa sesión preparatoria realizó el *team* de ajedrez. Nogués Acuña y Piazzini disputarán un *match* por el tercer puesto del ranking. Nunca en la historia nacional se ha encarado el adiestramiento de los jugadores internacionales de una manera más intensa. La FADA aceptó un plan propuesto por el capitán del equipo que comprende, además de minuciosos estudios técnicos sobre el juego, una serie de actividades físicas que han de permitir a los integrantes del conjunto hallarse en las mejores condiciones para soportar une esfuerzo tan intenso como el que se les exigirá. Concentrados en un hotel de la vecina localidad de Adrogué, han preparado un plan de trabajos técnicos para encarar, en los 20 días que dispondrán para su preparación, los problemas más complejos del ajedrez moderno. En la tarde de ayer se analizaron una serie de variantes técnicas de un determinado planteo, que no se ha dado a conocer para mantener la reserva necesaria, por tratarse de algunos temas novedosos de la estrategia de las aperturas.

Esta tarde jugarán varias partidas entre sí, y para darle mayor seriedad a una de ellas, Nogués Acuña y Piazzini han resuelto iniciar un *match* por el desempate del tercer puesto del ranking nacional, a cuatro partidas. El doctor Alekhine no concurrirá esta tarde, pues por la noche deberá jugar una serie de partidas sin ver el tablero; en cambio, mañana se realizará una sesión en pleno, y en ella jugarán Alekhine – Piazzini contra Guimard. Estas exhibiciones, como las anteriores, son secretas, y no se admitirán por esta causa visitas en el lugar hasta pasadas las 20 horas.[693]

---

[692] Paulino Alles Monasterio, *El Mundo*, 4 de agosto de 1939.
[693] Roberto Grau, *La Nación*, 4 de agosto de 1939.

Una intensa sesión preparatoria realizó el team de ajedrez

Nogués Acuña y Piazzini disputarán un match por el 3er. puesto del ranking

BUENA IMPRESIÓN

Todos concentrados en La Delicia.
La Nación, 4 de agosto de 1939

■ Con la intervención de Alekhine y Grau se jugó una partida de práctica. El equipo argentino continúa su adiestramiento sin apartarse del riguroso plan trazado. Ayer se enfrentaron Alekhine – Grau frente a Guimard, Piazzini y Puiggrós. En las cinco horas que duró el cotejo se ensayaron planteos novedosos y se desarrollaron temas de importancia. El juego fue tablas, demostración del excelente estado exhibido por los ajedrecistas. Hoy se iniciará el *match* de desempate Piazzini – Nogués Acuña.[694]

■ Se intensificó ayer la actividad del equipo, con la incorporación permanente de Jacobo y Julio Bolbochán. Por la tarde se inició el *match* Piazzini – Nogués Acuña. La partida tuvo un desarrollo muy complejo y señaló un equilibrio pronunciado, ya que ambos rivales mantuvieron posiciones de equivalente valor estratégico. Al suspenderse, Nogués Acuña tenía ventaja de un peón, pero la posición es muy difícil de forzar. Hoy se enfrentarán en consulta Nogués Acuña – Jacobo Bolbochán frente a Guimard – Maderna, y Puiggrós será rival de Julio Bolbochán. El Burzaco Fútbol Club resolvió ceder sus instalaciones a disposición del equipo concentrado.[695]

Los argentinos se entrenan

■ Ya se encuentran concentrados los posibles integrantes del equipo argentino. Están en pleno contacto con la naturaleza, en la serenidad de un agradable rincón de la vecina localidad de Adrogué, respirando un perfume de paz, lejos de ruidos mundanales, y un tanto distanciados de las preocupaciones cotidianas. Hay otra faceta, y es el afianzamiento de la fortaleza física. Roberto Grau, en un paréntesis de su agitada ejercitación física, que despliega con singular entusiasmo, dando un ejemplo de actividad a sus camaradas, nos declaraba sobre este particular:

Mi experiencia de varios torneos como el que ahora vamos a disputar, me autoriza a pronunciarme categóricamente sobre la necesidad de nuestro entrenamiento físico. En estos torneos se juegan dos partidas diarias, y cada una de ellas insume, lo menos, cuatro horas de constante atención, y en ese ir y venir de los trebejos, ocho horas de cerebración intensa, de aspiraciones encontradas donde se ponen a prueba los nervios más templados.

No hay ninguna duda. El jugador, al final, termina agotado y no dispone de muchas horas para recobrar energías, pues el día siguiente debe estar pronto para las nuevas partidas. Y éstas, por razones imperiosas, deben realizarse en 20 días. Los que participamos en estas luchas sabemos cuán difícil es mantener el mismo nivel cuando las energías se agotan. Y los errores ocurren con frecuencia cuando no se tiene la preocupación de acumular reservas estratégicas, cuando se olvida la preparación física.

¿Y la preparación técnico-ajedrecística?

---

[694] Roberto Grau, *La Nación*, 7 de agosto de 1939.
[695] *La Nación*, 8 de agosto de 1939.

Se realiza con la participación del doctor Alekhine. Se juegan partidas en consulta de 14.30 a 19.30, que es el horario impuesto para la actividad ajedrecística. Y se dejan para el día siguiente los comentarios sobre los distintos aspectos del juego: apertura, medio juego, final.

¿Cuál será nuestro equipo?

Todavía no hay nada en definitiva. Creo que en estos momentos hay sólo dos jugadores en situación de privilegio: Guimard y yo. Fue mi rival de ayer en el Campeonato Argentino, y sabemos de cuánto es capaz. En los otros puestos será difícil la elección. Bien podrían ocuparlos Piazzini, Jacobo Bolbochán, Nogués Acuña, Maderna o también Julio Bolbochán. Lo único que lamento es que Pleci no esté ya entrenándose, pues lo considero un elemento valioso. He pedido a la FADA que agote los medios para que esté con nosotros.

▉ Nos despide Grau con un afectuoso apretón de manos, y se acerca a Nogués Acuña, mientras éste monta, bajo los altos eucaliptos, un brioso corcel, dispuesto para el paseo matinal.[696]

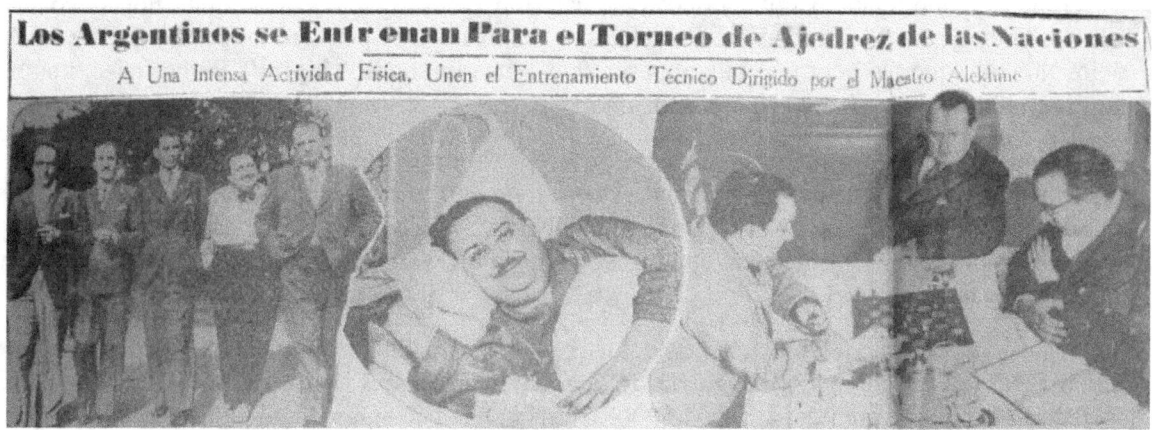

Eucaliptos y corceles en *La Delicia. Crítica*, 6 de agosto de 1939

Un emotivo mensaje desde Córdoba

▉ Señeros ajedrecistas harán surtir desde hoy en Buenos Aires un hontanar de enseñanzas.

Un emotivo mensaje desde el diario *Córdoba*, 23 de agosto de 1939

Las vivencias de De Muro en *La Gaceta*

▉ Tomado de un reportaje de Augusto De Muro a *United Press*, *La Gaceta* publica un amplio resumen de sus declaraciones:

[696] *Crítica*, 6 de agosto de 1939.

* El TN dejará muchas enseñanzas: implantación del ajedrez mediante campeonatos nacionales, divulgación de sus principios entre los estudiantes de enseñanza secundaria y a los suboficiales del ejército y la armada, a la creación de numerosos clubs y en todo aquello que de cualquier manera se vincule a esta actividad cultural

* La FADA consideró desde un primer momento que, si bien el Estado contribuía con una parte de los gastos, le correspondía hacer un gran esfuerzo para cubrir la diferencia. Pero nosotros nos excedimos: invitados ya todos los países, nos encontramos con la noticia de que el subsidio aprobado por el Congreso quedaba reducido en sus cuatro quintas partes. ¿Qué hacer en la emergencia? Hubo un rato de desfallecimiento, pero enseguida reaacionamos y decidimos seguir adelante. Nos lanzamos a la lucha "con dos torres menos" pero con la esperanza del triunfo.

* Los comienzos fueron duros y pintorescos. Al iniciarse la campaña advertimos que carecíamos de dinero para adquirir las estampillas destinadas al envío de 200.000 cartas de promoción. Nos salvó el doctor Adrián Escobar, director general de Correos y Telégrafos, quien nos abrió un crédito.

* Tampoco podíamos afrontar el costo de las imprentas, y de nuevo alguien nos salvó. Miguel Briuolo, el ex diputado socialista, puso a nuestra disposición la pequeña imprenta que tiene con un socio. Nos dijo que "lo peor que puede pasar es que nos hundamos juntos". En ese caso, nos hundiríamos en buena compañía y por una causa noble.

* Frente a la fecha de embarque de los jugadores debíamos pagar una cuota muy importante y no teníamos un centavo. Intentamos obtener un crédito en el Banco de la Nación con la firma solidaria de todos los miembros de la FADA, pero había que llenar muchos requisitos. Pedimos $ 10.000, ¡pero nos encontramos con la sorpresa de que nos adjudicaban 20.000! Enseguida pagamos la cuota angustiosa de los pasajes.

* Vale la pena haber vivido esas emociones y esos momentos de intranquilidad aguda, porque cada dificultad vencida era un nuevotriunfo que nos llenaba de orgullo. Ahora haremos el torneo, y las deudas, que alcanzan todavía a $ 170.000, serán abonadas con ayuda de todos: del Poder Ejecutivo porque el presidente Ortiz ha de querer ayudarnos; de los gobiernos provinciales; de las instituciones, de las comisiones honorarias, y quizá del Concejo Deliberante de la ciudad, que tiene en sus manos el proyecto de un concejal radical, al que los socialistas han decidido apoyar, lo mismo que los antipersonalistas y los demócratas nacionales. La ausencia del Concejo sería imperdonable.

* La fe mueve montañas y la fe ha hecho este TN, el más importante torneo que se haya hecho hasta ahora en el mundo. La FADA demuestra que el pueblo responde a todos los llamamientos generosos. Dejarse vencer no es para nosotros. Por eso triunfamos y por eso tiene tanta simpatía el TN.

Caricatura de Grau, Bolbochán, Piazzini, Guimard y Pleci. La Gaceta, Tucumán, 23 de agosto de 1939

Notable ajedrez político de *La Vanguardia*

Con un humor corrosivo, el diario socialista La Vanguardia hace una descripción ajedrecística de los actuales acontecimientos mundiales. Aparecen los trebejos mezclados con von Hitler, Franco, Ribbentrop, Stalin, Bonnet, Mussolini, Daladier, Chamberlain, y lugares geográficos como Danzig y Gibraltar.[697]

---

[697] Georges Bonnet (1889-1973) fue un político francés. En 1938 fue designado ministro de Asuntos Exteriores del gobierno de Édouard Daladier. Defendió la política de apaciguamiento con la Alemania nazi.

LOS RECORTES

LA VANGUARDIA

EL DIA

TORNEO POLITICO DE LAS NACIONES

HOY que se inicia en nuestra capital, el Torneo de las Naciones, que reunirá aquí a los más famosos jugadores internacionales de ajedrez, intentemos describir la partida de ajedrez político que actualmente juegan demócratas y totalitarios, sobre el tambaleante tablero de la Vieja Europa.

* * *

PIEZAS

BUENAS piezas y malas piezas intervienen en este torneo político de las naciones y son REY BLANCO (el de Italia, llamado también rey petiso e "imperatore"), REINA BLANCA (Bonnet), REINA NEGRA, (Ribbentrop). Estas dos reinas tienen juego libre, van y vienen y saltan a través de los cuadros, con plena libertad. Caminan en línea recta, en diagonal, y también en línea tortuosa. TORRE NEGRA, (Stalin). Esta torre es una torre de marfil. Debiera ser roja, pero resultaría como el rabanito. Rojo por fuera, y blanco por dentro. Así, pues, vamos derecho viejo a lo negro, suponiendo que es la cáscara del rabanito echada a perder. TORRE BLANCA, Danzig, blanca y trémula porque presiente su próxima tragedia. ALFIL BLANCO, (Daladier). ALFIL NEGRO (Mussolini). CABALLO BLANCO, (Halifax. A éste le ha tocado el nombre de un whisky, por eso se lo toman con facilidad. CABALLO NEGRO, (Hitler). Este es negro por fuera, y por dentro). PEON BLANCO, (Chamberlain). Este es el peoncito de los mandados, el correveidile diplomático más chambón de los tiempos presentes. PEON NEGRO, (Franco. Este es peón, pero mucho, al revés de lo que diría Roberto. Y es negro, porque se crió en el Africa y ahora piensa dedicarse exclusivamente a asuntos africanos. Estará en su papel).

* * *

LA PARTIDA

SE inicia la partida con el movimiento del peón blanco, (Chamberlain). Este peón tiene una característica. Viaja en paraguas. Por eso no llega nunca. Pretende llegar a la torre negra (Stalin) y quiere pedirle amparo en su fortaleza. La torre hace unos movimientos de coqueta y luego le da la espalda.

—PEON BLANCO, (Chamberlain. Arroja el paraguas contra el suelo, y lo pisotea, al momento que exclama) — ¡traición!

—PEON NEGRO, (Franco. Avanza un cuadro y se coloca frente al peón blanco, con los brazos en jarra, como una manola y elevando el taco de su bota en la arena, grita, con voz en falsete). — ¡Gibraltar! ¡Gibraltar!

—CABALLO BLANCO, (Halifax), Alarmado por los gritos del peoncito blanco, sale dando saltitos. Aparentemente, tiene mucho brío. Pero luego resulta un vulgar matungo y se queda ahí nomás, con la gloria de lo que fué. Parece que tiene miedo.

—CABALLO NEGRO (Hitler). Es un caballo comilón, que busca, además, "espacios vitales" para acomodarse mejor. Ya se ha comido varias piezas muy apetitosas de las blancas. Y ahora, con un saltito de pequeño Atila, ha dado jaque a la torre de Danzig. La pequeña fortaleza no tardará en ser comida por el voraz caballo negro.

—ALFIL NEGRO. (Mussolini). — Este es de los que ataca como saeta con discursos, trailones y ametralladoras. Pero en esta ocasión, permanece quieto en su cuadro. Non parla, ma se frica.

—ALFIL BLANCO. (Daladier). — Realiza movimientos nerviosos, en diagonal. Como es diplomático, no conoce el camino de la línea recta. Se ha movido de su cuadro, amenazando por un lado, al caballo negro, y advirtiendo, por otro, sus movimientos, al caballo y al peón de su mismo color. Por momentos parece que va a dar jaque, pero se queda en apronte.

—TORRE BLANCA, (Danzig). — Jaqueada por el caballo, quiere moverse, pero no puede. Pide auxilio a sus presuntos defensores. Pero estos parecen desconcertados. Y en vez de ayuda, sólo le hacen guiñadas.

—TORRE NEGRA. (Stalin). — Desde su cuadro ubicado en el lado oriental del tablero, ríe con risa sarcástica, celebrando íntimamente el jaque que le han dado a la otra torre. Parece que en el momento decisivo, estará con el caballo negro, al que, por su color totalitario, se siente ligado.

—REINA NEGRA. (Ribbentrop). — Sale apresuradamente de su cuadro y se coloca al lado de la torre de su mismo color. Como son del mismo bando negro, queda establecido que entre ellas no habrá agresión. Y ambas buenas piezas, ayudarán al caballo negro cuando deba caer la torre blanca.

—REINA BLANCA. (Bonnet). — Se mueve de un lado a otro, se agarra la cabeza, patea, golpea los puños contra el tablero, de pura rabiosa, por la mala jugada de la torre negra. Finalmente, los dos reyes, arrinconados en sus respectivos rincones del tablero, parecen tranquilos y confiados por la fuerza que les rodea. Pero el rey negro y petiso, elevando la mirada por sobre las buenas y las malas piezas del tablero, grita a su contrario, el rey blanco:

—¡Eh! ¡Colega! ¿Qué piensa usted de lo que ocurre ahora en Europa?

Y el rey blanco, rey de Albión, contesta filosóficamente:

—Pienso que algún día a usted y a mí, pueden darnos jaque... y mate.

Un torneo político.
La Vanguardia,
23 de agosto de 1939

Acondicionan el Teatro Politeama

Una comisión de la FADA visitó ayer por la mañana la sala del Teatro Politeama, con el fin de imponerse sobre las modificaciones necesarias para ofrecer el máximo de comodidades al público. A pesar de que se efectuarán algunos arreglos no incluidos en el plan primitivo de trabajos, la ubicación de las mesas de juego no experimentará cambio alguno, aun cuando a la fila central se agregará otra hilera de tableros.[698]

[698] Roberto Grau, *La Nación*, 5 de agosto de 1939.

███ La FADA ha resuelto definitivamente que el TN se efectúe en la sala del Teatro Politeama. Tal decisión responde a la indispensable necesidad de ofrecer a los ajedrecistas y al público en general una comodidad que no hubiera brindado un local de escasa capacidad. Se sumaron luego los inconvenientes que hubiera reportado una sala de ubicación poco céntrica. El Politeama cuenta con amplia capacidad, siendo su ubicación sumamente adecuada, ya que está ubicada en uno de los puntos centrales de la ciudad. Elegido el escenario, la FADA ha estudiado las modificaciones que se introducirán en la sala a los efectos de evitar al público los inconvenientes que podría producir una asistencia numerosa. Así, la entidad ha decidido colocar los tableros en forma de hemiciclo, bordeando los palcos bajos, y ubicar otra fila de mesas en dirección del escenario, hasta poco antes de la entrada de la sala.[699]

Se preparan como atletas para conquistar el Campeonato Mundial [Grau]

███ Los ajedrecistas que componen el equipo argentino para el TN fueron concentrados en un hotel de la vecina localidad de Adrogué, cumpliéndose una resolución del Consejo de la FADA. Como si fueran representantes de un violento deporte, tales como el box o el remo, debieron someterse a rigurosas disposiciones de vida higiénica, alternando el ejercicio físico moderado, con el estudio y el adiestramiento ajedrecístico. Aire puro y vida sana para acumular energías que se derrocharán en tres semanas de torneo. ¡Cuántos deportistas de abultadas masas musculares se sentirán un tanto desposeídos de sus fueros al leer estas líneas y comprobar que el entrenamiento y la confinación, hasta ahora tenidoscomo un aspecto esencial de los reportes rudos, también se aplica a preparar abstraídos que puedan aguantar cinco horas de continua atención sin caerse mareados debajo de la mesa!

¡Pongamos en jaque al prejuicio vulgar que asigna al ajedrecista una capacidad para el esfuerzo inferior a la normal! Estos muchachos recluidos en Adrogué son verdaderos atletas del deporte intelectual. Y los hay entre ellos que tienen preferencias por ciertas actividades físicas. Así, Jacobo Bolbochán, que cambió con el conocido boxeador italiano Herminio Spalla,[700] lecciones de ajedrez por clases de boxeo, en cuanto llegó al campo de concentración preguntó si habían llevado un *punching ball*. En cambio, Luis Piazzini y Alejandro Nogués Acuña se fueron con todo el equipo que necesita un jinete, y dicen que hasta con poncho.

El ajedrez no es digestivo

███ El capitán del equipo y jefe de adiestramiento es el actual campeón argentino Roberto Grau. Toda la delicada y compleja tarea del entrenamiento recae en su persona; debe estar en todo, y en verdad no se le escapa detalle, pues le ayuda una larga experiencia. El conocimiento que tiene de sus hombres le confiere una autoridad que no necesita evidenciarse para conseguir lo que desea. La primera orden que dio fue durante un almuerzo en el que el flaco Maderna –como le dicen en campamento– se había puesto a discutir con Julito Bolbochán, que es más flaco en verdad, sobre una variante de la apertura de la dama. Ordenó Grau:

Prohibido hablar de ajedrez durante las comidas. Recomiendo, en cambio, que alguno nos dé una conferencia sobre la mejor forma de preparar una trucha salmonada del Traful.

[699] Roberto Grau, *La Nación*, 8 de agosto de 1939.
[700] Erminio Spalla (1897–1971) fue un boxeador italiano, actor, escultor y cantante de ópera. Fue el primer boxeador de ese país en ganar el título de campeon de Europa en la década de 1920.

Dijo por ahí Guimard:

Yo no sé nada de pescados, pero podría darle la receta de algunos platos santiagueños, de ésos que llenan la boca de agua, y demás ingredientes culinarios.

Hubo grave preocupación de los mozos, que no terminaban de traer platos.[701]

Cómo viven en Adrogué

█ A las 8 de la mañana se levanta Grau y comienza a recorrer las habitaciones donde se alojan sus hombres, en el Hotel La Delicia.[702] Hemos llegado al hotel a esas horas; todavía tienen sus patios y corredores la modorra del despertar. Las puertas y postigos, bien cerrados, sólo nos muestran, a través de los vidrios, tradicionales cortinas de encaje. Detrás de ellas, en las más, está el sueño que sospecha fresca la mañana. En un rincón del patio el viento juega al remolino con unas hojas secas. En el otro extremo, el sol pinta en la pared luces y sombras. Seguimos con Grau y subimos una escalera que conduce al primer piso; él va en traje de circunstancias, con un saco de entrecasa de abrigada vicuña que recorta sumítica silueta, y calza unas chinelas del mismo género. Un espejo grande, en un rellano, nosdevuelve la atención. Llegamos a una habitación con la puerta entreabierta. Entramos. Allí se alojan los hermanos Jacobo y Julio Bolbochán; en otra pieza contigua, Carlos Maderna y Carlos Guimard, y cerca de ellos, Alejandro Nogués. Se nos ocurre preguntar a Grau:

¿Quién es el más dormilón de todos?

¿Y quién va a ser? ¿No se lo imagina?

¿Y el más madrugador?

Nogués se levanta siempre temprano. Lo tiene por hábito.

Terminada nuestra breve visita a los dormitorios, desandamos el camino y bajamos a la parte un tanto abandonada que hay en la parte posterior del edificio. El parque tiene más de dos hectáreas de superficie. Una paz y silencio señoriales se han ido acumulando en muchos años entre los corpulentos eucaliptos. Por mucho que silbe una cercana locomotora, y por fuerte que muja el estridente claxon de algún auto, todos los ruidos, tamizados a través de las frondosas copas, llegan a nuestros oídos ciudadanos con una suavidad de eco. Me dice Grau:

Ahí detrás de esos árboles tenemos una cancha de tenis, donde peloteamos un rato para hacer ejercicio.

Dos estatuas de mármol con la nariz rota, maculadas por el musgo, vigilan desde sus altos pedestales sendos bancos cercanos de grueso mármol blanco. Tenemos la impresión de que nos invitan a dar un paseo por la frondosa avenida que jalonan. Nos pregunta Grau:

¿Usted ya desayunó?

Sí, pero le aseguro que podría hacerlo otra vez.

[701] Roberto Grau, *La Nación*, 8 de agosto de 1939

[702] Las instalaciones del hotel *La Delicia*, inaugurado el 1º de diciembre de 1872, originalmente residencia de verano de Esteban Adrogué –fundador del pueblo– han cobijado a numerosas celebridades durante su época de esplendor, entre fines del siglo XIX y principios del siglo XX. Entre sus huéspedes y visitantes ilustres se destacaron Jorge Luis Borges y los presidentes Carlos Pellegrini y Domingo Faustino Sarmiento. Demolido a fines de los años 1950, en su solar se alzan actualmente el Colegio Nacional Almirante Brown, locales comerciales, residencias y el Pasaje La Delicia.

Efectivamente, allí están todos. Circulan los diarios de mano en mano. Cada uno tiene su tema preferido. Terminado el desayuno, salimos todos a hacer un paseo, que se prolonga una media hora. De vuelta al hotel, comienzan unos breves *matches* de ajedrez relámpago, para despejar el cerebro. Otros revisan libros y revistas que han cedido Grau y el doctor Alekhine.

Julio Bolbochán se dedica a hojear un libro en holandés, escrito por el ex campeón mundial, doctor Euwe. De pronto, nos dice:

> Fíjense en este comentario que da aquí Euwe. ¡Qué lástima que yo no entienda el holandés! La variante parece estupenda. ¿Vamos a verla?

Una partida se interrumpe para ver la variante. Alguien saca a relucir un ajedrez de bolsillo. Todos desean poner a prueba la línea de juego que ha llamado la atención. Grau interviene en los análisis. Cada cual da su opinión. En un momento, el tablero se ve rodeado por todos los jugadores.[703]

La partida en consulta

■ Y así pasa la mañana, con un aperitivo hecho a base de quince minutos de gimnasia sueca. Luego se almuerza, y a las dos de la tarde llega el doctor Alekhine, dispuesto a darles cinco horas de trabajo en una partida en consulta que va a poner a prueba los mejores conocimientos. Al día siguiente, la partida en consulta y sus posibles variantes sirven desde la mañana hasta la noche, de tema inagotable. Cada uno ha escrito sus observaciones, y no falta quien se preste a discutirlas sobre el tablero.

La partida en consulta se desarrolla en dos habitaciones cercanas, donde se instalan los equipos contrarios, y están lo suficientemente alejadas como para que no se molesten con las conversaciones que motiva la elección de las movidas. Alguien se encarga luego de transmitir en voz alta cada golpe. Cuando menos se piensa ya se han apoderado las sombras de los rincones y hace falta hacer luz. Algún reloj da la hora, que se calcula. La tarde ha pasado sin darse nadie cuenta. Los equipos se reúnen para ver las incidencias sobre un solo tablero. Pregunta Puiggrós:

> *En cierto momento, ¿por qué no jugaron tal cosa?*

Dice una voz sobradora:

> Porque tuvimos miedo al ataque.

Y como ha llegado el momento del macaneo libre, y el doctor Alekhine se da cuenta del tono de la disputa, se despide hasta el día siguiente. Mientras tanto, el descanso se encargará de poner un poco de orden y seriedad en las discusiones.

Nos retiramos sin haber visto la partida. Las aperturas que se juegan se mantienen en secreto. Las variantes, lo mismo. Grau, que todo lo vigila, insiste en mantener encerrado en la más rigurosa incógnita un verdadero arsenal de conocimientos. Mientras nos acompaña hasta la puerta, le preguntamos:

> *¿Qué puesto le pronostica usted a nuestro equipo en el TN?*

> Eso es más fácil contestarlo no siendo capitán del equipo; ¿no le parece?

---

[703] Crónica de Paulino Alles Monasterio.

Sí, pero a esta altura del adiestramiento usted ya debe tener un concepto formando sobre la potencia del conjunto.

Y bueno. Diga que del tercer puesto no bajamos.

¿Cómo se distribuirán los jugadores?

Eso todavía no puedo anticipárselo. Jugaremos como titulares Guimard y yo. Lo demás está por decidirse, y no sabe lo que lamento la ausencia de Pleci, pero creo que al fin estará con nosotros. Para mí, el equipo ideal sería el que fue a Estocolmo.

Nos despedimos. Mientras íbamos camino a la estación del ferrocarril, recordábamos aquel torneo de Estocolmo. ¡Ya lo creo que con ese *team* se podría llegar primero![704]

En plena concentración, Grau se muestra optimista

■ Los ocho ajedrecistas criollos siguen con toda dedicación y entusiasmo realizando su entrenamiento, concentrados en el hotel de Adrogué. Se preparan para el TN. La preparación bajo las órdenes de Grau se cumple con toda meticulosidad al plan establecido de actividad deportiva por la mañana, y de sesiones de ajedrez privadas en horas de la tarde, teniendo por consultor técnico al doctor Alekhine. El espíritu de esa muchachada es excelente. A los ocho, posiblemente se agreguen Pleci y Fenoglio, dependiendo esta circunstancia que se les consignen los permisos respectivos en sus empleos.[705] De esos ocho habrá que elegir cinco, cosa que hará la FADA conforme a la opinión de Roberto Grau pocos días antes de iniciarse el torneo.[706]

Optimismo en la concentración de Adrogué.
Crítica, 9 de agosto de 1939

El *team* argentino prosigue su activo entrenamiento

■ Los ajedrecistas argentinos continuaron analizando ayer las diversas tácticas propuestas por varios integrantes del equipo. La anunciada partida Alekhine – Nogués Acuña frente a Jacobo Bolbochán – Maderna, tuvo un desarrollo prolongado, y se resolvió a favor de los primeros luego de ofrecer detalles de interés en la apertura y el medio juego. También se jugó el encuentro Puiggrós – Julio Bolbochán, que fue suspendido en mejor situación para el segundo. La partida suspendida Piazzini – Nogués Acuña, fue declarada tablas.[707]

Necesidad de fondos, y bienvenida

■ La FADA, que próximamente deberá cubrir gastos importantes, solicita de las Comisiones de Honor que aún no lo han hecho, el rápido envío de los fondos hasta ahora recaudados. Una dele-

---

[704] Nota de Paulino Alles Monasterio, *Mundo Argentino*, 23 de agosto de 1939.
[705] Pleci trabajaba en Terrabusi, y tenía un régimen de tareas muy duro. Debía permanecer parado durante la mayor parte del tiempo, y terminaba el día agotado. Nota del autor.
[706] *Crítica*, 9 de agosto de 1939.
[707] *La Nación*, 9 de agosto de 1939.

gación de la FADA, que encabezará seguramente el presidente señor Augusto De Muro, concurrirá oportunamente a Montevideo a dar la bienvenida a las delegaciones.[708]

Reaparece *Caissa*

▓ El 22 de agosto, en vísperas del comienzo del TN, reaparece la revista Caissa, luego de casi un año de ausencia, con su nº 16, siempre bajo la administración de Enrique L. Boero. La dirige Juan Iliesco, y el secretario de redacción es Máximo Podestá. Curiosamente, en un editorial titulado *Caissa resurge*, explica que Iliesco no podrá continuar con su tarea debido entre otras cosas a sus giras por el interior, y en el nº 17 (setiembre) figura como director E. Grabo, que es un nombre ficticio. En otra nota editorial, titula *El TN, un gigantesco esfuerzo de titanes*, donde dice:

> No pocas fueron las incertidumbres que acosaron y aún inquietan a los audaces creadores del torneo; a diario nos enteramos de sus valientes esfuerzos, apreciamos su dinámica actividad, adivinamos sus ansiedades y sacudimientos morales, y en nuestros espíritus brota la admiración hacia ellos y su obra incomparable, pues se granjearon la más alta simpatía popular y por su tesonera iniciativa será el gran pueblo argentino quien en definitiva haga el torneo. (...)

¡Qué gobernante, a la vez patriota y financista, no habría soñado con realizar alguna vez una propaganda tan vasta y benéfica para la Nación! Todo eso hará la mágica y férrea voluntad de los dirigentes de la FADA, presididos por el señor Augusto De Muro, alma del torneo. Los jugadores argentinos, que dentro de breves semanas deberán defender nuestros colores, colaboran con la organización del torneo, efectuando giras por todos los rincones del país en procura de apoyo popular para reunir los fondos que reclama la realización del certamen. (...) Envíe enseguida, amigo lector, su aporte y el de sus amistades, para que nuestros representantes puedan concentrarse en un lugar tranquilo.[709]

Programas oficiales del TN

▓ Las publicaciones de la FADA referidas al TN fueron varias. La edición del programa fue de excelente calidad.

Dos partidos de fútbol a beneficio

▓ La FADA se halla ocupada en la organización de dos partidos de fútbol entre equipos integrados con los más destacados veteranos, que se llevarán a cabo en la cancha del Club Ferrocarril Oeste el 12 del actual. En primer término, a las 14.30, se enfrentarán dos combinados, A y B. En el descanso de este *match* jugarán el primer tiempo los equipos de Boca Juniors y un combinado de la Liga de Veteranos. El campeón mundial Alejandro Alekhine dará el puntapié inicial, y lo mismo harán luego de cada descanso los futbolistas José Morroni, Maximiliano Surán y Harold Rattcliff.[710]

▓ En el *field* del Club Ferrocarril Oeste se jugó ayer por la tarde un *match* a beneficio del TN entre dos equipos de veteranos, que fue seguido con curiosidad por el público, en mérito que integraron los equipos futbolistas que hace años gozaron de notoria popularidad. En definitiva, venció el equipo rojo por 2:1. En el primer tiempo, a los 25' Tarascone obtuvo el único tanto del equipo blanco, y en el siguiente, Settis, a los 15' y a los 26' señaló los dos tantos del equipo vencedor. Los equipos formaron así:

---

[708] *La Nación*, 8 de agosto de 1939.
[709] *Caissa* nº 16, pág. 1/3. Esta revista olvida las rencillas y apoya al equipo capitaneado por Grau. Nota del autor.
[710] *Crítica*, 8 de agosto de 1939.

Team A (**Camiseta roja**): Crocce; Orlandini y Omar; Bianchi, García y Martínez; Alzúa, Arrillaga, Vivaldo, Settis y De los Santos.

Team B (**Camiseta blanca**): Pérez; Cochrane y Oetel; Corsetti, Corvetto y Vivanco; León, Quilindro, Tarascone, Marassi y Delgado.

En el segundo tiempo, los equipos fueron modificados.[711]

El Trofeo Baldomir

▪ El Consejo Federal de la FADA ha resuelto enviar al general Alfredo Baldomir –presidente del Uruguay– la siguiente nota:

> La capital argentina se honra en contarle como su huésped más dilecto. La FADA ha querido vincular vuestro nombre a la magnífica demostración de valores culturales que se iniciará el 23 del corriente mes. Con esa finalidad, este Consejo resolvió instituir un trofeo especial que llevará su nombre, para ser adjudicado en el TN al mejor equipo americano clasificado. Al haceros llegar esta noticia, nos complacemos en formular votos por vuestra ventura personal y por la de vuestra distinguida esposa.[712]

Dos Partidos de Veteranos Habrá a Beneficio del Torneo de Ajedrez

La Federación Argentina de Ajedrez se halla ocupada en la organización de dos partidos de fútbol entre equipos integrados con los más destacados jugadores veteranos. Estos cotejos se llevarán a efecto en la cancha del Club F. C. Oeste el sábado 12 del actual.

En primer término, a las 14.30 se enfrentarán dos combinados, A y B; en el descanso de este match jugarán el primer tiempo los equipos de Boca Juniors y un combinado de la Liga de Veteranos.

El campeón mundial de ajedrez, doctor Alejandro Alekhine que se halla actualmente entre nosotros, dará el puntapié inicial y lo mismo harán luego de cada descanso los destacados futbolistas José Morroni, Maximiliano Stran, Francisco Olazar y Harold Ratcliff.

Cómo estarán integrados los equipos:

Los equipos estarán así integrados:

Combinado A: M. Croce; P. Omar y R. Castagnola; H. Settis, C. García y P. Martínez; A. Carricaberry, J. Arrillaga, N. Vivaldo, I. Alzúa y ...

Combinado B: A. Muschietti; D. Tettamanti y A. Gallo; A. Viela, S. Calandra y R. Orlandini; A. León, A. Chambrolin, G. Caldas, E. Marassi y J. Quilindro.

Suplentes: L. Carlés, E. Calzetta, F. Papolla, F. Cherro, J. Ortega, E. Matozzi, V. Russitti, P. Chalú, A. Duarte, E. Bertolini, A. Cintas, R. Taramaso y N. Rofranco.

Boca Juniors: A. Tesorieri; R. Cochrane y R. Mutis; J. Evaristo, E. Silenci y M. Corvetto; M. Evaristo, A. Cerrotti, D. Tarascone, J. Bissio y B. Delgado.

Suplentes: L. Bidoglio, C. Pozzo, M. Pertini y E. Antrayques.

El Combinado de la Liga Veteranos se formará con estos futbolistas: Mapelli, Bissio Sangiovanni Barreta, Glache, Corcetti, Porcio, Baglietto, Haedo, Giúdice, Cacopardo, Debate, Pérez, Troege, Heisinger, Zubizarreta, Ravaschino, Maglio, Landolfi, Raggi, Adet, Pesaresi, Finkbeiner Cros, Bartolomedi, Giulidori, Schulze, Viegas, Gundin y Liciardi.

Referees: J. A. Pordelanne, S. Pérez, G. Repossi y J. P. Barbera.

El fútbol también colabora.
Crítica, 10 de agosto de 1939

Buenos Aires, centro de atracción mundial por el TN

▪ Cercana la fecha de llegada de las delegaciones extranjeras, es posible precisar más nítidamente los perfiles del extraordinario certamen. Si en un momento la generosa iniciativa argentina atravesó la incertidumbre de la zozobra, ahora se plasma en grata realidad lo que antes fue sólo un suceso presentido. Ajedrecistas de todas partes del mundo están de viaje. Itinerarios diversos convergen en una ciudad que, por imperio del torneo, se convierte en la capital ajedrecística del mundo. Hombres y mujeres de otras latitudes; variadas costumbres; lenguajes distintos; no importa: para el buen entendimiento basta el lenguaje de la cordialidad. Fiesta grande para Argentina, lo es también para América. Esta espléndida manifestación de valores culturales es ejemplo de paz, y ahora más que nunca, porque bien se sabe que en el inmenso tablero de Europa se han iniciado las maniobras cautelosas de un trágico juego.

Los visitantes apreciarán el adelanto industrial del país. La presencia de don Luis Colombo,[713] presidente de la UIA, en la comisión nacional del torneo, permite asegurar que los ajedrecistas visitantes han de apreciar de cerca la potencia de la actividad industrial de nuestro país. Ya se ha

---

[711] *La Nación*, 13 de agosto de 1939.

[712] Paulino Alles Monasterio, *El Mundo*, 15 de agosto de 1939.

[713] Luis Colombo (1872–1950) fue un lastimoso empresario argentino partícipe en la política de la Década Infame. Entre 1912 y 1913 fue presidente de la Bolsa de Comercio de Rosario. En 1926 fue elegido presidente de la UIA. Durante los largos años en que presidió esa entidad fue presidente de dos compañías de seguros, y dos bodegas de vinos. Apoyó un modelo industrial subordinado al modelo agroexportador, y en 1929 favoreció el comercio con Gran Bretaña, a la que llamó "nuestra más grande y noble amiga", mientras se firmaban reducciones de impuestos a bienes industriales importados. No obstante, propugnó un moderado proteccionismo. Apoyó el golpe de estado de 1930 contra Yrigoyen, y entró en la Casa Rosada junto a Perón, antes que el general golpista José Félix Uriburu.

establecido que en los días de descanso se organizarán visitas a los distintos establecimientos de la ciudad y sus alrededores, que servirán para llenar cumplidamente ese propósito de propaganda bien inspirada y de alta finalidad patriótica. El presidente Roberto M. Ortiz ha efectuado una donación personal de $ 2000. Juntamente con los ministros, diplomáticos y otras altas personalidades, el doctor Ortiz ha sido especialmente invitado a la reunión inaugural, que tendrá efecto el día 23 del corriente.

Cálida recepción les será tributada a los equipos extranjeros. La honrosa misión de declarar huéspedes de la cordialidad de los argentinos a los ajedrecistas que intervengan en el TN vibrará en las palabras con que el intendente municipal de Buenos Aires, don Arturo Goyeneche, dará la bienvenida oficial a los competidores.[714]

Comienza el TN. Gran despliegue de *La Nación*, 14 de agosto de 1939

Solidaridad ante el dramático panorama

El presidente de la Nación ha donado la suma de 2000 pesos

Donación del presidente de la Nación, doctor Ortiz. *La Nación*, 14 de agosto de 1939

La empresa, empero, en un primer momento ofreció dificultades: hubo alternativas angustiosas, que fueron vencidas por impulso de un optimismo que encontró respuesta unánime. La FADA consideró, desde el primer momento, que, si bien el estado contribuía con una parte de los gastos, a ella le correspondía hacer un gran esfuerzo para cubrir la diferencia, porque entiende que el sistema, muchas veces empleado, de lanzar una iniciativa para que la financie el gobierno, revela una imaginación más o menos fecunda, pero no una disposición firme de hacer lo que se ha proyectado. Este concepto aparece en la Ley Sarmiento de Bibliotecas Populares, y es uno de los más sabios. Establece la ley que la Comisión Nacional de Bibliotecas Populares contribuirá con una suma igual que la que aporten las bibliotecas para la adquisición de libros, y de esa manera deja a la iniciativa privada una labor importante, crea el estímulo y el amor para la obra porque resulta fruto principalmente del esfuerzo personal de sus directores.

---

[714] Roberto Grau, *La Nación*, 14 de agosto de 1939 (Resumen). En su entusiasmo, Grau no veía que Colombo y Goyeneche, junto a otros como el ministro Coll, eran los enemigos ocultos de la organización.

Pero nosotros nos excedimos. Invitados ya todos los países, nos encontramos con la noticia de que el subsidio quedaba reducido en sus cuatro quintas partes, es decir, con la financiación rota y casi sin posibilidad de seguir adelante. ¿Qué hacer en la emergencia? Hubo un rato de desfallecimiento, pero enseguida reaccionamos y decidimos seguir adelante. El ajedrez es, típicamente, un deporte de esfuerzos renovados, de combinaciones múltiples, de estrategia y de sacrificio. Y no era lógico que sus directores se mostrasen carentes de esas cualidades distintivas en los ajedrecistas. Nos lanzamos a la lucha, diríamos, con dos torres menos, pero con la esperanza del triunfo. Los comienzos fueron duros y pintorescos. Al iniciarse la campaña advertimos que carecíamos de dinero para adquirir las estampillas destinadas al envío de doscientas mil cartas ya preparadas. La suma que necesitábamos era demasiado grande, y la correspondencia no podía salir.

Nos salvó el doctor Escobar,[715] director general de Correos y Telégrafos, quien nos abrió un crédito. Días después el panorama volvió a adquirir caracteres sombríos: las imprentas no aceptaban sino trabajos de pago al contado, y necesitábamos miles de hojas de papel y miles de sobres. Era inútil gestionar más créditos, porque todos conocían nuestra situación. Y de nuevo hubo alguien que nos salvó: el ex diputado socialista Miguel Briuolo,[716] quien puso a nuestra disposición la pequeña imprenta que tiene con un socio. Nos dijo:

> De todos modos, lo único que puede pasar es que nos hundamos juntos. En ese caso nos hundiremos en buena compañía, y por una causa noble.

Pero el optimismo sobrepasaba la angustia que a veces parecía insinuarse para frenar entusiasmos. Ya frente a la fecha de embarque de los jugadores, debíamos pagar una cuota de $ 30.000, y no teníamos un centavo. Intentamos obtener un crédito del Banco Nación con la firma solidaria de todos los componentes de la FADA, pero hubo algunas dificultades por la necesidad ineludible de llenar trámites lógicos. Transamos por $ 10.000, y cuando íbamos al Banco para conocer la decisión del directorio, nos hallamos con una sorpresa extraordinaria: se nos había concedido un crédito por $ 20.000. Enseguida pagamos la cuota angustiosa de los pasajes.

Vale la pena haber vivido esas emociones y esos momentos de intranquilidad aguda, porque cada dificultad vencida era, en realidad, un triunfo que nos llenaba de orgullo. Ahora haremos el torneo, y las deudas, que alcanzan todavía a $ 170.000, serán abonadas con ayuda de todos: del poder ejecutivo, porque el doctor Ortiz querrá ayudarnos; de los gobiernos provinciales, de las instituciones, de las comisiones honorarias, que harán un último esfuerzo, y quizá con la contribución del Concejo Deliberante, que no puede estar ausente. Tiene en sus manos el proyecto de un diputado radical, los socialistas han resuelto apoyar la iniciativa, los anti personalistas y los demócratas nacionales, lo mismo. Sólo falta que cristalice: la ausencia del Concejo en esta justa sería imperdonable.

Impresionante explicación de De Muro.
La Nación, 14 de agosto de 1939

La fe mueve las montañas, y la fe ha hecho este torneo, el más importante de todos los que hasta la fecha se han disputado en el mundo. La FADA demuestra, también, que el pueblo responde a todos los llamamientos generosos.[717]

---

[715] Adrián G. Escobar fue fundador de la Estancia 14 de Julio, en las cercanías del Fitz Roy. Concurrió a la inauguración del edificio del Correo, Avenidas Corrientes y Leandro N. Alem, el 24 de setiembre de 1939. Nota del autor.

[716] Fue diputado en el período 1932-1936.

[717] Augusto De Muro, *La Nación*, 14 de agosto de 1939.

Llegan Capablanca y cien ajedrecistas europeos

▋ Siguiendo la tradición establecida en la disputa de la Copa Hamilton Russell, será nuestro intendente municipal, doctor Arturo Goyeneche, quien dará la bienvenida a las delegaciones extranjeras llegadas a Buenos Aires para tomar parte o asistir al TN. Además de la comisión ejecutiva del torneo, integrada por ajedrecistas nacionales, y de la comisión nacional formada por personas de destacada actuación en la vida pública del país, se ha nombrado una comisión de miembros patrocinantes, en la que figuran el presidente de la Nación, ministros, gobernadores y los presidentes de ambas cámaras del Congreso. El doctor Roberto Ortiz ha hecho una donación personal de $ 2000, y su esposa dio una copa que será otorgada a la ganadora del campeonato femenino.

En el acto inaugural estarán presentes el primer magistrado y los embajadores de los distintos países que envían delegados al torneo. El 19 se embarcarán para Montevideo a los representantes europeos que viajan en el *Piriápolis*, el presidente de la FADA señor Augusto De Muro, el doctor Adolfo Gabarret y el señor Guillermo Lovegrove. El famoso jugador cubano Capablanca, acompañado por su esposa, llegará el día 20 a bordo del *Neptunia*, y en la misma fecha arribará la delegación paraguaya por la dársena sur a bordo del Vapor de la Carrera al Paraguay.[718]

Llega el *Piriápolis* con 123 pasajeros [Justin Corfield]

En la mañana del 21 de agosto el *Piriápolis* finalmente atracó en Buenos Aires –un día después de lo previsto– y muchos de los jugadores observaban cómo la ciudad se veía en la niebla matutina. La primera formalidad fue la aparición de un policía, que subió a bordo junto con, al parecer, un fotógrafo del periódico *La Nación*. La tripulación había detenido a un polizón mientras intentaba desembarcar, y fue separado. Luego los ajedrecistas sufrieron una experiencia muy extraña. Un funcionario argentino de inmigración se acercó y retorció los párpados de cada jugador 'en busca de evidencia de sangre negra'. Aparentemente hubo algunas quejas de algunos de los jugadores, que se sorprendieron al tener que someterse a esta prueba, que incluso se aplicó al equipo islandés, al que Baruch Wood describió como "un buen conjunto de hombres con pieles de blancas y ojos azules claros, propios de los vikingos que fundaron su raza".

Sólo después del 'test de párpados' fue entonces posible que los 123 pasajeros abandonaran el barco, siendo recibidos por la prensa argentina, representantes de su país y aficionados. Once jugadores –los cinco hombres y una mujer que representaban a Bohemia-Moravia y los cinco hombres de Suecia– no tenían visas y todos exhibían sus cartas de invitación y autorización para completar los trámites de inmigración. Y luego del desembarco, si alguno de los jugadores compró el *Buenos Aires Herald*, podían ver que la amenaza de la guerra era inminente. (...) La mayoría se dirigió directamente al Hotel Palace,[719] en la esquina de la calle Cangallo y 25 de Mayo, donde se habían reservado habitaciones para ellos.

Fueron llevados allí en un convoy de coches proporcionados por miembros de la FADA y sus amigos. Parece que algunas de las habitaciones fueron compartidas, con Enevoldsen señalando que compartía la suya con Eliskases. El equipo lituano se alojó en una pensión cercana, Lavalle 560. Fue

---

[718] *Crítica*, 15 de agosto de 1939.

[719] Un importante edificio de los años dorados de Buenos Aires, ubicado en Perón y 25 de Mayo, podría perderse irremediablemente. Es el Palace Hotel, construido por el arquitecto italiano Carlos Morra en 1905 para el empresario naviero Nicolás Mihanovich. Su dueño -la Universidad de Buenos Aires- debería restaurarlo a fondo si quiere salvarlo.Como hacen falta más de tres millones de dólares para eso y la Universidad no tiene plata, la situación parece no tener salida.. Mientras tanto, expertos en patrimonio arquitectónico buscan que se lo declare monumento histórico nacional, para salvarlo del deterioro. Los cuatro pisos de estilo francés que culminan en una cúpula de tejas grises en la ochava de 25 de Mayo albergan hoy a varios institutos de investigación de la Facultad de Filosofía y Letras, incluyendo el laboratorio de idiomas. Por allí pasan diariamente 2.000 alumnos y 100 docentes. [*Diario Clarín*, 17 de enero de 1999]

también en esta etapa que los participantes recibieron insignias grabadas con la leyenda "Torneo de las Naciones, Buenos Aires 1939". Muchos años más tarde, Kvaseras Andriasiunas, el capitán del equipo lituano, cuando fue internado por la NKVD soviética[720] tuvo que explicar el significado de la insignia.

William Lovegrove se encargó del equipo inglés que probablemente se reunió con George Thomas poco después de su llegada. Se registró que inicialmente se fueron a una villa a las afueras de Buenos Aires que era propiedad de Eugen Millington-Drake.[721]

La atención del mundo sobre Buenos Aires

El TN enfocará sobre la Argentina, por espacio de un mes, la atención del mundo deportivo. Cuidadoso esmero presidió la organización del campeonato hasta en sus menores detalles. No obstante las dificultades surgidas y vencidas, las autoridades de FADA mantienen en toda su amplitud la firme decisión de que su realización en Buenos Aires deje un extraordinario recuerdo, no sólo por su magnitud, sino también por la precisa organización en todos sus aspectos. Desde la fijación de la hermosa y céntrica sala del teatro Politeama para radicar el torneo, hasta la recepción y atención de los jugadores durante su estada, como así también los detalles de orden técnico durante el transcurso de la justa, todo ha sido estudiado de manera que los acontecimientos se desarrollen dentro de un orden previsto para hacer que la organización tenga una uniformidad y un ajuste que la hagan irreprochable.

En lo que se refiere a los jugadores, y para evitar los inconvenientes de la diferencia de idiomas, desde la recepción en el puerto o en las estaciones de tren, que serán hechas por comisiones especialmente designadas, se ha previsto una serie de disposiciones para que los visitantes no tengan inconvenientes. Cada uno de los equipos será acompañado durante toda su estada por un edecán, cargo que ocuparán distinguidos miembros de las diferentes colectividades, designados por sus embajadores. Un cuerpo de intérpretes, que estará permanentemente en la sala de juego, obviará las dificultades que se refieran a idiomas.

Se estableció un cuerpo de dieciocho fiscales, todos ellos perfectamente habilitados para la tarea: cada uno tendrá que atender sólo cuatro mesas. Por primera vez en la historia ajedrecística del mundo se ha dispuesto la organización de una sala especial con más de cincuenta cuadros[722] gigantes, separada del gran salón de juego, y que permitirá seguir, minuto a minuto, el desarrollo total y parcial del certamen con la máxima exactitud. Esos cuadros serán actualizados instantáneamente por un cuerpo de empleados, que se ceñirán a un esquema preestablecido, cuya base estará en la mesa del jefe de distribución, que dependerá directamente del director del torneo. A ello se agregarán varios tableros murales en los que se reproducirán las partidas más importantes.

Todavía faltan reunirse $ 170.000: la cantidad es muy grande, pero el deseo de colaboración no es menor. La FADA espera cubrir parte de esta cantidad con lo que falta del subsidio que concederá el gobierno nacional, con la contribución de los gobiernos de provincia, los municipios, el comercio, las industrias, los jefes, oficiales y suboficiales del ejército y de la armada, empleados públicos y Concejo deliberante de esta capital. Lo que falta reunir será destinado al pago de los pasajes de los jugadores para el regreso, y a su hospedaje en Argentina.[723]

---

[720] El Comisariado del Pueblo para Asuntos Internos, NKVD, fue un departamento gubernamental soviético que manejaba asuntos internos de la URSS.
[721] En Punta Chica, Florida, provincia de Buenos Aires. Justin Corfield, op. cit., pág. 109/110. Traducción del autor.
[722] Tableros murales.
[723] *La Razón*, 14 de agosto de 1939.

Desde Valparaíso llegan varios equipos

▓ A bordo del Órbita llegaron hoy varias de las delegaciones en viaje a Buenos Aires. La delegación cubana está integrada por Blas Alemán, Francisco Planas, Alberto López y Rafael Blanco. Representan a Guatemala Guillermo Bassanes (Sic. Debe decir Vassaux), José Artudirlas (Sic. Debe decir Asturias), Domingo Cruz, Carlos Salazar y Rogelio Cargas (Sic. Debe decir Vargas). El equipo de Ecuador está formado por Carlos Ayala Cabanillas (Sic. Vino J. Fernández Izubillaga), José Sierras, Santiago Morales y Miguel Suárez. A Costa Rica la representa únicamente Joaquín Gutiérrez. Todas las delegaciones partirán a Buenos Aires mañana en el tren de las 20 horas.[724]

Llega la delegación de Chile a la estación de trenes de Retiro. Primera fila: Luciano Long Vidal, Augusto De Muro, Berna Carrasco, Reed, Rodrigo Flores Álvarez, René Letelier. Foto y texto AGN

▓ Por la combinación internacional vía Pacífico arribaron esta tarde varias delegaciones: Cuba, Chile, Ecuador y Guatemala. Fue numerosísima la cantidad de aficionados que concurrió a esperar a los jugadores, pudiendo observarse la presencia del señor Augusto De Muro, el doctor Joaquín Gómez Masía, los consejeros señores José Pelosi, Narciso Solari, Emiliano De la Puente, Pedro Barbé, Adolfo Gabarret, Lepanto Tollerutti. Desde Mendoza venían con ellos, acompañándolos, los señores Luciano Long Vidal y Luis Palau. Sólo los chilenos han estado en otras oportunidades en el país; el resto nos visita por primera vez y sólo tienen palabras de agradecimiento para las autoridades organizadoras del torneo.[725]

Arriba la delegación de Canadá

▓ En el vapor Argentina llegó ayer por la mañana a la Dársena Norte la delegación del Canadá, integrada por los señores A. Helman, H. Opsahl, J. S. Morrison, A. Yanofsky y W. Holowach. Junto con ellos arribó también la representante de los Estados Unidos, señorita May Karff. En el desembarcadero fueron recibidos por una comisión de la FADA integrada por el doctor Joaquín Gómez Masía, los señores Carlos María Acevedo,

Llegan los latinoamericanos: Chile, Guatemala, Cuba y Ecuador.
La Razón, 18 de agosto de 1939

[724] *La Nación*, 16 de agosto de 1939.
[725] *La Razón,* 18 de agosto de 1939. Roberto Grau, *La Nación*, 19 de agosto de 1939.

Paulino Alles Monasterio y doña Brunilda de Münch. También acudieron varios miembros destacados de la colectividad canadiense y numerosas personas, por lo que la recepción tuvo un grato ambiente de cordialidad. En su alojamiento en el hotel de Avenida de Mayo y Santiago del Estero,[726] los huéspedes manifestaron su asombro por el aspecto de la ciudad y de su actividad, que estaban lejos de imaginar, según expresaron.

Agregaron que las referencias que han recibido sobre su extensión y población les han permitido advertir que se hallan en una de las grandes capitales que hay en el mundo, muy superior, fuera de duda, a todo lo que habían pensado encontrar.[727]

La historia de los hermanos Yanofsky

Un curioso episodio de novela: Abraham (Abe) Yanovsky halló a un hermano cuya existencia ignoraba. El destino, que es e veces fantásticamente caprichoso, acaba de reunir por primera vez aquí, en Buenos Aires, a dos hermanos que nunca se habían visto, que no se conocían, y que apenas si tenían vagas referencias el uno del otro a través de personas amigas. Nos dijo Israel Yanofsky:

En las columnas de *La Razón* encontré días pasados el nombre de Abraham Yanofsky, mi hermano menor, de 15 años de edad. Como pertenecemos a una familia de larga tradición ajedrecista, no dudé ni un momento que se trataba de mi hermano, de aquel hermano que ni siquiera conocía, que nunca había visto.

¿Y fue a esperarlo al puerto?

No. Esperé a que desembarcara y averigüé en qué hotel estaba alojado. Luego busqué una fotografía de mi padre, la única que tengo de él, y salí en búsqueda de mi hermano.

¿Cómo se produjo el encuentro?

Llegué al hotel en compañía de un amigo. Instantes después fui llevado ante mi hermano, que nada sabía de mi identidad. Una vez en presencia de él, extraje del bolsillo la fotografía de nuestro padre, y exhibiéndola a sus ojos, le dije y me respondió sin titubear:

¿Conoces a este señor?

Es mi padre.

Y es el mío.¿Y?

Pues de inmediato caímos el uno en los brazos del otro. ¡Ah, qué instante de suprema felicidad! Doble felicidad porque mi hermano apenas tiene quince años; es un niño, casi. Y es un niño que posee una gran simpatía, una vigorosa simpatía que en un segundo fundió en la nada el largo desconocimiento mutuo en que habíamos vivido sus quince años.

El increíble encuentro de los hermanos Yanofsky.
La Razón, 17 de agosto de 1939

---

[726] Hotel Majestic, donde se alojara Alekhine en 1927.
[727] *La Nación*, 17 de agosto de 1939.

Nada impidió que desde ese instante comenzáramos a ser hermanos en la más amplia acepción del vocablo.

Abraham nos dice:

Mi alegría no tiene límites. Recién hoy sé que la distancia y el tiempo no son nada comparados con el vínculo de la sangre, cuya fuerza supera todos los obstáculos. El destino ha querido que yo y mi hermano, que nunca nos habíamos visto, nos encontráramos aquí, en Buenos Aires, ciudad, para mí, insospechada, y a la que rindo el tributo a la más grande emoción.[728]

Viajan a Tandil Alekhine y los canadienses

▓ Hoy irá a Tandil una delegación especial, de la cual formarán parte el campeón mundial Alekhine, su señora, la jugadora canadiense *Miss* Anabelle Lougheed, la norteamericana *Miss* May Karff, el capitán *Míster* J. S. Morrison, los ajedrecistas locales Julio Bolbochán y Juan Iliesco, y el secretario de la FADA señor Narciso Solari. Los miembros de esa delegación serán agasajados por la Comisión Honoraria de Tandil, que los ha invitado especialmente y ha preparado un amplio programa de festejos. Los viajeros estarán de regreso mañana por la noche.[729]

El optimismo impera en Adrogué

▓ Vida metódica hacen nuestros ajedrecistas: confían en ganar la Hamilton Russell entrenándose con entusiasmo.

¡Llegan ustedes al reino de la tranquilidad!

Tal dice Roberto Grau a la manera de saludo. Y tras un apretón de manos, prosigue:

La diferencia de vida ha repercutido favorablemente en todos nosotros, y estamos como navajas afiladas, para ganar la Hamilton Russell. Es una posibilidad muy factible, ahora que los norteamericanos han decidido quedarse en sus pagos.

Grau nos hace de *cicerone*, reuniéndonos con los demás concentrados. Nos explica cómo pasan las 24 horas del día en ese lugar tranquilo que es el hotel La Delicia, donde hasta los mozos se sienten campeones de ajedrez. La proximidad ha sido contagiosa, y ese entusiasmo resulta en algunos momentos perjudicial para los jugadores, quienes si desean un café, tienen que ir a la máquina a preparárselo, porque de lo contrario no lo toman. Guimard es quien mayor práctica ha adquirido en eso de hacer café y cebar mate, y enseguida nos hace una demostración, aunque salva situación diciéndonos que Grau ha aprendido a hacer la cama, prepara unos huevos fritos que resultan deliciosos, y que también son el *mareo* del simpático campeón, pues los pedidos son muchos. Dicen Grau y Guimard:

Aquí hacemos vida dedicada pura y exclusivamente al deporte. Por la mañana, de absoluto descanso mental, hacemos partidas violentas de bochas, o carreras con o sin vallas, que constituyen motivos de distracción para muchos habitantes de esta tranquila Adrogué, quienes nos contemplan en forma rara, sin concebir que personas reposadas, como son los jugadores de ajedrez, se dediquen a esas otras manifestaciones deportivas.

---

[728] *La Razón*, 17 de agosto de 1939.
[729] Paulino Alles Monasterio, *El Mundo,* 19 de agosto de 1939.

Hay varios campeones: en bochas, Guimard es un punto alto; en carreras cortas, Julio Bolbochán marca rumbos, porque es más liviano: aunque con hándicap, gana siempre fácilmente. Pero, por sobre todas las cosas, impera en el campamento una gran camaradería. Muchos son sentimos chicos, aquí en este aislamiento, y a pasar las horas en la mejor forma posible. Y en este sentido, todos tenemos igual carácter. ¿Cuántas veces hemos tenido que arreglar las camas que habían quedado dadas vuelta completamente? Y lo hacemos con gusto. Ayer me tocó a mí. Veremos mañana a quién le corresponde esa tarea.

Por la tarde, todo es quietud. Se juega al ajedrez desde las 14.30 hasta las 19.30. Se hacen partidas de consulta, y de vez en cuanto hay algunas *trenzadas* bravas, que acaparan la atención de los demás jugadores. Tenemos a los dos benjamines, Puiggrós y Julio Bolbochán, quienes se aíslan y *se mandan* cada partida tremenda, en la que va el amor propio de cada uno de ellos. Se ganan respectivamente y siempre están discutiendo, pero al final, muy amigos, comentan los movimientos y los planteos, para desafiarse al otro día. Todas las tardes llega el campeón mundial Alekhine, y realiza sesiones de entrenamiento con nosotros, resultando un consejero de inapreciable valor por sus conocimientos y su forma de analizar y estudiar las partidas. Su ayuda es enorme, y se advertirá en el desempeño del equipo argentino, que aún no está definitivamente designado.

Sólo puedo decirles que en el tablero nº 1 jugaré yo, y en el nº 2, Guimard. Después tenemos a Maderna, Nogués Acuña, Jacobo y Julio Bolbochán, Pleci y Puiggrós, de entre los cuales deberán designarse los restantes integrantes del *team*. Posiblemente conquistemos la Hamilton Russell, no obstante la calidad de rivales como Polonia, Suecia y Alemania.[730]

Optimismo en el campamento argentino. *Noticias Gráficas*, 18 de agosto de 1939

[730] Amílcar Celaya, *Noticias Gráficas*, 18 de agosto de 1939.

Alekhine comentará en *El Mundo*

▓ Con motivo del próximo TN, el doctor Alekhine, campeón mundial, pasa una temporada entre nosotros. La justa es excepcional en la historia de las lides del tablero. Por eso mismo, *EL MUNDO*, poniéndose a la altura de las circunstancias extraordinarias que van a rodear el desarrollo de este gran certamen universal, ha resuelto que el campeón mundial dé a sus lectores una impresión diaria de las incidencias de cada fecha. También *EL MUNDO* anticipará en el Noticioso de este diario que se propala por LR1 y LRX, con la mayor frecuencia posible, todos los detalles interesantes que se produzcan en cada ronda, contando, igualmente, con unos quince minutos diarios de comentarios a cargo de Alekhine.[731]

Alekhine, contratado por
El Mundo, 18 de agosto de 1939

Llegan Sonja Graf y José Raúl Capablanca

▓ A bordo del vapor *Highland Patriot* llegará mañana la destacada jugadora alemana Sonja Graf, que intervendrá en el Campeonato Mundial Femenino, aunque lo hará sin representar oficialmente a ningún país. Concurrirá a recibirla una comisión especial. Capablanca llegará el domingo a las 7, a bordo del *Neptunia*, en el desembarcadero de la dársena norte. La delegación boliviana arribará el lunes 14, en Retiro, a bordo del *Tren Panamericano*; los uruguayos, el 23 a las 7, a bordo del *Ciudad de Buenos Aires*, en la dársena norte; los brasileños, también el 23 a las 7, a bordo del *General Artigas*, en la misma dársena. Junto con las delegaciones europeas, que arribarán el lunes a bordo del *Piriápolis*, llegarán también el doctor Alexander Rueb y su señora.[732]

Llegaron los ajedrecistas europeos

▓ En horas de la mañana llegó al desembarcadero norte el vapor *Piriápolis*, en el cual viajaban todos los ajedrecistas europeos que participan en el TN. Las naciones a las que representan estos jugadores son: Alemania, Bohemia y Moravia, Dinamarca, Estonia, Francia, Holanda, Inglaterra, Irlanda, Islandia, Polonia y Bélgica. Al arribo de la nave –que ofrecía la nota simpática de estar adornada con las banderas de las naciones que juegan el certamen–, era elevado el número de personas que habían concurrido a esperar a los ajedrecistas. De la FADA estuvieron su vicepresidente, el señor Luciano Long Vidal, y los consejeros Pedro Barbé, José Pelosi y Luis Palau. Acompañaban a los viajeros desde Montevideo el presidente de la FADA, señor Augusto De Muro, y los delegados Guillermo Lovegrove y Adolfo Gabarret. En la nómina nutrida de viajeros, que llegan a noventa y cuatro, se encuentran figuras de reconocido prestigio dentro del ajedrez mundial, y que han de contribuir con su presencia a dar mayor realce al gran certamen.[733]

---

[731] Paulino Alles Monasterio, *El Mundo*, 18 de agosto de 1939.
[732] *Crítica*, 18 de agosto de 1939.
[733] *La Razón*, 21 de agosto de 1939.

Miss Stevenson, Cree que Sonia Graff

LLEGARON TAMBIEN TARTAKOWER Y EL GRAN PAUL KERES

Son muy agasajadas las delegaciones

LA INAUGURACION

EN horas de la mañana llegó al desembarcadero Norte el vapor Piriápolis, en el cual viajaban todos los ajedrecistas europeos que participaran en el certamen por la copa Hamilton Russell, prueba que dará comienzo pasado mañana.

Las naciones a las cuales representaban estos jugadores eran las siguientes: Alemania, Bohemia, Moravia, Dinamarca, Estonia, Francia, Holanda, Inglaterra, Irlanda, Islandia, Letonia, Noruega, Lituania, Palestina, Polonia y Bélgica.

Al arribo de la nave — que ofrecía la nota simpática de estar empavesada con las banderas de las naciones que juegan el certamen — era elevado el número de personas que habían concurrido a esperar a los ajedrecistas. De la Federación Argentina de Ajedrez estuvieron su vicepresidente, señor Luciano Long Vidal; consejeros Barbé, Pelosi, Palau, etc.

Acompañaron a los viajeros desde Montevideo el presidente de la Federación Argentina, señor De Muro, y los delegados Lovegrove y Gabarret.

En la nómina nutrida de viajeros — tanto que llegan a 94 —, se encuentran figuras de reconocido prestigio dentro del ajedrez mundial, y que han de contribuir con su presencia a dar mayor realce

El presidente de la Federación Internacional de Ajedrez, doctor Rueb, su señora, y los dirigentes locales, Long Vidal y Palau

En la delegación de ajedrecistas viene también la campeón mundial femenina, Vera Menseik de Stevenson, poseedora del título desde 1...

grupo numeroso hallamos al presidente de la Federación Internacional, doctor A. Rueb, quien manifiesta hallarse encantado de conocer nuestro país, máxime en una circunstancia como ésta. Afirma que el Torneo de las Naciones será una competencia excepcional.

Miss Vera Menschik de Stevenson, campeón mundial femenino de ajedrez, nos concede unos minutos, y, al requerirle su opinión,

nos dijo: "De las jugadoras conocidas que se medirán conmigo en el certamen femenino, considero a la alemana Sonia Graff como la adversaria más peligrosa, por sus antecedentes, que, indudablemente, son de primer orden. Ambos torneos — agrega — darán lugar a que podamos asistir a una lucha de gran calidad, y que justificará el esfuerzo grande de la Federación Argentina al organizarlo".

...mamente disputado, principalmente entre 4 ó 5 países. En tren de mencionar un candidato, el jugador francés afirma rotundamente que el equipo argentino es su candidato para la primera colocación, por su espléndido tercer puesto del certamen de Estocolmo.

Nuestro viejo conocido, el doctor Savielly Grig Tartakower, capitanea el conjunto de Polonia, adversario de suma consideración po...

Llega el *Piriápolis* con 94 ajedrecistas. *La Razón*, 21 de agosto de 1939

El caballero Tartakower

A bordo del *Piriápolis* llegó esta mañana el núcleo más numeroso de ajedrecistas que intervendrá en el TN. Entre ellos llegó Tartakower, una de las figuras más representativas e ilustres. Su nombre equivale casi a designar el moderno concepto del juego y la caballeresca dignidad de su inteligencia. Es un hombre de expresión seria, concentrada, cuyos rasgos definidos lo hacen inconfundible, y cuya avanzada miopía parece alejarle de todo lo que lo rodea. Sus frases son breves, claras, y sin rodeos. Una vez dicho lo que tiene que decir, no espera más conversación y se va. Amablemente escuchó nuestra requisitoria. Después habló él todo el tiempo, en un francés claro y preciso; comenzó diciéndonos:

> Este torneo es un acto grandioso, y por una suma de motivos: es grandioso desde el punto de vista de la organización, y es grandioso asimismo desde el punto de vista del esfuerzo financiero, pero más que nada es grandioso por el principio que establece y que sustenta. Atravesamos una época intranquila, de temores y asperezas, y sin embargo, la Argentina demuestra cómo es, a pesar de todo, posible reunir a todos los pueblos, sean ellos amigos o enemigos, en un lance de honor humano y magnífico, y no en uno de guerra.

El gesto de la Argentina es más profundamente humano por el contraste de barbarie que amenaza al mundo en estos momentos. Le cabe, así, a vuestro país, la satisfacción y el honor de mostrarle al mundo cómo todavía pueden llevarse a cabo gestos civilizadores y de alta cultura. Esta actitud de Argentina queda aún puesta más en relieve por la decisión adoptada por los Estados Unidos, que ha demostrado con su ausencia no comprender la grandeza y significación internacional del gesto y del acto argentino.[734]

Gesto noble de Tartakower. *Noticias Gráficas*, 21 de agosto de 1939

Vera Menchik reconoce la fuerza de Sonja Graf.
La Prensa, 22 de agosto de 1939

Vera Menchik y Sonja Graf

■ Arribaron ayer noventa y dos ajedrecistas de diecisiete países. La llegada del *Piriápolis* mostró una lucida reunión en el desembarcadero de la dársena norte, donde esperaban a los viajeros las autoridades de la FADA, muchos aficionados y periodistas locales. Una nota interesante la constituyó la reunión de cerca de veinte jugadoras, que vienen a disputar el Campeonato Mundial Femenino, contándose entre las participantes a la señora Vera Menchik de Stevenson, actual campeona mundial, quien jugará representando a Inglaterra. Reconoció la severidad de la prueba, por participar varias ajedrecistas de reconocidos méritos, como Sonja Graf.[735]

[734] Amílcar Celaya, *Noticias Gráficas*, 21 de agosto de 1939.
[735] *La Prensa*, 22 de agosto de 1939.

Capablanca, en *Crítica*

▐ Está desde hoy la plana mayor del ajedrez mundial en Buenos Aires. El ex campeón del mundo José Raúl Capablanca comentará el gran certamen desde las columnas de *CRÍTICA*. Nuestro cordial amigo cubano nos ha visitado en nuestra redacción, y aprovechamos su amistosa conversación para hacerle algunas preguntas. Nos dijo:

Me siento sumamente satisfecho de regresar a Buenos Aires, donde tengo tantos amigos, para renovar la cordialidad que hizo tan gratas mis visitas anteriores. En cuanto a los equipos que intervendrán, hay cuatro o cinco que parecen tener más probabilidad de ganar que los restantes, y aunque no me gusta vaticinar o predecir sobre acontecimientos posteriores, puedo anticipar a *CRÍTICA* que el equipo argentino es, sin duda, el que más interesa a la afición del país, y parece tener buenas posibilidades de vencer, o por lo menos, con quistar uno de los primeros tres puestos, lo que es ya una gran conquista.[736]

Se confirmó el equipo argentino

▐ La FADA, en la reunión especial realizada anoche, designó oficialmente al equipo local que jugará el certamen. Después de leerse el informa del capitán Roberto Grau, procedió a elegir a los cinco ajedrecistas que defenderán el prestigio del ajedrez argentino. La delegación quedó conformada así: Roberto Grau –capitán–, Carlos Guimard, Jacobo Bolbochán, Isaías Pleci y Luis Piazzini. Al conocerse esta noticia en los centros de ajedrez, fue elogiosamente comentada la decisión de la FADA, por considerarse que es éste el equipo más fuerte que podía formarse. En cuanto a la representación argentina femenina, fueron designadas las señoritas María Angélica Berea y Dora Trepat.[737]

Mañana comienza el gran torneo

▐ Buenos Aires aloja, desde esta mañana, a veintiséis representaciones ajedrecísticas. Vienen a lucha por la conquista de la Copa Hamilton Russell. Maravilloso juego, el ajedrez, que une a través del tablero blanquinegro a tantos hombres, a tantos países que parecen, en verdad, para unos y para otros, vivir en astros lejanos e infinitos. ¿Qué otra cosa puede pensar un islandés o un palestino al enfrentarse con un guatemalteco? Guatemala, Islandia, Palestina, he aquí puntos perdidos en el mapa del mundo, que hoy se abrazan y comprenden, quizá por primera vez, el sentido de la fraternidad humana. (…) Nos encontramos con los cinco representantes de Bulgaria. El francés es el puente que nos une. Son jóvenes. También ellos muestran el asombro de sus ojos. Buenos Aires vive en su mañana otoñal y soleada. Estamos con ellos frente a la Diagonal Norte. Su capitán, Alexander Zvetkoff, nos dice:

Venimos a aportar nuestra presencia al torneo. No aspiramos a los primeros puestos. Somos, en la vida del ajedrez, modestos peones. Luchamos con nuestros mejores entusiasmos.

Interrumpe la charla Emil Karatoscheff:

Algún punto valioso obtendremos. Y nos llevaremos la experiencia que brinda esta clase de encuentros.[738]

---

[736] *Crítica*, 21 de agosto de 1939.
[737] *La Prensa*, 22 de agosto de 1939.
[738] *La Nueva Provincia*, 22 de agosto de 1939.

Los búlgaros, modestos peones. *La Nueva Provincia*, 22 de agosto de 1939

Explosivas declaraciones de Tartakower

Entrevistamos esta mañana, en su alojamiento, al doctor Savielly Grieg Tartakower, capitán y primer tablero del temible equipo de Polonia. Apenas si pudimos seguir a nuestro entrevistado en sus movimientos de un lado a otro. Atendía mil asuntos a la vez, conversaba con cien personas al mismo tiempo, saltaba de aquí para allá. Realizando un juego de piernas impropio de la edad de este cronista, interrogamos al célebre maestro:

Usted, doctor, que es un estudioso y un hombre de letras, un polígrafo distinguido, háblenos de otra cosa que no sea ajedrez. Háblenos de la situación política internacional.

Mis opiniones en esa materia no tienen ninguna importancia, porque son opiniones exactas, precisas, lógicas y razonables. Ahora el mundo se encandila, aplaude y prefiere los disparates. Más adelante, quizá sobrevenga una época en que estén de moda las opiniones razonables. Entonces, yo tendré un éxito estruendoso como pensador, y seguramente todos los países soliciten mis servicios de estadista. Me disculparán, por lo tanto, si callo el sistema que he inventado para arreglar la crisis internacional.

De ninguna manera, doctor. En Argentina todavía tienen algún eco las opiniones razonables.

Perfectamente. Si es así, les daré, gratis, la receta. Cuando dos países se quieren pelear, lo mejor es que sometan el diferendo a una partida de ajedrez. Al que pierda, se le corta la cabeza. En esta sencilla forma, las guerras, en lugar de ocasionar millones de víctimas, de acarrear miseria, pestes y desolación, se liquidarían con una sola muerte. Más bajo precio, imposible.

¿Quién se adjudicará el TN?

Probablemente el equipo argentino, porque, con toda seguridad, estará bien alojado. Nosotros, los polacos, tenemos un lavatorio para cinco personas. Al que le toque lavarse último, llegará tarde, por supuesto, a comenzar su partida. Yo, esta mañana me lavé a las 7, en la oscuridad, como un homenaje a mis compañeros de equipo, que también tienen necesidad de higienizarse. Menos mal que recordaba dónde estaba la nariz. Nuestro único consuelo es imaginar que los demás equipos estarán en las mismas condiciones. Todo esto es doloroso para un viejo maestro de ajedrez que, en sus cincuenta y dos años de vida, ha hecho tanto y tanto se ha prodigado por la difusión del juego-arte—

¿Tiene alguna queja de los argentinos?

Ninguna. Son todos amables, amabilísimos. Pero tienen ideas demasiado originales. A parte del lavatorio para cinco personas, hay que ver las torturas y los sobresaltos que nos han hecho pasar los empleados de inmigración. Es del dominio público que nosotros no somos ni evadidos ni refugiados, sino maestros de ajedrez. Pues bien, en la oficina de inmigración no lo saben. Nos retiraron a todos los pasaportes, que sólo nos devolverán una semana antes de embarcarnos. Quizás las horas de oficina coincidan con las horas de disputar las partidas. Bueno, eso sería fácil de arreglar: con poner delante de nuestro tablero a un funcionario de inmigración, mientras nosotros hacemos las gestiones burocráticas para que juegue él.

Pero hay cosas más difíciles: ¿cómo legalizamos nuestros pasaportes en los consultados

Amargas quejas de Tartakower. *Noticias Gráficas*, 22 de agosto de 1939

respectivos, si no los tenemos? En inmigración, gentilísimos, como en la FADA, como en el hotel, como en todas partes, nos prometieron hacernos acompañar por un alto funcionario, celoso guardián de nuestros pasaportes, cuando tuviésemos que legalizarlos. Por mí, que me manden entre dos vigilantes y esposado, pero no en el mismo instante en que tenga que jugar las partidas vivas o analizar las suspendidas.

Tartakower pidió una media botellita de agua mineral. Le cobraron 90 centavos, y exclamó:

¡Con qué finura me cobran 10 francos por un poco de agua mineral! Preferiría que me trataran con peores modales.

Y agregó mientras dejaba 10 centavos de propina:

¡Muchas gracias, muchas gracias!

Y disparando se despidió de nosotros para atender a todo el mundo.[739]

Los conceptos de Becker, Frydman, Czerniak

A poco de la iniciación del TN, la llegada de casi un centenar de jugadores ha logrado cristalizar lo que parecía una empresa irrealizable. En efecto, en la motonave *Piriápolis* llegaron ayer de Europa dieciséis equipos, y también el presidente de la FIDE, doctor Alexander Rueb, a quien acompañaba su esposa. El capitán del *team* alemán, don Albert Becker, manifestó:

El ajedrez ha tomado un incremento notable en su país en los últimos tiempos, debido a la intervención del estado en la organización de los torneos, a lo que se agrega que, en las numerosas villas de aguas (Sic. Se refiere a balnearios), dedicadas a descanso, curación y veraneo, se organizan torneos como parte de la propaganda. Por ello, no pocos de los turistas que acuden a ellas unen lo útil a lo agradable, al ir a los puntos donde se les ofrece un torneo con los maestros conocidos, al par que veranean o atienden su curación.

El doctor Becker agregó luego otros detalles acerca de las posibilidades del equipo alemán:

Ha mejorado el *estándar* de juego, especialmente con el *anchsluss*, pues se han incorporado al equipo algunos jugadores de Viena, entre ellos Eliskases y yo, a parte de la valiosa obra realizada por la *Gross Deutscher Schachbund*.[740] Considero que, por ello, también ha aumentado sus posibilidades nuestro *team*. Por nuestra parte, estamos reconocidos a la entidad argentina por la magnífica recepción que se nos ha tributado, al permitirnos conocer esta ciudad moderna y bella, y la felicitamos por el esfuerzo ponderable que significa haber traído tantos equipos a este lugar tan alejado de Europa, para realizar una competencia como pocas veces se ha hecho

El jugador polaco Paulin Frydman, por su parte, expresó sin reticencias que tienen ambiciones, y que las consideran fundadas. No es extraño que se sientan optimistas acerca de la colocación que tendrán, que consideran estará entre los primeros puestos. Agregó:

Nos hemos extrañado, no sólo de la realización de este torneo en la América del Sur, sino del enorme interés existente en ésta, de la acogida calurosa que se nos ha dispensado, detalles que nos confirman que existe en la Argentina una difusión extraordinaria del juego. Además, creemos que

[739] Amílcar Celaya, *Noticias Gráficas*, 22 de agosto de 1939
[740] Federación de Ajedrez de Alemania.

existe equivalencia de fuerzas entre nuestro conjunto y el local, como lo demostró el hecho de que hayamos igualado la tercera colocación en Estocolmo 1937. Por lo que respecta a Buenos Aires, nos ha deparado una de las bellas sorpresas, y no es exagerada la frase de uno de los integrantes de nuestro equipo, que dijo que Buenos Aires es la más hermosa ciudad del mundo, y que es superior a París.

El capitán del equipo de Palestina, M. Czerniak, se expresa con soltura en varios idiomas, pues domina seis de ellos. Con palabra fácil nos dice en francés, que salpica con algunas palabras en español, lo siguiente:

La situación política, que ha tenido tanta influencia en el desarrollo del ajedrez en muchos países, a favor o en contra, ha sido para nuestro equipo una de las razones fundamentales de su progreso. En efecto, todos nosotros somos oriundos de otros puntos, pues yo nací en Varsovia, Winz, Foerder y Rauch en Alemania, Kleinstein es letón y la señora Reischer nació en Viena. Nos hemos reunido debido a pertenecer a la raza judía, y somos por ello representantes de los quinientos mil judíos que hay en Palestina, pues aunque juegan, por su parte, los árabes y los británicos, nosotros representamos solamente a los jugadores de nuestra raza.

Lo señalamos para destacar el adelanto obtenido, puesto que, pese a ser una población relativamente pequeña, nuestro equipo ha logrado estar a la altura de otros europeos pertenecientes a países que tienen cien veces más habitantes. Nos es particularmente grato agradecer a la FADA la organización de este torneo y su invitación, pues a no ser por ello no habríamos tenido oportunidad de venir desde un lugar tan lejano.[741]

Declaraciones de Becker, Frydman y Czerniak.
La Nación, 22 de agosto de 1939

Llegan los últimos equipos

Hoy a primera hora llegarán a la dársena sud, en el Vapor de la Carrera, los jugadores que representarán al Uruguay. También llegará, a la dársena norte, el conjunto brasileño. En el *Northern Prince* llegó ayer don Neptalí Ponce, quien viene a integrar el equipo de Ecuador. Este jugador, que desempeña el cargo de agregado a la embajada de Ecuador en Washington, posee sólidos conocimientos del juego, y fue recibido en el puerto por varios representantes de la FADA, los ajedrecistas ecuatorianos y otras personas, que lo acompañaron luego al hotel donde se hospedará.[742]

Un matasellos para filatelistas

Durante el desarrollo del certamen, toda la correspondencia enviada desde la sucursal de correos más

Los viajeros ajedrecistas de Brasil.
Noticias Gráficas, 24 de agosto de 1939

---

[741] Roberto Grau, *La Nación*, 22 de agosto de 1939.
[742] *La Nación*, 23 de agosto de 1939.

cercana al Politeama era matasellada con un sello alusivo al TN. Hoy día este documento filatélico es muy difícil de conseguir, y por ello tiene un alto valor.

Esta Tarde se Inaugurará Oficialmente El Campeonato Mundial de Ajedrez

El equipo argentino que intervendrá en el torneo. De izquierda a derecha: Roberto Grau, capitán; Carlos Guimard, Jacobo Bolbochán, Isaías Pleci y Luis R. Piazzini

El Torneo de las Naciones, prueba tradicional de ajedrez por la copa "Hamilton Russel", será esta tarde inaugurado oficialmente en el teatro Politeama, con la asistencia del presidente de la Nación, el intendente municipal, los delegados y jugadores representantes de treinta países y todas las autoridades del ajedrez argentino.

Puede afirmarse que, después de los juegos olímpicos, el campeonato mundial de ajedrez por equipos que hoy se inaugura, es la competición deportiva de mayor trascendencia en todo el mundo.

La Federación Argentina de Ajedrez tiene en el día de hoy, drez tiene en el día de hoy, la satisfacción marcará una fecha memorable para el ajedrez argentino, la satisfacción de ver realizado con todo buen éxito un certamen de extraordinario relieve, llevado a feliz término por la decisión, energía y entusiasmo de los dirigentes de dicha entidad, que debieron realizar aún un esfuerzo ejemplar en su preparación aun cuando algunos detalles ofrecieron serias dificultades, hasta el punto de creerse en cierto momento que el fracaso era irremediable.

La elección de Buenos Aires

En el decimoquinto congreso de la Federación Internacional de Ajedrez, efectuado en el año 1935 en la ciudad de Estocolmo, se resolvió por unanimidad que fuese Buenos Aires el asiento del campeonato mun-

copa "Hamilton Russel", fué el torneo de París del año 1924.

La Federación Internacional de Ajedrez invitó a todos los países a participar en una competencia por equipos, y la Federación Argentina, de reciente fundación, resolvió enviar una representación, cosa que se consiguió mediante grandes esfuerzos y con dificultades serias para financiar el viaje.

Era la primera vez que nuestros ajedrecistas iban a Europa para enfrentarse con los ases del tablero y poco confianza se tenía en nuestros jugadores. El equipo argentino lo formaron Damián Reca, entonces campeón argentino, Roberto Grau, Luis Palau y Valentín Fernández Coria.

El desarrollo del certamen proporcionó al ajedrez argentino grandes satisfacciones, tanto por la actuación individual de sus representantes como por la colocación final. Entre diecinueve países anotados en la prueba, la Argentina se colocó en el cuarto puesto, detrás de Checoslovaquia, Hungría y Suiza.

En el año 1927 se jugó el segundo torneo por equipos y fué en esa oportunidad donde se puso en juego por primera vez el trofeo "Hamilton Russels".

La prueba se realizó en Londres, con la participación de dieciséis naciones. La Argentina envió una representación integrada por Roberto Grau, Luis Palau, Alejandro Nogués

En aquella oportunidad los argentinos se comportaron brillantemente, y luego de alternativas emocionantes conquistaron el tercer puesto del torneo, juntamente con Polonia, siendo aventajados por las delegaciones estadounidenses, quienes se adjudicaron la prueba por cuarta vez consecutiva, y Hungría, que se clasificó segunda. En esta ocasión jugaron diecinueve países.

Y, como puede apreciarse por la precedente exposición, nunca se registró una inscripción tan elevada de naciones participantes como la que hay esta vez en Buenos Aires, que alcanza a veintisiete.

Los equipos participantes—

La lista completa de los países inscriptos es la siguiente:

Argentina: Roberto Grau, Carlos Guimard, Jacobo Bolbochán, Isaías Pleci y Luis R. Piazzini. Para el campeonato femenino se designó a las señoritas María Angélica Berea y Dora B. Trepat.

Alemania: Erick Eliskases, Paul Michel, Ludwig Engels, Albert Becker y Heinrich Reinhardt. En el campeonato femenino jugará la señorita Friedl Rinder.

Bélgica: Concurre solamente al campeonato femenino con la señora C. Weegemans Stoffels.

Bohemia y Moravia: Jan Foltys, Karel Opocensky, J. Pelikan, Karel Skalicka y F. Zita. En el torneo femenino juega la señora M. Janecek.

Bolivia: Jorge Rodríguez Hurtado, Hugo Córdova, Luis Zavala, Raúl Baen-

Inauguración del TN. *La Prensa*, 23 de agosto de 1939

cultura intelectual, que resulta poco menos que innecesario destacar el interés y la resonancia mundial que despierta su realización. Pero no atrae sólo por el alto grado de progreso que su realización significa, sino también por todas aquellas altas cualidades que distinguen al juego de ajedrez.

En efecto, la misma historia del certamen lo dice con toda claridad, y mejor aún la reglamentación, que no hace distingos entre aficionados y profesionales. Todos concurren a él aunque no hay pagas ni premios en efectivo de ningún orden. Se juega con todo desinterés y por el honor de representar a su país.

El acto inaugural, que se realizará hoy a las 19 en el Teatro Politeama, se desarrollará en esta forma:

     ** A la llegada del presidente de la República y su señora esposa, y la comitiva que los acompañará, la banda de policía ejecutará la marcha de Ituzaingó;

La Prensa y *El Orden* anuncian la inauguración

▮ Con un amplio artículo de casi una página entera, *La Prensa* informa ampliamente todos los detalles del comienzo del TN.

Pompa y protocolo en la inauguración del TN

▮ El TN se inaugura hoy en el Teatro Politeama. La más grande justa del ajedrez por equipos que se haya celebrado hasta la fecha, tendrá lugar en nuestra capital. Es un torneo de especial significado para el mundo, porque es la primera ocasión que sale de Europa para realizarse a tantos miles de millas de distancia, para llegar a un continente nuevo donde viene a dejar una semilla que asegure el futuro. El TN tiene importancia como manifestación de

** El presidente y su señora esposa serán recibidos por una comisión especial encabezada por el presidente de la FADA, señor Augusto De Muro, el miembro del Comité Olímpico Argentino don Horacio Bustos Morón,[743] el diputado nacional Numa Tapia, y el presidente del Automóvil Club Argentino general Camilo Ideoate,[744] que los acompañará hasta los sillones de honor que a tal efecto serán colocados sobre el escenario;

** La banda citada ejecutará luego del himno nacional, y a continuación hará uso de la palabra el intendente municipal, quien dará la bienvenida en nombre de la ciudad de Buenos Aires a los delegados y jugadores de los países representados;

** A continuación hablará el presidente de la FIDE, doctor A. Rueb, a quien le seguirá el presidente de la FADA, señor A. De Muro;

** Luego de estos discursos los capitanes y jugadores de los equipos participantes saludarán al presidente de la República y a su señora esposa, y al intendente Goyeneche, con lo que se dará por terminado el acto.

Iniciación brillante del TN. *El Orden*, de Santa Fe, 23 de agosto de 1939

A esta ceremonia han sido invitados los embajadores y personalidades diplomáticas de los países que intervendrán. El acto sólo podrá ser presenciado mediante invitaciones especiales entregadas por la FADA.

El presidente Ortiz envía una carta pública elogiando a la FADA. También asistieron el cardenal Santiago Luis Copello,[745] los ministros del poder ejecutivo, numerosos miembros del cuerpo diplo-

---

[743] Fue presidente de la CADCOA entre 1929 y 1932, y del COI entre 1932 y 1952.
[744] Militar que es recordado con el nombre de una calle de Campo de Mayo, que llega hasta la Ruta 8.
[745] Santiago Luis Copello (1880-1967) fue Arzobispo de Buenos Aires desde 1932 hasta 1959, y elevado al cardenalato en 1935. Fue el primer cardenal de la Iglesia católica que nació y ejerció el sacerdocio en Hispanoamérica.

mático y muchas otras personalidades. Previamente, a las 14, se había hecho el sorteo de los grupos preliminares, quedando conformada la comisión de árbitros con los siguientes integrantes: señora campeón mundial femenino Vera Menchik de Stevenson; doctor Alejandro Alekhine, campeón mundial, señor José Raúl Capablanca, ex campeón mundial; señor Luis Palau; doctor Savielly Tartakower; sir George Thomas y Octavio Trompowsky.[746]

Vista panorámica del salón de juego. Revista *Ahora* n° 437 del 29 de agosto de 1939

Creencia popular acerca del "adelanto" argentino

Comienzo del torneo con presencia del presidente Ortiz.
El Mundo, 23 de agosto de 1939

---

[746] Paulino Alles Monasterio y Roberto Grau, *El Mundo y La Nación*, 23 de agosto de 1939.

Brillante ceremonia inaugural. *Nueva Palabra*, 23 de agosto de 1939

La visión de Justin Corfield

Y para que no desentone el deslumbrante escenario, la crema de la sociedad argentina estaba allí para ayudar a declarar abierta la Olimpíada. El presidente Ortiz estuvo presente para dar brillo a la ceremonia, al igual que José María Cantilo, titular del Ministerio de Asuntos Extranjeros, además del vicecomodoro León Scasso (Ministerio de Marina), Jorge E. Coll (Ministro de Justicia y Educación), todos del gabinete. Otros presentes fueron Luis de Irigoyen (Directorio del Banco de la Nación), H. B. Morón (Miembro del Comité Olímpico), general Camilo Idoate (presidente del ACA), un auspiciante destacado. Una orquesta interpretó luego el Himno Nacional Argentino.

En los programas emitidos por los oficiales de la Olimpíada, todo el cuerpo diplomático superior parece haber estado conectado con el torneo de una manera u otra. Se sentaron en sillas doradas en filas apretadas, mientras el micrófono estaba montado en una elegante mesa rococó. Obviamente el embajador alemán y nazi convencido, Baron Edmond Freiherr von Thermann, estaba presente, lo mismo que Ramiro Hernández Portela, de Cuba, y el peruano Dr. Felipe Barreda y Laos, un destacado intelectual de Lima. El embajador británico, Sir Edmond Ovey, estaba en Gran Bretaña y su representante fue el multilingüe Charles Edward Shuter Dodd, que habla griego, búlgaro, persa, japonés y español. Otros diplomáticos presentes fueron el embajador norteamericano y veterano diplomático, Norman Armour, el embajador noruego Rolf Otto Andvord, Rubén Darío el hijo del gran poeta nicaragüense del mismo nombre, y el embajador francés Marcel Peyrouton.

También debe mencionarse la presencia de dos médicos, Marcial de Gregorio y J. Barrera Oro, que estuvieron a disposición para atender cualquier problema que se produjera con los ajedrecistas o con los espectadores.

Fue permitido y estimulado el ingreso del público para observar las partidas: las entradas costaban $ 1 para la sesión matutina, $ 1½ para la vespertina y $ 2 para los sábados por la noche. También había una cafetería en el foyer del segundo piso, con oficinas para las autoridades, la prensa, la radio y los periodistas. Había diariamente entre 600 y 800 personas, aunque en días especiales podían llegar a 3.000.[747]

Roberto Grau en *Caras y Caretas*

Alexander Rueb inaugura el TN.
Caras y Caretas nº 2134, 2 de setiembre de 1939

▓ Realizada la sesión inaugural del TN, la FADA ha cumplido con la palabra empeñada. Debe todavía cumplir innumerables compromisos, y es indispensable un esfuerzo más de los aficionados y los deportistas argentinos para que la institución madre pueda cumplir fielmente sus compromisos. Quienes asistan al torneo o aquellos que sigan sus alternativas por los medios normales de difusión, a nuestro juicio deben ser colaboradores eficientes con la cuota pequeña, desde que la suma de los esfuerzos pequeños ha de formar la de $ 150.000 que la Federación necesita todavía para dar término a sus tareas ingentes.

Vamos al torneo con inquietud, pero nos alienta la esperanza de un gran apoyo popular. El presidente Roberto M. Ortiz, que de acuerdo con la tradición del certamen preside honorariamente el TN, ha resuelto contribuir con $ 2.000. Al margen de la contribución general de los pueblos del interior del país, cabe destacar la de los gobiernos provinciales y la de algunas municipalidades que han hecho llegar su valioso aporte a los organizadores. La Municipalidad de Avellaneda dispuso una contribución de $ 20.000, el Gobierno de la Provincia de Buenos Aires $ 5.000, lo mismo que Santa Fe, Paraná y Córdoba. También el Jockey Club respondió al llamamiento aportando $ 2.000.[748]

Una fiesta de gala en la ceremonia inaugural

▓ Con la presencia del primer mandatario, doctor Ortiz, fue cumplida esta tarde una ceremonia que alcanzó contornos brillantes. Momentos antes de la inauguración la sala del Politeama presentaba un aspecto imponente. El amplio foso de la platea estaba ocupado por la totalidad de los jugadores que participarán en el magno certamen y una concurrencia calificada, que ocupó, también, los palcos y las tertulias altas. Puede decirse, sin exageración, que todo el mundo social e intelectual de Buenos Aires se hizo presente para testimoniar su cordialidad a los ajedrecistas que nos visitan.

Conocidas personalidades de nuestro mundo diplomático, político y financiero también estuvieron presentes. La clásica sala porteña, con todo un historial artístico inolvidable, vistió hoy sus mejores galas para la ceremonia que comentamos. Motivos florales y una ornamentación especial realzaron aún más su prestancia y su clima cordial, lo que unido al fervor que controló todos los actos produjo una jornada de gran emoción que difícilmente será olvidada por los que la presenciaron.

[747] Justin Corfied, op. cit., pág. 113, 120, 124.
[748] *Caras y Caretas* nº 2134 del 2 de setiembre de 1939.

Entre las numerosas personalidades que se hallaban presentes se encontraban los ministros señor Cantilo –Relaciones Exteriores– y contraalmirante León Scasso –Marina–, además del doctor Coll –Justicia e instrucción pública– y el señor Luis de Irigoyen, del directorio del Banco Nación. El presidente de la FADA, señor De Muro, pronunció el siguiente discurso:

Ha cristalizado la feliz iniciativa que llevamos al Congreso de la FIDE de Estocolmo, 1937. El ajedrez magistral graba hoy en Buenos Aires la página áurea del más extraordinario concurso que conoce la historia. Y para que la significación sea más alta, adquiere la jerarquía singular que le asigna la presencia de Excmo. señor presidente de la Nación, quien ratifica en la primera magistratura sus afanes de siempre por todo lo que condice a forjar la personalidad integral de los argentinos. (...) En las visitas colectivas o mediante la apreciación personal, los jugadores y delegados verán cómo se gobierna este gran pueblo, movido por ideales superiores.

Y si la ciudad pujante, febril y cordial, puede llenar sus pupilas con una visión de trabajo vigoroso,

Roberto Grau se muestra optimista en la inauguración del TN.
Caras y Caretas nº 2134, 2 de setiembre de 1939

inquieto y multiforme, los pueblos del campo, donde se cuidan los labrantíos o mejoran los ganados, les parecerán afluentes caudalosos y fecundos de esta Buenos Aires que desborda. Y llegará a ellos lo que está en la raigambre de nuestra historia y es recuerdo de paz y fraternidad: el conocimiento básico de los principios de la Carta Fundamental, que se refiere a la libertad y a los brazos abiertos, en signo acogedor para todos los hombres de buena voluntad. Porque el torneo no es solamente una justa para destacar los valores en el tablero: es motivo esencial para el mejor conocimiento amistoso de los hombres, que es una forma de llegar a la paz de los pueblos.

La bienvenida de la FADA tiene, por eso, una significación mayor. Escapa a sus límites, lógicamente constreñidos, desde que aspira a ser, y es, la bienvenida popular. (...) Señores: ¡ojalá que algún día, en las mesas de deliberaciones protocolares, se ganen las partidas por un ideal tan humano y tan noble!

Cartel anunciador del TN frente al Politeama. Foto revista *Ahora* nº 437, 29 de agosto de 1939

Terminado el discurso del señor De Muro, el presidente de la comisión organizadora, don Pedro Barbé, pidió a las damas que participarán en el torneo femenino que subieran al escenario, siendo presentadas al presidente de la Nación, doctor Ortiz, quien las felicitó en forma efusiva. Llamó la atención que algunas jugadoras se presentaran en trajes regionales, lo que fue muy aplaudido. De inmediato el doctor Ortiz se retiró de la sala, mientras la banda ejecutaba la marcha Ituzaingó.[749]

Inauguración solemne.
La Fronda, 23 de agosto de 1939

---

[749] *La Razón*, 23 de agosto de 1939.

El discurso del intendente

█ El doctor Arturo Goyeneche dijo que ninguna mayor satisfacción para su espíritu que pronunciar, en nombre de la ciudad de Buenos Aires, cordiales palabras de bienvenida a los distinguidos jugadores visitantes. Luego expresó:

Nada puede halagar más el espíritu de una nación que la celebración de estas reuniones, presididas por la noble emoción que da el triunfo exclusivo de la inteligencia, enseña a pensar, agudiza la memoria, da firme ritmo a la imaginación. Es un juego de método, de previsión y de técnica, puesto que su estrategia exige constantemente una gran tranquilidad y un fuerte dominio de la voluntad.

Brillante ceremonia de inauguración.
La Razón, 23 de agosto de 1939

En nuestro país el ajedrez ha tenido una tradición brillante y destacada. Los generales Paz y Lavalle solían entretener sus horas de sosiego en el juego favorito, y el preclaro Rivadavia y el ilustre general Mitre tampoco permanecieron indiferentes al pasatiempo predilecto. El juego del ajedrez tiene, por lo tanto, un antecedente prócer en historia de nuestra República. El recuerdo revela que la dilecta devoción enroló en su paso a muchos otros ciudadanos eminentes de la antigua sociedad porteña hasta llegar a la fundación del primer club argentino de ajedrez, constituido en los memorables salones del Club del Progreso. (…) Señores delegados: en nombre de la tradicional cordialidad argentina, que se realza con la presencia del excelentísimo señor presidente de la Nación, declaro abierto el XVI Congreso de la FIDE, haciendo votos por que el laurel de la victoria corone con igual merecimiento el nombre de vencedores y vencidos.[750]

Discurso *mitrista* y *rivadaviano* del intendente Goyeneche.
La Prensa, 24 de agosto de 1939

Brillante acto de apertura

█ En el Teatro Politeama se realizó ayer el acto inaugural del TN. Si el concurso que se iniciará hoy necesitaba la confirmación de la calurosa acogida que le ha dispensado el público de Buenos

---

[750] *La Prensa*, 24 de agosto de 1939.

Aires, si requería una prueba de que habrá de resultar un espectáculo extraordinario, la ceremonia de ayer, sencilla y brillante, le dio el mejor de los auspicios, y la seguridad de que el torneo contará con el más favorable de los signos para lograr el éxito. Es lógico pensar que el TN ha rebalsado los límites del ambiente ajedrecístico para convertirse en un acontecimiento nacional. No es otra la conclusión que puede extraerse del imponente espectáculo que ofrecía ayer el Teatro Politeama. Fue brillante el aspecto de la sala, profusamente adornada con banderas de los países participantes, por la presencia de una cantidad de público que colmaba todos los lugares, hasta extremos lógicamente nunca vistos en un concurso de ajedrez en ésta, pero que también pocas veces ha sido dado apreciar en reuniones de otro orden.

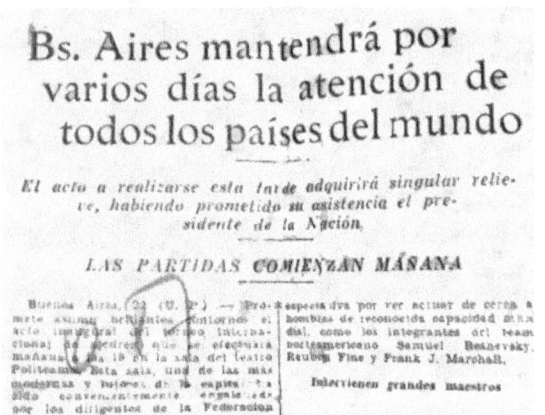

El Día, La Plata, 23 de agosto de 1939

En la calle no era menor el movimiento que denotaba la expectación despertada por el torneo, puesto que se hallaba llenas la acera del teatro, la escalinata de entrada, y aun el público que se aglomeraba en la calzada era tanto, que exigía verdaderos esfuerzos a los policías allí apostados, porque interrumpía el tránsito. Dentro, los ajedrecistas visitantes fueron distribuidos en la platea, juntamente con los directores del deporte local y muchas damas, mientras que los palcos y las galerías mostraban un conjunto prieto y abigarrado de personas, hasta no dejar ni un solo claro.

En el sitio de honor se hallaban el cardenal primado, monseñor Santiago Luis Copello; el intendente municipal don Arturo Goyeneche; los ministros de Relaciones Exteriores, doctor Luis María Cantilo; de Justicia e Instrucción Pública, doctor Jorge E. Coll;[751] de Marina, vicealmirante León Scasso;[752] el general Camilo Idoate;[753] el diputado nacional ingeniero Numa Tapia;[754] el director general de Correos y Telégrafos, doctor Adrián C. Escobar; el subsecretario del Ministerio de Relaciones Exteriores doctor Carlos Broudeur;[755] numerosos diplomáticos extranjeros, entre ellos los ministros del Uruguay, de los Estados Unidos, de Cuba, de Noruega, el

Brillante acto de inauguración. *La Nación,* 24 de agosto de 1939

---

[751] Jorge Eduardo Coll (1882-1967) fue un criminalista, jurista, abogado y profesor de derecho. Al asumir Roberto M. Ortiz en 1938, lo designó Ministro de Justicia e Instrucción Pública, cargo que ocupó hasta 1940.

[752] León Lorenzo Scasso (1882-1954), ascendió a almirante entre 1932 y 1939. Fue Ministro de Marina, y la ruptura de relaciones de Argentina con las potencias del Eje causó su renuncia el 28 de enero de 1944.

[753] El general Camilo Idoate fue inspector general del ejército. Recibió al presidente de los Estados Unidos, Franklin Delano Roosevelt, en 1936.

[754] Fue también intendente municipal de La Plata. En 1937 *presentó el* proyecto de nacionalización del Instituto Superior de Formación Docente N° 97.

[755] Fue presidente de la Comisión Nacional de Ayuda Escolar, creada en 1936.

encargado de negocios de Gran Bretaña; también otros representantes del cuerpo diplomático, concejales y funcionarios.

A las 19.20 sonaron los acordes de la marcha Ituzaingó, y al advertir por ello que llegaba el presidente de la república, prorrumpió en una prolongada ovación, que persistió hasta el momento en que el doctor Ortiz, después de ascender al escenario, saludó repetidamente. Luego de recibir el saludo de las autoridades de la FADA, el jefe de estado ocupó el sitio de honor, rodeado por las personalidades presentes, siendo ejecutado el Himno Nacional.[756]

Buenos Aires Herald, 24 de agosto de 1939

La pelea de Frank padre y Frank hijo

■ No ha trascendido que la disputa de la Copa Hamilton Russell, que se está jugando en Buenos Aires, no comenzó en Buenos Aires sino en Nueva York. Y que no comenzó con una partida de ajedrez, sino con un pugilato. Es sabido que los Estados Unidos ganaron esta copa en 1931, 1933, 1935 y 1937. Desde hace ocho años el magnífico trofeo, que está por llegar a Buenos Aires, descansaba en una vitrina del Marshall Chess Club, bajo la custodia de la corbata voladora de Frank J. Marshall, ex campeón de los Estados Unidos. (...) En realidad quien custodiaba la copa no era Frank, sino su esposa, secretaria del club, y que además de secretaria parece comisión directiva, *führer, duce* y hasta el conserje del Marshall Chess Club. Todos los días durante ocho años Mrs. Marshall contempló la Copa,

Los uruguayos, entusiasmados.
Crítica, 24 de agosto de 1939

la acarició y la lustró con una gamuza; se llenó la boca con la cuádruple hazaña de los bravos *boys* capitaneados por su marido.

Imagine el lector la cara que habrá puesto cuando el anciano Helms fue a reclamar el trofeo para remitirlo a Buenos Aires, desde donde no habría de retornar, puesto que los Estados Unidos se han negado a defenderlo. Mrs. Marshall, hecha una furia, se negó a entregar la copa, ni al viejito Helms ni a nadie. Helms insistió. Entre la dama y el anciano se cruzaron vocablos encendidos, hasta que Mr. Helms, con decisión muy yanqui, se aferró a la Copa por una de sus asas, y dio un tirón hacia sí. Mrs. Marshall, no menos yanqui, tiró para su lado, y así se estableció una verdadera cinchada. Frank Padre y Frank Hijo, que hasta ese momento habían contemplado la disputa silenciosamente, se retiraron. No quisieron ayudar a ninguno de los bandos. (...) Para vergüenza del bello sexo, daré el resultado de la cinchada: la ganó el viejito Helms,[757] a pesar de sus setenta

---

[756] Roberto Grau, *La Nación*, 24 de agosto de 1939.
[757] Helms, Hermann (1870 1963) fue un ajedrecista, escritor y promotor norteamericano. Intervino en la organización del famoso torneo de Nueva York 1924. En 1951 asistió a Robert Bobby Fischer. Helms fue denominado como "el más importante periodista de la historia del ajedrez norteamericano".

años bien cumplidos. Y menos mal que fue así, porque de lo contrario no se estaría jugando en Buenos Aires el TN.[758]

Los cubanos, a la expectativa

▓ Ya debe haber comenzado el TN, que hace de Buenos Aires el punto de atracción de las miradas de los amateurs del mundo entero. Ciertamente, el aplazamiento y las dificultades de última hora, vencidas a fuerza de tesón y de energía por los argentinos, bajo el acicate de la dignidad y del patriotismo, han restado algunos elementos importantes a la justa. Así, vemos que Euwe y Flohr están compitiendo en el torneo inglés, como lo habría hecho Capablanca, de no haber tenido particular empeño, como campeón cubano, en acudir a la liza. De la casi incomprensible ausencia del equipo norteamericano no puede hacerse responsables a las dificultades económicas que ha confrontado la FADA como organizadora del torneo. Los americanos informaron espontáneamente a Buenos Aires que ellos se costearían su viaje, ayudando de ese modo a la realización del torneo, y después de asumir esa obligación, se han abstenido de ir.[759]

Comienza el programa de radio

▓ Comenzaron a transmitirse con todo éxito por el micrófono de LR1 Radio El Mundo las impresiones del campeón mundial, doctor Alekhine, sobre el TN. El conocimiento que tiene el doctor Alekhine de la mayoría de los jugadores que intervienen, hace que sus impresiones cobren todo el valor de una opinión medida e interesante.[760]

El TN en *El Gráfico*

▓ El 25 de agosto, el titular de *El Gráfico* dice: ¿Conquistaremos la Copa Hamilton Russell? Luego sigue el subtítulo: *El equipo Argentino tiene fundadas probabilidades de clasificarse campeón de conjunto.*

> Se acaba de iniciar el TN. Después de las serias vicisitudes que son de dominio público, el país se apresta a hacer honor a su palabra. Hay hombre que para ello han jugado su tranquilidad personal. Los trebejos blancos y negros se deslizan ya sobre los cuadriculados tableros, y aún no se ha financiado definitivamente el certamen. Es imprescindible un empujoncito más. La población de Buenos Aires y la de la República entera, va cumpliendo admirablemente su deber, que es un deber patriótico para que la Argentina –nuestra Argentina– no haga un papel desairado a los ojos del mundo.

> El equipo argentino, constituido por Grau, Guimard, Piazzini, Nogués Acuña, Jacobo Bolbochán y Pleci, puede ser el campeón mundial de conjunto.[761] Dos circunstancias –una propia y otra ajena– constituyen elementos valiosos de un pronóstico favorable. La propia es que nunca los argentinos se habían concentrado en un lugar de entrenamiento, de saludable descanso físico y de aguda gimnasia intelectual, de enriquecimiento de su saber técnico, como lo han hecho en Adrogué; y la ajena es que en Adrogué los muchachos argentinos recibieron a diario la visita del campeón mundial, doctor Alejandro Alekhine, quien les prodigó sin reservas sus inapreciables enseñanzas y sanos consejos.

---

[758] *El Gráfico* n° 1044 y 1051, nota de Amílcar Celaya.
[759] Juan Corzo, *Carteles*, Cuba, agosto de 1939.
[760] Paulino Alles Monasterio, *El Mundo*, 23 de agosto de 1939.
[761] Por equipos de naciones.

El último, el más temible de todos los competidores, Estados Unidos, no participará en el TN. Por motivos materiales que no me corresponde juzgar –máxime cuando el juicio puede ser desviado por la invencible antipatía que despiertan estos motivos–, pero sí lamentar, el magnífico equipo compuesto por Sammy Reshevsky, Rubén Fine, Frank Marshall, Isaac Kashdan e Israel Horowitz ha resuelto desentenderse de la defensa de la Copa Hamilton Russell que actualmente posee, y ganó en buena lid en cuatro oportunidades consecutivas.[762]

En el hotel Los Delicias, de Adrogué, pocos días antes de la celebración del Torneo de las Naciones, el actual campeón argentino Carlos Hugo Maderna, hace un alto en su paseo a caballo, para ver qué andan resolviendo sus compañeros de equipo.

El equipo argentino se entrena para el TN en el Hotel La Delicia de Adrogué. Parados: a la izquierda Jacobo Bolbochán; a la derecha, Guimard. A la mesa, Nogués Acuña, Grau y Julio Bolbochán. A caballo, Carlos Maderna.
Foto *Leoplán*, 3 de julio de 1940

Tartakower, en *La Razón*

▓ *LA RAZÓN* estará presente en el TN por intermedio de su colaborador especial, el maestro Savielly Tartakower, quien escribirá sus impresiones con carácter exclusivo para nuestro diario. Hombre de gran preparación y sensibilidad impar, es uno de los técnicos más sagaces del ajedrez internacional. Tartakower escribirá un artículo diario sobre la partida más importante de la jornada.[763]

Segundo acto del drama, según Grau

▓ Después del esfuerzo para organizar el torneo, ahora nos queda otro esfuerzo para ganarlo. La primera parte ha sido salvada de magnífica manera por la FADA. Esfuerzos tenaces de sus directores, días de zozobra, de angustia, de desazón. Inquietudes permanentes, y por momentos, el fantasma de un fracaso ruidoso, fueron los jalones de la tenaz batalla librada contra la adversidad. Un torneo que se inició bajo los mejores auspicios, con dos años de preparación constante, con un apoyo oficial decidido y auspicioso que se tradujo en un subsidio de $ 150.000, se convirtió en cierto momento, por factores imprevistos, por desconcierto de quienes primitivamente lo habían auspiciado, en un drama para el deporte nacional.

Pero la suerte premia a los audaces, y lo que parecía una utopía, lo que nadie podía calificar de otra manera que de una locura, se ha convertido en un gran hecho para la dignidad y el buen nombre argentinos. El TN se inauguró ayer, y esta tarde ha de comenzar en el Politeama, para concretar así el esfuerzo decidido de sus directores. Quizá haya, sin embargo, pocos que puedan experimentar una alegría más intensa que Luis Piazzini y yo, como que fuimos, en un congreso solemne celebrado en Suecia, quienes ofrecimos la hospitalidad argentina, y en consecuencia, quienes más directamente habían empeñado su palabra ante el ajedrez mundial. Por eso, no puedo disimular mi alborozo, a pesar de que sé cuántos son los obstáculos que aún debe salvar la FADA para cumplir sus compromisos. Necesita aún $ 150.000, que han de lograrse durante el torneo, para atender en debida forma a los visitantes, y para cumplir con los compromisos inherentes al pasaje de retorno de los jugadores.

¿Podemos ganar el torneo? Soy el capitán, y he sido el director técnico del entrenamiento del equipo. He reunido durante tres semanas a un grupo de los mejores jugadores argentinos, y he logrado observar su eficiencia. Creo que nos ha faltado tiempo material para un entrenamiento eficaz. Habrían sido necesarios otros veinte días de trabajo, con la cooperación del doctor Alekhine, para poder afirmar que nuestros jugadores estaban en las mismas condiciones de eficiencia que en Es-

[762] Amílcar Celaya, *El Gráfico*, 25 de agosto de 1939.
[763] *La Razón*, 23 de agosto de 1939.

tocolmo. Infortunadamente, uno de nuestros valores más firmes, Pleci, sólo concurrió al campo de adiestramiento una semana antes del torneo, luego de dos años de alejamiento total del tablero, y en

¡Aquí Está!, 24 de agosto de 1939

tan corto plazo de tiempo no es posible entrenar un hombre, aun cuando se llame Pleci y posea un gran talento natural. Pero mucho se hizo en poco tiempo. Mi primera preocupación fue alejarme yo, y hacer que Nogués Acuña y Piazzini dejaran de trabajar en la campaña pro recursos de la FADA. Luego, exigir que nosotros, y especialmente Maderna y los hermanos Bolbochán, llevaran en Adrogué una vida higiénica y ordenada. Poco deporte hicimos, precisamente, por la falta de tiempo, pero se realizó lo suficiente como para poder afirmar que el estado físico de nuestros hombres es excelente.

Pero lo más importante es la realización de este torneo como símbolo de paz y buena voluntad del género humano en estas horas de zozobra de la humanidad, gobernada por signos incomprensibles. Es el triunfo de una iniciativa argentina, pero que necesita aún, para su consagración, del apoyo de todos los hombres de buena voluntad.[764]

Donaciones: contraste entre un pequeño y un grande

▓ El Club de Ajedrez Necochea donó $ 135 para la organización del certamen, en tanto el Club Argentino entrega a la FADA una donación de $ 295.[765] Esta suma es baja; por ejemplo, cada simultánea se pagaba $ 5, según el testimonio de Zoilo R. Caputto, que pagó esa suma en Banfield– y muestra un menor involucramiento del Club Argentino con la organización.

[764] Roberto Grau, *¡Aquí Está!*, 24 de agosto de 1939.
[765] Club Argentino, página 22 libro balance.

La versión del Club Argentino

En un fragmento de la Memoria y Balance del Club Argentino, ejercicio 1939-1940, se lee:

Durante este ejercicio se disputaron por primera vez en nuestro país, organizados por la FADA, el TN y el Campeonato Mundial Femenino, en los que nuestro club colaboró eficazmente en su organización y financiación, por intermedio de sus delegados y representantes ante la FADA y de sus jugadores. Tan es así que nuestros delegados titular y suplente, los señores Joaquín Gómez Masía y Paulino Alles Monasterio, fueron designados directores del TN y del Campeonato Mundial Femenino, respectivamente.

Además, nuestra entidad, por intermedio de otros representantes designados especialmente, obtuvo una apreciable suma de dinero, que superó todos los aportes reunidos por otros similares, y que fue a engrosar el fondo de financiación. El equipo representativo de la FADA estaba formado por nuestros consocios, señores Piazzini, Jacobo Bolbochán y Guimard, conjuntamente con los aficionados señores Roberto Grau e Isaías Pleci, conquistando el quinto puesto.

Durante la estadía en Buenos Aires del campeón mundial Dr. Alekhine y del ex campeón Capablanca, el club inició las gestiones para la realización del *match* revancha del que jugaran en 1927 estos mismos ajedrecistas, debido al ofrecimiento hecho por el Dr. Querencio de financiarlo, pero el estallido de la guerra europea en ese entonces dilató los trámites e impidió la reunión de los fondos necesarios para su financiación, y luego compromisos contraídos con anterioridad por estos maestros impidieron llevar a la práctica este magnífico proyecto.

Nuestro club contrató, gracias a la munificencia del consocio señor Gordon Jackson, al campeón mundial Dr. Alekhine, para que diera dos conferencias sobre temas ajedrecísticos, las que contaron con el franco apoyo de asociados y simpatizantes.

Aprovechando la permanencia de los maestros extranjeros que jugaron el TN se realizaron varias sesiones de partidas simultáneas. La colaboración financiera de varios asociados permitió efectuar dos *matches* entre los señores Gromer e Iliesco, y Gromer – Villegas, habiendo tenido ambos resultados favorables al ajedrecista francés por 4½:1½ y 5:1 respectivamente. Se hizo disputar un torneo rápido en el que intervinieron maestros mundiales como Ståhlberg, Gromer, Frydman, Becker, Najdorf, Sonja Graf, señora de Reischer. Venció Guimard, delante de Gromer y Frydman. Por último, ofrecieron sesiones de simultáneas Gromer, Najdorf y Ståhlberg, que obtuvieron muy buenos resultados frente a 22, 32 y 34 adversarios, en ese orden.

Excepcional es la chance argentina

▓ Se inició ayer el TN: insignes maestros prestigian el magno torneo. Buenos Aires se apresta a protagonizar un acontecimiento deportivo de indudable resonancia internacional, merced al tenaz esfuerzo de la FADA. La mirada del mundo caerá sobre Buenos Aires con inusitada curiosidad.[766]

---

[766] *Ahora*, 25 de agosto de 1939.

La mirada del mundo sobre Buenos Aires. *Ahora*, 25 de agosto de 1939

Capítulo 11

LA LIBRETA MÁGICA DE UN HOMBRE DE CAMPO

¿Quién fue Dino Ruggieri? [Eduardo Luis Ruggieri]

▓ Dino Ruggieri nació en Pigüé, provincia de Buenos Aires, el 22 de octubre de 1921. Sus padres eran inmigrantes italianos, oriundos de Porto D'Ascoli, provincia de Ascoli Piceno, sobre la costa del mar Adriático: doña Celestina Capriotti e Isaías Ruggieri. Solamente tuvo un hermano, Armando Mateo Luis, del cual yo soy el hijo.

Por aquellos años vivían en el campo que arrendaban a 30 km. de Pigüé, donde se dedicaban a la agricultura y a la ganadería. También don Isaías cultivaba algunas plantas de vid, con las que elaboraba, según los lugareños, el mejor vino de la zona.

A los seis años Dino ingresa en el Colegio La Sagrada Familia, filial La Salle, a primer grado. Debido al trabajo en el campo de sus padres, los dos primeros años los pasó como pupilo. Luego continuó estudiando en el mismo colegio como alumno regular, ya que don Isaías compró una casa en calle Pellegrini 286 de Pigüé, donde vivió hasta el año 2008.

Trabajando en el campo, en 1938 sufre un serio accidente: un carro le pasa por encima y le quiebra las piernas, motivo por el cual debió ser trasladado a Buenos Aires para su mejor recuperación, donde estuvo internado durante varios meses. Este fue el puntapié inicial de Dino para comenzar su gran afición por el ajedrez, especializándose como minucioso coleccionista de importantes libros y otros objetos.

- Juegos de Ajedrez de alta gama (en marfil-hueso-ébano)
- Monedas y billetes de argentina y el mundo.
- Libros de literatura, poesías, refraneros.
- Colecciones de revistas *Leoplan, Aquí está, Selecciones del Reader's Digest*
- Almanaques de bolsillo (más de 15.000).
- Billetes de lotería del mundo.
- Cheques de distintos países.
- Boletos de micros.
- Postales del mundo.
- Fue un ajedrecista destacado a nivel provincial y por correo.

El 29 de febrero de 1954 fallece su padre. Con el transcurrir del tiempo, en el año 1968, deja el campo —donde seguía trabajando con su hermano—, y continúa como contratista rural, efectuando trabajos de arada, siembra y cosecha de granos hasta el año 1982-83, momento en que deja definitivamente las tareas rurales para dedicarse de lleno a las distintas colecciones mencionadas. El 15 de julio de 1988 y el 27 de julio de 1992 fallecen y su hermano, respectivamente, quedando su familia reducida a quien escribe ésta pequeña reseña, su sobrino.

Dino queda viviendo solo en Pigüé, ya que mi actividad como profesional está en la ciudad de la Plata, donde resido. En 2008 parece un accidente cerebro vascular, y en 2009 sufre una fractura de cadera, debiendo ser operado. Falleció el 5 de noviembre de 2009, a los 88 años.

Dino, el coleccionista obstinado [Juan Sebastián Morgado]

■¿Quién hubiera podido imaginar que un ignoto hombre de campo se convertiría en el más grande coleccionista múltiple, especialmente de materiales ajedrecísticos? ¿Y que una pequeña localidad, lejana a *La Cabeza de Goliat*, sería su base de operaciones?

Pigüé es una ciudad del sudoeste de la provincia de Buenos Aires distante unos 600 km de la ciudad de Buenos Aires, cabecera del partido de Saavedra, cuya población hoy día oscila en unos 15.000 habitantes. Fue fundada el 4 de diciembre de 1884 por poco más de un centenar de occitanos de Rodez, entre ellos el francés Clément Cabanettes. Las tradiciones galas se han mantenido en el tiempo, y hoy día es conocida como La Capital del Omelette. Desde hace una veintena de años se ha instituido una pintoresca celebración anual que atrae a numerosos turistas rurales, consistente en una tortilla gigante que requiere el rompimiento de más de veinte mil huevos.

Se celebra los días 2 de diciembre, y los platos se sirven de forma gratuita para los asistentes. Este pueblo es conocido también por las frecuentes visitas del pensador Ezequiel Martínez Estrada, que había comprado en 1937 su chacrita de 383 hectáneas en el pueblo cercano de Goyena, con el Premio Nacional de Letras. Precisamente en la sucursal de Pigüé del Banco de la Nación le otorgaron al escritor los $ 10.000 que necesitaba para completar la compra del campo, en un crédito a 20 años.

Dino Ruggieri se cruzó conmigo a raíz de la afición que ambos tuvimos por el ajedrez por correspondencia. Recuerdo que cada tanto me enviaba propuestas de intercambio en sus cartas escritas sobre papelitos vía aérea pequeños, con su letra diminuta.

■ Él fue un destacado ajedrecista postal, participando primero en LADAC y luego en CAPA. Representó a Argentina en encuentros contra Italia, Yugoslavia, Holanda y otros países, en varios de los cuales revistó como capitán. A todos sus rivales les ofrecía intercambios, y de ese modo, como una hormiguita, fue acumulando una colección monumental de materiales de ajedrez. Entre otras personalidades destacadas, Dino se relacionó nada menos que con Meindert Niemeijer, uno de los máximos coleccionistas del mundo –fue quien donó su colección a la Koninklijke Bibliotheek (Biblioteca Real de Holanda)–, haciendo trueques de materiales con él. También tuvo contactos muy frecuentes con los famosos atesoradores argentinos Gregorio Lastra, Normando Ivaldi, Gaspar Soria, Antonio Virginis y Carlos De Veyga.

La siguiente es una selección de sus partidas postales:

Ruggieri,Dino - Morgado,Juan Sebastián [D34]
VI Campeonato Argentino Semifinal grupo 4, LADAC 1976

1.d4 d5 2.c4 e6 3.Cc3 c5 4.Cf3 Cc6 5.cxd5 exd5 6.g3 Cf6 7.Ag2 Ae7 8.0–0 0–0 9.dxc5 Axc5 10.Ca4 Ae7 11.Ae3 Ag4 12.Tc1 Dd7 13.Cc5 Axc5 14.Axc5 Tfe8 15.Ae3 Tad8 16.Da4 Ah3 17.Tfe1 Te4 18.Dd1 Axg2 19.Rxg2 d4 20.Ag5 De6 21.Db3 Dxb3 22.axb3 Td5 23.Axf6 gxf6 24.Cd2 Te6 25.Rf1 Tb5 26.Ta1 Ca5 27.Ta3 Teb6 28.Tea1 Cxb3 29.Cxb3 Txb3 30.Txa7 Txb2 31.Ta8+ Rg7 32.Td1 Td6 33.Ta4 Te6 34.Tdxd4 Texe2 35.Tf4 h5 36.Tad4 b5 37.Td6 Te6 38.Tdd4 Rg6 39.Tb4 Txb4 40.Txb4 Te5 41.Td4 f5 42.f4 Te4 43.Td5 b4 44.Tb5 Rf6 45.Tb6+ Re7 46.Th6 b3 47.Tb6 Te3 48.Rf2 ½–½

Litovicius,Miguel Víctor - Ruggieri,Dino [C89]
ARG Sup corr LADAC 1991 *[Juan S. Morgado]*

1.e4 e5 2.Cf3 Cc6 3.Ab5 a6 4.Aa4 Cf6 5.0–0 Ae7 6.Te1 b5 7.Ab3 0–0 8.c3 d5 9.exd5 Cxd5 10.Cxe5 Cxe5 11.Txe5 c6 12.d4 Ad6 13.Te1 Dh4 14.g3 Dh3 15.Ae3 Ag4 16.Dd3 Tae8 17.Cd2 Te6 18.a4 f5 19.Axd5 cxd5 20.Df1 Dh5 21.f4 bxa4 22.Dg2 Tfe8 23.Dxd5 Rh8 24.Af2 Txe1+ 25.Txe1 Txe1+ 26.Axe1 De8 27.Af2 h6 28.Dxd6 De2 29.d5 Dxd2 30.De5? [30.Df8+ Rh7 31.Ad4 Dc1+ 32.Rf2 Dxb2+ 33.Rg1=] 30...Ah3 31.d6 Dd1+ 0–1

Maggio,Ramón - Ruggieri,Dino [C85]
Corr LADAC 1974

1.e4 e5 2.Cf3 Cc6 3.Ab5 a6 4.Aa4 Cf6 5.0–0 Ae7 6.Axc6 dxc6 7.d3 Cd7 8.Cbd2 0–0 9.Cc4 f6 10.Ch4 Cc5 11.Cf5 Axf5 12.exf5 Te8 13.Ae3 e4 14.d4 Dd5 15.b3 Cd7 16.Dg4 Ab4 17.Tad1 b5 18.Ah6 Df7 19.Cd2 Rh8 20.c3 gxh6 21.cxb4 e3 22.fxe3 Txe3 23.Tf2 Dd5 24.Df4 Tae8 25.Cf3 c5 26.bxc5 Cxc5 27.Dxh6 Cd7 28.Tdf1 Te2 29.Dh5 T2e7 30.Td2 Te2 31.Ch4 Te1 32.Txe1 Txe1+ 33.Rf2 Te4 ½–½

▓ A los 18 años, habiendo padecido un accidente en el campo que le destrozó las piernas, Dino se encontraba en Buenos Aires, convaleciente, movilizándose entre la silla de ruedas y las muletas. En esa situación concibió la idea de obtener todas las firmas de los participantes en el TN. Comenzó adquiriendo una libretita de unas 100 páginas, y fue pegando una a una las fotos recortadas del diario *La Nación,* publicadas en la página central del suplemento. Luego, con paciencia de hormiga, fue solicitando a cada uno de los capitanes de los equipos, las firmas de sus compañeros. Poco a poco fue obteniendo casi todas, logrando así un documento único, irrepetible. Presentamos a continuación los facsímiles de los originales.[767]

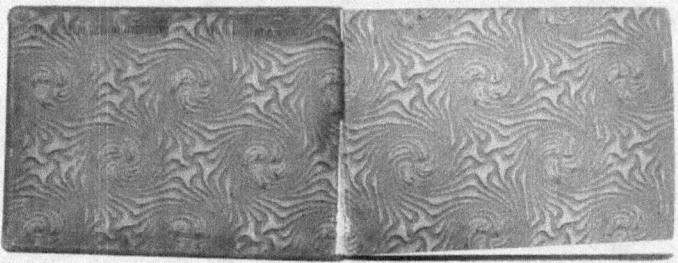

[767] Esta libreta pertenece hoy al gran coleccionista sueco Jan Clementsson.

Argentina: J. Bolbochan, I. Piéci, R. Grau,
L. Piazzini y C. Guimard

Alemania: L. Engels, E. Eliskases, H. Reinhardt,
Srta. Friedl Rinder, A. Becker y P. Michel

Bohemia y Moravia: F. Zita, J. Foltys, K. Skalicka, Srta. Beatriz Janecek, K. Opocensky y J.
Pelikan

Bolivia: V. Reyes Velasco, J. Rodríguez Hurtado,
P. Baender, H. Córdova y L. V. Zavala

Brasil: J. de Souza Mendes, A. da Silva Rocha, O. Trompowsky, Osvaldo Cruz y Walter Cruz

Bulgaria: A. Zwetkoff, A. Kiprov, M. Kantardjieff, O. Neurich y Karostoztscheff

Canadá: A. Yanovsky, J. S. Morrison, Srta. Annabelle Lougheed, A. Helman, W. Holowach y H. Opsahl

Chile: M. Castillo, R. Letelier, J. Salas Romo, Srta. Berna Carrasco, R. Flores y E. Reed

Cuba: R. Blanco, M. Alemán, Srta. Maria T. Mora, A. López y F. Planas. Integra el equipo, además, el ex campeón mundial José Raúl Capablanca

Dinamarca: Ch. Poulsen, A. Christensen, J. Enevoldsen, I. Larsen, E. Sorensen y O. Larsen

Ecuador: S. Morales, N. Ponce, C. A. Ayala, J. J.
Sierra y M. Suárez Dávila

Estonia: I. Raud, G. Friedeman, P. Schmidt,
P. Keres y J. Türn

Francia: B. Rometti, P. Schwartzmann, E. Dez,
C. Waegemans, Stoffels (belga) y A. Gromer

Guatemala: J. L. Asturias, C. E. Salazar, D. Cruz
Bulnes y G. Vassaux

Holanda: L. Prins, T. van Scheltinga, C. F. de Ronde. A. Roodzant, A. de Groot y N. Cortlever

Los equipos participantes en el importante certamen de ajedrez que se viene disputando en el Politeama.—Irlanda: W. Nash, J. O'Hanlon, W. Minnis, G. Kerlin y J. F. O'Donovan

Islandia: B. Möller, E. Thorvaldsson, J. Gud-
mundsen, G. Arnlaugsson y A. Asgeirsson

Letonia: Meingailis, V. Potrovs, Srta. Milda Lauberte y L. Endzelins. Faltan los jugadores M.
Feigins y F. Appsenieks

Lituania: P. Vaitonis, M. Luckis, V. Mikenas, P. Tautvaisas, E. Raclavskiene y K. Andrasiunas

Noruega: A. Larsen, Johs. Austbö, Srta. Ruth Bloch-Nakkerud, S. Rebnord y E. Rojahn

Palestina: Z. Kleinstein, M. Rauch, H. Foerder.
M. Czerniak, Sra. S. Reischer y V. Winz

Paraguay: E. Espínola, L. O. Boettner, J. S. Díaz
Pérez, L. Laterza y A. Aponte

Perú: D. Soto, R. Castro de Mendoza, A. Ismo-
des Dulanto, F. Pinzón Solís y A. Cayo

Polonia: P. Frydman, S. Tartakower, T. Regedzinski y F. Sulik

Inglaterra: B. H. Wood, Sra. Vera Menchik de Stevenson, P. S. Milner Barry, Sir George Thomas, C. H. O. D'Alexander y H. Golombek

Suecia: N. Bergkvist, I. Anderson, E. Lundin y B. Ekenberg. También forma parte del equipo el maestro Gideón Stahlberg

Uruguay: C. Hounie Fleurquin, A. Olivera, L. Gulla, E. Rotunno y L. Roux Cabral

Jacobo Bolbochán, el jugador argentino que viene cumpliendo una excelente performance. Anoche conquistó un nuevo triunfo, derrotando a Foltys, del equipo de Bohemia.

El campeón alemán. Erich Eliskases, que venció a Roberto Grau, en treinta y ocho jugadas

Carlos Guimard, tablero número 3 de nuestro equipo con su rival de anoche el islandés Gudmundsson, conquistando el argentino un meritorio triunfo

Los jugadores Poulsen de Dinamarca y Engels de Alemania, que sostuvieron otro de los encuentros que quedó en suspenso

Keres, el joven campeón de Estonia, que consiguió hacer tablas con el maestro A. Alekhine

Sonia Graf, frente al amor de sus amores: el tablero de ajedrez

Los jardines de la casa de Punta Chica han servido también a la señora de Stevenson para adiestrarse y defender su título con el éxito que lo ha hecho. La vemos aquí con uno de los suplentes disputando una partida, mientras el otro observa atentamente la jugada

La señora Vera Menchik de Stevenson, en la casa quinta de Millington Drake en Punta Chica, donde se hospeda con los señores H. Golombek y B. H. Wood, suplentes del equipo inglés, que partirán en breve con ella, pasan el rato haciendo un poco de música a cargo de uno de sus compatriotas

...delegaciones de Cuba, Chile, Ecuador y Guatemala, acompañadas de dirigentes locales y público ... acudió a recibirlas

Con buen criterio, las autoridades organizadoras del Torneo de las Naciones, colocaron en el hall del primer piso del Politeama, varios tableros murales, en los cuales el público puede seguir el desarrollo de las distintas partidas. Aquí vemos al jugador Julio Molina comentando la partida entre el argentino Pleci y Taufvaisas

Con la distribución de los premios a los vencedores, se clausuró anoche el Torneo de las Naciones. He aquí al capitán del equipo alemán, Albert Becker, recibiendo la copa Hamilton Russell, mientras recibe la felicitación del presidente honorario de la F. I. D .E., señor Rueb

Nuestra compatriota, la señorita Dora Trepat, que se enfrentó con la señorita Lauberte

Señora de Vigil, que anoche suspendió su partida contra la jugadora Janecek de Bohemia

CAPÍTULO 12

CORRESPONDENCIA ENTRE LA FADA Y ALEKHINE 1938-1939

▓ Buenos Aires, marzo 28 de 1938
Dr. Alejandro Alekhine
City Hotel
Buenos Aires
Distinguido Doctor:

Nos es muy grato aprovechar estas líneas para dejar constancia de nuestra satisfacción por su llegada a Buenos Aires, y al darle la bienvenida oficial, le rogamos haga llegar nuestros saludos a Madame Alekhine. Tenemos el agrado de confirmar las conversaciones sostenidas por Ud. con los miembros de nuestro Consejo Federal, referentes a su estada previa al Campeonato Mundial por Equipos (Copa Hamilton Russell) y al libro de ese torneo.

Entrenamiento del equipo argentino: a los efectos del entrenamiento del equipo argentino que actuará en ese torneo, Ud. vendría a Buenos Aires un mes antes de la iniciación del mismo, y dedicaría ese mes a entrenar, preparar y enseñar a los jugadores, con un plan técnico que en el momento oportuno será fijado de acuerdo con el capitán. Por esta actividad la Federación Argentina abonará a Ud. por toda retribución, quinientos dólares papel, y demás pasajes de venida y de vuelta para su señora esposa y Ud. al valor que corresponda desde un puerto francés. Por otra parte, abonaremos la estada de su señora y Ud. en un hotel de primera categoría, sin extras. Ud. no solicitará ningún otro pago ni indemnización por su intervención como integrante del equipo francés en el Torneo por la Copa Hamilton Russell, salvo el hotel para su señora y Ud.

Libro del Torneo: al finalizar el certamen Ud. preparará el libro del torneo de la Copa Hamilton Russell 1939, sobre la base de comentar 50 o 60 partidas seleccionadas, comentario general del torneo, clasificación y comentarios de las aperturas, etc. Por su trabajo y por todos los derechos de publicación –con excepción de la edición inglesa que quedaría para beneficio o riesgo de Ud.— le abonaremos 75 libras esterlinas. En el caso de que optáramos por reservarnos todos los derechos, incluso la edición inglesa, le abonaremos 150 libras esterlinas.

Naturalmente, que estas proposiciones quedarían sin efecto si por causa de fuerza mayor no fuera posible realizar el torneo. Mucho le agradecemos tenga la gentileza de confirmarnos su aceptación de estas proposiciones.

Nos complacemos en desear un feliz viaje a Madame Alekhine y a Ud. y en saludarlo con nuestra mayor consideración.

<table>
<tr><td>Joaquín Gómez Masía</td><td>Augusto De Muro</td></tr>
<tr><td>Secretario General</td><td>Presidente</td></tr>
</table>

▓ Carta de Alekhine a la Federación Argentina (Royal Mail Lines Ltd), Cangallo 860, Buenos Aires, de fecha 7/abril/1938, en francés. Se da cuenta de la recepción de la carta de la Federación Argentina de 28/marzo/1938. Papel de correo aéreo, escrito en tinta, 2 hojas escritas frente y dors, total de cuatro páginas. El contenido se refiere a las condiciones solicitadas por Alekhine para jugar en el Torneo de Naciones, honorarios, detalles del viaje, etc. A pesar de que ha sido escrito en papel vía aéra muy delgado en ambos lados, es legible.

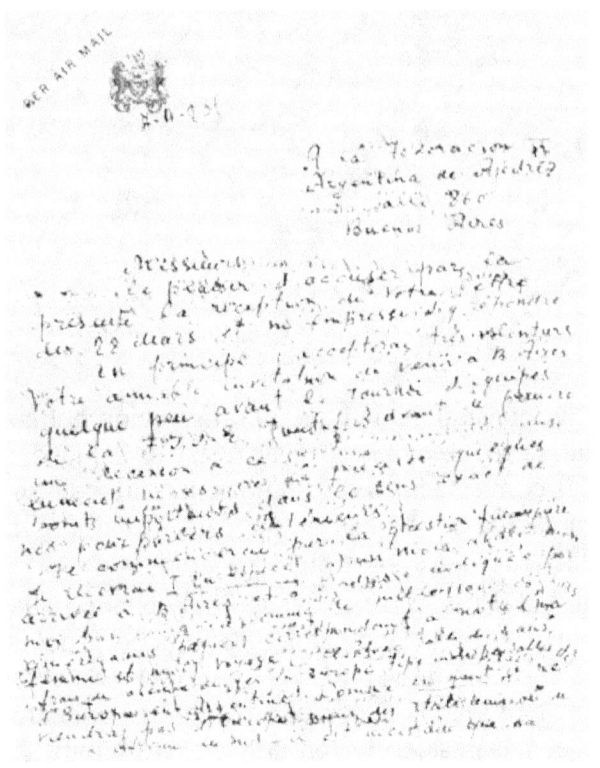

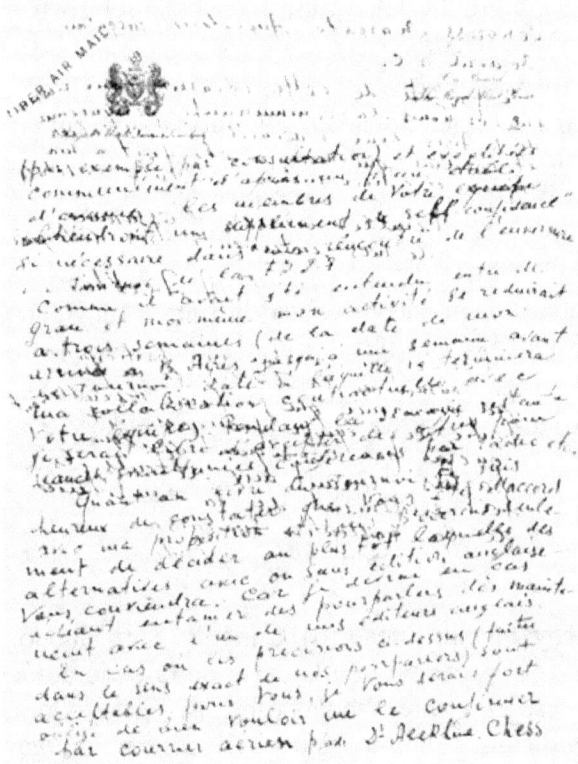

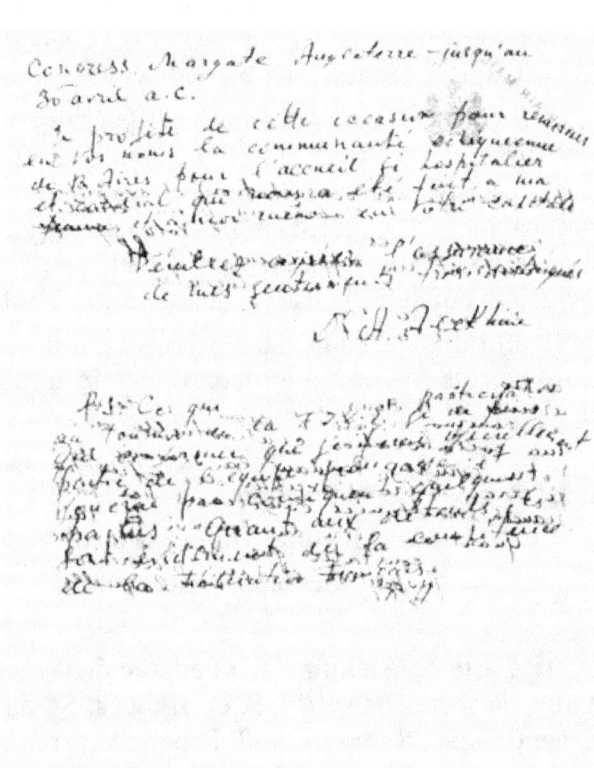

Buenos Aires, abril 22 de 1938

Dr. Alejandro Alekhine

Margate – Inglaterra

Distinguido Doctor:

Acuso recibo de su atenta del 7 de abril, y con referencia a la misma, me complazco en informarle que esta Federación está conforme con los detalles precisados por Ud. acerca de nuestra proposición contenida en la carta del 28 de marzo último.

En consecuencia, su actuación con el equipo argentino que intervendrá en el torneo por la Copa Hamilton Russell de Buenos Aires (1939), se sujetará a los siguientes términos:

a) Un mes antes de su llegada a Buenos Aires, le giraremos la suma de 1.000 dólares papel, importe del viaje de venida se su señora esposa y Ud., al lugar que nos indique por cable.

b) Una semana antes de iniciarse el Torneo de la FIDE, le abonaremos 500 dólares papel.

c) Inmediatamente después del torneo organizado por la FIDE le entregaremos la suma de 1.000 dólares papel para sus gastos de regreso.

d) Desde su llegada a Buenos Aires –un mes antes de iniciarse el torneo de la FIDE--, hasta una semana después de finalizado el mismo, correrán por nuestra cuenta los gastos de estada de su señora esposa y suyos en hotel de primera categoría (tipo City), comprendiendo: desayuno, almuerzo, té de la tarde, lavado y planchado de ropa. Los extras serán por su cuenta, pero si debido a sus actividades con el equipo argentino debe ausentarse de Buenos Aires, se le abonarán los gastos de traslado.

Sus obligaciones serán las de actuar junto al equipo argentino en las sesiones de entrenamiento que éste realice, desde su llegada a Buenos Aires hasta una semana antes de iniciarse el torneo de la FIDE. Actuará en total tres semanas, en sesiones diarias de cinco horas cada una, es decir, seis veces por semana. Compartimos sus ideas de que no actuará como profesor de ajedrez, sino que se elaborará un plan de trabajo de acuerdo con el capitán del equipo, consistentes en partidas en consulta, análisis de determinadas coberturas, etc. Una vez terminado su compromiso con el equipo argentino, Ud. tendrá libertad para aceptar ofrecimientos para realizar exhibiciones antes y después del Torneo de la FIDE.

Respecto al libro del Torneo de la FIDE, confirmando mi anterior, me complazco en informarle que hemos decidido aceptar el temperamento de cederle los derechos sobre la edición inglesa, reservándonos todos los demás derechos, por cuyo motivo sus honorarios serán de 75 libras esterlinas, teniendo Ud. la libertad para negociar la edición inglesa.

Esperamos en consecuencia que Ud. nos haga llegar su conformidad sobre las proposiciones contenidas en la presente y nuestra anterior del 28 de marzo.

Haciendo votos por su ventura personal y de su señora esposa, y deseándole una brillante actuación en el Torneo de Margate, me complazco en saludarle con mi mayor consideración.

Federación Argentina de Ajedrez

Cangallo 860, Buenos Aires

Joaquín Gómez Masía – Augusto De Muro

▓ Royal Mail, mai 20, 1938

Monsieur le Président:

J'ai le plaisir d'accusér la reception de votre lettre datée l'aujourd-hui. Comme plusieurs pasajes de cette leerte (et tour particuliérement celui relatif á la date de mon prochaine arrivée a B. Aires parvent donner bien a différents interpretations j'ai trouvée l'opportunité de faire part de mes doutes a ce sujet á M. L. Piazzini du le prieut de vous en informer de vive voix j'espere qué les points que j'ai soulexé vous apparaintment parfaitement legitimes (Ils sont du reste, en complet accord avec notre conversation de mercredi dernier) et que vous ne refuserez pas de bien vouloir me confirmer (P. ad. Dr. W. O. Cruz, Instituto Oswaldo Cruz, Caixa Postal 926, Rio de Janeiro) a fin d'eviter tout malentendu l'accord de la Fédération avec ces derniers.

En vous remerciement d'avance je vous prie d'agréer, Monsieur le President, l'assurance de mes sentiments tres distingués.

Dr. A. Alekhine

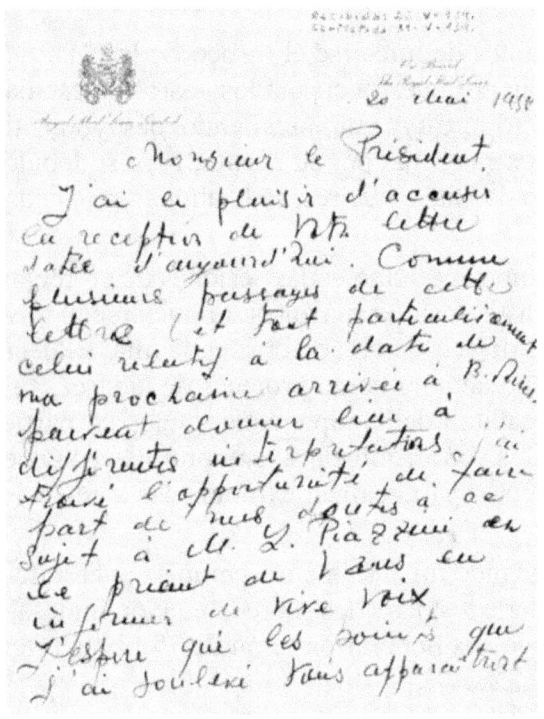

▓ Carta de la FADA a Alekhine, 9 de agosto de 1938

Le Chateau, St. Aubin Le Cauf

Francia

De nuestra consideración:

Tenemos el agrado de dirigirnos a Ud. a fin de confirmar nuestra anterior de fecha 22 de abril último, dirigida a Margate, Inglaterra, en la que ratificamos nuestra propuesta referente a su actuación con los jugadores argentinos que intervendrán en el TN y a la edición del libro de dicho certamen.

Como hasta la fecha no hemos recibido contestación, reiteramos dicha carta, cuya copia se adjunta, y mucho le agradeceremos nos haga conocer a la brevedad su resolución definitiva a fin de saber a qué atenernos.

Aprovechamos la oportunidad para informarles que esta FADA ha resuelto fijar el mes de julio de 1939 como fecha definitiva para la realización del TN a disputarse en Buenos Aires bajo los auspicios de la FIDE. En un primer momento se pensó que el torneo podría efectuarse en el mes de abril, pero luego hubo que aplazar esa fecha en virtud de importantes razones de organización y financiación, y conveniencia de numerosos países extranjeros.

A pesar de que en nuestras conversaciones y en el arreglo concertado en principio para su venida a Buenos Aires un mes antes del torneo, no se hace cuestión sobre ese punto; nos apresuramos a poner en su conocimiento la fecha definitiva del certamen en el deseo de que puede usted con toda anticipaciónb y comodidad trazar el programa de sus actividades ajedrecísticas.

En el día hemos comunicado telegráficamente al Congreso de la FIDE rfeunido en París, el aplazamiento del torneo para el mes de junio. Rogamos a Vd. Acepte las seguridades de nuestra invariable consideración y estima.

Joaquín Gómez Masía, secretario general

Augusto De Muro, presidente

■ Carta de Alekhine a la FADA del 29 de agosto de 1938, desde Le Chateau Saint Aubin le Cauf, en francés, dos páginas manuscritas.

J'ai l'houneur d'accuser reception de votre lettre su 9 Aout et de confirmer en core une fois nothe accord quant á mon sejour á B. Aires en 1939, accord dont les details ont été mentionées dans votre letter su 22 avril a.c.

Comme je pars d'Europe vers la mi-Décembre et passerui l'hiver aux Antilles et l'Amerique Centrale, je vous serais trés obligé de bien vouloir me communiquer le plus tót possible la date exacte du commencement du tournoi des Nations. Cette communication a pour moi une importance considerable… (y sigue poco legible)

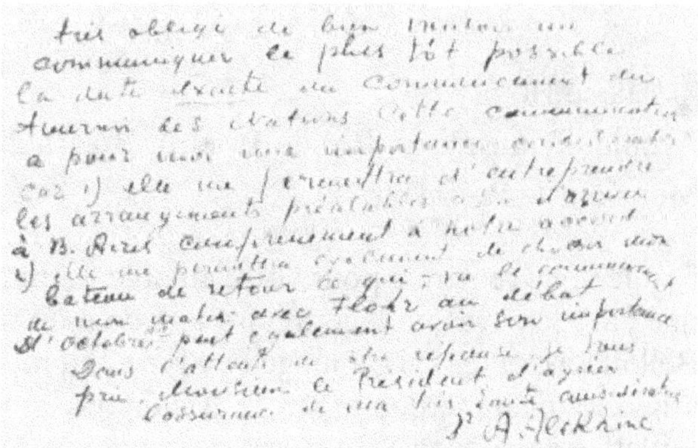

Firmado: Dr. A. Alekhine

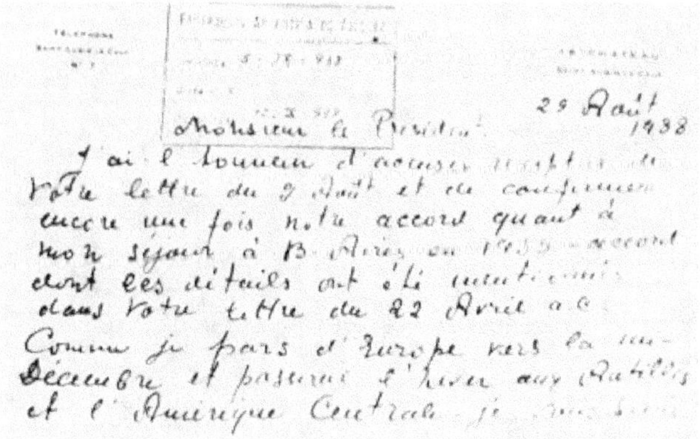

▓ Buenos Aires, mayo 31 de 1939
Dr. Alejandro Alekhine
Federacao Brasileira de Xadrez
Av. Almirante Barroso 1, 2° andar
RIO DE JANEIRO – BRASIL

De nuestra consideración:

De acuerdo con lo resuelto en la conversación que sostuvimos con Ud. antes de su partida para Río de Janeiro y de las resoluciones del Consejo Federal de la Federación Argentina de Ajedrez, me complazco en detallar las bases del convenio verbal que preparamos en aquella oportunidad.

El TN comenzará a disputarse el 23 de agosto próximo en las mismas condiciones que el anterior, por lo que mantenemos la propuesta que efectuamos oportunamente y Ud. aceptó. El primer pago de nuestras obligaciones con Ud. lo efectuaremos el 1° de julio próximo, ya en Buenos Aires si Ud. está de regreso, o le giraremos el importe correspondiente al lugar que Ud. nos indique. Para cumplir con las tareas previas al plan de trabajo que le hemos asignado, Ud. deberá hallarse en Buenos Aires el 20 de julio, o sea un mes antes de la iniciación de la prueba.

Dado que la postergación del torneo se ha efectuado por resolución nuestra, no consideramos causa de fuerza mayor la postergación por razones de un conflicto europeo.

En caso de que el Dr. Alekhine llegara a Buenos Aires dos semanas antes de iniciarse el torneo, la Federación Argentina de Ajedrez gestionará exhibiciones de ajedrez, ya sean simultáneas o conferencias, por las cuáles abonará la suma de doscientos pesos. Estas se realizarían a razón de tres semanales, comprometiéndose el Dr. Alekhine a no realizar ninguna otra actividad por su cuenta que no estuviera ya concertada antes de su reciente viaje a Río de Janeiro.

En caso de que el torneo se suspendiera definitivamente por alguna causa no prevista, la Federación Argentina de Ajedrez mantendrá el compromiso contraído, estableciendo que el Dr. Alekhine deberá actuar en Buenos Aires el plazo previo para colaborar en el adiestramiento del equipo, y además, los días que le hubiera correspondido permanecer en ésta en caso de efectuarse la prueba. Durante ese tiempo, la Federación Argentina realizará de común acuerdo con el Dr. Alekhine, un programa de actividades a razón de cuatro semanales, y el maestro no podrá contraer en ese período ningún otro compromiso de índole ajedrecística en el país.

Federación Argentina de Ajedrez

▓ Palace Hotel
Avenida Rio Branco, Rio de Janeiro, Brazil, 28 juin 1939
Monsieur le Président:

Je vous remercie pour votre amable lettre du 31/V, que j'ai recu avec un léger retard lors de mon retour de Bello Horizonte. J'ai prolongé que lyne peu mon séjour á Rio, et m'embarquerai sur le Alcantara samedi le 8 juillet, je serei donc á Buenos Aires mercredi le 12 juillet. Comme la differénce de dates sera minime je jorie la Féderation simplement de tenir a ma disposition (au lieu de les envoyer) les 1000 dollars stipulés, a la date de mon arrivée a B. Aires.

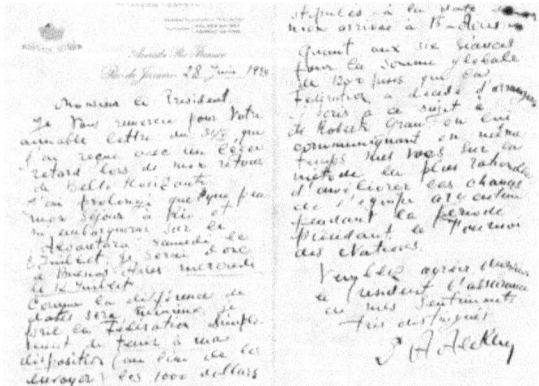

Quant aus six francs pour la somme globale de 1200 pesos que la Féderation a decidé d'arrenger, j'ecris a ce sujet á M. Roberto Grau; en lui communiquant en méme temps nes vocs sur la méthode la plus rationelle d'ameliorer les chances de l'equipe argentine pendant la periode précedant le Tournoi des Nations.

Veuillez agréer, Monsieur le Président, l'assurance de mes sentiments tres distingués.

Dr. A. Alekhine

■ Buenos Aires, agosto 9 de 1938
Señor Alejandro Alekhine
Le Chateau St. Aubin Le Cauf - France

De nuestra consideración:

Tenemos el agrado de dirigirnos a Ud. a fin de confirmar nuestra anterior de fecha 22 de abril último, dirigida a Margate (Inglaterra), en la que ratificábamos nuestra propuesta referente a su actuación con los jugadores argentinos que intervendrán en el TN, y a la edición del libro de ese certamen.

Como hasta la fecha no hemos recibido contestación, reiteramos dicha carta, cuya copia se adjunta, y mucho le agradeceremos nos haga conocer a la brevedad su resolución definitiva a fin de saber a qué atenernos.

Aprovechamos la oportunidad para informarles que esta Federación ha resuelto fijar el mes de julio de 1939 como fecha definitiva para la realización del TN, a disputarse en Buenos Aires con los auspicios de la FIDE. En un primer momento se pensó que el torneo podría efectuarse en el mes de abril, pero luego hubo que aplazar esa fecha en virtud de importantes razones de organización y financiación, y conveniencia de numerosos países extranjeros.

A pesar de que en nuestras conversaciones y en el arreglo concertado en principio para su venida a Buenos Aires antes del torneo no se hace cuestión sobre el asunto, nos apresuramos a poner en su conocimiento la fecha definitiva del certamen, en el deseo de que pueda Ud. con toda anticipación y comodidad trazar el programa de sus actividades ajedrecísticas. En el día hemos comunicado telegráficamente al Congreso de la FIDE reunido en París, el aplazamiento del torneo para el mes de julio.

Rogamos a Ud. acepte las seguridades de nuestra invariable consideración y estima.

Joaquín Gómez Masía   Augusto De Muro
Secretario General   Presidente

■ Le Chateau
Saint-Aubin-LeCauf
Téléphone Saint-Aubin-LeCauf nr 7
Monsieur Le Président,

J'ai l'honneur d'accuser reception de votre lettre du 9 Août et de confirmer encore une fois notre accord quant á mon séjour á Buenos Aires en 1939, accord dont les détails ont été mentionnés dans votre lettre du 22 Avril a.c.

Comme je pars d'Europe ver la mi Décember et passerei l'hiver aux Antilles et l'Amerique Centrale, je vous serais trés obligé de bien vouloir ne communiquer les plus tôt possible la ...exacte du commencement du rournois des Nations. Cette communication a pour moi une importance considérable car

Elle me permettree d'entreprendre les arrangements préalables afin d'arriver á Buenos Aires conformeurent á notre accord

Elle me permettre égalment de choisir mon bateau de retour.

Ce qui vu le commencement de nun *match* avec Flohr au debut d'october 1939, peut également avoir son importance.

Doues l'atteinte de votre réponse, je vous prie, Monsieur Le Président, d'agréeer l'assurance de ma trés haute considération

Dr. A. Alekhine

▓ Buenos Aires, setiembre 13 de 1939

Señor Alejandro Alekhine

Presente

De nuestra mayor consideración:

La Federación Argentina de Ajedrez se complace en dirigirse a Ud. con motivo de haberle sido requerido su auspicio por una calificada entidad ajedrecística de esta Capital, a fin de proyectar la realización en Buenos Aires de un *match* por el Campeonato Mundial de Ajedrez que Ud. honrosamente retiene. Se ha considerado que su oponente sea el señor José Raúl Capablanca, que perdiera con Ud. el codiciado título; por esta razón, y el hecho de encontrarse también en Buenos Aires, representando a su país Cuba, en ocasión del TN que se disputa.

Ahora bien, esta Federación, antes de tomar actitudes de ninguna naturaleza, necesita saber en qué condiciones podría realizarse la competencia, conocer su opinión y sugerencia a tal importante asunto. En consecuencia, rogamos a Ud. quiera tener a bien ilustrarnos, haciéndonos conocer a la mayor brevedad las condiciones que Ud. exige para que la disputa pueda realizarse, a fin de que esta Federación, si lo considera conveniente, lo comunique a su vez a la entidad promotora, y recabe también la conformidad del señor Capablanca.

Esperamos su respuesta, y mientras tanto, aprovechamos la oportunidad para saludar a Ud. con nuestra más distinguida consideración y estima.

Federación Argentina de Ajedrez

▓ Buenos Aires, setiembre 13 de 1939

Señores: Dr. Alejandro Alekhine

City Hotel

Ciudad

De nuestra mayor consideración:

Cúmplenos dirigirnos a Ud. haciendo referencia al pedido, formulado en el día de la fecha, del pago de sus honorarios convenidos con esta Federación Argentina de Ajedrez; y en su respuesta, debemos manifestar a Ud. que, debido al estado precario de nuestras finanzas, nos vemos obligados, muy a pesar nuestro, a diferir dicho pago para el día 19 del corriente próximo.

En la espera de que Ud. sabrá interpretar la situación y concedernos la breve espera que dejamos mencionada, aprovechamos la oportunidad para saludarlo con distinguida consideración.

Federación Argentina de Ajedrez

▓ City Hotel

Buenos Aires, 14 de sept 1939

Monsieur le Président:

En reponse a votre estimée lettre du 13/IX relative au *match* France – Cuba de ce soir, j'ai l'honneur de vous informer que j'y figurerai sur l'echiquier nº 1 pour l'equipe francaise, ainsi que du reste it avait toujours été mon intention.

Veuillez agréez l'assurance de une heute consideration.

Dr. A. Alekhine

▓ Traducción al castellano

En respuesta a su estimada carta de 13/IX relacionada con el *match* Francia – Cuba de este joir, tengo el honor de informarle que que voy a formar parte del equipo y ocuparé eñ tablero No. 1 para el equipo francés, así como siempre había sido mi intención.

Por favor, acepte la garantía de una alta consideración.

A. Alekhine

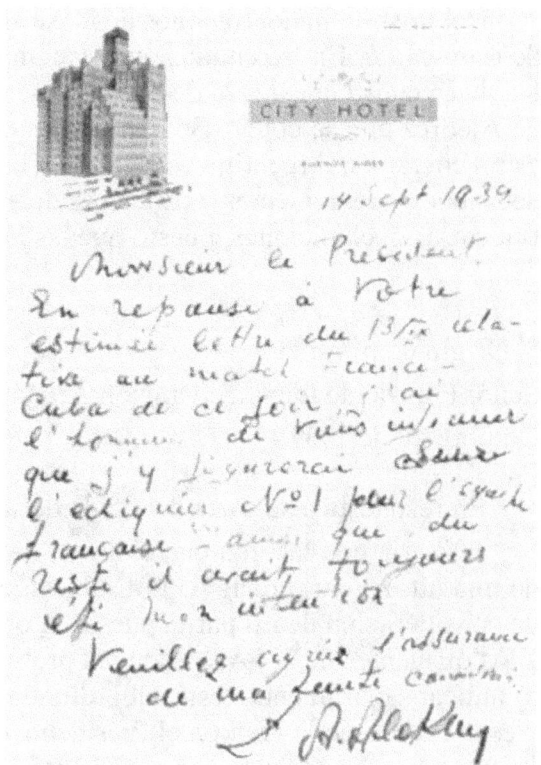

▓ Buenos Aires, octubre 25 de 1939

Señor Dr. Alejandro Alekhine

Presente

De nuestra consideración:

Con fecha 13 de setiembre último nos hemos dirigido a Ud. informándole que nuestro afiliado, el Club Argentino de Ajedrez, estaba dispuesto a realizar las gestiones para organizar un *match* entre Ud. y el señor José Raúl Capablanca. Su contestación explicaba los motivos que le impedían adquirir compromisos por el momento.

Posteriormente, parece que Ud. ha tomado otra decisión, de la cual nos hemos informado indirectamente por la publicación que los diarios hicieron de la nota que Ud. dirigió al Club Argentino de Ajedrez.

Nos complace mucho la posibilidad de que ese *match* se realice, y muy especialmente que se efectúe en la Argentina, y con la intervención de una entidad integrante de esta Federación, pero en cambio nos ha sorprendido muy desagradablemente que Ud. haya omitido comunicar a esta Federación Argentina tal decisión, cosa que no solamente correspondía por razones de cortesía, sino también por razones de orden formal, puesto que era esta entidad la que se había comunicado con Ud. respecto de esta tramitación.

El delegado del Club Argentino de Ajedrez ha comunicado a esta Federación el contenido de su carta, lo que, a los fines informativos, ha salvado la omisión de Ud. Pero subsiste lo que interpretamos como una falta de consideración de su parte, y es por ello que nos producirá mucho agrado recibir alguna información de Ud. que pudiera modificar nuestra impresión actual.

Del mismo modo, rogamos a Ud. se sirva darnos su aclaración sobre otro aspecto de la gestión de este *match*. En las citadas publicaciones periodísticas se detallan párrafos de su nota en la que Ud. hace cuestión expresa de que debe ser eliminada toda injerencia de la Federación Internacional de Ajedrez en ese cotejo. Se han publicado, además, manifestaciones suyas sobre la FIDE. Como esta Federación Argentina es afiliada a la Federación Internacional, y como tal, respetuosa de sus decisiones y reglamentos y defensora de sus principios, estimaremos que Ud. nos confirme o rectifique esas declaraciones, puesto que las hemos connocido por vía no oficial.

Federación Argentina de Ajedrez

■ Original en francés

Señor Presidente (de la Federación Argentina)

Octubre 28 de 1939

En respuesta a su carta del 25 de octubre tengo el honor de comunicarle lo siguiente:

1°) Sería una lástima que el hecho de no haber comunicado a vuestra Federación el contenido de una última carta dirigida al Club Argentino pueda ser considerada por aquella como una falta de consideración de mi parte, pues esta omisión fue hecha, al contrario, en el deseo de no molestar a los dirigentes de la FADA con los preliminares de un proyecto cuya realización –como mi carta lo indicaba claramente– está subordinada a una condición sine qua non, al desafío de Capablanca, y este desafío no lo recibo del Presidente del Club Argentino, sino la víspera de recibir su carta.

En el momento de escribir estas líneas las principales dificultades del *match* parecen haberse allanado, y es muy probable que su contrato sea financiado a principios de la semana próxima.

En cuanto a la FIDE, aparece claramente que mis reproches y críticas se refieren únicamente al pasado, es decir, a la actividad del Bureau precedente encabezado por el Dr. Rueb. El porvenir de mi actividad para la FIDE será la que siempre ha sido. Es decir, por el sincero deseo de una colaboración eficaz con vías de llegar a una reglamentación permanente para los *matches* por el título mundial.

Quiera aceptar el señor presidente (sigue el saludo)...

Alekhine

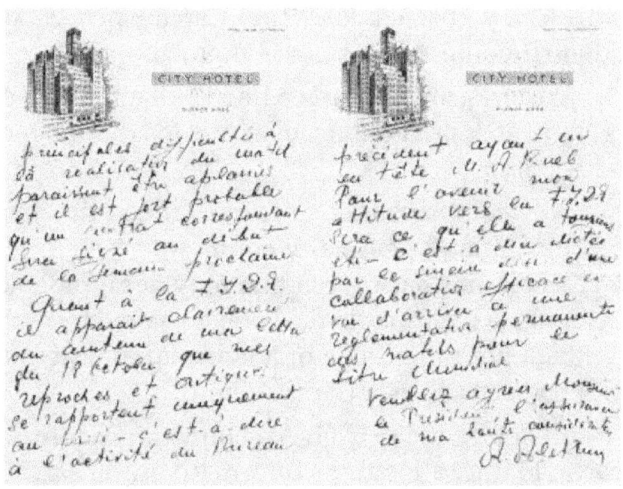

▓ (Contesta a la carta anterior de Alekhine. Fecha aproximada octubre 27)

Señor

Dr. Alejandro Alekhine

Presente

Al recibir sus manifestaciones, fijaremos nuestra posición al respecto. Rogamos quiera darnos sus noticias antes del sábado próximo.

Saludamos a Ud. muy atentamente

Federación Argentina de Ajedrez

▓ City Hotel (Membrete) [Carta escrita a máquina]

Buenos Aires, 21 Novembre 1939

Monsieur Le Président,

Ces lignes ont pour objet d'eclairoir d'une maniere définitive la situation créé par le fait de mon acceptation <u>sur l'incitation urgente de votre Club</u> de defendre mon titre dans un *match* contre M. Capablanca. Après cette acceptation en date du 18 Octobre et le defi formel du challenger j'ai du changer mes plans immédiats et sui resté a Buenos Aires en vue d'établir et de signer un contrat avec votre Club et M. Capablanca basé sur les régles de Londres 1922.

Après nombre de discussions sur des questions de détail, —discussions qui trainérent en lengueur contrairement á mon légitime decir d'arriver au plus tot á un accord— le project définitif d'un contrat fut en fin établui il y a environ dix jours. Comme ce projet, d'aprés la confirmation du représentant de vothe Commission M. Piazzini, est acceptable pour les parties et comme, d'autre part, il n'est pas possible de laisser plus longtemps mes projet en suspens sans avoir les garanties de la réalisation du *match* prévues par les régles de Londres, je vous prie, Monsieur le Président, de bien vouloir m'ccrire d'urgence pour m'indiquer le jour de la signature du contrat et du dépot du forfait correspondant a la contre-valeur en monnaie nationale de 500 Dollars-or.

Dans l'attendre de votre réponse, je vour prie d'agréer l'assurance de mes sentiments trés distingués.

A. Alekhine

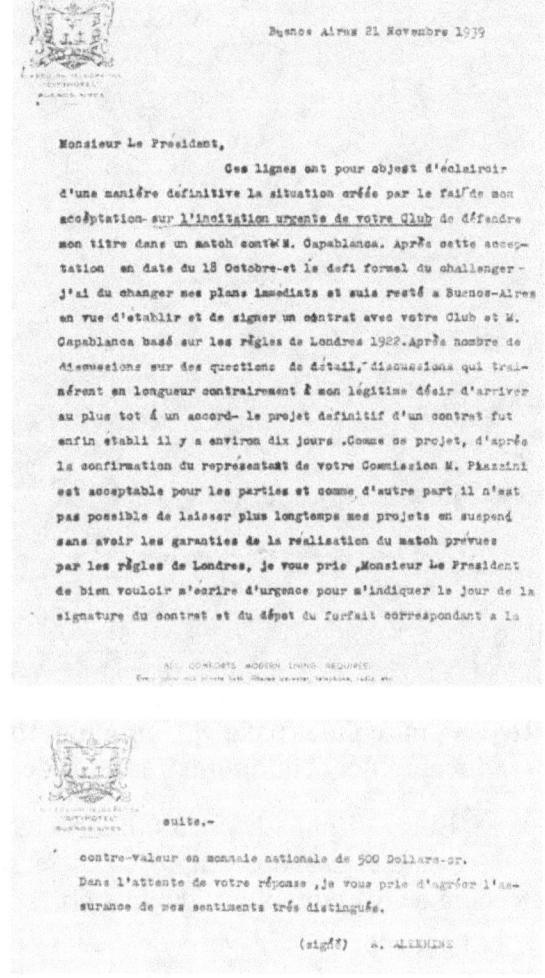

Traducción de la carta de Alekhine del 21 de noviembre de 1939 al castellano

▓ Estas líneas pretenden aclarar definitivamente la situación creada por mi aceptación de la solicitud urgente de su Club para defender mi título en un encuentro contra el Sr. Capablanca. Después de esta aceptación fechada el 18 de octubre y el desafío formal del retador, tuve que cambiar mis planes inmediatos y me quedé en Buenos Aires para establecer y firmar un contrato con su Club y el Sr. Capablanca basado en las reglas de Londres 1922.

Después de mucho debate sobre temas de detalles —discusiones que se mantuvieron en contraste con mi deseo legítimo para llegar a un acuerdo tan pronto como fuera posible— el proyecto final de un contrato finalmente se concretó hace unos diez días. Dado que este proyecto, según la confirmación del representante de vuestra comisión, el Sr. Piazzini, es aceptable para las partes y como, por el contrario, no es posible dejar mis proyectos en suspenso por más tiempo sin tener las garantías de la realización del *match* bajo las reglas de Londres, por favor, señor Presidente, por favor escríbame con urgencia para indicarme el día de la firma del contrato y el depósito de garantía correspondiente al valor de cambio de moneda nacional de 500 dólares oro.

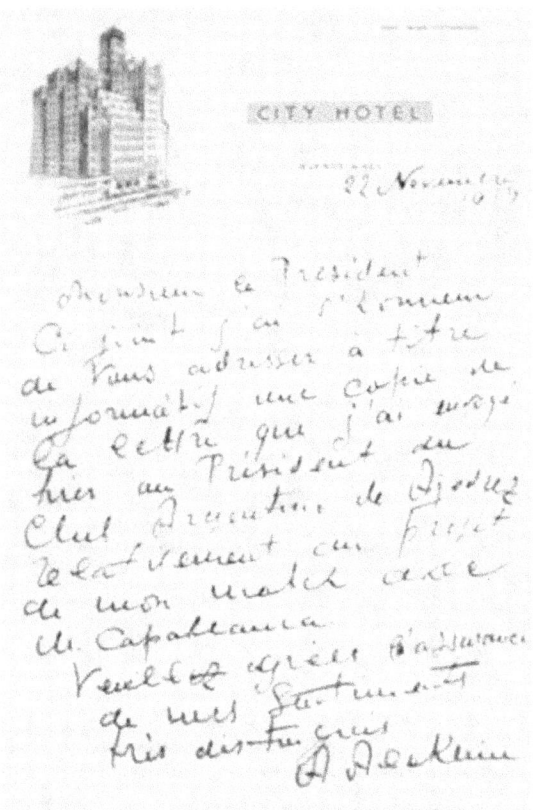

A la espera de su respuesta, pido que acepte la seguridad de mis sentimientos muy distinguidos.

Firmado: Alekhine

▓ Carta de Alekhine del 22 de noviembre de 1939, desde el City Hotel. Se anota el texto del membrete y luego el contenido de la carta en francés.

All comforts modern living requires

Every room with private bath, filtered ice-water, telephone, radio, etc.

City Hotel

Buenos Aires, 22 Novembre 1939

Monsieur le Président:

Ci—juint j'ai l'honneur de vous addresser á titre informatif une copie de la lettre que j'ai envoyé hier au President du Club Argentino de Ajedrez relativement au projet de mon *match* donc M. Capablanca.

Veuillez agréer l'assurance de mes sentiments trés distingués

A. Alekhine

Reglas principales para el Campeonato del Mundo
[traducción del original manuscrito de Alekhine]

▓ Bolsa Mínima U\$S 8.000; 20% para el campeón, a título de honorarios. Del restante 80%, el 60% para el ganador y el 40% para el perdedor. El *match* será de 16, 18, 20, 22 o 24 partidas, a elección de los promotores del mismo.

El ganador de la mayoría de puntos será declarado vencedor. Las tablas se cuentan medio punto para cada jugador. Si esta última idea pareciera demasiado drástica, entonces podría arreglarse como sigue: a 16 partidas contando las tablas, pero con necesidad de ganar un mínimum de 3 partidas; si al terminar las 16 ninguno de los dos ha ganado 3, se continuará el *match* hasta que el uno o el otro gane las 3 partidas requeridas.

Si el *match* es de 18 o 20 partidas, entonces será necesario ganar 4 partidas, o por lo menos tener 3 puntos de ventaja al terminarse el número de partidas requeridas. Si el *match* fuera de 22 o 24 partidas, entonces habría que ganar 5 o por lo menos tener 3 partidas de ventaja al terminarse el número de partidas requeridas.

En ambos estos dos últimos casos, si no sucediese una cosa o la otra sería necesario continuar el *match* hasta que hubiere, ya sean 3 puntos de diferencia, o bien que uno de los jugadores llegase a ganar 5 partidas. Se jugaría el *match* a razón de una sesión de 5 horas seguidas, haciendo 40 jugadas en 2,5 horas, sin análisis posible, y otra segunda sesión de 3 horas a razón de 24 jugadas en 1,5 horas. Cualesquiera de estos dos sistemas de juego que se adopte sería aceptable. En el segundo caso habría que imponer una sanción consistente en la pérdida del juego para el jugador que analizase durante el intervalo de una hora y media. Se podrá evitar el análisis haciendo permanecer a ambos jugadores a la vista de los directores del *match* o de los representantes que cada uno de los contendientes. Se jugará tres veces por semana, un día sí y un día no, con un día libre. Las paridas que no se terminen en el día, se terminarán al día siguiente, y el resto del *match* continuará sin alteración alguna.

Cada jugador tendrá derecho a tres días libres durante el transcurso del *match*, siempre y cuando notifique al Director del *match* con una hora de anticipación por lo menos, de que no concurrirá a jugar la partida que corresponda; en cada caso los días marcados para continuar el *match* no serán alterados en ninguna otra forma.

Se nombrará un Comité de tres personas competentes no candidatos al campeonato del mundo, para interpretar estas reglas y sus funcionamientos, así como para dilucidar cualquier cosa que se presente que no esté incluida en estas reglas. En cada caso la decisión de esta Comisión será como Ley y no tendrá apelación de ninguna clase.

Tendrá derecho a retar todo jugador de reconocida fama mundial, siempre y cuando deposite al retar una garantía de U$S 1.000 con la Comisión, es decir, que el reto debe ser acompañado con este depósito, el cuál pasará a manos del campeón, si por cualquier motivo ajeno a su voluntad el *match* no tuviese lugar en la fecha acordada.

En campeón tendrá la obligación de defender su título a los 10 meses de haber sido notificado por la Comisión que ésta ha recibido un reto acompañado por el depósito correspondiente.

Si el campeón se opone a jugar en el lugar que propone el *match*, tendrá que aducir ante la Comisión las razones por las cuáles se opone, y entonces la Comisión decidirá si estas razones son válidas o no. Si a pesar de todo el campeón sigue negándose a jugar, la Comisión tendrá la obligación de declarar el título perdido por parte del campeón, y al mismo tiempo declarar al retador como nuevo campeón.

Los promotores del *match*, una vez cubiertas todas las formalidades anteriores, tendrán que depositar U$S 3.000, por lo menos un mes antes de la fecha acordada para la realización del *match*. Si por cualquier motivo los promotores desistieran de llevar a cabo el encuentro, los U$S 3.000 depositados serán repartidos entre el campeón y el retador en la proporción del 65% para el campeón y 35% para el retador.

Los promotores del *match* propondrán a la Comisión el nombre de tres personas competentes, para que elijan una de ellas como Árbitro, pero en todo caso el Árbitro tendrá que ser una persona que resida en el país donde se celebre el *match*, durante la duración del mismo. En cuanto a las reglas de juego en general, pueden utilizarse las que rigen los Congresos de la FIDE.

Manuscrito original del Reglamento de Alekhine

▉ En este manuscrito Alekhine redactó el proyecto de las reglas para el *match* desquite contra Capablanca. Consta de cuatro hojas escritas a lápiz, numeradas 1, 2, 3 y 4 por él. Fecha: diciembre de 1939. Este documento probaría que Alekhine realmente quería jugar el encuentro con Capablanca, en oposición a muchas personas que lo acusaron de sabotearlo.

CAPÍTULO 13

TRAYECTORIAS DE INMIGRANTES Y EXPRESIONES SOBRE EL TN EN OTROS PAÍSES

❖ FRANCIA

La Federación Francesa llama a la movilización

▉ La revista oficial de los meses de agosto-setiembre de 1939, comunica a la afición que debido a la situación de guerra se cancelan los certámenes nacionales de ajedrez, y llama a la movilización general para consagrarse a la defensa nacional.

Paulette Schwartzmann

▉ Ajedrecista nacida en Rusia hacia 1900 y radicada posteriormente en Francia. Típico producto del ajedrez familiar, en el Campeonato Femenino de Francia de 1925 se inscribió junto con su madre, ambas fuera de concurso por su condición de extranjeras. Así, Paulette ganó el torneo, pero no el campeonato, que quedó para la segunda, señorita Frigard. La señora Schwartzmann fue tercera, y otros miembros masculinos de la familia también jugaron torneos en aquellos años. Ya nacionalizada francesa, Paulette fue Campeona Nacional en 1928: 10 jugadas, 10 ganadas.

Representó a Francia en el Campeonato Mundial Femenino de Buenos Aires 1939, donde ocupó el noveno lugar entre veinte participantes. A causa del estallido de la segunda guerra mundial fue una de las ajedrecistas que quedó en Buenos Aires, pues siendo judía no podía regresar a Europa. En la Argentina participó en algunos certámenes masculinos de segunda categoría. Representaba a la Asociación Deportiva y Cultural Nueva Argentina. También intervino en los campeonatos argentinos, habiendo ganado las ediciones de 1948, 1949, 1950 y 1952. Residió muy largamente en Buenos Aires, por lo menos hasta 1954. Luego se pierde su rastro, e ignoramos si falleció en nuestro país o logró retornar a Europa. Su ocasional presencia en los clubes de ajedrez la presentaba como un personaje estrafalario, de edad avanzada, a quien todos eludían. Se apoyaba en un bastón y permanecía aislada durante horas, sentada en una silla sin que nadie le dirigiera la palabra.

Esperaba que alguien la invitase a jugar partidas rápidas, lo que casi nunca ocurría, pues los jóvenes sabían que perderían con aquella anciana excéntrica, partida tras partida, algo que detestaban. Pese a su soledad y su misantropía, era una persona educada y culta si se la trataba con respeto. Su mayor felicidad era mostrar su partida tablas con Vera Menchik en Buenos Aires 1939. En realidad,

Revista de la FFE, agosto setiembre de 1939

la partida se había jugado en una de las últimas ruedas, y Menchik, que llevaba varios puntos de ventaja, le había obsequiado unas "tablas de grandes maestros". Cuando algún joven irrespetuoso le decía: "pero en esta partida no pasó nada", la anciana dama, con lágrimas en los ojos, le reprochaba en francés: "no me quites el mejor recuerdo de mi vida". Una vida en la que, sin duda posible, el ajedrez fue su casi único y amado amigo.[768]

La Embajada de Francia y las simultáneas de Gromer en 1940

█ En los salones del Círculo jugará esta noche una sesión de partidas simultáneas el campeón de Francia, Arístides Gromer. La exhibición se realiza con el patrocinio de la Embajada de Francia, y es la primera de una serie de actividades que ha de desarrollar Gromer por todo el país.[769]

Arístides Gromer, Campeón de Francia, Hizo Tablas Dos Partidas y Venció en Diez

El Gran Torneo Abierto de la Ciudad de Buenos Aires comenzará en breve

JIRA POR ENTRE RIOS

CON la expectativa que había provocado, se llevó a efecto ayer, en los salones del Círculo de Ajedrez, Bartolomé Mitre 670, las simultáneas del campeón de Francia, Arístides Gromer, reunión, ésta, auspiciada por la embajada de ese país.

Gira de Gromer por Entre Ríos.
La Razón, 14 de enero de 1940

█ El maestro Gromer realizó la anunciada sesión de partidas simultáneas patrocinada por la Embajada de Francia, concurriendo a presenciar las partidas una numerosa cantidad de aficionados, con el resultado de +10 =2 -0, en una sesión que duró poco más de una hora. El campeón de Francia partirá hoy para Entre Ríos, donde actuará invitado por una serie de clubs de ajedrez y entidades de la colectividad francesa. Iniciará su actuación en Paraná, y actuará además en Nogoyá, Concepción del Uruguay y Concordia. La permanencia de Gromer será por unos diez días.[770]

█ En Concordia no satisfizo la actuación de Gromer. Era porque no hacía combinaciones brillantes (Sic). Transcribimos a continuación un comentario de *El Heraldo*, de Concordia, acerca de la visita que practicara el mes pasado el campeón de Francia, Arístides Gromer. Lo que se critica en Concordia es la tendencia al juego suave. El comentario dice así:

> La corta visita del campeón francés de ajedrez, señor Arístides Gromer, y sus dos exhibiciones de partidas simultáneas, sirvieron para reanimar un poco las actividades ajedrecísticas de los círculos locales. No obstante el resultado ampliamente favorable para el jugador visitante, entre los aficionados al deporte cerebral hay disconformidad respecto a su actuación. Gromer hizo un juego opaco, no realizó brillantes combinaciones para terminar rápidamente sus cotejos. Se limitó a plantear bien, a colocar sus piezas en mejor posición, y así estuvo a la espera de los acontecimientos. Se limitó a provocar debilidades en las posiciones enemigas sin perder mucho tiempo en hilvanar largas combinaciones.

Nuestros aficionados gustan de un ajedrez más artificial, más violento; prefieren las entregas de piezas para debilitar al rey rival. Gromer estaba en condiciones de hacerlo, pero no podía cansarse y demorar mucho tiempo en cada uno de los tableros, y por eso dio la impresión de un juego pobre, carente de brillo. Más de un adversario se sintió superior al maestro en el medio juego; sin embargo, simplificada la lucha, los profundos conocimientos de los visitantes volvieron a imponerse. Otra cosa que no debe olvidarse al criticar a Gromer es que su físico tampoco lo ayudaba mucho, y ese continuo circular alrededor de los tableros conspiraba también contra su chance.[771]

---

[768] Notas de Raúl Alberto Castelli, 1970-92. Ver La partida Menchik – Schwartzmann en el capítulo correspondiente.
[769] *La Prensa*, 8 de enero de 1940.
[770] *La Razón*, 14 de enero de 1940. *La Nación*, 15 de enero de 1940.
[771] *El Censor*, 7 de febrero de 1940. Esta insólita nota revela el escaso conocimiento ajedrecístico del periodista, además de la pobreza lingüística con que se maneja.

Con el auspicio de la Embajada de Francia, el campeón francés, Arístides Gromer, dará una conferencia parado mañana a las 18.30 en el salón de actos de YMCA. Disertará sobre el tema *Los Grandes Maestros del ajedrez, los grandes hombres del ajedrez y ¿es el ajedrez incompatible con el amor?*[772]

Aristide Gromer y Getulio Vargas: una historia increíble

El 23 de octubre de 1945 el francés Aristide Gromer (11/04/1908 Dunkerque) -06/07/1966 Plouguernével) le escribe a Luis Piazzini desde París, con quien había tenido una gran amistad durante su estadía en Argentina en 1939 y 1940. En ese lapso incluso jugó el Torneo Mayor de 1940, ocupando el 1º/3º lugar, empatado con Sulik y Guimard. Le cuenta acerca de sus actividades en Brasil, diciéndole que el presidente Getulio Vargas le ha pagado sus servicios en ese país con *espléndidas propiedades* en Argentina, y le pide que "los clubes de Buenos Aires se ocupen de su administración".

Gromer, campeón de Francia, viene a Barcelona

Madrid. 4 — Hoy ha salido con dirección a Barcelona, de donde partirá para Francia, el campeón de ajedrez de Galia ruso M. Arístides Gromer, que ha pasado dos días en la capital de España de regreso de la Argentina donde intervino en un torneo internacional.

El maestro Gromer ha jugado dos partidas durante su estancia en Madrid, con el campeón escolar don Juan Manuel Fuentes.

La primera fué tablas y en la segunda el campeón francés venció al hombre del Campeonato de España Alfil.

Gromer regresó a Europa en el famoso "Serpa Pinto", así que presumiblemente desembarcó en Lisboa y se dirigió a Madrid y Barcelona. [Christian Sánchez]

Diario de Madrid, 4 de junio de 1942

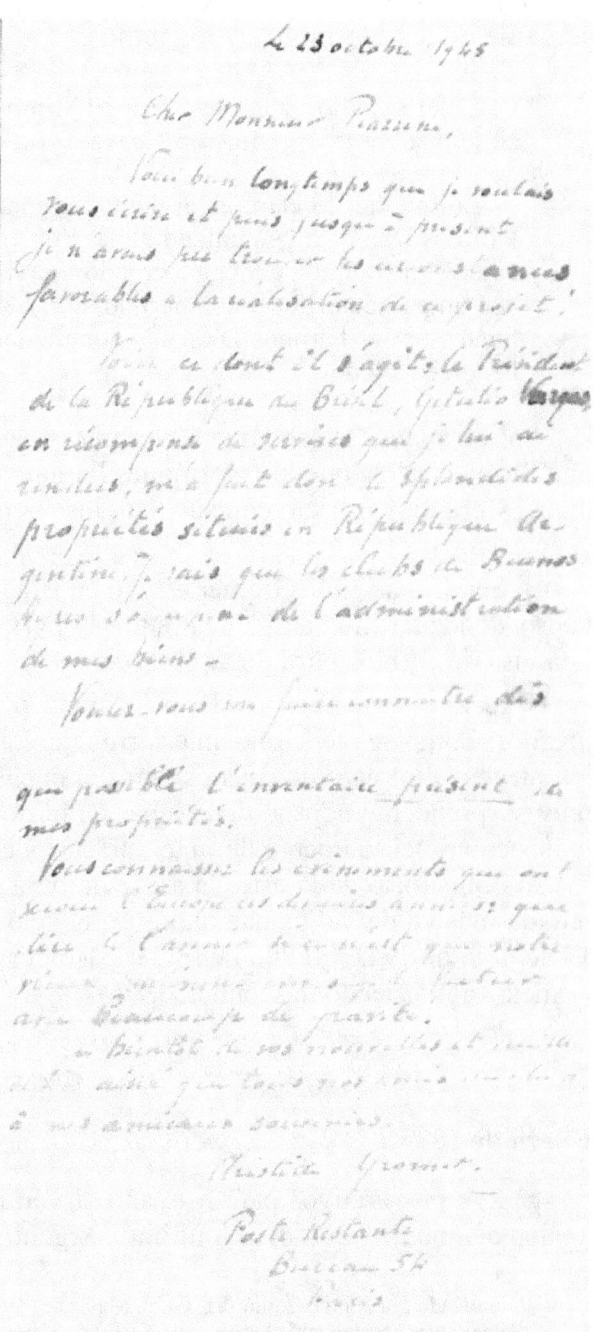

Carta de Aristide Gromer a Luis Piazzini, 23 de octubre de 1945

▓ Podría establecerse una hipótesis sobre lo sucedido. España era pro-nazi, pero no era lo mismo que Francia ocupada. Faltaría saber cuándo ingresó a Francia. ¿Le habrá conseguido Getulio Vargas algún documento o pasaporte especial como para que estuviera a salvo? En agosto de 1942 los alemanes hunden barcos brasileños. Por lo tanto, en junio de 1942 todavía la situación Alemania-Brasil no era tan grave. Una de las claves puede estar en la pertenencia religiosa. Gromer figura como miembro de La Iglesia de Jesucristo de los Santos de los Últimos Días (Mormones).

Bajo la firma de Nicole Córdova Loayza[773] se publicó un interesante artículo acerca de la cercanía de los mormones y los judíos:

> Líderes judíos y Santos de los Últimos Días construyen lazos de fe y encuentran puntos en común sobre la doctrina, en Nueva York. Dijo el Élder Quentin L. Cook:

> Lo que quedó claro es el punto en común que existe entre la comunidad de los Santos de los Últimos Días y la comunidad judía. Si bien no existe un evento similar al Holocausto, la orden de exterminio emitida por el gobernador de Misuri, Lilburn Boggs, en 1838 causó atrocidades, incluso, con un pasado difícil y compartido, la relación entre los miembros de La Iglesia de Jesucristo de los Santos de los Últimos Días y la comunidad judía se basa en enfoques positivos y edificantes que bendicen a todos.[774]

Por otro lado, se sabe que Hitler intentó acercarse a grupos religiosos. Por ejemplo, observaba una forma de vida que los mormones llaman "Palabra de Sabiduría". Él no tomaba alcohol, no fumaba, y era muy estricto con su dieta, insistiendo en alimentos simples y saludables, en su mayoría vegetarianos.[775]

▓ En julio de 1941 Gromer estuvo en Brasil para jugar en el torneo internacional Aguas de Sao Pedro, donde terminó en 7º lugar entre 17 participantes, con 9½/16 (+7 =5 -4). Para esa fecha obtuvo una visa de entrada para jugar el torneo.

Parece haber regresado a Francia en mayo de 1942, lo que constituye otro misterio en la vida del jugador. Como se mencionó anteriormente, los ajedrecistas que no regresaron a Europa al final de los Juegos Olímpicos de Buenos Aires eran casi todos judíos, por lo que este retorno puede parecer muy sorprendente porque tiene lugar en el peor momento. La persecución de los nazis contra los judíos en Francia aumentó durante este período: la ordenanza de las autoridades alemanas estableció el uso obligatorio de la estrella amarilla para los judíos data del 27 de mayo de 1942 y la famosa redada masiva de judíos hacinados en el velódromo de invierno de París tuvo lugar los días 16 y 17 de julio de 1942.[776] Cómo Gromer pasó por la Segunda Guerra Mundial después de su regreso a Francia, sigue siendo desconocido.[777]

❖ GRAN BRETAÑA[778]

Enero de 1939

▓ Los preparativos para este año sirven para mostrar que 1939 será tan importante para los anales del ajedrez que el año último. Argentina tomó a su cargo la tarea de organizar un torneo

---

[773] Publicado por Nicole Córdova Loayza, Masfe.org WEB, 28 de diciembre de 2018.

[774] Élder significa anciano, Autoridad General o Misionero varón. En las escrituras se encuentra este término.

[775] *Podcast, episodio 170*: Mormones y Nazis, pesquisasmormonas.com WEB.

[776] *Heritage des Echecs Français* Web. *Dominique Thimognier.*

[777] El sitio web genealógico estadounidense *FamilySearch.org* con visas emitidas por las autoridades brasileñas, incluyendo su visa de embarque en el barco Serpa Pinto con destino a Francia el 6 de mayo de 1942. Gromer figura como miembro de La Iglesia de Jesucristo de los Santos de los Últimos Días.

[778] De las revistas *British Chess Magazine y Chess Sutton Coldfield*.

internacional por equipos en Buenos Aires este año, y está trabajando con un inmenso entusiasmo para hacer de ese encuentro un suceso. Se producirá mucho ajedrez, pero creemos que no hay muchas dudas de que USA será el eventual ganador. Quizás los soviéticos los pusieran en apuros, pero hasta ahora Rusia no ha mostrado deseos de unirse a la FIDE. (...) Un comité fue designado para elegir al equipo británico para el venidero Torneo por Equipos en Buenos Aires, con sir George Thomas como capitán, y los siguientes integrantes: P. S. Milner Barry, C. H. O'D. Alexander, E. G. Sergeant y Harry Golombek. La señora Stevenson fue seleccionada como la candidata británica al Campeonato Mundial Femenino, que será jugado al mismo tiempo.[779]

Febrero de 1939

▓ Volviendo al ajedrez internacional, notamos con gran satisfacción el creciente entusiasmo por la aproximación a la Olimpíada de Buenos Aires. Casi todas las figuras líderes del mundo del ajedrez estarán presentes allí. El campeón mundial, doctor Alekhine, jugará por el equipo de Francia, y será el comentarista de un subsiguiente libro del certamen. El doctor Euwe, desafortunadamente, no concurrirá, ya que nos informó en Hastings que sus vacaciones no son lo suficientemente prolongadas como para permitirle jugar en la Olimpíada. Capablanca, probablemente, estará representando a Cuba, pero aparecieron inesperadas complicaciones: dos diferentes federaciones cubanas se inscribieron en la FIDE, y ahora el cuerpo debe decidir quién conserva el status oficial.[780]

Mayo de 1939

▓ Por el último Boletín del Torneo, nos enteramos que el Torneo por Equipos de Buenos Aires se jugará en el Teatro Nacional de la Comedia, o como es llamado, el Teatro Cervantes. Otros dos equipos sudamericanos se han anotado: Puerto Rico y Costa Rica. Un resultado interesante del entusiasmo que despierta este certamen es la fundación de la Federación Panamericana, en Panamá, con representantes de Argentina, Chile, Colombia, Costa Rica, Cuba, República Dominicana, México, Panamá, Perú, El Salvador, Estados Unidos y Venezuela. Se intenta organizar el I Torneo Panamericano.[781]

Junio de 1939

▓ Durante el mes pasado llegaron ominosos y conflictivos informes acerca de la seguridad –o inseguridad– del financiamiento del Torneo por Equipos de Buenos Aires. Primero llegó el anuncio definitivo de que el Ministro de Educación decidió garantizar solamente una pequeña parte de la suma votada por el Congreso para cubrir los costos del certamen, y que en consecuencia el torneo sería cancelado a menos que el Ministro cambiara de opinión. Luego supimos acerca de varias ofertas de apoyo adicional recibidas por la FADA, principalmente de las autoridades municipales de Buenos Aires, y el torneo se efectuaría.

Por esta causa, se ha producido una demora de meses en la organización por la falta de dinero, y la postergación hasta agosto se considera inevitable. Finalmente, en una reunión de la FADA el sábado 13 de mayo, se decidió por unanimidad continuar con la organización del torneo. Esperamos que este anuncio sea el definitivo, ya que la falta de cumplimiento de la FADA en la organización

---

[779] *British Chess Magazine* nº 1/1939, pág 2, 9, 10.
[780] *British Chess Magazine* nº 2/1939, pág. 50.
[781] *British Chess Magazine* nº 5/1939, pág. 216.

de la competencia sería un fiasco doloroso, si consideramos que otros dos países han denegado cortésmente sus inscripciones, pese a los insistentes llamados de los dirigentes argentinos.[782]

Julio de 1939

**British Chess Magazine
nº 7. Julio de 1939**

▓ La fecha de comienzo del Torneo por Equipos de Buenos Aires se fijó ahora para el 23 de agosto. Los equipos europeos deberán viajar por vías Amberes el 27 de julio en el S. S. *Piriápolis*, que llegará a Buenos Aires el 19 de agosto. Al momento de escribir estas líneas, sin embargo, la Federación Británica no ha recibido los pasajes, y consecuentemente es dudoso si un equipo inglés irá a Buenos Aires.[783]

Agosto de 1939

▓ Inmediatamente luego del Torneo por Equipos de Buenos Aires, se jugará en Montevideo un certamen con la participación del equipo inglés, con excepción de Sir George Thomas, cuyo barco desafortunadamente parte enseguida después del cierre de la Olimpíada. Los otros competidores serán ajedrecistas de Uruguay y Argentina.[784]

Setiembre de 1939

▓ El equipo británico dejó la Estación Victoria Station de Londres exactamente a las 3 en punto del 27 de julio, con excepción de Sir George Thomas, que viajó por su cuenta antes. Mucha gente fue a despedirlos y a desearles buena suerte. Estuvieron entre los más de 80 ajedrecistas que tomaron el *Piriápolis* en Amberes, un bonito buque de 7.340 toneladas propiedad de la Compañía Marítima Belga. Los países representados eran: Bulgaria, Checoslovaquia, Dinamarca, Estonia, Francia, Alemania, Holanda, Islandia, Irlanda, Letonia, Lituania, Noruega, Palestina, Polonia y Suecia. Estos equipos se unirán a varios del otro lado del mundo en Buenos Aires, pero desafortunadamente el equipo de los Estados Unidos ha fallado en la cobertura de sus gastos.

Es una lástima, porque ellos fueron ganadores en cuatro ocasiones. A bordo del *Piriápolis* hay también doce competidoras para el Campeonato Mundial Femenino. Todavía no sabemos cómo será organizado el torneo, pero habrá dos períodos de juego de 4 horas cada uno, con un tiempo límite de 40 jugadas en dos horas. Habrá en los primeros tableros jugadores de la talla de Alekhine, Mikenas, Petrov, Eliskases, Keres, Ståhlberg y Tartakower, con la posibilidad de que Capablanca juegue para Cuba.[785]

▓ Llegando a Río. Como ya escribí, estamos llegando a Pernambuco. Estoy celebrando mi primera visita a regiones ecuatoriales conviviendo cpn uno de los peones resfríos que he sufrido, mientras Alexander recientemente ha causado una pequeña conmoción ingresando a la pileta de natación con el sombrero puesto. El tiempo ha sido excelente durante todo el viaje. La señora Menchik ha mostrado algunos signos de mareo, como Golombek, pero el resto del equipo inglés –incluido Milner Barry, que se considera a sí mismo como un mal navegante– no sufrieron ningún signo de la enfermedad del mar. Milner Barry ocupa su tiempo trabajando pausadamente en su próximo libro acerca de Stock Exchange.[786]

[782] *British Chess Magazine* nº 6/1939, pág. 256/7.
[783] *British Chess Magazine* nº 7/1939, pág. 303.
[784] *British Chess Magazine* nº 8/1939, pág. 353.
[785] *British Chess Magazine* nº 9/1939, pág. 394.
[786] Fragmento de la nota de Baruch Wood, Chess (Sutton Coldfield), 20 de setiembre de 1939.

▇ La revista *Chess* (Sutton Coldfield) anuncia que seguirá siendo editada durante la guerra.[787]

Octubre de 1939 (Editorial)

▇ En la Gran Guerra 1914 – 1918 el *slogan* era "trabajar es un hábito", y la *British Chess Magazine* continuó editándose. También se jugaron torneos de ajedrez, quizás en una escala más reducida. Esa guerra fue comenzada por el mismo enemigo que tenemos ahora, que realizó un agresivo ataque a un Aliado a través de un país neutral, contrario a todos los acuer-

Chess continúa su tarea pese a la conflagración, y pide ayuda, 20 de setiembre de 1939

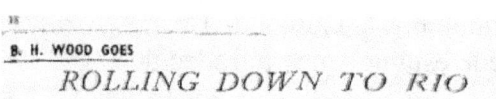

Revista *Chess*, 20 de setiembre de 1939

dos. Esta vez el mismo enemigo ha atacado desenfrenadamente a otro Aliado, y desafortunadamente no estamos en condiciones suficientemente buenas como para darle la misma asistencia como se la dimos a Francia entre 1914 y 1918. Es evidente que, luego de 25 años, en una guerra en gran escala, que así debemos asumirlo, y todos los civiles deben compartir la ayuda a su propio país ayudando a ganar la batalla por el Derecho sobre la Fuerza.

Con las nuevas regulaciones y el temor de ataques aéreos, el Comité Ejecutivo de la Liga de Ajedrez de Londres ha decidido que todas las actividades deben ser suspendidas durante la duración de la guerra. En lo que respecta a nuestra revista, mientras la situación financiera lo permita, y ello depende de nuestros suscriptores, esperamos continuar nuestra tarea, aunque probablemente con informes más pequeños, en más reducido espacio.[788]

Octubre de 1939. Informe del editor Baruch Wood

▇ Las secciones preliminares del torneo ya han sido completadas, y en el momento en que estoy escribiendo nos encontramos en vísperas del comienzo de la ronda final de la Copa Hamilton-Russell. Pese a la sombra de la crisis europea, la Olimpíada ha sido tan bien organizada como el torneo más exitoso, dando a los críticos menos oportunidades de las que podían imaginarse.

Yendo un poco hacia atrás, los equipos europeos, un poco agotados por asuntos internacionales y la postergación del torneo, lentamente se embarcaron en el *Piriápolis* a fines de julio, y llegaron luego de un largo viaje a Buenos Aires el 21 de agosto. Tan calmo fue el crucero, que muy pocos pasajeros sufrieron la enfermedad del mar. El Golfo de Vizcaya me subyugó, pero la Bahía de Santa Catarina –a la que se llega un par de días antes que a Buenos Aires– fue muy desapacible para muchos de los pasajeros, incluso interfiriendo a los jugadores de bridge. De todos modos, fue agradable compartir el viaje entre las bellezas de la naturaleza de un crucero de placer con las

[787] *Chess (Sutton Coldfield)* pide ayuda para continuar editándose, 20 de setiembre de 1939
[788] *British Chess Magazine* n° 10/1939, pág.425.

distracciones como el baile, el bridge, el tenis de mesa, el tejo, los bolos, y por supuesto, también el ajedrez figuró destacadamente.

Alexander fue el Campeón de Tenis de Mesa del barco, con Vaitonis, de Lituania, como cercano segundo. En ajedrez rápido, Najdorf, de Polonia, era indudablemente el mejor, pero estuvo afectado por mareos, y no pudo intervenir en un torneo muy fuerte organizado y conducido por la mano experta de Baruch Wood, ya que el tiempo era malo y el barco se balanceaba pesadamente. El torneo fue ganado por Opocensky, con Engels a continuación y Ståhlberg tercero.

El 20 de agosto arribamos a Montevideo, donde el equipo británico fue atendido con hospitalidad por el Embajador en el Uruguay, Señor Millington Drake. Nuestro agradecimiento para con el señor Drake fue realmente inmenso, ya que fuimos sus huéspedes en un hermoso country club, algo así como a 15 millas de Buenos Aires, situado en la costa del Río de la Plata. Nuestra llegada a Buenos Aires fue tranquila para nosotros gracias a los amables oficios del señor Lovegrove, de la FADA, quien nos dedicó su tiempo durante dos días mostrándonos la ciudad de Buenos Aires, y ayudándonos de todas las maneras posibles, razón por la que le estamos muy agradecidos.

El pareo del certamen se efectuó el miércoles 23 de agosto, y los equipos fueron divididos en tres secciones de siete y una de seis. Los cuatro primeros de cada sección clasificarán para el turno final. Los restantes competirán por una copa donada por el Presidente de Argentina Roberto M. Ortiz. La lista de países fue ordenada por un ranking, en cuya elaboración participó Alekhine, y fue aprobada por todos los capitanes, que se mostraron muy corteses. Hubo muy pocos rechazos.[789]

Octubre de 1939. Informe sobre la Ronda 1

▓ El torneo comenzó en condiciones óptimas en el Teatro Politeama, ocupando los jugadores lo que era la platea, con los espectadores circulando alrededor u observando con binoculares desde varios palcos. Un gran salón fue destinado a los tableros murales y a las tablas de posiciones. En ellos, las más interesantes partidas de cada reunión eran desarrolladas con comentarios de maestros, que eran expertos ajedrecistas. Las partidas se jugaban entre las 9 a.m. y la 1 p.m., y las suspendidas de 3 a 7 p.m. Ese lapso pareció demasiado corto en el comienzo, pero nos acostumbramos rápido. Puntual, a las 9, sonaba un largo y reverberante gong, y el mismo proceso era repetido para marcar el fin de la sesión a la 1 p.m.[790]

Octubre de 1939. Informe sobre la Ronda 2

▓ En esta ronda no jugó el Grupo D, pero la primera aparición del equipo de Argentina en el escenario atrajo a gran cantidad de espectadores, cantidad que fue aumentando multitudinariamente. Nunca había visto algo así en un Congreso de ajedrez. En el Grupo A, experimentamos dificultades ante Perú, uno de los equipos más débiles del torneo. Alexander tuvo suerte en ganar frente a Dulanto, pero la partida fue muy excitante. Thomas ganó una buena partida, pero Golombek no pudo lograr más que tablas. Wood obtuvo una partida cómodamente ganada, pero la desperdició tras una serie de jugadas indiferentes, culminando en un *blunder* perdedor, permitiendo un doble de caballo sobre dama y torre.[791]

[789] *British Chess Magazine* n° 10/1939, pág.431.
[790] *British Chess Magazine* n° 10/1939, pág.433.
[791] *British Chess Magazine* n° 10/1939, pág.435.

Octubre de 1939. Informe sobre la Ronda 3

▓ Un resultado sorpresivo se produjo en esta ronda, cuando Palestina le ganó a Estonia por 2½:1½. En términos generales, la sección preliminar del equipo de Estonia fue bastante decepcionante. Un curioso incidente ocurrió en la partida Zvetkoff – Petrov. Ninguno de ellos se presentó a reanudar la partida suspendida, y a ambos se les dio por perdido el juego: al primero por no concurrir a la reanudación, y al segundo por perder por tiempo. Sin embargo, esta extraña decisión fue reconsiderada, y la partida se declaró tablas ya que ambos rivales acordaron ese resultado sin reasumir, pero habían omitido informarle debidamente a las autoridades.[792]

Octubre de 1939. Informe sobre la Ronda 4

▓ A Inglaterra le fue mal frente a Polonia. Alexander desperdició una partida ganada frente a Tartakower. Thomas siempre estuvo en posición inferior frente a Najdorf. Golombek tenía mejor partida, pero nuevamente no pudo obtener más que tablas. En tanto, Milner-Barry salvó medio punto en lo que parecía una partida perdida.[794]

Octubre de 1939. Informe sobre la Ronda 5

▓ Inglaterra jugó un interesante encuentro con uno de los equipos más fuertes del torneo. Tanto el primero como el tercer tablero fueron superados por los checos, pero Milner-Barry ganó una excelente partida a Foltys, y Wood estaba bastante mejor que Zita.[795]

Octubre de 1939. Informe sobre la Ronda 7

▓ Inglaterra jugó bien para asegurar una victoria por 3:1 frente a los fuertes brasileños, de manera que los alcanzó y sobrepasó en la tabla. Alexander se aseguró un afortunado medio punto, pero Thomas superó bien a su oponente. Milner-Barry tuvo bastante mejor partida en una Defensa Petroff, y Golombek ganó una Apertura Inglesa en 29 movidas. Justo antes de escribir estas líneas me entero que Inglaterra está a un paso de la guerra; el equipo inglés abandonó el certamen, y tres de sus miembros ya han partido rumbo a Europa: Sir George Thomas, Alexander y Milner-Barry. Wood tratará de seguirlos en algunos días, pero la Señora Vera Menchik de Stevenson y yo tratamos de ver cómo continúa el torneo. Estamos felices de informar que Sir George Thomas, P. S. Milner-Barry y C. H. O'D. Alexander han retornado a Inglaterra a salvo. El torneo finalizó con la victoria

BRITISH CHESS MAGAZINE
OCTOBER, 1939

No. 10   Vol. LIX

General Editor: H. Golombek   R. C. Griffith
                                Directors   G. S. A. Wheatcroft
Problem Editor: T. R. Dawson   P. S. Milner-Barry

Published by British Chess Magazine Ltd., at 52 Bedford Row, London, W.C.I, to whom all communications and subscriptions should be sent.

CONTENTS

Editorial - - - - - 425   British News - - - 443
British Ladies' Championship - 426   Foreign and Dominion News - 443
Bournemouth Chess Congress - - 427   Endings - - - T. R. Dawson 444
Buenos Aires Olympiad, 1939 - - 431 Game Department - - - - 445
British Correspondence Chess Assn. 442 Problem World - T. R. Dawson 450

EDITORIAL

IN the Great War (1914-18) the slogan was "Business as Usual," and the British Chess Magazine carried on throughout. Also chess matches, perhaps on a somewhat reduced scale, were played. That war was started by the same enemy we have got now, making an aggressive attack on an Ally through a neutral country, contrary to all agreements. This time the same enemy has attacked wantonly another Ally; and unfortunately we are not in a sufficiently good geographical position as to give the same assistance as we were able to render to France in 1914 to 1918; and it is evident that, after twenty-five years, in a war on a large scale, as we must feel this is likely to be, all civilians have to do their share towards helping their country to win the battle for Right over Might.

With A.R.P. regulations as to black-out and fear of air raids, the Executive Committee of the London Chess League have decided that all their activities should be suspended for the duration of the war. There is a meeting of the British Chess Federation which will have taken place before this issue appears, and a decision on more or less similar lines will probably be taken. The opening of the National Chess Centre has been postponed through the outbreak of hostilities, but the Committee are hoping to make some announcement in the near future.

So far as the Magazine is concerned, while the financial position permits, and this must depend on our subscribers, we shall hope to carry on, although probably with so little to report, in a much reduced state. We think that with this issue our readers are given quite as good a number as usual, but we have had to withhold one or two ...

Editorial de *British Chess Magazine*
octubre de 1939[781]

---

[792] *British Chess Magazine* nº 10/1939, pág.437.
[793] Este ejemplar perteneció a Paulino Alles Monasterio. Puede verse su firma arriba a la izquierda.
[794] *British Chess Magazine* nº 10/1939, pág.438.
[795] *British Chess Magazine* nº 10/1939, pág.439.

de Alemania, por medio punto sobre Polonia. La Señora Stevenson ganó el Campeonato Mundial Femenino con el excelente score de 18 puntos, seguida por Graf con 16½. (...)

Debido al comienzo de la guerra, el Congreso Británico que debía tener lugar en Bath entre el 9 y el 16 de setiembre, fue cancelado. Tenemos poco para informar este mes, ya que la mayoría de los países están participando en el TN de Buenos Aires. Allí también el estallido de la guerra causó que algunos equipos abandonaran, lo que agregado a la deserción de Estados Unidos por razones financieras y por el cambio de fecha. Todo esto restó mucho interés al certamen, y las autoridades de Buenos Aires deben estar lamentando haber pospuesto la iniciación del mismo.[796]

Noviembre de 1939. Informe de Harry Golombek

British Chess Magazine
n° 12, diciembre de 1939

▌ Hemos recibido de nuestro editor, Harry Golombek, muy tardíamente, pues él estuvo enfermo con una fuerte gripe, el informe completo final de la Olimpíada de Buenos Aires, pero sin comentarios como para publicarla ronda por ronda. Como se verá, de todos modos, el torneo fue espléndido hasta el final, y Alemania obtuvo el éxito, ganando por medio punto sobre Polonia. Algunos encuentros fueron cancelados, y el Comité los adjudicó como empatados. Uno pensaría que el estallido de la guerra probablemente causó cierta diferencia con el resultado que debió haberse producido. Luego del comienzo de la guerra, algunos países rehusaron jugar entre ellos, y el Comité decidió que estos encuentros fueran declarados tablas (2-2).

En el caso del *match* entre Palestina y Argentina, los primeros, habiendo decidido no jugar contra Alemania, quisieron abandonar el *match* también con Argentina, pero el Comité decidió que hubiera sido anti-deportivo para Suecia y Polonia, y arregló también un empate. Nos imaginamos que cuando nuestro editor retorne, ampliará este relato en el número próximo. Mientras tanto, les ofrecemos lo que nos ha enviado hasta ahora. Como hemos visto en la tabla final de posiciones del Campeonato Mundial Femenino, la Señora Stevenson no perdió partida alguna, y solamente empató dos. De todos modos, ella fue muy afortunada en su partida con la señorita Sonja Graf, quien perdió con ella una partida que debió ganar.

Por otra parte, se jugó en Montevideo un torneo, donde Alekhine, en buena forma, ganó todas las partidas: 7/7. Golombek finalizó segundo con 5½, luego de perder con Alekhine y hacer tablas con la señora Stevenson. Ella fue tercera con 5, habiendo empatado también con Wood. Luego siguieron Hounie Fleurquin 3½; Alfredo Olivera, L. Roux Cabral y Baruch Wood 2½; y L. A. Jalla (Sic) ½. Alrededor de los 2/3 de los jugadores retornaron a Europa en el S.S. *Copacabana*,

El *match* deseado, según *British Chess Magazine* Vol. XL n° 9, setiembre 1940

---

[796] *British Chess Magazine* n° 10/1939, pág.441, 443.

y los restantes, incluido Alekhine, Keres, Ståhlberg y todos los integrantes del equipo alemán, están todavía en Buenos Aires.[797]

Diciembre de 1939

▓ Se ha informado en Buenos Aires que es muy probable que el *match* revancha Alekhine – Capablanca tenga lugar en la primavera del año que viene. Estas son buenas noticias, y esperamos que no ocurra nada que impida los arreglos para el encuentro. Tenemos nuestras dudas, sin embargo, especialmente cuando consideramos las tirantes relaciones que han existido durante tanto tiempo entre estos dos grandes ajedrecistas.[798]

Marzo de 1940

▓ De acuerdo a los últimos informes recibidos desde Buenos Aires, no es muy probable que el proyectado encuentro Alekhine – Capablanca tenga lugar. El principal inconveniente es la habitual cuestión financiera. Entendemos que Alekhine volverá en breve a Europa.[799]

Y como al final de la última guerra, hay una gran cantidad de torneos y otras actividades ajedrecísticas, así que anticipo que habrá un ímpetu similar para el juego y para finalizar con todo esto. Hitler y toda su chusma habrán fallecido como una pesadilla espantosa, y podremos concentrarnos en las cosas que hacen que la vida civilizada valga la pena vivir, las artes en las que el ajedrez no deja de tener un papel de importancia.

Abril de 1940

▓ En *Chess (Sutton Coldfield)* se reproducen siete páginas de dibujos temáticos de ajedrez y la guerra. *El Illustrated London News* publica este bonito dibujo titulado "Sala de guardia, 1940". Representa la sala de guardia de una compañía de tanques en el sector británico –un vívido contraste con los viejos tiempos–. El tablero de ajedrez se sustenta sobre una caja vacía. El brasero se alimenta a través de latas de petróleo.

▓ He aquí una foto que ilustra la ayuda que el ajedrez presta para ganar la guerra. Miles cumplen su deber en sus lugares, desde que la guerra estalló; cada hora prácticamente de todas las noches, esperando por alarmas que no llegan. Por una semana, esto es distendido; por un mes, aburrido; por un año, insoportable. El ajedrez trae un cambio de estado de ánimo, y las noticias pueden ser soportadas más relajadamente. Aquí se muestra un puesto en Hornchurch, área de reserva de la aviación.[800]

Dibujo reproducido en *Chess*, abril de 1940

---

[797] *British Chess Magazine* nº 11/1939, pág.471, 481/2.
[798] *British Chess Magazine* nº 12/1939, pág. 502.
[799] *British Chess Magazine* nº 3/1940, pág. 89.
[800] *Chess (Sutton Coldfield)*, mayo de 1940.

Chess reproduce una foto de
Esex Gazette, mayo de 1940

██ La revista *Chess* (Sutton Coldfield) comunica en su editorial la situación de emergencia en que se encuentra por la falta de papel.

La revista *Chess,* comunica la falta de insumos, junio de 1940

Junio de 1940

██ Alekhine ofreció jugar contra 300 oponentes en una simultánea gigante a realizarse en Londres, en 60 grupos de 5, a beneficio de las necesidades de la guerra. La Federación Británica declinó la oferta a causa de las grandes dificultades organizativas que implicaría este evento.[801]

Julio de 1940

██ La Unión Soviética no perdió tiempo en organizar un torneo de ajedrez en la parte de Polonia ocupada en setiembre de 1939. En Lvov, ajedrecistas de primer nivel de Rusia y Polonia compitieron contra jóvenes maestros soviéticos de Ucrania, quienes obtuvieron la mayor parte de los premios principales. Hubo felicitaciones en la revista "64" para (Isaak) Appel, que alguna vez visitó Margate nominado por la Federación Polaca. Los resultados fueron: Kavin –de Kiev– 13; Boleslavsky 12; Konstantinopolsky 11½; Gerstenfeld –primer polaco– 10; Abramian –de Lvov–[802] 9½; Poliak y Appel 9. Otros nueve polacos completaron la lista: Frydman, Schachter, Rubinstein, Dobrovolsky, Metsker, Makarchik, Doeffler, Popefsky. Appel también jugó el Campeonato de Ucrania en Kiev:

Konstantinopolsky,Alexander Markovich - Appel,Isaak [C43]

UKR-ch12 Kiev (15), 1940 *[Juan S. Morgado]*
1.e4 e5 2.Cf3 Cf6 3.d4 d5 4.Cxe5 Cxe4 5.Ad3 Ae7 6.0–0 0–0 7.Te1 [7.Cc3 Cxc3 8.bxc3 c5 9.Dh5 g6 10.Dh6 Cc6 11.Cxg6 fxg6 12.Axg6 hxg6 13.Dxg6+ Rh8 ½–½ Konstantinopolsky - Kan, Leningrado-Moscú 1939] **7...Cf6 8.Ag5 Ae6 9.Cd2 Cbd7 10.Cdf3 Cxe5 11.Cxe5 Cd7?** [11...Te8 12.Axf6 *(12.c3!?)* 12...Axf6 13.Dh5 g6 14.Df3 Ag7 15.c3²] **12.Dh5+– g6 13.Cxg6 fxg6 14.Axg6 Tf7 15.Txe6 hxg6 16.Txg6+ Tg7 17.Th6 1–0**[803]

Octubre de 1940

██ Pese a los numerosos contratiempos derivados de la guerra mundial, el editor general de British Chess Magazine, Harry Golombek, comunica a los lectores que la revista continuará apareciendo. Anuncia que volverá el antiguo editor R. C. Griffith. Dice al final del editorial:

---

[801] *Chess* (Sutton Coldfield), junio de 1940.
   [802] Lvov (en polaco: Lwów; en ucraniano: Lviv) es uma ciudad de la región de Galitzia Oriental, actualmente parte de Ucrania. Antes de la II Guerra Mundial estaba bajo control polaco. Para esta época había en la ciudad unos 100.000 judíos, aproximadamente un tercio de la población total.
   [803] *Chess* (Sutton Coldfield), julio de 1940. Es interesante observar que Appel todavía estaba activo. Se cree que desaparece a mediados de junio de 1940, por lo cual su asesinato debe haber sucedido inmediatamente a este torneo.

Y como al final de la última guerra, hay una gran cantidad de torneos y otras actividades ajedrecísticas, así que anticipo que habrá un impulso similar para el juego y para darle fin a toda esta situación. Hitler y toda su chusma habrán fallecido como una pesadilla espantosa, y podremos concentrarnos en las cosas que hacen que la vida civilizada valga la pena vivir, las artes en las que el ajedrez no deja de tener tiene un papel de importancia.

Noviembre de 1940

■ La destrucción del (edificio) John's Lewis en Londres. La X marca exactamente el lugar donde estaba el Centro Nacional de Ajedrez.[804]

Las aventuras de un "lord" inglés [Justin Corfield]

George Thomas había estado viajando en el *Almánzora* cuando ingresó a Pernambuco, muy por delante del *Piriápolis*. Allí tuvo la tarea de recoger a un indigente aviador polaco de 33 años, José Weksburg, que había abandonado a su familia en Buenos Aires para regresar a su tierra natal para ayudarles con la guerra que estaba a punto de comenzar. Incapaz de pagar el billete para el viaje, se había escondido bajo una carga de plátanos en el *Highland Chieftain*. Pero estando en peligro de ser aplastado por las cajas de la fruta que se balanceaban mientras el barco navegaba hacia el norte a lo largo de la costa brasileña, se había trasladado a un bote salvavidas donde vivía, comiendo galletas y también posiblemente plátanos, hasta que se vio obligado a entregarse al capitán, que lo bajó a tierra en Pernambuco. Allí la policía brasileña lo depositó en la prisión central hasta que se encontró un barco para llevarlo de vuelta a Buenos Aires: ese barco era el *Almánzora* con Thomas a bordo. Así, cuando Sir George Thomas llegó, el polaco sin suerte fue liberado por la policía. Poco antes de que el *Piriápolis* llegara, Thomas se dirigió a los muelles y accidentalmente entró en una oficina de inmigración, donde un funcionario le pidió su pasaporte y le dijo que regresara dos días después. Aparentemente, cuando lo hizo, se le presentó un formulario largo que debía completar, donde él, elegante ajedrecista inglés, fue clasificado como turco debido a que su lugar de nacimiento era Constantinopla.[805]

British Chess Magazine nº 10, octubre de 1939

Aterradora foto del edificio bombardeado. *Chess (Sutton Coldfield)*, noviembre de 1940

---

[804] *Chess (Sutton Coldfield)*, noviembre de 1940.
[805] Justin Corfield, op. cit., pág. 109.

❖ **IRLANDA**

John Francis O'Donovan[806]
David McAlister reconstruye la historia

▨ El torneo internacional por equipos de 1939 (u Olimpíada, como se le llama ahora) se jugó en Buenos Aires. Irlanda estuvo representada por John O'Hanlon, John O'Donovan, Gerard Kerlin, William Minnis y Nash. Después que la guerra estalló en Europa, muchos jugadores decidieron permanecer en América del Sur. Uno de ellos fue O'Donovan. El 12 de noviembre de 1941 el *Irish independent* informó bajo el título "Navegó en 1939: experto ajedrecista irlandés se encuentra en Argentina. Y agregó que: "un equipo de cinco expertos de ajedrez dejó Amberes en julio de 1939, para jugar en un torneo internacional en Buenos Aires, y todos excepto uno volvieron a Irlanda. Quien se quedó es el señor J. F. O'Donovan, de cerca de 23 años, oriundo de Cork[807].

▨ Según los últimos mensajes recibidos del señor O'Donovan, se encuentra seguro y feliz en Argentina, y sigue jugando ajedrez". John O'Donovan jugó en el tablero nº 2 (pero de hecho pasó al nº 1 después que O'Hanlon volvió a casa después de la etapa preliminar). Ganó en 1936 el "London Boys" (se jugó entre el 30 de diciembre de 1935 y el 04 de enero de 1936, para ser precisos) y jugó para Universidad de Cambridge en el tradicional encuentro anual con la Universidad de Oxford en 1937,1938 y 1939 (en el último año fue Presidente del club de ajedrez de la Universidad de Cambridge. Él también jugó con éxito en las secciones preliminares y algunos de los principales torneos de Inglaterra de la década de 1930 (por ejemplo, Margate 1937, BCF Campeonato de Blackpool 1937, BCF Campeonato de Brighton 1938). La British Chess Magazine le publicó un par de finales de estudio en 1956.

No he podido averiguar si él jugó competitivamente en Argentina (o si se mantuvo en contacto con otros exiliados ajedrecísticos). Tampoco he encontrado ninguna referencia a él jugando en Irlanda; el hecho de que él ganara el título de "London Boys" sugiere que se debe haber mudado a Inglaterra a una edad relativamente joven. Escribí hace algunos años a su Universidad (Jesus College, Cambridge) y recibí esta respuesta de la señora Muriel Brittain,[808] "(O'Donovan fue) compañero plebeyo, asistente encargado de los registros"[809] en el Colegio de Jesús. "John Francis O'Donovan nació el 10 de abril de 1918 en Queenstown, Cork, fue hijo del Rev. Richard Henry O'Donovan, fallecido. Aprobó sus primeros exámenes de matemáticas en 1937 y se graduó en 1939. Enseñó inglés en la Escuela de Ingeniería de Buenos Aires durante 26 años. La última vez que supe de él fue en 1996, cuando respondió a mi carta de buenos deseos con motivo del 60º aniversario de su ingreso al colegio".

La señora Brittain suministra una dirección en Argentina y como consecuencia de esa información, en 2001, Mark Orr, cuando estaba editando el archivo de ajedrez irlandés, pudo ponerse en contacto con la hija de O'Donovan, Patricia. Ella respondió que: "John O'Donovan, mi padre,

---

[806] Publicado el 23 de junio de 2011 por David McAlister (Web).

[807] Una publicidad turística dice acerca de esta ciudad: "Preparate para cruzar muchos puentes cuando estés en Cork. La tercera ciudad mayor de Irlanda surgió en una isla, pero hoy se extiende también por ambas orillas del río Lee, con canales que recorren algunas de sus arterias principales. La mejor manera de conocer esta accidentada ciudad portuaria del sur del país es a pie, pasando por la catedral de San Finn Barre y el cuadrilátero de la University College junto al río y subiendo la colina hacia la iglesia roja y blanca de Shandon. Por el camino podrás comprobar lo sociable que es la gente de esta ciudad".

[808] Muriel Brittain (1919-2006). A su fallecimiento, se publicó una reseña biográfica en el servicio fúnebre: "Un servicio conmemorativo se celebrará este sábado para la ex archivista de los registros de ex alumnos del Jesus College, Cambridge. Muriel Brittain fue una figura conocida y querida en el colegio por muchos años. El funeral es en la capilla del Colegio de Jesús a las15:00 este sábado, seguido por el té en la sala. Todos son bienvenidos, pero el Colegio advierte que el espacio de estacionamiento en el Colegio será muy limitado".

[809] "Fellow Commoner, Assistant Keeper of the Records".

murió el 05 de noviembre de 1999 en Buenos Aires. Él dejó a su esposa Sabina, a quien traje a Israel a vivir conmigo, su única hija".

Las huellas de John Francis O'Donovan en Argentina

1946: Desde Londres buscan al irlandés O'Donovan

El presidente del Club Argentino, señor Ricardo Mazzini, nos ha pedido especialmente que hagamos saber por intermedio de esta columna que ha recibido una carta de Inglaterra, del señor S. Chester Goldman (Londres), en la que se le pide el actual paradero del ajedrecista (Juan F.) O'Donovan, quien integraba el equipo de Irlanda que vino a jugar el Torneo de las Naciones en 1939, radicándose luego en nuestro país[810].

1956: O'Donovan en el Torneo Selección de Buenos Aires

En abril y mayo se jugó el Torneo Selección, certamen clasificatorio para el próximo Torneo Mayor. Los participantes fueron divididos en cuatro grupos, y el Grupo D quedó integrado por: Manuel Melamedoff, Rodolfo Farah, Jaime Emma, Adalberto Apró, Pablo Buj, Antonio Martín, Luis Caramés, Isaac Bendayan y Juan O'Donovan[811].

O'Donovan, Juan F. – Farah, Rodolfo [B55] Torneo Selección, Buenos Aires 1956

1.e4 c5 2.Cf3 d6 3.d4 cxd4 4.Cxd4 Cf6 5.f3 g6 6.c4 Ag7 7.Cc3 Cc6 8.Cc2 0-0 9.Ae2 Ae6 10.Tb1 Tc8 11.Cd5 Ce5 12.b3 Cxd5 13.exd5 Af5 14.g4 Axc2 15.Dxc2 e6 16.0-0 exd5 17.f4 Cc6 18.Dd1 Cd4 19.Ad3 Dh4 20.Rg2 b6 21.Ad2 dxc4 22.bxc4 Tfe8 23.Ae1 De7 24.Ad2 Db7+ 25.Rh3 Te7 26.Te1 Tce8 27.Txe7 Txe7 28.Dh1 Cf3 29.Td1 Ac3 30.Ac1 Ae1 31.Rg2 Ch4+ 32.Rg1 Dc8 33.f5 Dc5+ 0-1

1956: O'Donovan en la Asociación Nueva Argentina en La Plata

En su local de la Calle 65 y 6, el equipo del Club de Ajedrez La Plata enfrentó al de la Asociación Nueva Argentina, de la ciudad de Buenos Aires.[812]

	Club de Ajedrez La Plata	15:15	Asociación Nueva Argentina
1	Juan Carlos Trachsel	1:0	Emilio Rosso
2	Maurokefalidis	0:1	Samuel Schweber
3	Miguel Itzigsohn	½: ½	Cocaudel
4	Amarante	0:1	Juan F. O'Donovan
5	Ortiz	0:1	Adalberto Apró
6	Mendioroz	1:0	Antonio Martín
7	M. J. Itzigsohn (h)	½: ½	Bartolomé J. Marcussi
8	Giotta	0:1	Carlos Bielicki
9	O. García	0:1	Isaac Bendayan
10	Cupri	0:1	José B. Gay

---

[810] *El Mundo*, 4 de diciembre de 1946.

[811] Juan O' Donovan es el mismo ajedrecista irlandés que participó en el TN de 1939, y está radicado en nuestro país, *Revista Ajedrez* nº 26, mayo de 1956, pág. 180, nº 27, junio de 1956, pág. 216, nº 28, julio de 1956, pág. 252. Diario *El Día*, La Plata, 5 de mayo de 1956.

[812] *El Día*, La Plata, 3 de mayo de 1956. *El Mundo*, 15 de mayo de 1956.

❖ **HOLANDA**

Personalidad de Alexander Rueb

Carta de Hébert Pérez García al autor, 25 de julio de 2013

■ En líneas generales puedo decirte que tengo una buena impresión del trabajo ajedrecístico de Rueb. En diferentes fuentes se dice que fue un dirigente capaz y que su obra fue fecunda. Tenía una buena relación con el Dr. Max Euwe.

Era doctor en leyes y trabajó por largos años para el estado de los Países Bajos. Fue coleccionista de libros e informaciones de ajedrez, teniendo además directa influencia en el cuidado de los archivos de la FIDE.

En 1945, en Rotterdam, desapareció su trabajo de muchos años y se perdieron tesoros preciosos de la literatura del ajedrez mundial luego de los bombardeos e incendios catastróficos efectuados por los aviones militares alemanes. En el tiempo de la guerra se comportó correctamente. Frente al tablero fue un fuerte ajedrecista.

De acuerdo a lo que se publicó en el libro biográfico "Dr. Max Euwe", escrito por el conocido periodista y ajedrecista holandés, Alexander Munnighoff, en ese tiempo se había formado en Holanda un grupo de apoyo al joven y notable campeón local, el llamado "Comité Max Euwe". Era evidentemente un fuerte "lobby", apadrinado por ricos sponsors, que pretendía influir internacionalmente en la FIDE y en favor de Euwe, con la finalidad de convertirlo en campeón del orbe. Euwe estaba dispuesto a "democratizar" el título mundial, y a "desprivatizarlo". Era su promesa si lo conquistaba. Rueb era un integrante del Comité citado, y un fiel amigo de Euwe. La FIDE, fundada en 1924, era una organización pobre y carente de poder. Cuando Alekhine conquistó el título de campeón mundial tras vencer a Capablanca, la FIDE se vio impotente para organizar un *match* revancha. La tensa relación de esos dos monarcas dificultó cualquier tipo de negociación.

Euwe, que en 1926 había disputado un interesante *match* con Alekhine, asomó con chances para postularse como un posible candidato de enfrentar al nuevo campeón. Su derrota por un punto no iba en su desmedro. La FIDE junto al Comité fomentaron los *matches* privados entre Euwe y Bogoljubow (1928 y 1929) que se convirtieron en una especie de *matches* "de candidatos".

En virtud de sus victorias y otro buenos resultados, Bogoljubow, que ya había adoptado la nacionalidad alemana, y se enfrentó luego con Alekhine en 1929, *match* jugado en varias ciudades de Alemania y Holanda. La FIDE temía por su prestigio por las negativas o "los tejes y manejes" de los campeones mundiales próximos. El título no debía ser más, privado, sino decidirse por un torneo o *match* selectivo previo.

Por sus derrotas deportivas, Euwe debió esperar bastante tiempo por sus nuevas chances, hasta 1935. En este caso, Alekhine sí tuvo que hacer concesiones debido a la angustia que le producía la amenaza de que le quitaran definitivamente el título sin jugar. También el declive ajedrecístico del gran Capablanca favoreció la trama de aventuras palaciegas dentro de la organización de la FIDE. Antes era Capablanca el único legítimo aspirante al título e indiscutido favorito del público.[813]

El misterio de Cris de Ronde (I) [Hébert Pérez García]

■ Poco se sabe sobre el héroe de esta extravagante y fascinante aventura, Chris De Ronde. Él había nacido en 1912 en Schiedan, erca de Rotterdam y fue campeón de esa ciudad una o dos

---

[813] Testimonio de Hébert Pérez García al autor, 2007.

veces.[814] No era realmente un gran jugador, pero en 1939 se clasificó para el torneo de candidatos holandés, un torneo de diez jugadores cuyo ganador clasificaba para jugar un *match* contra Euwe por el campeonato holandés. De Ronde obtuvo 3½ de 9, 7º/8º lugar. Venció Landau. Pero como a muy pocos jugadores fuertes les interesaba ir a Buenos Aires para la el TN de agosto de 1939, De Ronde, en el último minuto, fue elegido para hacer su debut en el equipo. Jugando contra adversarios de la talla de Tartakower, Keres, Alekhine y Capablanca, no lo hizo tan mal, 8½ de 14, el segundo mejor resultado del equipo holandés, que llegó octavo entre 27.

Yo sigo mirando los nombres de ese equipo: Prins, Van Scheltinga, Cortlever, De Groot, De Ronde. Todos estaban en sus veinte años, destinados a ser prominentes figuras de ajedrez holandés durante décadas. Y lo fueron. Prins, columnista, escritor, árbitro, jugador de muchos más Olimpíadas, campeón en 1965 en el 53. Cortlever, capitán del equipo, compositor de finales, analista, un maestro fuerte hasta bien entrada la década de los setenta. Van Scheltinga, jugador de innumerables campeonatos nacionales, Olimpíadas, torneos Hoogoven, entrenador; clasificado para el campeonato holandés a finales de 1983, en el 69. De Groot, quien dejó de jugar enseguida, pero cuyo nombre en el ajedrez podría incluso sobrevivir a ellos como el autor de pensamiento y de elección en el ajedrez; el trabajo estándar reconocido internacionalmente en la psicología del pensamiento de ajedrez.

El misterio de Cris De Ronde (II) [Tim Krabbé][815]

Aparte de sus catorce partidas del TN, jugó otras trece; una en Buenos Aires en 1940 y doce de un fuerte torneo de Buenos Aires en 1945, donde participaron Ståhlberg, Czerniak y Najdorf. De Ronde anotó solamente 1 de 12.

Supe de un rumor que en la Olimpíada de Buenos Aires de 1978, algunos de los jugadores del equipo holandés habían descubierto que De Ronde estaba todavía viviendo allí, lo habrían visitado y se habrían enterado que él no estaba más interesado en el ajedrez. Investigando esto, descubrí que no era cierto, pero un periodista holandés, Frans van Schoonderwalt de Volkskrant, había buscado a De Ronde y lo había encontrado. Incluso había escrito una historia sobre ese encuentro que, estando en el extranjero en el momento, él había extraviado.

Euwe vagamente recordaba a De Ronde como un idealista de izquierdas, casi comunista y presume que había muerto. Van Scheltinga pensó que De Ronde, opuesto a la guerra como episodio capitalista, había sido un objetor de conciencia. Para encontrarlo, Van Schoonderwalt tuvo una idea genial: simplemente buscar en la guía telefónica, tuvo la suerte de que alguien le consiguió un viejo tomo. Su número estaba cancelado, pero Van Schoonderwalt concurrió a la dirección que figuraba allí.

Nada de lo que se imaginaba por entonces, era cierto. De Ronde no había muerto, no había prosperado, no se había casado, no tenía seis hijos. Se había quedado en Buenos Aires después del TN 1939, y todavía se hospedaba allí. Eso era realmente todo. Había pasado la década del cuarenta, los cincuenta, los sesenta y los setenta, y todo era igual. Lo único que había cambiado era que ya no le gustaba el ajedrez.

De Ronde, 65 años muy bien conservados, vivía en dos pequeñas habitaciones oscuras, lleno de libros y papeles, en un edificio deteriorado. Él ya no hablaba holandés, "esa lengua torpe". Van Schoonderwalt era el primer holandés con quien hablaba en 39 años. De Ronde no fue a visitar la olimpíada del ajedrez de 1978, o a intentar encontrarse con Prins o con Van Scheltinga. Él había

[814] Según *Remember 1939*, José A. Copié, De Ronde 1912-1982.
[815] Tim Krabbé, 1999 Tabe Bas, the Max Euwe Center, Frans van Schoonderwalt, y L. F. de Ronde.

dejado el ajedrez hace mucho tiempo, a causa de que lo ponía nervioso. Dio clases particulares de inglés y matemáticas, no porque le gustara, sino para sobrevivir.

En su antigua vida en Holanda, en los negros años treinta (había nacido en 1912 en Schiedam), había estudiado matemáticas en Leiden, pero no se había graduado. Había escrito poesía; precisamente un poema suyo, poco antes de que él se fuera, había sido publicado. Él también había estudiado en París, pero allí había pasado la mayor parte de su tiempo leyendo, escribiendo y jugando al ajedrez por dinero en los cafés, una partida por diez francos. Siempre había sido izquierdista, y cuando Hitler llegó al poder en el '33, se sintió terriblemente abatido y se había dicho a sí mismo: mejor quedar desnudo en la Patagonia, que soportar esto.

No quería estar en la guerra, que le parecía inevitable, pero tampoco fue reconocido como un objetor de conciencia. Previó que sería movilizado, e intentó desesperadamente encontrar una manera de escapar, incluso aunque eso lo convirtiera técnicamente en un desertor. La invitación para jugar en el TN de 1939 fue un regalo del cielo para él: quizás fue el único jugador allí presente que sabía de antemano que iba a permanecer en Argentina.

Y así lo hizo, aunque la política argentina le daba asco. ¿Pero, dónde ir? Él no podría nunca vivir en Holanda, con su tonta monarquía parásita, casi tan mala como fascismo. Así que se alojó en Buenos Aires, fue docente de matemáticas durante un tiempo. Trabajó para Philips, pero cuando se dieron cuenta de que era una especie de desertor, lo despidieron. Continuó escribiendo, ahora en inglés, su diario y su poesía, pero no se sabe si algunos de sus escritos han sido publicados. Nunca volvió a Holanda; tampoco él estaba seguro de si todavía era un ciudadano holandés. No tenía pasaporte. ¿Para qué lo necesitaba? Era demasiado pobre para viajar, de todos modos. Nunca pensó en casarse: no hubiera sido justo compartir su pobreza con alguien. No lo hizo.

Él no pagó impuestos, no construyó una pensión o jubilación, no estaba registrado en ningún lugar. Nadie sabía de él, y eso era lo que él quería. Fue un marginado por elección, prefiriendo eso a ser un esclavo de oficina. Y aún así, él pensaba que era mejor que la mayoría de las personas. Pero ahora, a los 65 años, tal vez quisiera irse lejos. Pero, ¿dónde? Tratando de encontrar alguna información sobre sus últimos años, he llamado todos los De Ronde de su ciudad natal, Schiedam. Había unos cuantos, pero la mayoría nunca había oído hablar de un De Ronde ajedrecista fuerte que había emigrado a la Argentina hace mucho tiempo. Un pariente lejano, sin embargo, sabía acerca de él; incluso, tenía una fotografía. Él no estaba seguro, pero pensaba De Ronde había muerto en Buenos Aires, hace seis o siete años.

El misterio de Cris De Ronde (III) [Tim Krabbé][816]

■ En la literatura de ajedrez holandés existe una enigmática partida inmortal: De Ronde – NN; consta de una loca, increíble, larga serie de sacrificios, supuestamente jugada en un torneo por equipos en Holanda en los años treinta. Nunca vi el juego entero, solamente los 20 movimientos, y nunca se supo el nombre del jugador de las negras ni el torneo. Añadiendo más misterio, el conductor de las blancas, uno de los menos conocidos de los integrantes de los equipos nacionales holandeses, parecía haber desaparecido en Buenos Aires después de la Olimpíada 39.

No se sabe mucho sobre el héroe de esta aventura extravagante y fascinante, Chris De Ronde. Él nació probablemente alrededor de 1915, cerca de Rotterdam y fue campeón de esa ciudad una o dos veces. Él no era realmente un ajedrecista muy fuerte, pero en 1939, se clasificó para el torneo de holandés de candidatos, un certamen de diez jugadores, cuyo ganador clasificaba para jugar un *match* contra Euwe por el campeonato nacional. Ganó Landau, y De Ronde finalizó 7°/8° con

---

[816] Tim Krabbé, 1999 Tabe Bas, the Max Euwe Center, Frans van Schoonderwalt, y L. F. de Ronde.

solamente 3½ de 9. Sin embargo, como a varios de los más fuertes no les interesó viajar a Buenos Aires para la Olimpíada de agosto, De Ronde, a último momento, fue convocado para hacer su debut en el equipo nacional. Enfrentando a maestros de la talla de Tartakower, Keres, Alekhine y Capablanca, no lo hizo tan mal, 8½ de 14, segundo mejor resultado del equipo holandés, que finalizó octavo entre 27.

Observando los nombres de ese equipo: Prins, Van Scheltinga, Cortlever, De Groot, De Ronde, todos en sus veinte años, estaban destinados a ser prominentes figuras de ajedrez holandés durante décadas. Prins fue columnista, escritor, árbitro, jugador de varias Olimpíadas más, campeón nacional en 1965 a la edad de 53. Cortlever fue capitán de los equipos olímpicos, compositor de finales de estudio, analista, maestro fuerte hasta bien entrada la década de los setenta. Van Scheltinga participó en innumerables campeonatos nacionales, Olimpíadas, torneos Hoogoven, entrenador; clasificó para el campeonato holandés en 1983, a los 69. De Groot dejó el ajedrez competitivo tempranamente, pero su nombre podría incluso sobrevivir al de los demás por ser autor de obras como *"El pensamiento y la elección en el ajedrez"*, un trabajo reconocido internacionalmente acerca de la psicología del pensamiento ajedrecístico estándar.

¿Y De Ronde? Después del torneo de Buenos Aires, durante el cual estalló la Segunda Guerra Mundial en Europa, se quedó en Buenos Aires, lo mismo que otros ajedrecistas famosos como Eliskases, Ståhlberg, Najdorf, Czerniak. Y luego, desapareció. Nada se escuchó hablar de él otra vez en el mundo del ajedrez holandés. Excepto, por supuesto, por esta posición de un medio juego loco, que sigue apareciendo en los periódicos cada tanto. Cuando los amantes del ajedrez holandés recuerdan "oscuras inmortales", alguien se ve obligado a mencionar De Ronde-NN. Pero hace unas semanas ocurrió algo especial, cuando entre un grupo de amigos del ajedrez, el cantante y actor (y campeón holandés abierto de 1957) Tabe Bas,[817] de repente me dijo y le contesté:

Supongo que usted conoce De Ronde – Kamstra, ¿verdad?

¿Ha dicho usted De Ronde – Kamstra?[818]

1.c4 Cf6 2.Cc3 g6 3.e4 d6 4.d4 Ag7 5.f3 Cbd7 6.Ae3 e5 7.d5 a5 8.Dd2 b6 9.g4 Cc5 10.Cge2 h5 11.g5 Cfd7 12.Dc2 Cb8 13.O-O-O Cba6 14.a3 Ad7 15.Rb1 O-O 16.Cc1 De7 17.Ae2 Tfe8 18.Tdg1 Dd8 19.h3 Dc8 20.Af1 Te7 21.Th2 Db7 22.Ad3 Cxd3 23.Cxd3 Cc5 24.a4 Dc8 25.Cf2 Ca6 26.Dd1 Cb4 27.Cb5 Db7 28.Ad2 Ca6 29.De1 Cc5 30.Ae3 Cxa4 31.Cg4 hxg4 32.hxg4 Tee8 33.Dh4 Rf8 34.Dh7 Cc5 35.Cd4 exd4 36.Dxg7+ Rxg7 37.Axd4+ Te5 38.f4 Cxe4 39.fxe5 Cxg5 40.e6+ f6 41.Tf1 Tf8 42.exd7 Db8 43.Txf6 Txf6 44.Tf2 Ce4 45.Txf6 Dd8 46.g5 Cxg5 47.Txd6+ Rf8 48.Af6 cxd6 49.Axd8 Cf7 50.Af6 1-0

Por casualidad, ¿Está usted hablando de De Ronde – NN, esa loca partida termina con Af6?

Por supuesto Tabe hablaba de ella, y así conocí el nombre del perdedor de esa partida, también un jugador bien conocido de la época. Por otra parte, Tabe estaba seguro que podría encontrarme la partida completa. Y unos días más tarde me envió una fotocopia de un recorte de periódico, con todos los movimientos. Dónde y cuándo había sido jugado el cotejo, sin embargo, no estaba mencionado, pero el Max Euwe Center en Ámsterdam desenterró este dato también. Ahí comprendí por qué los primeros 30 movimientos habían sido omitidos: ¡qué aburridos! Y entonces, cuando las blancas sacrifican un peón blanco, se desata un frenesí sobre su oponente en todo el tablero.

Tal vez analizar esta partida con una computadora sería un sacrilegio. Después de 31. Cg4, las blancas juegan siempre la mejor jugada, o al menos el movimiento que da las mejores chances, pero

---

[817] Tabe Bas nació el 18 de febrero de 1927 en Amsterdam, Noord-Holland, Países Bajos. Fue un actor, conocido por "Abandonos" (1999), "La maldición de Woestewolf" (1974) y "El asalto" (1986). También fue barítono de ópera. Falleció el 29 de enero de 2009 en Amsterdam.

[818] Una inmortal holandesa desterrada.

las negras… El juego está tan lleno de errores que probablemente no debería ser llamado "inmortal". Hay muchos movimientos que habrían frenado rápidamente la aventura; 32… Axb5, 33… Axb5, 34… Axb5, 38… Ce6, 39… c5, 40… Rf8 y 45… Rh6, por mencionar sólo algunos. Pero, de nuevo, recuerdo vagamente que la publicación decía algo así como que las blancas tuvieron que jugar sus últimos 20 movimientos en un minuto. Tal vez negras también, entonces.

Estos descubrimientos reavivaron mi interés en la partida y en De Ronde. Ahora hay bases de datos, y en la mía encontré, aparte de sus 14 cotejos de la Olimpíada, otros 13, uno jugado en Buenos Aires en 1940, y doce en el fuerte torneo de Buenos Aires 1945, donde participaron además Ståhlberg, Najdorf y Czerniak. De Ronde obtuvo sólo 1 de 12 allí. De manera que se quedó en Buenos Aires, al menos por un tiempo. Pero después de eso: nada.

¿Qué podría haber sido de él? Al no retornar a Holanda, sería lógico que hubiera jugado ajedrez en Buenos Aires, o al menos que hubiera tenido alguna relación con otros ajedrecistas. En ese caso yo lo hubiera encontrado. ¿Tal vez murió joven? ¿O dejó el ajedrez para casarse y formar una familia? ¿O tal vez buscó el sueño americano del sur, como lo había hecho Najdorf? ¿O el ajedrecista se convirtió en hombre de negocios, encendiendo cigarros con billetes al lado de una piscina rodeada de mujeres hermosas?… ¿O quizás haya salido hacia el mundo al estilo de "capa y espada", y se convirtió en un jinete de rodeo en Arizona, o en un monje budista en el Tíbet?…

Supe de un rumor que se comentó durante la Olimpíada de Buenos Aires 1978, en momentos en que algunos de los jugadores del equipo holandés que participan del torneo descubrieron que De Ronde todavía estaba viviendo allí, lo visitaron, y se enteraron de que ya no estaba interesado en el ajedrez. Investigué esto y me enteré que no era verdad, pero un periodista holandés, Frans van Schoonderwalt, de "Volkskrant",[819] había buscado a De Ronde y lo había encontrado. Él escribió una pequeña historia sobre ese encuentro, que en ese momento perdí ya que me encontraba en el exterior. Había escuchado sobre De Ronde de sus antiguos compañeros de equipo Prins, van Scheltinga y Euwe, que estaban también en Buenos Aires por entonces. Euwe recordó vagamente que De Ronde había sido un idealista de izquierdas, casi comunista, y que presumía que había muerto; Van Scheltinga sabía que De Ronde se había opuesto a la guerra como objetor de conciencia por "ser un acontecimiento capitalista". Para encontrarlo, Van Schoonderwalt tuvo el ingenio, simplemente, de buscar en la guía telefónica, y tuvo suerte de que alguien le proveyera de un ejemplar antiguo. Antes él había utilizado la guía actual, en la que De Ronde no figuraba porque había perdido la conexión telefónica desde hacía varios años. El número no estaba activo, pero buscó su dirección y concurrió a la misma.

Nada de lo que me imaginaba era cierto. De Ronde no había muerto, no había prosperado, no se había casado, ni tenía seis hijos, uno de los cuales jugaba ajedrez bastante bien. Se había quedado en Buenos Aires después de la Olimpíada del '39, y todavía se hospedaba allí. Eso era realmente todo. Pasaron las décadas del cuarenta, de los cincuenta, de los sesenta y de los setenta, y nada había cambiado. Su vida había sido como las primeros 30 jugadas de su famosa partida con Kamska, y no como las últimas 20. Lo único que había cambiado era que ya no le gustaba el ajedrez.

De Ronde, a los 65 años, estaba muy bien conservado, vivía en dos pequeñas habitaciones oscuras, llenas de libros y papeles, en un edificio deteriorado. No hablaba más el holandés, 'esa lengua torpe', y Van Schoonderwalt fue el primer holandés con quien habló en los últimos 39 años. No fue a visitar la Olimpíada de Ajedrez, ni a Prins ni a Van Scheltinga, ya que había abandonado el ajedrez desde hacía mucho tiempo, pues le ocasionaba demasiados nervios. Dio clases particulares de inglés y matemáticas, no porque le gustara, sino con el fin de sobrevivir.

[819] Frans van Schoonderwalt fue editor de la Eindhovens Dagblad (1962-1969) y el Volkskrant (1969-1988), jefe del servicio de noticias (1988-1991) y desde 1991 redactor principal de la sección de viajes del Volkskrant deportivo francés. Asistió a catorce Tour de France (1970-1988). Fue autor de "Doping y deporte" (1985, con Matty Verkamman).

En su antigua vida en Holanda, en los "negros años 30" (había nacido en 1912 en Schiedam), estudió matemáticas en Leiden, pero no se graduó. Había escrito poesía, y se le había publicado un poema justo antes de que se ausentara. Él también había estudiado en París, pero allí había pasado la mayor parte de su tiempo leyendo, escribiendo y jugando al ajedrez por dinero en los bares, a 10 francos la partida. Él había sido siempre izquierdista, y cuando Hitler llegó al poder en el 33, se sintió terriblemente abatido y se habría dicho a sí mismo: "mejor estar desnudo en la Patagonia que esto". No quería estar en la guerra, que le parecía inevitable, y como no había sido reconocido por el gobierno como un objetor de conciencia, sintió que pronto se iba a producir su movilización, e intentó desesperadamente encontrar una manera de escapar, incluso aunque eso lo convirtiera técnicamente en un desertor.

La invitación para jugar en la Olimpíada de Buenos Aires le cayó como un regalo del cielo: quizás fue el único jugador que sabía de antemano que iba a permanecer en Buenos Aires. Y así lo hizo, aunque la política argentina le daba asco. Pero, ¿dónde debía ir? Él no podría nunca vivir en Holanda, con su tonta monarquía parásita, casi tan mala como fascismo.

Por eso se alojó en Buenos Aires, fue docente de matemáticas durante un tiempo, trabajó para Philips, pero estuvo lejos de "tener barras en las ventanas", que habrían sido una cárcel para él. Cuando en la empresa se dieron cuenta que era alguna clase de desertor, lo despidieron. Él continuó escribiendo, en inglés ahora, su diario y algo de poesía, pero nunca se mencionó que hubieran sido publicadas. Nunca volvió a Holanda: ni siquiera estaba seguro si todavía era considerado un ciudadano holandés. No tenía pasaporte: ¿para qué lo necesitaba? De todos modos era demasiado pobre para viajar. Él nunca pensó en casarse, ya que creía que no sería justo compartir su pobreza. Él no pagó impuestos, no construyó una pensión o jubilación, y no estaba registrado en ningún lugar. Nadie sabía de él, y eso era lo que quería. Fue un marginado por elección, prefiriéndolo a ser un esclavo de oficina. Y aún así, él pensaba que era mejor que la mayoría de las personas. Ahora, a los 65 años, tal vez él quisiera irse lejos. Pero, ¿dónde?

Tratando de encontrar alguna información sobre sus últimos años, llamé a todos los De Ronde, en su antigua ciudad natal, Schiedam. Hay unos cuantos, pero la mayoría nunca había oído hablar de un fuerte jugador de ajedrez De Ronde que había emigrado a la Argentina hace mucho tiempo. Uno, sin embargo, un pariente lejano, sí sabía acerca de él, e incluso tenía una fotografía. Él no estaba seguro, pero pensaba que De Ronde había muerto en Buenos Aires hace seis o siete años.[820]

Las huellas de De Ronde en Argentina [Juan Sebastián Morgado]

1940: De Ronde en el Círculo

▓ El 15 de junio comenzó el Campeonato de 1ª Categoría del Círculo de Ajedrez, con 14 participantes, varios de ellos extranjeros invitados por Grau.

2ª rueda, 17 de junio

▓ La sorpresa de la ronda fue la victoria que obtuvo el maestro holandés De Ronde sobre Grau, en una partida que jugadas antes parecía equilibrada. No obstante, mediante una entrega de calidad el ajedrecista holandés logró pasar unos peones centrales que le dieron el punto. Interesante en todo momento fue Palau – Frydman, que finalizó con el triunfo del maestro polaco. Otros resultados

---

[820] Tim Krabbé, 1999 (WEB), agradeciendo a Tabe Bas, al Max Euwe Center, a Frans van Schoonderwalt, y a L. F. de Ronde. En Wikipedia se agregan los siguientes datos: "Chris (Christiaan) de Ronde (1912 Schiedam – 1996 Buenos Aires) fue un maestro de ajedrez holando-argentino, campeón de Rotterdam. Estudió matemáticas en Leyden y en París".

fueron: Gerschman 0:1 Sulik; Raud ½: ½ Czerniak. Suspendidas: Puiggrós – Guimard, Benko – Ojeda y Luckis – Winz.[821]

▓ Se realizaron varios encuentros lucidos, siendo una de las notas destacadas el triunfo del joven maestro holandés De Ronde frente al ex campeón argentino Grau. La lucha fue equilibrada al principio, para presentarse más tarde favorable para Grau, pero éste no aprovechó bien las posibilidades de la posición, y De Ronde encontró una bonita combinación que le aseguró la ventaja y el triunfo.[822]

7ª rueda, 7 de julio

▓ Gerschman ofreció tenaz resistencia a Frydman, y Grau venció a Sulik. Se sigue destacando la calidad del maestro polaco, que se mantiene primero; sin embargo, lo hace con esfuerzo, por la resistencia que le ofrecen. En esta rueda enfrentó a Gerschman, que jugó en buena forma una maniobra clásica de la Defensa Ortodoxa, para lograr un relativo equilibrio. De todos modos, con las blancas, Frydman logró mantener a través de toda la lucha la fiscalización de las acciones. La partida se resolvió en un final de torres y peones difícil de ganar, aun cuando el único que puede aspirar a la victoria es Frydman por su peón de ventaja. Fue tablas Palau – Raud, y De Ronde batió a Benko. Suspendidas Puiggrós–Winz y Czerniak–Luckis. El final Frydman – Puiggrós que estaba pendiente fue ganado por el primero, a pesar de los tenaces esfuerzos del segundo. Frydman tiene 6/6, Grau 5/6.[823]

Resultado Final

▓ Ganó el maestro polaco Paulin Frydman, con 11½/13, cediendo sólo tres empates. Luego siguieron Roberto Gabriel Grau y Marcos Luckis 9; Ilmar Raud 8; Miguel Czerniak, Víctor Winz y Franciszek Sulik 7; Carlos Enrique Guimard 6½; José Gerschman 5½; Guillermo Puiggrós, Luis Palau y Francisco Benko 5; Joaquín Ojeda 3; Christiaan De Ronde 2½. De Ronde ganó frente a Grau y Benko, y empató con Guimard. Sólo se conoce la partida:

Grau, Roberto G. – De Ronde, Christiaan [A25] 2ª, 17.09.40

1.c4 e5 2.Cc3 Cc6 3.g3 g6 4.Ag2 Ag7 5.e3 Cge7 6.Cge2 d6 7.0-0 0-0 8.d4 exd4 9.exd4 Cf5 10.Ae3 Cxe3 11.fxe3 Te8 12.Dd2 Ce7 13.e4 c5 14.Tad1 Ae6 15.dxc5 dxc5 16.Df4 Db8 17.Df2 Axc4 18.Dxc5 Dc8 19.Df2 De6 20.b3 Axc3 21.bxc4 Ae5 22.Cf4 Axf4 23.gxf4 Cc6 24.Td5 Cb4 25.f5 De7 26.f6 De6 27.Df4 Cxd5 28.cxd5 Db6+ 29.Rh1 Dc5 30.e5 Rh8 31.e6 Tac8 32.Dh6 Df8 33.Dxf8+ Txf8 34.e7 0-1

1941: Torneo Trofeos "Reca – Illa" del Círculo de Ajedrez

▓ Un torneo de grandes maestros prepara el Círculo, que por la cantidad y calidad de los participantes constituirá uno de los acontecimientos de mayor importancia de la presente temporada, celebrando el 25º aniversario de su fundación. Se jugará el 5 de agosto y el 15 de setiembre próximo, y en caso de anotarse más de veinte jugadores, como se prevé, será dividido en dos grupos, disputándose como premios las copas Damián Reca y Rolando Illa, en homenaje a estas dos extraordinarias figuras del ajedrez argentino.[824]

---

[821] Guimard venció a Puiggrós en muy buena partida, según *La Nación,* 22 de junio 1940. *La Razón,* 19 de junio 1940.
[822] Luis Palau, *La Prensa,* 21 de junio de 1940.
[823] Roberto Grau, *La Nación,* 8 de julio de 1940.
[824] *La Prensa,* 22 de julio de 1941.

10ª ronda, 2 de setiembre

▓ Vuskovic derrotó a Michel, y al hacerlo pasó al segundo lugar del torneo especial del Círculo de Ajedrez, prestigiosa entidad que festeja sus bodas de plata institucionales. Precisamente la partida que teóricamente parecía más claramente definida antes de iniciarse, Carné – Najdorf, fue la que generó mayor emoción, pues por largo rato el ajedrecista europeo estuvo coqueteando con la derrota, y sólo por el imperio de la emoción, la sorpresa y la menor experiencia de su adversario, logró, no sólo salvar la situación, sino ganar con rapidez por el derrumbe de la eficiencia de Carné en el momento más crítico del esfuerzo. Los resultados de la sesión no han alterado la tabla y siguen asegurando el derecho a la victoria de Najdorf, por cuanto Michel suspendió su partida en un final muy delicado para él, que anoche perdió, lo que unido al empate de su partida anterior con Falcón, le ha causado un descenso en la tabla.

De Ronde 1:0 Benko; una bonita partida ganó el representante holandés. Mediante una hábil maniobra de sacrificio pasó un peón en la columna AD, para recobrar el material entregado y conquistar más tarde una calidad de ventaja, que le permitió ganar fácilmente en un breve final. Marini 1:0 Camponovo; ofreció esta lucha equilibrio en el planteo y medio juego, hasta que Marini logró copar un caballo de su adversario, para ganar más tarde fácilmente. Sonia Graf ½: ½ Puiggrós; fue una partida difícil, y en vano buscaron ambos el medio para violentar la lucha. Sigue primero Najdorf con 9/10, y siguen Vuskovic 8; Michel 7½; Czerniak y Pilnik 7; Winz 6½; De Ronde 6; Falcón 5½; Puiggrós 4½; Graf, Marini, Palau y Rossetto 3½; Benko y Carné 2; Camponovo 1.[825]

Resumen del Memorial Reca/Illa

▓ El maestro polaco Miguel Najdorf ganó el IV Torneo Internacional del Círculo de Ajedrez, Memorial Damián Reca – Rolando Illa. Anticipando los festejos por sus Bodas de Plata, que se cumplen el 15 de agosto, se realizó en el Círculo de Ajedrez un gran certamen internacional por el Trofeo Illa. Se jugó entre julio y agosto, participando dieciséis jugadores, y se impuso en gran forma Mieczyslav Najdorf, con 14/15. Le siguieron Miguel Czerniak 11½; Herman Pilnik 10½; Paul Michel 10; Guillermo Puiggrós 9; Voyin Vuskovic 8½; Viktor Winz 7½; Christiaan De Ronde, Enrique Falcón, Luis Marini y Héctor Rossetto 7; Sonja Graf 6; Francisco Benko 5½; Luis Palau 4½; Luis Carné 3 y Mario Camponovo 2.[826]

Winz, Viktor – De Ronde, Christiaan [A00] 12ª rueda, 06.09.41

1.f4 Cf6 2.b3 g6 3.Ab2 Ag7 4.Cf3 0-0 5.c4 d6 6.Dc1 Ag4 7.d3 Cc6 8.e4 Axf3 9.gxf3 e5 10.fxe5 Ch5 11.h4 Cxe5 12.Ae2 Df6 13.Cd2 Cxf3+ 14.Axf3 Dxb2 15.Dxb2 Axb2 16.Tb1 Cf4 17.Ae2 Ac3 18.Tc1 Ab4 19.Th2 Tae8 20.Rd1 f5 21.Tc2 Axd2 22.Txd2 fxe4 23.dxe4 Cxe2 24.Thxe2 Tf4 25.e5 dxe5 26.Td7 Tf7 27.Td5 b6 28.h5 Te6 29.hxg6 hxg6 30.Rc2 Rg7 31.Rc3 a5 0-1

De Ronde, Christiaan – Benko, Francisco [A21] 10ª rueda, 02.09.41

1.c4 e5 2.Cc3 Cc6 3.g3 d6 4.Cf3 f5 5.d3 Cf6 6.Ag2 Ae7 7.0-0 0-0 8.Cd5 Cxd5 9.cxd5 Cb8 10.b4 a5 11.b5 a4 12.Dc2 Ad7 13.Tb1 c5 14.dxc6 bxc6 15.Cxe5 dxe5 16.bxc6 Dc8 17.c7 Ca6 18.Axa8 Dxa8 19.Tb6 Tf6 20.Dc4+ Rh8 21.Txf6 Axf6 22.Aa3 Dc8 23.Tc1 h6 24.Ad6 Rh7 25.Df7 Ae6 26.Df8 Dxf8 27.Axf8 Cxc7 28.Txc7 Axa2 29.Ae7 Rg6 30.Tc6 Ab3 31.Axf6 gxf6 32.Ta6 Rf7 33.Rf1 Re7 34.Re1 Rd7 35.Rd2 Rc7 36.Rc3 Rb7 37.Txf6 Ad1 38.Txf5 a3 39.Txe5 Rb6 40.f4 a2 41.Rb2 Ab3 1-0

---

[825] Roberto Grau, *La Nación*, 4 de setiembre de 1941.

[826] *El Ajedrez Americano*, 2ª época nº 77 pág. 291. *Caissa* nº 39, pág. 168, y nº 40, pág. 182. De Ronde obtuvo +7 =0 −8 venciendo a Winz, Benko, Camponovo, Czerniak, Palau, Falcón y Carné.

De Ronde en los festejos del Círculo (1941)

▓ Para significar la adhesión de los ajedrecistas europeos al acto por el festejo de los 25 años del Círculo, que hallaron en la entidad cordial acogida desde su permanencia en el país, adhirieron su voz el ajedrecista holandés De Ronde, el maestro palestino Czerniak, y la subcampeona femenina Sonia Graf, cuyas palabras expresivas fueron muy festejadas.[827]

1942: VI Torneo Internacional Círculo de Ajedrez

▓ En 24 de octubre se inició en el Círculo de Ajedrez, Bartolomé Mitre 670, el Torneo de Maestros, un gran certamen de primera categoría, con la participación de doce jugadores. Se jugó los martes, jueves y sábado de 20.30 a 1.30, con suspendidas al día siguiente. Esta competencia anual es, desde hace varios años, una interesante manifestación en el ambiente local, por el hecho de reunir a las principales figuras del ajedrez del país, y esta vez la lista de participantes no desmerece en nada las anteriores. Figuran inscriptos hasta ahora Ståhlberg, Najdorf, Guimard, Czerniak, Luckis, Michel, Marini, Palau, Benko y Laguzzi, siendo posible la participación del ex campeón argentino Grau, del holandés de Ronde y del canadiense (Sic) O'Donovan.[828]

▓ Por la mínima diferencia ganó Miguel Najdorf el torneo magistral. En la rueda final empató con Miguel Czerniak luego de una lucha difícil en la que el vencedor se concretó a evitar la derrota, ya que con sólo medio punto se aseguraba el puesto de honor. Su adversario jugó en gran forma, y la partida alcanzó acentuado interés en todo su desarrollo, por la trascendencia de su resultado y su calidad técnica. El segundo lugar fue alcanzado por Ståhlberg, que al igual que Najdorf, finalizó invicto. Como siempre, destacó una técnica excelente, y bien mereció compartir el puesto de honor.

El tercer lugar de Czerniak es igualmente valioso, pues aventajó a dos elementos de la calidad de Michel y Luckis, que lo escoltaron en ese orden. Menos feliz fue la actuación de Guimard, que ratificó su desconcertante actuación última. El notable ajedrecista local se encuentra en un período anormal, derivado sin duda de algunos trastornos físicos que han alterado su eficiencia, y lo que es más serio, han atenuado su voluntad de triunfo. Como nota digna de ser destacada, está el advenimiento de Laguzzi, nuevo valor de 1ª categoría, que ha logrado el buen promedio del 40% ante tan calificados rivales. La clasificación final fue como sigue: Najdorf (+7 =4 –0) 9/11; Ståhlberg (+6 =5 –0) 8½; Czerniak (+6 =4 –1) 8; Michel (+5 =5 –1) 7½; Luckis (+5 =2 –2); Benko (+5 =0 –6) 5; Laguzzi (+3 =3 –5) 4½; Falcón, Guimard y Marini (todos +3 =2 –6) 4; Palau (+0 =6 –5) 3; De Ronde (+1 =1 –9) 1½.[829]

1944: VIII Torneo Internacional del Círculo, I Memorial Grau

▓ En los salones del Círculo de Ajedrez, Cerrito 1241, comenzará a disputarse el 16 de mayo un torneo de maestros por el trofeo especial con el nombre del gran ajedrecista recientemente fallecido, Roberto Grau. La entidad ha resuelto que dicho certamen quede definitivamente incorporado al programa oficial de cada temporada. En la competencia de este año se han inscripto varios maestros extranjeros y argentinos, por lo que la prueba ha de resultar lucida. Hasta ahora figuran en la lista de participantes Miguel Najdorf, Paul Michel, Miguel Czerniak, Luis Palau, Joaquín Ojeda, Franz Benko, Enrique Falcón y Vicente Vuskovic. La inscripción permanecerá abierta hasta el 15 de mayo a las 18, hora en que se realizará el sorteo reglamentario. Se jugará todos los martes, jueves

---

[827] *La Nación*, 12 de agosto de 1941.
[828] *La Prensa*, 26 de octubre de 1942. O'Donovan no participó.
[829] *La Nación*, noviembre de 1942. *Caissa* Nº 53, diciembre de 1942. De Ronde ganó su partida frente a Enrique Falcón, empató con Luis Palau y perdió las restantes.

y sábados de 20.30 a 0.30, jugándose a razón de 60 jugadas en las dos primeras horas, y 18 en cada hora subsiguiente.[830]

▓ Comenzó a jugarse el torneo de 1ª categoría por el trofeo Roberto Grau. Participan en la competencia 13 jugadores. En la sesión inaugural se registraron los siguientes resultados: Paul Michel 1:0 José Lascano; Christiaan De Ronde 0:1 Renato Sanguinetti; Luis Palau 1:0 Enrique Falcón; Joaquín Ojeda 1:0 Mario Camponovo; Eduardo Secchi 0:1 José Gerschman; Guillermo Hand ½: ½ Marcial Di Gregorio. Libre, Miguel Czerniak.[831]

▓ Con un empate en el primer puesto ha terminado el torneo en homenaje a R. Grau. Después de la derrota que Czerniak sufrió en la última ronda frente a Renato Sanguinetti, el primer puesto quedó igualado entre Michel y el palestino, con 10 puntos. En tercer lugar, y a sólo medio punto, se colocó Luis Palau 9½. Luego quedaron Renato Sanguinetti 9; Christiaan De Ronde, José Gerschman, Guillermo Hand y Eduardo Secchi 6; Mario Camponovo y José Lascano 4; Marcial Di Gregorio 3½; Joaquín Ojeda 3 y Enrique Falcón 1.[832]

De Ronde, Christiaan – Sanguinetti, Renato [A18] I Mem. Grau Círculo (1), 16.05.1944

1.c4 Cf6 2.Cc3 e6 3.e4 d5 4.e5 d4 5.exf6 dxc3 6.bxc3 Dxf6 7.d4 c5 8.Cf3 h6 9.Ad3 cxd4 10.0-0 dxc3 11.Tb1 Ac5 12.Ae4 Cd7 13.Axb7 Axb7 14.Txb7 Cb6 15.Tc7 Df5 16.Db3 0-0 17.Dxc3 Tfc8 18.Txc8+ Txc8 19.Cd2 Ae7 20.Dg3 Cxc4 21.Cxc4 Txc4 22.Db8+ Rh7 23.Dxa7 Ac5 24.Db7 Dxf2+ 0-1

Czerniak, Miguel – De Ronde, Christiaan [A29] I Mem. Grau Círculo (2), 18.05.1944

1.c4 Cf6 2.Cc3 e5 3.g3 d5 4.cxd5 Cxd5 5.Ag2 Cb6 6.Cf3 Cc6 7.0-0 Ae7 8.d3 0-0 9.Ae3 Ae6 10.Tc1 f5 11.Ca4 Cxa4 12.Dxa4 Af6 13.Cd2 Ad5 14.Axd5+ Dxd5 15.Db3 Dxb3 16. Cxb3 Tfe8 17.Cc5 Cd4 18.Axd4 exd4 19.Tc2 b6 20.Ca6 Ae5 21.Txc7 Tec8 22.Tc4 b5 23.Tc5 Ad6 24.Txb5 Tc2 25.Te1 Tac8 26.a3 T8c6 27.Cb4 Txb2 28.Cxc6 Txb5 29.a4 Td5 30.Cxa7 Rf7 31.Cb5 Ae5 32.Tb1 Tc5 33.a5 Tc2 34.Ta1 1-0

1945: IX Torneo Internacional del Círculo, II Memorial Grau

▓ El 3 de mayo de 1945 se realizó el acto inaugural del II torneo Magistral Roberto Grau in Memoriam, organizado por el Círculo de Ajedrez en sus salones de Cerrito 1241, y en el que estará en juego el Trofeo Molinos Río de la Plata. El presidente, Pedro Barbé, destacó la importancia del certamen, y exaltó la figura de Grau. Destacó asimismo la presencia del presidente de la FIDE, señor Augusto De Muro, el presidente de la Asociación Metropolitana, Carlos de la Llave, el del Club Jaque Mate, Domingo Palazzo, y el del Círculo de Vélez Sarsfield, Julio Castellanos. Se procedió a efectuar el sorteo de práctica, que dio el siguiente resultado: 1. De Ronde; 2. Lynch; 3. Najdorf; 4. Fleurquin; 5. Maderna; 6. Ståhlberg; 7. Benko; 8. Falcón; 9. Guimard; 10. Hand; 11. Pelikán; 12. Czerniak; 13. Rauch; 14. Michel. Se establecieron como días de juego los lunes, miércoles, jueves y sábados, con suspendidas los lunes y jueves. El horario fue de 10 a 1, con el ritmo de 40 jugadas en 2½ horas. Finalmente se sirvió un *lunch* en honor de los jugadores y autoridades presentes.[833]

▓ Venció en gran forma el polaco Miguel Najdorf con 10/12, seguido por Carlos Guimard y el sueco Gideon Ståhlberg, con 9 puntos. Luego siguieron Miguel Czerniak y Paul Michel con 8½; Jorge Pelikán y Carlos Maderna 7; Francisco Benko 5; Meir (Meyer) Rauch 4½; Guillermo Hand 4;

[830] *La Prensa*, 14 de mayo de 1944.
[831] *El Mundo,* 21 de mayo de 1944.
[832] *Caissa* nº 67 pág. 101. El conflicto del ajedrez argentino se manifiesta aquí al ser el informe incompleto y fragmentario. *Caissa* apoyaba a la FADA y este torneo es del Círculo, es decir del sector disidente.
[833] *Revista de la Asociación Metropolitana de Ajedrez* nº 11/12, enero-febrero, pág. 153. *II Torneo Internacional en Memoria de Roberto G. Grau*, Carlos Skalicka, 1958. *La Prensa*, 4 de mayo de 1945.

Julio Lynch 3½; Enrique Falcón y Christian De Ronde 1. El certamen fue auspiciado por Molinos Harineros del Río de la Plata.

El acto de clausura fue el mismo 29 de mayo, inmediatamente después de la ronda final, procediéndose a la distribución de premios, llevándose Najdorf $ 800, más $ 100 por la partida más brillante –en la que venció a Pelikán– y un trofeo donado por Molinos Río de la Plata. Guimard obtuvo $ 575 por su segundo lugar, más $ 150 por ser el argentino mejor ubicado, y una medalla de oro otorgada por la Asociación Metropolitana. Los siguientes premiados fueron: Ståhlberg $ 575; Czerniak y Michel $ 300 cada uno; Pelikán y Maderna $ 125, cada uno, y Benko $ 75. El presidente del Círculo, Pedro Barbé, destacó la brillantez del torneo, y agradeció el apoyo de la firma Molinos Río de la Plata. Estuvieron presentes el presidente de la FIDE, Augusto De Muro, que también habló, las autoridades de los centros más importantes del ajedrez porteño y los representantes de los principales diarios.[834]

De Ronde, Christiaan – Falcón, Enrique [D36] 8ª, mayo 1945

1.c4 e6 2.Cc3 d5 3.d4 Cf6 4.Ag5 Cbd7 5.e3 c6 6.cxd5 exd5 7.Ad3 Ae7 8.Dc2 0-0 9.Cf3 Te8 10.0-0 Cf8 11.Tab1 Ce4 12.Axe7 Dxe7 13.b4 Cxc3 14.Dxc3 a6 15.a4 Ae6 16.b5 axb5 17.axb5 Ta3 18.Tb3 Txb3 19.Dxb3 Ta8 20.bxc6 bxc6 21.Tc1 Ta3 22.Dc2 f6 23.h3 Af7 24.Af5 g6 25.Ac8 Ae8 26.Dc5 Ta7 27.Dxe7 Txe7 28.Ce1 Tc7 29.Ag4 h5 30.Af3 Ce6 31.Cd3 Rf8 32.Cc5 Cxc5 33.Txc5 Te7 34.h4 Te6 35.Rf1 Re7 36.Re2 Rd6 37.Rd3 g5 38.g3 Te7 39.Ta5 Tb7 40.Ta8 Ag6+ 41.Rc3 g4 42.Ae2 Tb1 43.Ta2 Tb7 44.Ta1 Tb1 45.Txb1 Axb1 46.Rb4 Ae4 47.Ad1 Ag2 48.Aa4 Ae4 49.Ra5 c5 50.dxc5+ Rxc5 51.Ae8 d4 52.exd4+ Rxd4 53.Axh5 Af5 54.f3 gxf3 55.Axf3 Re3 56.Ad1 Rf2 57.g4 Ah7 58.g5 ½-½

Maderna, Carlos Hugo – De Ronde, Christiaan [E60] 5ª, mayo 1945

1.Cf3 Cf6 2.c4 g6 3.g3 Ag7 4.Ag2 0-0 5.0-0 d6 6.d4 Cbd7 7.h3 e5 8.Ae3 c6 9.Cc3 e4 10.Cd2 d5 11.cxd5 cxd5 12.Db3 Cb8 13.Tac1 Cc6 14.Tfd1 Te8 15.Cf1 Te7 16.Ag5 Ae6 17.Ce3 Td7 18.g4 Tc8 19.f3 exf3 20.Axf3 Ca5 21.Da4 a6 22.Ccxd5 Txc1 23.Txc1 Axd5 24.Cxd5 Cc6 25.Dc4 h6 26.Axf6 Axf6 27.Cxf6+ Dxf6 28.Axc6 Txd4 29.Db3 bxc6 30.Tf1 De7 31.Dc3 Te4 32.Dxc6 Txe2 33.Da8+ Rg7 34.Df3 Te3 35.Dg2 De5 36.Tf3 Te2 37.Tf2 De3 38.Df3 Dxf3 39.Txf3 Txb2 40.Ta3 Tb6 41.Rf2 Tf6+ 42.Rg3 g5 43.h4 Te6 44.Ta5 Rg6 45.hxg5 hxg5 46.Rf3 f6 47.a4 Rf7 48.Tc5 Te5 49.Tc7+ Rg6 50.Tc6 a5 51.Tc7 Td5 52.Tc4 Td3+ 53.Re2 Ta3 54.Rf2 Rf7 55.Te4 Tc3 56.Re2 Tb3 57.Rf2 Ta3 58.Rg2 f5 59.gxf5 Rf6 60.Tc4 Te3 61.Tc6+ Rxf5 62.Ta6 Te5 63.Rf3 Tc5 64.Ta8 Re5 65.Re3 g4 66.Rf2 Re4 67.Rg3 Rd3 68.Tg8 Rc3 69.Txg4 ½-½

Torneo Rápido en el Círculo de Ajedrez

▋ El resultado del Torneo Ping-Pong de octubre arrojó este resultado: 1º Gabriel Barco; 2º Miguel Czerniak; 3º doctor Carlos Skalicka; 4º Enrique Falcón; 5º Christiaan De Ronde[835].

1946: III Torneo del Círculo en Memoria Roberto Grau

▋ Entre el 18 abril y el 6 de mayo se jugó el III Torneo en Memoria de Roberto Grau, participando ocho maestros y jugadores de primera categoría del Círculo de Ajedrez.

Crónica de la 3ª ronda, 19 de abril

▋ Prosiguió el certamen por el Trofeo Roberto Grau, que con singular éxito se viene cumpliendo en el Círculo de Buenos Aires, instituido por la entidad en homenaje a su ex presidente y destacado

---

[834] II Torneo Internacional, op. cit. *Enroque!!* nº 40, pág. 34/5. *Caissa* nº 76, pág. 90. Pedro Barbé fue Gerente de publicidad de Molinos Río de la Plata, auspiciante de Radio Belgrano. De Ronde obtuvo sólo un punto, producto de dos empates frente a Maderna y Falcón.

[835] *La Nación*, 3 de noviembre de 1945.

maestro argentino, que por varios años ostentó el título de campeón nacional. En efecto, anoche, en los salones de Cerrito 1241, se jugó la 3ª ronda. Se destacó notablemente la partida jugada por el ex campeón argentino Luis Palau y el maestro lituano (Sic) Christiaan De Ronde. Comenzaron las blancas con P4R, adoptando las negras una Defensa Escandinava que no fue lo suficientemente consistente, pues al insinuar Palau un vigoroso ataque, obligó a abandonar a De Ronde. Di Gregorio venció a Golitz (Sic), Casas perdió con Vuskovic y Nogués Acuña derrotó a Camponovo.[836]

Crónica de la 7ª Ronda, 6 de mayo

▓ El triunfo del doctor De Gregorio sobre Nogués Acuña, y el del ajedrecista holandés Christiaan De Ronde sobre el joven Fernando Casas, definieron el certamen. Teóricamente, el aficionado chileno Vuskovic, pero de formación ajedrecística argentina, podría ganar el torneo si se adjudicase el final que ha suspendido contra Góliz, pero seguramente lo perderá, porque tiene un alfil menos.[837]

Resultado final

▓ El actual campeón Alejandro Nogués Acuña y Luis Palau empataron el primer puesto, con 5½/7, seguidos por Voyin Vuskovic 5, Marcial de Gregorio 3, Arístides Góliz y Christiaan De Ronde 2½, Fernando Casas y Mario Camponovo 2. Los resultados de la última ronda fueron: Camponovo 0:1 Palau, Nogués Acuña 0:1 De Gregorio; Vuskovic 0:1 Góliz y Casas 0:1 De Ronde.[838]

1946: Campeonato Metropolitano por Equipos

▓ Con la participación del Círculo de Ajedrez, el Club Jaque Mate y el Círculo de Vélez Sarsfield comenzó a jugarse el Campeonato Interclubs de la ciudad de Buenos Aires, para equipos integrados por jugadores de primera fuerza. Corresponde al programa anual de la Asociación Metropolitana, y los conjuntos están formados de la siguiente manera:

Círculo de Ajedrez: Alejandro Nogués Acuña, Miguel Czerniak, Paul Michel, Francisco Benko, Carlos Skalicka, Luis Palau, Vicente Vuskovic, Enrique Falcón, Mario Camponovo, Christiaan De Ronde, Marcial De Gregorio, Arístides Góliz, Joaquín Alonso Díaz, Hernán Manassevich, A. Merajver y Luis Vilardell[839].

	Círculo de Ajedrez	7:3	Club Jaque Mate
1	(Ausente)	0:1	Movsa Feigins
2	Francisco Benko	0:1	Fernando Casas
3	Carlos Skalicka	1:0	Alfonso Adámoli
4	Luis Palau	1:0	Marcelino Moguilevsky
5	Voyin Vuskovic	1:0	Manuel Melamedoff
6	Enrique Falcón	1:0	Jorge Adámoli
7	**Christiaan De Ronde**	**1:0**	**Jesús Pérez**
8	Joaquín Alonso Díaz	1:0	Eleodoro Signori
9	Arístides Góliz	½: ½	Jaime Berler
10	Hernán Manassevich	½: ½	Diego Bernal

---

[836] *La Razón*, 21 de abril de 1946.

[837] *Clarín*, 8 de mayo de 1946.

[838] *Caissa* nº 84, pág. 94. *Blancas y Negras* nº 5, junio de 1946. *La Prensa*, 8 de mayo de 1946. De Ronde obtuvo +1 =3 –3, venciendo a Casas y empatando ante De Gregorio, Góliz y Camponovo.

[839] *La Prensa*, 1º de agosto de 1946.

1946: II Campeonato Metropolitano Individual

▉ Hoy 28 de setiembre se iniciará el II Torneo Campeonato de la Asociación Metropolitana, en los salones del Círculo de Ajedrez, Cerrito 1241. El torneo de este año tiene como atractivo especial la participación de varias figuras conocidas. Jugarán Miguel Czerniak, Movsa Feigins, Christiaan De Ronde, Francisco Benko –ganador del primer torneo–, Fernando Casas, Mario Camponovo, Eduardo Magee, Marcial de Gregorio, Arístides Góliz, Lorenzo Álvarez, Ángel Reolín, Marcelino Moguilevsky, Alfonso Adámoli, José Cunioli, Manuel Melamedoff, Carlos Incutto, y Abraham Simsilevich.[840]

❖   **ALEMANIA**

La increíble carta de Paul Michel a *Deutsche Schachblätter* [Mario Schätzle]

▉ A los integrantes del equipo alemán en Argentina, a juzgar por todas las noticias que se conocen, les va bien. Poco antes de Navidad, llegó una carta del maestro Michel anunciando que no quería nada más que descansar y dormir.[841] Él describe una noche de los ajedrecistas alemanes en Buenos Aires:

Los días se han vuelto muy cálidos, a pesar de que el sol hace rato ya no quema con tanta fuerza; la noche no trae ningún alivio. A pesar de estar sentado en mi habitación con un pijama muy ligero, tengo la frente húmeda. No debo abrir la ventana mientras todavía haya luz solar; de lo contrario, todo tipo de bichos nocturnos entran zumbando y no me da ningún placer cuando una polilla con un cuerpo grueso se estrella en mi cara. Afortunadamente, los mosquitos llegan más tarde; en el último año lo hicieron tan bien que siempre me alegré cuando amaneció. Su picadura, que me hace sentir sólo un ligero escozor, todavía continúa, pero el sonido agudo, bastante penetrante y lúgubre con el que montan el ataque, me enfurece.

Así te encuentras, mi querido lector, como puedes, en una noche aburrida y sofocante, ya que no hay ninguna brisa y el sudor brota en torrentes por todos los poros; la cabeza de la víctima desesperada se esconde debajo de la sábana, pero yo no puedo hacerlo con todo el cuerpo: dejo las piernas desnudas como una donación voluntaria a las bestias, una parte viva del cuerpo entre las velas allí humeantes, esperando ansiosamente que un mosquito se acerque zumbando hacia mi cabeza y luego, con todo lo que tengo a mis manos, golpear locamente a mi alrededor y maldecir cosas diabólicas. Es malo. Pero puede ser aún peor. Ya no puedo soportar la constante tensión nerviosa del peligro que amenaza desde la oscuridad y me saca de la cama suspirando.

¡Hay ruido! ¡Estrellarse! ¡Y ruido! ¡Y otra vez ruido! Con un estremecimiento siento un roce asqueroso, húmedo y pegajoso de algo que se mueve en mis suelas, y prendo la luz rápidamente. Repentinamente, me sorprendo por lo que estoy viendo: ¡horrible! En racimos cuelgan grandes escarabajos negros, entrelazados por el impulso que les dio la naturaleza. A algunos los aplasto con mis pisotones; a medida que la luz alumbra, los espantosos bultos se desesperan y se disgregan. A los que puedo atrapar, los aplasto rápidamente con mis pies protegidos, fuerte y sin piedad; el que es afortunado, desaparece como un rayo veloz.

Miro el reloj, es recién la una de la mañana. Titubeante, alcanzo a subirme a la cama, y comienza el segundo acto. El gemido de la criatura asesinada me deja helado. Soy nuevamente investigador de la naturaleza y profesor aplicado de la psicología del escarabajo: para ser santo todavía me falta algo. Soy un simple bávaro que no quiere más que tranquilidad, y por supuesto que no la lograré ahora.

---

[840] *La Prensa*, 28 de setiembre de 1946. Finalmente De Ronde no jugó este certamen.
[841] *Deutsche Schachblätter* 3/4 – 1941. Traducción de Mario Schätzle. Enviada aproximadamente en enero de 1941, muy probablemente desde una paupérrima pensión de La Plata.

Ecos de Buenos Aires, por Friedl Rinder[842]

A veces nos llegan noticias de Buenos Aires. Creemos que al equipo alemán le debe ir bien. Eliskases y Engels disponen de un rico campo de actividad, mientras que Becker y Reinhardt han encontrado empleo. Sólo del silencioso Michel se deja oír poco.[843] En el periódico alemán de La Plata fueron publicados varios informes de las actividades de nuestros maestros. Veamos:

Desde noviembre 4 de 1939 el campeón Eliskases realiza su gira por Argentina, para más datos por San Nicolás, Villa Constitución y San Francisco, que quizás sea el primer lugar de la visita. Le deseamos al maestro Eliskases el mejor de los éxitos y esperamos ver cómo su popularidad aumenta día a día, y cómo nuestro camarada sabe conquistar los corazones argentinos, sean o no de ajedrecistas.

Un informe del Club de Ajedrez Lomas, de *Temperley*, decía:

El último miércoles nos visitó el maestro alemán (Ludwig) Engels, saludado muy cordialmente por todos nuestros consocios. El señor Engels se encargó de la manera más cordial que pasáramos la velada más interesante hasta ahora de la vida social de nuestro club.

El profesor Becker ha brindado varias veces interesantes conferencias en el mismo Club de Ajedrez de Belgrano, muy aplaudidas, sobre teoría del ajedrez. Nos alegramos que nuestros maestros tengan destacadas actuaciones que prestigian el ajedrez alemán y difunden la acción de la Federación de la Gran Alemania. Nuestra maestro, señora Rinder, ha narrado simpática y emocionadamente sus experiencias de viaje por la radio de Múnich, y a propósito, queremos informar a nuestros lectores acerca de una pequeña exhibición. Precisamente la señora Rinder ofreció una sesión de simultáneas en *Hurlingham*, un suburbio de Buenos Aires, con el resultado de +12, =1, -2, probando la fuerza del ajedrez femenino alemán frente a los ajedrecistas argentinos.

Seguramente nuestros oyentes ajedrecistas se interesarán sobre el transcurso del TN 1939, iniciado el 24 de agosto. En la noche previa al inicio tuvo lugar la fiesta de inauguración en la sala del teatro Politeama, festivamente engalanada. Los palcos estaban colmados por lo más elegante de la sociedad; la gran orquesta, la presencia de las más altas autoridades de la ciudad y del estado, hicieron de esta fiesta un suceso emocionante, sorprendente para la audiencia, y que en mi caso hasta tuvo un efecto perturbador al comienzo, con la presencia del jefe de estado presidente de Argentina.

A diferencia de otros conocidos torneos, aquí se le hizo mucho "bombo" a las mujeres ajedrecistas, más que a los hombres –confesión que debo admitir–, lo que fue excesivo debido al flojo desempeño de las señoras. La prensa se esforzó principalmente por destacar a las damas, que llamaban la atención por motivos principalmente propagandísticos. De acuerdo con las reglas de sociedad americana, atraían a los señores, que eran compradores de muchas entradas. Las maestras fueron saludadas en forma individual por el presidente de la República luego de un estruendoso aplauso, mientras a través de los altoparlantes, un locutor daba a conocer solemnemente el nombre de la campeona de cada país, al mismo tiempo que las manivelas de las cámaras filmadoras giraban a toda velocidad. También recibieron las damas los mejores sitios centrales de las plateas, quedando así situadas en el foco del interés.

Los mirones demasiado entusiastas, que comentaban en voz alta importantes jugadas, resultaron muy molestos. Un error monstruoso me costó medio punto en la segunda partida. En la tercera ronda jugué tan nerviosa que solo hice tablas. En cambio, podría haber alcanzado por lo menos 2½ puntos. La señora Menchik-Stevenson pudo finalmente conservar su título, como se esperaba.

---

[842] *Deutsche Schachblätter* n° 1/2 – enero-febrero 1940. Traducción de Mario Schätzle.
[843] A diferencia de los integrantes del equipo alemán masculino, la señora Rinder volvió a Alemania.

Recordando mi triste comienzo, y tomando en cuenta el hecho de que yo, a diferencia de las demás, nunca antes había jugado internacionalmente, debo considerar como un éxito mi cuarto puesto entre 20 participantes.

Ahora quisiera hablar de cuestiones no ajedrecísticas, especialmente del país y de sus gentes, con quienes compartí muchos momentos luego de finalizado el torneo. Argentina es un país de inmigración, por lo tanto los extranjeros tienen un papel primordial. Los criollos no pueden negar la naturaleza de su descendencia. De la sangre española heredaron el orgullo, la cortesía exterior y el desprecio por el trabajo manual. De la sangre indígena deriva la indolencia y una tendencia a la vagancia. Las criollas, siempre elegantemente vestidas en negro, se maquillan y espolvorean de manera llamativa, incluso señoras y mucamas, y hasta las adolescentes. No es poco frecuente ver niñas de 3 o 4 años jugar en la arena con las uñas pintadas de rojo. El clima es sofocante para un europeo por la prevalencia de aire húmedo y efecto invernadero. Los alemanes que he conocido allí, se conmueven por nosotros y casi sin excepción admiten su añoranza por Alemania.

▓ Friedl Rinder (1905-2001) vivió y murió en Múnich. Conversé personalmente con ella en 1973 y por teléfono en 1997 y 1998. Su nombre de pila según los certificados oficiales era Elfriede, pero se llamaba Friedl. Tuvo un hijo, Gerd Rinder (nacido en 1935), que fue un muy buen ajedrecista, pero debido a las obligaciones laborales debió dejarlo. En 1939 Friedl Rinder permaneció en Buenos Aires durante unas semanas más y regresó a Génova (Italia), junto con Keres ese mismo año. El barco, bajo bandera italiana, fue detenido por los británicos cerca de Gibraltar, y ella tuvo que esperar cuatro días hasta que pudiera continuar su viaje. Rinder se quejó de que al comienzo del TN los espectadores masculinos la molestaban, dando pistas a las jugadores de ajedrez locales. Creo que su partida contra Dora Trepat pertenece a estos ejemplos. En realidad, tenía posición ganadora en la movida 53ª, pero optó por repetir jugadas y empatar.[844]

Carta pública de Albert Becker a Karl Miehe con saludo a Hitler [Mario Schätzle]

▓ Deutsche Schachblätter nº 1 – Enero de 1940
Una carta desde Buenos Aires
Buenos Aires. 5. 10. 1939[845]

¡Querido amigo!

Desde la última vez que le escribí, la imagen del mundo ha cambiado completamente. El estado de guerra ha destruido nuestros vínculos con la patria e impedido nuestro inmediato regreso de Argentina a Alemania. Asimismo, los acontecimientos europeos han influido en la esfera ajedrecística del TN. Seguramente usted recibirá esta carta tardíamente, después del torneo, y presumo que ya estará completamente informado acerca de los resultados del certamen. Lo que usted seguramente apreciará es una descripción del contexto donde se desarrollaron los acontecimientos, y las circunstancias derivadas de la lucha deportiva.

Como consecuencia de las reglas del torneo, los 27 países fueron distribuidos en 4 grupos preliminares, que fueron determinados por un orden numérico que condujo a una pre-clasificación de todos ellos, y posteriormente a la distribución en zonas según el plan previsto: en el grupo "A" jugaron los países número 1, 8, 9, 16, 17, 24, 25, etc. Es interesante comparar la lista de pre-clasificados establecida por las autoridades del torneo (que fue aceptada por los jefes de equipo) con el resultado parcial de los grupos preliminares y con los resultados finales.

---

[844] Testimonio de Willibald Müller al autor, 12 de diciembre de 2005.

[845] MB es el amigo al que está dirigida la carta, que recibió el 29 diciembre 1940. Traducción al español: Mario Schätzle. Publicada también en *El que mueve las piezas*, Ariel Magnus, Planeta Tusquets 2017, pág. 214/5.

La pre-clasificación fue la siguiente: 1. Polonia, 2. Alemania, 3. Argentina, 4. Estonia, 5. Suecia, 6. Lituania, 7. Letonia, 8. Inglaterra, 9. Bohemia-Moravia, 10. Francia, 11. Holanda, 12. Palestina, 13. Cuba, 14. Dinamarca, 15. Chile, 16. Canadá, 17. Brasil, 18. Uruguay, 19. Islandia, 20. Noruega. Los números 21-27 fueron definidos por sorteo: 21. Guatemala, 22. Irlanda, 23. Bulgaria, 24. Perú, 25. Paraguay, 26. Bolivia, 27. Ecuador. En cuanto a la distribución de los grupos "Vencedores" y "Consuelo", ¡fíjese usted que las listas casi concuerdan! Las diferencias restantes puede Ud. deducirlas por sí mismo. Islandia tuvo la mala suerte de no integrar el grupo de los Vencedores, a pesar de haber hecho más del 50 % de los puntos en su grupo preliminar. La victoria en la Copa Argentina fue para Islandia una merecida reparación.

El estallido de la guerra el 1º de Septiembre ocasionó en la afición ajedrecística una enorme emoción. Enseguida las autoridades preguntaron a todos los capitanes de equipo si éste debía continuar. Todos los capitanes dijeron "Sí". Solo Alexander, Thomas y Milner Barry, de Inglaterra, regresaron inmediatamente, de modo que el equipo se retiró. Casi todos los demás equipos permanecieron en Buenos Aires, y la contienda continuó. Usted debe haber leído que algunos *matches* se dieron por empatados 2 a 2 sin jugar (en total 6).

Cómo se llegó a esto es sumamente interesante. La idea se originó por sugerencia del Dr. Alekhine y el Dr. Tartakower, que no querían que se jugaran los *matches* Alemania-Francia y Alemania-Polonia (boicot moral a Alemania). Las autoridades del torneo hicieron suyo este plan y me lo comunicaron; yo lo rechacé inmediatamente enumerando todas y cada una de las razones por las cuales estaba en contra. Entonces fui sometido a presión y empezaron las amenazas ocultas; al final el presidente de la FADA, Augusto de Muro, se dirigió personalmente a la Embajada Alemana,[846] a cuya decisión nos sometimos.

Por otra parte, exigimos y obtuvimos la inclusión de Bohemia-Moravia en el mismo compromiso, para gran disgusto del Dr. Alekhine, que no quería ver a los checos de nuestro lado; intentó convencerlos de no apoyar a Alemania, pero los ellos se comportaron en forma perfectamente correcta y se mantuvieron firmes. El Dr. Alekhine trabajó en contra nuestra en cada instancia, le prohibió a su gente relacionarse con nosotros, era en la prensa escrita y en la radio nuestro adversario, y nos perjudicó conscientemente luego, cuando él (representando a Francia) no se presentó contra Polonia y Argentina, y así les regaló un punto a ellos.[847] (El quinto tablero francés no era un jugador de reemplazo, sino un delegado ante la FIDE).

Un hecho destacable: en los comunicados oficiales de los árbitros del torneo se dijo solamente que los capitanes se pusieron de acuerdo en no jugar estos cuatro *matches* y darlos por 2 a 2 (en los cuales los tableros 1 y 3 de un equipo y 2 y 4 del otro no se presentaron, de común acuerdo). Acerca de la activa participación de las autoridades del torneo, ¡mejor ni hablar! El odio por esta conducta antideportiva recayó totalmente en Alemania. De todos modos, tuvimos éxito en hacer conocer la verdadera situación que tanto nos perjudicó deportivamente. Un segundo caso similar se produjo cuando debió jugarse el *match* Palestina – Alemania. En ese momento Alemania lideraba el certamen junto con Argentina y Suecia. Palestina tenía que jugar todavía contra Alemania y Argentina, y antes había empatado ya 2 a 2 con Suecia, Polonia y Estonia. Palestina no quería jugar contra nosotros de ninguna manera. Primero intentaron así: recibí una carta de las autoridades del torneo con la comunicación que el *match* Palestina – Alemania se acordaba 2 a 2, sin jugar. (¡Hecho consumado!). Razones: Palestina es un protectorado inglés tanto como Bohemia – Moravia es un protectorado alemán. Protesté vigorosamente y refuté:

---

[846] El embajador alemán en Argentina era Edmund von Thermann.
[847] Esta afirmación de Becker respecto a la animadversión de Alekhine contra los alemanes da por tierra contra la versión de que sus artículos posteriores anti-judíos fueron "voluntarios".

1. Es conceptualmente imposible acordar un resultado 2 a 2 sin jugar, sin mi consentimiento.

2. Palestina no es un protectorado inglés, ¡sino un mandatario de la Sociedad de las Naciones! Me impuse con estos argumentos. Pero entonces apareció algo contra lo cual estábamos indefensos. Los judíos, junto con los argentinos, ¡vinieron a nuestra residencia apelando a nuestra conducta deportiva! Nosotros debíamos darnos cuenta que para los judíos era imposible jugar contra nosotros, no porque Palestina fuera inglesa, sino porque por sobre todo los judíos eran perseguidos en Alemania.

Ellos no jugarían bajo ningún concepto. Para hacernos las cosas más aceptables, Argentina estaba dispuesta a un resultado 2 a 2 sin jugar con Palestina; de ese modo todos los competidores por el primer puesto tendrían un resultado 2 a 2 con Palestina. De otro modo, Palestina "amenazaba" con regalarnos los 4 puntos, y la eventual victoria final de Alemania se hubiera debido al regalo y piedad de los judíos, y nuestro triunfo hubiera quedado absolutamente desvalorizado.

No nos quedaba más alternativa que aceptar 2 a 2 Palestina – Alemania y 2 a 2 Palestina –Argentina. Chanchullo de puntos en la acepción más pura. ¡Y a pesar de todo fuimos vencedores! Los resultados decisivos se produjeron en los *matches* Suecia – Argentina 3½:½ y luego Alemania – Suecia 3: 1.

Antes de la rueda final teníamos 2 puntos de ventaja sobre Polonia y Estonia, y fuimos a lo seguro contra Holanda: ¡4 tablas bastaban! Si Polonia nos igualaba, teníamos a nuestro favor la mayor cantidad de victorias. Este caso se daba también en la Copa Argentina entre Islandia y Canadá.

De nuestro equipo podemos decir:

* De Eliskases esperábamos mucho y no nos defraudó. Si él hubiera obtenido medio punto más (por ejemplo, contra Opocensky estaba con posición ganadora, pero arruinó todo en el apuro de tiempo y perdió) hubiera tenido el mejor resultado porcentual en el primer tablero.

* Michel trabajó arduamente para las tablas, y sólo ganó cuando su adversario se extralimitó sin fundamentos.

* Engels ha contribuido más que todos a la Victoria, como los números lo prueban. No sólo ha obtenido el mejor resultado en el tercer tablero, ¡sino también el de todos los participantes en la copa Hamilton-Russell! Su estilo estaba adaptado maravillosamente para esta lucha: complicaciones a cualquier precio, alta visión y sangre fría en las posiciones más pesadas y peligrosas, aún en apuro de tiempo, y total disposición para la lucha.

* Por mi parte solo obtuve el 50% en el grupo de vencedores, y por lo tanto, fracasé. (MB considera que esto es una gran exageración). Por otra parte, debí conducir siempre todas las negociaciones. Como con el alemán no podíamos ir muy lejos, Eliskases sólo podía muy poco con el español, yo era el único que entendía inglés y francés. Hubo enorme cantidad de discusiones, y algunas fueron muy desagradables.

* Reinhardt estuvo inseguro en el grupo preliminar, pero jugó bien en el grupo decisivo.

* La señora Rinder se clasificó cuarta en el torneo femenino, por lo tanto su resultado fue bastante bueno. Habría terminado mucho mejor si en las primeras tres rondas no hubiera regalado 1½ puntos (Vigil, Trepat, Lauberts). Al comienzo ella estaba muy nerviosa, como todas las damas: el *flash* de los fotógrafos, las filmaciones, la radio, las recepciones y las entrevistas fueron muy enojosas.

En suma, el equipo ha jugado muy bien, no se perdió ningún *match*, y en las luchas más importantes contra los rivales por el primer puesto, ganamos claramente. Fue por todos absolutamente reconocido que nosotros merecimos totalmente la victoria, incluso por los más enconados enemigos de Alemania. Nuestra conducta deportiva fue impecable, alejada de la política, intachable, lo mismo que nuestro espíritu combativo y camaradería.

El escenario del congreso fue fabuloso. Un teatro grande y moderno sirvió de sala de juego, y estuvo casi siempre colmado de espectadores. Se promocionó mediante eficaces anuncios en todo el centro de la ciudad, gran actividad en las radios mediante noticieros diarios continuos con resultados individuales, informes parciales y entrevistas. El interés se incrementó a causa del eficiente servicio de prensa. Los diarios son aquí de grandes dimensiones, muy rápidos, ampliamente distribuidos y dinámicos.

Al ajedrez se le dedicaba diariamente entre media y una página (¡en gran formato!) con precisos informes, fotografías, entrevistas, partidas, ilustraciones, etc. Había también un boletín diario del torneo de 8-10 páginas que se cerraba la 1 de la mañana. Al desayuno temprano cada jugador recibía en su hotel un ejemplar del mismo, que incluía todos los resultados, tablas, juegos, diagramas, etc.

La amistad hacia los invitados fue generosa. Fueron muy afectuosos con nosotros los ajedrecistas alemanes de Buenos Aires, especialmente la embajada y el partido.[848] En Belgrano (barrio de Buenos Aires) hay un club de ajedrez alemán casi puro, donde nosotros nos sentimos como en casa. ¡Allí encontré hace un par de días el número de agosto de la revista de la Federación Alemana!

Los organizadores, sin embargo, también han cometido errores. Han tenido problemas financieros, pues el gobierno aportó tardíamente 50.000 pesos adicionales. Grau y Piazzini estuvieron dando constantes exhibiciones durante varios meses, antes del torneo, en los clubes de ajedrez, para recolectar dinero para el Congreso; de allí su fracaso deportivo en el torneo propiamente dicho.

Ya le he hecho saber que Alekhine se ha comportado vergonzosamente contra nosotros, los alemanes: él ha sido también vivamente condenado por otra gente. Capablanca ha permanecido para con nosotros siempre un caballero, aunque no sea amigo nuestro: ¡muy decente! Yo me he alegrado mucho de que él haya podido recibir el premio especial al mejor primer tablero.

El Congreso de la FIDE trajo sorpresas: los sud y centroamericanos dieron un golpe de mano. Sorpresivamente, llamaron a elecciones contraviniendo el orden del día, eligieron como presidente de la FIDE al presidente de la FADA, Augusto de Muro, trasladaron la sede de la FIDE a Buenos Aires y consolaron al doctor Rueb con el nombramiento de presidente honorario de la FIDE. Todo esto sería válido hasta el próximo congreso de la FIDE, con el argumento de la situación de guerra en Europa; todo este asunto es bastante dudoso. Al principio Rueb se pronunció contrario a este asalto; dejó, sin embargo, la decisión a la votación final. No hubo otra cosa digna de mención en el orden del día.

La fiesta de cierre fue para mí una vivencia única. Usted podría apenas imaginarse nuestra alegría, que nosotros, bajo tantas condiciones adversas (por ejemplo los acuerdos 2 a 2) y bajo la oposición de tanta gente hayamos, a pesar de todo, logrado la victoria para Alemania. En estas circunstancias, fue un éxito muy valioso para nuestra patria, como nos aseguraron los alemanes residentes y la embajada.

¡Ahora el trofeo dorado es nuestro! Cada uno de los cinco integrantes del equipo recibimos un hermoso trofeo de plata grabado, como propiedad individual.

Nuestra situación personal no está en un lecho de rosas, difícilmente podríamos volver a nuestra tierra. Con el *Copacabana* regresaron al hogar aproximadamente dos tercios de los europeos el 28 de Septiembre, casi exclusivamente de naciones neutrales. Nosotros los alemanes no pudimos, por supuesto, porque no queremos caer en un campo de concentración inglés. Nuestra embajada ha preguntado al gobierno en Berlín, qué pasará con nosotros. La embajada, el partido y la colonia alemana nos han prometido ayuda, en caso de tener que permanecer en Argentina, lejos de la patria y de la familia, mientras dure la contienda. Espero que podamos adaptarnos a la vida de aquí.

---

[848] Seguramente se refiere a la filial argentina del NSDAP. El Partido Nacionalsocialista Obrero Alemán (en alemán, Nationalsozialistische DeutscheArbeitei Partei; abreviado como NSDAP), conocido simplemente como Partido Nazi, estuvo activo en Alemania entre 1919 y 1945. Nota del autor.

No lamento haber hecho este viaje. Ya la travesía de ida fue hermosa; hemos visto cosas nuevas. Argentina misma es una tierra rica, con todos los tesoros de la naturaleza, y tiene especialmente abundante cantidad de alimentos, y naturalmente baratos. Por otra parte, los ingresos son bastante más bajos que entre nosotros. Hay gente inmensamente rica, con lujos, y también una pobreza extrema. Así es también la ciudad de Buenos Aires con sus 2 millones y medio de habitantes. El centro es elegante, con ingente tránsito, edificios altos, características muy modernas (trenes, subterráneos), diversiones y vida nocturna. Las afueras de la ciudad son primitivas; están en construcción. La calidad de las viviendas según nuestros estándares, son totalmente inalcanzables.

Duro es para nosotros estar separados del hogar, especialmente en este tiempo. A veces, como por ejemplo durante todo el mes de septiembre, estuvimos sin noticias de nuestros hogares. Escríbame por favor, me alegrará mucho.

Sea usted saludado afectuosamente con

Heil Hitler!
Su devoto amigo. A. Becker.

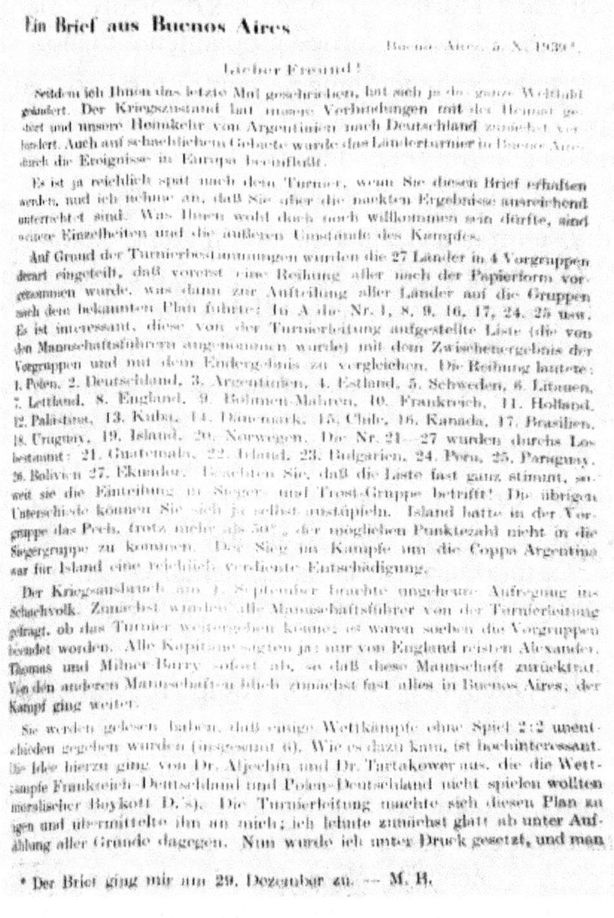

Ein Brief aus Buenos Aires

Buenos Aires, 5. X. 1939*.

Lieber Freund!

Seitdem ich Ihnen das letzte Mal geschrieben, hat sich ja die ganze Weltlage geändert. Der Kriegszustand hat unsere Verbindungen mit der Heimat gestört und unsere Heimkehr von Argentinien nach Deutschland zunächst verhindert. Auch auf schachlichem Gebiete wurde das Ländertурnier in Buenos Aires durch die Ereignisse in Europa beeinflußt.

Es ist ja reichlich spät nach dem Turnier, wenn Sie diesen Brief erhalten werden, und ich nehme an, daß Sie über die nackten Ergebnisse ausreichend unterrichtet sind. Was Ihnen wohl doch noch willkommen sein dürfte, sind einige Einzelheiten und die äußeren Umstände des Kampfes.

Auf Grund der Turnierbestimmungen wurden die 27 Länder in 4 Vorgruppen derart eingeteilt, daß vorerst eine Reihung aller nach der Papierform vorgenommen wurde, was dann zur Aufteilung aller Länder auf die Gruppen nach dem bekannten Plan führte: In A die Nr. 1, 8, 9, 16, 17, 24, 25 usw. Es ist interessant, diese von der Turnierleitung aufgestellte Liste (die von den Mannschaftsführern angenommen wurde) mit dem Zwischenergebnis der Vorgruppen und mit dem Endergebnis zu vergleichen. Die Reihung lautete: 1. Polen, 2. Deutschland, 3. Argentinien, 4. Estland, 5. Schweden, 6. Litauen, 7. Lettland, 8. England, 9. Böhmen-Mähren, 10. Frankreich, 11. Holland, 12. Palästina, 13. Kuba, 14. Dänemark, 15. Chile, 16. Kanada, 17. Brasilien, 18. Uruguay, 19. Island, 20. Norwegen. Die Nr. 21–27 wurden durchs Los bestimmt: 21. Guatemala, 22. Irland, 23. Bulgarien, 24. Peru, 25. Paraguay, 26. Bolivien 27. Ekuador. Beachten Sie, daß die Liste fast ganz stimmt, soweit sie die Einteilung in Sieger- und Trost-Gruppe betrifft! Die übrigen Unterschiede können Sie sich ja selbst ausklügeln. Island hatte in der Vorgruppe das Pech, trotz mehr als 50% der möglichen Punktezahl nicht in die Siegergruppe zu kommen. Der Sieg im Kampfe um die Coppa Argentina war für Island eine reichlich verdiente Entschädigung.

Der Kriegsausbruch am 1. September brachte ungeheure Aufregung ins Schachvolk. Zunächst wurden alle Mannschaftsführer von der Turnierleitung gefragt, ob das Turnier weitergehen könne; es waren soeben die Vorgruppen beendet worden. Alle Kapitäne sagten ja; nur von England reisten Alexander, Thomas und Milner-Barry sofort ab, so daß diese Mannschaft zurücktrat. Von den anderen Mannschaften blieb zunächst fast alles in Buenos Aires, der Kampf ging weiter.

Sie werden gelesen haben, daß einige Wettkämpfe ohne Spiel 2:2 unentschieden gegeben wurden (insgesamt 6). Wie es dazu kam, ist hochinteressant. Die Idee hierzu ging von Dr. Aljechin und Dr. Tartakower aus, die die Wettkämpfe Frankreich–Deutschland und Polen–Deutschland nicht spielen wollten (moralischer Boykott D.'s). Die Turnierleitung machte sich diesen Plan zu eigen und übermittelte ihn an mich; ich lehnte zunächst glatt ab unter Aufzählung aller Gründe dagegen. Nun wurde ich unter Druck gesetzt, und man

* Der Brief ging mir am 29. Dezember zu. — M. B.

Carta de Albert Becker (1)

begann mit versteckten Drohungen; zum Schlusse wendete sich sogar der Präsident des Argentinischen Schachverbandes Augusto de Muro persönlich an die deutsche Botschaft, und auf deren Rat gaben wir nach. Allerdings verlangten wir die Einbeziehung Böhmen-Mährens in die Vereinbarung und erreichten dies auch; sehr zum Mißvergnügen Aljechins, der die Tschechen nicht auf unserer Seite sehen wollte und ihnen zuredete, nicht mit Deutschland zu gehen; aber die Tschechen verhielten sich vollkommen korrekt und blieben fest. Dr. Aljechin arbeitete überhaupt in jeder Beziehung gegen uns, verbot seinen Leuten jeden Verkehr mit uns, war in Presse und Rundfunk unser Gegner, und schädigte uns bewußt weiterhin, indem er (für Frankreich) nicht gegen Polen und Argentinien antrat und ihnen so einen Punkt schenkte (der französische 5. Mann Dez war eigentlich kein Spieler, sondern nur Delegierter bei der FIDE.).

Eine bezeichnende Einzelheit: In den offiziellen Mitteilungen der Turnierleitung hieß es nur, die Mannschaftsführer hätten sich geeinigt, diese 4 Wettkämpfe nicht zu spielen und 2:2 zu geben (indem von der einen Mannschaft das 1. und 3. Brett, von der anderen das 2. und 4. Brett wegen Nichtantretens kontumaziert wurde). Von der sehr tätigen Mitwirkung der Turnierleitung war nie die Rede! Das Odium dieser Unsportlichkeit wäre leicht auf Deutschland gefallen. Immerhin ist es uns gelungen, den wahren Sachverhalt, der uns sportlich schädigte, ausreichend bekannt zu machen.

Ein zweiter Zwischenfall ergab sich, als der Wettkampf Palästina–Deutschland in Sicht kam. Damals stand Deutschland mit Argentinien und Schweden an der Spitze des Turniers. Palästina hatte noch mit D. und A. zu spielen, dagegen schon mit Schweden, Polen und Estland 2:2 gespielt. Palästina wollte um keinen Preis gegen uns antreten. Zuerst versuchte man es so: Ich bekam einen Brief der Turnierleitung mit der Mitteilung, der Wettkampf P.–D. sei ohne Spiel 2:2 gegeben (vollzogene Tatsache!). Begründung: Palästina sei ebenso englisches Protektorat wie Böhmen-Mähren deutsches Protektorat. Ich protestierte schärfstens und führte an: 1. Ohne meine Einwilligung ist es schachlich unmöglich, einen Kampf 2:2 zu geben. 2. Palästina ist nicht englisches Protektorat, sondern Völkerbundsmandat! Mit diesen Gründen drang ich durch. Aber nun kam etwas, wogegen wir wehrlos waren. Die Juden kamen mit den Argentiniern in unsere Wohnung und appellierten an unsere Sportlichkeit! Wir müßten doch einsehen, daß die Juden unmöglich gegen uns antreten könnten, nicht nur weil Palästina englisch sei, sondern vor allem auch, weil die Juden in Deutschland verfolgt würden. Sie würden auf keinen Fall spielen. Um die Sache für uns schmackhafter zu machen, sei Argentinien bereit, ebenfalls ohne Spiel 2:2 zu geben, so daß alle Konkurrenten um den 1. Preis gegen Palästina 2:2 erzielten. Ansonsten „drohte" Palästina, uns alle 4 Punkte zu schenken, und der eventuelle Endsieg Deutschlands sei dann durch das Geschenk und die Gnade der Juden erfolgt, für uns also wertlos! Jetzt blieb uns nichts anderes übrig als zuzustimmen; 2:2 also in den Kämpfen Palästina–Argentinien und Palästina–Deutschland. Punkteschacher in Reinkultur. Und trotz allem haben wir gesiegt!

Die Entscheidung fiel in den Kämpfen Schweden–Argentinien 3½:½ und dann Deutschland–Schweden 3:1. Vor der Schlußrunde hatten wir 2 volle Punkte Vorsprung vor Polen und Estland und gingen im letzten Kampfe gegen Holland auf sicher: 4 Remisen genügten! Wenn nämlich Polen mit uns gleichgekommen wäre, hätte die größere Zahl von Wettkampfsiegen noch immer den Ausschlag zugunsten Deutschlands gegeben. Dieser Fall ereignete sich übrigens ähnlich bei der „Coppa Argentina" zwischen Island und Kanada.

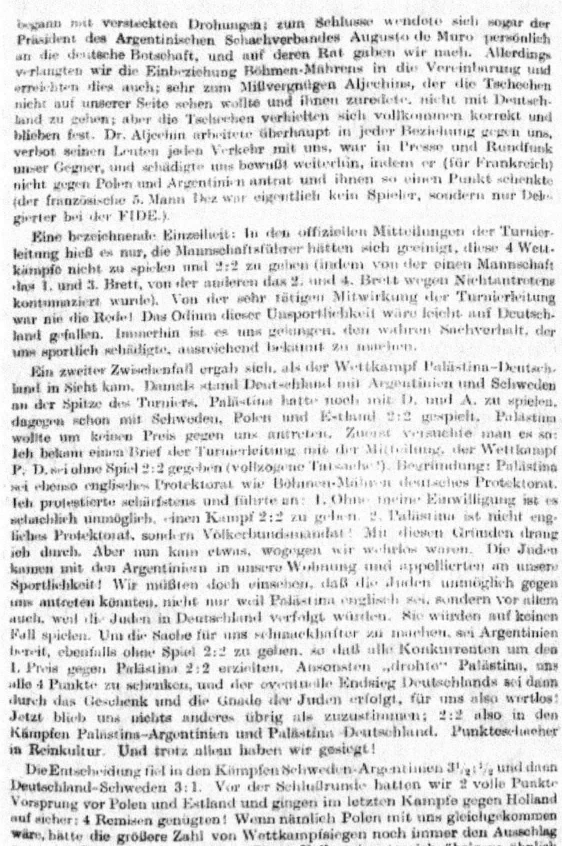

Carta de Albert Becker (2)

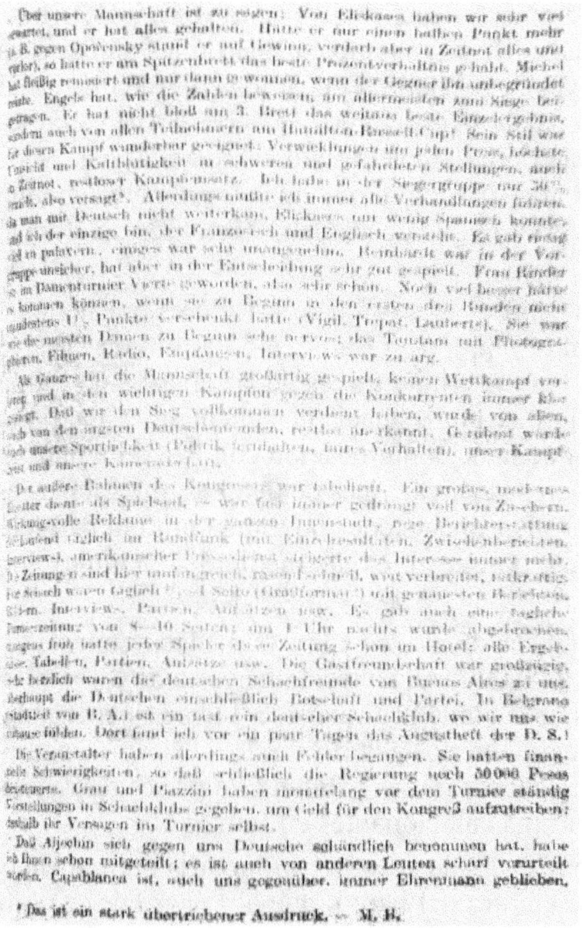

Carta de Albert Becker (3)

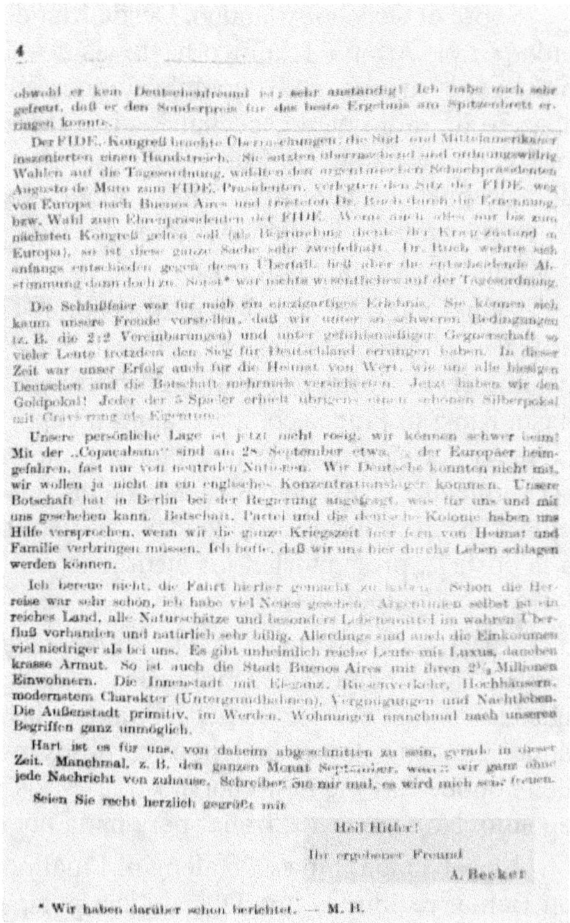

Carta de Albert Becker (4)

Karl Miehe: mi viaje a Argentina[849]

Tormenta y niebla. A principios de agosto comenzamos mi señora y yo nuestro viaje de ida desde Hamburgo. Caímos enseguida en una pesada tormenta como presagio de las futuras dificultades. Sin embargo, la navegación por el canal y el temido Golfo de Vizcaya transcurrió tranquila. Recién en la costa portuguesa fuimos a la noche interrumpidos en nuestro sueño por el aullido del viento y sonido de sirenas de emergencia. Nos encontramos en medio de una niebla impenetrable que nos acompañó hasta Lisboa y nos costó 24 horas de demora. De esa manera, se acortó la estadía en la capital portuguesa.

Dos días más tarde arribamos a la maravillosa isla de Madeira; permanecerá inolvidable para nosotros una excursión a las montañas con un trencito de cremallera, y el regreso con un trineo muy particular que nos deslizó por las resbalosas calles de piedra hasta casi llegar al puerto.

[849] El tesorero de la FIDE, Karl Miehe y señora, así como también la señora Rinder, regresaron con el vapor italiano "Oceanía" vía Génova, y llegaron a Berlín y Munich respectivamente. "Nos alegramos por el feliz viaje de regreso de los representantes del ajedrez alemán, a quienes saludamos efusivamente en la patria". En su compañía se encontraba el representante de Estonia, Paul Keres.

Sobre el Océano Atlántico. Desde Madeira comenzamos los casi 10 días de travesía ininterrumpida por el Océano Atlántico hasta las costas brasileñas. Mientras tanto, surgieron las alarmantes noticias de amenazantes complicaciones en Europa y a la noche nos pegamos continuamente al aparato de radio para escuchar los informes desde la patria. Alcanzamos la tierra firme sudamericana en Pernambuco. Luego de dos horas de estadía continuamos inmediatamente el viaje. Dos días después atracamos en Bahía, donde el viaje por barco finalizó lamentable y prematuramente. Mientras tanto estallaba la Guerra, deseada por Inglaterra, lo que ocasionaba que el resto del viaje por barco fuera muy peligroso.

Planes alternativos. A la mayoría de los pasajeros neutrales les ofrecieron vapores brasileños o argentinos. Nosotros, los pasajeros alemanes, quedamos varados en Bahía, a 5000 km de nuestro destino final. Surgieron planes aventureros: viajar con un trencito a través de la selva desde Bahía hasta Río San Francisco, luego con un vapor fluvial durante 14 días hacia el sur, finalmente a lomo de mula por cientos de km hasta una estación de tren que tiene comunicación con Río de Janeiro y así siguiendo. Estos planes fueron rechazados sin mayores verificaciones de detalles, pues llegaríamos a las Olimpíadas cuando éstas ya fueran historia. "¿Por qué ustedes no toman un tren paralelo a la costa?", preguntarían los ajedrecistas. Simplemente porque no existe medio de comunicación terrestre alguno hacia el sur.

Infierno en el Trópico. Así pasamos 9 días en Bahía; con 45 grados y una humedad ambiente terrible se nos apareció esta pintoresca ciudad portuaria (400.000 habitantes, la mayoría de color, ¡365 iglesias!) como el *Infierno del Trópico*. A las fronteras de la ciudad comienza la selva impenetrable, donde existen solamente algunos caminos muy primitivos, abiertos a la fuerza. Los extranjeros pueden conocer las vidas sin perspectivas y las miserables chozas de los habitantes a través de paseos en auto. No vamos a extrañar para nada nuestras aventuras emocionantes en Bahía.

La salvación: ¡un avión alemán! Finalmente, al noveno día de nuestra involuntaria permanencia en Bahía, recibimos una feliz noticia por parte de la jefatura del barco, que al avión Focke-Wulf del Consorcio Cóndor, que había llegado en junio en vuelo récord Alemania – Brasil, le había sido ordenado ir a Bahía. ¿Quién podía estar más contento que nosotros, los 26 alemanes! Rápidamente hicimos las valijas y a través de la selva, fuimos en autobús hasta el aeródromo, distante a 35 km de Bahía. Vamos a recordar largamente este viaje por caminos altamente inadecuados por sus duros saltos y pozos, y un balanceo constante con peligro de vuelco.

Un vuelo señorial. Después que el orgulloso avión Focke Wulf aterrizara, nos sentimos con nuevo coraje y renovada confianza para seguir adelante. Luego de un vuelo señorial, parcialmente sobre el mar y también sobre la selva brasileña, llegamos en el mismo día (un jueves) a Río de Janeiro (1800 km), donde tuvimos tiempo libre hasta el domingo, y oportunidad de visitar la ciudad más linda del mundo. En *Copacabana*, un señorial barrio de Río, escuchamos en un hotel el gran discurso del General Mariscal de Campo Hermann Göring (Sic), en el cual ajustó las cuentas con nuestros enemigos. El conmovedor discurso del Führer lo habíamos recibido y vivido antes a bordo del barco, colectivamente. La recepción de las voces fue clara y precisa. El domingo temprano continuamos vuelo, a través de Sao Paulo y Porto Alegre, hasta Buenos Aires (3200 km), donde llegamos el domingo a la noche, contentos de haber alcanzado finalmente nuestro objetivo. Poco antes habíamos sobrevolado el Río de la Plata de 100 km de ancho. La vista panorámica de todos los vuelos, los primeros de mi vida, fueron magníficas.

En Buenos Aires. A pesar de tormentosas lluvias y calles anegadas, fuimos recibidos en el aeropuerto por el maestro Engels y el ajedrecista Koch, de Belgrano, con quienes nos saludamos. Por primera vez escuché algo sobre la olimpíada: hasta ahora no sabía ni si había comenzado ni el eventual estado de la lucha, ¡y ya estábamos **en el 10 de Septiembre**! Grande fue mi alegría al escuchar que nuestro equipo alemán ya estaba puntero. Sobre la marcha de la lucha ya nos informará el capitán del equipo, Becker; aquí quiero solamente transmitir que nosotros, por supuesto, mantenemos gran camaradería, y que recibimos el mejor apoyo de la gran comunidad de ajedrecistas alemanes locales. Nuestro equipo recibió diversos agasajos, y esparcimiento a través de excursiones guiadas por la ciudad y alrededores.

Después de dos meses. Permanecí ocho semanas en Buenos Aires, siempre preocupado una y otra vez por la incertidumbre. ¿Debíamos viajar o no? Después de todo, ¿podíamos viajar? Finalmente decidimos, la señora rinder, mi señora y yo, atrevernos a la búsqueda. Con la generosa ayuda de funcionarios de la embajada pudimos embarcar hacia la patria en el vapor italiano *Oceanía*. Con nosotros viajó también el maestro estonio Paul Keres. Para nuestra despedida se reunió el equipo alemán completo, enviando a los ajedrecistas alemanes afectuosos saludos y esperando poder seguirlos pronto. Tengo la certeza que nuestros maestros en Argentina, mientras no encuentren empleo o puedan dedicarse al ajedrez, serán atendidos adecuadamente por la embajada.

En Gibraltar. Remontamos en vapor la costa sudamericana haciendo escala en Bahía, entre otras ciudades, donde ya había estado, y me surgieron sentimientos emocionantes. A la Señora Rinder, quien hizo el viaje de ida en otro vapor y no conocía Bahía, le pude mostrar interesantes lugares. El viaje posterior continuó tranquilo, hasta que después de 16 días llegamos al estrecho de Gibraltar. Allí nuestro vapor fue recibido al alba y retenido por cuatro días por naves de guerra inglesas. Luego de pormenorizados interrogatorios, finalmente otorgaron el permiso para continuar la navegación. Pasamos Barcelona, y en el Golfo de Lyon tuvimos un encuentro con un buque de guerra francés. En la noche del 1° de diciembre llegamos a Génova.

¡Otra vez en el hogar! Recién cuando dimos el primer paso en tierra firme italiana tuvimos la certeza de un regreso feliz. Corazones contentos y en paz, llegamos el domingo 3 de diciembre a la parada de la estación de Berlín. Recién entonces, después de nuestra rica vivencia, pudimos medir en su verdadera magnitud lo que significa perder la patria o no verla nunca más. En esta oportunidad queremos agradecer a los funcionarios de la Embajada de Alemania en Buenos Aires, con quienes estuvimos en permanente contacto, y al jefe de la delegación cultural, por el activo y amigable respaldo que nos prodigó a nosotros y al equipo alemán.

Si a los ajedrecistas alemanes nos preguntaran cuál fue el punto culminante de nuestro viaje, sería indiscutiblemente el momento victorioso en el cual nuestro capitán de equipo, Becker, recibiera solemnemente el trofeo Hamilton-Russell del Campeonato Mundial por equipos. Este triunfo nos deja orgullosos y felices, y refuerza nuestra confianza de que también en el tablero político nuestros enemigos pronto recibirán mate.[850]

Posdata de Mario Schätzle

La revista *Schach-Echo* 1943 n° 3 narra un gran espectáculo ajedrecístico con participación de la Wehrmacht y la Luftwaffe.[851]

En cuanto a *Schach-Echo* 1943 n° 2, se refiere a la residencia de Alekhine, que es sólo mencionado como 'habitante' del castillo. Dice:

[850] Abajo hay una foto presumiblemente del viaje de ida a bordo del *Piriápolis*, donde se ven a Reinhardt, Engels y Enevoldsen, este último representante de Noruega. Mencionan que el trofeo del torneo se encuentra a buen resguardo en la Embajada Alemana. Refieren que fueron muy entrevistados por las radios argentinas, donde se destacó Eliskases por hablar un poco de español, quien posteriormente dijo: "ninguno de nosotros encuentra bien nuestro confinamiento. Más aún, esperamos que pronto se termine. Nos consuela el pensamiento de haber alcanzado el objetivo propuesto y que nuestro sacrificio no es nada comparado con los de aquellos que están en la batalla".

[851] ¡Un 'show' de ese tipo probablemente sea el primero de la historia! La *Wehrmacht* y la *Luftwaffe* eran el Ejército y la Fuerza Aérea.

SCHACH-ECHO
FACHORGAN DER KdF-SCHACHGEMEINSCHAFT

Heft 2   12. Jahrgang   9. Februar 1945

Monatlich 1 Heft · Bezugspreis vierteljährlich RM 0.65 · Ausland jährlich RM 3.00
Postvertrieb ab Bochum · Zu bestellen durch jede Postanstalt

Soldaten-Schach in Aljechins Landhaus

„Le Château St. Aubin-le-Ceuf" – das ist die Anschrift Weltmeister Dr. Aljechins. In dem idyllischen normannischen Städtchen St. Aubin-le-Ceuf hat unser Weltmeister sein „château", wörtlich übersetzt sein Schloß, besser gesagt sein Landhaus. Hier betreibte sich in ernster Selbstbesinnung mit seine schier unerschöpflichen Kraftreserven der von Euwe enthronte Schachkönig zu seinem Revanchekampf vor, den er dann so glänzend gewann. Heute dient dieser ruhene Besit deutschen Soldaten als Genesungsstätte. Die Reichswarzpflagge und die Rote Kreuz Fahne wehen über ihm, und wie überall in den Lazaretten ist es auch hier das Schachspiel, das mit dazu beiträgt, die Stunden des Krankenlagers zu verkürzen. Und wen wollte wundernehmen, daß es gerade in diesem Tempel schachlicher Kunst mit besonderer Liebe gepflegt wird!

Vor uns liegt ein Bericht des KdF-Zonenschachmeisters August Eysser, den wir heute aus der Fülle der Berichte, die von Ost und West, von Nord und Süd eingehen, herausgreifen wollen. August Eysser im Landhaus Aljechins mit den verwundeten Soldaten, erteilte schachlichen Unterricht und leitete Turniere. Und wie nicht anders zu erwarten, die Begeisterung war groß! „Der verfügbare Plan reichte nicht aus, derartig groß war der Andrang zu den Schachlehrgängen", so heißt es in seinen Berichten immer wieder.

Trotz Krieg schweigen die Musen nicht! Auch nicht die Muse Caissa! Glanzvolle Meisterturniere, die schon im Frieden schachliche Großereignisse gewesen sind, gelangen in der Heimat zur Durchführung und hinaus zu den Soldaten führen die Schachmeister; von dem hohen Norden Skandinaviens bis nach Kreta, von den neu gewonnenen Ostgebieten bis zu der Küste des Atlantischen Ozeans reicht das Einsatzgebiet! Und überall zeigt es sich, wie groß das Bedürfnis nach dieser schachlichen Betreuung ist und wie richtig es war, in das gewaltige Aufgabengebiet der geistigen Wehrmachtsbetreuung auch das Kulturgut Schach einzubeziehen.

Wir wollen an dieser Stelle möglichst regelmäßig die im Dienst der schachlichen Wehrmachtsbetreuung stehenden Schachmeister zu Wort kommen lassen; hier sollen sie von ihren Erlebnissen plaudern, sollen berichten, wie sich ihre Arbeit durchführen und sollen so nicht nur ein Spiegelbild ihrer Arbeit geben, sondern zugleich ihre Arbeit gegenseitig befruchten.

Wir erwähnten schon Schachmeister August Eysser. Er soll heute hier im folgenden zu Worte kommen. „Bei meiner Einsatztätigkeit konnte ich bisher überall feststellen, daß es sich empfiehlt, im Rahmen der Schachlehrgänge für die schon geübten Spieler ein Turnier zu veranstalten, um den sportlichen Ehrgeiz anzu-

Schach-Echo n° 2, febrero 1943

Château St Aubin-le Ceuf es un castillo donde tiene su domicilio Alekhine, pero ahora se ha transformado en un hospital para heridos. Dicen que en la guerra se callan las musas. ¡No es cierto! Especialmente la musa Caissa canta más fuerte que nunca en los territorios propios y ocupados. Los soldados y los heridos reciben el regalo de las vivencias artísticas del ajedrez.[852]

Salomé S. de Reischer

▮ Salomé Sura Sara de Reischer, representante de Palestina, también quedó en Buenos Aires al estallar la guerra en 1939. En el Campeonato Mundial disputado en el Teatro Politeama había tenido una actuación discreta: 14°/15°, empatada con la argentina María Angélica Berea. En la Argentina actuó siempre en el Círculo de Ajedrez de Buenos Aires. El 9 de diciembre de 1944, en la Fiesta del Ajedrez realizada en el Club Social y Deportivo Mitre por la disidente Asociación Metropolitana de Ajedrez, la señora de Reischer participó en una simultánea gigante junto a otros maestros y jugadores de primera categoría. En 1946 tomó parte en el torneo de segunda categoría del Círculo, ganado por Jorge Behrensen. Después de la guerra se radicó en Austria, país al que representó en el I Torneo de Candidatos de la FIDE, Moscú 1952, con muy escaso éxito pues sólo ganó una partida, contra la argentina Berea. Fue campeona de Austria en 1954, pero en el campeonato de 1955 sólo alcanzó el 57% de los puntos. A partir de entonces dejó de figurar en pruebas importantes. La señora de Reischer dejó en nuestro país el recuerdo de una persona modesta y simpática, con un gran amor por el ajedrez.[853]

▮ Carlos Portela informó sobre el viaje definitivo de Salomé a Austria en 1950:

> Una noticia que será recibida seguramente con agrado en nuestros medios ajedrecísticos, indica que la señora Salomé Reischer, que hace unos meses se trasladó a Austria como ciudadana argentina, se ha adjudicado el Campeonato de Viena por el corriente año. La señora Reischer vino a Buenos Aires en 1939, para intervenir en el Campeonato Mundial Femenino. Se vinculo a nuestros centros ajedrecísticos, haciéndose bien pronto en ellos una figura familiar, y granjeándose merecidas simpatías. Su triunfo en Viena es un buen premio a su apasionado entusiasmo por el ajedrez.[854]

Personalidad de Erich Eliskases

▮ Nació el 15 de febrero de 1913 en Innsbruck, Austria, y falleció en Córdoba, Argentina, el 2 de febrero de 1997. Alcanzó rápido suceso en su ciudad natal, y a los 17 años ya integraba el equipo olímpico austríaco. A partir de ese momento tuvo una intensa campaña, que incluyó victorias en *matches* frente a rivales importantes: Spielman 5½:4½ en 1932 y 1936, y 6:4 en 1937, y Bogoljubow 11½:8½ en 1939. En 1938 Austria es anexada por Alemania, y Eliskases pasó a integrar este equipo unificado, que compitió por primera y única vez en el TN de Buenos Aires, 1939. Al declararse la guerra, permaneció en Buenos Aires con problemas de salud durante 1940, año en que no jugó torneos.

---

[852] Es posible que este texto responda a acusaciones de Alekhine, que hablaba de una 'usurpación': "Mi casa fue revisada quirúrgicamente".
[853] Cuaderno de notas de Raúl Alberto Castelli, 1970-1992.
[854] Carlos Portela, Frente al Tablero, *La Nación*, 16 de julio de 1950.

Volvió a jugar en 1941 en el Torneo Internacional de Mar del Plata, finalizando tercero, y luego ganó el certamen de Montevideo. Desde esta ciudad cruzó al Brasil, donde triunfó, junto a Guimard, en el torneo de Aguas de São Pedro, primer certamen internacional realizado con a participación de jugadores europeos en ese país. Durante este evento, las fronteras fueron cerradas para los ciudadanos de los países del Eje, por la declaración de guerra de Brasil a causa del hundimiento de varios barcos. Ante esta situación, Eliskases, y Engels, se vieron en una difícil situación: como ciudadanos de un país miembro del Eje, no podían salir del Brasil, pero tampoco permanecer en él. Pudieron conseguir *una licencia especial de circulación* del presidente, Getulio Vargas, y permanecieron en Brasil.

Eliskases pasó a residir en San Paulo, y para ganarse el sustento dio exhibiciones de simultáneas, conferencias, clases de ajedrez y de bridge. Viajó por muchas ciudades, como Río de Janeiro, Recife, Fortaleza y San Pablo. En 1943 fue contratado como entrenador del Club de Ajedrez de Río de Janeiro. Ese año, jugó cuatro certámenes en Río, venciendo en todos. Ese mismo año publicó *Jogo de Posição,* obra inédita sobre estrategia, y colaboró hasta fines de 1947 en la revista *Xadrez Brasileiro*, de Francisco Vieira Agarez. En ese lapso venció en los torneos internos del Club de 1944, 1945 y 1946, y en el Memorial Alekhine de este último año. También jugó el Torneo Internacional de Río de Janeiro, finalizando segundo, detrás de Najdorf.

En 1947 se radicó en Porto Alegre, contratado como profesor del Renner Xadrez Clube. Ganó el Torneo de San Pablo, y luego fue árbitro en la famosa serie de simultáneas a ciegas de Najdorf. Finalizada la interdicción para salir del país, se traslada a Argentina, donde fue invitado al Torneo de Buenos Aires – La Plata, y al de Mar del Plata, finalizando tercero en ambos. En 1948 es invitado nuevamente a Mar del Plata, donde obtiene una gran victoria. Vuelve a jugar en esa ciudad en 1949, donde finaliza segundo, y en 1950, sexto. Este año recibe de la FIDE el título de Maestro Internacional; como figuraba como radicado en ese país, fue considerado por la FIDE como brasileño.

Luego viajó a Córdoba, donde jugó el Torneo Abierto Internacional del Centro de la República. Allí conoció a María Esther Olmedo, con quien se casa en el verano de 1951, radicándose en un barrio de la ciudad en forma definitiva. En 1951 comparte el primer lugar en el I Torneo Zonal Sudamericano, disputado en Mar del Plata y Buenos Aires, clasificándose al Interzonal de la FIDE. En 1952 representó a la Argentina en la Olimpíada de Helsinki como tercer tablero, y recibió de la FIDE el título de Gran Maestro Internacional. Luego jugó el Interzonal, donde tuvo una actuación discreta.

Erich Eliskases fue campeón nacional por tres países distintos: Austria (1929), Hungría (1934) y Alemania (1938 e 1939). Fue también subcampeón Argentino en 1957. El mismo presidente Getulio Vargas, que le permitió permanecer en Brasil, le prohibió jugar los campeonatos de los estados o nacionales, y representar al equipo brasileño en las Olimpíadas.[855]

Cuando Eliskases decide hacerse ciudadano argentino

Antes de comenzar el Campeonato Sudamericano de 1951, el maestro Erich Eliskases nos dijo:

Tengo mucha confianza en mi preparación; acabo de ganar un torneo el Córdoba, y estoy bien.

Tuvo un comienzo un poco desalentador, pues perdió con Letelier, e inmediatamente después hizo tablas con Dantas. Más tarde empataba con Luckis una partida donde se hallaba inferior, y luego estuvo en dificultades con Reinhardt, aunque ganó el final. A partir de este encuentro se asienta definitivamente y empieza un *rush* incontenible, acumulando los puntos más difíciles. Gana de dos maneras. Si el rival afloja, lo arrasa, y si se defiende con calidad, toma el hilo invisible de un final

[855] Notas del autor.

donde impone el extraordinario concepto que tiene en esta faz del juego. Tenía razón don Benito Villegas cuando pronosticó:

> Para mí este torneo lo gana el maestro Eliskases. Claro está que tiene varios enemigos, pero de ahí a pensar que pueden subírsele a las barbas hay un tranco largo…

Eliskases, que actuó en realidad como jugador libre, piensa radicarse definitivamente en nuestro país.

> Tengo muchos y viejos amigos en Córdoba. Viajo al Brasil, pero volveré para hacerme ciudadano argentino y jugar en Europa defendiendo estos colores.[856]

Pequeña biografía de Erich Eliskases

▓ Nació el 15 de febrero de 1913 en Innsbruck, Austria, y falleció en Córdoba, Argentina, el 2 de febrero de 1997. Alcanzó rápido suceso en su ciudad natal, y a los 17 años ya integraba el equipo olímpico austríaco. A partir de ese momento tuvo una intensa campaña, que incluyó victorias en *matches* frente a rivales importantes: Spielman 5½:4½ en 1932 y 1936, y 6:4 en 1937, y Bogoljubow 11½:8½ en 1939. En 1938 Austria es anexada por Alemania, y Eliskases pasó a integrar este equipo unificado, que compitió por primera y única vez en el TN de Buenos Aires, 1939. Al declararse la guerra, permaneció en Buenos Aires con problemas de salud durante 1940, año en que no juega torneos.

Volvió a jugar en 1941 en el Torneo Internacional de Mar del Plata, finalizando tercero, y luego ganó en el de Montevideo. Desde esta ciudad cruzó al Brasil, donde ganó, junto a Guimard, el torneo de Aguas de São Pedro Piracicaba, primer certamen internacional realizado con a participación de jugadores europeos en ese país. Durante este evento, las fronteras de Brasil fueron cerradas para los ciudadanos de los países del Eje. Ante esta situación, Eliskases, y también Engels, se vieron en una difícil situación: comos ciudadano de un país miembro del Eje, no podían salir del Brasil, pero tampoco permanecer en él. Pudieron conseguir una *licencia especial de circulación* del presidente Getulio Vargas y se quedaron allí. El mismo Vargas, sin embargo, les prohibió jugar los campeonatos de los estados o nacionales, y representar al equipo brasileño en las Olimpíadas. Para ganarse el sustento, ambos daban simultáneas, conferencias, clases de ajedrez y también de bridge.

En 1943 Eliskases fue contratado como entrenador del Club de Ajedrez de Río de Janeiro. Ese año, jugó cuatro certámenes en Río, venciendo en todos. Ese mismo año publicó *Jogo de Posição*, obra inédita sobre estrategia, y colaboró hasta fines de 1947 en la revista *Xadrez Brasileiro*, de Francisco Vieira Agarez. En ese lapso venció en los torneos internos del Club de 1944, 1945 y 1946, y en el Memorial Alekhine de este último año. También jugó el Torneo Internacional de Río de Janeiro, finalizando segundo, detrás de Najdorf.

En 1947 se radicó en Porto Alegre, contratado como profesor del Renner Xadrez Clube. Ganó el Torneo de San Pablo, y luego fue árbitro en la famosa serie de simultáneas a ciegas de Najdorf. Finalizada la interdicción para salir del país, se trasladó a Argentina, donde fue invitado al Torneo de Buenos Aires – La Plata y al de Mar del Plata, finalizando tercero en ambos. En 1948 fue invitado nuevamente a Mar del Plata, donde obtuvo una gran victoria. Volvió a jugar en esa ciudad en 1949, donde finalizó segundo, y en 1950, sexto. Este año recibió de la FIDE el título de Maestro Internacional en calidad de brasileño, ya que tenía documentos de radicación de ese país.

Luego viajó a Córdoba, donde jugó el Torneo del Centro de la República. Allí conoció a María Esther Olmedo, con quien se casó en el verano de 1951, radicándose en un barrio de la ciudad en

---

[856] *El Gráfico* nº 1656, 4 de mayo de 1951. La nota no posee firma, aunque seguramente fue de Amílcar Celaya.

forma definitiva. En 1951 compartió el primer lugar en el I Torneo Zonal Sudamericano, disputado entre Mar del Plata y Buenos Aires, clasificándose para el Interzonal de la FIDE. En 1952 representó a la Argentina en la Olimpíada de Helsinki como tercer tablero, y recibió de la FIDE el título de Gran Maestro Internacional. Luego jugó el Interzonal, donde tuvo una actuación discreta.

Erich Eliskases fue campeón nacional por tres países distintos: Austria (1929), Hungría (1934) y Alemania (1938 e 1939). Fue también subcampeón Argentino en 1957.

Eliskases por Leonardo Lipiniks

Al maestro Eliskases lo conocí durante un Torneo Abierto (tal vez el único) organizado con gran éxito por el Club GEBA. Durante el almuerzo de fin de torneo, en el club, vi que había quedado una silla vacía a la izquierda del maestro y me zambullí con la esperanza de *chamuyar* un poco en alemán con él. Cuando le hice la pregunta candente de porqué abandonó el ajedrez para hacer cálculo infinitesimal, me contestó casi textualmente:

> Cuando yo era joven tuve que jugar porque me daba de comer. Ahora, habiendo heredado una suma considerable de una amiga austríaca puedo darme el lujo de hacer lo que realmente me gusta.

Me acordé de esto cuando, leyendo el libro *Najdorf x Najdorf* –que tuvo a bien regalarme el Maestro Internacional Alberto Foguelman durante su visita a estos pagos de Asunción– leí una referencia de Spassky, quien amaba la vida y el ajedrez, poniendo en boca del *Viejo* que, en cambio, él amaba el ajedrez y la vida.[857]

Didáctica de un Gran Maestro [Juan Sebastián Morgado]

Por la diferencia de niveles, difícilmente pudiera yo jugar con grandes maestros. Sin embargo, en el Campeonato Argentino por Equipos de 1968 ocupé el primer tablero en el equipo de FANEBA (Federación del Noreste de Buenos Aires), y tuve la oportunidad de jugar con don Erich Eliskases, que lideraba el representativo de la Unión Cordobesa.

Mayormente éramos de El Palomar –del club AFALP– y de Villa Ballester, donde don Leonardo Gette, un veterano mecenas del ajedrez del Barrio Almirante Plate –había fundado la Plaza de los Ajedrecistas en Ciudad Jardín–, nos ayudó con los pesados gastos de viaje. Cada equipo se formaba con cinco integrantes, y nosotros apenas habíamos conseguido cuatro: Eduardo Lazarowsky, Víctor Birman, el propio Gette y quien escribe. A último momento desertó Birman, y quedamos en la gran duda: ¿viajaríamos sólo con tres?

No anduvo con vueltas don Leonardo, y sacó los pasajes aéreos. Nos sorprendimos cuando el avión bajó en una pista de aterrizaje de tierra: era un campito bien pampeano con una pequeña oficina como sala de embarque. Difícilmente encontraríamos un lugar más cómodo que el Palace Hotel, donde también se jugó el certamen. A poco comenzaron a llegar otras delegaciones, y se constituyó un multitudinario evento con 16 federaciones. No había tiempo para jugar a la americana, de manera que se organizó una preliminar en dos zonas, llegándose luego a una final de cuatro equipos por grupo que jugaban por los puestos 1° a 4°, 5° a 9°, etc. Ya entrábamos perdiendo por ausencia en un tablero, pese a lo cual terminamos sextos entre 8. La lucha por el primer lugar se definió entre Tucumán y Capital Federal, que igualaron con 8/12, pero los primeros se llevaron el trofeo porque en el encuentro individual habían vencido por 2½:1½. En nuestro caso, quedamos en el 12° lugar.

[857] Testimonio de Leonardo Lipiniks, 8 de abril de 2006.

Emotiva nota sobre Paul Michel.
El Argentino, La Plata, 23 de noviembre de 1951

Mi resultado personal fue más que modesto: derrotas frente a Rubinetti, Eliskases; empates frente a Juan C. Hase y Dadea; victorias frente a Zimmerman, Garay. En la final, victoria con Godoy y empates con Etcheverry y Villalba. (+3 = 4 –2).

Cuando Eliskases comenzó con la Apertura Inglesa, pensé que podía jugarle una India de Rey Variante Zemitis, que habíamos analizado con Castelli en Villa Crespo. Zemitis era un inmigrante letón radicado en Canadá, a quien conocimos por su afición al Gambito de ese nombre. La idea sorpresiva consistía en el retroceso 6…Cfd7, con idea de jugar con más fuerza …e5. Don Erich se tomó unos 20 minutos para responder, algo que me llamó la atención. Y luego cambió 8.dxe5, un caballo y los alfiles de casillas negras. Luego de la simplificación parecía que todo estaba igualado, y abrigué muchas esperanzas de sostener la partida. Pero al llegar a la jugada 16ª me di cuenta que el maestro me había engañado: ¡estaba posicionalmente perdido!

En mi desesperación por resistir entregué malamente un peón, quedando un final de torres completamente perdedor para mí. Pacientemente, don Erich aguantó mis inútiles 30 jugadas subsiguientes, y obligó a mi abandono en la jugada 56ª.

Tuve la lucidez de agradecerle la lección que me había dado, pero él me dijo que había sido una partida difícil, y que la jugada 6ª era una interesante novedad. Luego, durante unos 40 minutos, me explicó con profusión de detalles todas las variantes que podían producirse en el medio juego y en el final. ¡Una cátedra de didáctica ajedrecística! ¡Ahí recordé los kilométricos análisis que don Erich había publicado en la *Revista Ajedrez* en su sección "Cómo ganó Capablanca"![858]

Certificado de arribo de Paul Michel,
21 de agosto de 1939

Eliskases, Erich - Morgado, Juan Sebastián [C21]

Argentino por Equipos, Río Hondo, Santiago del Estero, 1968 *[Juan S. Morgado]*
1.c4 Cf6 2.Cf3 g6 3.g3 Ag7 4.Ag2 0–0 5.0–0 d6 6.d4 Cfd7!? N 7.Ae3 e5 8.dxe5 Cxe5 9.Cxe5 Axe5?! [9...dxe5 10.Cc3] 10.Ad4 Axd4 11.Dxd4 Cc6 12.Dd2 Df6 13.Cc3 Ae6 14.Cd5 Axd5 15.cxd5 Ce5 16.Tac1 c5?! [16...Dd8 17.f4 Cd7 18.e4] 17.dxc6± bxc6 18.Axc6 Cxc6 19.Txc6 Tab8 20.b3 Tb6 21.Txb6 axb6 22.Td1 Td8 23.Dd4 Dxd4 24.Txd4 Rf8 25.Tb4 Tb8 26.a4 Re7 27.a5 b5 28.Te4+ Rd7 29.b4 Tc8 30.Rg2 d5 31.Td4 Re6 32.Rf3 f5 33.Td3 Re5 34.e3 g5 35.Re2 g4 36.a6 Ta8 37.Ta3 Ta7 38.Rd3 h5 39.Ta5 Re6 40.Rd4 Rd6 41.Txb5 Txa6 42.Txd5+ Re6 43.e4 fxe4 44.Rxe4 Ta4 45.Tb5 Ta2 46.Txh5 Txf2 47.Th6+ Rf7 48.b5 Rg7 49.Th4 Rf6 50.Txg4 Txh2 51.Rd5 Tb2 52.Rc5 Tb3 53.b6 Tc3+ 54.Rb4 Tc1 55.Rb5 Tc3 56.b7 1–0

---

[858] Notas del autor. Como la *Revista Ajedrez* de la Editorial Sopena quebró en 1981, Eliskases me propuso que siguiera en *Ajedrez de Estilo* con sus artículos. Es así que salieron unas pocas notas más, que también quedaron inconclusas porque los lectores me dijeron que no podían soportar sus análisis…

Notable semblanza de Michel [Juan Iliesco]

l famoso maestro Michel se radica en La Plata. Vuelve del viejo continente el maestro Michel a la pacífica Argentina, su segunda patria, después de un año de aventuras, confundido entre las ruinas humanas y las crecientes inquietudes de cada día. Cumplida su misión de estrechar en sus brazos a los que quedaban de su honorable familia en la convulsionada Alemania, hizo más tarde escala en Viena, estimulada su esperanza en los románticos recuerdos de Francois-Joseph, de los Strauss, y el murmullo *no muy lontano* del Danubio Azul (Sic). Decepción encontró nuestro maestro en la Viena que él se imaginó. La alegría había claudicado, y los recuerdos vivían tan solos a la hora del descanso, cuando alimentando los sueños tonificaban el desastroso despertar (Sic).

Hasta el Danubio Azul, en la tristeza de su inmortal murmullo, parecía pequeños ecos moribundos de llantos de niños, y sus aguas habían perdido el esplendor de su pureza. ¡Argentina! ¡Argentina! ¡Único pensamiento invencible en el espíritu del ajedrecista! Antípodo lejos del contagio, el paraíso terrenal (Sic). Con este pensamiento se embarcó en el transporte nacional *Cabo Corrientes*, de vuelta. ¡Michel, el misterioso personaje de los torneos internacionales de ajedrez en Mar del Plata, y amigo de todo el mundo! En una carta, Michel ha hecho saber su intención de radicarse en nuestra ciudad, y el favor que le hacían al reservarle una pensión y piecita modesta, al alcance de sus recursos. Aprovechando la oportunidad, solicitamos a nuestros lectores ajedrecistas, para el amigo, un providencial alojamiento en las condiciones más o menos expuestas, alegrando con esta efectiva atención, su llegada a la ciudad de La Plata.[859]

Un alemán silencioso, cigarros y modestia

Paul Michel fumaba pequeños toscanos, que mantenía en sus labios sin solución de continuidad, y ésa era la razón de su inalterable mutismo. Sin embargo, el toscano no le impedía saludar con amables rictus, que despertaban simpatía.[860]

Enrique (Heinrich) Reinhardt [Luciano Cámara]

De pronto nos dimos cuenta que habíamos cometido una imprudencia cuando le preguntamos a don Enrique Reinhardt si estaba casado al arribar a la Argentina en 1939 para participar en el TN como integrante del equipo de Alemania que ganó el certamen. Ante su congoja, sólo entonces advertimos que nuestra pregunta había revivido una época tremendamente dolorosa y traumática de su vida. Su esposa murió en 1942, víctima de la Segunda Guerra Mundial, y sus dos pequeños hijos –ella, Waltraut; él, Peter– quedaron a la deriva, y más adelante, al término de la contienda, vivieron atrapados en el sector soviético de Berlin.

El traslado de ellos a la Argentina le demandó años, y fue posible porque una familia inglesa los llevó subrepticiamente al sector inglés, y después, gracias a los buenos oficios del Cónsul argentino en Bélgica, pudieron venir a Buenos Aires en diciembre de 1947. Procuramos alejar rápidamente estos recuerdos mientras tomábamos té en su casa de la Ciudad Jardín Lomas del Palomar, donde reside con su esposa Elisa desde 1947.

Enrique (Heinrich) Reinhardt nació en Stettin, Pomerania (Alemania) el 29 de marzo de 1903, de modo que al escribir estas líneas cuenta con 86 años de edad, y 50 de residencia en Argentina. Quedó huérfano a temprana edad, lo que le deparó grandes dificultades, como es fácil de imaginar. Nos dijo que su niñez fue triste, y sufrió hambre al terminar la Primera Guerra Mundial, cuando

[859] *El Argentino*, La Plata, 23 de noviembre de 1951. Aunque no está firmada, evidentemente la nota pertenece a Juan Iliesco.
[860] Testimonio de Rodolfo A. Redolfi al autor, diciembre de 2009.

debió abandonar el internado donde cursó siete años de escuela. A los 15 años se trasladó a Kena, una ciudad universitaria conocida por los poetas Schiller y Goethe, donde aprendió el movimiento de las piezas del ajedrez en una casa particular. Seguidamente pudo alternar con otros muchachos y progresar concurriendo a un club deportivo.

Entre tanto, alguien lo introdujo en un club de ajedrez, oportunidad en la que tomó contacto con libros especializados con los que aprendió la técnica del juego –remarcamos que en ese momento la más abundante y quizás mejor literatura ajedrecística estaba escriba en alemán–, hasta que en 1928 conquistó el campeonato del Club de esa ciudad. En procura de mejores perspectivas económicas, se fue a Bremen y posteriormente a Hamburgo, donde alternó con fuertes maestros. Fue campeón esta ciudad en cuatro oportunidades consecutivas, de 1930 a 1933. En 1934, en Kiel, se clasificó para el campeonato alemán, en el que figuró segundo, y logró el derecho a participar ese año en el Torneo Internacional de Escandinavia, realizado en el balneario de Bad Niendorff.

Por sus actuaciones, lo eligieron para integrar el equipo alemán que participó en el TN de 1939, junto con Erich Eliskases, Paul Michel, Ludwig Engels y Albert Becker, ubicados en ese orden, con Reinhardt como tablero suplente. La guerra estalló durante el desarrollo del torneo, y para casi todos los maestros significó la iniciación de angustiantes vicisitudes. No escapó Reinhardt de ellas. En sus duros comienzos en la Argentina, sus primeros pasos para ganarse la vida los hizo doblando folletos de propaganda de Vasenol. Más adelante ingresó en Schering como auxiliar de la sección propaganda, hasta que ascendió a Jefe de Contaduría. La obtención de este puesto se le facilitó ya que llegó aquí con el título de Contador.

Cinco años después entró en la compañía suiza Corinco–La Helvética, desempeñándose en la Contaduría General, y llegó a ser director habilitado. Con posterioridad, ocupó el mismo cargo en Siemens durante diez años, hasta jubilarse.

¿Cuándo y cómo empezó su actuación ajedrecística en Argentina? La práctica del juego sólo le resultó posible impulsado por su pasión y también por su físico privilegiado, ya que su residencia está alejada del centro de Buenos Aires, y significa un esfuerzo considerable participar en los torneos sin dejar de trabajar. Lo hizo, sin embargo, y de manera intensa. Inclusive hace un par de años, y aún ahora, concurre a una biblioteca de su barrio para disputar torneos. Por los años 50 se vinculó con Milcíades Lachaga y jugó torneos en el desaparecido Círculo de La Regence. También hizo amistad con Luis Piazzini, socio conspicuo del Club Argentino, entidad en la que fue campeón varios años, hasta que perdió el título a manos de Raúl Sanguineti.[861]

▓ Algunas de sus actuaciones son ponderables. Por ejemplo, ganó dos cuadrangulares en Alemania: en 1936 delante de Saemisch, Engels y Rellstab, y al año siguiente de Bogoljubow, Saemisch y Heinecke. En Argentina intervino en numerosos torneos individuales y por equipos. Jugó en Zonal de San Pablo 1960 y ocupó el 6º lugar. Fue 3º detrás de Najdorf y Julio Bolbochán y junto a Pelikán en el Campeonato Argentino de ese año.[862]

❖ **SUECIA**

Cruzando el Atlántico[863]

▓ La reunión de los mejores ajedrecistas de Europa que se embarcaron en el barco belga S/S *Piriápolis* en Amberes el sábado 29 de julio de 1939, fue un hecho impresionante e irrepetible. El

---

[861] Obtuvo el título de campeón del Club Argentino en 1949, al vencer a Antonio Piro 4½:1½, hasta perderlo en 1952 frente a Luis Piazzini. En 1955 lo recupera al no presentarse el campeón Lipiniks, y lo pierde con Raúl Sanguineti en 1956.
[862] Nota de Luciano Cámara titulada *Enrique Reinhardt, 50 años en la Argentina*, en *Ajedrez de Estilo* nº 139, diciembre de 1989, 2ª quincena, pág. 1175/7.
[863] Peter Holmgren.

Piriápolis era un barco de carga y pasajeros moderno pero relativamente pequeño, de 13.500 toneladas (7.380 toneladas brutas) que había sido contratado por los organizadores argentinos del TN.

Menos de un año después, el 11 de junio de 1940, el *Piriápolis* fue bombardeado y hundido por
aviones alemanes durante la evacuación de las tropas británicas de Dunkerke. De los equipos europeos solo no estuvieron en ese viaje Alexander Alekhine y George Thomas. Alekhine ya estaba de
gira en América desde principios de año, y Thomas había viajado en soledad unas semanas antes.
Junto con Ståhlberg, a bordo de *Piriápolis* estaban los jugadores suecos Erik Lundin, Nils Bergkvist,
Gösta Danielson y el reserva Bengt Ekenberg, así como Ingeborg Andersson que participaba en el
Campeonato Mundial Femenino.

El equipo sueco estaba debilitado por la ausencia de Gösta Stoltz, al haber rechazado la nomi-
nación debido a su nuevo empleo en Atlas Diesel.

Los otros 15 equipos estaban formados por:

* Bulgaria: Alexandre Zvetkoff, Olek Neykirch (= Neikirch), Alexandre Kiprov, Mikhail Kantardjiev (= Kantardzhiev) y Emile Karastoyanov (= Karastoichev);

* Venían por Checoslovaquia pero su nombre oficial con el que participaron en este torneo fue
"Protectorado de Bohemia y Moravia": Karel Opocensky, Jan Foltys, Jiri Pelikán, Karel Skalicka;

* Dinamarca: Jens Enevoldsen, Christian Poulsen, Alfred Christensen, Ernst Karl Sørensen y
Øjvind Larsen;

* Reino Unido: C.H. O'Donnell Alexander, Philip Milner Barry, Harry Golombek y Baruch
Harold Wood;

* Estonia: Paul Keres, Ilmar Raud, Paul Schmidt, Gunnar Friedemann y Johannes Turn;

* Francia: Aristide Gromer, Viktor Kahn, Barbato Nicolas Rometti y Edmond Henri Dez;

* Alemania: Erich Eliskases, Paul Michel, Ludwig Engels, Albert Becker y Heinrich Reinhardt;

* Islandia: Baldur Möller, Asmundur Asgeirsson, Kr. Gudmundsson, Einar Jon Thorvaldsson
y Gudmundur Arnlaugsson;

* Irlanda: John Francis O'Donovan, John James O'Hanlon, Gerard Joseph Kerlin, William
Minnis y William Nash;

* Letonia: Vladimir Petrovs, Fricis Apsenieks, Movsa Feigins, Lucijs Endzelins y Tenis Vitauts
Melngailis;

* Lituania: Vladas Mikenas, Povilas Vaitonis, Markas Luckis, Povilas Tautvaisas y Ksaveras
Andrasiunas;

* Países Bajos: Tjeerd Daniel Van Scheltinga, Nicolaas Cortlever, Adrianus De Groot, Lodewijk
Prins y Christiaan De Ronde;

* Noruega: Ernst Rojahn, Alfred Larsen, Sverre Rebnoord y Johannes Austbo;

* Palestina: Moshe Czerniak, Heinz Foerder, Victor Winz, Zelman (Zalamans) Kleinsteins
(= Kleinstein) y Meyer Rauch (= Meir). En este momento esta era una entidad geopolítica bajo la
administración británica;

* Polonia: Savielly Tartakower, Miguel Najdorf, Paulin Frydman, Teodor Regedziński y Franciszek Sulik.

Debido a la postergación del torneo y la escalada de los conflictos internacionales, los equipos
de Bélgica, Finlandia, Italia y Yugoslavia no se presentaron.

Como ha sido una tradición desde la primera Olimpíada de ajedrez (con la excepción de 1928 en
La Haya), se realizó en paralelo el torneo por el Campeonato Mundial Femenino. Para este evento,
también viajaron en el *Piriápolis*, Ruth Bloch Nakkerud de Noruega, Catharina Glimmerveen de

Roodzant de Países Bajos, Blazena Janeckova de Bohemia y Moravia, Ingrid Larsen de Dinamarca, Milda Lauberte de Letonia, Elena Raclauskiene de Lituania, Salome Reischer de Palestina, Rinder de Alemania, Paulette Schwartzmann de Francia, Vera Menchik Stevenson de Reino Unido y Marianne Stoffelss de Wagemans de Bélgica.

En total, 110 de los 122 pasajeros eran ajedrecistas, incluido el presidente de la FIDE, Alexander Rueb. Antes de la partida a las 4 pm, Rueb dio la bienvenida a todos los jugadores, comunicando también los saludos y mejores deseos del ex campeón del mundo Max Euwe, quien no tuvo la oportunidad de unirse al equipo de los Países Bajos. No hay duda de que el viaje por mar de tres semanas fue bastante placentero y agradable para la mayoría de los pasajeros. El clima se presentó excelente y muy pocas personas sufrieron mareos. Con tal multitud de trebejistas, uno podría imaginar que el ajedrez era la preocupación dominante; pero ese no fue el caso, a juzgar por los testimonios y los recuerdos disponibles. Seguramente, para Ståhlberg su principal actividad fue jugar al bridge. Sólo el mar agitado de la bahía de Santa Catarina pudo detenerlo a él y a sus compatriotas Keres, Eliskases y Petrovs, por un breve lapso. En un relato típicamente británico del viaje, en la revista *Chess* de septiembre de 1939, B. H. Wood relató sus vivencias.

> ¡De hecho, uno podría haber pensado que estaban por asistir a un torneo de bridge! Una hora antes que el barco levara anclas, y mucho antes de que los últimos pasajeros hubieran subido a bordo, Keres, Ståhlberg, Petrovs y Danielson ya estaban concentrados en una partida de *rubber*.[864] Fue un choque sensacional el de la pareja Conel Alexander y Miss Menchik, la Campeona Mundial Femenina de Ajedrez, contra Ståhlberg y Petrovs, campeones de ajedrez de Suecia y Letonia, respectivamente. Nuestros representantes bajaron seis mil puntos en un par de horas. Ståhlberg juega el bridge magistralmente; en cambio, Keres no muestra nada de su brillantez ajedrecística y, aunque juega bridge continuamente, no está muy por encima de la media. Ståhlberg, un súper-hombre, si es que alguna vez hubo alguno, se ríe como una niña y sobresale por encima del bullicio, de vez en cuando, con un efecto sorprendente.

Wood también informa:

> Alexander acaba de causar una pequeña conmoción al zambullirse en la piscina distraídamente con su sombrero puesto". Otros entretenimientos populares fueron el tenis de mesa, las cartas y el tenis de cubierta. Keres se convirtió en el rey sin corona del tenis de mesa, un título sin embargo desafiado por Golombek en la revista británica de ajedrez, colocando a Alexander en ese trono junto con Vaitonis como segundo. El único evento de ajedrez registrado es un torneo de *blitz* jugado el 6 de agosto, organizado por B. H. Wood. Najdorf estaba considerado como el jugador más fuerte en esta especialidad, pero no pudo participar debido al 'mal del mar'. En cambio, Karel Opocensky ganó con 7½ seguido de Engels con 7 y Ståhlberg en el tercer lugar con 5. Lundin llegó cuarto con 3½, antes de Tartakower, Endzelins, Apsenieks y Golombek. No se conoce que algún otro pasajero haya jugado en este evento.

Navegando a 17-18 nudos, el *Piriápolis* tardó doce días en llegar a la ciudad portuaria de Pernambuco, Brasil, el 10 de agosto. Después de una parada de solamente 6 horas, el "crucero del placer" continuó hasta Río de Janeiro, donde arribó el día 13. Después de un par de días de turismo en esa ciudad, la siguiente parada fue el día 16 en Santos, puerto principal para la exportación del café de Brasil ubicado en las afueras de Sao Paulo. Después de cargar bananas, partió para Montevideo al día siguiente. A partir de aquí hubo muchas atracciones para disfrutar; las naranjas y bananas frescas se vendían por menos de un centavo cada una. Quedaba sólo por cruzar el Río de la Plata, y finalmente echó anclas en Buenos Aires el 21 de agosto.

---

[864] Una de las formas del bridge.

A pesar de que las autoridades fueron notificadas con anticipación acerca de la llegada de los ajedrecistas, la oficina de inmigración demoró un tiempo por los controles, no solamente de los pasaportes, sino también de los ojos.[865] Los equipos europeos, ahora acompañados por Alekhine, que ya el 12 de julio había llegado a Buenos Aires junto con su esposa Grace a bordo del *Alcántara* desde Río de Janeiro, y George Thomas que había llegado el 11 de agosto en el *Almanzora* desde Southampton, se alojaron en la Avenida Palace Hotel de la Avenida de Mayo, que estaba a poca distancia del lugar de juego: el Teatro Politeama.[866]

❖ BULGARIA

La delegación búlgara [Sergei Soloviov]

▋ Todos los integrantes del equipo vivían en Sofía. Alexander Zvetkoff (1914-1990) 1° tablero, +7=4-5. Alcanzó el título de Maestro Internacional, fue seis veces campeón de Bulgaria, y co-fundador, junto con Kantardjiev, de la *Revista Búlgara de Ajedrez (Shakhmatna Misl)*. Se hizo famoso como entrenador del equipo de CSKA-Sofía.

Oleg Neikirch (1914-1985) 2° tablero, +6=4-5. Ex ruso, fue el primer ajedrecista búlgaro que clasificó para un Interzonal. Obtuvo el título de Maestro Internacional y trabajó como entrenador del equipo olímpico en muchas oportunidades.

Alexander Kiprov (1916-2000), 3° tablero, +2=7-4. Participó en diez campeonatos de Bulgaria. También fue un jugador muy fuerte de ajedrez por correspondencia, campeón búlgaro, medalla de plata en la VII Olimpíada de Ajedrez Postal, y famoso periodista de ajedrez.

Mikhail Kantardjiev (1910-2002), 4° tablero, +8=2-2. Fue durante muchos años un funcionario de la Federación Búlgara de Ajedrez, y fundador de la revista nacional *Chess thought* (Shakhmatna Misl), donde fue un integrante destacado del equipo editorial. Ganó su tablero en Buenos Aires 1939, y el premio fue un juego de ajedrez de ébano.

Emil Karastoichev (1916-1997) +3=2-3. Jugó dieciocho finales del Campeonato de Bulgaria. Fue un entrenador líder en el Club Slavia.[867]

Un viaje extenuante y azaroso [Justin Corfield]

▋ Cinco jugadores de Bulgaria aparecieron en Amberes. Aunque la FADA había escrito a su homólogo en Bulgaria para invitarlos, no habían recibido respuesta y no los esperaban, aunque los búlgaros sí habían notificado a las autoridades argentinas. La Federación Búlgara de Ajedrez había organizado un certamen clasificatorio, en el que Karastoichev pudo conseguir su lugar como reserva del equipo. Después de designar su representativo, la institución debió salir a recaudar dinero para financiarlos. Algunos de ellos lograron que sus padres afrontaran –los miembros del equipo estaban todos en sus 20 años– los gastos, pero el ajedrecista Alexandar Tsvetkov era huérfano. Con bastante esfuerzo se recaudaron los fondos necesarios, el equipo concurrió a la Legación Argentina para sus visas. Luego viajaron de Sofía a Belgrado, donde se hospedaron en la casa de un tío de Mijaíl Karastoichev, que le dio a su sobrino una camisa de seda para usar cuando jugara. Posteriormente, viajaron en tren a Zagreb, y luego a Colonia y Frankfurt, llegando exhaustos a Amberes.

Debido a que la FADA no había sido informada sobre la llegada de los búlgaros, hubo cierta confusión cuando llegaron. Ninguno hablaba ningún idioma, salvo su lengua materna, y no se en-

---

[865] Probablemente se refiera a enfermedades oftálmicas.
[866] Peter Holmgren.
[867] Testimonio de Sergei Soloviov al autor, agosto de 2006.

contré ningún otro jugador que hablara búlgaro. Neville Henderson, el ex embajador británico en Argentina (y en ese momento embajador británico en Berlín) escribió que "un ruso que va a Sofía podría conversar libremente con un búlgaro en 24 horas", por lo que era probable que algún ruso parlante que hubiera llegado podría haber servido como intérprete. También es interesante notar que cuatro de los búlgaros venían con pasaportes con números consecutivos, posiblemente obtenidos en el último minuto, y luego habían logrado obtener visas de turista emitidas en Sofía el 25 de julio, participando en una carrera loca a Amberes: el barco había tenido que ser demorado para permitir la llegada de los equipos de Dinamarca, Estonia e Islandia. A pesar de estos evidentes problemas y su inesperada llegada, fueron muy bien recibidos por el resto de los jugadores. Parece que la llegada tardía se debió a que las nuevas fechas de la Olimpíada en Buenos Aires -agosto/ septiembre- chocaron con las fechas del campeonato de ajedrez búlgaro, y la BCF tuvo que decidir que se celebrara ese evento o que un equipo participara en la Olimpíada. La decisión por esta última opción fue ciertamente influenciada por el capitán búlgaro, Alexandre Tsvetkov: después de haber derrotado a Alekhine en 1936, había una gran esperanza en Bulgaria de que él que pudiera volver a hacerlo. Baruch Wood dijo que "los búlgaros son más bien una decepción a la idea que tenemos de los guerreros balcánicos robustos, siendo más bien un grupo de flaquitos".[868]

❖ PERÚ

El viaje heroico de los peruanos

¿Cómo era que yo, Felipe Pinzón, a mediados de agosto de 1939 estaba a bordo del *Baarn*, barco de carga holandés? No era, por supuesto, un tripulante del barco. Era simplemente un pasajero, de los muy escasos que iban a bordo, como que la mayoría de ellos éramos los integrantes del equipo peruano de ajedrez que viajábamos con destino a Buenos Aires para intervenir en el TN en su octava edición. Por primera vez participarían peruanos, primera vez, además, que tendrían una actuación en el extranjero. Entonces estaba por cumplir veintidós años el 23 de ese mes, y la aventura se mostraba en su faz más seductora, vía el ajedrez, una actividad intelectual cargada de promesas pero también de incertidumbres.

Nuestra participación en el TN se había decidido desde un tiempo atrás, pero las dificultades económicas casi la frustraron. Debido a tales inconvenientes se eligió una solución adecuada a los escasos fondos existentes, que comprendía dos etapas: viaje por mar hasta Valparaíso, y luego viaje por ferrocarril desde Santiago hasta Buenos Aires. Así fue que abordamos el *Baarn*, un carguero holandés que iba *en lastre* a recoger carga en Valparaíso, destinada a Europa. El *Baarn* tuvo después una trayectoria notable en aguas del Atlántico, transportando materiales y abastecimientos de los aliados, y terminó hundido por submarinos alemanes.

Por fin arribamos a Buenos Aires, al atardecer del 24 de agosto. Buenos Aires, ciudad porteña, ciudad imposible de ensueños, era en 1939 una urbe cosmopolita europeizada, idolatrada, ensalzada, y a veces denigrada, con reminiscencias de las grandes metrópolis latinas de Europa, pero esencialmente era la gran ciudad del mundo hispánico, con un aire de misterio, sensualidad y belleza, y también con un sabor insospechado de tradición, seriedad y profundidad, que muchos de los peruanos habíamos admirado siempre a través de su literatura y de sus intelectuales de vanguardia, de sus tangos cadenciosos y excitantes, de su existencia variada y agitada.

Para los ajedrecistas en particular, Buenos Aires era *La Meca sudamericana* del juego ciencia, desde la que irradiaba el conocimiento y la técnica ajedrecísticas, mediante libros, revistas y publi-

---

[868] Justin Corfield, op. cit., pág 80/1.

caciones que transmitían el nervio, la acción y el ritmo de su movimiento, de su actividad intensa en el tablero nacional e internacional.

En la estación Retiro, luego de descender del tren *Cuyano*, que nos condujo a través de las pampas argentinas desde Mendoza, casi en las estribaciones de la Cordillera de Los Andes, hasta Buenos Aires, mientras observaba el interminable flujo de viajeros, tuve una visión caleidoscópica de nuestra larga jornada, de los avatares inéditos que nos envolvieron en un increíble manto de sorpresas y emociones a partir del Callao, desde donde embarcamos en el *Baarn* rumbo a Valparaíso. Una multitud de imágenes se agolpó en mi mente, y reviví en escasos segundos los doce días de navegación en el carguero holandés, y los dos de viaje terrestre, incluidos la escala en Arica, donde nos sobrecogió la visión del Morro glorioso, inmarcesible, cautivo.

Y entre las alegrías y los ensueños que la presencia imponente y enigmática del mar nos sugería, sintiéndonos aventureros o corsarios, surgió la anécdota de René Castro y Domingo Soto –dos de mis compañeros de equipo– quienes luciendo su habilidad pianística, deleitaron a todos los pasajeros, poniendo la nota emotiva y sentimental. También fueron significativas las escalas en Iquique y en Antofagasta, que matizaron pintorescamente nuestro viaje.

A nuestro arribo a Valparaíso, nos aguardaba don Dimas Muñoz, presidente de la Federación Chilena de Ajedrez, quien gentilmente nos dio la bienvenida y nos condujo vía Santiago hasta la población de Los Andes, en plena cordillera. No había conexión por ferrocarril con Argentina, a causa de los derrumbes provocados por el mal tiempo, y hubimos de trasladarnos en dos autos hasta Mendoza, donde llegamos la misma noche, tras un recorrido alucinante por sendas y vericuetos entre las montañas, al borde de precipicios. Recuerdo mucho que el timón de los autos estaba a la derecha, y tuve varias veces la impresión de que íbamos a desbarrancarnos, cuando hacían una maniobra que a mí se me antojaba extraña. Por suerte, los pilotos conocían muy bien el terreno y eran muy hábiles en el manejo; nos transportaron doscientos kilómetros a través de un paisaje desolado pero majestuoso.

En Mendoza abordamos el *Cuyano*, no sin antes haber gozado la noche anterior de un inolvidable paseo en un coche halado por caballos, por las calles mendocinas, evocando una tradición limeña que había desaparecido en nuestra ciudad. El trayecto por las pampas argentinas, con sus interminables y gigantescos hatos de ganado, kilómetro tras kilómetro, hora tras hora, en medio del polvo, sol y deslumbramiento, duró dos días de novedad, asombro, sorpresa y aburrimiento, que superamos con la ilusión de nuestra meta. Un gesto digno y altivo de Cayo nos reconfortó, sin duda, cuando ante la pregunta inquisitiva y quizás burlona de un inspector de tren, respecto a qué país pertenecíamos, respondió con acento orgulloso: ¡Somos peruanos, por la Gracia de Dios!

Durante nuestra estada en Buenos Aires estuvimos muy bien instalados en el Hotel Español, en plena Avenida de Mayo, y aunque los organizadores del torneo no programaron visitas ni excursiones en los días de descanso, gracias a mi vinculación con un residente peruano que tenía auto, pude personalmente conocer Luján, una hermosa localidad que descollaba por la Basílica de la Virgen de Luján y el Museo Sanmartiniano.[869]

Aviso del Hotel Español aparecido en el *Anuario de La Razón* 1941

▓ A la mañana del 25 de agosto los peruanos todavía no había llegado, pero gentilmente Sir George Thomas insistió que a la tarde los integrantes del equipo británico esperarían su arribo.

---

[869] *El Ajedrez en el Perú*, Felipe Pinzón Solís, edición del autor, 1987, pág. 11/2 (Resumen).

Ellos llegaron directamente desde la estación Retiro hasta el Politeama y comenzaron sus partidas momentos después.[870]

El largo retorno a Perú

■ Al retornar al Perú desde Buenos Aires, repetimos a la inversa el largo camino de las pampas argentinas, vía el tren El Cuyano, los autos con timón a la derecha, a través de la Cordillera de los Andes y el tren chileno desde la población de Los Andes hasta Valparaíso y desde este puerto al Callao, a bordo del Aconcagua, un vapor chileno de pasajeros, que raudamente, en cuatro días, nos condujo a la Patria, donde arribamos el 1º de Octubre de 1939. En principio, la organización del torneo había previsto un vapor que saldría de Panamá, y recogería a los jugadores de países de la costa del Pacífico, pero este programa no pudo cumplirse cuando el gobierno no desembolsó los fondos prometidos. Entonces, peruanos, chilenos, ecuatorianos y bolivianos vinieron con los gastos de traslado por su cuenta. Nos dijo Felipe Pinzón:

> El costo del viaje fue pagado por los directivos del club de Lima más una colecta que hicieron los socios de dicha institución, razón por la cual solamente viajaron cuatro jugadores, todos socios de dicha institución.

❖ CHILE

El viaje de la delegación chilena

■ La delegación chilena inicia su viaje hacia Argentina en auto, ya que el ferrocarril trasandino se hallaba interrumpido a causa de derrumbes causados por una tormenta, que dañaron las vías. Cruzan de Chile a la Argentina por el paso de Las Cuevas, luego pasan por Uspallata, llegan a Mendoza, y desde aquí hasta Buenos Aires. Los viajeros son René Letelier, Enrique Reed, Julio Salas Romo, Rodrigo Flores, Berna Carrasco y el delegado Manasevich. Mariano Castillo, el restante integrante, ha viajado por separado, y ya se encuentra en destino.

Equipo chileno: Enrique Reed, Berna Carrasco, Rodrigo Flores, Mariano Castillo y Julio Salas Romo, en Uspallata, Mendoza, agosto de 1939, durante el viaje a Mendoza. Foto Familia Budinich

René Letelier y este autor juegan una partida en el departamento del primero en Santiago de Chile, el 30 de abril de 2006. Foto Juan S. Morgado

Berna Carrasco y este autor en el departamento de la familia Budinich. Santiago de Chile, 1º de mayo de 2006. Foto Ángelo Guiñez

[870] Justin Corfield, op. cit., pág. 140.

Este autor y Rodrigo Flores Álvarez en las oficinas de este. Santiago de Chile, 30 de abril de 2006. Foto Ángelo Guiñez

La delegación chilena en Las Cuevas, Mendoza, en un descanso durante su viaje, agosto de 1939: Julio Salas Romo, Berna Carrasco, el delegado Manasevich, Enrique Reed y Rodrigo Flores. Foto Familia Budinich

▓ Nos expresó Rodrigo Flores:

Los gastos de traslado de nuestro equipo olímpico fueron pagados por la Federación de Ajedrez de Chile, y no tuvimos que asumir ningún costo. Fue un viaje muy bonito aunque muy cansador, en automóvil, cruzando la frontera por Las Cuevas, que recorrimos largamente y nos divertimos jugando en la nieve. Llegamos a Mendoza, y desde ahí a Buenos Aires. El único miembro del equipo que no vino con nosotros fue Mariano Castillo, que ya había viajado antes.[871]

Sorpresiva decisión de la Federación Chilena

▓ Contó René Letelier que durante el TN estuvieron muy felices. Estudiaron mapas de la ciudad para hacer paseos en las horas libres. En una oportunidad, junto a sus compañeros de equipo Reed, Flores y Castillo, fueron caminando hasta la calle Chile, distante siete cuadras del Hotel Español donde se alojaban. Allí, gritaron alegres el conocido "Chi chi chi le le le". Este alboroto generó algunas quejas de vecinos, y la noticia llegó hasta las autoridades de la Federación de Chile. Por ese motivo recibieron luego la sanción que informa el diario.[872]

Castigo al equipo chileno. *La Razón*, 17 de setiembre y 11 de octubre de 1939

SUSPENDIERON A LOS AJEDRECISTAS DEL TEAM CHILENO

SANTIAGO DE CHILE (U. P.) — La Federación Chilena de Ajedrez, después de estudiar el informe del director técnico, del equipo que participó en el torneo de Buenos Aires, acordó aplicar sanciones a algunos de los componentes "por su indisciplina y falta de espíritu deportivo". Censuró a los jugadores y aplica las siguientes suspensiones: A Enrique Reed, 30 días; Marino Castillo, 90; Rodrigo Flores, 180; y a René Letelier, de toda actividad ajedrecística dentro de los clubs afiliados. También suspende a dichos jugadores por tiempo indefinido de todo torneo que organice la Federación Chilena. Las suspensiones empiezan a regir desde la fecha.

Berna Carrasco

▓ Notable ajedrecista chilena que fue durante muchos años la más fuerte de América del Sud. Debe haber nacido alrededor de 1915. En el Campeonato Mundial de Buenos Aires 1939 causó

---

[871] *El Ajedrez en Perú*, Felipe Pinzón Solís, edición del autor, 1987, pág. 11/2. Testimonios del maestro peruano a este autor, setiembre de 2007, y de Rodrigo Flores Álvarez, Santiago de Chile, 1º de mayo de 2007.
[872] Testimonio de René Letelier al autor, 1º de mayo de 2007.

asombro por su belleza y por su juego: disputó palmo a palmo el segundo puesto con la legendaria Sonja Graf, que finalmente la aventajó por medio punto. La partida entre ambas fue ganada por Carrasco, quien de las 19 partidas sólo perdió 3 (+15 =1 -3). Esta actuación se mantiene como la mejor de una ajedrecista sudamericana en los torneos superiores de FIDE a través de todos los tiempos.

La segunda guerra y la falta de incentivos en Chile para las mujeres ajedrecistas de aquella época, determinaron el prematuro ocaso de esta excepcional jugadora, como de tantas otras de su tiempo. Ya casada y sin el fuego sagrado de su juventud, se la vio en el I Torneo Zonal Sudamericano jugado en Buenos Aires en 1954, donde quedó segunda detrás de la argentina Celia Baudot. Ambas clasificaron para el torneo de candidatos de Moscú 1955, donde Carrasco jugó como un fantasma del pasado, para quedar última, incluso detrás de la representante argentina. Seis años después, en San Pablo 1960, todavía demostró que preparándose un poco no había en Sudamérica quien la superase: empató el primer puesto en el III Zonal Sudamericano con la argentina Aída Karguer. Pero como la FIDE ya había reducido de dos a una la cantidad de plazas para América del Sur en el torneo de candidatos, ambas ganadoras debían jugar un *match*, que no se disputó nunca a causa de la desidia e indiferencia imperantes.

En Vrnjacka Banja 1961 el puesto de representante sudamericana quedó vacante... Dos ciclos más tarde, en el torneo zonal de 1966 jugado en Buenos Aires, reapareció Carrasco, ya con muchos años encima, para ganar fácilmente la prueba, logrando el pase a la candidatura ante una heterogénea oposición de adversarias de su época y otras más jóvenes a quienes doblaba en edad. Se la creyó retirada, y cuando Carrasco parecía vivir fuera del tiempo, en 1971 integró su equipo en un importante *match* a 20 tableros entre Argentina y Chile (18 tableros libres, un juvenil y un femenino). Los dos primeros encuentros tuvieron lugar en Mendoza en mayo, y los dos últimos en Santiago en setiembre. Berna Carrasco fue el único tablero chileno que ganó todas las partidas. Sobrevivió largamente a sus contemporáneas del ajedrez sudamericano y mundial: todavía en 1990 figuraba en la lista del ranking ELO de la FIDE.[873]

❖ LITUANIA

El territorio herido de los lituanos

▓ En tiempos de la Segunda Guerra Mundial, Vladas Mikenas estaba en Rusia. En cambio, Povilas Vaitonis y Povilas Tautvaisas, permanecían en Lituania. Al terminar la guerra, ambos abandonaron Lituania. Vaitonis se fue a Canadá, Tautvaisas a Estados Unidos. Vaitonis había ganado un torneo en 1943, durante la Guerra, pero nunca pude ver la tabla de posiciones. El último Campeonato de Lituania Libre se realizó en 1944, pero no finalizó porque las tropas rusas se establecieron a pocos kilómetros de la pequeña ciudad de Kulautuva, donde se jugaba; allí Tautvaisas tomó parte.[874]

Los recuerdos de Vladas Mikenas

▓ Desde 1931 participé en cinco Torneos de las Naciones, pero el de Buenos Aires dejó en mí una impresión irrepetible. La capital argentina recibió la amistosa visita de Caissa, creando de esta manera excelentes condiciones para la competición ajedrecística. Siempre estará en mis ojos el momento en que los ajedrecistas de Lituania regalaron a la FADA un juego y tablero de ajedrez fabricado en ámbar de Lituania. Pasaron los años y no sé cuál fue la suerte de este regalo de agradecimiento...

---

[873] Cuaderno de notas de Raúl Alberto Castelli, 1970-1992.
[874] Testimonio de Robertas Sutkus al autor, diciembre de 2005.

El VIII TN transcurrió en Buenos Aires. En la actualidad, gracias al avión, la Argentina está cerca, pero en aquel tiempo, llegar hasta allá no era nada sencillo. Nosotros tuvimos suerte porque por primera vez el gobierno lituano financió el viaje de los ajedrecistas de Lituania. Había por delante un interesante itinerario. El 25 de julio de 1939 llegamos en tren hasta Amberes, y luego continuamos por mar. Los pasajeros del barco eran, fundamentalmente, ajedrecistas de distintos países europeos participantes del torneo. A bordo se encontraban buenos y viejos conocidos; solamente faltaba Alekhine.

El campeón mundial finalizaba, por entonces, una gira por países de América del Sur. El viaje de 10.000 km hasta 'el otro fin del mundo' fue largo: duró cinco semanas. Pero no existió el aburrimiento, ya que a nuestra disposición había canchas de tenis, habitaciones para jugar al ping-pong, billar, una pequeña piscina, *cocktail* bar y un acogedor restaurante. A nosotros se nos exigía solamente armarnos de paciencia. Los jóvenes pasaban casi todo el tiempo tras las mesas de ajedrez, jugando al bridge o en la sala de baile. Muchos jugaban *blitz*, donde lograba buenos éxitos el conocido maestro polaco Miguel Najdorf. A él le fue otorgado el título de campeón absoluto en el juego relámpago.

Lo único que faltaba en el barco era una peluquería. Sobre todo, el que sufría era mi amigo Savielly Tartakower. Este gran maestro no se afeitaba, y le crecía la barba. Aparentaba estar cansado *y no se sentía en su salsa*. Decidí ayudarlo, pero le advertí que la *operación* no iba a ser de las fáciles porque no soy un buen barbero. Tartakower salió del camarote rejuvenecido diez años, pero... ¡Todo cortado! No obstante Savielly no se lamentó, y además me obsequió dos libros con dedicatoria. En una decía: "para el simpático peluquero", y en la otra "para el mejor peluquero entre los ajedrecistas y el mejor ajedrecista entre los peluqueros, en recuerdo del viaje a Argentina".

Todo hubiese sido bueno sin la amenaza de la guerra. Los checoslovacos se quejaban de que no iban a jugar el torneo bajo su bandera; ellos lo harían como representantes del Protectorado de checoslovacos y moravios. Pronto dejamos atrás la zona peligrosa, pero la navegación era bastante agitada porque los submarinos fascistas operaban ferozmente. Incluso, alguno de nosotros bromeó amargamente diciendo: "¿Qué será si nos sucede una desgracia? En el barco está la flor y nata ajedrecística de Europa". Los más ingeniosos nos tranquilizaban diciendo: "En tal caso será fácil responder a la cuestión de quién jugaba mejor, si el legendario Morphy o nosotros, pues un campeonato en el otro mundo daría la respuesta".

Después de tres semanas de navegación llegamos a la capital de Brasil, Río de Janeiro. Decían que Río era una pequeña París. La capital brasileña causó en mí una inolvidable impresión. Por un lado, la belleza de la ciudad, con la grandeza de sus rascacielos; por el otro, la sublime elevación, parecida a un huevo, del Pan de Azúcar. El capitán del barco lo bautizó Sombrero de Azúcar. En el punto más alto estaba la Estatua de la Libertad, una mujer que en sus manos sostenía una cruz cuya bendición alcanzaba por igual a todos los que la visitaban. Lamentablemente la bendición no fue para todos. Solamente podían bajar a puerto los poseedores de pasaportes americanos o ingleses. Evidentemente, la democracia brasileña no era para todos igual.

La siguiente escala fue en San Pablo, después Montevideo y por fin, después de treinta y cuatro días de viaje, arribamos a Buenos Aires. Utilizamos algunos días para conocer esta notable ciudad, para luego sentarnos a las mesas de ajedrez.

Esta vez hubo una cantidad record de países participantes: en total 27. Para la competición debieron formarse sub-grupos. En uno de ellos actuó exitosamente el equipo lituano, a saber: Argentina 18/24, Lituania 16½, Holanda 15, Dinamarca 13½, Islandia 13, etc. Jugando en el primer tablero alcancé el interesante *score* de 5½/6, además de vencer en buen estilo al campeón argentino Roberto Grau. La parte final del torneo fue ensombrecida por los terribles acontecimientos mundiales. El equipo inglés regresó a su patria, no tomando parte en la final. Los equipos de Francia y Polonia se negaron a jugar contra los ajedrecistas de Alemania, y también con los representantes del Protecto-rado de checos y moravios. El Comité Organizador decidió establecer en esos enfrentamientos en resultado de empate 2:2. El ánimo general estaba arruinado. Por primera vez los campeones resultaron ser los alemanes, obteniendo 36/56; medio punto atrás quedó Polonia, y el tercer lugar fue ocupado por la pequeña Estonia. El equipo de Keres obtuvo 33½ puntos. Lituania obtuvo 22, y ocupó el lugar 12°. En resultados personales, los mejores fueron: Capablanca 8½/11, Alekhine 7½/10; Petrovs 9½/13; Keres 10/14. Mi resultado fue de 6½/13, pero agregando los resultados previos obtuve 12/19.

Recuerdo un interesante episodio. El Comité Organizador asignó en calidad de premio para el mejor primer tablero un broche de oro con brillantes. Este premio era disputado tenazmente entre Alekhine y Capablanca. Debía sostenerse el decisivo encuentro entre Francia y Cuba, equipos que eran encabezados por ellos. Ese día llegué temprano a la sala del torneo, en la que ya estaba Alekhine, que nerviosamente daba vueltas alrededor del tablero. Su punzante mirada decía mucho. Alekhine esperaba el encuentro con Capablanca, aún cuando debía ser al revés. Pasaron veinte minutos y aparecieron los ajedrecistas de Cuba, pero sin Capablanca; su lugar fue ocupado por un suplente.

En ese momento fue difícil reconocer a Alekhine; su cara se cubrió de manchas y se sonrió sarcásticamente. Más tarde se aclaró la causa del estado de ánimo de Alekhine. Capablanca jugaba en el torneo fundamentalmente con blancas, y con rivales de nivel medio. Eludía principalmente encontrarse con adversarios fuertes. Por eso había logrado tener tan alto porcentaje en los resultados, y ahora, evitando su encuentro con Alekhine –que debía jugar con blancas–, se aseguraba el primer premio.

Durante la solemne clausura del torneo me senté al lado de Alekhine. En el momento en que apareció Capablanca, Alekhine sonrió con enojo y apartó de sí a un corresponsal que quería fotografiarlo tapándose la cara con ambas manos. Ya habían pasado doce años desde su duelo histórico por el título mundial aquí, en Buenos Aires, y la enemistad entre ellos todavía era muy grande. Lástima, pensé yo. Una foto con el campeón del mundo era mi sueño, pero esta vez no pudo realizarse...

Regresar a Europa fue difícil. La agitación de la guerra llegó a una escala sin precedentes. Inglaterra y Francia declararon la guerra a la Alemania de Hitler. La compañía de navegación no permitió al *Piriápolis* realizar el viaje de regreso. Pasaron días, semanas; continuaban las infructuosas negociaciones. Durante este tiempo incluso participé en un pequeño torneo internacional en la ciudad de Rosario, en el que ocupé el tercer lugar, detrás de Petrovs y Eliskases. La ayuda financiera recibida, sin embargo, resultó muy modesta. Al final, la cuestión del regreso del *Piriápolis* a Europa fue resuelta, pero muchos ajedrecistas decidieron quedarse en Argentina y esperar el fin de la guerra. Yo decidí regresar. Y hete aquí que el *Piriápolis* emprendió el viaje de vuelta. El ánimo de todos estaba totalmente abatido. A medida que nos acercábamos a Europa aumentaban las noches intranquilas. Afortunadamente, todos llegamos a Inglaterra, pero el camino que teníamos por delante era el Canal de la Mancha, y esto sí que era peligroso.

El estrecho lo cruzamos en un pequeño barco mercante. El viaje a través de los sectores minados era casi imposible, y en lugar de tardar, como estaba previsto, tres horas, navegamos cinco días. Se acabaron los alimentos: por día recibíamos un huevo hervido, un trocito de pan duro y una taza de café negro por cabeza. Nos vimos obligados a dormir con los cinturones de seguridad. Respiramos con alivio cuando llegamos a Amberes. El viaje siguiente a través de la Alemania fascista no fue nada agradable, pero al fin llegamos a la frontera con Lituania y esto significaba casi estar en casa. Lituania estaba en la antepuerta de grandes acontecimientos...[875]

---

[875] Texto de Vladas Mikenas, publicado en *Ajedrez de Estilo* n° 122, 1ª quincena de mayo de 1989, pág. 393/5, y n° 123, 2ª quincena de mayo de 1989, pág. 447/51. Fue remitido al autor mientras se jugaba la partida de ajedrez postal Mikenas – Morgado en el torneo Jubileo Lithuania-100, 1990.

Marcos (Markas) Luckis [Carlos Guimard]

▌ Por favor, señores, por favor… ¡silencio!

No necesito darme vuelta para saber quién ha hablado: es Luckis, el jugador que en situaciones apretadas no puede pensar si los espectadores hacen ruido, así éste se produzca al roce de la mano con un papel de diario, un fósforo que se enciende, o el simple taconear de los zapatos. Curiosidades. Porque cuando lo favorece la posición en el tablero, sonríe comprensivamente a la menor molestia, como diciendo:

Ahora no molesta.

¿Qué es lo que ocurre? ¿Por qué, en este mundillo del ajedrez, todo parece dislocarse? Quizá pueda hablar de los factores psicológicos en el ajedrez, yo, que me considero… uno de los jugadores más serenos. Y no voy a hacer –que me perdonen ellos–, basándome en las cosas que conozco, en lo que he visto en este torneo en mis compañeros de juego y en muchos otros. (…) De que la reacción está condicionada a los estados de ánimo, es cosa conocida. Y no habría de ser una excepción en el juego arte. Por eso, un Luckis alegre no es lo mismo que un Luckis deprimido, y lo que a éste le molesta, pasa inadvertido para aquél. Todo natural y lógico.[876]

Luckis, el hombre obeso y sus traumas de guerra

▌ El ajedrecista necesita pensar en silencio, mas a veces el público no se lo permite. Marcos Luckis no tolera ni el ruido que producen las hojas de un diario. Una vez pidió al fiscal que alejara una persona que se hallaba observando su partida. ¿Qué hacía? ¡Masticaba caramelos![877]

Un gallo para Luckis

▌ Habitué del Club Argentino, Marcos Luckis participaba en muchos torneos rápidos y en los Campeonatos de 1ª Categoría. Una de sus protestas reiteradas era contra los jugadores de dominó, que hacían el ruido característico de fichas. Pedía que la sala de ajedrez estuviera alejada, pero eso era imposible de cumplir en la mayoría de los casos. Veamos lo que salió publicado en *Clarín*:

Los traumas de guerra de un lituano. *Clarín*, 1 de mayo de 1946

[876] Carlos Guimard, *Mundo Deportivo*, 17 de noviembre de 1949.

[877] Carlos Federico Juárez, *El Hogar*, 3 de diciembre de 1955. El pequeño sonido de sacar del envoltorio los caramelos enloquecía a don Marcos.

Grandes Maestros contra principiantes [Juan Sebastián Morgado]

▓ A mis 14 años era un completo principiante, sólo con la experiencia de jugar con vecinos inexpertos y torneos escolares. Después de jugar con Najdorf en la Plaza San Martín meses atrás, donde había resistido hasta la jugada 50ª, vi un aviso donde anunciaban simultáneas de varios grandes maestros en las Barrancas de Belgrano, y allá me fui con mi tablero. Temprano en la mañana tomé el tren desde Bella Vista hasta Palermo, y de ahí un colectivo hasta el pintoresco escenario. Estaban anunciados, entre otros, Julio Bolbochán, Raimundo García, Alberto Foguelman, Jorge Pelikán, Enrique Reinhardt, Francisco Benko, Marcos Luckis.

Tenía esperanzas de repetir mi resiliencia anterior y llegar a las 50 movidas, pero ya en la 8ª perdí una pieza, y en la 22ª Luckis me estaba dando mate. Tratándome como un adulto, en dificultoso castellano me dijo: *¡Señor, tiene que mejorar en la táctica!*

Luckis, Marcos - Morgado, Juan Sebastián [C54]

Simultánea Barrancas de Belgrano, 1961 *[Juan S. Morgado]*
1.e4 e5 2.Cf3 Cc6 3.Ac4 Ac5 4.c3 Cf6 5.d4 exd4 6.cxd4 Ab4+ 7.Cc3 d6 8.d5 Ce7?? [8...Axc3+ 9.bxc3 Ce7 10.Ad3^2]
9.Da4+− Cc6 10.dxc6 Axc3+ 11.bxc3 0–0 12.Ag5 Te8 13.0–0 Ae6 14.cxb7 Tb8 15.Aa6 Ad7 16.Dc2 c5 17.Tfe1 Db6
18.Dd3 Te6 19.Ac4 Tee8 20.e5 h6 21.exf6 hxg5 22.Dg6 1–0

❖ BOHEMIA y MORAVIA

De Checoslovaquia a Bohemia y Moravia

▓ Los jugadores que llegaron a Amberes quizás en la situación más incómoda fueron los de Checoslovaquia. Su país había participado con esta denominación en todas las olimpíadas anteriores (y también en la no oficial celebrada en Múnich 1936). Cuando el equipo se inscribió para viajar a Buenos Aires, seguía siendo un país independiente. Sin embargo, tras la invasión de la Alemania nazi en marzo de 1939, la mitad occidental se convirtió en el Protectorado de Bohemia y Moravia, y la mitad oriental, en Eslovaquia. El nuevo país tenía problemas para cambiar todo el papeleo, y el equipo todavía parecía haber utilizado documentos de viaje de Checoslovaquia. El mejor jugador checo de este período, Salo Flohr, obviamente no tenía nada que ver con la nueva nación, y ya había decidido que no iría a Buenos Aires. En su lugar, se dirigió a Bournemouth.[878]

Personalidad de Carlos (Karel) Skalicka *[PBT]*

▓ El XXIV Congreso de la FIDE realizado en Schaffhausen, ciudad de Suiza, entre los días 23 y 29 de agosto de 1953, al que acudió el delegado argentino Dr. Rafael Castells Méndez, ha tenido como resultado que se vuelva a distinguir con un alto honor a nuestro ajedrez. Nos referimos al nombramiento de Árbitro Internacional recaído sobre el conciudadano Dr. Karel (Carlos) Skalicka, elegido por la Comisión de Calificación de la FIDE en su sesión del día 22. El Dr. Skalicka llegó al país integrando el equipo de Bohemia y Moravia que intervino en el Torneo de las Naciones realizado en nuestra Capital en 1939, y desde esa fecha quedó incorporado al ajedrez nacional. Nació en Praga, y cursó estudios superiores en la Universidad de esa ciudad, la más antigua de Europa Central, graduándose de Doctor en Jurisprudencia y ejerciendo la magistratura y la abogacía en su ciudad natal.

[878] Justin Corfield, op. cit., pág. 83.

Como ajedrecista inició su campaña internacional en 1913, obteniendo el título de maestro checoslovaco en 1919. Integró el equipo de su país en cuatro olimpíadas, incluso el que obtuvo el primer puesto en la primera olimpíada de 1924. Ha tenido a su cargo la organización de varios torneos internacionales, y fue miembro de la comisión redactora del Código de Derecho Internacional del Ajedrez. Es autor de numerosos libros de torneos, la mayoría editados en nuestro país, y de un manual ajedrecístico con datos históricos, reglamentos y demás noticias interesantes, publicado en 1926. Desde hace siete años viene dirigiendo técnicamente la revista oficial de la FADA, *El Ajedrez Argentino*, publicación que ha sido últimamente muy elogiada en el extranjero. Nos dice:

PBT es una revista que leo, porque me interesan sus notas. En cuanto al honroso título que me fue otorgado, lo interpreto como una confianza de la FIDE a la meritoria actividad ajedrecística de la Argentina, proyectada y protegida por el General Perón mediante la Confederación Argentina de Deportes, y me agrada contribuir de ese modo con mis conocimientos para el esplendor del deporte en esta mi segunda patria.[879]

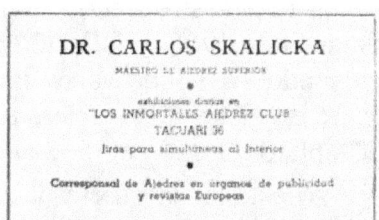

Honrosa distinción al deporte argentino y agradecimiento a Perón

El XXIV Congreso de la FIDE anunció que la Comisión de Calificación designó al doctor Carlos Skalicka, de Argentina, como uno de los nuevos Árbitros Internacionales, para los torneos oficiales que ella organice. Con este motivo, lo entrevistamos:

¿Cuál es su actuación internacional en el ajedrez?

Hace 40 años exactos que actúo en el ambiente del ajedrez internacional. En 1919 conquisté el título de Maestro de la Federación Checoslovaca, y en 1924 integré el equipo que se adjudicó el primer Torneo de las Naciones, en París. Ese mismo año firmé, junto con el desaparecido Roberto Grau y 12 representantes más, el pacto de la fundación de la FIDE. Intervine en numerosos torneos internacionales, y en las Olimpíadas de París, Praga, Folkestone y Buenos Aires. Colaboré en la organización de los certámenes internacionales en Checoslovaquia, y en 1928 fui miembro de la Comisión de la FIDE para la redacción del código internacional para la propiedad ajedrecística.

¿En qué ciencia es usted doctor?

Soy doctor en Jurisprudencia, de la Universidad de Carlos, de Praga, la más vieja de Europa Central. Además de mi profesión de abogado, desempeñé la magistratura judicial en la capital checoslovaca.

¿Y su actuación en Argentina?

Mi actuación en la Argentina, mi nueva patria, se concentró especialmente en la labor de propalar en el exterior los acontecimientos argentinos de ajedrez, editando colecciones de partidas de los torneos marplatenses de 1942, 1943, 1944, 1947, 1948 y 1949, y dirigiendo la revista oficial de la FADA, *El Ajedrez Argentino*, desde su resurgimiento en 1947.

Es una Honrosa Distinción al Deporte Argentino la Designación del Dr. Skalicka Como Arbitro Internacional de Ajedrez

EL XXIV Congreso de la Federación Internacional de Ajedrez de Schaffhausen, en Suiza, celebrado a fines del corriente mes, anunció que la Comisión de Calificación de la Federación Internacional designó al doctor Carlos Skalicka, de la Argentina, como uno de los nuevos árbitros internacionales para los torneos oficiales que ella organice. Con ese motivo, entrevistamos al Dr. Skalicka.

Un merecido lauro para Skalicka.
La Razón, 16 de setiembre de 1953

¿Qué significado da usted a la distinción de que ha sido objeto?

---

[879] Nota de Paulino Alles Monasterio en *PBT* n° 891 del 16 de octubre de 1953.

428   JUAN SEBASTIÁN MORGADO

Interpreto la designación y título de Árbitro Internacional de la FIDE como una honrosa confianza de la rectora del ajedrez mundial en la meritoria actividad ajedrecística argentina, protegida y elevada por el 'Excmo Señor Presidente de la Nación, General Juan Perón' (Sic), mediante la CAD. Me agradará poder contribuir en lo futuro con mis conocimientos, y con la misma seriedad y esfuerzo que han caracterizado una actuación ya muy dilatada, al esplendoroso porvenir deportivo de este maravilloso país que es la Argentina.[880]

Jorge (Jiri) Pelikán [Juan Sebastián Morgado]

El Maestro Internacional Jorge (Jiri) Pelikán nació en Castolovice, suburbio de Praga, el 23 de abril de 1906, y falleció en julio de 1984. Participó en numerosos torneos internacionales, incluyendo los TN de Varsovia 1935, Estocolmo 1937, y Buenos Aires 1939. En Varsovia obtuvo un score excelente en el tablero reserva, con +7, =7-1 (70%), lo mismo que en Buenos Aires, donde fue 3º tablero y logró +8 =5 -2 (70%)

Al estallar la guerra decidió radicarse en nuestro país, afincándose en Chacabuco, donde su figura se fue convirtiendo en una "institución". Luego estuvo también largos períodos en Bragado y en Quilmes, donde fue obrero calificado de la famosa *Cristalerías Rigolleau*. En todas esas localidades de la Provincia de Buenos Aires le brindaron apoyo moral y material, y así fue como participó en numerosos torneos locales y en varias finales del Campeonato Argentino. Sus mejores resultados antes de la guerra fueron: 8º/18 junto a Karl Richter en Podebrady 1936; 6º/14 junto a König en Novi Sad 1936. Ya en nuestro país, participó en varias ediciones del Torneo Internacional de Mar del Plata: 1942, 6º con Czerniak y Guimard, sobre 14; 1944, 7º/16 con Rossetto; 1945, 10º/16; 1956, 9º/17; 1961, 10º/16 y 1966, 9º/16.

Fue una figura de gran bohemia, modestia y hombría de bien. Lamentablemente no dejó ningún trabajo escrito. Su labor de investigación en las aperturas fue importante. El mismo Petrosian utilizó una idea suya en su *match* con Fischer, Buenos Aires, obteniendo mejor juego aunque luego Fischer ganara el juego. Su apertura favorita era la Bird (1.f4), y su defensa predilecta la Holandesa, que aplicaba con ideas propias. Decía que jugaba esos esquemas por las estructuras de peones que presentan, ya que le daba mucho trabajo adaptarse a las muy diversas formas de que ofrece cada apertura.[881]

El 29 de setiembre de 1973 comenzó en la Biblioteca Rivadavia de la ciudad de Santa Fe la final del Campeonato Argentino, en la que intervinieron 16 jugadores. Fue mi primera y única experiencia de ajedrez 'en vivo' de alto nivel. Entre los participantes se encontraba el flaco y alto –¡piel y huesos!– maestro Jorge Pelikán, a quien solamente conocía de vista. En los almuerzos se reunía la mayor parte de los ajedrecistas, y allí fue el momento propicio para que comenzáramos una amistad perdurable. Era un fumador empedernido, y parecía fuera del tiempo. Se notaba que había sufrido hambre, y se deleitaba intensamente con los postres.

Recordaba los animales –gallinas, perros, gatos, conejos– que había tenido en Chacabuco, donde los dirigentes de la federación local le habían conseguido una casa en comodato, y gozaban de sus charlas ajedrecísticas nocturnas hasta altas horas de la madrugada. Salvo algunas ropas y enseres, no tenía pertenencias, ni cuenta bancaria. Vivía al día, como un verdadero bohemio, y disfrutaba cada torneo como si fuera el último. Nuestra partida dio lugar a una lucha desigual, pero que logré igualar luego de varias zozobras.

---

[880] *La Razón*, 16 de setiembre de 1953.
[881] *Ajedrez de Estilo* nº 26, octubre de 1984, pág. 738.

Pelikán,Jorge - Morgado,Juan Sebastián [E41]

Final Campeonato Argentino, Santa Fe Santa Fe (3), 1973 *[Juan S. Morgado]*
1.d4 Cf6 2.c4 e6 3.Cc3 Ab4 4.e3 c5 5.Ad3 Axc3+ 6.bxc3 d6 7.Ce2 Cc6 8.e4 e5 9.0–0 h6 10.f4 Ag4 [10...cxd4 11.cxd4
exd4 12.Ab2 Ag4!?; 10...exd4 11.Ab2!?] **11.d5** [11.fxe5 dxe5 12.d5 Ca5 complicado *(12...Ce7 13.Ae3 Dd6 14.Da4+
Ad7 15.Da3 b6 16.Cg3=* Cherepkov (2425) - Sarkisian, Erevan 1984*)*] **11...Axe2** [11...Ca5 12.h3 iniciativa, Lund -
Misiuga, Reykjavik 2007] **12.Dxe2 Ce7 13.fxe5 dxe5 14.a4 Cc8 15.Df3 De7 16.a5** [Para impedir la maniobra negra
de consolidación ...Cd6, era interesante mantener la Ta1 y presionar el peón de c5. Por ejemplo: 16.Dg3 Rf8 17.Ae3
Cd7 18.Df2 f6 19.a5 Tb8 20.Tfb1 con buenas perspectivas para las blancas] **16...Cd6 17.Ae3 Tc8 18.Ta2 Cd7 19.Dg4
g6 20.Taf2 Rd8 21.Ac2 Th7 22.Aa4 a6?** [22...Tc7 resiste] **23.Tb1?** [23.Axd7! Dxd7 24.Dh4+ Rc7 25.Axc5 con venta-
ja] **23...Tc7 24.Ac2 Rc8** [24...Cxc4 25.Dh3 Cd6 complejo] **25.Ad3 Rb8** [A partir de este momento ambos jugadores
deben efectuar las 15 jugadas restantes en un minuto, produciéndose un ping pong violento] **26.Tfb2 Ra8 27.Af2 Cf6
28.De2 Cd7 29.Dg4 Cf6 30.Df3 Cd7 31.Te2 f6 32.Dg3 Tg7 33.Ae3 h5 34.Dh4 Df7 35.Tf1 De7 36.Dg3 Tc8 37.Tef2
Te8 38.Dh4 Tf7 39.Dg3 Tg8 40.Dh3 Tgf8 41.Dg3 Tg8 ½–½.** En realidad, las jugadas fueron tan vertiginosas que
no tuvimos tiempo de anotar las jugadas en las planillas, y tampoco pudimos reconstruirlas luego. A escondidas del
árbitro y en voz baja, me dijo:

> ¡Esto es una vergüenza, Morgado. Ni siquiera somos capaces de recomponer los movimientos!

Entonces registramos las movidas en forma aproximada, y convinimos las tablas.[882]

❖ POLONIA

Sulik por Tomasz Lissowski (1)

▨ Franciszek Sulik se unió al ejército polaco del oeste.[883] Luchó en Italia en 1944. Más tarde
llegó a Gran Bretaña, fue desmovilizado y, rechazando volver a la Polonia de la posguerra, que
emigró a Australia. Tenía título universitario de abogado, obtenido en Lvov, pero sus conocimientos
eran inservibles en Adelaida: se vio obligado a trabajar como simple obrero. Más tarde progresó,
se casó con una dama australiana, y jugó ajedrez en Adelaida. Murió en la década de 1990, cuando
tenía aproximadamente 80 años.[884]

Sulik por Roberto Grau

▨ Meses más tarde partía otro polaco, Francisco Sulik, también para Gran Bretaña, al frente de
un contingente de 200 combatientes polacos que marcharon de la Argentina para Londres. Poco más
tarde se llevó a cabo un torneo de ajedrez en las Fuerzas Armadas polacas en Gran Bretaña, en las
que triunfó un jugador de nombre desconocido en el mundo del ajedrez –Tartakower, que jugaba con
seudónimo, combatiente polaco a las órdenes del General De Gaulle–, segundo se clasificó Sulik,
y tras él, otros ajedrecistas de cierto prestigio.[885]

Sulik por Carlos Portela

▨ Francisco Sulik, maestro que estuvo un tiempo en Buenos Aires después del TN de 1939,
se ha radicado en nueva Gales del Sur, Australia. Sulik, que consiguió llegar a la zona de guerra
para combatir por su patria, y a quien se dio varias veces por muerto o desaparecido, se halla, pues,
como *aquellos muertos que vos matais, gozando de buena salud.* Reintegrado a las actividades
ajedrecísticas, será una buena contribución para el tablero australiano. Y esta es una grata noticia
para quienes tuvieron oportunidad de conocer aquí al simpático maestro polaco.[886]

---

[882] Notas del autor.
[883] En ese momento existía también el ejército polaco del este, constituido después de 1942 bajo dominio de la Unión Soviética,
controlado por Stalin. [Thomas Lissowski]
[884] Testimonio de Thomas Lissowski al autor, 26 de enero de 2006.
[885] Roberto Grau, *Leoplán*, 17 de noviembre de 1943.
[886] Carlos Portela, Frente al Tablero, *La Nación*, 9 de enero de 1949.

Sulik por Horacio Amil Meilán

▊ Quiero rendir un homenaje especial a Franciszek Sulik, con quien durante su corta permanencia en el país llegué a establecer una sólida amistad. Era un hombre de contextura atlética y de un carácter apacible y bondadoso, que en su tierra natal ejercía la profesión de abogado. En su exilio forzoso se las tuvo que arreglar como mejor pudo, y su tarea consistía en manejar un mimeógrafo en un modesto empleo que le consiguiera Roberto Grau. Recuerdo las largas caminatas que emprendíamos cuando lo acompañaba desde el club hasta la humilde pensión en que habitaba, en las cercanías de Plaza Once. También rememoro las extenuantes sesiones de ping-pong en que nos enfrascábamos periódicamente en el Círculo, deporte este en el que Sulik era un diestro aficionado.

Una vez me propuso dedicarme a enseñarme la teoría del ajedrez si yo, a mi turno, le daba clases de castellano, idioma que él pretendía manejar con mayor fluidez. Con mis 17 años recién cumplidos, cometí la imperdonable torpeza de no tomar en cuenta su ofrecimiento, acto del que tardíamente debí arrepentirme. Un buen día, el amigo Sulik nos comunicó que se embarcaba rumbo a Italia para incorporarse al ejército polaco del general Anders,[887] que se aprestaba a combatir contra los nazis. Estoy seguro que en esa empresa temeraria habrá tenido un honroso desempeño. Años más tardes me enteré, a través de Carlos Skalicka, que Sulik residía en Australia, donde se había radicado.[888]

Sulik y Tartakower, por Najdorf

▊ En 1939, cuando terminó el TN, quedamos varados Keres, Frydman, Sulik y yo. Además, estábamos completamente huérfanos de dinero. Esta situación la sufría sobre todo Sulik. Desconocía el idioma, no tenía ninguna posibilidad de encontrar trabajo y era muy tímido. Tan mal andaba, que a veces pienso que Sulik sólo recordaba lo que había comido ayer, y la respuesta era nada.

Enterado de sus penurias, el Dr. Tartakower actuó. Aceptó una invitación para jugar partidas simultáneas en un club muy elegante de Buenos Aires, cotizándose como él solía hacerlo: muy alto. Terminó la sesión, cobró sus honorarios, y se apresuró a verlo al pobre Sulik.

Toma, esto te mantendrá a flote durante algún tiempo.[889]

Regedzinski por Zoilo Caputto

▊ Theodor Regedzinski nació en Lodz el 28 de abril de 1894. Participó para el equipo de Polonia en cuatro Torneos de las Naciones, obteniendo varias medallas individuales y de equipo. Alrededor de 1917, Regedzinski jugaba a menudo en el Club de Ajedrez Lodz junto a los maestros polacos Rubinstein, Salwe y Rotlewi. En 1928 jugó para su país por primera vez en el TN de La Haya, donde logró el tercer mejor resultado de todos los jugadores con 76,9% de los puntos, contribuyendo así significativamente a la medalla de bronce de Polonia. También jugó en las olimpíadas de Folkestone en 1933, Estocolmo en 1937 y Buenos Aires en 1939. En total, jugó 46 partidas, con el resultado de +26 =14 -6. Ganó una medalla de plata y dos de bronce en la clasificación por equipos, y como jugador individual, una de plata y dos de bronce.

El 6 de setiembre de 1939 se jugaba la quinta ronda del turno final del TN. Suecia y Polonia se miden en un encuentro que puede ser decisivo para determinar los primeros lugares. En el tercer tablero, el sueco Bengt Ekenberg juega frente al polaco Theodore Regedzinski. Hacia la jugada 21ª, las negras contragolpean en el centro con 21...P4R, y el sueco elige una variante segura, 22.A3AD.

---

[887] Władysław Albert Anders (1892-1970) fue un general polaco que condujo el II Cuerpo de Ejército de Polonia en África y en Europa.

[888] Horacio Amil Meilán, *64... Repetida Cifra*, edición de Oscar Carlsson, pág. 75.

[889] Savielly Tartakower, semblanza de un gran ajedrecista, por Miguel Najdorf, *Ajedrez Postal Americano* n° 164.

La posición está pareja, y se espera la obvia 22...P5R o quizás la simplificación 22...PxP. Un señor despliega la sexta edición de *La Razón,* y puede verse el título "Lodz destruida por un bombardeo". Regedzinski es natural de esa ciudad, y comienza a temblar. Juega nerviosamente 22...C5R?, y entonces el sueco responde con la sencilla y fuerte 23.CxC PxC 24.D5C, amenazando mate. Presa de un ataque de desesperación, Regedzinski juega 24...PxP, y permite que le den mate en 8R. Se aleja corriendo. Suecia termina ganándole a Polonia 2½:1½.

Después de la invasión alemana a Polonia en 1939, la ciudad natal de Regedziski, Lodz, situada en el territorio del distrito militar recientemente formado de Poznan y más tarde Wartheland, fue incorporada al Reich y quedó sujeta a la política de ocupación alemana. A Regedzinski se le reconoció la nacionalidad y se le permitió participar en torneos alemanes debido a sus raíces teutonas. En 1941 jugó en el Gran Campeonato Alemán en Bad Oeynhausen. En el Campeonato General de Gobernación de 1941 en Cracovia, actuó bajo el nombre de Reger, porque ese era el nombre de sus antepasados. En 1952 compitió en el décimo Campeonato de Polonia en Katowice. Su mejor número histórico de ranking Elo fue 2545, cálculo de enero de 1938. Falleció en Lodz el 2 de agosto de 1954.[890]

Regedzinski por Roberto Grau

■ En uno de los torneos organizados bajo la órbita nazi actuó Teodor Regedzinski: el de Cracovia/Varsovia, 1941. Aquel gigante polaco que actuó en Buenos Aires 1939, quebrado por el dolor, mientras Polonia era arrasada por el adversario. Recuerdo que el mismo día que Lodz, su ciudad, donde habitaban su mujer y sus hijos, era arrasada por los aviones alemanes, estaba jugando una de las partidas más fáciles del torneo, y cayó batido de increíble manera. Era que el dolor y la incertidumbre habían quebrado su voluntad. Asimismo, recuerdo que el día que partió no sabía si podría llegar a su país, y decía a sus amigos: "No sé si llegaré a Polonia. Sé que me esperan la miseria y el dolor moral, pero allí está lo único que justifica mi vida: mi hogar. Ellos me necesitan. No podría vivir sin saber cómo y cuánto sufren".[891]

Regedzinski por Tomasz Lissowski

■ Teodor volvió a Polonia, ya ocupada conjuntamente por rusos y alemanes, en diciembre de 1939. Nadie sabe cómo llegó... Su ciudad nativa de Lodz fue renombrada como *Litzmannstadt* y se unió directamnente al Reich alemán, junto con Poznan y Pomerania, la parte norte de Polonia, península de Hela, puerto de Gdynia, etc. Teodor tenía abuelos alemanes. Firmó la llamada *Volksliste,* declaración de nacionalidad alemana y se convirtió en un germano. Participó en algunos eventos ajedrecísticos en Alemania, algunas veces como Regedzinski, otras como Reger, que podría ser el apellido de sus ancestros alemanes. Jugó con Alekhine, Bogoljubov y otros maestros alemanes.

Más tarde, en 1942, fue movilizado y enviado al Frente Este, con uniforme de soldado de la *Wehrmacht,* donde actuó como traductor. Él hablaba fluidamente ruso, alemán, francés, y por supuesto, polaco. Finalizó la guerra en mayo de 1945 en el país checo, cerca de Praga. Fue investigado por los aliados, pero luego liberado, como muchos polacos movilizados por la fuerza por los alemanes. Retornó a Lodz, con su hijo Norbert; su esposa murió en 1941 de un ataque al corazón. Hacia 1948 Regedzinski fue arrestado como un traidor, y sentenciado en Lodz a 5 años de trabajos forzados. Luego de tres años fue indultado como inválido, por haber enfermado del corazón durante los pesa-

[890] Testimonio del profesor Zoilo R. Caputto –testigo presencial– al autor, 15 de diciembre de 2005. Ese medio punto terminó resultando decisivo para la victoria de Alemania sobre Polonia por medio punto.
[891] Roberto Grau, *Leoplán,* 17 de noviembre de 1943.

dos trabajos. Retornó al ajedrez, juego por el que sentía verdadero amor y pasión, en el Campeonato de Polonia de 1952, y finalizó 6°, colocación destacada para un hombre enfermo y anciano. Murió en Lodz in 1954, acusado por algunos, respetado por otros.[892]

Tartakower según los suecos

■ Tartakower regresó a Francia luego del TN 1939, a pesar de que Roberto Grau le había ofrecido algunas posibilidades de trabajo en periodismo de ajedrez en Argentina. Él consideró que ya estaba viejo (tenía 52 años) para unirse al ejército polaco creado por el general Władysław Sikorski[893] en Francia. En enero de 1940 participó en un pequeño torneo en París y ganó por un gran margen. Algunos participantes de este evento, tales como Cukierman, Orbach, Dr. Monosson y otros fueron víctimas de la invasión.[894] En febrero de 1940 Tartakower se unió a la Legión Extranjera Francesa. Después del 18 de junio de 1940, cuando el mariscal Philippe Petain inició conversaciones con alemanes, él entendió que debía salir lo antes posible de Francia. Con un grupo de amigos viajó al norte de África, pero las autoridades locales no tenían espíritu de lucha. Entonces Tartakower viajó a través de Gibraltar hasta Gran Bretaña. Aterrizó en Londres el 18 Julio 1940 y se unió a las fuerzas francesas libres dirigidas por el general Charles de Gaulle.

Adoptó el seudónimo Georges Cartier por razones de seguridad, y jugó torneos de ajedrez bajo ese nombre durante toda la guerra. En Londres visitaba de vez en cuando el Royal Automobile Club y el Anglo-Palestinian Club. Los dirigentes J. N. Derbyshire[895] y Julius du Mont organizaron un *match* de ajedrez entre un equipo del ejército británico y otro que representaba a los Aliados (Francia, Polonia, Checoslovaquia, Holanda). El equipo inglés finalmente ganó el desafío por 6½:5½, aunque Tartakower derrotó a H. Golombek en el primer tablero.

El encuentro revancha se celebró en noviembre de 1942, y esta vez triunfaron los Aliados (Francia, Checoslovaquia, Yugoslavia) por 7:6. Una vez más Tartakower tuvo éxito en tablero 1. El tercer encuentro se celebró en febrero de 1945, esta vez entre los ejércitos francés y británico. Siempre jugando como primer tablero, Tartakower derrotó a T. J. Beach con piezas negras. Durante el período de la guerra Tartakower también jugó en Inglaterra algunas simultáneas a beneficio de la Cruz Roja, y partidas de exhibición. Más tarde regresó a Francia y fue desmovilizado.[896]

Tartakower por Roberto Grau

■ En Gran Bretaña actuaron varios de los ex participantes del TN. Algunos de los integrantes del equipo británico partieron para su patria el mismo día que su país entró en la guerra, dejando su compromiso deportivo, llamados por un deber mucho más fundamental. Tras ellos, apenas terminó la prueba, partió el doctor Tartakower, quien al partir justificaba su ansia de ir a Europa con estas palabras:

Soy viejo, pero soy útil. Sólo tengo en el mundo mi cariño por Francia, que me ha brindado su cordialidad. Estar ausente en estas horas amargas, y no ofrecerle mis servicios, sería traicionar mi dignidad.[897]

[892] Testimonio de Tomasz Lissowski al autor, 16 de febrero de 2006.
[893] Władysław Eugeniusz Sikorski (1881-1943) fue jefe de gobierno y comandante de las fuerzas armadas polacas al comienzo de la segunda guerra mundial.
[894] La batalla de Francia se inició luego del ataque de la Wehrmacht el 10 de mayo de 1940, y acabó con la capitulación del gobierno francés el 25 de junio del mismo año.
[895] El libro del torneo de Nottingham 1936 fue dedicado a Alderman Job Nightingale Derbyshire (1866-1954), un dirigente excepcional que fue el alma máter y mecenas del certamen. [Edward Winter en *Chess Notes* n° 6163]
[896] *Tidskrift för Schack*, revista de la Federación de Suecia, vol. 1, 1949, pág. 4/10. Traducido por Thomas Lissowski.
[897] Roberto Grau, *Leoplán*, 17 de noviembre de 1943.

Paulino Frydman y un conmocionante episodio el Salón Rex, por Gary Sherwood

En el Congreso de Gotemburgo 1955 la FIDE confirió el título de Maestro Internacional a Paulino Frydman, premiando así la descollante actuación de este gran valor de nuestro ajedrez. Frydman nació en Varsovia en 1905, obteniendo su primer éxito internacional al adjudicarse el torneo de Sopot 1930. En 1935 igualó un *match* con Rodolfo Spielmann y ganó el torneo de Helsingfors, delante de Keres y Ståhlberg, entre otros. En 1937 venció en Lodz. Frydman representó a Polonia ocho veces en el TN, siendo la última en Buenos Aires 1939. Radicado en Buenos Aires desde entonces, actuó con notable éxito en media docena de importantes certámenes, retirándose del ajedrez activo en 1941. A partir de ese año dirige la sala de ajedrez del Rex.[898]

Precisamente, el siguiente episodio aconteció en el famoso Salón Rex, donde se reunían diariamente centenares de ajedrecistas.

¡Usted, Utsonomjiya! ¡Litoyo Utsonomiya!

¿Frydman…? ¿Frydman…? Conocí a un Frydman en circunstancias excepcionales, en un expreso que marchaba a 80 km por hora. Frydman es un hombre que no olvidaré mientras viva, y aquel tren, ¡ojalá que no lo hubiéramos tomado nunca!

¿Malos recuerdos?

Los peores. ¡Horribles! Condujo a mi padre a la muerte. Mi madre y yo salvamos la vida milagrosamente; ella porque era mujer, yo porque todavía llevaba pantalones cortos… ¡Extraño! El Frydman que conocí en aquel tren también jugaba al ajedrez… como usted. Estoy pensando si aquel Frydman y usted… No, no puede ser. Sería la más fabulosa coincidencia… Sin embargo, dígame una cosa, señor Frydman, ¿estuvo alguna vez en Petrogrado?

El que escucha semblantea al que habla, al que le abordó inesperadamente en presencia de los que rodean la mesa del rincón observando cómo juega a la vez que explica los movimientos de las piezas al adversario sentado frente a él. El abordante tiene cara chata, ojos oblicuos, es asiático, quizás japonés. El abordado lo mira con creciente atención, y algo muy fuerte, anonadante, debe desencadenarse en lo más íntimo de su fuero interno, porque entreabre los labios y… no consigue articular palabra. El de la cara chata y los ojos oblicuos insiste con otra pregunta.

¿Viajó alguna vez en el expreso Petrogrado – Varsovia, señor Frydman?

Como venciendo la emoción que lo enmudeciera momentos antes, el interrogado responde:

¡Usted, Utsonomjiya! ¡Litoyo Utsonomiya!¡Usted Frydman! ¡Paulino Frydman! Las vueltas que da la vida: volvemos a encontrarnos después de tantísimos años, y como aquella vez, frente a un tablero de ajedrez. ¿Recuerda, señor Frydman?

No cabe la menor duda de que el mundo es pequeño; que sólo las montañas no se encuentran, y que el libro del destino está cuajado las más extraordinarias aventuras, de los más insólitos desenlaces, como éste de ahora. El primer encuentro había ocurrido hace casi cuarenta años, en circunstancias densamente dramáticas, y ambos lanzados de aquí para allá por los embates de la Primera Guerra Mundial.

A mediados de julio de 1914, el abogado Frydman, de Varsovia, entonces capital de la Polonia rusa, había decidido pasar las vacaciones con su mujer y sus cuatro hijos en el renombrado centro veraniego de *Kolobrzeg*, en territorio alemán y junto al Báltico. Se han cambiado los primeros quince

[898] *Revista Ajedrez* nº 20, noviembre de 1955, pág. 379.

días del verano y los Frydman están haciendo las valijas y viajar más hacia el oeste, adentrándose en la Prusia, cuando la puerta del pequeño departamento que ocupan se abre violentamente, dejando paso a cuatro soldados alemanes, uno de los cuales –sargento prusiano– pregunta perentorio y brutal:

¿De qué nacionalidad son ustedes?

Polacos.

¡Rusos, dirá! ¡Quedan detenidos!

¿Detenidos? Somos veraneantes, turistas. ¿De qué nos acusan? ¿Por qué nos detienen?

De enemigos de Alemania.

¡Imposible! Polonia nada tiene contra Alemania...

¡Polonia es provincia rusa! *Saronoff* (Sic) acaba de desencadenar la guerra en Petrogrado. Ustedes vendrán con nosotros.

Aquella trágica noche del 1º de agosto de 1914, dos horas después que el embajador de Alemania en Petrogrado, conde de Portalés, presentó el ultimátum al ministro de negocios extranjeros ruso, *Saronoff* (Sic), comenzaba la odisea de los Frydman, sorprendidos en jurisdicción enemiga por el estallido de la gran conflagración europea.

Se los envía de aquí para allá, internándolos una semana en un pueblo pesquero, luego en otro bien lejos de la costa. A pesar de todo, teniendo en cuenta la condición de turistas, se los trata con cierta consideración. Terminan confinándolos en la pequeña isla de Rugia, en el mar Báltico. En 1915, Alemania decide dejarlos en libertad, entregándolos a un país neutral: Suecia.

En Estocolmo, y mientras aguardan salvoconductos para regresar a su tierra, Paulino –el benjamín de los Frydman– interviene en el torneo infantil de ajedrez de la capital sueca, clasificándose primero, lo que le vale un comentario de diez líneas en un diario de Estocolmo, con un título que dice: *Un bisnieto del gran Winawer gana el certamen reservado para menores de doce años.* La noticia es correcta: Simón Winawer ha sido el más grande ajedrecista del siglo pasado, y uno de los mejores de Europa. Después de una estada más o menos prolongada en Escandinavia, los Frydman pasan a Finlandia, de allí a la metrópoli zarista, y finalmente el regreso a la ciudad natal en el expreso Petrogrado – Varsovia. Como el viaje es larguísimo y por demás aburridor, Paulino termina sacando el tablero de ajedrez de una valija, y, a falta de adversario, juega contra sí mismo. Ha movido las primeras piezas cuando uno de los japoneses instalados, mudos e inmóviles en el asiento de enfrente del mismo compartimento, exclama en ruso:

¡Ah, juegas al ajedrez! También nosotros jugamos al ajedrez… Aprendimos en Moscú y luego en Petrogrado. Éramos los únicos en la embajada nipona que jugábamos al ajedrez… Mi hijo *Litoyo* es bastante diestro en defender al rey.

Ordenó el abogado Frydman:

Paulino, juega una partida con tu compañero de viaje.

De este modo inesperado se había roto la indiferencia glacial entre aquellas dos familias que viajaban en el expreso Petrogrado – Varsovia. Mientras los chiquillos juegan, los mayores comienzan por intercambiar impresiones de viajes y terminan sumergiéndose en confidencias. El japonés, que viaja a Polonia acompañado por su esposa y su único hijo, es *Horobetsu Utsonimiya,* agregado desde hacía dos años a la embajada de Petrogrado, y ahora, siguiendo instrucciones de Tokio, iba a Varsovia, y de allí a Berlín, con el propósito de informar a su gobierno acerca de lo que ocurría realmente en Alemania. Tal es la amistad surgida en el viaje entre los Frydman y los *Utsonimiya* que, llegados a la capital polaca, los últimos pasan dos días en la residencia que los primeros tienen en Varsovia. Enseguida los nipones reanudan viaje hacia el oeste…

Pasa el tiempo, y a principios de 1918 un diario inglés que llega a las manos de los Frydman informa detalladamente:

¡Héroes civiles! Antes que ceder a la presión de sus captores, urgidos por informes precisos de la capacidad del Imperio del Sol Naciente, el diplomático japonés *Horobetsu Utsonimiya*, se ha suicidado aplicándose el harakiri. La actitud del agregado… etc.

Naturalmente, los Frydman nunca más volvieron a saber de la señora Utsonimiya y del pequeño *Litoyo*. Con la marcha del tiempo, Paulino Frydman gana seis veces el campeonato de Varsovia, equivalente a virtual campeón de Polonia, se clasifica primero en diversos certámenes internacionales, y en 1939 lo tenemos en la Argentina participando en el Torneo de las Naciones, en el segundo tablero del equipo polaco, después de Tartakower. Durante las primeras partidas estalla la guerra del mundo: Frydman termina afincándose definitivamente entre nosotros, ganando torneos de importancia, y entre sus muchas ocupaciones –es literato, matemático, etc.– se dedica de lleno a la enseñanza del ajedrez en uno de los salones más concurridos de la calle Corrientes. Está en eso, explicando estrategias ajedrecísticas, cuando un visitante golondrina, de esos que asoman curiosos y se marchan sin volver, un japonés oye nombrarlo y lo aborda allí mismo, en presencia de los que asisten a las explicaciones:

¿Frydman? ¿Frydman? Conocí a un Frydman en circunstancias excepcionales que…

Sí, lo dicho. El mundo es pequeño; sólo las montañas no se encuentran, y el libro del destino está lleno de las más extraordinarias aventuras, de los más insólitos desenlaces.[899]

Las vicisitudes del viaje a Buenos Aires

Y Alemania estaba ciertamente en la mente de los jugadores polacos mientras pasaban por Alemania en tren, preocupados por el aumento de las tensiones entre los dos países. Había mucho interés en el ajedrez en Polonia, ya que Ksawery Tartakower, el capitán, había logrado persuadir al joven y recién casado Mieczyslaw Najdorf para que lo acompañara a Buenos Aires a pesar de que su protegido más joven no quería hacer el largo viaje marítimo a Sud América. Tartakower había estado allí ocho años antes y para esta visita, el PCF había otorgado a sus jugadores 200 dólares a cada uno, para gastos. Debido a que el gobierno polaco no tenía dinero para financiar el viaje, el propietario y entusiasta del ajedrez, Dawid Przepiórka, proporcionó a la PCF la mitad del dinero que necesitaban para esta Olimpíada. Había sido dueño de varias casas y vendió su última propiedad de alquiler para financiar el viaje en 1939.

Los polacos estaban totalmente varados. Mieczyslav Najdorf escribió que tenía 320 dólares al final de la Olimpíada. Aunque jugaba ajedrez, no ganaba mucho dinero, así que se dedicó a la venta ambulante de distintos artículos, recorriendo distintos barrios de Buenos Aires.[900]

---

[899] Nota de Gregory Sherwood en *PBT* nº 897 del 27 de noviembre de 1953. Publicado en *Luces y Sombras del Ajedrez Argentino, tomo 1,* op. cit.
[900] Justin Corfield, op. cit., pág. 82/3, 305.

❖ PALESTINA

Las andanzas de Viktor Winz

▓ Uno de los extranjeros que instaló en Mendoza en 1947 fue Viktor Winz. Manuel Pereyra me comentó personalmente cuando llegó venía de traje blanco, muy elegante. Sobrevivía jugando por unas monedas en los cafés, y recibió ayuda de algunos mecenas. Quedó en evidencia que venía a probar suerte en el Casino de Mendoza, donde solía ganar pequeñas sumas que le permitían obtener algunos recursos. Estuvo unos cuantos años anclado aquí. Recuerdo una anécdota de Manuel con él. Como Winz solía levantarse al mediodía, jugaban por la tarde en un café llamado *Los 40 billares*, sobre la Av. San Martín, por el café con leche y las medialunas.

Normalmente ganaba Winz, pero algunas veces quedaba perdido, y entonces empezaba a demorarse en responder. ¡En el ínterin Manuel se ponía a jugar al billar! La partida se hacía eterna y como a Manuel se le hacía tarde, entonces pagaba la consumición sin esperar el resultado, y lo liberaba. Jugó en varios torneos locales. Por ejemplo, en 1950 nuestro representativo que participó en el Campeonato Argentino por Equipos, que se jugó en nuestra ciudad capital, formó con Pío Biava, Pedro Passero, Viktor Winz y Prades.[901]

▓ A fines de setiembre de 1960, Herbert R. Graetz organizó en Berlín un foro acerca de la preparación de los equipos para las Olimpíadas. Concurrió, luego de vivir muchos años en Argentina, Víctor Winz, de 54 años, que jugó en el TN de 1939. En esta oportunidad jugó 22 partidas simultáneas, y luego de 4 horas obtuvo un score de +16 =2 -4.[902]

La activa personalidad de Miguel (Moshe) Czerniak

▓ Miguel (Moshe) Czerniak nació en Varsovia el 3 de diciembre de 1910, y falleció en Tel Aviv el 31 de agosto de 1984. Fue nombrado Maestro Internacional de la FIDE en 1952.

Escribió quince libros de ajedrez, y fue fundador del Círculo de Jóvenes Ajedrecistas de Tel Aviv. En español se publicaron cuatro de sus obras: Torneo Internacional de Buenos Aires 1941, El Final, La Defensa Francesa y Partidas selectas de Botvinnik, los tres últimos por la Editorial Sopena. En idioma hebreo, sus más famosos títulos son: *La apertura Española* (2 tomos), *Israel en las Olimpíadas* (hasta 1978), y *El libro de ajedrez* (un manual práctico). En inglés publicó un excelente libro: *La XVI Olimpíada de Tel Aviv 1964*, que incluye valiosos comentarios y anécdotas. En sus últimos años, Czerniak tenía a su cargo una columna en el matutino israelí *Haarets (El País)*, diario para el que colaboró durante 25 años. Representó por primera vez a Palestina en la Olimpíada de Varsovia de 1935, y el mismo año obtuvo el título de campeón de Palestina en un torneo disputado en Tel Aviv. También obtuvo otros dos títulos nacionales, en 1938 y 1955. Czerniak fue el primer tablero de Palestina en el TN 1939, al estallar la II Guerra Mundial, durante su desarrollo decidió radicarse temporariamente en la Argentina, lo que hizo hasta 1951. En 1974, recibió del presidente israelí un premio especial conferido por el Ministerio de Educación y Cultura.[903]

▓ Miguel Czerniak contrae la cabeza, la gira, alejándola del tablero —espectador de sí mismo— y con la pieza en la mano piensa aún, hasta que la deposita, *atornillándola* en la casilla.[904]

[901] Testimonio de Jorge Luis Fernández al autor, 12 de marzo de 2006.
[902] *Deutsch-Sowjetische Freundschaft ein Schachforum* (WEB)
[903] Nota de Horacio Volman en Ajedrez de Estilo nº 44/5, octubre de 1985, pág. 788.
[904] Carlos Guimard, Mundo Deportivo, 17 de noviembre de 1949.

Las incógnitas de Meir Rauch

Meir Rauch nació en Zolynia, Polonia, el 15 de octubre de 1909 y falleció, el 1 de agosto de 1983. Integró en el TN el equipo palestino, y cuando se declaró la guerra decidió quedarse en forma permanente en Buenos Aires. Emigró a Israel en 1945. En los años 1960 todavía Rauch era socio del Réti Chess Club de Tel Aviv.

No se le conocen a Rauch actuaciones en torneos posteriores a 1945, año en que participó en el II Memorial Grau organizado por el Círculo, donde finalizó 9° con 4½/13 (+4 =1 -8).

Los palestinos, en La Plata

▉ Luego del TN, los integrantes del equipo palestino realizaron una visita a esta ciudad, invitados por las autoridades de la Sociedad Hebraica Macabi, que habían preparado diversos agasajos en su honor. Los ajedrecistas Foerder, Rauch, Winz, Kleinstein y el campeón Czerniak, luego de realizar un rápido paseo por las principales calles de la ciudad y visitar el Museo, el Observatorio y el Club de Gimnasia y Esgrima, donde hicieron algunas exhibiciones con destacados aficionados locales y el campeón platense Carlos Maderna, participaron en una comida ofrecida por la citada entidad. En horas de la noche, en el local de Macabi, disputaron varias partidas. Además, Czerniak dio una conferencia sobre la actualidad de Palestina, siendo aplaudido por la concurrencia. Finalmente, y antes de emprender el regreso a la Capital Federal, los visitantes fueron obsequiados con un *lunch*.[905]

Los resabios de la situación de guerra mundial se reflejaron en un artículo del diario Crisol, de Quilmes, que ofreció una versión antijudía de la visita de los palestinos a La Plata. Los acusó de recaudar dinero para la causa de Sión, y finalizó la nota con una pregunta: "¿Delegados de la torre y de la dama, (fueron) pues, delegados del Sanhedrin?"[906]

Visitarán la ciudad los ajedrecistas que jugaron por Palestina

Los palestinos en La Plata.
El Día, 22 de setiembre de 1939

Propanga judía de los jugadores de ajedrez

Nota anti-judía en diario *Crisol*, 30 de setiembre de 1939

[905] *La Nación*, 28 de setiembre de 1939.

[906] El Sanedrín fue una asamblea o consejo de sabios compuesto por 71 rabinos en cada ciudad de la Tierra de Israel, que hacían la función de juez. Estas expresiones fueron completamente aisladas, hecho que se comprobó por la libertad con que varios palestinos pudieron manejarse en los tiempos post TN.

❖   **CUBA**

María Teresa Mora

▋ En su libro *My chess career*, escrito en 1919, Capablanca hacía mención de una niña cubana, de doce años entonces, a quien venía impartiendo lecciones desde hacía tiempo, y en quien tenía depositadas muchas esperanzas: María Teresa Mora. La legendaria "alumna de Capablanca" no tuvo después, por muchos años, ninguna actividad, ni se supo nada de ella. Por eso, cuando veinte años después, en 1939, arribaron a Buenos Aires los integrantes del equipo cubano para el TN y el Campeonato Mundial Femenino, causó asombro comprobar que se trataba de una persona real. Su actuación fue seguida con emocionada simpatía, no menor a la que inspiraban las dos heroicas representantes argentinas, Dora Trepat y María Angélica Berea. Mora cumplió una buena actuación: 7ª entre 20, con 11/19. Pero entonces estalló la segunda guerra mundial.

Recién nueve años más tarde supimos de ella, cuando en un *match* entre el Club de Ajedrez Capablanca de La Habana y el Marshall Chess Club de Nueva York, perdió con la norteamericana Mary Bain en el único tablero femenino.

La misma sensación de asombro e incredulidad registrada diez años antes en Buenos Aires, vivieron los aficionados soviéticos en el Campeonato Mundial Femenino de Moscú 1949/50. Apenas podían creer que aquella señora ya crepuscular fuera la niña de quien hablaba Capablanca en sus libros. Todavía jugaba bien, y enfrentó con dignidad a sus contemporáneas y a otras jugadoras mucho más jóvenes, para compartir el 10º puesto con la húngara Josza Langosz. La siguiente información de ella es luctuosa: en 1984 un corresponsal en La Habana de la revista argentina Ajedrez de Estilo informa los resultados de un torneo "María Teresa Mora in Memoriam", femenino internacional. Durante el torneo de Moscú su presencia despertaba un sentimiento de inocultable simpatía, y en muchos reportajes recordaba con afecto al inolvidable maestro de su niñez. Sus años de nacimiento y muerte pueden situarse aproximadamente entre 1906 y 1983.[907]

❖   **LETONIA**

Resolviendo el enigma Feigins

▋ Le preguntábamos a Milcíades Lachaga sobre el letón Movsa Feigins, y nos decía:

> Un caso triste fue el de Feigins, un gran jugador que incluso había derrotado a figuras de la talla de Bogoljubow. Aunque a decir verdad, creo que cuando vino a la Argentina ya tenía las facultades mentales algo alteradas.[908]

Feigins fue uno de los muchos ajedrecistas que quedaron varados en Argentina luego del TN de 1939, a causa de la declaración de la Segunda Guerra Mundial. Resultó muy interesante, y a la vez dificultosa, la tarea de seguimiento de sus pasos. Lo encontramos en mayo de 1940 en el Círculo de Vélez Sarsfield, donde ocupó el segundo lugar en un torneo organizado por esa entidad. Veamos la crónica de *La Nación*:

Ha quedado prácticamente terminado el torneo que organizó el Círculo de Vélez Sarsfield entre un grupo de sus mejores elementos y con el concurso de dos ajedrecistas extranjeros, uno de ellos el maestro Becker, de gran renombre en el ambiente internacional. El maestro Becker ganó holga-

---

[907] Cuaderno de notas de Raúl Alberto Castelli, 1970-1992. Ampliación y correcciones de Juan S. Morgado.
[908] Reportaje de Juan S. Morgado a Milcíades Lachaga, revista *Ajedrez de Estilo* nº 53/4, pág. 186/9.

damente, ya que se impuso en las ocho partidas disputadas, poniendo en evidencia su gran calidad. Tras él se clasificó el letón Movsa Feigins, con 7/8.[909]

Tres meses después encontramos a Feigins jugando el Campeonato Argentino de Ajedrez Rápido, en representación del Club Jaque Mate, club al que representaría en adelante hasta el final de sus días. Obtuvo el tercer puesto, detrás de Jacobo Bolbochán y Czerniak. Veamos lo que decía *El Mundo*:

Gana Jacobo Bolbochán el certamen argentino de juego relámpago, organizado por la FADA en el Club Argentino. Intervinieron 14 ajedrecistas de la categoría superior en representación de cuatro entidades: Club Argentino (Piazzini, Schvartzman e Iliesco), Círculo (Luckis, Czerniak, Gerschman, Puiggrós, Benko y Sulik), Club Jaque Mate (Julio Bolbochán, Jacobo Bolbochán, Feigins y Rossetto) y Club Boca Juniors (Guimard). Las condiciones estrictas con que se disputó el torneo, jugándose al toque cronométrico cada 5 segundos,[910] hizo rigurosa la actuación de los fiscales señores Vigil y Benjamín, que varias veces llamaron la atención a los remisos, llegando a aplicar la sanción máxima en cuatro casos, tres de ellos a Feigins y una a Benko. En el primer turno venció Miguel Czerniak, con 11/13, y le siguieron Jacobo Bolbochán 10; Carlos Guimard y Julio Bolbochán 8½; Movsa Feigins y José Gerschman 8. Al segundo turno pasaron estos seis jugadores, venciendo Jacobo Bolbochán con 4/5, seguido por Movsa Feigins 3½; Miguel Czerniak 3. De este modo, por suma de puntos, quedaron empatados en el primer lugar Jacobo Bolbochán y Czerniak, venciendo el primero en el desempate por 2:0. De ese modo, Jacobo Bolbochán fue proclamado campeón argentino de ajedrez relámpago, obteniendo la medalla de oro. Al segundo, Czerniak, le fue adjudicada la medalla de vermeil, al tercero, Feigins, la medalla plata, lo mismo que al cuarto, Guimard.[911]

▓ El 29 de agosto Feigins participa en otro torneo rápido, esta vez organizado por el Club Argentino. Nuevamente tuvo el maestro letón una actuación destacada, ocupando el 2° tablero del Club Jaque Mate, que formó con Jacobo Bolbochán, Julio Bolbochán, Rafael Bensadón, Héctor Rossetto, Movsa Feigins, Antonio Piro y Marcelino Moguilevsky. Frente a Pilnik, Feigins ganó una y perdió una, y contra Grau se impuso 1½:½. El certamen, que se jugó a doble rueda, fue ganado por el Círculo, con 11½/16, seguido del Club Argentino 10 y el Club Jaque Mate 8½. Los mejores tableros individuales fueron: Guimard y Palau 4/4; Schvartzman y Sulik 3/4; Feigins 2½/4.

Aproximadamente para estas mismas fechas, se vincula con la peña Los Inmortales, donde se gana unos pesos escribiendo para una revista principalmente futbolera:

Se juega el Torneo Estímulo, que determinará el desafiante del campeón José Antonio Alascio. El letón Movsa Feigins colabora comentando partidas del Torneo Mayor en la revista Alumni. El profesor Andrés Soliman brinda cursos de Bridge en la sede de la institución, Tacuarí 36. Se dice que en Los Inmortales Ajedrez Club se juega bien al juego ciencia, pero... no es así, y sino que lo digan Lynch, Feigins, Gromer, Ellerman, Rossetto y los otros... Cada vez que hacen ajedrez en los salones de esta prestigiosa Peña queda un tendal de chocolateros... ¡buscando la jugada extra-genial![912]

▓ Entre octubre y diciembre Feigins participa de la I Copa Honorable Senado de la Nación, certamen por equipos muy importante organizado por la LADEP, en el que participan cuatro instituciones. Decía *La Prensa*:

Al acto inaugural concurrieron representantes de la FADA y de diversos clubs de ajedrez de la capital, sirviéndose un *lunch* en honor de los visitantes. El vicepresidente de la LADEP, señor Rafael Ribero, dio por iniciado el certamen, y agradeció a las delegaciones visitantes su cooperación al mayor

[909] *La Nación*, 12 de mayo de 1940.
[910] Con el llamado reloj chicharra.
[911] *El Mundo*, 23 de octubre de 1940.
[912] Nota con mucho humor, revista *Alumni* n° 293/300, 1940.

brillo de la prueba. A continuación hizo uso de la palabra el presidente de la FADA, señor Augusto De Muro, quien se refirió a la obra que realiza la LADEP en sus múltiples aspectos, y felicitó a los dirigentes por el entusiasmo con que organizaron su primer campeonato de ajedrez entre entidades, a jugarse los martes y sábados de 21 a 1. Enseguida se procedió a iniciar los encuentros, midiéndose entre sí el Círculo con el Club Jaque Mate, las dos instituciones consideradas actualmente como las más poderosas de la capital, lo que suscitó un gran interés.[913]

▓ Los equipos estaban formados por 10 jugadores, y se jugó a partido y revancha. Participaron muchos de los mejores jugadores del país en ese momento, exceptuados los del Club Argentino. La información publicada en los periódicos y en las revistas no fue completa. Feigins jugó como 2º tablero, detrás de Julio Bolbochán, venciendo a José Sordi, de Villa Crespo, por 1½:½. Las crónicas de las revistas *Caissa* y *Alumni* decían:

> Por primera vez se organizó el Torneo por Equipos Copa Honorable Senado de la Nación. Organizado por la LADEP (Liga Argentina de Empleados Públicos), participaron el Club Jaque Mate, el Círculo, el Club Boca Juniors, el Círculo de Villa Crespo y la propia LADEP. Comenzó el 24 de octubre, y los equipos se conformaron con dos jugadores de primera categoría, dos de segunda, tres de tercera y tres de cuarta, a doble turno. Estuvo en juego la Copa del Senado, un trofeo de plata donado por esa institución. Venció el Jaque Mate con 63½/80 posibles, seguido por el Círculo de Ajedrez 39½, Boca Juniors 37½; LADEP 34½ y Villa Crespo 25. Por el Club Boca Juniors jugaron Carlos Guimard y Héctor Rossetto; por LADEP Enrique Falcón y Luis Palau; por el Círculo Paulino Frydman, Franciszek Sulik, Marcos Luckis y Alejandro Nogués Acuña; por el Club Jaque Mate los hermanos Bolbochán y Movsa Feigins, y por el Círculo de Villa Crespo Cayetano Rebizzo y José A. Sordi.[914]

▓ Entre el 15 de marzo y el 2 de abril de 1941 Feigins participa en el gran Torneo Internacional de Mar del Plata, donde participaron los más fuertes ajedrecistas residentes en el país por ese entonces. Venció Gideon Ståhlberg (Suecia), con 13/17, siguiendo Miguel Najdorf (Polonia) 12½. Luego siguieron Erich Eliskases (Alemania) 11½; Ludwig Engels (Alemania) y Paulin Frydman (Polonia) 11; Miguel Czerniak (Palestina), Movsa Feigins (Letonia) y Carlos Enrique Guimard 9½.

Casi inmediatamente del Torneo de Mar del Plata, aparece Feigins en la Asociación Nueva Argentina, un club relativamente nuevo y muy pujante. Informaba *El Mundo*:

Se ha iniciado en la Asociación Nueva Argentina, Viamonte 2561, un interesante curso de ajedrez a cargo del maestro letón Movsa Feigins. Finalizada cada lección, se realizarán concursos de acertar jugadas, comentarios de partidas y torneo relámpago. Una vez finalizado el curso, Feigins jugará una sesión de partidas simultáneas frente a los participantes del mismo.[915]

▓ Entre el 19 de mayo y el 20 de junio Feigins participa en otro gran torneo, el de la Sociedad Hebraica Argentina, que organiza Herman Pilnik. Ocupa el 4º lugar y obtiene un premio de $ 100.[916] A la última rueda llega primero Ståhlberg, con medio punto de ventaja sobre Frydman. Al vencer Feigins a Ståhlberg, Frydman pasa al primer puesto. Además, vence a Czerniak, Jacobo Bolbochán y Raud, entre otros, empatando con Sulik y con el ganador Frydman. La tabla final de posiciones fue la siguiente: Paulin Frydman con 12½/15, Gideon Ståhlberg 12; Herman Pilnik 11½; Movsa Feigins 11; Miguel Czerniak y Francizsek Sulik 9; Juan Iliesco 8; Jacobo Bolbochán 7½; Luis Marini y Viktor Winz 6; Guillermo Puiggrós e Ilmar Raud 5½; Meir Rauch 5; José Gerschman 4½; Zelman Kleinstein 4 y Francisco Benko 3.

---

[913] *La Prensa*, 25 de octubre de 1940. Nótese que se omite al Club Argentino. También jugaron el Círculo de Villa Crespo contra el Club Boca Juniors.
[914] *Caissa* nº 32, diciembre de 1940, pág 361, y nº 33, enero/marzo de 1941, pág. 18. *Alumni* nº 297/300.
[915] *El Mundo*, 14 de abril de 1941.
[916] Serían hoy día unos U$S 400.

█ En julio de 1941 la comisión de torneos de la FADA organizó en el Círculo una nueva edición del denominado Campeonato Argentino Relámpago, con la participación de 13 jugadores. La competición se desarrolló en un solo turno, resultando vencedor absoluto el maestro Miguel Czerniak (+9 =0 -3), que fue seguido por Feigins 8½ (+7 =3 -2).[917]

█ En los meses siguientes Feigins participa en el torneo de 1ª categoría del Club Jaque Mate, donde finaliza en 2º lugar, medio punto detrás de Jacobo Bolbochán. Resumía *Caissa*:

█ Entre julio y agosto se jugó el Campeonato de 1ª Categoría del Club Jaque Mate, en su nueva sede de Pasteur 536. Resultó vencedor Jacobo Bolbochán con 11½/13, seguido por Movsa Feigins con 11; Héctor Rossetto 8½; Rafael Bensadón y Marcelino Moguilevsky 8; Juan Iliesco 7½; Maximino Estonllo 7; Manuel A. Benito 6; Horacio Huguet 5½; Manuel Melamedoff y José Sordi 5; Luis Carné y Abraham Simsilevich 3½; Ricardo Rivarola 3.[918]

Feigins, segundo.
El Mundo. 11 de setiembre de 1941

█ Además, en agosto Feigins es invitado a participar en el torneo magistral del Club Quilmes, en el que intervinieron varios de los maestros extranjeros afincados en el país. Allí tiene una actuación muy discreta, finalizando 6º entre 9 participantes. Decía *La Prensa*:

> Czerniak se adjudicó el Torneo de Quilmes, organizado con motivo de las fiestas recientemente efectuadas en esa localidad para celebrar sus Bodas de Plata como ciudad. La competencia tuvo alternativas lucidas, y la lucha por los primeros puestos resultó interesante, consiguiendo en definitiva acreditarse la victoria Czerniak, quien lo hizo con la significativa circunstancia de no perder ninguna partida. A un punto del vencedor se clasificó el maestro Pelikán, siguiendo luego Rossetto y Skalicka. Las posiciones finales fueron: Miguel Czerniak 8/9; Jorge Pelikán 7; Héctor Rossetto 6½; Karel Skalicka 5½; Rafael Bensadón y Emilio Dodero 5; Movsa Feigins 4½; Carlos Holovsko 2½; Fossatti 1 e Ítalo Mela 0.[919]

█ En diciembre de 1941 Feigins participa de los festejos del XIV aniversario del Club Jaque Mate, con banquete y baile incluidos:

> Con motivo de cumplir el Club Jaque Mate sus catorce años de vida deportiva, será servido un banquete mañana sábado en el Restaurante Buenos Aires, Pueyrredón 25, que promete asumir gratos contornos en virtud del entusiasmo que reina entre los asociados. Por otra parte, y como complemento de la cena, se efectuará una reunión danzante el domingo 7 por la tarde, a las 18 horas, en el local social de Pasteur 536. Además, y en virtud del acontecimiento que se celebra, la entidad se ha trazado un nutrido y variado programa de actividades, que abarcará la totalidad del mes en curso, que consistirá, entra otras pruebas, en torneos rápidos, partidas en consulta, concursos de reproducción de partidas, etc. Asimismo, serán dictadas varias conferencias, que estarán a cargo del campeón de la institución, Rafael Bensadón, y de Marcelino Moguilevsky. Las sesiones de simultáneas serán conducidas por Julio Bolbochán, Movsa Feigins y Héctor Rossetto.[920]

[917] *El Mundo*, 22 de julio de 1941.
[918] *Caissa* nº 40, pág. 181.
[919] *La Prensa*, 20 de agosto de 1941.
[920] Libro de recortes de Antonio Virginis, 5 de diciembre de 1941, *La Prensa*, 7 de diciembre de 1941.

▊ Pasamos a 1942, y encontramos que Feigins no aparece en la lista de invitados al ya tradicional Torneo de Mar del Plata. Decía *El Mundo* en momentos en que se estaba organizando el magistral:

Como se sabe, el calificado grupo de maestros extranjeros que antes residía en nuestra capital se ha ido desgranando un tanto, ausentándose figuras tales como Erich Eliskases, que se ha radicado en Río de Janeiro, Ludwig Engels, en Santa Catarina, sucediendo otro tanto con el maestro Movsa Feigins, que está en Asunción con un contrato de varios meses.[921]

▊ Y desde aquí… ¡perdemos su rastro! Hasta que llegamos… ¡a Asunción, julio de 1944, donde juega un torneo magistral en esa ciudad, representando al Paraguay! ¿Qué fue de la vida de Feigins entre diciembre de 1941 y julio de 1944? ¿Cómo llegó a Paraguay?

Personalidad de Movsa Feigins

▊ Es interesante el siguiente testimonio de Leonardo Lipiniks, indicativo de la disímil suerte de quienes se quedaron en Buenos Aires.

A Feigins, letón como yo, solo lo vi una vez, ya en sus últimos tiempos cuando, en el Salón Rex, jugaba una partida con todo aquel que le convidara un café con leche. Yo fui con ese fin; algunos decían que tenía que ser café con leche y facturas. Quizás, debido a mi pobreza de jovencito obrero haya podido pagarle sólo el café, o quizás sí le haya ofrecido también facturas porque tenía grandes deseos de medirme con él. Gané la partida con tanta facilidad, que lo saludé y me fui sospechando una entrega "para mantener al cliente", aunque también puede ser que en ese tiempo yo fuera más fuerte de lo que creía. No recuerdo haber intercambiado una palabra en letón. Me pareció un hombre muy reconcentrado y nada hablador.

En Paraguay, me enteré que estuvo viviendo en Asunción durante algo así como dos años, que los ajedrecistas lo tomaron bajo su protección y le consiguieron trabajo a falta de torneos remunerados. No jugó más que uno o dos torneos. El gran problema fue que, según me dicen los viejos de acá, el trabajo le era algo totalmente ajeno, al extremo de que, incluso empresarios entusiastas del ajedrez, tuvieron que despedirle. Uno le habría asignado la tarea de tocar la sirena manual de la fábrica al comenzar y finalizar la jornada.

Me dicen que simplemente se dormía y no hacía sonar la sirena. Al final se fue para Buenos Aires, ya tuberculoso, para morir poco tiempo después. Tal vez haya sido esa la época cuando lo conocí por tan poco tiempo. Tal vez por ser judío no pidió ayuda a sus paisanos. Para todos los letones no ajedrecistas a los que consulté fue un completo desconocido. Ni tengo idea de dónde puede estar sepultado. Cantidad de paisanos inmigrantes fueron ayudados por mi viejo por haber sido guiados por otros letones, pero de él nada se oyó. Hasta pienso que a papá le hubiera encantado dar albergue a tal maestro para darme la enseñanza orgánica que nunca tuve.[922]

▊ Otro sufrido ajedrecista que vivió en Argentina durante muchos años, y llegó incluso a ser campeón argentino, dijo sobre Feigins:

En el TN realizado en Buenos Aires, entre los maestros bloqueados por la guerra se encontraba Movsa Feigins. Su semblante reflejaba profundamente la persecución terrible de judíos en Europa. Su voz perdida no tenía apoyo de pulmones sanos. Era chiquito, y solamente se incorporaba normalmente

[921] *El Mundo*, fecha aproximada enero de 1942, libro de recortes de Rubén March Ríos.
[922] Testimonio de Leonardo Lipiniks al autor, desde Asunción, 9 de abril de 2006,

frente a la vitamina del tablero, para apuntar con sus ojos cansados un mundo imaginario y cordial. Ni la FADA ni las sociedades de su raza hicieron algo serio para ayudar con un trabajo provisional a hombre que, como aquél, se encontraban en el país por la fuerza de las circunstancias. Fue el mismo caso de Keres, a quien más tarde ayudaron en Rusia. Vivía apenas modestamente Feigins, con clases de ajedrez en los cafés y los clubes. Pero ya su salud no resistía. Sólo el sol del Paraguay fortalecía un poco su minada resistencia, y allá vivió varios años. Atraído por el ambiente, se hizo presente de nuevo en los cafés de Buenos Aires, para morir entre sus amigos ajedrecistas.[923]

El torneo de Asunción 1944

▓ Así anunciaban los diarios el comienzo del torneo de Asunción:

La delegación argentina partió ayer para la ciudad de Asunción. En el vapor Ciudad de Corrientes partieron ayer para la capital del Paraguay cuatro de los cinco jugadores que integran la representación argentina y los dos que forman la uruguaya –Arturo Liebstein y Alfredo Olivera–, para intervenir en el torneo internacional que dará comienzo en Asunción el 9 del corriente. La FADA, merced a la amplia contribución del Jockey Club de La Plata, ha podido, aceptando la invitación del Círculo Paraguayo, designar un equipo de cinco jugadores que, a no dudarlo, representará honrosamente al ajedrez nacional.

En efecto, Virgilio Fenoglio, actualmente en Formosa, especialmente aludido en la invitación, fue el vencedor del torneo de Asunción de 1937, y Carlos Maderna, ex campeón argentino, ocupó en ese mismo torneo el segundo lugar; Carlos Guimard y Héctor Rossetto, asimismo, ex campeones nacionales, se hallan en condiciones de reeditar cualquiera de sus mejores actuaciones; y Germán (Sic) Pilnik, el quinto representante de nuestra federación, ha dado recientes y repetidas muestras de su gran capacidad. La prueba será difícil, ya que se anuncia la participación de maestros de la talla de Eliskases, Feigins y Engels. Acompaña a la delegación argentina Alberto Vilches, el conocido aficionado platense. Los viajeros fueron despedidos por dirigentes de la FADA presididos por el doctor Carlos A. Querencio, periodistas y numerosos aficionados.[924]

En la 6ª rueda, disputada el 12 de agosto, Feigins obtuvo un destacado triunfo ante Héctor Rossetto. Veamos cómo lo describió Carlos Portela:

Iniciada por Rossetto con la Apertura Inglesa, su partida con Feigins se transformó a las pocas jugadas en un Gambito de Dama, que Feigins contestó con la Defensa Tarrasch, más cómoda cuando el blanco ha desarrollado primeramente el CD, como en este caso. La teoría sobre esta defensa es copiosa, y –¡cuando no!– contradictoria, pero, en general, ha perdido actualmente, acaso por una cuestión de moda más que plenamente justificada, mucho de su antiguo prestigio. Rossetto eligió el ataque propiciado por Rubinstein, pero las negras zanjaron las dificultades sin quedar con el PD aislado, y poco después de salir de la fase de apertura tenían situación cómoda, que transformaron en preferible, y luego ventajosa. Hacia el final del encuentro tenía ya el maestro letón dos peones más, y una ventaja posicional decisiva. Todo intento de resistencia era ciertamente inútil, y el joven maestro argentino debió soportar su primera derrota en el certamen.[925]

▓ Feigins finalizó el certamen compartiendo los lugares 7º/8º, junto con el uruguayo Arturo Liebstein. Así lo informaba *La Prensa*:

[923] *Jaque Perpetuo*, Juan Iliesco, *El Día*, La Plata, 21 de junio de 1957
[924] *La Nación*, 2 de agosto de 1944.
[925] Agencia AP, Carlos Portela, *La Nación*, 14 de agosto de 1944.

Herman Pilnik ganó el torneo, aventajando por la mínima diferencia a sus compañeros de representación, Carlos Maderna y Héctor Rossetto, haciéndose notar que Maderna perdió la oportunidad de empatar el primer puesto. En efecto, luego de ganar su penúltima partida, su partida final resultó sorpresiva, ya que empató con el paraguayo Espínola, y ello le hizo perder el primer puesto. En cuarto lugar se clasificó el ex campeón uruguayo Alfredo Olivera, que durante las primeras ruedas se mantuvo al frente. Su actuación ha sido sobresaliente. Luego finalizaron Guimard y Fenoglio con 8, Feigins y Liebstein con 7½. Esta tarde se procedió a la entrega de premios, y al acto concurrieron el presidente de la República, general Higinio Moríñigo, el intendente de la ciudad de Asunción, el embajador argentino, doctor Castiñeiras, y el embajador del Uruguay.[926]

¡Un ajedrecista del '39 en los obrajes del Chaco!

▌Hemos llegado hasta aquí sin haber podido reconstruir completamente los pasos de Feigins. ¿Qué pasó con él entre diciembre de 1941 y agosto de 1944? Sin nombrarlo, muy probablemente por pudor, el periodista Pedro Patti devela el misterio de los difíciles rumbos de Feigins para llegar al Paraguay:

Algunos marchan al interior, y uno de ellos, que en su tierra se ha destacado por su innato talento ajedrecístico, pero que es de mediana cultura e ignora el castellano, viaja al norte decidido a trabajar en los obrajes del Chaco Paraguayo, donde le dijeron que pagan mejor. ¡Vive la más tremenda odisea! En la espesura del monte lo derriba una pantera y salva la vida milagrosamente. ¡Mejor hubiera muerto! Casi enseguida pierde o le hurtan sus documentos de identidad; se convierte en paria, en un sin patria. Decepcionado por su aventura chaqueña, quiere regresar a Buenos Aires, pero no lo dejan entrar en Argentina. Peregrina por los yerbatales, del algodonal pasa al tabacal, hace de todo, inclusive de estibador y de contrabandista en los puertos norteños. Por fin consigue volver a Buenos Aires. Ahora se lo ve cada tanto, mal trajeado y espectral, frecuentando los *rendez-vous* ajedrecísticos capitalinos.[927]

▌¿Es Feigins el personaje mencionado por Pedro Patti? No cabe duda de ello. Lo confirma Leonardo Lipiniks:

Los paraguayos contemporáneos cuentan que Feigins estuvo en Asunción rodeado de sus *fans* ajedrecísticos, que le consiguieron trabajo. Es el único ajedrecista exiliado que yo llegué a ver en el Salón Rex que podría dar con esa descripción de vestimenta, obviamente exceptuando a Frydman.[928]

Feigins después de Asunción

▌En diciembre de 1945 encontramos a Feigins jugando un certamen cuadrangular en el Jockey Club la provincia de Corrientes:

Una competición a cuatro turnos se ha iniciado en el Jockey Club de la ciudad de Corrientes, en la que intervienen el conocido maestro letón Movsa Feigins, el veterano aficionado ingeniero Pedro Ipata, y dos destacados ajedrecistas locales: Edmundo Ageret y Pascual Zuskin. En la primera fecha, Feigins se impuso a Zuskin, y Ageret a Ipata. Feigins jugó además 30 partidas simultáneas.[929]

[926] Agencia UP, *La Prensa*, 24 de agosto de 1944.

[927] Pedro Patti, Revista *PBT*, 1950, nota referida a quienes se quedaron en Argentina luego del TN, en 1939.

[928] Testimonio de Leonardo Lipiniks al autor, desde Asunción, 18 de noviembre de 2008.

[929] *El Mundo*, 17 y 26 de diciembre de 1945. Ni los diarios ni las revistas publicaron el resultado final.

▇ Entre el 10 y el 24 de julio de 1946, Feigins participó en el certamen organizado por el Círculo La Regence, Nazca 738. Ocuparon el primer lugar Carlos Skalicka y René Letelier, con 5½/7, delante de Movsa Feigins, con 5. Luego quedaron Jiri Pelikán 4½; Enrique Reinhardt 3; Arnoldo Ellerman 2½; Oscar Garibaldi 1½ y Antonio Garritani –campeón de La Regence– ½. Fue director el presidente del Club, Milcíades Lachaga, quien acordó los honorarios con los participantes y la retribución para comentar las partidas.

▇ En setiembre de 1946 Feigins jugó el Campeonato Metropolitano Interclubs, organizado por la nueva Asociación Metropolitana de Ajedrez, escindida de la FADA. Participaron el Círculo de Ajedrez, el Club Jaque Mate y el Círculo de Vélez Sarsfield. Aquí Feigins ocupó el primer tablero del Club Jaque Mate, que formó además con René Letelier, Fernando Casas, Alfonso Adámoli, Marcelino Moguilevsky, Manuel Melamedoff, y otros. Otros participantes destacados fueron, por el Círculo, Alejandro Nogués Acuña, Miguel Czerniak, Paul Michel, Francisco Benko, Carlos Skalicka y Luis Palau; y por el Círculo de Vélez Sarsfield, el veterano Julio A. Lynch, Adolfo Becker, Enrique Reinhardt, Ángel Reolín y Carlos Incutto. En uno de los encuentros, Feigins venció a Lynch.[930]

▇ A continuación del certamen anterior, entre fines de setiembre y principios de octubre de 1946, Feigins ganó el torneo de 1ª categoría del Club Atlético Huracán, igualando en puntos con Cayetano Rebizzo, ambos con 7½/9. Fueron seguidos por Fernando Casas 6½; Abraham Eliaschev 5½; Osvaldo Montiel 5; Ricardo Rivarola 4½; Gregorio Brunstein y Enrique Álvarez 3½; Luis Álvarez ½; Luis Caramés sin puntos.

▇ El 8 de diciembre de 1946, la Asociación Nueva Argentina vence en un *match* interclubes al Club Jaque Mate por 9½:7½, a 17 tableros, jugado en el local de este último. Feigins representó al Club Jaque Mate como 2° tablero, venciendo a Fernando Casas.

▇ El 22 de diciembre de este año, en la sede de la Asociación Nueva Argentina, se jugó el Torneo Metropolitano Relámpago Clausura por Equipos, organizado por la FADA. Feigins ocupó el primer tablero del Club Jaque Mate, obteniendo el mejor score, con 5/6.

▇ Ya en enero de 1948, Feigins integra nuevamente el equipo del Club Jaque Mate, en el *match* a 20 tableros –5 por categoría– que esta entidad jugó en su local frente al Círculo de Vélez Sarsfield. Aunque el club local perdió por 11:9, Feigins se impuso en su partida individual frente a Ángel Reolín.

▇ Entre el 21 de abril y el 14 de agosto de 1948, en un certamen que sufrió muchas interrupciones, se realizó el Torneo de 1ª Categoría del Club Jaque Mate. Participaron diez ajedrecistas a doble turno, imponiéndose invicto Arístides Aráoz de Lamadrid, con 16/18, finalizando segundo Movsa Feigins, con 12½. Luego siguieron Alfonso Adámoli 10½; José Cunioli 9½; Eleodoro Signori 8; Benjamín Pascolat 7½; Luis Carné y Manuel Melamedoff 7; Roberto Fleixas 6½; Jesús Pérez 5½.

▇ En la última quincena de mayo se jugó el Torneo de 1ª Categoría del Club Jaque Mate, con la participación de 12 jugadores. Se impuso Héctor Beretta, con (+9 =1 -1) 9½/11, y le siguieron Movsa Feigins (+7 =4 -0) 9; Arístides Aráoz de Lamadrid (+6 =3 -2) 7½; Horacio Huguet (+4 =5 -2) 6½; Abraham Simsilevich (+5 =1 -5) y Eleodoro Signori (+2 =7 -2) 5½; Marcelo Canali (+4 =2 -5) 5; Manuel Melamedoff y Benjamín Pascolat (+3 =2 -6) 4; Luis Carné (+2 =3 -6) 3½; Jesús Pérez (+2 =2 -7) y Roberto Fleixas (+1 =4 -6) 3. El ganador adquirió el derecho a desafiar en un *match* por el título del Campeón Arístides Aráoz de Lamadrid.[931]

▇ Entre el 3 y el 21 de junio se jugó un torneo importante de maestros en el Club Jaque Mate. Especialmente invitado, asistió al acto inaugural el Presidente de la FADA Juan Carlos Laurens, invitado por don Luis G. Vigil, titular de la entidad. Laurens felicitó a la institución por su iniciativa,

[930] Este certamen tuvo un final irregular, al perder por ausencia varios de los equipos.
[931] *El Mundo*, 6 de junio de 1949.

y realizó la simbólica jugada inicial en todos los tableros. Venció Miguel Najdorf con 8½/10 (+7 =3 -0), seguido por Carlos Guimard 7½ (+6 =3 -1); Julio Bolbochán 7 (+5 =4 -1); Héctor Rossetto, Francisco Benko (ambos +5 =2 -3) y Movsa Feigins (+4 =4 -2), 6; Horacio Huguet 5 (+3 =4 -3); Arístides Aráoz de Lamadrid y Héctor Beretta (ambos +2 =2 -6) 3; Eleodoro Signori (+1 =2 -8) 2 y Abraham Simsilevich (+1 =0 -9) 1. Se destacaron las victorias de Arístides Aráoz de Lamadrid, campeón del club, frente a Rossetto, y de Huguet sobre Julio Bolbochán. Las partidas se jugaron de 21 a 1, cuatro días por semana, y dos para las suspendidas. En la penúltima rueda Najdorf derrotó a Benko, Rossetto a Simsilevich y Beretta a Signori, terminando empatada la partida de Huguet con Feigins.[932]

▉ El Club Jaque Mate ganó el Torneo por Equipos XXXII Aniversario del Círculo, que organizó esta entidad con sede en Cerrito 1241. Participaron 4 equipos de 6 jugadores, todos de 1ª categoría. Totalizó 13/18, seguido por el Círculo con 11½. Integraron el equipo ganador Julio Bolbochán –ex campeón argentino–, Movsa Feigins –maestro letón radicado aquí desde 1939–, Franz Benko, Alfonso Adámoli –actual campeón de Jaque Mate–, Arístides Aráoz de Lamadrid –ganador del reciente torneo de 1ª categoría de su club– y Eleodoro Signori.[933]

1949: ¡Por fin, Feigins argentino!

▉ A fines de agosto aparece el número 6/8 de *El Ajedrez Argentino*, la revista oficial de la FADA, cubriendo los meses de junio a agosto de 1949. Se advierte la dificultad para editarla. La revista anuncia que quienes han permanecido en el país desde 1939, ya pueden participar en el Campeonato Argentino, al haber transcurrido diez años. En esa situación están Michel, Pelikán, Czerniak, Feigins, Reinhardt y otros. Najdorf y Luckis ya son ciudadanos argentinos.

▉ En 1949, luego de un arduo debate acerca de la forma en que se debía jugar el Campeonato Argentino, se resuelve hacerlo en un grupo de 23 jugadores. Entre ellos está Movsa Feigins, ahora nacionalizado argentino. El certamen es ganado en forma abrumadora por Najdorf, con 20½/22, en tanto Feigins finaliza en un modesto lugar, compartiendo los puestos 14°/16°, con 9½/22.

▉ En febrero de 1950 se jugó un Torneo Internacional en el Club Rosarino, que fue ganado por Moshe Czerniak, con 6½/7. Luego quedaron Jiri Pelikán 5½; Movsa Feigins y Miguel Ángel Rivas 4; José Steinberg 3; M. Calatayud 2; A. Fernández y Diego Oliva 1½.

El fallecimiento de Feigins

▉ El 11 de agosto de 1950 fallece en la pobreza en Buenos Aires el maestro letón Movsa Feigins, a los 48 años de edad. En los últimos tiempos representó al Club Jaque Mate, que lo cobijó. Apenas pudo obtener recursos para sobrevivir, y para ganar algún dinero siempre dependió de las invitaciones a torneos, de las clases, de ajedrez, o de otras actividades similares. Así lo vio Carlos Portela:

Ha fallecido el 11 de agosto de 1950, en esta ciudad, este maestro letón, que llegó a Buenos Aires como integrante del equipo de su país, cuando el Torneo de las Naciones de 1939, en el que se desempeñó con singular acierto. Modesto, sencillo e invariablemente correcto, fue uno de los buenos ajedrecistas que se incorporaron a nuestro medio a raíz del precitado torneo, y como consecuencia de la Segunda Guerra Mundial. Aunque su precaria salud le impidió actuar con frecuencia, cada vez que lo hizo puso de manifiesto sus relevantes condiciones. Su más reciente actuación, ya muy venido a menos por la circunstancia mencionada, fue en el Torneo Mayor de 1949, luego de haber intervenido en el certamen internacional organizado por el Club Jaque Mate, institución que

---

[932] *La Prensa*, 24 de junio de 1949. *Vea y Lea*, 21 de junio de 1949.
[933] *La Prensa*, 18 y 20 de agosto de 1948. El diario no lo informa, pero se deduce que se trató de un torneo rápido.

lo contaba entre sus más destacados elementos, y donde pudo apreciarse su calidad de maestro. Había consagrado por entero su vida al ajedrez. La suerte le fue claramente adversa, pero él supo sobrellevar, con valor, humildemente, sin una queja, sus padecimientos y sus privaciones. Descanse, por fin, en paz, el infortunado maestro.[934]

❖ SUECIA

El socialista danés [Justin Corfield]

Políticamente, Jens Enevoldsen fue un radical y ayudó a establecer la Confederación Danesa de Ajedrez Laboral, y en 1936 había ido a Barcelona para participar en la Olimpíada del Pueblo, creada para competir con los Juegos Olímpicos de Berlín. Este evento debía incluir el ajedrez, que no había sido reconocido por el movimiento olímpico convencional. Sin embargo, los juegos en Barcelona nunca se llevaron a cabo ya que la Guerra Civil española estalló dos días antes de su inicio programado. De vuelta en Dinamarca, Enevoldsen se hizo famoso por las sesiones de simultáneas 'a la ciega'. A principios de 1939, en Roskilde, jugó frente a 24 adversarios durante 11 horas, ganando 13 partidas y empatando el resto. Autor y teórico del ajedrez, más tarde escribió sus memorias sobre sus 30 años jugando al ajedrez en Dinamarca e internacionalmente, en las que recordó su tiempo en Buenos Aires, con las reminiscencias constantes de las pampas, tan diferentes de su tranquila patria.

Jens Enevoldsen partió en la *Principessa Giovanna*, con escalas en Santos, Río de Janeiro, Bahía, Tenerife, Gibraltar, Barcelona (destruida por la guerra civil), Nápoles, Roma. Luego se fue a Innsbruck, donde visitó al anciano padre de Erich Eliskases. Siguió el viaje a Múnich y Berlín, y luego tomó el tren a casa.[935]

---

[934] Carlos Portela, Frente al Tablero, *La Nación*, 3 de setiembre de 1950. Feigins había nacido en Griva, dentro de la comunidad judía, cercana a la actual ciudad letona Daugavpils [Justin Corfield]

[935] Justin Corfield, op. cit., pág. 130/1, 305.

CAPÍTULO 14

EL TN EN LAS REVISTAS FEMENINAS

Estampa y su foto

▨ Las revistas femeninas se popularizaron desde la década del '20, y fueron varias las que compitieron por ganar el mercado. *Radiolandia* apareció en 1927 y *Vosotras* en 1936 ambas vendían unos 400 mil ejemplares. Luego surgieron varias más, como *Estampa, Chabela, Maribel* y *Damas y Damitas*. Acompañaron a la mujer en su ascenso social, reprimido por una sociedad machista.

Epígrafe original: La amable nota femenina dada por verdaderas maestras del tablero tiene prestigiosas exponentes como nuestra compatriota María A. Berea, que va ocupando un puesto destacado. Aquí la vemos iniciando una partida. En segundo plano, Dora Trepat. Revista *Estampa*, 4 de setiembre de 1939

Primera rueda del TN.
Revista *Estampa*, 4 de setiembre de 1939

El TN y las mujeres ajedrecistas que participaron no estuvieron ausentes.

Maribel también se ocupa del ajedrez

▨ La revista femenina *Maribel* había sido lanzada por la *Editorial Julio Korn, que luego se fusionaría con Abril, en 1932. No podía estar ajena a la fiebre ajedrecística del momento, y convoca a Roberto Grau. Dos de sus periodistas, Julia Elena Palacios y Javier Villafañe le hacen un reportaje, que el maestro responde con humor.*

Chabela **se suma a los trebejos**

Sonja Graf es entrevistada por *Chabela*

■ Otra revista típicamente dedicada al público femenino se acercó a Sonja Graf, y le dedicó varias páginas a un reportaje ilustrado con fotos por "la redactora Carola Zelaya", que no es otro que el inefable Amílcar Celaya, que utilizaba varios seudónimos para "esconder" su firma.[936]

El humor de Grau en la revista femenina *Maribel*

Revista *Sintonía*

Sumándose a *Chabela, Estampa y Maribel*, otra revista del espectáculo se ocupó del TN en el marco de actividades de diversas instituciones para obtener fondos. Roberto Grau se reunió en el Luna Park con Juan José Piñeyro, Catalano, Angelillo y Juan Arvizu.[937]

---

[936] Esta revista también pertenecía a la Editorial Julio Korn.

[937] Juan José Piñeiro (1906-1959) fue una multifacética figura de cine, teatro, radio y televisión, además de incursionar en el periodismo, la animación y la locución. Leonardo Catalano se hizo famoso en el Radioteatro Kolynos, con novelas como *Los Nutrieros* y *Un hombre cualquiera*, con Alfredo Alcón y Violera Antier. Ángel Sampedro Montero (1908-1973) conocido artísticamente como *Angelillo*, fue un cantante de coplas muy popular en su época. Cantó en muchas ocasiones para el ejército republicano. Inauguró Radio el Mundo. El mexicano Juan Nepomuceno Arvizu Santelices (1900-1985) fue bautizado como *El Tenor de la Voz de Seda*. Cantó canciones de Agustín Lara.

Roberto Grau con artistas.
Sintonía, 23 de agosto de 1939

Imágenes ajedrecísticas.
Sintonía, 13 de setiembre de 1939

Damas y Damitas y la mujer en el ajedrez,
15 de mayo de 1940

Sintonía en el TN, 13 de setiembre de 1939

Amplia nota femenina en *Para Ti*

Para Ti es una revista semanal argentina dedicada a la mujer, creada por la Editorial Atlántida en 1922. Todavía subsiste, y ofrece producciones y artículos de moda, belleza, decoración, cocina, entretenimiento e información general. Tiene varias ediciones especiales en el año: Colecciones primavera-verano, Colecciones otoño-invierno, Especial Belleza, Edición Aniversario y Especial Navidad. En 1939 aprovechó la presencia de muchas ajedrecistas que jugaron el Campeonato Mundial Femenino.[938]

Para Ti, 19 de setiembre de 1939

[938] Desde agosto de 1978, la revista fue presionada para apoyar al gobierno militar dictatorial.

CAPÍTULO 15

MARTÍNEZ ESTRADA, GOMBROWICZ, EL CORREO Y EL REX[939]

Ezequiel Martínez Estrada y el ajedrez

██ Luego de la exposición de documentos del archivo personal de Ezequiel Martínez Estrada en la Biblioteca Nacional (2004-2005) y la posterior edición de su obra *Filosofía del Ajedrez*, colección *Los Raros*, Biblioteca Nacional, con un estudio preliminar de Teresa Alfieri, salió a la luz uno de los aspectos más interesantes y sorprendentes de la personalidad de este gran pensador. Si reparamos en la cantidad de horas de trabajo que Ezequiel Martínez Estrada debió realizar, en la profusa cantidad de citas de cultura universal, en sus conocimientos sobre la historia y la práctica del ajedrez, no podremos menos que reconocer que él seguramente pensó que el tema era merecedor de tamaños esfuerzos.

Para la época en que se estima que Ezequiel Martínez Estrada fue construyendo este ensayo, principalmente durante los años 1917 a 1929, el ajedrez en Argentina se encontraba en un desarrollo muy preliminar, pero a la vez muy dinámico. El primer club estable –Club Argentino– se había fundado en 1905, bajo el mecenazgo del masón don José Pérez Mendoza (1855-1937), que a los cuarenta años decidió dejar sus actividades laborales como martillero, las cuales le habían permitido convertirse en millonario, para dedicarse a la filantropía.

Y es aquí donde el ajedrez recibe sus copiosas donaciones, mediante el aporte dinero y contactos políticos para la nueva institución, e introduciendo el ajedrez en las cárceles, en las instituciones para ciegos, en las escuelas y universidades, y en el sistema penitenciario. Hasta ese entonces, el ajedrez era mal visto por amplios sectores de la sociedad, que lo consideraban poco menos que un pasatiempo para vagos. La figura central de esta concepción era don Miguel de Unamuno, que había publicado en *El Hogar*[940] un tremendo artículo contra el ajedrez. El Club Argentino logró amalgamar su *afectis societatis*, precisamente, para demostrar que el ajedrez era un juego donde se practicaban las buenas costumbres, la caballerosidad, y se combatían la inmoralidad y el juego por dinero. Esa institución tenía un carácter aristocrático, y aunque fue incrementando notablemente su cantidad de socios, no podían acceder a él los sectores más populares, por razones principalmente económicas.

En 1916 el país se preparaba para sus primeras elecciones libres, como consecuencia de la Ley Saenz Peña/Yrigoyen.[941] La población se encontraba en estado de efervescencia. En ese contexto se funda, en agosto de 1916, el Círculo de Ajedrez. Su primer local estaba situado en el sótano del desaparecido Café Colón, Avenida de Mayo 999, en su intersección con Bernardo de Irigoyen, en aquel momento llamada Buen Orden. Era un café concurrido por anarquistas, ideología no sólo de su propietario, sino de sus empleados, a quienes los clientes llamaban *compañeros*. Su dueño, un ca-

---

[939] Texto extractado de las ponencias del autor en el III Congreso Martínez Estrada (Fundación, 2013), en el I Congreso Gombrowicz (Biblioteca Nacional, 2014) y en el II Congreso de Historia Intelectual de América Latina (CEDINCI, 2014). También de *Martínez Estrada, Ajedrez e Ideas*, op. cit.

[940] El artículo de Miguel de Unamuno a *La Nación* indicaba "Salamanca, junio de 1910", y fue publicado en el diario durante la primera semana de ese mes. El 10 de junio, durante la asamblea del Club Argentino, su presidente, doctor Antonio Montenegro, leyó un fuerte discurso a favor del ajedrez y repudió los conceptos de Unamuno.

[941] Me parece más justo calificar a la llamada Ley Saenz Peña, a secas, de esta manera, ya que si no hubiera sido por las revoluciones del caudillo radical, el político aristócrata nunca hubiera accedido a promoverla.

talán discípulo de Kropotkin,[942] repudiaba el alcoholismo, y ofrecía en su reemplazo *el mejor café de Buenos Aires*. Era habitué el doctor Juan Creaghe,[943] quien en colaboración con Alberto Ghiraldo,[944] otro cliente, convirtieron el periódico *La Protesta* en diario, con Ghiraldo como director. Excepto su presidente, el doctor Fructuoso Coste, la mayoría de los socios eran jóvenes, muchos de ellos provenientes del Café de los 36 billares. En los primeros tiempos, el Club Argentino vio con mucha simpatía la aparición del pequeño club, y organizaron varias actividades conjuntas.

Se concretaron encuentros por equipos, y aún jugando el Club Argentino con un equipo B, superaba con creces al Círculo. Esta amigable relación se vio cortada cuando el Círculo, de crecimiento vertiginoso, comenzó a ganarle al Club Argentino algunas de esas competencias. Desde ese momento, esta institución, especialmente su sector más conservador, comenzó a considerar al Círculo como un rival de cuidado. De la amistad se pasó en un lapso breve a una confrontación que, con vaivenes, siguió durante los siguientes veinte años.

Primeros pasos de Ezequiel Martínez Estrada como ajedrecista

▉ Martínez Estrada se introdujo en el ajedrez de competición, primero, en la Mutualidad Postal y Telegráfica, donde encontró en su compañero Enrique Falcón un buen rival. Muy probablemente ambos, Ezequiel Martínez Estrada y Falcón,[945] se hayan asociado al Círculo desde los primeros momentos, 1916 o 1917, y ya en 1919 los encontramos integrando la comisión directiva de esa institución, en calidad de vocales. Informaba *La Razón*:

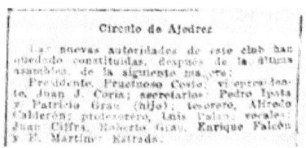

> Las nuevas autoridades de este club han quedado constituidas, después de la última asamblea, por: Fructuoso Corte, presidente; Juan J. Coria (Sic), vice; Pedro Ipata y Patricio Grau, secretarios; Alfredo Calderón, tesorero; Luis Palau, protesorero; Juan Cifra, Roberto Grau, Enrique Falcón y Ezequiel Martínez Estrada, vocales.[946]

Puede observarse que allí ya estaban los hermanos Grau –Roberto y Patricio–, Valentín Fernández Coria y Luis Palau,[947] todos ellos ingresados luego de renunciar al Club Argentino. Posteriormente se integró también al Círculo Damián Miguel Reca, que sería, junto a Grau, uno de los principales promotores de ideas revolucionarias. En 1911 el Club Argentino había dejado pasar una inmejorable oportunidad de organizar el primer campeonato nacional, rechazando una generosa oferta de un club de residentes asturianos llamado Orfeón. Precisamente, hacia 1920, el Círculo promovía dos reivindicaciones importantes: la fundación de una Federación Argentina de Ajedrez, y la organización del campeonato citado.

Bajo esta presión, el Club Argentino tomó las riendas y lanzó el llamado Gran Torneo Nacional en 1921, para el cual redactó reglamentos especiales, obtuvo premios, y lanzó una fuerte campaña publicitaria a través de los diarios y de invitaciones directas a clubes. Cerrada la inscripción, se anotaron 23 jugadores, no faltando ninguno de los mejores del país. Debido a la situación de tirantez y enemistad con el Círculo, el Club Argentino no invitó a éste a participar: todos los representantes de

---

[942] El príncipe Piotr Alekséyevich Kropotkin (1842-1921) es considerado como uno de los principales teóricos del movimiento anarquista.

[943] John (Juan) O'Dwyer Creaghe (1841-1920), fue un médico irlandés anarquista que actuó en Argentina.

[944] Alberto Ghiraldo fue un escritor argentino que adhería a esas ideas.

[945] Por lo que se ve en las partidas jugadas entre Enrique Falcón y Ezequiel Martínez Estrada hacia 1927, sus fuerzas eran más o menos equivalentes. Cuatro años después Falcón ascendía a la categoría superior.

[946] *La Razón*, 12 de agosto de 1919.

[947] Roberto Gabriel Grau 1900-1944; Valentín Fernández Coria 1896-1955, Luis Argentino Palau 1897-1971, Damián Miguel Reca 1894-1937.

la entidad joven –Grau, Palau, Reca, Fernández Coria– debieron hacerlo como jugadores libres. El certamen comenzó en agosto de 1921, y terminó recién en mayo de 1922, venciendo Damián Reca, quien fue así reconocido el primer campeón argentino. Fue esta una derrota política y deportiva importante para el Club Argentino. A este momento se refiere Martínez Estrada en *La Cabeza de Goliat*:

> Cuando Damián Reca llegó al Círculo de Ajedrez, había ya muchas figuras preclaras, artistas consagrados: Rolando Illa, Valentín Fernández Coria, Benito Villegas, Julio Lynch, y como un efebo portador de brillantes destinos, Roberto Grau. De 1918 a 1920 se realiza entre nosotros un movimiento de superación sobre bases firmes y nuevas. Palau, De Witt, Guerra Boneo, Belgrano Rawson,[948] y poco después Nogués Acuña, Maderna, Guimard, (Jacobo) Bolbochán, Piazzini y Pleci[949] traen con la juventud y el entusiasmo una conciencia más escrupulosa y una exigencia más imperativa de estudio a fondo del juego, de analizar, de formarse un estilo propio.[950]

A pesar del enfrentamiento político, hacia 1922 se produjo un momentáneo *idilio* entre el Club Argentino y el Círculo, y el 28 de setiembre ambos firmaron, junto a otras 28 entidades menores, el documento inicial de la fundación de la FADA. Fue elegido como primer presidente el doctor Carlos A. Querencio.[951] Concretada la trascendental decisión, el camino hacia una organización superior del ajedrez argentino parecía allanado, pero… ¡la unión sólo duró tres meses! A raíz de tempranas divergencias sobre las futuras reglamentaciones que regirían los torneos nacionales, el Club Argentino decidió separarse de la recientemente creada FADA luego de una tumultuosa asamblea extraordinaria. El conflicto se reanudó inmediatamente, en peores condiciones aún que las anteriores.

Martínez Estrada en el equipo de Lanús (16 de octubre de 1923). Información sobre el torneo por Equipos. Ezequiel Martínez Estrada en Lanús. El Ajedrez Argentino n° 1, diciembre de 1923.

[948] Ajedrecistas que se destacaron principalmente entre 1918 y 1923.
[949] Esta siguiente generación de jugadores sobresalió entre 1926 y 1932.
[950] *La Cabeza de Goliat*, E. Martínez Estrada, Editorial losada, Buenos Aires, 2001, pág. 195.
[951] El doctor Carlos Alberto Querencio era un reconocido médico. Adhería al sector más emprendedor del Club Argentino, y permaneció en la presidencia de la FADA aún después que el Club Argentino se separara de la misma.

De aquí en adelante el calendario nacional adquirió una dinámica especial, ya que los torneos eran organizados en el marco de la lucha política entre el Club Argentino y la FADA: ambas instituciones competían por hacerlos, para beneplácito de los ajedrecistas. La FADA, en la carrera por conseguir nuevas afiliadas, organizó un torneo inter clubes de tercera categoría. Se inscribieron siete equipos, entre ellos el Centro Ajedrecista de Lanús,[952] representado por *los señores* José Montesano, Ezequiel Martínez Estrada y León Londeros.

El certamen fue ganado por un equipo del Círculo, integrado por Juan Hernández, León Lerner y Ángel Reda, en tanto el Centro Ajedrecista de Lanús ganó tres encuentros y perdió otros tres. Lo notable es que, en las actuaciones individuales, Martínez Estrada tuvo una actuación muy destacada en el segundo tablero: igualó el tercer mejor puntaje junto a otros competidores, con 4½/6 puntos, es decir, cuatro partidas ganadas, una empatada y una perdida. Deduciendo de la información publicada en *La Nación* el 20 de noviembre de 1923, Martínez Estrada ganó frente a Carlos Isenberg, Antonio Garibaldi, R. Achivelli y A. Ravioli, igualó con Luis Puharré,[953] y fue derrotado por León Lerner. Precisamente, la planilla original de su victoria frente a Isenberg se conserva en la Fundación Martínez Estrada. Para este entonces, Carlos Isenberg ya era un jugador experimentado, tanto había igualado con el gran maestro checoslovaco Ricardo Reti[954] en 1924, en una sesión de simultáneas.

La partida frente a Isenberg muestra el nivel[955] que Ezequiel Martínez Estrada tenía frente al tablero: produjo una muy bonita combinación basada en los Rayos X.[956]

Martínez Estrada, entre los mejores tableros.
La Nación, 20 de noviembre de 1923

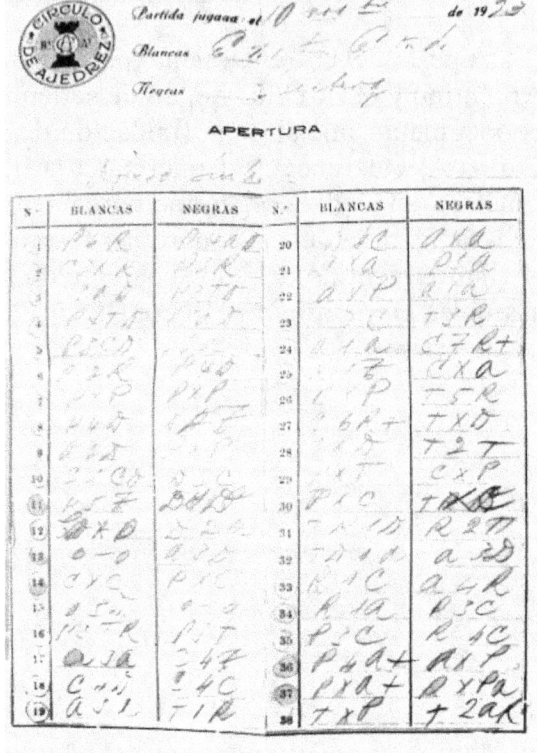

Planilla Martínez Estrada – Isenberg (Fundación Ezequiel Martínez Estrada)

Ezequiel Martínez Estrada en la CD de la FADA

El domingo 30 de marzo de 1924 Ezequiel Martínez Estrada publica un anticipo de su obra, titulado *Un ensayo sobre Filosofía del Ajedrez*, que ha sido incluido como un capítulo en la obra

---

[952] El Centro Ajedrecista de Lanús estaba ubicado en José C. Paz 165, actual avenida 9 de Julio de esa localidad.

[953] Luis Puharré ascendió rápidamente a la categoría superior, falleciendo muy joven.

[954] Richard Reti era uno de los más fuertes jugadores del mundo, creador de la teoría del ajedrez híper moderno. Estuvo en Argentina alrededor de tres meses, y sus enseñanzas dejaron notorias influencias en el estilo de varios de los mejores ajedrecistas argentinos.

[955] Podría decirse que para esta época había dos o tres ajedrecistas de categoría superior, unos diez de primera, treinta de segunda, y luego un grupo más grande de unos cuarenta, entre los que se ubicaría Martínez Estrada.

[956] Martínez Estrada estaba fascinado con el descubrimiento de los Rayos Roentgen, y menciona el hecho en *Filosofía del Ajedrez*. Además, le dio el título a *Radiografía de la Pampa*.

recopilada por Teresa Alfieri, y el 31 de mayo de ese año se renovaron las autoridades de la FADA, manteniendo la presidencia Carlos Querencio, acompañado por José A. Dibur como vicepresidente, Juan M. Monty Luro como secretario general, Luis Belgrano Rawson como secretario, Guillermo Lovegrove como tesorero, Constante Ruiz como protesorero y Ezequiel Martínez Estrada como bibliotecario.[957]

Indudablemente a Martínez Estrada le interesaba este puesto, ya que de ese modo tenía acceso a una buena cantidad de libros y revistas extranjeros, que necesitaba para obtener datos para su ensayo Filosofía del Ajedrez ya en preparación. No hay información fehaciente acerca de los contenidos de la biblioteca de la FADA por ese entonces, pero puede deducirse que, al menos, recibieron donaciones de José Pérez Mendoza, quien oficiaba de mecenas tanto para el Club Argentino, como para el Círculo, el Círculo de Vélez Sarsfield y la propia FADA.

Poco después, la FADA contrató al gran maestro checoslovaco Ricardo Reti, quien dio una serie de cursos, conferencias y sesiones de partidas simultáneas, una de las cuales se realizó el 29 de agosto de 1924 en el Club FC Pacífico. Veamos el informe que publicó La Prensa:

> La sesión dio lugar a una interesante reunión de aficionados. Se hallaban presentes las autoridades de la FADA y destacados ajedrecistas de esta capital, quienes siguieron con atención el juego del profesor, que esta vez denotó más seguridad, concluyendo un gran número de juegos en forma brillante. A las 21.15 se constituyeron los 27 tableros, tomando parte los siguientes socios del Club FC Pacífico: Rafael Guastavino, Carlos Estrada Martínez. (…)[958]

Puede asegurarse con un alto grado de certeza que quien es mencionado como Carlos Estrada Martínez no es otro que Ezequiel Martínez Estrada.[959]

Primeros apuntes de Filosofía del Ajedrez

■ La revista oficial de la FADA publica un artículo de Martínez Estrada que sería un apunte preliminar de Filosofía del Ajedrez, titulado De la jerarquía en ajedrez, que no se encuentra incluido en la edición de la Biblioteca Nacional. Argumenta a favor del estudio del ajedrez a través de la filosofía, expresando lo siguiente:

De la jerarquía en Ajedrez

■ Cuando traté de esbozar en líneas muy generales una concepción filosófica del ajedrez, alguien me objetó que concedía a este juego valores trascendentales y metafísicos, extraños a la índole del juego mismo. Pero, indiscutiblemente, el asunto, tal como se le tomaba en el ensayo, estaba destinado a iniciar un bosquejo esquemático del juego ciencia, y a analizar un aspecto menos paradojal de lo que se cree, de su mecanismo. (…) Creo que ya nadie duda que el ajedrez sea una ciencia, como nadie se aventuraría a negar que sea un arte por lo menos tan noble y bello como cualquiera de los demás. Tiene sus principios, sus reglas, sus métodos, su propósito y su fin. Es un mundo de símbolos más desmaterializados que la letra algébrica, y que la nota pentagrámica.

Allí la belleza, el orden, la evolución, la fatalidad y la contingencia están al margen de las leyes de la gravitación y de la economía animal, de las que no se libra el estudio de los movimientos del péndulo ni el movimiento de la escultura. (…) Tomado el ajedrez por dentro puede dar motivo a grandes estudios, y si he analizado ya este juego como siendo un sistema de lenguaje, de psicología, de lógica, de

---

[957] El Ajedrez Argentino 1ª época nº 11, pág. 314, nº 12, pág. 345, nº 14, pág. 407.

[958] La Prensa, 30 de agosto de 1924. Varias veces sus apellidos aparecieron invertidos, y la E transformada en C.

[959] No han podido encontrarse los resultados finales de esta sesión. Recordemos que este club tenía su sede en el monumental y lujoso edificio de Florida 783, y fue uno de los primeros en afiliarse a la FADA.

moral, de estética y de física, es porque en él se ponen en actividad fuerzas mentales que abarcan todo el campo de pensamiento, sin relación con el mundo material, a la manera de las fuerzas platónicas.[960]

Dos meses después Ezequiel Martínez Estrada escribe otro artículo, titulado *El Rey*, que tampoco está incluido en *Filosofía del Ajedrez*. Dice:

El Ajedrez Argentino 1ª época nº 16, pág. 35/6, febrero de 1925

El Rey

Si el ajedrez fuera la imagen atemperada de la guerra, tendríamos que convenir en que se trata de algo muy simple, y casi diríamos inocente, porque el hombre ya no combate así, con armas a la vista, sino que reserva su más ruda ferocidad para los ensayos de laboratorio, por ejemplo.

Una pieza, empero, conserva aún fisonomía adecuada a la época: el rey, que como todos los que superviven en Europa, tiene más de títere que de semidiós. El rey del tablero está próximo siempre a escapar, y a grito limpio clama a veces por un caballo, por el cual daría su reino. Como en algunos países monárquicos, es preciso que se ponga rey en lugar del muerto; en el ajedrez, porque no habría partida posible sin él, y en el mundo, porque los advenedizos son peores que los mismos reyes. Además, el rey del ajedrez tiene la misión de atraer sobre sí gran parte de las hostilidades, como si fuese un pararrayos; es resultado de cierto refinamiento republicano, el que hoy se busque la derrota por otro medio que el de la muerte trágica y en veces espeluznante del mate, intimando la vergonzosa confesión de la derrota.

¿Qué objeto tendría el ajedrez jugado sin rey? Libre de todo peligro, del juego malévolo, del ataque y la defensa, que compone lo más humano que tienen los animales, el mundo de la tierra y el mundo del ajedrez merecerían despoblarse de inmediato. El mundo del tablero, porque no tendría ideal común que mantuviera solidarios a los que combaten desinteresadamente, y el mundo de la tierra, porque perderíamos la ilusión de que, desaparecidos los tiranos y los opresores, nos convertiríamos, de lobos de Plauto[961] que somos, en corderos del Señor, que no podremos ser nunca jamás.[962]

Ezequiel Martínez Estrada en los primeros campeonatos nacionales

▓ Informaban los diarios y *El Ajedrez Argentino* acerca del establecimiento de categorías ajedrecísticas:

En la reunión celebrada por el Consejo Federal[963] de la FADA se aprobó el reglamento para los grandes torneos nacionales de segunda, tercera y cuarta categorías. Cada club federado podrá participar con hasta seis jugadores de cada categoría. Se jugará a razón de cuarenta movimientos para las

---

[960] *El Ajedrez Argentino* nº 16, febrero de 1925.
[961] Tito Maccio Plauto (251-184 a.C.). Comediógrafo, cuya gran contribución literaria fue su lenguaje de gran riqueza: *Lobo es el hombre para el hombre, y no hombre, cuando desconoce quién es el otro.*
[962] *El Ajedrez Argentino* 1ª época nº 18, pág. 106/7.
[963] Órgano ejecutivo de la FADA.

dos horas y veinte para cada hora subsiguiente, en el horario de 21 a 1. Se fija la suma de $ 2 m/n como derecho de inscripción individual. (…) El torneo de cuarta comenzará el 1° de octubre.[964]

En total participaron 17 jugadores en segunda categoría, cuarenta y nueve en tercera, y noventa y uno en cuarta. En el Grupo K de la cuarta participó Ezequiel Martínez Estrada, siendo posible que haya representado al Centro Ajedrecista de Lanús o al propio Círculo.

Martínez Estrada en
La Prensa, 8 de octubre
de 1925

Martínez Estrada juega a ciegas en el tren

Respecto al ajedrez competitivo, se han encontrado en los archivos de la Fundación algunas partidas anotadas frente a su compañero de trabajo Enrique Falcón, una de ellas fechada 27 de diciembre de 1927. Posteriormente, puede deducirse que Ezequiel Martínez Estrada no participó más en partidas de torneo, aunque sí lo hacía como pasatiempo en diversas circunstancias. Muy expresivos son, al respecto, los recuerdos de Gaspar Soria:[965]

> Ezequiel Martínez Estrada salía del Colegio Nacional de La Plata, donde dictaba cursos, y se dirigía caminando hasta la estación del ferrocarril acompañado de Luis Atencio.[966] En el camino, disputaban una partida de ajedrez a ciegas. Martínez Estrada era socio del desaparecido Círculo de Ajedrez, y durante 1924 y 1925, fue bibliotecario de la Federación Argentina. En su obra *La cabeza de Goliat* dedica varias páginas al ajedrez. En un artículo publicado en *La Nación* trazó un paralelo entre el violinista Paganini y el ajedrecista Morphy, a quienes llamó *artistas de afinación intelectual*. (…)

> En cuanto a Jorge Luis Borges, en alguna ocasión de partidas simultáneas con grandes maestros en la calle Florida, se hallaba entre el público. No fue esa, precisamente, su única demostración de afecto por el ajedrez. Están sus sonetos, y está su presencia en el acto de clausura del Torneo Escolar de la Ciudad de Buenos Aires, organizado por el Ministerio de Cultura y Educación. Allí confesó con visible tristeza que no pudo releer a Martínez Estrada.[967]

Pablo Morphy, un artista de la afinación intelectual[968]

▊ Pablo Morphy, el ajedrecista norteamericano cuya aparición meteórica dejó una estela de las que llega hasta nosotros, poseyó una inteligencia poderosa y fina que participaba a la vez, y en justas proporciones, de la exactitud del geómetra y de la fantasía del poeta. Nació Morphy en Nueva Orleans, el 22 de junio de 1837. Aprendió ajedrez a los diez años, siendo todavía alumno de la *Jefferson Academy*, y dos años más tarde se le consideraba un "niño prodigio", cuya fama se extendía por el mundo.

A los trece años venció a Löwenthal en forma tan categórica que el maestro húngaro, uno de sus más fieles admiradores, publicó las partidas, comentándolas como un caso fenomenal de dominio del juego. Terminó sus estudios de abogacía a los veinte años; obtuvo siempre las más altas

---

[964] *La Nación*, 27 de setiembre y 18 de noviembre de 1925. No se publicó la tabla de posiciones de 4ª categoría.

[965] Gaspar Darwin Soria fue un jugador de primera categoría durante largos años, tanto en el ajedrez frente al tablero como en el ajedrez postal. Vivió en Concordia, Posadas, Córdoba, Mar del Plata y Buenos Aires. Fue presidente de la FADA en el período 1974/8. También fue presidente del Círculo de Villa Martelli, y poseedor de la colección más importante de libros de ajedrez antiguos de la Argentina.

[966] Luis Atencio fue un destacado ajedrecista de 1ª categoría de La Plata. Jugó con Reti en las simultáneas del 16 de diciembre de 1924, y participó en varios torneos locales. La familia Atencio es muy conocida en la ciudad.

[967] Escritores y poetas en el arte-juego ciencia, Gaspar D. Soria, *Deporte y Arte* n° 2, octubre de 1977.

[968] *La Nación*, Buenos Aires, Domingo 16 de Abril de 1939 (Párrafos seleccionados).

calificaciones, especialmente en matemáticas; además del inglés hablaba español, francés y alemán. Descendía, por el padre, Alonso Morphy, de una antigua familia española de origen irlandés, y por la madre, Thelcide Carpentier, de franceses.

Su memoria era notabilísima. Al terminar su carrera (1857), recordaba íntegro el Código Civil de Louisiana; y a su regreso de Europa (1859) reconstruyó mentalmente la mayoría de las partidas jugadas en su gira –Sergeant compiló 153–, entre ellas las siete del *match* contra Owen, fuerte jugador a quien dio ventaja de peón y salida, venciéndolo por 5 partidas ganadas, 2 tablas y ninguna perdida. Cuando Preti preparó la edición de su obra, Morphy advirtió que faltaban alrededor de diez partidas jugadas "a la ciega" ocho meses antes, y las reprodujo. También era poderosa su memoria musical, siendo el derecho y la música asuntos de su verdadera vocación.

En el Primer Congreso Americano de Ajedrez, único torneo en que participó, triunfó por 15 partidas ganadas, 3 tablas y 1 perdida (contra Paulsen). Durante su actuación en Nueva York, con este motivo, se calcula que jugó alrededor de 95 partidas, de las cuales ganó 84, hizo 7 tablas y perdió 4.

Pasó a Inglaterra y Francia en junio de 1858, y allá permaneció hasta promediar el 1859. Sostuvo cinco *matches* contra los mejores jugadores de entonces, y en todos venció fácilmente. El score de su actuación en Europa, inclusive sus muchas partidas "a la ciega" y simultáneas, fue del 90% de las partidas en su favor. (…)

Durante esa gira triunfal de 1858 comenzaron los primeros síntomas de un progresivo disgusto por el juego, y a su regreso a los Estados Unidos, en mayo de 1859, puede decirse que concluye su carrera ajedrecística, pues rehúsa jugar con nadie en paridad. Sostiene un *match* con J. Thompson, dándole caballo de ventaja, y lo derrota por +5 =1 -3. Para Löwenthal esta victoria fue la más sorprendente de todas las obtenidas por el campeón americano, e indudablemente uno de los más grandes acontecimientos registrados en los anales del ajedrez".

Inmediatamente desafió a todos los jugadores del mundo, ofreciéndoles peón y salida de ventaja. Nadie aceptó el reto. Gradualmente se hunde en la misantropía y en la tristeza, que degenera al fin en delirio de persecuciones. Se sobrevive hasta el 10 de julio de 1884. Murió de congestión cerebral, en el baño, al regreso de un paseo. Desde 1869 no jugó ni siquiera partidas de amistad y cortesía, como hasta entonces; prohibió terminantemente que se mencionara el ajedrez en su presencia o que se le recordara que en su infancia y su juventud había sido un jugador extraordinario. No (fue) un jugador extraordinario, sino el más completo, profundo y elegante de toda la historia del ajedrez.

De él se conservan alrededor de 300 partidas que, como las obras de Paganini y de Poe en sus artes respectivas, debe considerárselas como un compendio trascendental del juego. Directa o indirectamente se apoyan en el ejemplo de sus producciones aquellos ulteriores avances hacia más amplios horizontes, que se conocen con el nombre de escuelas. Aún personalmente los más brillantes talentos, como Pillsbury, Charousek y Capablanca, tienen, en sus mejores días, un hálito de esa fuerza fecunda de Morphy. (…)

Con Morphy terminan la tiranía del dogma y el señorío de la inspiración, y el gusto ordinario que se complacía en los pequeños ardides y en la entrega espectacular de piezas mayores. Sin dejar de ser, él mismo, el más acabado exponente del ajedrez de su época, Morphy inaugura una nueva era de estrategia trascendental y de belleza genuinamente ajedrecística, consistente en la afinación musical y en la exactitud matemática de las ideas. (…)

Esos testimonios de la formación autodidáctica de Morphy no son incompatibles con la opinión de Lásker, para quien la grandeza de Morphy "se debía a la científica aplicación de principios lógicos". Pero no parece tan admisible esta conclusión del mismo Lásker: "Esto contraría la creencia popular de que Morphy era un genio y que debió su éxito únicamente a dotes naturales ya los poderes de la intuición". Pues si hay algo original y supremo en la inteligencia de Morphy es cuanto se desvincula de la teoría canónica y obedece a las directivas de su propio estilo. Por ello se le ha comparado acertadamente con Mozart y se le puede comparar mucho más acertadamente con Paganini y Poe.

La posición racionalista de Lásker es la misma de *Otakar Sevcik*[969] al reconstruir el presunto método de Paganini, por medio de ejercicios penosísimos de mecanismo para la mano izquierda y el arco. Morphy ha criticado, precisamente, esa era de "partidas sin interés y de penosa labor analítica". Con sólo sus conocimientos teóricos Morphy habría sido un gran jugador, sin duda, pero no Morphy, si hemos de distinguir en él dos aspectos: el ajedrecista que supera a los demás, y el creador que parte de un concepto nuevo para dar al arte una posibilidad ilimitada de desarrollo. Con Morphy la partida de ajedrez adquiere su "forma" completa, como la mecánica y la estética del violín con Paganini. El sentido del ajedrez en Morphy es superior a su capacidad personal de jugarlo bien, como el oído de Paganini es superior al prodigio de sus manos. Paganini encarna una sensibilidad neta y exclusivamente violinística, como Morphy encarna una mentalidad y una técnica neta y exclusivamente ajedrecística.

Sólo relacionando el estilo de los grandes artistas entre sí, puede vislumbrarse la analogía íntima y esencial que los liga, a pesar de las diferencias del material y la técnica empleados. Paganini encaja su sentimiento profundo de la música en el violín, y Morphy hace del ajedrez el receptáculo maravillosamente adecuado al pensar ajedrecístico.

Quienquiera que conozca a fondo el juego y esté además al corriente de la marcha general de la cultura advertirá que uno y otro siguen paralelamente una línea de unidad de estilo, como por otra parte ocurrió siempre. Ya en el Renacimiento el ajedrez toma la forma y el estilo de la cultura coetánea con Leonardo (el Calabrés), Paolo Boi, Polerio, Giannutio, Salvio y el Greco, y de ahí prosigue las inflexiones de una misma curva.

Pues a este respecto también es valiosa la contribución de Morphy, que ha puesto al ajedrez en su "tempo" actual. Es muy extraño que Spengler haya pasado en absoluto silencio este arte, cuya riqueza de signos culturales es tan sugestiva. Y también sorprende que Paul Valéry, tan erudito en las formas exquisitas del pensamiento exacto y bien templado, no haya siquiera aludido al ajedrez al ocuparse del genio matemático de Poe; pues Poe ha sido de todos los escritores el que dio a sus poesías y sus cuentos una estructura y organización más típicamente ajedrecísticas. Lo que no quiere decir, ni mucho menos, que tuviera más que remotos indicios de lo que el ajedrez significaba. Más todavía: lo que entendemos por singular en Poe y en Paganini corresponde a una conformación mental que se da específicamente en el ajedrecista, con su sentimiento de la belleza conforme a la lógica y a la arquitectura, en que las variantes que se analizan en la partida equivalen a las variaciones sobre un tema (desarrollo usual de la música de Paganini) y a los *ritornellos* de las imágenes y las frases (desarrollo usual en las poesías y los cuentos de Poe).

Muchos de sus contemporáneos (Staunton, Harrwitz, Paulsen, Mongredien, Anderssen) conocían por lo menos tanta teoría como él y sus condiciones ajedrecísticas eran también excelentes. Sin embargo, era otro el ajedrez que ellos jugaban: un ajedrez de horizonte más limitado, de dos dimensiones por decirlo así, de valores más accesorios y eventuales, de un dinamismo más ceñido a la combinación minúscula, de una simplicidad de fondo en contraste con una complejidad excesiva en los procedimientos. Morphy manejaba un ajedrez de sentido netamente ajedrecístico, limpio y fuerte, sin subterfugios ni estratagemas usurarias del error, que le permitía ir más allá de los límites ordinarios de la concepción corriente. Abarcaba un complejo de fenómenos y posibilidades fuera del foco de la visión común, aún de la más alta.

---

[969] Otakar Ševčík (1852–1934) fue un violinista checo, muy destacado como solista.

Parece que ese sentimiento tridimensional del juego se reveló en Morphy al enfrentar por primera vez a Lowenthal en 1850, y es inevitable recordar la influencia de efectos trascendentales que ejerce sobre Paganini el hallazgo de los "24 Caprichos enigmáticos", de Locatelli, porque también se trata de un despertar casi súbito de un mundo de contenidos y formas inauditos. Desde ese día Paganini superó la concepción entera de la técnica y la expresión del violín, yendo a fondo hacia la revelación de un "pathos" violinístico, en la sonoridad, los acentos, los timbres y la mecánica consiguiente, según la índole y el carácter propios del instrumento. A partir de ese instante, la distancia entre Paganini y el resto de los ejecutantes era mayor que la que separaba al ejecutante y el "luther", o creador de la calidad del sonido. Igualmente se establece entre Morphy y los demás jugadores (ya a los trece años de edad) una distancia de orden lógico y estético diferencial, de manera que ni las dotes naturales ni la teoría hubieran bastado a nadie para ponerse a su altura, si no se situaba, además, en el mismo plano de la concepción ajedrecística.

Jugar ajedrez no era para Morphy un entretenimiento ni una necesidad de su vocación, como sabemos por su prematura y terminante abjuración del juego, sino un acto trascendental y total de su espíritu, que parecía cumplir, como Paganini, con recóndito disgusto.

Por mucho que el ajedrez actual haya progresado en la dirección de un mayor ajuste en su estrategia general y en la solidez de los conocimientos teóricos, en el dominio a fondo de las particularidades de la táctica y en la complejidad de los planes, el genio de Morphy debe ser visto como el de un creador en quien se dieron juntos los más altos poderes de la fantasía y de la precisión.

Ningún jugador ha dejado en su obra un caudal tan grande, noble y puro de emociones de belleza verdadera y de afinaciones de pensamiento. En este sentido se le debe situar en la misma línea de los artistas que, desde Dante hasta Baudelaire, con Paganini y Poe como ejemplos supremos, exigieron al arte no sólo la fuerza de la expresión y la originalidad, sino además la exactitud como deber de conciencia.

Martínez Estrada: en el TN nace parte de *La Cabeza de Goliat*

▓ El pensador dedicó uno de los capítulos de su magna obra sobre Buenos Aires, *La Cabeza de Goliat*, al ajedrez y especialmente a los ajedrecistas de nuestro país.

> Uno de los espectáculos más nobles y grandiosos de los que se han celebrado en Buenos Aires, ha sido el TN. Concurrieron a él representantes de casi todos los países del mundo. El teatro Politeama, donde otrora descollaron las figuras máximas del arte lírico, se pobló de hombres y mujeres descollantes en un arte no menos insigne, en una competencia única en el mundo por el número y la calidad de los participantes.

> Numerosos letreros indicaban al público la consigna del silencio. Muchedumbres apiñadas frente a los tableros o andando, en los palcos, galerías, pasillos y halls seguían el desarrollo de las partidas, procurando no molestar con sus movimientos ni con su presencia la atención concentrada de los jugadores. En las mesillas, junto a los relojes alternativos, caras y nombres célebres pugnaban en actitudes de supremo esfuerzo mental, apenas interrumpido para descansar, examinando con la mirada imprecisa y el espíritu enclavado en su juego, otros tableros.

> Aunque Buenos Aires haya recibido comitivas de huéspedes eminentes, de verdad nunca hospedó a tantos de los pueden ser designados con el calificativo de excelentísimos entre sus semejantes. En esas noches del certamen, la cantidad de energía mental puesta en acción por aquellos hombres y mujeres, silenciosos y quietos, equivalía sin ninguna duda a la que por su calidad y pureza gastaba en igual tiempo el resto del mundo. Razas, nacionalidades, idiomas, religiones y credos distintos se coordinaban en una labor unidad e inteligencia. El mismo anhelo, la misma fe, la misma sustancia y forma eran vivificados por esos artistas de un saber trascendental y fútil. Ahí estaban también nuestros ajedrecistas.

Acaso ningún país tenga veinte jugadores que puedan competir con los nuestros. Aparte de los grandes maestros, que constituyen siempre excepciones individuales, nuestro medio ajedrecístico es de alta calidad y, sin disputa, lo que representa la óptima excelencia de nuestro pensamiento. No tenemos filósofos, ni escritores, ni hombres de ciencia, ni artistas que puedan ser considerados en paridad con los de otros países, y los discursos de incorporación a las Academias marcan la mísera inferioridad de los talentos escogidos; pero tenemos ajedrecistas que se pueden medir sin desmedro con los mejores del mundo en un certamen por equipos de diez jugadores. Es el más estupendo contrasentido de nuestra cultura, caracterizada por la aparición cerradamente individual y solitaria del genio, el florecimiento de un grupo homogéneo de representantes de la inteligencia pura, como sólo se da en los estados maduros y homogeneizados del saber.

Atribuyo esta excelencia a que el ajedrecista es un autodidacto que sólo aprovecha como enseñanza su experiencia personal del tablero, exento hasta hoy de los influjos deletéreos de la política, realizando el estudio del juego conforme a sus aptitudes naturales. Sería inane suponer que baste ser un pueblo de jugadores, en el sentido que Azara empleó el calificativo, para explicar la aparición de esos veinte grandes hombres que representan la inteligencia en un arte tan difícil. Más bien creo que se trata de personas no contaminadas por la enseñanza oficial, y que han podido llevar a feliz sazón aquellas aptitudes geniales innatas. Me atrevo a decir que naturalmente somos un pueblo de gran inteligencia; pero le damos a la inteligencia un valor casi mercantil y que tenemos una opinión muy docente de lo que se puede obtener de ella; que miramos con tanto afán el lucro que puede darnos el saber; que despreciamos tanto la poesía, el arte y la ciencia grandes y desinteresados, que florecen fuera de las aulas los despachos; que nos rodea un medio tradicional tan apegado a los títulos y a las investiduras, que aún los talentos auténticos concluyen por marearse y convertirse en instrumentos de hacer fortuna, acumular puestos y diplomas o enhestarse de respetabilidad fiscal.

Nuestros ajedrecistas: he ahí los representantes del alma argentina vivaz profunda, empeñosa, corajuda, atraída por la belleza, la razón y la justicia, desarrollada conforme a sus ínsitas posibilidades y no mutiladas por los prejuicios y los ideales erróneos. Un gran cartel luminoso sobre la Avenida Corrientes, frente al Teatro Politeama, con el logo de la FADA, anuncia que allí se está disputando el TN.[970]

Don Ezequiel concurre a las sesiones del TN, y sus crónicas son incluidas en su libro, editado en 1940. Anota numerosas partidas en un cuaderno, a lápiz, escribiendo de parado. También en esta obra Martínez Estrada trasladó el ajedrez a la cuadriculada ciudad de Buenos Aires, estableciendo la conexión entre la "forma" de la ciudad con el tipo social de los habitantes. Ciertamente, por ejemplo, la Avenida 9 de Julio y el Obelisco –un monumento a la nada– son lugares apreciados por los porteños y mostrados con orgullo a los turistas. Para muchos, incluso, son "símbolos de la argentinidad": la avenida más ancha del mundo, el gran cipo. Sin embargo, ambos fueron concebidos y construidos por un gobierno fraudulento como el del general Agustín Pedro Justo, precisamente parte de la llamada "década infame", cuyo objetivo personal era perpetuarse en el paisaje. ¡Vaya si lo logró!

La forma de tablero (de Buenos Aires) es correlativa de la llanura y del hombre sin complicaciones espirituales. Sólo un ojo que se anubla para la percepción de los matices y de los tonos en las sinfonías panorámicas tolera sin disgusto la sinceridad grosera de la calle perpendicular y la edificación de planta baja en manzanas enteras por las que sube el llano. El trazado gótico de las calles, las manzanas como losas, se dirían la figura geométrico-edilicia del tedio.[971]

Los siguientes documentos pertenecen a la Fundación Martínez Estrada, sita en Bahía Blanca:

[970] *La Cabeza de Goliat*, Ezequiel Martínez Estrada, Editorial Losada, Buenos Aires 1983, pág. 231. *Ahora* nº 437 del 19 de agosto de 1939.
[971] *Martínez Estrada, ajedrez e ideas*, Juan S. Morgado, 2016. *La Cabeza de Goliat*, op. cit.

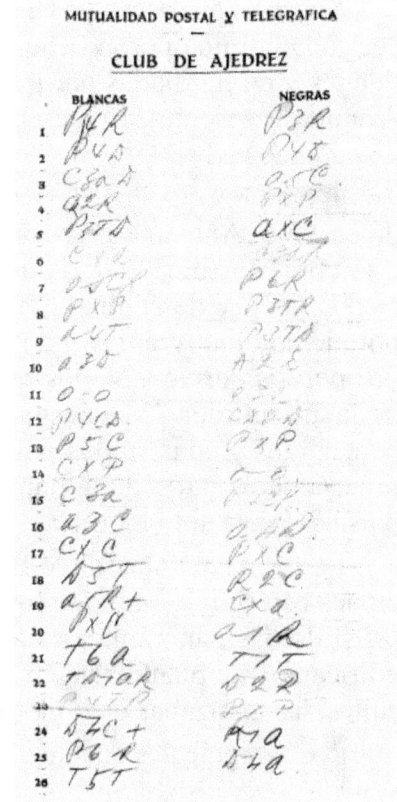

Página mecanografiada de *La máquina de pensar*

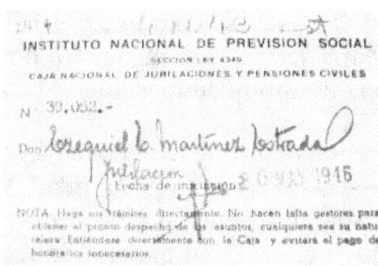

Dedicatoria de
Roberto Grau a
Martínez Estrada,
1930

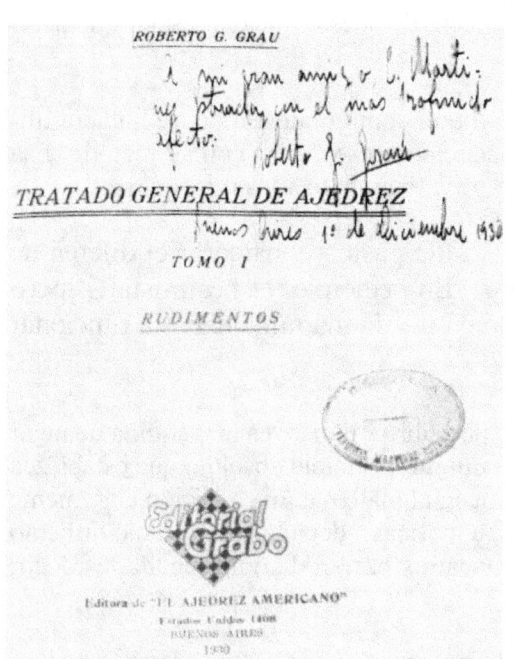

Boletín diario del TN,
enviado por correo al domicilio de Ezequiel

La visión del futuro de Ezequiel Martínez Estrada: la máquina de ajedrez

▓ Es muy instructivo el siguiente párrafo del prólogo de *Filosofía del Ajedrez* de Teresa Alfieri:

> El autor sospecha la llegada de una máquina de jugar ajedrez que abarque todas las posibilidades del juego y de algún modo lo clausure, pero ello no le impide exprimir sus otras posibilidades, las filosóficas.

Por algún motivo, la siguiente parte del manuscrito no salió en la versión de la Biblioteca Nacional, y este autor lo halló en el CD de esa institución editado en 2005, que muestra escaneados numerosos papeles de Ezequiel Martínez Estrada. Se agrega aquí como un nuevo documento:

> Es una tentación natural la de buscar posibilidades de someter a mecanismo las funciones matemáticas de la mente. Tan de consuno marchan hoy la vida y la mecánica, tan riguroso se ha tornado el método de investigación, que aparentemente podrá obtenerse un aparato mediante el cual, dados los términos de una ecuación, fuera posible resolverla. Ya existen, como sabemos, máquinas aritméticas, cuya infalibilidad y rapidez sólo Inaudi[972] logró aventajar. Inaudi era otra máquina de calcular. Bastaría aumentar sus signos y disponer su funcionamiento con arreglo a principios ya sólidamente

---

[972] Giacomo Inaudi (1867-1950) fue un famoso calculista, estudiado por el psicólogo Alfred Binet. Era pastor de ovejas, pero pronto se destacó por su extraordinaria memoria, dando exhibiciones en los teatros. Su cráneo fue estudiado por Broca.

establecidos en matemáticas, para resolver problemas de cálculo integral, diferencial, etc. La complicación de esta máquina y el esfuerzo para idearla serían supremos, pero posibles. La matemática es tanto más perfecta cuanto más se aproxima a la infalibilidad mecánica.

El cálculo es mecánico y no puede ser otra cosa, dado que la inteligencia opera en función de principios y de sus combinaciones, universalmente las mismas. La posibilidad de construir una máquina que realizara operaciones de cálculo superior sólo daría en honor de la inteligencia, como cuando la Naturaleza corrobora alguna de las últimas afirmaciones en materia de relatividad, no ocurre sino que se testimonia la grandeza del espíritu. Claro que la única objeción podría ser que esa máquina funcionaría de acuerdo con lo que el hombre previamente hubiese dispuesto que expresara, que haría lo que el hombre ya conocía.

Estando preparada para resolver los problemas que el hombre, como matemático, se hubiera impuesto a sí mismo antes de usar la máquina, y por consecuencia, a resolverlas con su método. Esa objeción afectaría a la inteligencia del género humano, y no privativamente a las matemáticas. (…)

Luego de referirse a la máquina de calcular, Martínez Estrada pasa a considerar el dilema de si es posible o no construir una máquina que juegue al ajedrez. En principio, es pesimista… ¡pero luego prevé, con más de ochenta años de anticipación, el modo en que la máquina debería funcionar para resolver el ajedrez!:

Lo que, a pesar de las numerosas tentativas hechas, no se descubrirá nunca, es la máquina de jugar ajedrez. Poe decía sobre esas dificultades. En ajedrez no hay ningún principio absoluto que establezca que, en una posición cualquiera –excepto aquellas que conducen al mate o a una posición claramente superior por jugadas que sólo tienen cada vez una respuesta, e ineficaz– deba hacerse un movimiento y no otro. En una posición del medio juego, los grandes maestros harían distinta jugada, es decir, tomarían caminos distintos.

A lo más puede establecerse que jugadas no pueden realizarse porque son malas –demostrándose enseguida por qué–, pero este sistema de eliminación, fácil para un grupo muy grande de jugadas que ningún jugador mediocre considera, ofrecería, en sus últimos análisis, las mismas dificultades que elegir la jugada mejor, como es evidente. Por otra parte, cada una de esas jugadas más o menos débiles, exige para su aprovechamiento que el contrario halle la respuesta justa o alguna de las respuestas eficaces. Por lo tanto, aún la jugada débil plantea un problema de tanta complejidad, o caso más, que la jugada exacta. Y si a esa jugada débil no se contesta bien, puede, automáticamente, convertirse en una gran jugada en el siguiente movimiento.

Por lo pronto, tanto las blancas como las negras juegan para ganar, y tienen las mismas posibilidades, excepto la iniciativa, que es de las blancas, por convención. Pero aun cuando el hecho de tener las blancas la apertura, y por lo tanto la iniciativa, autorizara a pensar en una ventaja de tiempo, nada nos autoriza a decir que en un juego absolutamente perfecto sean las que inician las que hayan de ganar.

Hoy nos encontramos en este exacto punto: ya tenemos máquinas que juegan al ajedrez mejor que los campeones mundiales, y son pequeños *softwares* que están al alcance de todos. Ya resolvieron el juego de damas: correctamente jugada la partida por ambas partes, es tablas. En cuanto a si las ellas resolverán finalmente el ajedrez, todavía no está tan claro, y él sobrevive orgullosamente. Se está tratando de resolver por dos caminos:

** Desde la apertura, mejorando las jugadas; las *tabias*[973] ya tienen hoy en muchos casos treinta y más jugadas, y la partida real comienza recién en la jugada siguiente.

---

[973] Posiciones estandarizadas desde donde la partida comienza en la práctica.

** Desde el final, mediante el método retrógrado. Primero se le cargó a la máquina un final de Rey y peón contra rey (tres piezas), y ella resolvió todas las posiciones. Luego se siguió con cuatro, cinco, seis y siete piezas, con el mismo resultado. Actualmente se está trabajando con los finales de ocho piezas, pero el avance es mucho más lento. El agregado de cada pieza produce una cantidad tan enorme de posiciones, que hasta el momento no se ha podido avanzar lo suficiente. ¿Qué pasará cuando se intente seguir con nueve, diez piezas?

Como decíamos antes, ya en aquel lejano 1925 Martínez Estrada había previsto ambos métodos:

> He aquí una pregunta que al ajedrecista puede parecer rara: ¿acaso una vez que se conociera la índole del juego, no resultara que abrir el juego, iniciar una línea de desarrollo, jugar, es ya estar inferior? La jugada inicial, ¿no será ya un punto débil?
>
> Para construir una máquina puede partirse de los siguientes conceptos:
>
> 1) De la apertura, eligiendo un número limitado de variantes, las reconocidamente mejores en cada línea, y fijar las respuestas y réplicas.
>
> 2) Estableciendo en cada posición una integral de valores, líneas de menos resistencia, puntos vulnerables, zonas débiles, por dispositivos electrónicos muy sensibles.
>
> 3) Partir de las posiciones de mate posibles y proceder por método regresivo. Este sistema se puede dividir en dos: mate con todas las piezas, mate con una pieza, con dos, etc. (…)
>
> El ajedrez no consiste en las posiciones dadas, sino en las posiciones a devenir. Y aun cuando de una posición dada siempre hubiera de llegarse a otra inmediata y una sola, esa posición única se obtendrá no sólo en función de la partida jugada hasta entonces, sino en función de las jugadas sucesivas hasta el mate, y que son incógnitas con integrales de incógnitas para cada una. Es decir, muy superior a lo que el hombre puede concebir, y por tanto, construir. Realizado un cálculo matemático, nos daría una suma inconcebible de posibilidades combinatorias, una suma inconcebible de mates posibles, una suma inconcebible de variantes previas a cada variante próxima, y así sucesivamente: una suma inconcebible de posibilidades de regresar a la posición inicial para cada una de las variantes.
>
> Pero aún quedaría por hallar el procedimiento para sacar ventaja del error. Y no hay que olvidar que un error mal contestado suele convertirse en jugada muy fuerte. Y además, como dice Tartakower, el ajedrez en realidad no se basa en la verdad sino en el error.
>
> Una partida absolutamente correcta no sería ajedrecística; el ajedrez sería el juego más estúpido para un dios, y por eso es el más interesante para el hombre. El ajedrez es esta lucha de la razón y de lo desconocido, en la síntesis de lo que el hombre puede hacer mediante su raciocinio, operando en un mundo que está más allá de su razón, y que se integra, aún en lo racional que tiene, con todo lo que en él hay de irracional, de instintivo, de absurdo, de delirante.

Y aquí estamos, a casi cien años de los textos de Ezequiel Martínez Estrada, con un panorama todavía no del todo definido: no está tan claro que un programa pueda resolver el juego. Es decir, no puede todavía afirmarse que, al hacer la primera jugada, si las blancas juegan 1.P4R (u otra), ganan, o empatan, o, tal vez, ¿pierden? Más lógico sería pensar que si las blancas y las negras realizan las mejores jugadas, la partida será tablas. También en esto tuvo razón Ezequiel Martínez Estrada: si hoy vemos las partidas absolutamente correctas jugadas por las máquinas entre sí, nos aburrimos soberanamente. ¡Son el aburrimiento!

Enrique Falcón, el compañero de trabajo y amigo de Ezequiel

▓ Ya en 1918 Enrique Falcón representaba al Círculo, participando en el encuentro en el que esta institución venció al Club Argentino el 12 de agosto, ocupando el tablero 10° (2ª categoría) y venciendo a Fritz Lempelius por 2:0.

Luego, el 14 de agosto de 1919 integró el equipo del Círculo que pierde con el Club Argentino

Falcón y Puharré, ganadores
del Torneo Selección de 1929

por 2:6, siendo derrotado por Enrique Ibáñez. También participa en la revancha de este encuentro, el 5 de setiembre, ganada por el Club Argentino por 5:3, igualando esta vez con Ibáñez. Puede observarse en la nómina de clubes asociados a la FADA, que figuraba el Club de Ajedrez Mutual Postal y Telegráfico, sito en Humberto I n° 782, cuyo delegado era Enrique Falcón. Por esta razón deducimos que, cuando menos, EME debió ya practicar ajedrez en la Mutual en 1918 o 1919.

En 1929, casi simultáneamente con las partidas halladas en la *Fundación*, Enrique Falcón ganaba el Torneo Selección, segundo en importancia del país, delante de Luis Puharré, Jacobo Bolbochán, Joaquín Gómez Masía y Juan Iliesco, entre otros.

Falcón tenía fama de ser un estudioso de las aperturas, y utilizaba especialmente los conocidos tratados de Savielly Tartakower[974] y de Griffith y White, *Modern Chess Openings*, luego traducido por él mismo para la Editorial Sopena, que lo editó en su versión castellana en 1941. En sus investigaciones, Falcón descubrió varias fallas en este último libro citado, y por ello fue cálidamente felicitado por el redactor de la revista *Qué sucedió en 7 días* aparecida el 12 de diciembre de 1946.

Partidas de Martínez Estrada halladas en el archivo de la Fundación

Martínez Estrada,Ezequiel – Isenberg,Carlos [B40]

Círculo, 10.11.1923 *[Juan S. Morgado]*

1.e4 c5 2.Cf3 e6 3.Cc3 a6 4.a4 Cc6 5.b3 Cf6 6.Ae2 [6.Ab2 d5= S. Nikolic – A. Vouldis, Aegina 1995] 6...d5 7.exd5 exd5 8.d4?! Da5?! [8...cxd4] 9.Ad2 cxd4 10.Cb5?! [10.Ce4 Dd8 11.Cxf6+ Dxf6 12.0–0=] 10...Db6?! [10...Ab4 11.Axb4 Cxb4 12.Cd6+ Rd7 13.Cxf7 Cxc2+ 14.Rf1 Cxa1 15.Cxh8 Dc3 16.Cxd4 Ce4 iniciativa] 11.a5 Dd8 12.Cbxd4 Dc7 13.0–0 Ad6 14.Cxc6 bxc6 15.Ad3 0–0 16.h3 h6 17.Ac3 Ch5 18.Cd4 Cf4 19.Af5? Te8? [19...c5!] 20.Dg4? [20.Axc8=] 20...Axf5? [20...h5!] 21.Cxf5 f6? [21...g6=] 22.Axf6! Af8 23.Ab2?! [23.Ta4!] 23...Te6? [23...h5!] 24.Ac1! Ce2+ 25.Rh1 Cxc1? [Permite un remate inmediato mediante una bonita combinación; si 25...Tae8 26.Cxh6 con ventaja] 26.Cxg7!+– Te4 [26...Axg7 27.Dxe6 Rh7 28.Taxc1+–] 27.Ce6+ Txg4 28.Cxc7 Ta7 29.hxg4 Cxb3 30.cxb3 Txc7 31.Tfd1 Rf7 32.Tac1 Ad6 33.Rg1 Ae5 34.Rf1 Rg6 35.g3 Rg5 36.f4+ Axf4 37.gxf4+ Rxf4 38.Txd5 Tf7 39.Tf5+ 1–0

Falcón,Enrique - Martínez Estrada,Ezequiel [D63]

Mutualidad Postal y Telegráfica, 15.12.1927 *[Juan S. Morgado]*

1.d4 d5 2.c4 e6 3.Cc3 Cf6 4.Ag5 Cbd7 5.e3 Ae7 6.Tc1 0–0 7.Cf3 c5 8.Ad3 b6 9.cxd5 exd5 10.Dc2 [10.0–0 Ab7 11.dxc5 bxc5 12.Af5 Dumitrache – Glienke, Balatonbereny 1997] 10...h6 11.Ah4 Ab7 12.0–0 Tc8 13.Dd2 Ce4 14.Axe7 Dxe7 15.De1 Cdf6 16.Ce5 Ch7 17.f3 Ceg5 [17...Cxc3 18.bxc3=] 18.h4 Ce6 19.Ce2 Tfe8 20.Af5 cxd4 21.Cxd4?! [21.Txc8 Axc8 22.exd4=] 21...Txc1 22.Dxc1 Cxd4 23.exd4 Dxh4 24.Cxf7? [24.Td1 Cf8] 24...Dxd4+ 25.Rh1 Df6 26.Dc7 Te7 0–1

---

[974] Este tratado, llamado *Ideas modernas en las aperturas de ajedrez*, 1941, se conserva en la biblioteca de la *Fundación*.

Falcón,Enrique - Martínez Estrada,Ezequiel [D37] Año ¿?

Mutualidad Postal y telegráfica *[Juan S. Morgado]*

1.d4 d5 2.c4 e6 3.Cf3 Cf6 4.Cc3 Ae7 5.e3 0–0 6.Ad3 dxc4 7.Axc4 c5 8.0–0 a6 9.a4 Cc6 10.Dc2 [10.dxc5 Axc5 11.De2 Dc7 12.e4 Cg4= Aturupane – Anand, Dubai 1986] 10...cxd4 11.Td1 e5 12.exd4 exd4 13.Ce2 Db6 14.Cexd4 Cxd4 15.Cxd4 Ag4 16.Ae2?! [16.Td3 Tac8 17.Ae3=] 16...Tac8 iniciativa 17.Dd3 Tfd8 18.Ae3 Ac5 19.Axg4 Cxg4 20.a5 Dd6 21.h3?? [21.g3!] 21...Dh2 22.Rf1 Cxe3+ 23.fxe3 Axd4 24.exd4 Tc6 0–1

Martínez Estrada,Ezequiel - Falcón,Enrique [E12] Año ¿?

Mutualidad Postal y Telegráfica *[Juan S. Morgado]*

1.d4 Cf6 2.Cf3 e6 3.c4 b6 4.Cc3 Ae7 5.Af4 Ab7 6.e3 0–0 7.Ad3 c5 8.Cb5 [8.0–0 d5 9.De2 Cc6 10.dxc5 bxc5 11.cxd5 exd5 12.Tfd1 Forintos – Karpov, Budapest 1973] 8...d6 9.0–0 a6 10.Cc3 Ch5 11.Ag3 f5 12.Cg5?! [12.d5 e5 13.Cg5 Axg5 14.Dxh5=] 12...Cxg3 13.Cxe6 Dc8 14.Cxf8 Cxf1 15.Cxh7 g6 16.Rxf1? [16.e4!] 16...Rxh7 17.d5 [17.e4!?] 17...Cd7 18.e4 f4 19.Ce2?! [19.Dg4 Rg7 20.Dxf4 Dh8!] 19...f3! 20.Cf4 Ce5 21.Ce6 Dh8 22.gxf3 Rg8 23.f4? [23.Rg2 g5 algo mejor negras] 23...Dh3+ –+ 24.Re1 Cxd3+ 25.Rd2 Cxf4 26.Cxf4 Ag5 27.Rc2 Axf4 28.De2 Te8 29.Tg1 Rh7 30.f3 b5 0–1

Falcón,Enrique - Martínez Estrada,Ezequiel [C44] año ¿?

Torneo de 3ª *[Juan S. Morgado]*

1.e4 e5 2.Cf3 Cc6 3.c3 Ac5 4.b4 Ab6 5.b5 Cce7 6.Cxe5 d5 7.exd5 Dxd5 8.d4 Cf6 9.Aa3 [9.Cd2= Jesús – Santos, Lisboa 1998] 9...Ae6 10.Ae2 Cf5?! [10...Cg6=; 10...Dxg2 complicado] 11.Af3! Ce4? [11...Dxb5 12.Axb7 Cxd4 13.cxd4 Aa5+ 14.Cd2 Axd2+ 15.Dxd2 Dxb7 16.0–0 iniciativa] 12.0–0?! [12.Cd2+–] 12...Cxd4?! [algo mejor 12...Ch4] 13.Axe4+– Dxe4 14.Tel Dd5 15.c4?! [15.cxd4 Dxd4 16.Df3!] 15...Dd8 16.Da4? [16.Cc3!] 16...c5? [16...a6! 17.bxa6+ c6 con contrajuego] 17.bxc6+– bxc6 18.Cc3 Tc8 19.Tad1 f6 20.Cxc6 Txc6 21.Txe6+ Rf7 22.Txc6 Te8 23.Td6 Ce2+ 24.Cxe2 Db8 25.Db3 1–0

(EME) o Falcón - (EME) o Falcón [C15] Año ¿?[975]

Torneo de 3ª *[Juan S. Morgado]*

1.e4 e6 2.d4 d5 3.Cc3 Ab4 4.Cge2 dxe4 5.a3 Axc3+ 6.Cxc3 Cf6 7.Ag5 e3 8.fxe3 h6 9.Ah4 a6 10.Ad3 Ad7 11.0–0 Ac6 12.b4 Cbd7 13.b5 axb5 14.Cxb5 0–0 15.Cc3 g5 16.Ag3 Ad5 17.Cxd5 Cxd5 18.Dh5 Rg7 19.Ae5+ Cxe5 20.dxe5= [jugadas restantes ilegibles]

○ MARIAN WITOLD GOMBROWICZ

Gombrowicz antes de Argentina

▓ Las siguientes notas recopiladas por Jerzy Gizycki describen la pasión de Gombrowicz por el juego ciencia antes de 1939:

> Gombrowicz nunca fue un ajedrecista de club. Sus partidas nunca fueron anotadas, aunque él estudió algunos libros: tenía, por supuesto, *Análisis del juego de ajedrez*, de Philidor. Cuando estuvo en Zakopane, en 1930, el más renombrado sitio de esquí de Polonia, ocupó el tercer lugar. Participaron en el torneo ajedrecistas amateurs como él. Le gustaban las partidas abiertas, aunque fue menos exitoso utilizando la Española. Odiaba perder. Mientras jugaba las partidas, tenía sus dichos favoritos y se comportaba de una manera muy particular.[976]

---

[975] La planilla no indica los nombres de los jugadores, que se supone son Martínez Estrada y Falcón.
[976] Recopilación y traducción de Tomasz Lissowski.

Comienzo en un marco de carencias extremas

▓ Gombrowicz no abandonó su literatura y sobrevivió como pudo, incluso mediante emprendimientos de indigencia como una pequeña máquina para hacer muñequitos de San Cayetano, que vendía por unas pocas monedas. Recién en 1947, a Gombrowicz se le presenta una increíble oportunidad de traducir su obra *Ferdydurke*, que había escrito en polaco en 1937, en curiosas condiciones.

Witold Gombrowicz llegó a Buenos Aires en el vapor *Chrobry* el 20 de agosto de 1939, según él mismo dice en su diario *Kronos*, previendo que en su país podía producirse una situación terrible. Durante varios años sobrevivió en Buenos Aires en muy penosas condiciones, como describe Ewa Kobylecka-Piwonska en su ponencia:

> En los primeros años, la pobreza lo agobia: los ciento sesenta dólares con los que arriba a Buenos Aires pronto se le acaban y la ayuda que recibe de la embajada polaca es más que modesta, así que se toma la molestia de apuntar escrupulosamente cada prenda de vestir que le dejan, cada –aunque fuera mínima– cantidad de dinero que consigue. Estos detalles se alternan, en un tono de impasible objetividad, con el largo listado de dolencias que lo persiguen: asma, sífilis, eczema, hongos, erupciones, lumbago, constipados, se le caen los dientes, sospecha tener gusanos y cáncer en la boca.

Esta es otra –al lado de la sexual– intimidad de Gombrowicz, detallada y descaradamente descrita en *Kronos* y, contrariamente a lo que ocurre en el *Diario*, estas experiencias se describen aquí a secas, sin presentarlas como escalones en la formación de su ideología literaria. Ciertamente, los datos sobre sus éxitos literarios y encendidas polémicas en la prensa no escasean, pero van parejos con frías y no pocas veces humillantes informaciones sobre úlceras, extracciones de dientes y dosis de diversísimos medicamentos (así como sobre su eficacia). *Kronos* resulta ser, pues, una verdadera literatura existencial donde lo intelectual se confunde irremediablemente con lo físico.[977]

El Salón Rex[978]

▓ ¿Cuándo fue fundado el Salón Rex? No se tiene certeza de la fecha exacta, pero según Horacio Amil Meilán, ya funcionaba en setiembre de 1939 al momento de jugarse el TN. ¿Cuándo se hizo cargo Paulino Frydman de su dirección? Probablemente fue a mediados de 1940. ¿Cuándo concurrió Gombrowicz por primera vez? La reciente aparición del apasionante *Kronos* indica que fue en enero de 1941.

Al año siguiente ya el Rex era un lugar "de culto". Así lo anunciaba *El Mundo*:

Salón Rex. Parado a la izquierda, Paulino Frydman.
Parado al centro, con corbata, Jiri Pelikán
(Foto Juan Carlos Gómez)

> El conocido maestro Paulin Frydman ha sido designado director del torneo de la Academia Rex, que próximamente tendrá lugar en esa frecuentada sala de ajedrez. Hasta la fecha se han inscripto alrededor de 70 aficionados, que serán dispuestos en cuatro grupos preliminares. Las partidas deberán definirse en el término de una hora y quince minutos para cada jugador.[979]

---

[977] Fragmento de la ponencia presentada por Ewa Kobylewska (1961…) en el I Congreso Gombrowiz realizado en la Biblioteca Nacional en 2014. La autora es doctora en Literatura y licenciada en Filología Francesa por la Universidad de Lodz. Publicado en *Martínez Estrada Sociabilidades*, Juan S. Morgado, Dunken, 2016.

[978] También se lo llamó Confitería Rex o Café Rex. Además funcionó allí ocasionalmente la Academia Rex.

[979] *El Mundo*, 23 de julio de 1942.

La magia del Rex

Juan Carlos Martínez fue un asiduo concurrente al Salón Rex durante unos veinte años, y lo conoció en sus más mínimos detalles. Aficionado tanto al ajedrez como al billar, nos dejó una notable pintura:

El Salón Rex, que existía como un lugar de reunión para ajedrecistas, billaristas, jugadores de cartas y también para actividades *non sanctas*, cambió su fisonomía a partir de la realización del Torneo de las Naciones de 1939. Numerosos participantes extranjeros se unían a verdaderas *troupes* de maestros, maestritos, mirones y aficionados locales. ¡El Rex estaba en ebullición!

Luego del magno certamen, fue convocado para dirigirlo el maestro polaco Paulin Frydman. Caminando desde mi oficina de trabajo de la calle San Martín, del diario La Nación, me tomaba un taxi por las tres cuadras que me separaban del Rex. No me costaba nada; incluso, diría que les estaba haciendo a los taxistas un favor, y muchos de ellos me invitaban a subir, ya que me conocían. Sucedía que en ese momento había una ordenanza municipal que impedía la circulación de taxis vacíos por Corrientes. Entonces, ellos debían estar en la parada de la esquina de Corrientes y San Martín, esperando por sus clientes. Llevándome a mí, podían circular normalmente, y cuando me bajaba en el Rex, ellos ya no estaban en infracción y podían tomar pasajeros en esa zona tan multitudinaria. De ese modo pícaro, ellos eludían la prohibición de la reglamentación municipal, y yo viajaba gratis.

La entrada del Rex estaba en Corrientes 831. Había un subsuelo con mesas de billar grandes. En la planta baja estaba la confitería, vecina del famoso Tabarís. Para llegar al salón de ajedrez, ubicado en el primer piso, había tanto una escalera como un ascensor. A la izquierda, junto a la ventana que da a la Avenida Corrientes, estaban las mesas de ajedrez; a la derecha, los billares, tres mesas de cartas y la peluquería –salón de caballeros– de Luis Rocha, siempre llena de clientes. Allí se solía levantar quiniela en forma subrepticia. Muchos aficionados iban al Rex solo a mirar a los maestros jugar. (...)

NOTAS DE AJEDREZ

El genial maestro polaco Paulino Frydman actúa en el "REX"

Recorte de diario, circa 1945. En la tabla figuran Frydman, Martínez y Manén. Colección J. C. Martínez

Juan Carlos Martínez, pizzería de Rivadavia y Nazca. (Foto Morgado, 2007)

Simultánea de Juan Carlos
Martínez frente a Kotov,
El Mundo 1957

▌Desde 1941, uno los visitantes asiduos fue el escritor polaco Witold Gombrowicz, que también jugaba al ajedrez, al principio muy débilmente. Todos nosotros le ganábamos con cierta facilidad. Durante el siguiente mes no apareció por el salón, y cuando volvió había progresado tanto, que ya nos jugaba de igual a igual. Él era un fumador empedernido, y un gran tomador de café. El cenicero siempre estaba lleno de colillas, y la mesa, con platos y tazas de café apiladas. Agarraba el cigarrillo de una manera muy peculiar: lo llevaba a la boca con los dedos pulgar e índice sosteniéndolo desde abajo. Cada pitada era profunda, y sólo lo aplastaba en el cenicero cuando ya se estaba quemando los dedos.

Desde que comenzó a dedicarse a la traducción de *Ferdydurke*, dejó de jugar al ajedrez. Su mesa se llenaba de papeles, agolpándose una multitud de amigos y parroquianos, que a voz en cuello y muchas veces acaloradamente, discutían sobre las palabras adecuadas. Traducir del polaco al castellano no era tarea sencilla, y Gombrowicz solía inventar palabras. Recuerdo que varios días estuvo obsesionado con "culeíto", como traducción de "trasero o culo". En ese grupo solían estar el ajedrecista José Taurel y el pianista Pablo Manén, de quien yo era muy amigo. Gombrowicz se sentaba siempre en la primera mesa del salón, al lado de la escalera. Solía hacerle una caricia al gato blanco que habitaba allí, y que subía y bajaba por el ascensor junto a los clientes.[980]

El Rex y sus personajes

▌Horacio Amil Meilán nació en Buenos Aires, en el barrio de San Telmo, en 1923, y actualmente todavía concurre al Bar Tolón, donde se reúne con amigos y suelen jugar algunas partidas rápidas. Comenzó su actuación en 1939, en el Círculo, y luego continuó en el Club Gimnasia y Esgrima de Buenos Aires y el Club Argentino, de los cuales es socio vitalicio. Es aficionado especialmente al ajedrez artístico, componiendo problemas de fantasía, y manifiesta su sensibilidad estética escribiendo sonetos referentes al ajedrez. Respecto al Salón Rex, escribió:

> Jugar en el primer piso del amplio Salón Rex constituía un verdadero privilegio, a la vez que un deleite para los sentidos, ya que mientras uno dirimía su partida, desde la confitería instalada en la planta baja llegaban los melodiosos acordes de algún vals vienés interpretado por la orquesta dirigida por el maestro Istvan Weishaus.[981] (…) En tanto, en una mesa aledaña, el polaco nacionalizado argentino (Sic) Witold Gombrowicz –por entonces un treintañero– presidía una tertulia de jóvenes e incondicionales admiradores, en la que se debatían temas literarios vinculados con las ideas existencialistas. En esa época, Gombrowicz era para nosotros tan solo uno más de los diletantes del ajedrez e ignorábamos que en 1938 ya había emprendido la tarea de escribir *Ferdydurke*.[982]

Lágrimas por el cierre del Rex

▌En uno de sus coloridos y punzantes *Gombrowiczidas*, Juan Carlos Gómez escribió con nostalgia:

---

[980] Testimonio de Juan Carlos Martínez al autor, 23 de agosto de 2007. Al momento de la entrevista, Martínez (1920-2007) se encontraba internado en el hogar de Rivadavia y Nazca, en estado casi terminal. Trabajó en *La Nación* desde 1937 hasta 1977. El Rex, el 36 Billares y la Richmond eran propiedad de los hermanos Cazabán.

[981] Solista de violín y director de la orquesta Tzigana, *Revista Sintonía*, 1934.

[982] *64…Repetida cifra*, Horacio Amil Meilán, edición del Ing. Oscar Carlsson, 2006, pág. 87. Testimonio de Amil Meilán al autor, 24 de abril de 2012.

Fue jugando al ajedrez que yo conocí a Gombrowicz en una tarde del café Rex del año 1956. El Rex había sido durante veinte años un lugar ideal: se podía conversar y jugar al ajedrez. Cuando en marzo de 1961 ese café cerró, se nos partió en dos un medio mágico: la conversación se nos fue para La Fragata y el juego para un club de ajedrez. Yo no sé si una persona a la que no le interesa este juego puede entender lo que significa el ajedrez; además del juego en sí mismo, es un refugio para protegerse de los infortunios de la vida, es una manera de matar las amenazas del tiempo, pero también es un campo en el que se cruzan las existencias de una manera intensa, el color de fondo que da el ambiente del ajedrez es inolvidable y no puede ser reemplazado con nada. El ajedrez fue para Gombrowicz, en la época de su mayor miseria y de la guerra, una disciplina que lo ayudó a soportar la pobreza y la soledad. El Café Rex se convirtió para él en un verdadero hogar.[983]

Lo vi entrar al Rex. Era un apasionado del ajedrez. El ambiente le gustó mucho. (…) Tenía manías que ponían a los otros jugadores fuera de sí; por ejemplo, la de tomar un peón entre el dedo índice y el mayor y dar pequeños golpes secos contra el tablero. Gombrowicz jugaba indistintamente con buenos y malos jugadores, y le daba igual perder que ganar. El ajedrez lo ayudaba más que ninguna otra cosa a calmar los nervios en la difícil situación en la que se encontraba (...). Al concentrarse en las partidas, se olvidaba de todo. Esta disciplina le fue muy útil durante la guerra y en los momentos de mayor pobreza y soledad. El Rex era como un segundo hogar para él.[984]

▇ A su vez, Juan Carlos Martínez también lamentó profundamente el final del Rex, que fue parte de su vida social:

Me enteré que el Rex cerraba, y no lo podía creer. Fui hasta allá, subí al primer piso, y me encontré con que las mesas y las sillas ya estaban apiladas, listas para ser rematadas. Había polvo en el ambiente, producto de las tareas de la mudanza. Bajé al subsuelo, y también estaba todo revuelto. Las mesas de billar estaban siendo desarmadas, y los tacos, empacados en bolsas. Entró don Luis (Cazabán), y le pedí que me dejara llevar mi taco preferido. Me dijo que no. Como dice el tango, *se me piantaba un lagrimón*, y no pude resistir la tentación. En un descuido, me lo puse bajo el sobretodo, y me lo llevé a casa.[985]

▇ Además, varios de los diarios de Buenos Aires también se hicieron eco del cierre del Rex:

Desapareció la conocida y concurrida Confitería Rex, y con ella la famosa sala de ajedrez. Estuvo durante un cuarto de siglo en las proximidades de uno de los lugares más frecuentados de Buenos Aires: Corrientes y Esmeralda, y en el primer piso nació simultáneamente su sala de ajedrez con unas pocas mesas. El Torneo de las Naciones de 1939 tornó a la sala en sitio frecuentado, casi obligado, por los ajedrecistas extranjeros que se radicaron en ésta. (…) Solamente el famoso Café de la Regence, de París, ha podido resistir la comparación. Sin embargo, se afirmaba que la nuestra era la sala de ajedrez mayor del mundo.[986]

Gombrowicz por Gombrowicz

▇ Encontrándose en estado de casi indigencia, Gombrowicz decidió escapar del hotelucho donde residía, y así lo contó:

En marzo de 1942 el dueño de mi hotel comenzó a insistir demasiado enérgicamente por los seis meses atrasados que le debía, así que debí mudarme. Una noche dejé el hotel y mi vecino, don Alfredo,

---

[983] Juan Carlos Gómez, ibíd.
[984] Juan Carlos Gomez, ibíd.
[985] Testimonio de Juan Carlos Martínez al autor, 20 de setiembre de 2007.
[986] *La Nación*, 21 de abril de 1960.

generosamente me alcanzó las bolsas por la ventana. Me las llevé a un café, me senté en una mesa y no supe qué hacer. Mi crédito se había acabado. De pronto oigo:

¿Tú aquí?

Era un polaco, un periodista llamado Taworski, que había vivido en la Argentina muchos años. Le conté lo que me había pasado. Replicó:

Sabes, ahora tengo unos socios y alquilamos un chalet cerca de Buenos Aires, en Morón, para poner una pequeña fábrica textil. Puedes vivir allí.

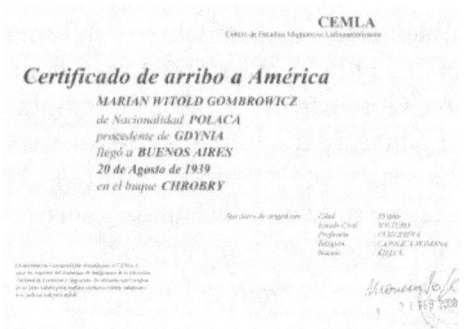

Arriba a Buenos Aires Marian Witold Gombrowicz (CEMLA)

Pasé unos seis meses en el chalet, que era gradualmente desvalijado. Taworski era la bondad en sí misma y me cuidaba como un padre. Vivíamos casi exclusivamente a base de carne ahumada y choclo, que él cocinaba una vez a la semana. Yo era muy popular en Morón, tanto en la pizzería de la plaza como en el café, donde jugaba billar y ajedrez. (…) Y luego, de repente, en el suplemento literario de La Nación un artículo mío apareció en la primera página. Desde ese momento mi posición social en Morón se iluminó. Empezaron a tratarme con consideración. La vida no era fácil. Me mantenía por catástrofes. Mi catástrofe, la catástrofe de Polonia, la catástrofe de Europa. Pero al mismo tiempo actuaba en otro, más elevado nivel.[987]

El trayecto de Gombrowicz

▓ La (siguiente) esgrima dialéctica entre el suave y enigmático Mastronardi y su áspero amigo polaco tuvo lugar, se supone, entre el 48 y el 50, a poco de editada por la Editorial Argos su novela *Ferdydurke*.

Noches pasadas mantuve una discusión con mi amigo Gombrowicz, escritor polaco de trato difícil y de talento indudable. Mi oponente, según mi costumbre, procedía por contrastes y antinomias, pues entiende que sólo de este modo es posible allegarse a la misteriosa realidad. Con ardorosa firmeza rechazó los argumentos que aduje, pero cuando le dije que las mías sólo eran impresiones y conjeturas, ya que no dominaba la materia en cuestión … ni me sentí dueño de la verdad, el tono de Gombrowicz fue otro. Me contestó:

Ahora, mi amigo, usted empieza a ser fuerte.

En efecto, ya no ofrecía blanco alguno, es decir, ya no había frente de lucha.[988]

Ferdydurke

Según *Kronos*, en diciembre de 1945 Gombrowicz empieza a traducir *Ferdydurke* al castellano. Dice:

[987] *Witold Gombrowicz, A kind of testament*, cap. 4, 1973, Calder & Boyars, London, traducción de Ernesto Resnik. Estos datos se corroboran en *Kronos*, la última obra de Gombrowicz editada en 2017.
[988] Carlos Mastronardi, *Cuadernos del vivir y del pensar*, cit. por D. Viñas, *El peronismo clásico*, Paradiso, 2007, p. 76.

Este año fue más bien duro e indefinido. Un rastro de sombra lo atraviesa, que produce cierta timidez y desgano. Algo se quebró definitivamente. Sobre el final del año, un freno total. Termina también mi amistad con Vilela y Manén. Financieramente: desparejo y flojo. La salud, relativamente bien. Un año pobre, con pocos atractivos.[989]

Protagonizada por un héroe de treinta años que se transforma en un adolescente de quince bajo la influencia de un maestro, la novela es una aguda sátira de la sociedad contemporánea. Así cuenta el propio Witold algunos detalles de la traducción efectuada en el en el Rex, en el Prefacio a la primera edición castellana, 1947:

Esta traducción fue efectuada por mí y sólo de lejos se parece al texto original. El lenguaje de *Ferdydurke* ofrece dificultades muy grandes para el traductor. Yo no domino bastante el castellano. Ni siquiera existe un vocabulario castellano–polaco. En estas condiciones la tarea resultó, tan ardua, como, digamos, oscura y fue llevada a cabo a ciegas, sólo gracias a la noble y eficaz ayuda de varios hijos de este continente, conmovidos por la parálisis idiomática de un pobre extranjero. La realización de la obra se debe ante todo a la iniciativa y el apoyo de Cecilia Benedit de Debenedetti, a la cual deseo expresar mi mayor agradecimiento.

Gombrowicz y Frydman

En la recopilación de Jerzy Gizycki estaba el artículo "Gombrowicz en Buenos Aires" publicado por Rajmund Kalicki en la revista mensual *Tworczosc* (En español, "Creación") nº 1/1981.

Cuando lo conocí por primera vez, mi enorme interés por la literatura ya había sido reemplazado por otras ocupaciones. Solía leer mucho; todavía hoy no estoy completamente libre de esa adicción, pero entonces era otro tipo de lectura. El infierno se había desatado en la tierra, había que asegurar el sustento, y todo era ansiedad acerca de la suerte de los parientes. Como no he leído (ni estoy leyendo) sus obras, Witold tuvo un "silencioso" rencor contra mí. Yo conocía sólo algunos fragmentos pequeños de su *Diario Argentino*, a través de *Kultura*.[990]

Soy un gran admirador de su estilo y siempre pensé que no tendría sentido leerle en español. Ahora tengo que llenar este vacío, como mínimo leyendo el *Diario*. Recientemente, el locutor de radio más importante, Antonio Carrizo,[991] me ha sorprendido leyendo el fragmento del *Diario* que se refería a mi persona. Fue mi único mérito para el Gombrowicz–escritor que, cuando resolvió que se traduzca Ferdydurke al español y el obstáculo más importante era la falta de un ejemplar original del libro en polaco, milagrosamente yo pude obtenerlo. (...)

Mi historia es muy similar a la de Gombrowicz. Ambos llegamos a Argentina el mismo día, 21 de agosto de 1939. No tengo ninguna razón para quejarme. Mi nuevo entorno me aceptó amistosamente. La barrera del idioma en mi actividad no era un problema tan grande como en la de Gombrowicz, y desde el primer momento me fue bastante bien. Sin embargo, sólo desde finales de 1941 mi situación fue definitivamente clara, cuando el dueño del Rex, el Café más grande de la Avenida Corrientes, ubicado a un lado el cine Gran Rex, frente al Ópera –el cine más bello en Buenos Aires–, me ofreció organizar un salón de ajedrez en el primer piso. Tuve suerte en esta aventura, y a partir de ese momento me aseguré un ingreso mensual muy conveniente para mí.

---

[989] Traducción de Marta Bryszewska.

[990] Mensuario editado en París por Jerzy Giedrojc, independiente del régimen comunista en Varsovia. Fue importante para la diáspora polaca en Europa occidental, período de 1945–1989 [Tomasz Lissowski]

[991] Antonio Carrozzi (nombre artístico Antonio Carrizo, 1926...) es un conocido locutor de radio y televisión.

Doy estos detalles porque el Rex era el lugar de visitas diarias de Witold Gombrowicz, y su segunda casa. Recuerdo perfectamente las circunstancias de cuando lo conocí por primera vez.[992] Un día en la calle Perú conocí uno de mis mejores amigos, ex miembro del personal diplomático polaco de alto rango. Lo llamaremos *el cónsul*, porque invariablemente Gombrowicz, experto en el uso de títulos, solía llamarlo así. El cónsul concurrió acompañado por un joven delgado, con semblante eslavo. Volvimos de una reunión en el consulado polaco, y después de las palabras de saludo, decidimos reacondicionar nuestras debilitadas fuerzas con un buen bife de chorizo con ensalada mixta y vino tinto. El tercer comensal era Gombrowicz. Recuerdo que fue muy lacónico, melancólico y ensimismado en sus pensamientos. Pero muy pronto después él apareció en el Rex; y quedó claro que era un amante del ajedrez. (…) Se sintió bien en este entorno, se encontró con un grupo de gente de fuerza similar, de nivel ajedrecístico no muy alto, con quienes se trenzaba en luchas, mezclando las jugadas con charlas ingeniosas, que no siempre eran apreciadas por sus oponentes.[993]

Najdorf, Appel y Gombrowicz: ¿una ficción?

▓ Versiones similares de la siguiente historia fueron publicadas, con mayor o menor detalle, por Juan Carlos Gómez en sus *Gombrowiczidas*, por el propio Najdorf en el diario *Clarín*, por la revista *Ajedrez Postal Americano*, y por su hija Liliana en el libro *Najdorf x Najdorf*.[994]

Najdorf titula el episodio "Maté un hombre", y detalla las circunstancias en que debió jugar una partida frente a su connacional Isaak Appel, previo al TN que se iba a jugar en Buenos Aires en 1939. Expresa que la Federación de Ajedrez de Polonia había determinado que debía jugarse un torneo clasificatorio para integrar el equipo de cinco jugadores, que en la última rueda ya estaban clasificados él, Tartakower y Frydman, y que Appel, que aspiraba a uno de los otros dos lugares, le solicitó, a través de su esposa Eugenia, que le entregara el punto en juego, lo que le permitiría acceder a un lugar en el equipo.

Najdorf le contestó a través de la propia Eugenia, diciéndole que "no podía atentar contra la esencia del ajedrez", jugó la partida, y venció a Appel; este quedó afuera del equipo polaco, y tiempo después, ya declarada la guerra, fue llevado por los nazis a un campo de concentración, donde fue asesinado. Dice luego textualmente Najdorf en *Ajedrez Postal Americano*:

> La suerte de Appel se convirtió en una pesada carga para mí. (…) ¿Lo había enviado hacia la muerte? Los reproches de mi conciencia se tornaron obsesivos. Yo no había dicho una palabra sobre aquel desdichado episodio a nadie. Sentía la imperiosa necesidad de confesarme con alguien, de desprenderme de aquella tortura y aclarar la realidad de lo acontecido. Una noche relaté el episodio a mi amigo Witold Gombrowicz, quien había llegado a Buenos Aires también en 1939, para quedarse por espacio de dos semanas. Fue otro al que sorprendió la guerra. Taciturno, conflictuado y solitario, rechazó la oportunidad de incorporarse a la élite intelectual porteña, que aunque no lo comprendiera, se sentía fascinada por aquel extranjero que ya era admirado en algunos círculos de Europa por su obra magistral *Ferdydurke*. El ajedrez era para él una evasión, un escape de la realidad, pues se sentía dramáticamente marginado, abandonado en una tierra que no era la suya. Comentó pausadamente Gombrowicz:

> Martin Buber[995] escribió que el hecho fundamental de la existencia humana es el hombre. En cuanto tal, cada uno elige su camino. Tú habías elegido ser algo y nada podía detener tu decisión de

---

[992] Como se vio antes, según *Kronos* fue en enero de 1941.

[993] Frydman solía quejarse de Gombrowicz: *¿Dónde están aquellos que podrían describirme, mostrar cómo soy? Panorama Szachowa* (revista mensual de Varsovia) hace algunos años. [Tomasz Lissowski] Síntesis del autor.

[994] *Najdorf x Najdorf*, Liliana Najdorf, Buenos Aires, 2008, pág. 83.

[995] Martin Buber (1878-1965) fue un filósofo anarco-existencialista y escritor judío austríaco/israelí. Bregó por la unión entre israelíes y palestinos.

jugar para ganar. Lamentablemente, el espacio entre Appel y tú fue infranqueable. No podían encontrarse jamás.

No fui capaz de de imaginarme que, si ya en las calles de Varsovia se gritaba Heil Hitler, algo tremendo se avecinaba. Unos meses después la capital polaca era ocupada.[996]

■ En uno de sus Gombrowiczidas, Juan Carlos Gómez relata el episodio de manera parecida, situando la conversación entre Gombrowicz y Najdorf a mediados de setiembre de 1939:

Miguel Najdorf, el gran maestro de ajedrez, y Witold Gombrowicz eran dos polacos que por la razón de su inmenso ego no se llevaban bien. Los dos eran actores y, cada uno a su modo, expertos narradores de historias. Un mediodía, en la Embajada de Polonia, Najdorf nos contaba al embajador, al cónsul y a mí un cuento que tenía una moraleja.[997]

Najdorf, señora Élida de Gómez, embajador polaco Noworyta, 1997. Foto J. C. Gómez

La cuestión es que Najdorf, como integrante del equipo de ajedrez polaco que vino a la Argentina a competir en la olimpíadas del 39, había sido responsable, según nos contaba, de la muerte de otro ajedrecista, también judío. (…) Cuando Najdorf le puso punto final a la historia después de haber logrado el clima dramático que necesitaba, intervino el cónsul con un aspecto siniestro. La inteligencia y la astucia le brillaban en los ojos, y le pidió a Najdorf que no se pusiera triste pues no había sido él sino el destino el que había originado la tragedia. En efecto, si Najdorf se hubiera dejado ganar, su contrincante judío se habría salvado, pero el que vino a la Argentina en el lugar de él, también judío, se hubiera quedado allá con igual suerte de la que tuvo el que murió. Tomamos una vodka y pasamos a otro cuento. (…)

La Wehrmacht invade Polonia el 1º de septiembre de 1939, hacía diez días que Gombrowicz estaba en Buenos Aires. Ese día, en un café junto a Miguel Najdorf –que había llegado a la Argentina el mismo día que Gombrowicz pero en otro barco–, escuchaba las noticias de la guerra por la radio. El terror y el odio se apoderaron de estos dos señores que el tiempo y las ventoleras de la historia convertirían en dos inmigrantes famosos.[998]

■ Sin embargo, afirma al respecto el gran investigador del ajedrez polaco, Tomasz Lissowski:

Desde hace muchos años se sabe en Polonia que este relato de Najdorf no es verdadero: no existió un torneo clasificatorio para clasificar a los integrantes del equipo polaco en 1939. Es difícil de entender la razón de este extraño error de Najdorf, y no es el único.

Entonces, ¿la conversación entre Najdorf y Gombrowicz, también fue una "fantasía", una creación literaria? Lo que es concreto es que hasta ahora no se ha encontrado una mención a este hecho en ninguno de los múltiples textos de Gombrowicz. Más aún, en toda su literatura Witoldo nunca nombró a Najdorf: ¡desapareció de su vida!

---

[996] *Causé una muerte*, Miguel Najdorf, *Ajedrez Postal Americano* nº 162, abril de 2001, pág. 13. Appel desaparece recién en junio de 1941.

[997] Gómez y el embajador polaco Eugeniusz Noworyta fueron invitados a cenar por Najdorf el 22 de abril de 1997. Najdorf falleció el 4 de julio de ese año.

[998] Juan Carlos Gómez, ibíd.

Este autor cree que las razones del distanciamiento entre ellos obedeció, además de la eventual cuestión de egos sostenida por Gómez, a que, mientras Najdorf se convirtió en un hombre de acción y ávido de dinero, Gombrowicz permaneció fielmente intelectual y en un ambiente de extrema modestia. Así, mientras Najdorf expandió su personalidad hacia un extravertido histrionismo, Gombrowicz se recluyó en su introvertido campo de las letras. En tanto Najdorf adhería al peronismo, Gombrowicz permaneció silenciosamente contrario a esa fuerza política,[999] soportando durísimas condiciones, apenas de supervivencia, durante largos períodos de tiempo. Por distintos caminos, ambos lograron la fama.

Gombrowicz y Martínez Estrada

Hay muy pocas referencias a la relación personal que tuvieron Witold Gombrowicz y Ezequiel Martínez Estrada, y, en general, coinciden en resaltar erróneamente la inexistencia (o casi) de vínculos entre ellos. Así lo expresó Juan Carlos Gómez:

> Hay una especie de sociología impresionista o psicología social de los argentinos, que Gombrowicz practica en la tradición de los visitantes atentos o profesionales que conocieron la Argentina de la *belle époque*, así como los filósofos viajeros que pontificaron sobre el ser nacional argentino. En el centro, dos obras, la una silenciada por Gombrowicz de Ezequiel Martínez Estrada, la otra recordada en la amistad de Bernardo Canal Feijóo.[1000]

Cuando explica las relaciones de Gombrowicz con los escritores argentinos, Miguel Grinberg dice:

> Por medio del poeta Carlos Mastronardi, conoce a Borges, Mallea, Sábato, Silvina Ocampo, Capdevila, Martínez Estrada, Bioy Casares, etc. No tuvo buen éxito con ellos. Profundas diferencias los separaban, y justo es decirlo, el carácter díscolo de Gombrowicz.[1001]

¿Qué pueden haber tenido en común dos personalidades de tan distintos orígenes como Witold Gombrowicz y Ezequiel Martínez Estrada? No pertenecieron ellos a ninguna corriente de pensamiento, y por ese motivo resultaron molestos para ciertas élites literarias y también políticas. Sin embargo, mantuvieron contactos sociales intensos, variables y cambiantes con las figuras más destacadas de su época.

De la investigación de sus trayectorias, surge la afinidad que mantenían en varios temas importantes: los atrapó el ajedrez, tuvieron experiencias con la llamada izquierda (Santucho, Revolución Cubana), fueron anarquistas intelectuales, mantuvieron posturas alejadas del peronismo y absolutas independencias personales de los sistemas de poder reinantes, se refirieron a Buenos Aires en términos negativos, ocuparon posiciones burocráticas grises para sobrevivir (Correo Argentino, Banco Polaco), murieron en edades productivas luchando contra enfermedades paralizantes, fueron tildados de traidores a la patria, y sus posturas se caracterizaron por ser a-nacionalistas, anti-nazis y anti-fascistas. Se los nominó para el Premio Nóbel, y obtuvieron importantes lauros literarios (Primer Premio Nacional de Poesía en 1929 y de Ensayo en 1933, y Premio Formentor, respectivamente). Además, podríamos agregar que Gombrowicz nunca pudo volver a Polonia, y Martínez Estrada se sintió, por momentos, un extranjero en su propio país; y que sus obras se caracterizan por un profundo análisis psicosocial y un cierto sentido de la paradoja.

---

[999] En *Kronos* dice Gombrowicz, diciembre de 1955: *Fue un año importante. Me he liberado del Banco Polaco y del peronismo.*

[1000] Juan Carlos Gómez, ibíd.

[1001] *Evocando a Gombrowicz*, Miguel Grinberg, Galerna, 2001, pág. 29.

Podríamos agregar que Gombrowicz nunca pudo volver a Polonia, y Martínez Estrada se sintió, por momentos, un extranjero en su propio país; y que sus obras se caracterizan por un profundo análisis psicosocial, un cierto sentido de la paradoja, y sus tonos a-nacionalistas, anti-nazis y anti-fascistas.

El hallazgo de dos obras dedicadas por Gombrowicz a Martínez Estrada constituye una prueba fehaciente del mutuo respeto y simpatía que se tuvieron. Pueden haberse encontrado en *La Fragata* o en algún otro bar cercano. Debe tenerse en cuenta también que, en tanto Gombrowicz vivía en Perú y Venezuela y caminaba frecuentemente hasta el bajo, Martínez Estrada tenía su domicilio en Lavalle 166, precisamente en esa zona. Más aún, Gombrowicz trabajaba en el Banco Polaco, Tucumán al 400, en tanto Martínez Estrada lo hacía en el Correo Central, lugares muy cercanos. En *Kronos*, Martínez Estrada no es mencionado en el índice onomástico, pero sin embargo, como se verá, está incluido varias veces en el *Tableaux*. También encontramos varias referencias a él en el libro de Klementyna Suchanow.[1002]

> Confieso no poder comprender, Piñera,[1003] cómo entre dos buenos estilistas como usted y Ernesto pueden existir tales divergencias. Usted es el presidente del Comité de Traducción y Juez Supremo, pero, ¿no sería conveniente que se reuniera con Ernesto para saber qué seriedad tienen sus objeciones? (...) ¿O que esas páginas se discutan, por ejemplo, con Martínez Estrada, Borges o Gómez de la Serna, o algún otro buen estilista? Considero que esto le permitiría a usted entrar en relación con ellos, lo que ya es importan-te. Así sabremos al menos qué es lo que critican Lida y Ernesto,[1004] y, a lo mejor, habría que dar más fuerza a sus aclaraciones o tomar alguna otra medida.[1005]

El 25 de abril de 1947 aparece Ferdydurke, presentado en El Querandí. Una semana después, el 2 de mayo, Gombrowicz obsequia y dedica un ejemplar a Martínez Estrada, con la sola palabra "cordialmente". Suchanow indica que en *Kronika Ferdydurke,* Gombrowicz menciona artículos o críticas literarias que iban a aparecer, entre muchas otras, una de Martínez Estrada.

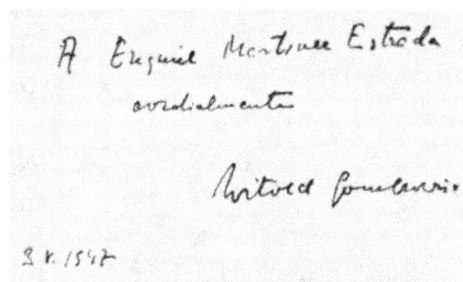

Gombrowicz dedica a Martínez Estrada su primera edición de Ferdydurke, 2 de mayo de 1947 (Fundación Martínez Estrada)

La autora informa además que Martínez Estrada participó en planes de promoción de Ferdydur-ke, y lo califica como uno de los "ensayistas más trascendentales, especialmente por su destacada obra Radiografía de la Pampa"; y asimismo propuso promocionar la obra en la Sociedad Hebraica Argentina, y en los ambientes literarios de élite, aunque sin éxito.[1006]

El 21 de agosto de 1947 Gombrowicz ofrece un curso en el Salón Literario Fray Mocho, sito en Sarmiento 1820. Asisten cuarenta y cinco personas, y habla sobre el tema "Recuerdos del Tiempo de la Inmadurez". Una semana después asisten al curso cuarenta personas, lo que le deja un rédito de $ 57.[1007] En esta oportunidad Gombrowicz expone el famoso texto *Contra los Poetas,* en tanto Martínez Estrada lee como introducción una carta, que sería la de Manuel Gálvez.[1008] En 1948, poco

---

[1002] *Argentinskieprzygody Gombrowicza*, Klementyna Suchanow, Wydawnictow Literackie, Kraków, 2005, pág. 61, 105/6, 112, 116, 241 y 252. Traducción de Marta Bryszewska.

[1003] Virgilio Piñera, escritor cubano que lideró la traducción de *Ferdydurke* del polaco al castellano en el Rex.

[1004] Raimundo Lida (1908-1979), fue uno de los más importantes filólogos argentinos. Ernesto es Sábato.

[1005] Juan Carlos Gómez, ibíd. El Asirio-Babilónico era el apodo con que Gómez nombraba a Jorge Luis Borges.

[1006] Klementyna Suchanow, ibíd., pág. 112, 115. Traducción de Marta Bryszewska.

[1007] $ 57 de 1947 son aproximadamente hoy día unos U$S 150.

[1008] Presumiblemente la carta de recomendación que le había dado Manuel Gálvez a Gombrowicz, citada muchas veces por Juan Carlos Gómez.

después de editado *El Casamiento*,[1009] Gombrowicz se encuentra nuevamente con Martínez Estrada, y le obsequia un ejemplar de su nueva obra, esta vez con una cálida dedicatoria en forma de versito:

> A Ezequiel Martínez Estrada
> gran obispo
> ofrece esta Iglesia
> el autor diácono

Notable dedicatoria de Gombrowicz a Martínez Estrada en El Casamiento (1948)
(Fundación Martínez Estrada)

Evidentemente, al tratar a Martínez Estrada de "gran obispo", se está refiriendo a su condición de ajedrecista, ya que los alfiles representan a los obispos; en tanto, Gombrowicz se presenta como un ministro eclesiástico.

En la solapa de la primera edición de esta obra se cita la opinión de Martínez Estrada, donde éste la describe como "una irrupción de fuerza, originalidad y gracia trágica; indudablemente, (Gombrowicz es) un escritor de primera línea".

El año 1948 puede haber sido el último en que se produjeron contactos entre ellos. En mayo de 1949 Martínez Estrada se muda a Bahía Blanca, y en 1950 adquiere una terrible enfermedad psico-somática de la piel que lo dejará casi postrado hasta 1955.

La documentación hallada indica que Gombrowicz y Martínez Estrada se conocieron personalmente en 1947/8, y mantuvieron una amistosa relación durante esos dos años. Luego pierden contacto al mudarse Martínez Estrada a Bahía Blanca en 1949. Asimismo, ambos compartieron amistades y peleas con diversos intelectuales de la época: fueron notables, por ejemplo, las fuertes discusiones que ambos tuvieron con el Grupo Sur (Borges, Bioy Casares, Sábato, Victoria Ocampo).

En tanto Gombrowicz convirtió al Salón Rex en su segundo hogar durante la mayor parte de su estadía en Buenos Aires –allí se tradujo Ferdydurke en tumultuosas y multitudinarias sesiones–, Martínez Estrada formó parte del Círculo de Ajedrez, entidad fundada en 1916 por ex parroquianos de Los 36 Billares y del Café Colón de los anarquistas, y allí comenzó a escribir su ensayo *Filosofía del Ajedrez*. Queda claro entonces que ellos crearon su propio ambiente literario en esas instituciones.

Gombrowicz ha sido un observador agudo de la realidad argentina a través de obras como *Diario Argentino*. Como expresó Carlos Huerga, "desde la experiencia de la traducción española de *Ferdydurke*, realizada por el propio Gombrowicz, hasta la inclusión del autor polaco dentro de manuales de literatura argentina, podemos considerar que un autor marginal y extranjero puede cobrar una importancia sustancial dentro de una literatura nacional y alterar el *canon literario*, acercándose a la idea intercultural de la *Weltliteratur* de Goethe".[1010]

Podría quizás decirse que Martínez Estrada fue el primer argentino que padece una enfermedad *sociopática:* el sufrimiento que le provocó el desembarco del peronismo en 1946 le ocasionó una grave dolencia en la piel que lo tuvo postrado entre fines de 1950 y 1955, por momentos al borde de

---

[1009] *El Casamiento* se editó en Ediciones EAM, Buenos Aires, noviembre de 1948.
[1010] Universidad Autónoma de Madrid, WEB.

la muerte. Se curó "mágicamente" cuando cayó Perón, y él mismo bromeó luego diciendo que había padecido una "peronitis". Luego de escribir contra el peronismo cuatro obras que él mismo llamó panfletarias, y criticar duramente luego al gobierno de la llamada Revolución Libertadora y al de Frondizi, tuvo un serio enfrentamiento con varios colegas. Inició un destierro voluntario que lo llevó a México en 1959, y a Cuba entre 1960 y 1962, contratado por Casa de las Américas para escribir sobre Martí. Decepcionado y nuevamente con serios problemas de salud, volvió a la Argentina, para fallecer en 1964.

Epílogo Ezequiel – Witold

■ Al final de *Kronos* (Tableaux) se incluyen reproducciones de manuscritos de Gombrowicz, donde éste detalla una extensa lista de personas, diarios y revistas. Martínez Estrada figura allí tres veces. Otros: Hijo de P., "Przyj Borgesa" (amigo de Borges), Pepe (¿Taurel?), etc.[1011] En Kronika Ferdydurke (Universidad de Yale, Beinecke Library), también hay varias menciones a él.

A modo de conclusión, sugiero a los Gombro-investigadores una nueva mirada sobre la relación entre Martínez Estrada y Gombrowicz: aquél debe ser excluido de la lista de escritores argentinos mal considerados por Witoldo.

Las citas que siguen no procuran demostrar el valor del libro, sino dar la medida de la sorpresa entusiasta, provocada en ciertos ambientes por su aparición.

Pinta la reacción de los círculos intelectuales polacos esta frase del crítico K. Czachowski: "alrededor de este libro se forma una admiración rayana en la idolatría". En este continente, el cubano Virgilio Piñera define la novela de Gombrowicz como "al par de las cumbres de la literatura contemporánea" y añade, "estas breves líneas son solo el primer disparo en la batalla que van a librar los ferdydurkistas de Sudamérica". Citaremos todavía la opinión de Bruno Schulz: "Ferdydurke es una extraordinaria manifestación de talento, una forma nueva y revolucionaria y un nuevo método artístico; en fin, un fundamental descubrimiento y anexión de fenómenos completamente nuevos" y la de Ezequiel Martínez Estrada: "una irrupción de fuerza, originalidad y gracia trágica; indiscutiblemente, un escritor de primera línea".

El drama "El Casamiento", por la magnitud de los problemas que abarca y lo novedoso de su concepción artística, es posiblemente el más ambicioso pronunciamiento del escritor polaco.

Mención de Martínez Estrada en la solapa de El Casamiento (1948) (Fundación Martínez Estrada)

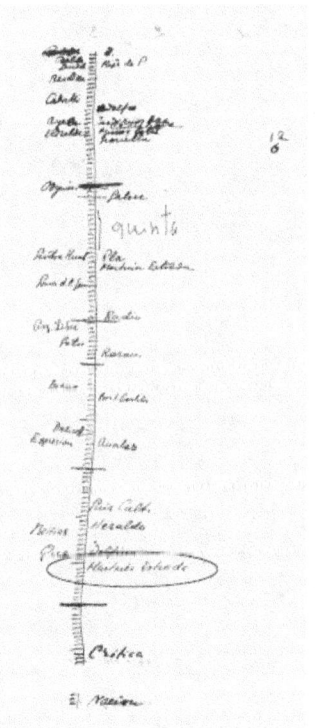

Izq. Hoja de anotaciones con lista de personas, incluido Martínez Estrada (*Kronos*) Der. Martínez Estrada, mencionado dos veces (Kronos)

[1011] Según Kacper Nowacki, son planillas escritas luego de la primera edición de Ferdydurke, 1947. Los números 1, 2, 3, 4 o 5 indicarían el puntaje que cada crítico le colocaba a Ferdydurke. Hijo de P. seguramente se refiere a Luis Centurión, a quien llamaba Hijo de la Pampa.

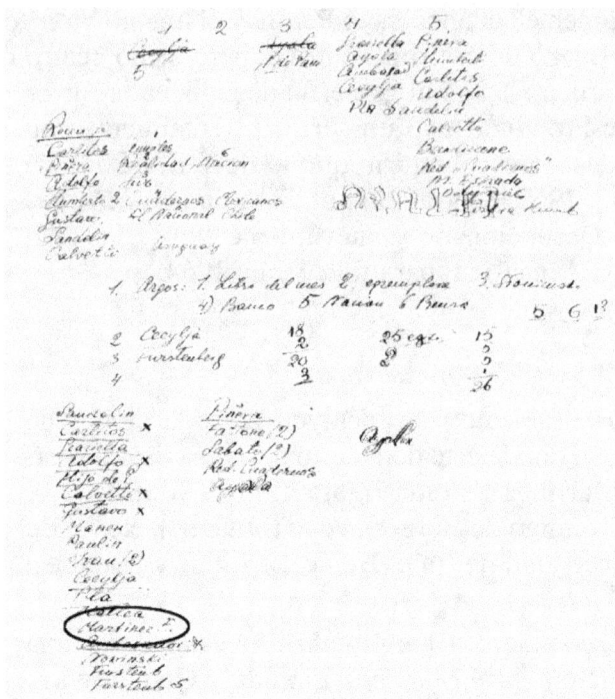

Beinecke Library, Yale University Library. Witold Gombrowicz Pages 3/3
Martínez Estrada es mencionado en la 9ª línea de arriba (bajo el nº 5)
y en la 5ª línea de abajo

Capítulo 16

EL BOLETÍN DEL CÍRCULO Y EL TN

█ Hasta 1918, el Club Argentino dominó claramente el panorama deportivo, social y político del ajedrez. Su poder económico era enorme, y disponía de un numeroso grupo de socios de alto poder adquisitivo que colaboraban con donaciones, especialmente su *alma máter,* José Pérez Mendoza. Luego de la fundación del Círculo de Ajedrez en 1916, y especialmente desde 1918, la *troupe* de jóvenes liderados por Grau y Reca dejó al Club Argentino y se pasó a la nueva institución, causando una revolución. Desde 1922 el sector del Círculo contó con un invalorable apoyo mediático: Grau ingresa a *La Nación* y promueve en forma notable a su club.

En 1923 se produce un acuerdo entre el Club Argentino y el Círculo para fundar la FADA, pero poco tiempo después el primero se retira a causa de absurdas excusas clasistas. El Círculo pasa a ser entonces el factótum, y los equipos olímpicos son designados solamente con ajedrecistas de esa institución en París 1924, Londres 1927 y La Haya 1928.

En 1927 el Club Argentino retorna a la FADA, y organiza el *match* por el campeonato mundial entre Capablanca y Alekhine. En el plano deportivo esta institución se recupera y vence tres veces al Círculo en *matches* a 20 y 25 tableros, en la década del 30. Además, hacen su aporte nuevas instituciones como el Círculo de Vélez Sarsfield, el Círculo de Villa Crespo y el Club Jaque Mate. El TN de 1939, organizado principalmente con el aporte del Círculo y de la FADA, pero no del Club Argentino –ayuda mediante el trabajo de algunos dirigentes valiosos, pero sólo realiza aportes económicos pequeños– terminó dejando las finanzas de la federación exhaustas. En 1941 los dirigentes del Club Argentino toman control de ella; en 1943 se produce el cisma de los tres clubes, y en 1944 fallece Grau. Esta circunstancia resulta decisiva para victoria política definitiva del Club Argentino sobre el Círculo, ya que Carlos Portela reeemplaza a Grau en *La Nación* y vuelca la balanza definitivamente a favor de él. El Círculo entra en una espiral de decadencia, y desaparece definitivamente en 1951, ya convertido en un garito.[1012]

█ El primer campeón del Círculo fue Rodolfo De Witt (1916-1917), luego siguieron Roberto Grau (1917-1920), Valentín Fernández Coria (1920-1922), Luis Palau (1922-1929), Virgilio Fenoglio (1929-1933), Roberto Grau (1933), Guillermo Holtey (1933-1935) y Alejandro Nogués Acuña (1935-1939).[1013]

El boletín del Círculo: la joya casi desaparecida

█ Encontrándose Grau y Palau abocados a la edición de *El Ajedrez Americano*, poco tiempo tenían para ocuparse de una publicación del Círculo. Por deducción, los primeros 21 boletines debieron editarse entre 1916 y 1938. Por casualidad, hemos conseguido el nº 22, (agosto de 1938), el nº 24 (octubre de 1938), el nº 25 (diciembre de 1939) y el nº 26/7 (enero-febrero 1940). Tienen un formato de 22x27 cm, impresos precariamente a una faz probablemente con hectógrafo, y se encuentran en un deficiente estado de conservación. De hecho, estos mimeógrafos de época solamente permitían una tirada muy pequeña.

[1012] Texto adaptado del prólogo de *Los Años Locos del Ajedrez Argentino*, Juan S. Morgado, 2014.
[1013] Entre las torres, Roberto Grau, *Leoplán*.

El contenido es chispeante, con mucho humor ingenuo, y muestra el desparpajo con el que Grau se dirige a la afición para tratar de obtener la mayor cantidad posible de socios: 500 es su meta ambicionada. Debe destacarse la enorme modestia y el arduo trabajo que debían hacer los dirigentes del Círculo para mantener la institución: el balance anual que se muestra indica nítidamente la escasez de recursos con que contaba.[1014]

Portada del Boletín Mensual nº 22, agosto de 1938

[1014] Nota del autor.

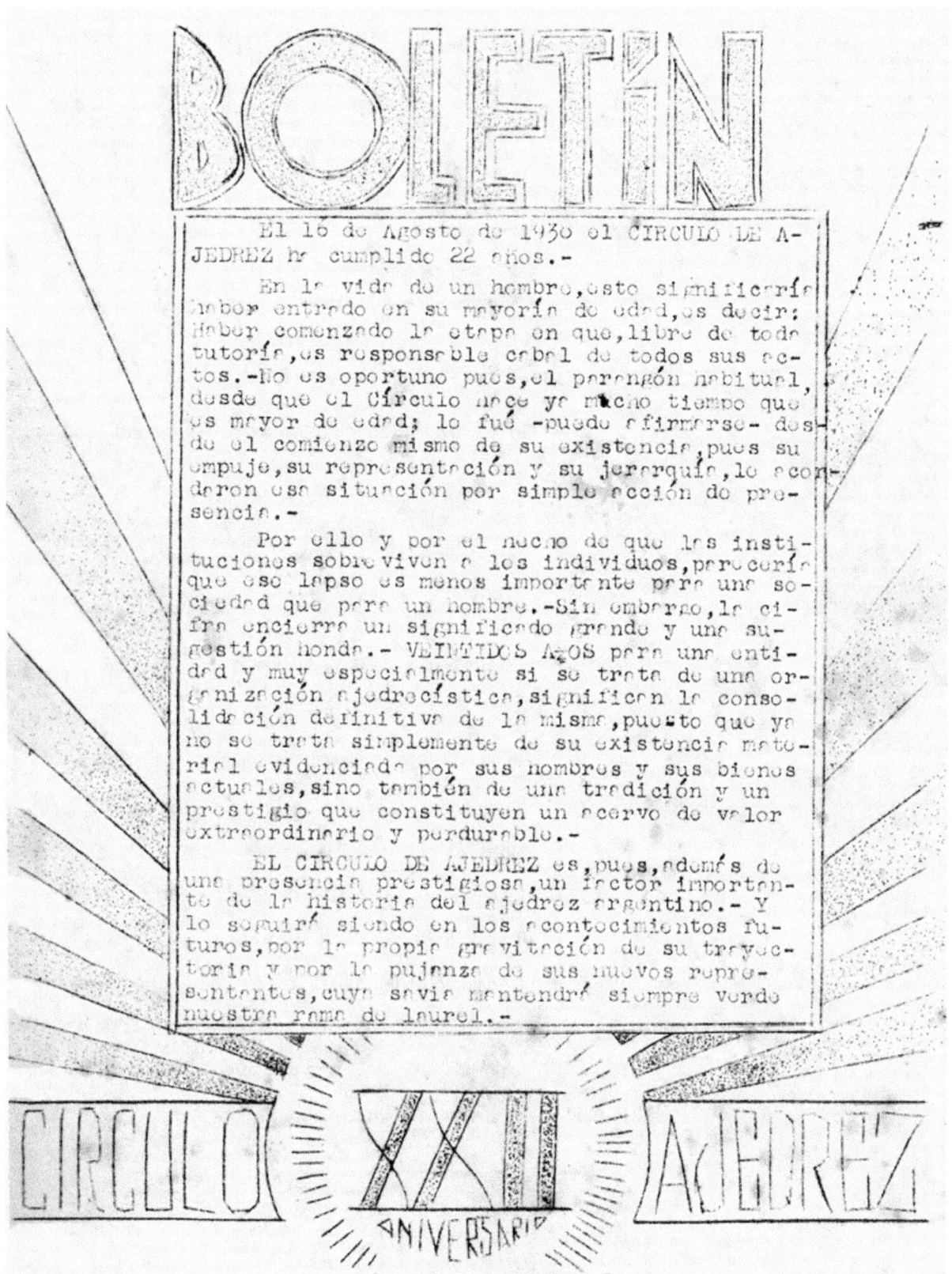

Boletín Mensual nº 22 pág. 2, agosto de 1938

BOLETIN DEL CIRCULO DE AJEDREZ   AGOSTO DE 1938   n° 22

· PROGRAMA DE ACTIVIDADES PARA EL MES ·
DE SETIEMBRE DE 1938
---o---

Martes   6 - Nacional de 3a.Categoría - 1a.rueda

Miércoles   7 - Torneo de 2a. Categoría

Jueves   8 - Nacional de 3a.Categoría - 2a.rueda

Sábado   10 -   "   " 3a.   "   3a. rueda
                  Torneo de 2a. Categoría

Martes   13 - Nacional de 3a.Categoría - 4a.rueda

Miércoles   14 - Torneo de 2a. Categoría

Jueves   15 - Nacional de 3a.Categoría - 5a. rueda
                  Torneo de PING-PONG

Sábado   17 - Nacional de 3a.Categoría - 6a.rueda
                  Torneo de 2a.Categoría

Martes   20 - Nacional de 3a.Categoría - 7a. rueda

Miércoles   21 - Torneo de 2a.Categoría

Jueves   22 - Nacional de 3a.Categoría - 8a.rueda

Sábado   24 - Nacional de 3a.Categoría - 9a.rueda
                  Torneo de 2a. Categoría

Miércoles   28 - Torneo de 2a. Categoría

Jueves   29 - Torneo de PING-PONG

                              LA SUB-COMISION DE TORNEOS

Boletín Mensual n° 22 pág. 3, agosto de 1938

BOLETIN DEL CIRCULO DE AJEDREZ   AGOSTO DE 1938   n° 22

.-MEMORIA PRESENTADA A LA ASAMBLEA DEL 29 DE AGOSTO DE 1938, POR EL PRESIDENTE D. PEDRO BARBE -.-

-----oooOooo-----

Señor Consocio:

Aunque los asuntos que atañen al dinero son generalmente dejados para el final, porque es más elegante hablar de principios que de pesos, alteremos por una vez ese orden y comencemos por las finanzas que constituyen el problema fundamental de las instituciones ajedrecísticas; la nuestra no escapa de esa órbita, no obstante que desde ese punto de vista su situación es suficientemente sólida y tranquila.-En efecto, nuestro activo, al igual que en años anteriores, ha crecido paulatinamente y el pasivo se ha reducido en más de $ 650, cifra muy importante en relación con el total, pues representa el 25% del mismo.-

La deuda total al 31 de Julio de 1937, era de $ 2.416,96 y al 31 de Julio de 1938 ha quedado reducida a $ 1.766,65.-Además, de ésta última suma, $ 1.190 corresponden a deudas consolidadas referentes a dos rubros.-Uno de ellos es el del alquiler; como Vds. saben, en una época, hace algunos años, en que las entradas del Círculo fueron paupérrimas, se produjo el atraso de dos meses íntegros, situación que la C.D. precedente arregló en forma satisfactoria, conviniendo una amortización de $ 50 mensuales que se ha cumplido escrupulosamente.-Vale decir, que los $ 700 de deuda que hay en ese rubro, no son exigibles sino en la proporción de $ 50 por mes.-Exactamente lo mismo ocurre con otro rubro importante de la deuda del Círculo -el que se refiere al empréstito interno- que, de acuerdo con su reglamentación, se reintegra mensualmente con cuotas de $ 50.-En definitiva, la deuda realmente exigible es de $ 576,65, suma compuesta en gran parte por el débito con la empresa que se encarga de la limpieza y arreglos del local, que alcanza a $ 500, y sobre la cual ya hemos con-

venido hacer amortizaciones importantes todos los meses.-Para responder a ese pasivo, el Círculo tiene un activo físico compuesto por sus muebles, útiles e instalaciones, cuya cifra no puedo darles en este momento con exactitud, porque aún no ha sido hecho el inventario general, pero que, puedo adelantarse, es superior a la suma de $ 6.000.-

Como Vds. verán, pues, a través de este rápido panorama financiero, la situación económica del Círculo es perfectamente sólida, aunque, como es inevitable, está supeditada siempre a sus entradas mensuales, pues, ha sido absolutamente imposible hacer reservas y, desgraciadamente, no creo que ello sea factible en el próximo período tampoco.-Como veréis por el balance general, nuestro movimiento de caja da un total de $ 10.642 en cada columna, lo que significa que el movimiento mensual es aproximadamente de $ 900.-

La C.D. ha buscado diversos medios para incrementar las entradas; en algunos casos ha tenido éxito y en otros no, pero, en general es satisfactorio el ingreso de este ejercicio, como lo prueba el hecho ya mencionado de que se ha amortizado más de $ 650 de la deuda, no obstante que se han realizado diversas compras y gastos que exceden del presupuesto habitual.-

Entre estos gastos no existentes anteriormente, debe contarse el sueldo del empleado, que la C.D. juzgó muy conveniente tomar, pues, con los pocos pesos mensuales que ese sueldo insume, se consigue tener al día las tareas administrativas que en los últimos tiempos han aumentado considerablemente, sobre todo por el hecho de haberse juntado las dos asambleas, lo que ha demandado un trabajo extraordinario.-

El empleado permitirá que aparezca mensualmente el Boletín de la entidad, vínculo cordial e

Boletín Mensual n° 22 pág. 4, agosto de 1938

.... DEL CIRCULO DE AJEDREZ   ...AGOSTO DE 1938   nº 22

...rmativo que la C.D. juzga indispensable mantener, y cuya aparición e-
... hasta ahora muy accidentada, sobre
todo por la falta material de tiempo
para confeccionar las planchas de
stencil y hacer las copias correspondientes.-Por lo demás, tanto en la remisión de noticias a los diarios como
en la preparación material del trabajo para la comisión de torneos, será
... útil la labor del empleado cuyo
su... mensual de $ 40.- se justifica,
así, ampliamente, a juicio de la Comisión Directiva.-

VIDA INTERNA: Nada hay de extraordinario para informar a la asamblea
sobre la vida interna del Círculo durante este ejercicio, pero puedo decir,
... cambio, que la actividad ha sido
muy intensa en todos los órdenes y especialmente en el ajedrecístico, ya
que no sólo se han realizado torneos
... todas las categorías, sino que hubo
más de uno en alguna de ellas; todas
estas pruebas se han desarrollado en
forma entusiasta y han evidenciado notables progresos o recuperaciones de
prestigios bien ganados.-

Entre las demás activi-
dades, ha tenido poco éxito una tentativa de la presidencia de intensificar la práctica del bridge, ya que, por
varios factores, este interesante
juego del que son excelentes cultores
algunos de nuestros socios, no se ha
desarrollado mucho en este período.-
Tal vez haya influído en algo el deseo de la comisión, de que todos nuestros juegos sean serenos y tranquilos,
... que no siempre se logra en el
bridge, donde por el hecho de ser dos
las responsabilidades que hay en cada
lado de una partida, no siempre las
opiniones están de acuerdo, ni los á-
nimos dispuestos a la tolerancia.-En
cambio, en otros juegos como el ping-
..., por ejemplo, donde la responsabilidad es individual, el entusiasmo es
... vez más grande, cosa muy interesante a mi juicio, porque al matizar
... con otro entretenimiento la disciplina mental que exige el ajedrez,
consigue una variedad que hace más ...
la vida en el Círculo.-Es de la-
...ntar que la momentánea ausencia, por

razones personales, de algunos indis-
cutidos cracs del mah-jong, hayan hecho declinar un poco la actividad de
este juego; pero el entusiasmo laten-
te de muchos de sus cultores permite
afirmar que en breve tendremos nuevamente esas épicas tenidas, que han permitido que el Círculo sea una de las
pocas entidades que practica este pasatiempo.-

ACTIVIDADES EXTERIORES: El prestigio
del Círculo de Ajedrez se ha mantenido tan alto como siempre -lo que
ya es decir bastante- en el ejercicio que termina con esta asamblea.-
Por la resonancia mundial que tuvo
el acontecimiento, me refiero en primer término al brillante tercer puesto del equipo argentino en el torneo
de Estocolmo y consigno que en ese
team había cuatro socios del Círculo: los señores Guimard, Grau, Plo-
ci y Piazzini.-

En el último torneo de
selección la actuación de los jugadores del Círculo fué brillante, puesto que los señores Carballo y Gerschman ocuparon el primero y segundo
puesto, conquistando así el derecho
de intervenir en el próximo torneo
mayor y demostrar, frente a los ases,
que nuestra entidad aporta dos nuevos valores extraordinarios al concierto del ajedrez argentino.-Es el
tercer año consecutivo que el Círculo gana ese torneo.-Ya que me refiero al torneo mayor, quiero dejar constancia -porque ello muestra la pujanza ajedrecística de nuestra insti-
tución- que en el próximo tendremos
6 notables representantes, pues, actuarán los señores Nogués Acuña, Palau,
Ojeda, Puiggrós, Maderna, Bonko, Carballo y Gerschman.-No está confirmada
aún, la inscripción del señor Nogués
Acuña, pero confiamos en que se produzca, pues no sólo nuestra entidad,
sino todo el ajedrez nacional, vería
con satisfacción que se reintegrara
al certamen más importante, un jugador
de las relevantes condiciones de nuestro actual campeón social.-

En lo que se refiere a

... ... DEL CIRCULO DE AJEDREZ ... ... AGOSTO DE 1938 ... n° 22

...cera categoría nuestros consocios ...men y Fowler Newton están ju... ...el turno final, y en 4a. catego... ...finalizó 4° Gregorio Ruiz, que a ... años es ya un buen ajedrecista, ...que permite abrigar grandes espe... ...en su futuro.-

De los dos torneos metro... ...tanos sólo se ha realizado el lla... ...do "menor" en el que ocupamos el se... ...do puesto.-

El torneo metropolitano ...rior, donde estaremos magníficamen... ...representados, ha sido postergado ...hasta fin de año.-

Nuestras relaciones con ...los demás clubs de ajedrez, ha sido ...siempre cordial y en tal sentido, mas ...es grato dejar constancia de que fué ...renovar la antigua correspondencia ...atenciones con el Club Argentino ...Ajedrez, ya que ambas instituciones ...reconocido como socios honorarios ...sus respectivos presidentes.-

Nuestras relaciones con ...Federación Argentina de Ajedrez, no ...sólo han sido estrechas y cordiales, ...sino que el Círculo ha aportado, ade... ...de todo el prestigio y apoyo de ...nuestra entidad, el trabajo y colabora... ...personal de sus dirigentes, tanto ...la comisión de torneos -donde actúa ...el señor Laurie- o en el jurado -que ...integra el señor Fernández Coria- co... ...el consejo federal y en las nue... ...comisiones que han sido creadas pa... ...llevar a la práctica el trascenden... ...torneo de las naciones a realizar... ...en Buenos Aires en julio del año ...próximo.-

En cumplimiento de una ...las misiones fundamentales consig... ...en nuestros estatutos, esto es, ...propender a la mayor difusión del a... ...ajedrez, hemos facilitado nuestros sa... ...a diversas entidades que lo han ...solicitado para realizar sus torneos.- ...Dejamos constancia que entre ellas hay ...varias instituciones oficiales de en... ...ñanza y me es grato también comuni... ...a la asamblea, que el Club Yacimien... ...Petrolíferos Fiscales en retribu... ...de atenciones, ha tenido la genti... ...de donar un reloj y un juego com... ...to de ajedrez, por cuyo obsequio re... ...en esta ocasión nuestro agrade... ...miento.-

Me es grato dejar cons... ...tancia que la Federación Argentina ...de Ajedrez ha trabajado magníficamen... ...te para ese gran certamen, bajo la Pre... ...sidencia de D.Augusto de Muro, gracias ...a cuya inteligencia y eficacia direc... ...tiva (secundado brillantemente por ...los demás dirigentes del ajedrez na... ...cional) se conseguirá financiar ese ...certamen, que congregará a represen... ...tantes de 40 naciones y que costará ...$ 300.000.-En la organización del mis... ...mo, participan varios dirigentes del ...Círculo; el que os habla en este mo... ...mento, integra la comisión de asuntos ...internacionales y preside la comisión ...de hacienda; nuestro Vice-Presidente, ...D.Roberto Grau, preside la comisión ...de propaganda e integra también la co... ...misión de asuntos internacionales, que ...es la que se ocupa de toda la organi... ...zación y realización del torneo.-Otro ...miembro de la comisión Directiva, Don ...Luis Palau, por sus conocimientos en ...esta materia, y su experiencia en prue... ...bas de este tipo, ha sido designado pa... ...ra integrar la comisión técnica.-

SOCIOS DESAPARECIDOS: Durante este pe... ...ríodo, las puertas del Círculo hubie... ...ron de ser entornadas en varias opor... ...tunidades, para expresar con el simbó... ...lico signo exterior, nuestro pesar pro... ...fundo, por la desaparición de varios ...camaradas que lucharon y vivieron jun... ...to a nosotros hasta el momento mismo ...de su muerte.- Damián M.Reca, Rolan... ...do Illa, Luis M.Martínez, Carlos Ca... ...pellini y Carlos Fernández Rojas, han ...dejado de integrar la lista de socios ...activos de nuestra entidad, para for... ...mar parte de la historia misma del ...Círculo, constituída con el recuerdo y ...la tradición representada en gran par... ...te por estos socios desaparecidos.- ...En su homenaje, pido a la asamblea que ...quiera ponerse de pié.-

MOVIMIENTO DE SOCIOS: El balance del ...movimiento de socios, ha sido muy fa... ...vorable en este período.-En efecto, ...han ingresado 111 socios nuevos y ...sólo 27 han dejado de pertenecer a ...la Institución.-Entre los nuevos in... ...gresados 85 son concurrentes y 26 ac... ...tivos, con lo que el saldo neto de so...

Boletín Mensual n° 22 pág. 6, agosto de 1938

BOLETÍN DEL CIRCULO DE AJEDREZ .. AGOSTO DE 1938 n° 22

...nuevos, de las cifras de 71 con...tes, 1? activos, pues han dejado de pertenecer a la entidad 14 de primera categoría, y 1? de la segunda.—

La gran actividad ajedrecística ha de desarrollarse próximamente en todo el país, permite esperar que habrá un gran movimiento de nuevos socios, de los cuales nuestra entidad debe tener la parte grande que le corresponde por su prestigio e importancia.—Para que ello sea, al esfuerzo que en tal sentido desarrollará la C.D., debe agregarse el de cada uno de los socios.—Hago un llamamiento especial a todos los asociados para que recuerden que presentando nuevos socios a la entidad, harán nuestra su fortaleza cada vez más, con lo que aumentará su prestigio y la posibilidad de ofrecer más comodidades a todos los asociados.—

He consignado sólo a grandes rasgos la actividad del último período, pues, en cuanto a sus detalles, han trascendido diariamente ya que la información de los socios ha podido ser permanente y normalizada.—

Después de la asamblea hoy, un nuevo período anual comenzará en el Círculo de ajedrez y confío en que los señores socios que asamblea elegirá para integrar la C.D., vengan con nuevos bríos y entusiasmo, dispuestos a trabajar por el del Círculo y por su engrandecimiento.—Pero, me permito, también, pedir la colaboración de todos los socios porque para laborar en del Círculo, no es imprescindible formar parte de la comisión.—Es muchas veces en la pequeña colaboración donde se construye el verdadero progreso, como consecuencia de la red de esperanzas y de ideales.—Insisto en este llamamiento, porque considero que es no sólo un derecho sino también un deber, que cada uno cumpla su misión dentro del Círculo, y que atienda los pedidos de colaboración que hace de todos los ángulos la C.D.—Por

lo demás, si todos trabajamos un poquito (muy poco), esto tarea será insignificante para cada uno, por lo que no representará incomodidad alguna, pero, en cambio, la suma de esos esfuerzos se traducirá en la comodidad de todos.—No olvidemos que no tenemos derecho a pedir a los demás lo que no estamos dispuestos a hacer nosotros mismos.—Por otra parte, el entusiasmo de los que vosotros ponéis momentáneamente en los planos directivos, será siempre más grande y más útil, si se siente apoyado por el entusiasmo y el interés de todos.—

Nada más.—

———oOo———

POR FAVOR ! ATIENDA EL TELÉFONO !

Amigo Consocio: Si el Círculo tuviera dinero para pagarlo, contrataría un operador para que atiende el teléfono. Pero todavía no nos podemos permitir ese lujo (tiempo al tiempo, que todo llegará).—Mientras no tengamos esa posibilidad, es necesario que todos pongamos nuestra buena voluntad para atender los llamados telefónicos.—

NO OLVIDE que es posible que el llamado sea para Vd. mismo, aunque no lo espere.—Aunque así no fuera, cuesta poco hacer un servicio a un consocio y atender el teléfono que lo reclame.—

RECUERDE, por otra parte, que la comunicación puede ser importante para el Círculo, y todos los socios debemos contribuir para el mejor desarrollo de las actividades de la entidad.—

TENGA PRESENTE, que el servicio que Vd. presta a un consocio atendiendo el llamado, le será agradecido por el interesado y ciertamente retribuido con otro servicio en la primera oportunidad.—

POR TODO ELLO, a los socios viejos y a los socios nuevos les pedimos:

POR FAVOR ! ATIENDA EL TELÉFONO !

———

COLABORE PARA

ESTE BOLETIN

Boletín Mensual nº 22 pág. 7, agosto de 1938

BOLETIN DEL CIRCULO DE AJEDREZ   AGOSTO, DE 1938   n° 22

ORDENES SON ORDENES -o-

Un día de torneo pudimos comprobar
que el insustituible Maurín tiene i-
mitadores.-Claro que son de tres por
cinco.-Porque a su altura nadie ha
llegado
aún.-Pe-
ro en fin
...dimos
que un ju
gar le
pedía a un
socio que
estaba a
su lado mi
rando una
partida:
-Juegue P4R y anoteme la planilla...
Maurín que lo oyó, lo miró con una
sonrisa comprensiva y un gesto protector.-

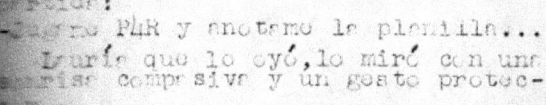

CAMBIO DE APELLIDOS -o-

Desde que una dulce voz de damisela encantadora pregunta con una insistencia agobiante por un señor que
o no existe o no quiere existir -y de cuyo nombre no queremos a-
cordarnos- no menos de diez socios
han cambiado de apellido y se tiran
su correspondiente lancecito.-Pero
claro...la damisela encantadora tiene buen oído y no devuelve los saludos...

CRISIS DE LA HOLANDESA -o-

No nos referimos a ninguna otra holandesa más que a la que le jugaron
a Kupermann en el torneo nacional de
Rosario.-Nuestro bien dotado en bar
ba miró al contrario como quien mira a un presunto suicida.-Y llevado
de su bondad casi le dice al enemigo
confesional:
-Hagame otra cosa compañero!....Holan-
desita a mí!....A MI HOLANDESITA!!...
Pero,naturalmente,no se lo dijo
pero la conciencia lo remordía no
mil más.-Se levantó,se paseó primero por la sala,después por el vestí-

bulo,luego por la sala de billares
completamente desierta; dió una vuelta a toda la casa.-Dijo no sé qué cosa de un
reboque
caído.-Vol
vió al hall
entró a la
sala,salió
al hall,y
se lo en-
contró a
Gienollio
que le pre
guntó qué
le pasaba.
Entonces
el joven
Kupermann
pudo al
fin deca-
hogarse y
lo dijo confidencialmente:
-Te das cuenta che el pobre tipo....
- Qué tipo?
- Mi contrario...me hizo una holandesa...Holandesa a mí!....Me da pena...
Bueno,esto se hace muy largo.-
Perdió Kupermann.-

SUCESO EXTRAORDINARIO -o-

Castell Méndez estuvo sentado en
la mesa de mah-jong sin hablar y sin
levantarse,durante siete minutos.-Hay
testigos.-

Peón Libre

◼◼◼◼◼◼◼◼◼◼◼◼◼◼◼◼◼◼◼◼◼◼◼◼◼◼◼◼◼◼◼◼
ECO DEL BANQUETE

Media hora antes del fiambre.Colaz
olfatea. Está inquieto. Pregunta:
- Sabé bo cuando comemo?
Y alguien contesta:
- Más o menos dentro de media hora.
- Qué bárbaros! Mozo! Un café con
leche y ración abundante de masas.
Y el angelito se lo mandó íntegro.
Y mientras engulía la octava palmera
buscaba afanoso la tarjeta del ban-
quete...

Boletín Mensual n° 22 pág. 8, agosto de 1938

...TIN DEL CIRCULO DE AJEDREZ   ...AGOSTO DE 1938   n° 22

o- UNA PARTIDA NOTABLE DE -o

o- NUESTRO CAMPEON -o

(Especial para el Boletín)

- - - - - - - - - -

No siempre nos ha de tocar la ta... de monosear a los grandes maes... s.-Los que gustamos del ajedrez ...terior hallamos a veces notables ...tidas no suscriptas por los "gran... ".-Claro que en nuestro país hay, ... ya dijo el Dr.Tartakower, por lo ... diez jugadores merecedores del ...ificativo de maestros, y ya en Var... ...vía y, sobre todo, en Estocolmo, die... ... nuestros cumplidas pruebas de ...petencia.-Nuestro campeón, Alejan... ... Nogués Acuña, es, por su fuerza y ... conocimientos estratégicos, muy ...no de hombrearse con los olimpi... ...s.-La partida que sigue, jugada en ... Torneo Metropolitano Superior de ...o y ganada contra un adversario ... la talla de Jacobo Bolbochán, rati... ... nuestro juicio anterior.-A nues... ...parecer, es digna de colocarse en ...mera fila entre las jugadas en el ...í en los últimos diez años, y cual... ...ier gran maestro se honraría tenién... ... entre sus producciones, por la ...fundidad de la labor estratégica ... elegancia del remate final.- ...lebramos, pues, haber sabido que ... dispone nuestro campeón a reinte... ...se a la actividad jugando el pró... ... Torneo Mayor, donde no dudamos ... sentir su garra, a pesar de su ...ta de práctica, "handicap" crónico ... lo ha impedido escalar posicio... ...s más altas en nuestro deporte.- ...I vamos al grano.-

Defensa polaca (Wagner)

Blancas: J.BOLBOCHAN (C.Argentino)

Negras: A.NOGUES ACUÑA (C.Ajedrez)

- - - - - - - -

1.   P4D   P4CD

El único lunar que podemos obser... ...r en esta magnífica partida, es la

primera jugada (!!).-Nogués nos mani... festó después de la partida que la hizo para salir de los caminos tri... llados.-Y la audaz tentativa tuvo ple... no éxito.-

2.   P3R   ...

Muy tímido Bolbochán trata de dar a la partida un cariz netamente posi... cional y permite al negro acomodarse. Cómo suele suceder, el mejor antídoto contra la defensa elegida, debe ser el utilizado por nuestro buen amigo Fran... co en una partida jugada en el Circu... lo, o sea, 2.P4R!, A2C; 3. AxP, AxP; 4. C3AR, seguido de C3A y el blanco con su espléndido desarrollo y la co... lumna del rey semi-abierta, amén de su excelente peón central, tiene un jue... go muy superior.-La respuesta AxC o C3AD para no perder otro tiempo reti... rándose, sólo serviría para dejar al blanco con los dos alfiles y conser... vando ventajas en el desarrollo.-De... cididamente, hay que tener en cuenta las ideas de los "tercerolas" en las aperturas.-

Otro sistema, puramente posicional, sería el adoptado por Znosko-Borows... ky en una partida contra Tartakower, o sea, jugar P4TD y contra la respues... ta forzada ...P5C, entonces P4AD.-Si el negro toma al paso, se retoma con el P, construyendo un centro excelen... te y adelantándose en la ocupación de la columna CD y si no toma, el blanco queda con un centro invulnerable.-

2.   ...   A2C   3. C3AR   P3TD

4.   P4A   ...

Debe ser mejor 4.P4TD y después P4A.-Se llegaría a posiciones simila... res a las del anterior comentario.- La jugada 4. P4A, que permite al negro cambiar un peón de ala por otro "cua... si-central" va a permitirle después quedarse con un centro que constitu... yó la base de todas sus operaciones, y la columna AD no es mucho más va... liosa que la de CD, para justificar tal cambio.-

4.   ...   PxP   5.   AxP   P3R
6.   C3A   C3AR   7.   o-o   P4D
8.   A3D   P4A

(continúa en la pág.sig.)

Boletín Mensual n° 22 pág. 9, agosto de 1938

BOLETIN DEL CIRCULO DE AJEDREZ   AGOSTO DE 1938   nº 22

RECORDANDO....

Los jugadores de primera categoría del Círculo de Ajedrez han sido los que han integrado,en su casi totalidad,los equipos que representaron a nuestro país en las competencias internacionales.-

Y,de los viajes realizados,especialmente a Europa,nos queda el recuerdo de pequeños episodios agradables y risueños.-He aquí algunos de ellos:

PARIS, 1924: Fué la primera vez que un equipo argentino tomó parte en un gran torneo por equipos.-Formaron nuestro equipo, Damián Reca, Roberto Grau, Valentín Fernández Coria y Luis Palau,todos socios de nuestra Institución.-

En uno de sus paseos,nuestro desaparecido compañero Reca no encontraba una determinada calle y quiso averiguar.-Encontró en una esquina a una persona y le hizo preguntas.- Hablaron ambos un rato y se entendían con gran dificultad,hasta que los dos manifestaron su condición de extranjeros.-A Reca se le ocurrió preguntarle si sabía hablar el español y el otro contestó: "Sí señor, soy argentino".- !Ah!...Yo también" dijo Reca, y rieron juntos la coincidencia.-El otro era el boxeador Martucci que integraba la delegación argentina a los juegos olímpicos que en esa época se realizaban en Paris.-

----

Durante uno de nuestros viajes a Hamburgo, Grau nos resultó muy útil para entendernos en los hoteles. El fué quien tomó la iniciativa y se adelantó a hablar en francés en varias oportunidades.-En sus tres primeras intervenciones,con gran fortuna para los compañeros de equipo,le contestaron en perfecto castellano.-

----

Fernández Coria parece que sabe algo de alemán.-Y en Hamburgo hizo esfuerzos por manejarse con ese idioma,lo cual sólo le valió una gran contrariedad pues comprobó,según él nos dijo seriamente y con gran enojo,que "No es posible entender nada.Aquí pronuncian bastante mal el alemán"!.-

----

Durante nuestra estada en Londres,en 1927,donde concurrió un equipo argentino formado por nuestros socios Roberto Grau, Luis Palau y Alejandro Nogués Acuña,y el representante rosarino Juan M.Rivarola,al finalizar el certamen hicimos una noche una bonita fiesta,en compañía de un compatriota que nos alentó durante todo el torneo, el ingeniero Girado, de cuyas atenciones no nos olvidaremos nunca,y los componentes del equipo español,excelentes muchachos que resultaron grandes camaradas nuestros,como no podía suceder de otra manera.-

----

En 1928,el equipo argentino estaba formado por Damián Reca,Roberto Grau,Luis Palau,Carlos Hugo Maderna y Valentín Fernández Coria, todos del Círculo de Ajedrez.- Se jugó en La Haya.-

La vida en Holanda resultó sumamente cara.-Por ello,inmediatamente de finalizar el certamen,salieron los jugadores argentinos para distintos puntos.-Coria,el potentado del equipo (parece que tenía cuarenta y tres pesos más que los otros) se fué a París,después de acompañar a Maderna a Bruselas.-Reca fué también a París y Palau y Grau fueron a Alemania.-Estos últimos estuvieron en Berlín y allí dieron rienda suelta a su monomanía de libros de ajedrez,gastando una buena suma de dinero en ellos.-Luego se fueron a Hamburgo,donde los cabarets son espléndidos.-Este pequeño detalle motivó un apresuramiento en la salida de Hamburgo.-Grau y Palau se fueron a Bremen,para esperar allí el día de embarcarse.-Pero aún faltaban dos

(continúa en la última pág.)

Boletín Mensual nº 22 pág. 10, agosto de 1938

LA GRAN PERRADA!!...

He aquí que vuelve la perrera histórica del no tan antiguo Buenos Aires.-Aquella que ambulaba por las calles en busca de los pobres canes famélicos.-La feroz enemiga del manso Napoleón, del juguetón Garibaldi, del humilde Titán, que se hacían la diaria en los tachos de residuos.-La implacable enlazadora de todos los pichichos compadritos y atropelladores que caían al barrio de la dama, digo, de la perra de sus sueños juveniles.-Esa perrera y su jauría de canes aulladores, no ha desaparecido de nuestro medio.-Ha sido resucitada por el ajedrecista.-

CUIDADO CON LA PERRERA!!!.....
He aquí el insulto máximo que se podría hacer al entrar a una sala en la que se dispute un torneo de cualquier categoría.-Porque la categoría no significa nada.-Todos, sin excep-

ción, son perros.-Ya no se dice como antes: Es muy malo, es regular, es un gran combinador.-

Ahora se dice: Es un perro vulgar y silvestrino, para significar al jugador muy malo.-Es un dogo, lanudo y faldero, para aquel que no le pega nunca.-Porque parece que lo de "faldero" tiene su importancia.-

Y es muy común la pregunta: "Dónde ladrás esta noche?".-

Un Club de Ajedrez se ha convertido pues, en una exposición canina donde se exhiben desde el Airo Dale, hasta el Gran Danés Leonado.-

Hace poco se comentaba que un jugador destacado no podía ganar u-

na sola partida y el escopetazo inevitable fué: Ese ya no mueve ni la cola.....

Y hasta los campeones de gran calidad son fulminados con aquello de: Qué manera de ladrar el perro!!..

Cuando jugaba Alekhine una partida contra dos de nuestros mejores perros, un BULL-DOG negro y un SAN BERNARDO, cayó a la sala un falderillo de helado hocico preguntando: "Dónde está el PERROTE de Alekhine?" Como se ve, la categoría está bien marcada en el aumentativo.-Seguramente ese señor Perro del hocico frío, a un campeón de cuarta lo llamará CUZQUITO.-Es lo lógico.-Además, de riguroso escalafón.-

(continúa en la página sig.)

POEMA DEL BUFFETERO

Ibáñez está triste!
Ibáñez ya no ríe. Ibáñez ya no canta
Acaso algunas cuentas
Vetustas y atrasadas
Provocan su tristeza
Y acallan su garganta.

Si hay cuentas demoradas
Por qué no se las pagan?
Ibáñez ya no ríe! Ibáñez ya no canta!

Recuerden sus clientes
Que su zozobra es tanta
que necesita el "aire"
que falta de su Caja
Que Ibáñez ya no ríe!
Que Ibáñez ya no canta.!

Señor Consocio:

ESPERAMOS SU COLABORACION

BOLETIN DEL CIRCULO DE AJEDREZ ... AGOSTO DE 1938 ... n° 22

Hasta los mismos juga-
dores parecen transfor-
marse.-¿Autosugestión?
¡ Quién sabe!..-La cosa
es que, bien mirados, es-
tán tomando todas las
características de los
domésticos y simpáticos
animalitos.-Y empecemos
por eso.-Ya que la con-
fianza nos permitirá el
chacoteo sin tener que
afrontar las miradas man
díbulas de extranjeros
canes hidrófobos.-
    ¿Quién no conoce al
GALGO RUSO? Perro flaco

y alto, que camina a
grandes pero preciosos
saltitos?.-
    ¿Quién no sabrá
distinguir al minús-
culo POMERANIA? Este
es la familia que
cuenta con más ejem-
plares campeones.-
    ¿Quién dejará de
señalar al PELO DURO
terriblemente escan-
daloso, que ladra rui-
dosamente y a veces
parece que ríe a car-
cajada limpia por
cualquier cosa?.-

Y acaso costará trabajo reconocer al GRAN DANES, despaterrado y manotea-
dor?.-

No vemos patente al perro ALEMAN, flaco, largo y reposado?.-

Y así podríamos seguir con toda la familia numerosa, pero lo dejaremos
para que ustedes mismos hagan la clasificación.-El espacio es tirano.-

Llegará el momento en que nos empapemos del calificativo en tal forma,
que lo primero que esperaremos al encontrarse los ajedrecistas, será el

clásico olfateo.-Y tendremos mucho
cuidado de pasar con alguno de e-
llas por una plaza de árboles.-
¡ No terminaríamos nunca de cru-
zarla!!...

                    DRAGON ROJO

Boletín Mensual n° 22 pág. 12, agosto de 1938

Portada del Boletín Mensual nº 24, octubre de 1938

BOLETIN DEL CIRCULO DE AJEDREZ

OCTUBRE DE 1938

EN RIO TRIUNFO ROTUNDAMENTE

EL AJEDREZ ARGENTINO

---o---

Ya están de nuevo entre nosotros los cinco argentinos que fueron a Río de Janeiro a confirmar los prestigios del ajedrez nacional.- Lo consiguieron ampliamente y el laurel simbólico de la victoria está en sus manos por derecho propio. Porque no es ya el triunfo de uno solo de los nuestros, que si hubiera sido también una satisfacción, no hubiera significado, como en este caso, la victoria plena, clara, torunda del ajedrez argentino.-

Porque eso tiene de espectacular y especialmente significativo el resultado del torneo de Río de Janeiro: que fueron cuatro argentinos quienes ocuparon los primeros puestos y que fueron precisamente ellos mismos sus más fuertes enemigos.-

Y tan categórico fué el triunfo, que mucho antes de terminar la prueba ya estaba definido ese resultado fundamental; sólo podía variar la colocación que entre sí tuvieran los cuatro.-

Es un buen augurio para el desempeño del equipo nacional en el campeonato mundial por equipos, del año próximo.-

No es que se dudara que uno de los argentinos estuviera al tope de la tabla de posiciones, pero, en verdad, sólo con gran optimismo podía pensarse que cuatro de ellos se encaramaran a los primeros puestos y con una diferencia apreciable sobre el que los seguía.-

La última rueda había de dar la colocación definitiva de ellos, con prescindencia de los demás, en cuanto a esos cuatro primeros puestos.-Y fué precisamente un argentino quién impidió que Grau, también se clasificara primero.-Con su victoria en la última partida, Fenoglio conquistó para sí ese honor, relegando al segundo puesto(cuarto, definiendo individualmente las

(continúa en la pág.sig.)

Boletín Mensual nº 24 hoja 2, octubre de 1938

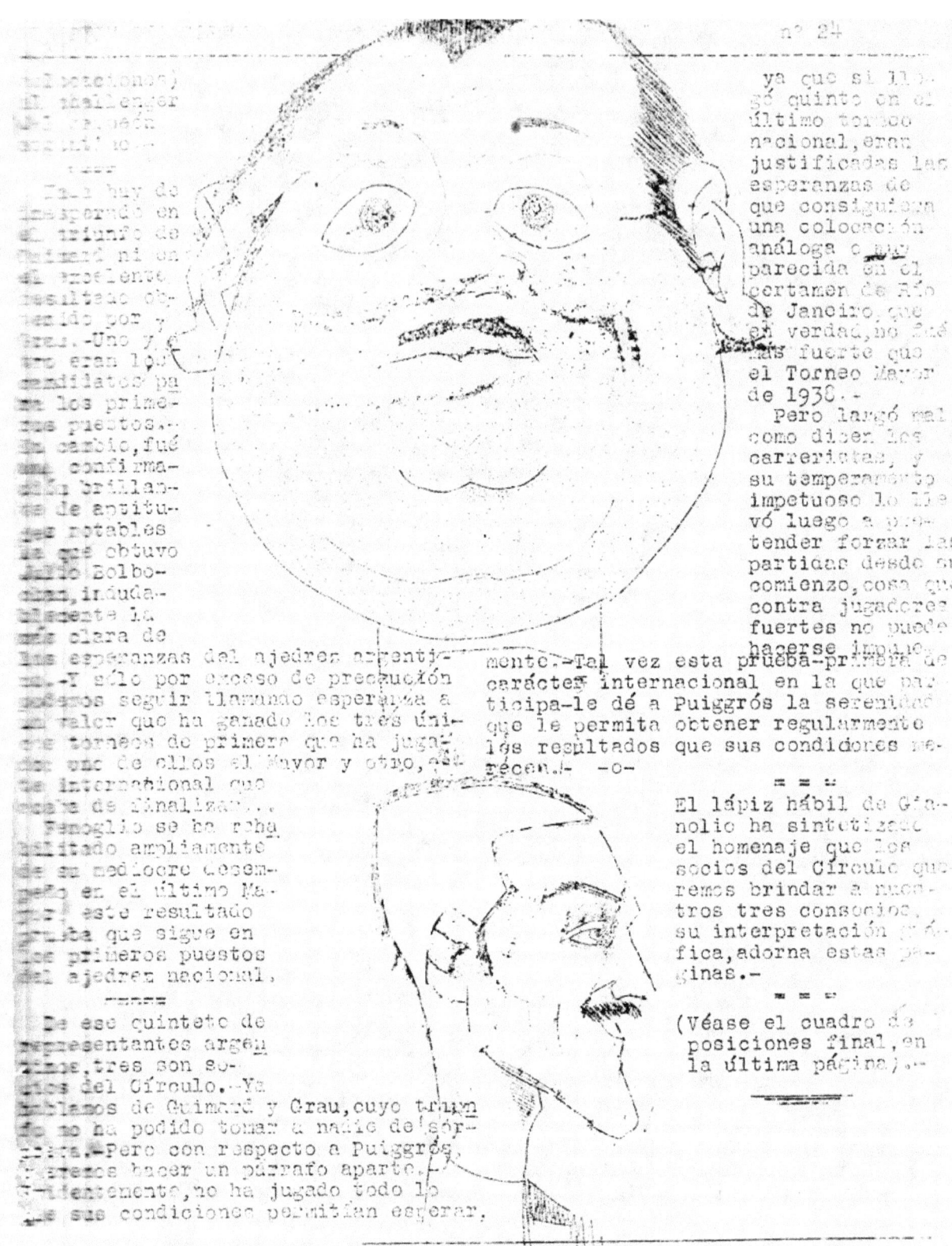

nº 24

ya que si lle-
gó quinto en el
último torneo
nacional, eran
justificadas las
esperanzas de
que consiguiera
una colocación
análoga o muy
parecida en el
certamen de Río
de Janeiro, que
en verdad, no fué
más fuerte que
el Torneo Mayor
de 1938.-

Pero largó mal,
como dicen los
carreristas, y
su temperamento
impetuoso lo lle-
vó luego a pre-
tender forzar las
partidas desde su
comienzo, cosa que
contra jugadores
fuertes no puede
hacerse impune-
mente.-Tal vez esta prueba-primera de
carácter internacional en la que par-
ticipa-le dé a Puiggrós la serenidad
que le permita obtener regularmente
los resultados que sus condiciones merecen.-   -o-

El lápiz hábil de Gian-
nolio ha sintetizado
el homenaje que los
socios del Círculo que-
remos brindar a nues-
tros tres consocios,
su interpretación grá-
fica,adorna estas pá-
ginas.-

(Véase el cuadro de
posiciones final,en
la última página).-

Boletín Mensual nº 24 hoja 3, octubre de 1938

BOLETIN DEL CIRCULO DE AJEDREZ   OCTUBRE DE 1938   N° 24

EL TORNEO METROPOLITANO Y LA CONCURRENCIA
DE NUESTROS JUGADORES

La realización del Torneo Metropolitano Estímulo, uno de los certámenes de mayor significación que organiza la Federación Argentina de Ajedrez, ha tenido para nuestro Círculo un resultado que no guarda proporción con la fuerza de nuestros jugadores.- Nada tendríamos que señalar si dicho resultado fuera la consecuencia de la lucha en el tablero por nuestros jugadores titulares, ya que en tal caso el hecho de haber sido superados no constituiría de ninguna manera un motivo de reproche.-Pero el caso es distinto; lo lamentable es que la causa fundamental y que nos sugiere precisamente estas líneas, es la ausencia de nuestros jugadores titulares para disputar sus partidas, los que debieron en unos casos ser reemplazados por jugadores de menor fuerza y en otros, simplemente perder los puntos por ausencia lo que es más grave aún.-

El jugador que representa a un Club contrae con el mismo una seria responsabilidad y es necesario que tenga conciencia de ello.-La falta de cumplimiento afecta no sólo al desarrollo del certamen sino al mismo prestigio del Club, ya que como en el caso éste que comentamos contribuye a crear una noción falsa sobre la fuerza de nuestras categorías.-El Círculo de Ajedrez que se ha caracterizado siempre por tener sus jugadores muy bien clasificados no tiene por qué dar en nuestro ambiente una impresión equivocada de su fuerza porque sus jugadores no se presenten a disputar las partidas.-Ello significa un desmedro de la verdadera potencialidad de nuestras categorías, sin contar con que la defección de los titulares viene a malograr el esfuerzo de aquellos que han luchado y conquistado puntos en el tablero.-

Esperamos que para los sucesivos torneos de esta índole nuestros jugadores tomen más en serio su papel de representantes nuestros y defiendan la institución como realmente se merece.-

ESTIMADO CONSOCIO:

CONCURRA CON ASIDUIDAD A NUESTROS

SALONES Y PARTICIPE EN LOS TORNEOS

QUE SE ORGANICEN.-

RIFA DE NAVIDAD

En la rifa de Navidad organizada por el Círculo, ha resultado favorecido con 2 vigésimos de la Lotería Nacional a sortearse el 23 de Diciembre, el poseedor del n° 10.-

Boletín Mensual n° 24 hoja 4, octubre de 1938

BOLETIN DEL CIRCULO DE AJEDREZ　　　OCTUBRE DE 1938　　N° 24

MOVIMIENTO DE CAJA CORRESPONDIENTE AL MES DE

NOVIEMBRE DE 1938

		DEBE		HABER
Saldo del mes de octubre de 1938	$	8,72		
CUOTAS ORDINARIAS	"	238,00		
CUOTAS PROTECTORES	"	105,00		
CUOTAS CONCURRENTES	"	130,00		
ALQUILERES	"	405,00	$	550,00
DONACIONES	"	25,00		
EXTRAORDINARIOS	"	114,40	"	21,35
PING-PONG	"	14,00	"	1,85
HABILITACION BOLETIN	"	44,20	"	36,40
TORNEO HANDICAP CONTINUO	"	18,00		
CARNETS	"	2,00		
SUELDOS	"		"	80,00
GASTOS GENERALES			"	79,30
J. SIRVENT			"	72,00
C.A.D.E.			"	119,77
COMISION SOBRE COBRANZAS			"	11,90
COMPAÑIA UNION TELEFONICA			"	17,41
EMPRESTITO INTERNO 1936			"	25,00
MUEBLES Y UTILES			"	20,00
Saldo que pasa a diciembre de 1938			"	69,34
	$	1.104,32	$	1.104,32

Buenos Aires, 30 de noviembre de 1938.-

(Fdo.): JOAQUIN OJEDA　　　　　(Fdo.) PEDRO BARBE
　　　　　Tesorero　　　　　　　　　　　Presidente

Boletín Mensual n° 24 hoja 7, octubre de 1938

BOLETIN DEL CIRCULO DE AJEDREZ   OCTUBRE DE 1938   Nº 24

--o-- TORNEO HANDICAP CONTINUO --o--

Prosigue disputándose con entusiasmo el Torneo Handicap Continuo por cartones, organizado por la Sub-Comisión de Torneos.-

Este certamen cuenta ya con el concurso de 31 participantes, y para mayor interés del lector, transcribimos a continuación el Reglamento del mismo:

Reglamento del Torneo Handicap Cont.

1º - El Torneo estará abierto para todos los socios y se podrán inscribir en cualquier momento.

2º - A todos los participantes se les asignará un número para identificar sus boletas.-

3º - El jugador que pierda la partida entregará a su vencedor un boleto y en el dorso de éste anotará el número del vencedor, quien lo depositará en la urna después de firmarlo.-

4º - El costo del boleto será de diez centavos, los venderá el señor Tesorero o el Secretario, en cantidad no menor de diez.-

5º - A pedido de uno de los jugadores, la partida se jugará con reloj, a razón de treinta jugadas por hora.-

6º - Ningún jugador podrá negarse a aceptar el desafío de otro inscripto, a menos que juegue ese día una partida oficial, o que dicho desafío sea hecho de 19 a 21 horas, o 24 horas en adelante.-

7º - Esta invitación no habrá obligación de aceptarla más que dos veces durante el torneo con un mismo jugador.-

8º - Las partidas que resultaren tablas no se tomarán en cuenta.-

9º - Cuando jueguen dos participantes de la misma categoría se sorteará la salida, alternándose en lo sucesivo.-

10º - Para tener derecho al premio, es necesario haber jugado no menos de veinte partidas, y con seis adversarios diferentes, y una partida, como mínimo, con jugadores de cada una de las distintas categorías inscriptos.-

11º - Se adjudicará premios:

Al jugador que haya obtenido mejor score:

MEDALLA DE ORO BAJO

Al jugador que haya ganado más partidas:

UN LAPIZ EVERSHAP

Al jugador que haya jugado más partidas:

UNA CARTERA DE AJEDREZ

12º - Ventajas:

1 categoría de diferencia: PEON Y SALIDA

2 categorías de diferencia: PEON Y DOS SALIDAS

3 categorías de diferencia: CABALLO

4 categorías de diferencia: TORRE DAMA

4a. categ. "A" a 4a. Categoría "B": PEON Y SALIDA

13º - No se podrá jugar más de un cartón por cada partida, ni jugar más de una partida por cada cartón.-

14º - El perdedor no podrá entregar otros cartones que los que llevan el número que le haya correspondido.-

15º - El jugador que falte a los establecido en el artº 6º, deberá entregar un cartón, o perderá la opción al premio.-

Finaliza el 31 de Diciembre de 1938.

I N S C R I B A S E ! !

SEÑOR CONSOCIO:

COMUNIQUE A LA SECRETARIA SU CAMBIO DE DOMICILIO, CUANDO ESTE SE PRO)DUZCA; DE ESTA MANERA EVITARA QUE NOS SEA DEVUELTA LA CORRESPONDENCIA.-

Boletín Mensual nº 24 hoja 9, octubre de 1938

BOLETIN DEL CIRCULO DE AJEDREZ — OCTUBRE DE 1938 — nº 24

-o- DEFICIENCIAS EN LOS TORNEOS -o-

No todo lo que llega a los señores consocios, por intermedio de este boletín, ha de tener color de rosa. Justo es también que sirva para señalar defectos, errores y para enseñar a sus lectores cuál es el camino sano que deben seguir en su actuación, a fin de servir a la institución en que militan con el máximo de eficiencia que es de desear.-

Y decimos esto a propósito de las conclusiones a que llegamos luego de otro año de intensa actividad ajedrecística; intensa, pues se ha cumplido satisfactoriamente el programa de Torneos Internos y otras actividades relacionadas al ajedrez, cosa que nos alegra y hace pensar promisoriamente en el futuro y más aún en el año 1939, que se avecina.-

Pero hemos dicho que vamos a señalar algunas deficiencias y, por lo tanto, vamos a ello:

Luego de un estudio detallado de los Torneos Internos organizados por la Sub-Comisión de Torneos de esta institución, vemos con desagrado que continúan los abandonos y deserciones de los torneos, hechos estos que acarrean dificultades y perjudican el normal desarrollo de los mismos.-

Parecería obvio hacer esta observación, pero creemos que es necesario, ya que muchos de los consocios que así proceden, lo hacen indudablemente en la ignorancia de los perjuicios que tal actitud provoca.-

Pues bien, el jugador que abandona un torneo, o repentinamente deja de concurrir a disputar sus partidas, sin avisar siquiera, como muchas veces sucede, entorpece el normal desarrollo de la prueba, dificultando la labor de la Sub-Comisión de Torneos y, lo que es peor, comete una grave falta con su adversario ocasional, al hacerle venir inútilmente a jugar la partida.- Todo ello dice muy poco en beneficio de la moral deportiva.-

A fin de que estos hechos no se repitan, la Comisión Directiva y la Sub-Comisión de Torneos, tienen a su cargo, actualmente, el estudio de un Reglamento tendiente a aplicar sanciones a aquellos que sin una razón poderosa que aducir, hagan abandono de los torneos en que se hubieren inscripto.-

ALGUNAS RESOLUCIONES DE LA C.D.

Para cada torneo que dispute el Círculo, la Comisión de Torneos nombrará de entre los mismos participantes, un capitán, quién deberá informar de la forma en que se va desarrollando.-

A la iniciación de cada torneo que se realice en nuestros salones, el Presidente del Círculo dirigirá la palabra a los participantes haciéndoles notar la responsabilidad que contraen, y las sanciones a que se hará pasible aquél que sin causa justificada haga abandono del mismo.-

-o-o-o-o-o-o-o-

MOVIMIENTO DE SOCIOS DURANTE LOS MESES DE OCTUBRE Y NOVIEMBRE

Ingresos - ACTIVOS: 2

CONCURRENTES: 13

Renuncias: " : 1

SEÑOR CONSOCIO:

ESPERAMOS SU COLABORACION

PARA ESTE

B O L E T I N

Boletín Mensual nº 24 hoja 10, octubre de 1938

BOLETIN DEL CIRCULO DE AJEDREZ   OCTUBRE DE 1938   N° 24

PROGRAMA DE ACTIVIDADES PARA EL MES DE

DICIEMBRE DE 1938

Jueves   1 - Torneo de 4a. Categoría "B" - 13a. rueda

Sábado   3 - SIMULTANEAS

Lunes   5 - Torneo de 4a. Categoría "B" - 14a. rueda

Jueves   8 - Torneo de 4a. Categoría "B" - 15a. rueda

Sábado   10 - SIMULTANEAS

Lunes   12 - Torneo de 4a. Categoría "B" - 16a. rueda

Martes   13 - TORNEO DE PING-PONG

Jueves   15 - Torneo de 4a. Categoría "B" - 17a. rueda

Sábado   17 - SIMULTANEAS

Jueves   22 - Torneo de Acertar Jugadas

Martes   27 - TORNEO DE PING-PONG

LA SUB-COMISION DE TORNEOS

TORNEO DE 4a. B

Prosigue con entusiasmo el desarrollo de este certamen en el cual intervienen 17 participantes, destacándose en la tabla de posiciones los señores:

Goudier
Farkas
Frasca
y Eisler

Los jugadores que se clasifiquen en el 1°, 2° y 3er. puesto, respectivamente, podrán intervenir condicionalmente en 4a. A.-

TORNEO DE 2a. CATEGORIA

Ha finalizado empatado el match a 4 partidas disputado entre los consocios Sres. Saúl Senderey y Luis Marini, por el desempate del 1er. puesto del Torneo Oficial de 2a. Categoría del año 1938.-

En consecuencia, de acuerdo con el reglamento de Torneos, deberán jugar dos partidas más, a fin de dejar establecido el ganador del certamen.-

Boletín Mensual n° 24 hoja 11, octubre de 1938

Portada del Boletín Mensual nº 25, diciembre de 1939

NUESTRO BOLETIN

Sí señores!Es verdad!No es un sueño!Reapareció el Boletín.

Esta noticia que apareció por vez primera en los salones del Círculo hace un mes escaso y que se escuchó como un chimento más,es hoy realidad.

Aquí lo tenéis!Aquí está!Ya llegado!Ya está en todas las manos nuestro Boletín.

Con orgullo,presentamos este número que será una demostración más,de que siempre hay en el Círculo una corriente de sangre juvenil y pujante,dispuesta a toda clase de sacrificios para llevar bien alto el galardón que significa pertenecer al

CIRCULO DE AJEDREZ DE BUENOS AIRES.

Es así que al iniciarse esta nueva etapa en la vida de nuestro Boletín,la flamante Dirección ha querido dejar en estas líneas una expresión de sentimientos y anhelos.

Debemos decir,con cuanto cariño acometemos esta tarea de dar forma a lo que es un deseo unánime de todos los socios del Círculo;debemos decir que conocemos el grave compromiso adquirido para mantener el alto nivel que siempre fué norma del Boletín;debemos decir finalmente que nuestra mayor recompensa será ver al Boletín como un verdadero vínculo de unión entre todos los asociados de Nuestra Institución

Anhelamos que esa etapa sea duradera y que no volvamos a pasar por los amargos trances de tener que suspender su aparición.

Para ello necesitamos que tanto la edición como la Redacción del Boletín esté integrada por todos los socios del Círculo.

Es imprescindible que todos colaboremos para mantener la vida del Boletín.

En lo que respecta a su aparición,prometemos hacer todo lo posible para que sea mensual.

Y para terminar,repitamos el viejo lema del Boletín:

"Y SI TIENE ALGO QUE DECIR,DIGALO EN EL BOLETIN".

Boletín Mensual nº 25 pág. 2, diciembre de 1939

BOLETÍN DEL CIRCULO DE AJEDREZ   DICIEMBRE 1939   N° 25

NECESITAMOS 500 SOCIOS

El Círculo de Ajedrez tiene 23 años de vida.Veinte y tres
años de historia viva del ajedrez argentino.Al calor de su vida
construimos las nuestras un grupo de ajedrecistas que llegamos
a situaciones destacadas y fundimos nuestra amistad un grupo de
hombres de bién.Fuí uno de sus fundadores y han querido los amigos del Círculo que esta vez soportara la honrosa pero dura carga de la presidencia.Dificil es la tarea para quien vive absor-
bido por la actividad deportiva y la maraña de problemas de la
vida diaria.Pero las circunstancias suelen ser mas poderosas que
las razones y solo esto me ha permitido aceptar la actual situac

No es fácil capear los temporales diarios que amenazan la
vida de instituciones que,a pesar de su fuerza moral,tienen una
endeble armazón económica.Pero no puede ser éste,un problema imp
sible de resolver cuando se posee un material humano de socios t
noble como el nuestro,y cuando se está orientado por un propósit
tan romántico y digno.La nueva Comisión del Círculo de Ajedrez s
ha propuesto un plan atrevido para resolver este perpetuo proble
Quiere darle a nuestra institución unas finanzas cómodas y desea
que el Círculo de Ajedrez tenga quinientos socios.

Para lograr su objeto,la Comisión Directiva cuenta con un pl
de actividades que ha de hacer época en la historia del ajedrez l
cal.No desmayará en sus propósitos y ha de brindar todos los día
y cada hora,un tema para atraer a nuestra casa,viejo reducto de s
lidas amistades,a todos los que aman el ajedrez y buscan un luga
cordial para recrearse sanamente.

Una de las bases del éxito de nuestros planes estriba en la
concurrencia asidua de los asociados.No basta para ser un socio
excelente que se paguen regularmente las cuotas,y aún que se est
dispuesto a realizar cualquier tipo de esfuerzo económico en bién
la entidad.Tan importante como ésto,es concurrir con frecuencia a
club,inscribirse en sus actividades,que ahora son muy intensas,y
darnos su amistad que para nosotros es muy valiosa.

Se han multiplicado nuestras socias y una gran cantidad de
menores concurre por las tardes para perfeccionarse en ajedrez.Ti
pués el Círculo el aderezo que necesita toda institución para res
tar grata y una continuación del hogar.Con estos elementos y una
luntad de triunfo inmensa,hemos encarado nuestra actividad y nos
preparamos para nuestras Bodas de Plata institucionales.Queremos
el Círculo de Ajedrez,que ya es un modelo entre las muchas grande
instituciones ajedrecísticas del país,sea para el fin de nuestro
ríodo la mas importante que nunca haya tenido nuestro ajedrez.En
y en nosotros está el secreto del triunfo.Solo basta que venga co
frecuencia y vincule a nuestra entidad a sus familiares y amigos,
ra que todo se cumpla con felicidad.   ROBERTO GRAU.-

Boletín Mensual n° 25 pág. 3, diciembre de 1939

BOLETIN DEL CIRCULO DE AJEDREZ   DICIEMBRE 1939   N° 25

EL TORNEO DE LAS NACIONES

No!amigo lector!No se asuste. No le vamos a endilgar nuevamente una narración de lo que fué el Torneo de las Naciones;no le vamos a contar cómo Alemania ganó la copa Hamilton Russell,ni como Islandia se adjudicó la copa Argentina,ni como Miss Vera Menchik de Stevenson se adjudicó nuevamente el campeonato femenino.

Tampoco vamos a tratar de explicar el quinto puesto de nuestra representación,ni como Polonia perdió por medio punto la Copa de Oro.

Lo que trataremos de contarle son algunos detalles interesantes acerca de la organización y el desarollo del torneo,vistos desde adentro y algunas anécdotas de los jugadores que escaparon a las plumas de oro de nuestros periodistas ajedrecistas.

Pasaremos por alto el asunto de la financiación,que es bastante amargo,para comenzar con la sesión inaugural.

De esta histórica tarde,poco hay que agregar a los comentarios periodísticos.

Podemos decir que vimos a Barbé estar en todas partes,para que nada falte;que el público era muy superior al esperado;que el gordito Grau las oficiaba de acomodador y como acomodaba...!(Por casualidad,nada más que por casualidad los beneficiarios de esta nueva actividad de Grau,eran siempre damas....);que vimos a los fotógrafos llevarse por delante todo el sistema de barandas,no dejando títere con cabeza (o lo que es lo mismo:poste en su lugar);que llamó mucho la atención el traje típico de la representante lituana,Sra.de Raclauskienne;y ...basta de la fiesta.

De los días siguientes vamos ir contando hechos aislados,que tendrán su mayor o menor interés según la respetabilísima opinión del lector.

Nos contó el fiscal de Uruguay-Letonia,que jugaron en la 1ª Rueda que al enterarse Hounie Fleurquín que jugaba en la mesa N° 22 no pudo ocultar su alegría.

Esta actitud provocó la curiosidad del fiscal de marras,el que luego de varias e insistentes averiguaciones llegó a enterarse,por confidencias de compañeros de equipo,que ese número le había sido favorable varias veces en Carrasco, al jugador uruguayo y que por lo tanto tenía muchas esperanzas para esa noche.

Sea que realmente el 22 es el número protector de Fleurquin,sea (cosa mas probable)por lo exacto de su juego,lo cierto es que su rival de esa noche,el fuerte maestro letón Apschenek no pudo vencerlo y no solo ello sino que en la sesión de suspensión debió apelar a todos sus recursos para conseguir tablas.

Colegimos que H.Fleurquin insistirá con el 22.

Llegamos a la 2ª Rueda.El fixture indica Canadá-Polonia en el grupo A.Deben medirse en el primer tablero Morrison y Tartakower. Suena el gong.En marcha los relojes.Se suceden las jugadas.En la jugada 6,el capitán del equipo canadiense,Morrison,luego de,con toda parsimonia,cargar y encender su pipa,piensa largamente la jugada.

Boletín Mensual n° 25 pág. 4, diciembre de 1939

BOLETIN DEL CIRCULO DE AJEDREZ   DICIEMBRE 1939   N° 25

En tanto,el fiscal se aproxima al segundo tablero del match, donde juegan dos fuertes contendores:Najdorf y el"pibe"Yanofsky.

A los pocos minutos,oye a sus espaldas un ruido zumbón y molesto.

Muy en su papel,y orgulloso de él,el fiscal se da vuelta y exige silencio al público.Pasan pocos minutos y el ruido se repite.Vuelta el fiscal a imponer silencio.Continúa en la contemplación de la partida Najdorf-Yanofsky cuando el mismo ruido, ya asumiendo aspectos de "cachada" se hace sentir sentir otra vez.Indignado y maquinando quien sabe que terribles medidas ha de adoptar,se dirige el fiscal al público,cuando uno de los espectadores que había comprendido el"terrible drama" del fiscal,le señala el origen del ruido.

Que sucedía?Pués nada,nada más que nuestro simpático amigo el maestro Tartakower en espera de que jugara su adversario se había quedado...d o r m i d o!!!

Sí señores!DORMIDO!e intermitentemente lanzaba los ronquidos que alarmaban al pobre fiscal.

Probablemente habrá llegado a vuestros oídos que en Teatro Politeama existió una oficina(o cosa análoga)que recibió el pomposo título de OFICINA DE PRENSA.

Era realmente interesante ver esa"Oficina"cuando alrededor de las doce de la noche,comenzaban a llegar los resultados.

Os aseguro,que era verdaderamente un espectáculo ver a 20 ó 25 periodistas arrojados sobre el pobre Tollerutti(sí,era Lepanto,el encargado de esa oficina) acribillándolo a preguntas:
"A quién le ganó Petrovs?"
"Y Apschenieks como salió?"
"Ah!Tablas?Pero nó!Si jugaba con Rometti."
"No,hombre,si Rometti es el cuarto tablero de Francia.."
"No,que es el tercero!Y que tiene que ver si Apschnieks es el segundo!Pero Rometti no es cuarto!..."En tanto que del fondo salía una voz diciendo:Si Letonia y Francia jugaron ayer..Hoy Letonia jugó con Bulgaria!Che,Tolle conseguime el Boletín de hoy!" Como va la partida de Capa?.etc. etc.etc.etc.etc.etc.etc.etc., en tanto que los teléfonos sonaban constantemente y voces femeninas preguntaban:Está mejor Grau? Sí de la tos!

Boletín Mensual n° 25 pág. 5, diciembre de 1939

Estoy seguro,que si lo hubieran visto a Tolepanto cuando el último de los periodistas se había ido,no lo reconocen.

Pero este muchacho Tolle, (que fiera!)se consiguió a los pocos días un reemplazante(Pobre!!!!!!!!),porque éste,sí que ya no encontró un suplente,ni buscándolo con linterna.

Apscheneks,a quién ya hemos nombrado al comienzo de esta narración,no puede faltar como actor principal dado que nos dió bastante material.

Recordarán,que ya nos contaron,cuando Roberto & Cía volvieron de Estocolmo,de como lo bombardeó a Bolbochán con semillas de uva,de la sorpresa de Jacobito,cuando luego de un TxT, se encontró con una uva detrás de la torre.

Esta vez,se nos apareció con una tremenda manzana"deliciosa" que cuando tenía que jugar la dejaba lo mismo en 4T que en 8R!

También debemos recordar el palm-beach,que estrenó la noche de la lluvia torrencial y que no obstante ella le continuó prestando servicios los días polares subsiguientes.

Hablar de sus desperezos, no vale la pena,porque los prodigaba con tanta generosidad que dudo exista algún aficionado que concurrió al Politeama y no los haya visto con sus propios ojos.

De sus andanzas por los 36 Billares no vamos a hablar porque escapa a nuestra jurisdicción.

En la 6ª.Rueda se produjo un de los debuts mas interesantes d Torneo,nuestro amigo Aponte.

Como la mayoría del público desconocía a Aponte se produjero situaciones muy risueñas como la que vamos a relatar.

Jugaba Aponte en su debut contra Wood(el suplente del equi po inglés).

Aponte que llevaba las blancas,inició un Sistema Colle,pero en tal forma que a las pocas jugadas su posición era desastrosa(si lo ve Colle!).

Esta partida se desarollaba en la mesa 36,la primera a la entrada del salón,de modo que la mayoría del público que concurrí por vez primera,iba directamente a esa mesa.

En un momento dado en que Wood pensaba,Aponte se levantó y mientras se hallaba conversando con el fiscal,a sus espaldas se encontraban dos espectadores comentando la partida y uno de ellos dice:Pero ché!Quién será e mancarrón que lleva las blancas?

Aponte al oir,se da vuelta y tendiendole la mano le dice"El m carrón es Augusto Aponte,un servidor".

Creemos innecesario explicar la impresión qué,al recibir esta respuesta,sufriera el espectador del diálogo descripto.

A partir de ésta partida,y a raíz del diálogo que comentó risueñamente,Aponte se hizo amigo del fiscal y aseguraba que cuand no era ese quién lo fiscalizaba,n podía jugar tranquilo y perdía. Lástima que también con ese fisca perdiese casi todas las partidas.

Boletín Mensual n° 25 pág. 6, diciembre de 1939

EL TORNEO INTERNACIONAL "CIRCULO"

Apenas terminado el Torneo de las Naciones, la afición ajedrecística argentina tuvo nuevamente otro gran torneo.

El CIRCULO DE AJEDREZ DE BUENOS AIRES, dando una vez más, una ratificación de su potencia ajedrecística y de su contribución al desarollo del ajedrez nacional, organizó un gran torneo internacional que contó entre sus participantes a Keres, Sthalberg, Najdorf, Czerniak, Frydman, Luckis(todas figuras de destacada actuación en el ajedrez mundial), Grau, Guimard, Benkö, Gerschman, Palau(de indiscutible valer en nuestro ajedrez) y además contó con la participación de la segunda jugadora del mundo: Sonja Graf.

El desarollo del torneo, que desde sus primeras ruedas hizo creer en un fácil triunfo de Keres, dado que Sthalberg(su enemigo más indicado, en los cálculos previos)evidenció una cierta inseguridad; nos trajo luego la sorpresa de ver a la cabeza del cuadro de posiciones al maestro palestino Czerniak, luego vimos pasar al frente al maestro polaco Najdorf y finalmente concluyó la lucha con una honrosa división de honores entre Keres y Najdorf.

El tercer puesto también se definió en un empate entre Sthalberg y Czerniak.

De los maestros argentinos, la mejor actuación le cupo al ex-campeón argentino Carlos Guimard quién ocupó el quinto puesto, empatado con el maestro Frydman, a sólo medio punto de los terceros.

La actuación de Guimard en este torneo, merece ser destacada. Se inició frente a Sthalberg con una partida muy interesante y en la cual el maestro sueco se vió obligado a desplegar todos sus recursos para poder así obtener una victoria que por momentos se hizo difícil. En su partida frente a Keres, consiguió mantener una posición completamente equilibrada y al aproximarse el final de la sesión, el apuro del reloj le hizo efectuar una transposición de jugadas que le fué fatal. Frente a Najdorf, en la última rueda del certamen, cuando el maestro polaco necesitaba ganar esa partida para adjudicarse el torneo, consigue hacer tablas. En las demás partidas, cayó vencido por Czerniak, venciendo a Luckis y entablando con Frydman.

El campeón argentino Grau, produjo una actuación llena de altibajos, tan grandes que parecía jugaba una rueda bién y la otra mal.

Comenzó jugando una excelente partida contra Frydman, teniendo siempre mejor partida, para llegar a un final con un peón de más, material que no le fué suficiente para vencer. En la rueda siguiente, no puede evitar que Sonja Graf le haga tablas mediante un jaque perpetuo. En la 3ª rueda se enfrenta con Czerniak y entabla. Es la 4ª rueda, y como la cosa es alternativamente, en su

Boletín Mensual nº 25 pág. 7, diciembre de 1939. Apenas legible

BOLETIN DEL CIRCULO DE AJEDREZ   DICIEMBRE 1939   Nº 25

partida frente a Najdorf,despues
de obtener una magnífica posición
comete un error y debe abandonar
en la jugada 31.Llegamos a la
5ª Rueda,en la que el númerico di-
dica Stahlberg-Grau y como"le toca jugar bién",así lo hace,lle-
gando a un final completamente
ganado,pero un pequeño error u
olvido,que solo aparece bajo el
análisis severo y certero de la
sesión suspendida,hace que la
partida termine tablas.En la 6ª
rueda luego de 71 jugadas derrota a Palau.En la 7ªRonda(es en
las impares,donde produce sus mejores actuaciones),debe jugar con
Keres y en una magnífica partida
tras anular todos los intentos
de Keres para vencer,a través de
66 jugadas,finaliza tablas.Luego
de derrotar a Gerschman cae vencido por Benkö,finalizando su actuación haciendo tablas con Gui-
nard y Luckis.

De los demás jugadores argentinos debemos remarcar la actuación de Gerschman,que fué una
sorpresa halagadora,dado que si
bién es cierto,conocíamos sus méritos,considerando la enorme ventaja que en experiencia le llevaban sus adversarios,no era de esperar tal perfomance.Bién por el
Benjamín del torneo(que en esta
oportunidad se llama José).

–0–0–0–0–0–0–0–0–0–0–0–

ESTIMADO CONSOCIO
COOPERE EN EL MEJOR DESENVOL-
VIMIENTO ECONOMICO DEL CIRCULO
BONANDO SU CUOTA REGULARMENTE.
EL TESORERO SE LO
AGRADECERA.–

TORNEO INTERNACIONAL
"CIRCULO"
POSICION FINAL

NAJDORF	11	7	3	1	8½
KERES	11	7	3	1	8½
CZERNIAK	11	6	2	3	7
STAHLBERG	11	3	6	1	7
GUIMARD	11	5	3	3	6½
FRYDMAN	11	4	5	2	6½
GRAU	11	2	7	2	5½
LUCKIS	11	3	4	4	5
GERSCHMAN	11	3	1	7	3½
BENKO	11	3	1	7	3½
GRAF	11	1	3	7	2½
PALAU	11	1	2	8	2

BLANCAS:GRAU   NEGRAS:GUIMARD
Defensa Alekhine

1.P4R	C3AR	18.P3A	P4TR
2.P5R	C4D	19.CD1D	T×C
3.P4D	P3D	20.C×T	T1A
4.C3AR	A5C	21.T1R	A6C
5.A2R	P3R	22.C×P	C4R
6.O–O	P×P	23.C3R	C2A
7.C×P	A×A	24.A7R	T1R
8.D×A	CD2D	25.T4R	A4A
9.P4AD	C3A	26.A5A	C4C
10.C×C	D×C	27.T4T	C3R
11.C5D	O–O–O	28.A3T	P3CD
12.P×P	D×P	29.C5D	P2D
13.D×D	R×D	30.T4R	A2C
14.A3R	C5C	31.T3CD	P3A
15.C3A	A3D	32.C3R	A3T
16.A5C	A×Pj.	33.C1D	
17.R1T	T6D		Tablas.

Boletín Mensual nº 25 pág. 7, diciembre de 1939. Apenas legible

BOLETIN DEL CIRCULO DE AJEDREZ   DICIEMBRE 1939   N° 25

INFORMACIONES DIVERSAS

TORNEO MAYOR 1939

Sin comentarios,dada la falta
de espacio,damos la tabla de
posiciones final de este torneo:

ILIESCO	10	6	1	3	6½
GERSCHMAN	10	4	4	2	6
MADERNA	10	5	2	3	6
PIAZZINI	10	5	2	3	6
GUIMARD	10	5	1	4	5½
BENSADON	10	5	1	4	5½
PILNIK	10	4	2	4	5
CARBALLO	10	3	3	4	4½
VILLEGAS	10	2	4	4	4
MOLINA	10	1	5	4	3½
BENKO	10	2	1	7	2½

CAMPEONATO DEL CIRCULO 1939
Ha finalizado el match que por
el título de campeón del Círculo,disputaron el campeón
ALEJANDRO NOGUES ACUÑA y el
ganador del Torneo de Primera
Categoría LUIS MARINI.

El match terminó con el triunfo de ALEJANDRO NOGUES ACUÑA,
que al vencer a su rival por
4½ a ½,retuvo el título por
un año más.

TORNEO METROPOLITANO DE 2ª.-
En representación del Círculo,
participó en este torneo un
equipo constituído por:
VICENTE VUSKOVIC
SAUL SENDEREY(Sub-capitán)
JOSE M.MARTINEZ
ARISTIDES GOLIZ
MARCOS GOVER
MATEO GIANOLIO(Capitán)
MANUEL OJEDA
ARTURO J.AVELLANEDA

TABLA DE POSICIONES DEL TORNEO METROPOLITANO DE 2ª.-

RIVER PLATE	12½
CIRCULO	10
VELEZ	7½

GRAN TORNEO FEMENINO

Ha comenzado con grán éxito el
torneo femenino,que prosiguien
su plan de actividades,organiz
el CIRCULO DE AJEDREZ DE BUENOS
AIRES.

Debido al elevado número de
participantes,fué necesario la
división en tres grupos,cuyo
detalle consignamos a continuación:

GRUPO A
ERNESTINA SPIVAKOW
SALOME REISCHER
EDITH CAMPO
ALICIA BRAMBILLA
ZULEMA CORVALAN
CATALINA H.DE HETCH
AURORA D.M.DE TERENZANI

GRUPO B
SARA MOYANO
ELVIRA ETCHENIQUE
ELVIRA LORENZI
DORA B.TREPAT
ROSA ORTEGA DE DANERI
ELECTRA BILBAO
EUGENIA ARONOVICH SPIVAKOW

GRUPO C
NELIDA LORENZI
MARIA A.BEREA DE MONTERO
AMELIA MIRAMON
ROSA CERCHIARA
TOMASA LARIO
AIDA ARONOVICH SPIVAKOW

Boletín Mensual nº 25 pág. 8, diciembre de 1939

EL GRAN TORNEO ARGENTINO DE AJEDREZ POR CORRESPONDENCIA

El Círculo de Ajedrez prosiguiendo su activa campaña en pro de la difusión del juego ciencia en la Argentina y en el deseo de que los beneficios de esa campaña lleguen a los lugares mas alejados de la República, ha acometido la organización de un gran Torneo de Ajedrez por correspondencia.

Esta obra, que no es más que el paso inicial de una serie de esfuerzos tendientes a obtener la creación de un Club de Ajedrecistas por Correspondencia, dará oportunidad a todos aquellos aficionados, que por la distancia a que se hallan ubicados con respecto a los centros urbanos, no han podido cotejar fuerzas, para conocer el verdadero valor de su juego, dado que aparte de los resultados que obtengan, conocerán el mérito de sus partidas en opiniones que serán emitidas por el Jurado del Torneo, integrado por el campeón argentino ROBERTO GRAU, por el ex-campeón argentino CARLOS GUIMARD y por el campeón del Círculo de Ajedrez ALEJANDRO NOGUES ACUÑ

El certamen, que ha despertado gran expectativa en todo el país, tiene como última fecha de inscripción el 15 de Diciembre.

Los participantes serán divididos en zonas, para cuyos ganadores, GENIOL ha donado artísticas copas y una copa gigante para el ganador absoluto del torneo .

Cada jugador que venza en su respectivo match, se hará además acreedor a un artístico diploma que firmado por los miembros del Jurado, le entregará el CIRCULO DE AJEDREZ.

VD. DEBE PARTICIPAR E INFLUIR PARA QUE SUS AMIGOS SE INSCRIBAN, EN ESA FORMA, ESTE GRAN CERTAMEN SERA LA MAXIMA EXPRESION DEL AJEDREZ NACIONAL.

El precio de inscripción ha sido fijado en 2$.-

Las tarjetas para el envío de las jugadas están en venta en el Círculo a 1$ las 29 tarjetas.

No olvide que el 15 de Diciembre se cierra indefectiblemente la inscripción y que de inmediato dará comienzo el monumental torneo.

------------------ooooooooo))((ooooooooo------------------

TODOS LOS DIAS DE 21 a 23 HORAS EL TESORERO ESTARA

EN EL CLUB A DISPOSICION DE TODOS LOS SOCIOS QUE

DEBAN ENTREVISTARLO.-

NO LO OLVIDE. TODAS LAS NOCHES de 21 a 23 el

TESORERO LO ESPERA

Boletín Mensual nº 25 pág. 9, diciembre de 1939

BOLETIN DEL CIRCULO DE AJEDREZ   DICIEMBRE 1939   N° 25

SOCIO HONORARIO

En la última asamblea Ordinaria, fué designado por aclamación Socio Honorario de nuestra Institución el Señor Augusto de Muro, por su meritoria actuación al frente de la Federación Argentina de Ajedrez, y por su labor en la organización del Torneo de las Naciones

Al conocer esta resolución, el Sr. De Muro agradeció mediante una conceptuosa nota que insertamos a continuación:

"Al Señor Presidente del Círculo de Ajedrez   "
"   Don Roberto G. Grau   "
"   De mi mayor consideración: "
"   "
"   He tenido el honor de recibir "
"su estimada fecha 14 del actual, por la que el señor presidente se"
"sirve comunicarme que la Asamblea Ordinaria del Círculo de Ajedrez"
"ha resuelto designarme Socio Honorario de esa prestigiosa institu-"
"ción, por aclamación.   "
"   "
"   Acepto sumamente complacido la"
"honrosa designación de que se me hace objeto, dejando constancia de"
"que la alta distinción que se me confiere significa un timbre de ho-"
"nor para el ajedrez argentino, mas que un halago personal como el "
"señor presidente bien lo dice.   "
"   "
"   Mi labor en la Federación Argen-"
"tina de Ajedrez y en la organización del "Torneo de las Naciones" que"
"en forma tan brillante ha terminado, con el mas conceptuoso elogio de"
"todas las instituciones mundiales ligadas al deporte, ha contado en"
"todo momento con la colaboración decidida y eficaz del señor presi-"
"dente, lo que me hago un deber en testimoniar.   "
"   "
"   Aprovecho esta feliz oportunidad"
"para hacer llegar al señor presidente y demás miembros de esa Comi-"
"sión Directiva la expresión mas sincera de mi agradecimiento salu-"
"dándoles con distinguida consideración y estima.-   "
"   (Fdo) Augusto de Muro   "

MOVIMIENTO DE SOCIOS

Hasta el 15 de Noviembre fueron aceptados como nuevos socios los Srs ALBERTO E. SIGNATTI-CATALINA H. de HECHT-MAGDALENA ZEPEGGNO-CLODOMIRO ABEL ARAUJO-JUAN J. CHIAPPE-VICTOR WINE-ALDO O. CAPRIATA-ELECTRA BILBAO-ELISA ORTEGA DE DANERI-EUGENIA ARONOVICH SPIVAKOW-SANSON SPIVAKOW-JOSE ARONOVICH SPIVAKO-ARTURO E. IBARGUENGOYTIA-PAULETTE SCHWARTMAN-RENATO GHIA(socio fundador)-MIGUEL J. TOMAS-RICARDO FARINA-FRANCISCO J. SULIK-JOSE GARCIA PEDRAZA-CONSTANCIO MAQUEDA-FRANCISCO BRANCATI-JOSE D'JAEN-JUAN C. CIANCIARELLA-PABLO ANDRADA-HANS HAENGER-EDUARDO L. SEMINO-ROLANDO F. J. VILLA-JORGE A. NIELSEN-FRANCISCO LLADOS-E. RAUL V. MOLL1-VOYIN LALICH-HECTOR ROSSETTO-GABRIEL L. BARCO-HORACIO AMIL-JUAN CARLOS GRINGBERG-HORACIO A. AYALA-DOMINGO TARRUELA-ALBERTO M. COSTA y ERNESTO E. ANDUEZA.

Para todos ellos nuestra mas cordial bienvenida!

Boletín Mensual n° 25 contratapa, diciembre de 1939
Puede verse que Francisco Sulik y Paulette Schwartzman se han hecho socios
Otros destacados: Horario Amil Meilán, Voyin Lalich, Héctor Rossetto

Portada del Boletín Mensual del Círculo nº 26/7

REFLEXIONES

Ante todo, muchas gracias a todos por la brillante acogida tributada a nuestro número anterior.

Ha sido para nosotros una satisfacción muy grande, ver con cuanta ansiedad era esperada la reaparición del Boletín, ansiedad que trajo aparejado el hecho de agotarse la primera edición antes de la hora de su aparición y nos viésemos en la agradable necesidad de imprimir una segunda edición que también quedó agotada.

El retraso con que aparece este segundo número es debido a que la Dirección anduvo de vacaciones, pero se ha comprometido formalmente a no reincidir.

Tenemos que hablar de algo más y ésto es con Vd. estimado consocio, ésto es personal entre la Dirección y Vd., es una conversación privada que el Director quiere tener con cada uno de sus lectores.

Porqué no nos mandó su colaboración para este número?

Recuerda Vd. que en una conversación dijo que sería muy interesante ver en el Boletín que........?

Porqué no lo escribió y lo dejó en un sobre en la mesa de la Secretaría? Su idea era muy interesante!

Esa crítica que a Vd. se le ocurrió acerca de la organización del torneo en el cual participó, mándela al Boletín!

Esos "palos" que tenía para la Comisión de Torneos, y esa innovación para la Comisión Directiva, envíelas! Las publicaremos y serán consideradas!

Pretendemos, como decíamos en nuestro número anterior, que el Boletín sea redactado por todos los socios del CIRCULO y no solamente por nuestro formidable cuerpo (físico) de redacción.

Además, como es qué todavía no lo hemos visto en la lista de cooperadores del Boletín?

Queremos que el Boletín tenga una larga vida. Por ello le pedimos:

¡¡ *Coopere* !!

Boletín Mensual del Círculo nº 26/7, pág. 2

BOLETIN DEL CIRCULO DE AJEDREZ   ENERO-FEBRERO 1940   N° 26-27

TORNEO FEMENINO

Otro triunfo del Círculo, fué la organización del Torneo Femenino que acaba de finalizar.

La cifra de veinte participantes(nunca alcanzada en certamenes de esta categoría)es una muestra de lo que decimos.

Disputado en tres grupos, los resultados preliminares fueron los siguientes:

GRUPO A

Sra.REISCHER	6	6	0	0	6
Sra.Hecht	6	5	0	1	5
Sra.Terenzani	6	4	0	2	4
Sta.Campo	6	3	0	3	3
Sra.Spivakow	6	1	0	5	1
Sta.Brambilla	6	1	0	5	1
Sta.Corvalán	6	0	0	6	0

GRUPO B

Sta.TREPAT	6	6	0	0	6
Sra.Bilbao	6	5	0	1	5
Sra.O.de Daneri	6	4	0	2	4
Sta.Moyano	6	2	1	3	2½
Sta.E.Spivakow	6	2	0	4	2
Sta.E.Lorenzi	6	1	0	5	1
Sta.Etchenique	6	0	1	5	½

GRUPO C

Sra.B.de MONTERO	5	5	0	0	5
Sta.Lario	5	4	0	1	4
Sta.A.Spivakow	5	3	0	2	3
Sta.N.Lorenzi	5	2	0	3	2
Sta.A.Miramón	5	0	0	5	0
Sta.Cerchiara	5	0	0	5	0

De acuerdo con estos resultados se inició la disputa del turno final,con las dos primeras de cada grupo,correspondiendo en consecuencia participar en ese turno final a Sra.REISCHER(campeona de Palestina y representante de ese país al Torneo de las Naciones);a la Sta. TREPAT(campeona argentina y representante argentina al Torneo de las Naciones);la Sra.M.A. BEREA DE MONTERO(sub-campeona argentina y de destacada actuación en el Torneo de las Naciones);además nuestras consocias Sra.HECHT y Sra.BILBAO,y una juvenil representante de los parques infantiles,la Sra.LARIO.-

Al iniciarse el turno final debimos lamentar la ausencia de nuestra consocia la Sra.BEREA de MONTERO que por deber ausentarse de la capital,tuvo que abandonar el torneo,que perdió así una de sus figuras mas destacadas y con toda seguridad una seria aspirante al triunfo final.

El resultado final fué el siguiente:

Sta.D.B.TREPAT	4	4	0	0	4
Sra.S.REISCHER	4	3	0	1	3
Sra.C.H.de HECHT	4	2	0	2	2
Sta.T.LARIO	4	1	0	3	1
Sra.E.BILBAO	4	0	0	4	0

Insertamos a continuación la partida que en la última rueda disputaron la Sta.Trepat y la Sra.Reischer en la cual se definió el torneo.

Blancas:		Negras:	
D.B.Trepat		S.Reischer	
1.P4D	C3AR	15.A3T	T2A
2.P4AD	P3R	16.A5A	C2D
3.C3AD	A5C	17.A4C	P3CD
4.P3CR	0-0	18.TD1C	A2C
5.A2C	P4D	19.P5R	P3TR
6.C3A	PxP	20.D2R	AxA
7.0-0	CD2D	21.PxA	A4D
8.D2A	T1C	22.PxP	TxP
9.P4TD	A4T	23.C5D	CxC
10.T1D	C3C	24.PxC	T3C
11.C5R	C4D	25.AxA	PxA
12.P4R	CxC	26.TxP	DxPT
13.PxC	P3AR	27.DxPA	D1R
14.C3A	D1R	28.T8D✝	Abandonan.

BOLETIN DEL CIRCULO DE AJEDREZ   ENERO-FEBRERO 1940   N° 26-27

TORNEOS METROPOLITANOS DE 1° y 3°

Durante el mes de Diciembre p.p.se dispitaron los Torneos Metropolitanos que para equipos de 1ª y 3ª categoría,organiza la Federación Argentina de Ajedrez.

El correspondiente a la primera categoría que fuera siempre prestigiado por la presencia de nuestras mas importantes instituciones ajedrecísticas,y cuyo triunfo fué siempre un galardón preciado por los participantes fué disputado este año por el Circulo de Ajedrez de Velez Sarsfield y por nuestro Club.

Nuestro equipo obtuvo un triunfo rotundo y categórico, pués luego de imponerse en la primera rueda por 5 a 0,ganó por ausencia el match revancha dado que Velez Sarsfield no se presentó a disputar el encuentro.

EL CIRCULO DE AJEDREZ DE BUENOS AIRES,campeón metropolitano de Primera categoría,estuvo representado por los siguientes jugadores:

ROBERTO G.GRAU

ISAIAS PLECI

JOSE GERSCHMAN

JOAQUIN OJEDA

LUIS MARINI

Integraban además el equipo:

CARLOS H.MADERNA-GUILLERMO PUIGGROS-ALEJANDRO NOGUES ACUÑA LUIS PALAU-FRANZ BENKO y VALENTIN FERNANDEZ CORIA

Menos afortunada fué la actuación de nuestro equipo de Tercera,el que luego de empatar el match con River,perdió en el desempate en forma completamente inexplicable.

Ello,unido a que por diversas causas el equipo del CIRCULO no era la fiel expresión de su poderío,dado que el equipo debió integrarse con varios jugadores de cuarta,hace que la perfomance cumplida por este equipo también nos llene de satisfacción.

En la primera rueda,llevando las piezas blancas obtuvimos el triunfo por 3½ a 1½.Al disputarse la revancha,en nuestro Club,caímos derrotados por el mismo score.

Resuelve la F.A.D.A.que se juegue un nuevo match y nos tocan las piezas negras en el primer encuentro.Resultado 3 a 2 a favor del Círculo.Se juega el desquite conduciendo los jugadores del Circulo las piezas blancas(huelga decir que se descontaba el triunfo final).A las dos horas la posición era la siguiente:Vilardell (en el 1° tablero) tiene dos peones de más y partida superior.Vara (en el 2°)tiene un frasco de más. Tolle(en el 3°)un frasco de menos pero perpetuo.Guilla y Marschoff tienen partida igual.Llegado el momento de suspender Vilardell solo tiene tablas.Vara ha"devuelto" la pieza y tiene una posición muy compleja.Tolle no quiso dar perpetuo.Consecuencia:ganó el otro. Guilla suspende en posición netamente tablas y Marschoff y su rival convinieron en tablas.Posición al suspender:RIVER 1½-CIRCULO ½.

APÉNDICE

[Fuente: Patrimonio Legislativo – Congreso de la Nación]

**Gestiones del Club de Ajedrez de Cosquín con el Congreso de la Nación
Expediente 102½ – 27 de abril de 1938**

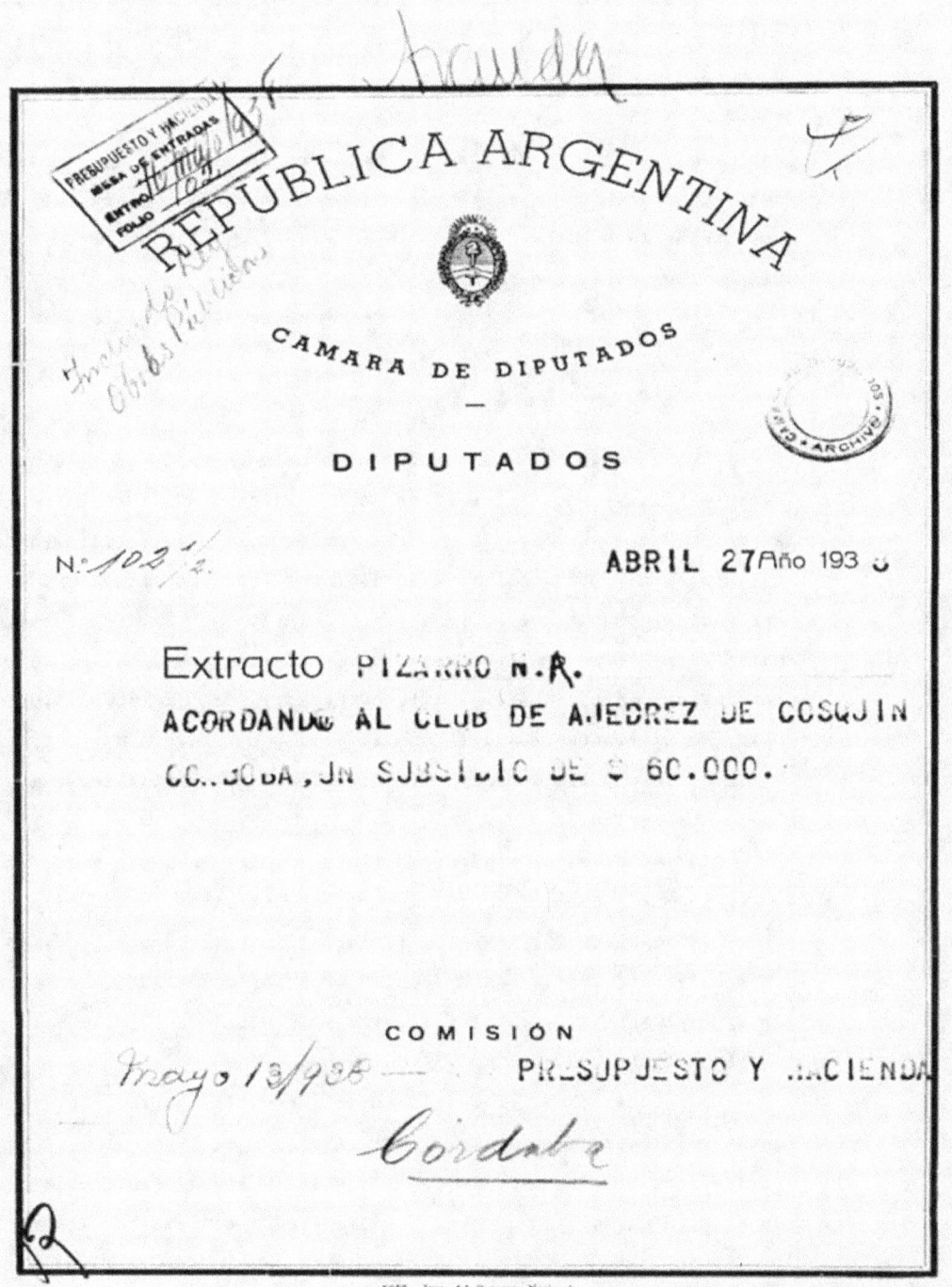

PROYECTO DE LEY

El Senado y Camara de Diputados,etc.

Art. 1.- Acuerdase al Club de Ajedrez,de Cosquín ,(Cordoba) un subsidio de SESENTA MIL PESOS NACIONALES para la construccion definitiv
de su edificio,adquisicion de terreno colindante para fronton,canchn
de tenis,bibliotecas,consultorio medico,etc

Art. 2.- El gasto que demande la ejecucion de esta ley se imputafa a
rentas generales hasta tanto sea incluido en la ley general de presupuesto de la Nacion.

Art. 3.- Comuniquese etc.

NESTOR A.   PIZARRO.-

Antecedentes

La poblacion de Cosquin enlavada en un hermoso valle de la Sierra
Chica constituye uno de los focos demograficos mas interesantes de
la region,y que requiere la mayor atencion del poder publico.Formada
originariamente por una poblacion indigena ,que constituia una de
esas viejas comunidades,ha recibido el aluvion de corrientes inmigxx
xxxixx de fuera ya sea como estacion sanitaria para curacion de personas afectadas por lesiones tuberculosas, ya como region de turismo
donde las bellezas naturales han atraido muchas personas y capitales.
La misma Municipalidad de la Capital Federal ha constituido una colo
nia en esa region.-

Esta poblacion de nativos un tanto despojados,casi todos ellos
pobres ; de enfermos en su mayor parte angustiados , aunque con la
esperanza de encontrar la salud ; y de turistas despreocupados por la
necesidades locales ,tiene un complejo de inferioridad economica, física y hasta social propicia a que en ella arraigen las mas extremas
ideologias.

Es necesario que el recelo entre los viejos pobladores y las
nuevas corrientes desaparezca; que las diferencias sociales se suavic
que las resistencias creadas por los estados subjetivos de los enfermos se disminuyan para dar unidad a la accion colectiva y asegurar la

prosperidad de la zona . En ese orden de ideas y con esas finalidades
social y de progreso con mas de cuatrocientos asociados , llevando la
ayuda a la niñez y a los tuberculosos pobres,proporcionando a estos
instruccion y alimentos.medico y farmacia gratuita se ha organizado
desde hace cerca de diez años el Clubde Ajedrez, que reune en su seno
numerosas personas a las que dá motivo de vinculacion , de esparcimiento
y de ilustracion, al par que ejercita sus actividades fisicas.

Solicito de la H. Camara la aprobacion de este proyecto
que consulta una verdadera obra social en la region .

NESTOR A. PIZARRO

Gestiones del Club Argentino con el Congreso de la Nación
Expediente 1565 del 20 de agosto de 1938

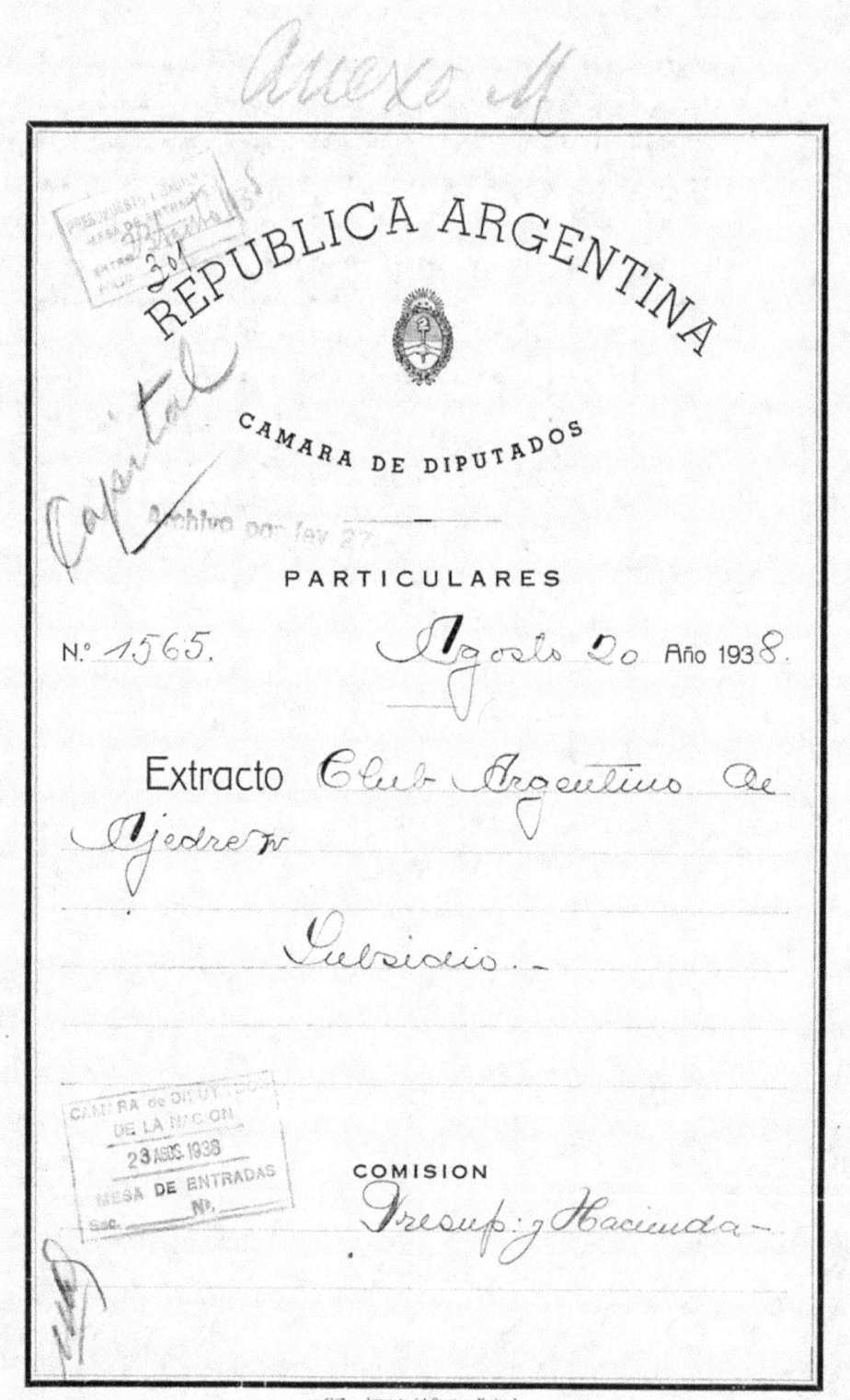

En la fecha se solicitó informes al
ministerio de Relaciones Exteriores y Culto. - Agosto 31/938

818,651

En sus 33 años de vida el CLUB ARGENTINO DE AJE-
DREZ, el más representativo por la calidad de sus componentes como por
la tradición que encierran sus justas caballerescas, ha realizado una
obra proficua, organizando certámenes nacionales e internacionales, y
contratando los más renombrados maestros internacionales que dejaron
sus enseñanzas en nuestro medio.- Así en sus salones se ha oído la palabra autorizada de los campeones mundiales señores Emanuel Lasker, José Raúl Capablanca y Alejandro Alekhine y de los grandes maestros señores Ricardo Teichmann, A. Tabenhauss, Boris Kostic, Xavier Tartakower.- Su obra culminó con la realización del match por el Campeonato
Mundial de Ajedrez, disputado en el año 1927, entre los maestros Capablanca y Alekhine, que constituyó una magnífica expresión de la pujanza de nuestro país, pues tuvo una extraordinaria repercusión mundial.-
Numerosos otros certámenes de otra índole se han realizado en sus salones que sería largo enumerar, y, además, éstos siempre han estado abiertos a todos los aficionados, de manera que nuestra tarea no se ha con-
cretado solamente a nuestros asociados.- De esta manera se han organizado conferencias y otros actos públicos; se realiza desde el año 1911
el Campeonato Universitario de Ajedrez; se ceden nuestros salones y
elementos de juego a todas aquellas instituciones que lo solicitan, y
con frecuencia se otorgan premios para ser diputados en torneos que se
realizan en todos los puntos del país.-

Esta entidad se encuentra como siempre dispuesta
a seguir adelante en el camino trazado, que cree haber seguido sin una
desviación, y con positivo beneficio para el país, pero cabe hacer no-

tar que sus exiguos medios económicos le impiden intensificar su ac--
ción.- Es público y notorio que las actividades ajedrecísticas no producen ningun beneficio de orden económico, por cuyo motivo esta entidad
no cuenta para cumplir con su finalidad, más que con las cuotas de sus
asociados.- Es evidente que con ello solo no basta para cumplir todos
sus propósitos, pues dichos ingresos se insumen en su totalidad en los
gastos más indispensables, lo que hace imposible emprender ninguna
obra de aliento sin contar con el apoyo de los poderes públicos.- Por
otra parte, debe hacer notar, que la organización del match por el Campeonato del Mundo entre los señores Capablanca y Alekhine, obligó a
esta entidad a hacer una erogación extraordinaria, agotando su capital
y exigiendo a sus asociados aportes de consideración.-

          Por las razones indicadas, me permito molestar
al señor Presidente y por su intermedio a la Honorable Cámara, que sabrán valorar debidamente la acción que desarrolla el CLUB ARGENTINO DE
AJEDREZ, y la necesidad que existe de que el estado le preste su colaboración, a fin de solicitarle se acuerde un subsidio a la institución
que presido.-

          Saludo al señor Presidente con mi más alta con-
sideración.-

          JOAQUIN GOMEZ MASIA   ALBERTO DAROQUI
             SECRETARIO   PRESIDENTE

818,650

BUENOS AIRES, Agosto 18 de 1938.-

AL SEÑOR PRESIDENTE DE LA

HONORABLE CAMARA DE DIPUTADOS DE LA NACION

DOCTOR JUAN G. KAYSER

S/D.

ALBERTO DAROQUI, presidente del CLUB ARGENTINO DE

AJEDREZ, asociación con personería jurídica, y con domicilio en la Ave-

nida de Mayo N° 1411, primer piso, al Señor Presidente respetuosamente

expongo:-

El CLUB ARGENTINO DE AJEDREZ es una asociación fun-

dada en el año 1905, con el objeto de fomentar la práctica del juego

de ajedrez.- En sus largos años de existencia ha cumplido con toda efi-

cacia los fines que determinaron su creación, por intermedio de sus co-

misiones directivas y asociados, intensificando la expansión del juego

de ajedrez, que por sus características propias son universalmente re-

conocidos sus beneficios.- En efecto, desarrolla la inteligencia, for-

ma el caracter y colabora en gran parte a las buenas costumbres, por

la concentración y ejercicio de las facultades intelectuales, y por la

disciplina que encierra en su hermenéutica.-

Con su empeño por la difusión del ajedrez, ha reali-

zado una verdadera obra social, pues son reconocidos por los países

más adelantados los beneficios del ajedrez para la educación de la ju-

ventud y para ejercitarla en las disciplinas intelectuales.- Corrobo-

an ello la cincunstancia de que paises de cultura milenaria, como In-

glaterra, Holanda, Italia, Alemania, los Estados Unidos, Rusia, etc.,

han implatado la enseñanza del ajedrez en los establecimientos de educación pública.- En nuestro país tambien los poderes públicos han reconocido la conveniencia de difundir la práctica del ajedrez, acordando
subsidios y otorgando premios a las instituciones ajedrecísticas.-

El Ministerio de Justicia é Instrucción Pública de
la Nación autorizó, a nuestro pedido, a socios de esta entidad, a dictar clases gratuitas en las Cárceles y Colegios Nacionales; y la Municipalidad de la Ciudad de Buenos Aires, tiene implantada la enseñanza
del ajedrez en sus plazas de ejercicios físicos.-

Pero en nuestro país, si la actividad ajedrecista
siempre ha sido intensa, hasta el punto de que nuestros aficionados son
considerados entre los mejores del mundo, que centenares de clubs de
ajedrez se encuentran diseminados por toda la República, y que milla--
res de aficionados lo cultivan con entusiasmo, se ha debido casi exclusivamente a los esfuerzos de las instituciones privadas.-

Y entre todas ellas, Señor Presidente, sobresale sin
disputa el Club Argentino de Ajedrez.- Durante más de 15 años fué la
única entidad dedicada exclusivamente a la práctica del juego de ajedrez, y a su acción tesonera y eficiente se debe la formidable pujanza
del ajedrez nacional.- En 1922 fué la propiciadora de la fundación de
la Federación Argentina de Ajedrez, y nuestro entonces Presidente, don
Eduardo Livingston, fué uno de los que trabajaron más intensamente por
la crwación del organismo máximo del ajedrez nacional, que fué presidi-
do por primera vez por uno de nuestros más distinguidos asociados, el
Dr. Carlos A. Querencio.-

BIBLIOGRAFÍA GENERAL

Psicología de la viveza criolla, Julio Mafud, Editorial Americalee, Buenos Aires, 1965

Sociabilidad en Buenos Aires (Hombre de honor y cafés 1862-1910), Sandra Gayol, 2007

La conexión alemana. El lavado del dinero nazi en Argentina. Gaby Weber, Edhasa, 2005

La Auténtica ODESSA, Uki Goñi, Paidós, Buenos Aires 2002

Conversaciones con Edmundo Guibourg, Mona Moncalvillo, Editorial Celtia

La crisis argentina, Gregorio Berman, Editorial Proceso, Buenos Aires 1965

Historia Crítica de la Revolución de 1943, Américo Ghioldi, 1950

Historia del Peronismo tomo I, Hugo Gambini, Planeta, Buenos Aires 1999

El Ajedrez de la gloria, Evita Duarte actriz, Noemí Castiñeiras, Catálogos SRL, 2002

Conversaciones con Edmundo Guibourg, Mona Moncalvillo, Editorial Celtia, 1981

Encuentros, Félix Luna, Editorial Sudamericana 1996

Juan Domingo, Ignacio García Hamilton, Sudamericana, Buenos Aires 2009

Argentina 1930-1960, capítulo Deportes, por Félix Daniel Frascara

Historia de la clase media argentina, Ezequiel Adamovsky, Planeta, 2009

Ensayos sobre la historia económica argentina, C. F. Díaz Alejandro, Amorrortu 2002

Memorias, tras los dientes del perro, Helvio Botana, Peña Lillo Editor, 1977

El general Justo, Rosendo Fraga, EMECÉ Editores, Buenos Aires 1993

De Yrigoyen a Alfonsín, Félix Laiño, Plus Ultra, Buenos Aires 1985

Gran Café Tortoni, Cincuenta años 1858-2008, edición bilingüe, Ediciones Abey, 2008

Argentina 1930-1960, Editorial Sur, 1960, cap. Crónica del Período, Tulio Halperín Donghi

Memorias sobre la Revolución de 1930, José María Sarobe, Gure, Buenos Aires, 1957

Vida de Hipólito Yrigoyen, Manuel Gálvez, Editorial Tor SRL, Buenos Aires 1952

La Pasión de un aristócrata, Ovidio Lagos, EMECÉ Editores, Buenos Aires 1993

De Yrigoyen a Alfonsín, Félix Laiño, Plus Ultra, Buenos Aires 1985

Cronología, Enrique Pavón Pereyra, Abril, 1973

Ensayos sobre la historia económica argentina, Carlos F. Díaz Alejandro, Amorrortu, 2002

Ortiz, reportaje a la Argentina opulenta, Félix Luna, Sudamericana, 1978

La factoría pampeana 1922-1943, Jorge Abelardo Ramos, Editorial Galerna, 1984

Vuelta de página, Jorge Lanata, J. L. Producciones y Asociados, Buenos Aires 1997

Bibliografía Ajedrecística (Libros)

Pawns in a greater game, The Buenos Aires Chess Olympiad 1939, Justin Corfield, Gentext Publications, 2015

El Ajedrez en la Argentina, José Pérez Mendoza, Imprenta Tixi, Buenos Aires, 1920

El ajedrez mendocino, Manuel Pereyra – J. L. Fernández, Zeta Editores, Mendoza 2002

Ajedrez y Comunismo, Ludek Pachman, Martínez Roca, Madrid 1975

Torneo de Mar del Plata 1944, Skalicka – Lachaga, Círculo La Regence, 1944

1001 Problemas, Arnoldo Ellerman, Editorial Grabo, 1946

Historia del ajedrez argentino, tomo 1, José A. Copié, 2009

Historia del ajedrez argentino, tomo 2, José A. Copié, 2010

Historia del ajedrez argentino, tomo 3, José A. Copié, 2011

Historia del ajedrez argentino, tomo unificado, José A. Copié, 2017

Historia del ajedrez olímpico argentino. La generación pionera 1924-1939, S. Negri – E. Arguiñariz 2012

El Arte del Estudio de Ajedrez, Zoilo Caputto, tomos 1 al 5, 1990/2008

Ajedrez en la historia argentina, Juan S. Morgado, tomos 1 al 4, 2012/14

Sangre y ajedrez en el Parque, Juan S. Morgado, 2011

Los años locos del ajedrez argentino, Juan S. Morgado, 2012

Luces y Sombras del ajedrez argentino, Juan S. Morgado, 2013

Martínez Estrada, ajedrez e ideas, Juan S. Morgado, 2015

Martínez Estrada, Sociabilidades, Juan S. Morgado, 2015

Las aventuras de Pilnik, Juan S. Morgado, 2010

Roberto Grau el Maestro, Gloria Grau – Juan S. Morgado, Colihue 2008

La Angustria Existencial de Martínez Estrada, Juan S. Morgado, Amazon 2019

Sociología del ajedrez postal, Juan S. Morgado, Amazon 2019

Martínez Estrada, Borges y el Viejo Vizcacha, Juan S. Morgado, 2017

Martínez Estrada, Borges y el Viejo Vizcacha, Juan S. Morgado, 2ª edición, 2019

Héctor Luis González, 50 años de ajedrez en Córdoba, 1979

Historia del ajedrez, Gabriel Mario Gómez, 1998

Ajedrez e Historia, Gabriel Mario Gómez, Olmo Ediciones, 2015

Gideon Ståhlberg, "Strövtåg i schackvärlden", Estocolmo, Suecia, Rabén & Sjögren 1965

Jaque al Olvido, Boris de Greiff, El Navegante Editores, Bogotá, 2004

Bibliografía ajedrecística (Revistas)

Revista del Club Argentino

Caissa

El Ajedrez Americano 1ª y 2ª épocas

El Ajedrez Argentino 1ª y 2ª épocas

Jaque al Rey!

Trebejos

Castles!

Nuestro Tablero

Revista de la Asociación Metropolitana

Nuestro Círculo Órgano Oficial del Círculo de Ajedrez de Villa del Parque

El Rey
Semanario Nuestro Círculo
Ajedrez Postal Americano
Mundo del ajedrez
Revista del Club Jaque Mate
¡Jaque al rey!
Estrategia, revista uruguaya de ajedrez
Mvndial, revista uruguaya de ajedrez
Ajedrez Porteño
Jaque!
Enroque!! (Necochea)
Castles (Rosario)
Revista Ajedrez de Estilo
Diario Ajedrez Publicación Argentina

Páginas Web

Genealogía de la tragedia argentina, Eduardo R. Saguier. [www.er-saguier.org]
Web efdeportes.com, Revista Digital – Buenos Aires – Año 11 – N° 95 – 2006
www.ajedrezargentina.org (Tulio Zanoni)
Web Cronología del ajedrez rosarino, Christian Sánchez
Un recorrido por los viejos cafés de Buenos Aires. Karina Donángelo. Web Al margen
Youtube ChristianCDL
Osvaldo Bayer, *El Eslabón*, Cadena Informativa Asociación Civil Web

Diarios y revistas varias

Automovilismo, revista del Automóvil Club Argentino, diciembre de 1945
Radiolandia, 13 de abril de 1945
El Hogar
Mundo Deportivo
El Gráfico
Ahora
Qué sucedió en 7 días
De Frente
La Nación
La Prensa
Noticias Gráficas
Noticias (Necochea)
La Razón
La Época

La Capital (Rosario)

El Territorio (Resistencia)

El Orden (Santa Fe)

La Nueva Provincia

La Gaceta (Tucumán)

Democracia

El Pueblo

Clarín

El Laborista

La Opinión (Pergamino)

El Debate

La Hora

El Litoral

La Voz del Interior

Diario Córdoba

Meridiano (Córdoba)

Carteles (Cuba)

El Gráfico

Todo es Historia

Anuario de La Razón 1938

Anuario de La Razón 1940

¡Aquí Está!

Leoplán

El Sol (Quilmes)

Revista del Club Boca Juniors

Leoplán

El Mundo

VI Torneo Sudamericano de Mar del Plata, Club Jaque Mate, Buenos Aires, 1936

Mar del Plata 1936, Milcíades Lachaga, edición del autor, 1977

El ajedrez en la Argentina, José Pérez Mendoza, Buenos Aires 1920

Sistema Pereyra y el ajedrez mendocino, M. Pereyra – J. L. Fernández, Mendoza 2002

Caras y Caretas

Héctor Luis González, 50 años de ajedrez en Córdoba, 1979

La Gaceta Deportiva

El Diario (Paraná)

Los Andes (Mendoza)

Los Principios (Córdoba)

Nueva Época (Santa Fe)

Tribuna (Santa Fe)

La Tierra (Santa Fe)

Diario Córdoba
El Litoral (Entre Ríos)
La Acción (Rosario)
El Atlántico (Bahía Blanca)
La Voz del Interior (Córdoba)
Buenos Aires al Pacífico
Noticias Gráficas
La Fronda
Crítica
Libertad!
Última Hora
La Vanguardia
El Diario
La Nación
La Prensa
Leoplán
El Mundo
La Razón
La Capital